本书是全国哲学社会科学规划办公室"决策咨询项目"
"中国"三农"发展若干重大问题研究"成果

本书是华中师范大学中国农村研究院
"百村十年观察"成果

本书出版得到华中师范大学"211 工程"
重点学科建设项目支持

教育部人文社会科学重点研究基地
华中师范大学中国农村研究院

中国农村研究院
Research in rural China

中国农村调查·咨政报告系列

# 中国农村咨政报告

## 2010年卷

徐 勇 ◎主编　邓大才◎执行主编

中国社会科学出版社

**图书在版编目（CIP）数据**

中国农村咨政报告.2010年卷 / 徐勇主编.—北京：中国社会科学
出版社，2011.9
ISBN 978 – 7 – 5161 – 0161-2

Ⅰ.①中… Ⅱ.①徐… Ⅲ.①农村经济 – 调查报告 – 中国 –
2010 Ⅳ.①F323

中国版本图书馆 CIP 数据核字（2011）第 197782 号

| | | | |
|---|---|---|---|
| 责任编辑 | 冯春凤 | | |
| 责任校对 | 郭　娟 | | |
| 封面设计 | 回归线视觉传达 | | |
| 技术编辑 | 王炳图 | | |

| | | | |
|---|---|---|---|
| 出版发行 | 中国社会科学出版社 | | |
| 社　　址 | 北京鼓楼西大街甲 158 号 | 邮　编 | 100720 |
| 电　　话 | 010—84029450（邮购） | | |
| 网　　址 | http://www.csspw.cn | | |
| 经　　销 | 新华书店 | | |
| 印　　刷 | 北京君升印刷有限公司 | 装　订 | 广增装订厂 |
| 版　　次 | 2011 年 9 月第 1 版 | 印　次 | 2011 年 9 月第 1 次印刷 |
| 开　　本 | 710×980　1/16 | | |
| 印　　张 | 39.5 | 插　页 | 2 |
| 字　　数 | 652 千字 | | |
| 定　　价 | 98.00 元 | | |

# 编委会名单

# 《中国农村咨政报告》出版说明

　　咨政服务是教育部人文社会科学重点基地的五项职能之一。我们华中师范大学中国农村研究院作为基地之一，长期以来将"顶天立地"作为工作宗旨。"顶天"就是紧紧围绕国家目标开展研究，"立地"就是进行扎实的田野。为了将我们的调查研究成果更好地服务于国家决策，研究院每年都要在田野调查基础上撰写一系列咨政报告。有的报告已产生良好的影响。每年举办的两次调查研究成果发布会也产生很大反响。为此，我们决定从 2011 年开始，将咨政报告汇编成著作，每年出版。

　　《中国农村咨政报告》是我们院出版的系列著作之一。早在 1990 年代，我们就开始出版"中国农村研究"系列著作，并出版《中国农村研究》杂志，主要是学术研究类；进入 21 世纪后，我们出版了"中国农村调查"系列著作，主要侧重于田野调查类；在 21 世纪第二个 10 年的第一年，我们又推出了"中国农村咨政"系列著作，主要是为政府提供的政策咨询报告的汇集。报告的主要依据是我们院的"百村观察"和"中国农村数据库"这两大平台，因此具有原创性。

　　书生论政向来都不是易事。关键是要有充分的事实和数据，有敏锐的观察力和富有智慧的分析力，并有相当的预测性和前瞻性。我们的报告力图向这一目标努力。同时也希望读者批评指正。

本书编委会

2011 年 6 月 20 日

# 目　录

## 下乡政策研究

## 政治与社会政策研究

## 民生政策研究

"新农保"政策的实施现状、问题与建议

## 其他问题研究

# 下乡政策研究

# "家电下乡"正在成为新的惠农工程

## ——全国近 3000 农户对"家电下乡"政策的反应

主持人：徐　勇

执笔人：邓大才　黄振华　佘纪国　慕良泽
　　　　陈浩天　朱敏杰

# 内容提要

　　"家电下乡"是中央在国际金融危机背景下,为扩大内需,惠及农民而出台的一项重要政策。半年来,这项政策实施的效果如何,农民反映如何,是否还有改进的余地? 2009 年 7 月到 8 月间,受全国哲学社会科学规划办公室的委托,华中师范大学中国农村问题研究中心依托"百村观察"平台,组织 200 余名师生,对全国 30 个省(市、自治区)205 个村 2953 个农户进行了以"家电下乡"为主的"三下乡"(包括农机和汽车下乡)调查,了解广大农民对中央政策的反应。

　　总体上看,"家电下乡"政策得到了广大农民的热烈欢迎,反应积极,效果明显,正在成为一项新的惠农工程。有农民感慨地说:家电下乡,我们得实惠,企业得利润,政府得民心,经济得发展,这样的政策再多点就好了。同时我们也发现,"家电下乡"政策在宣传、落实、配套、可持续发展以及进一步满足农民需求等方面还有待改进和完善。

## 一　知晓政策　反应积极

　　调查显示,农民对"家电下乡"政策的反响表现为"三高":

　　政策知晓程度高。中央政策能否进村入户、为农民所知晓是政策发挥作用的基础。"家电下乡"政策利用现代传媒,借助厂家、商家的宣传渠道和销售网络收到了令人意想不到的效果。84.4% 的农户知晓"家电下乡"政策,高达 89.9% 的富裕户和 70.2% 的困难户听说过"家电下乡"政策。农民说:"电视天天报、广告天天叫","买东西还补钱,这样的好事谁不知道"。61% 的农户通过电视了解"家电下乡"政策,其中 70.5% 的农户通过中央电视台,89.8% 的农户通过新闻频道获知中央政策信息。相关厂家、商家的推介和销售则使农民了解更多具体政策信息。

　　政策认可程度高。农民普遍认可"家电下乡"政策,认为这是中央为农民办的又一件好事、实事。具体而言,高达 73.0% 的农民认为产品的价格较为合理,70.3% 的农民对产品质量表示满意,53.0% 的农民觉得品种较多,另有 69.3% 的农民反映财政补贴程序较方便或者可以接受。

政策满意程度高。"家电下乡"政策是"政府搭台、厂商唱戏",在政策引导下,厂家和商家主动下乡,为农民提供高质量的服务。57.6% 的农民选择在乡镇营销点购买,82.6% 的农民认为在销售点购买下乡产品"方便",79.8% 的农民对营销点服务员的态度表示满意。农民开玩笑说:"要我掏银子,态度能不好吗?"

## 二 购买踊跃 表现不同

调查显示,"家电下乡"政策实施后产生了明显的效果,概括起来是:"农民购买较踊跃,中等家庭购买率高,生活家电受欢迎,东北地区价最高,西南地区销得好,产品质量要求高。"

农民购买较踊跃。"家电下乡"政策实施半年以来,农户的购买率达到 9.2%,按照购买次数计算接近一成,为 10.4%,相当于每 10 户中有 1 户购买了下乡产品,政策效应明显。

中等家庭购买率高。从购买率来看,中等收入的家庭最高,为 13.8%,超过了全国平均水平 4.6 个百分点,高于富裕农户 11.4% 的购买率,也高于贫困农户 5.5% 的购买率。其原因是:富裕户已购买,不太需要;贫困户想购买,但缺钱。

生活家电受欢迎。农户购买"家电下乡"产品主要从需要出发,以冰箱等生活型家电为主。农民普遍认为,"需要才购买,不需要,补贴再多也不买"。在生活、享受、其他三大类下乡产品中,生活型家电最受农民欢迎,占购买总量的 74.7%;空调、热水器等享受型家电购买数量不到前者的 1/3,只占购买总量的 22.6%。

东北地区均价高。购买均价反映了农民的购买偏好和收入水平。下乡家电产品的购买均价为 1792 元,表明价格在 1800 元左右的家电最受农民欢迎。分地区来看,东北地区的均价最高,为 2090 元;西北地区最低,仅为 1338 元;中部和中南地区较为均衡,分别为 1847 元和 1836 元。中等、富裕户的购买均价比较接近,分别为 1834 元和 1825 元,远高于贫困户 1524 元的均价水平。

西南地区销得好。调查显示，家电在西南地区的购买率最高，达 14.3%，其次为中部和沿海地区；华北地区最低，仅为 4.1%。与 2002 年实施的"农机下乡"政策和较晚出台的"汽车下乡"政策相比，农民购买"家电下乡"产品的数量最多，农机、汽车买得少，购买率分别只有 2.6%、1.5%。其中，东北地区的农机购买最多，西南地区的汽车购买最多。整体来看，"三下乡"产品在东北和西南地区销售更为活跃，前者农机和汽车买得多，后者家电和汽车销得好。

产品质量要求高。在"家电下乡"产品的品牌、质量、价格、售后服务、财政补贴五项指标中，58.6% 的农民认为质量是决定其购买与否的最重要指标，38.7% 的农民认为产品价格非常重要，其次分别是品牌、售后服务和财政补贴。

## 三　效果显著　影响深远

"家电下乡"政策实施半年后已在各方面显示其积极效应，并正在产生深远的影响。

经济增长影响大。截至 8 月底，在所调查的 2953 户中，约有 9.2% 的农户购买了"家电下乡"产品，户均消费约 173 元。按照 2.5 亿农民推算，全国约有 2159 万农户购买了近 2438 万件"家电下乡"产品，累计实现消费总额 432 亿元。

政策拉动贡献大。农民踊跃购买下乡家电，表明政策很受欢迎，但要考察对经济的增量作用，则要看政策直接拉动效应。调查显示，27.5% 的农民是因为财政补贴才购买"家电下乡"产品，23.6% 的农民认为财政补贴是其购买的重要因素之一，即有超过一半的购买户因财政补贴而引致购买。按照 2.5 亿农户推算，全国约有 593 万农户在政策直接激励下购买，实现消费额达 115 亿元。如果将财政补贴部分激励的农户包括进来，共有 1105.4 万户在政策影响下购买，累计实现消费总额 221.2 亿元。

农民获得实惠大。调查显示，购买下乡家电产品的农户户均补贴 241 元，有 79.4% 的购买户认为获得了实惠。按照 2.5 亿农户推算，全国购买农户约为 2159 万，共发放补贴总额 52 亿元。这就意味着全国有超过 2000 万农户在半年时间内户均增收 241 元。

农民对下乡政策有更多期待。"家电下乡"政策直接惠及农民，并产生着积极的政策效应，农民期盼有更多的惠农政策：一是希望不仅有产品下乡，还盼望技术下乡、服务下乡、医疗下乡。二是希望下乡政策不仅能改善农民的生活水平，而且能够提高农业生产能力。三是下乡政策既要照顾贫困户，也要顾及富裕户；既要考虑在村农民，也要考虑离村农民。四是下乡政策不但要有短期效果，更能实现长效发展。

## 四　好事办好　实惠要实

"家电下乡"政策深受农民欢迎，是中央为农民办的一件大好事、大实事。但这项政策毕竟才实施半年多，实施过程中还存在一些好事未能办好，实惠未能落实的薄弱环节，现有"十个问题"需要高度重视并加以改进。

政策宣传不够深入。中央电视台和新闻频道宣传"家电下乡"政策的作用大，成效显著，但整体而言宣传方式较为单一，基层政府和村干部的作用较小。农民反映，"除了拿补贴，基本不跟政府打交道"，"村干部的宣传多流于形式"。多数农民只模模糊糊知道有"家电下乡"这回事，对政策的具体细节却知之甚少。

补贴方式不够灵活。补贴标准过于单一，统一按照13%的比例实施补贴，没有可选的余地。补贴群体的针对性不强，忽视了农户之间的收入差距问题，没有考虑到富裕、中等、贫困户的不同需求。补贴兑付受地域限制，农民只能在户口所在地兑付，而外出务工经商群体的需求得不到满足。部分地区补贴手续较为复杂，兑付时间较长。

售后服务不够到位。很多地方产品已"下乡"，但服务难"下乡"。厂家、商家推销方式"一流"，但是服务意识淡薄、服务网点缺失、服务能力不足，农民送来维修的产品常常是"要么修不了，要么修不好"。有些农民形容部分商家是"卖前买后两张脸"，"商家忽悠功夫好，服务意识差"。

部分厂商不够厚道。在调查中发现，少数企业利用"家电下乡"政策销售劣质产品，经销商鱼目混珠，"李鬼扮李逵"，将非"家电下乡"产品作为"家电下乡"产品出售、倾销库存等不正当的商业行为以及其他损农、坑农现象也时有发生。

配套设施不够完善。农村基础设施建设滞后严重制约了"家电下乡"

政策的成效，具体表现为"五网的问题"：电网——"带不动"；水网——"供不起"、通讯网——"覆盖不全"、有线电视网——"不到位"；公路网——"行不通"。"五网"的建设情况也使农民对下乡产品望而却步。

另外，品种和价格选择空间较小，不能满足不同层次的需要；产品设计目标较单一，针对性不强；农民对厂家、商家不太信任，观望等待的农户较多；中高等收入的农户已经拥有了一定数量的家电，下乡家电并没有推出升级换代产品；市场监管不到位，挫伤了部分农民的购买积极性。

要使"家电下乡"及其他惠农政策能够进一步发挥作用，将好事办好，实惠落实。我们通过调查访谈，建议做好以下五个方面的工作：

（1）在"家电下乡"政策宣传中，更加注重对政策细节的宣传。

（2）进一步完善补贴机制，实行灵活和差异性政策，简化补贴程序。

（3）做好硬件配套工作，确保农民买好用好，为"下乡"产品"铺路搭桥"。

（4）健全售后服务机制，解除农民的后顾之忧。

（5）将"家电下乡"作为民心工程来抓，不断扩展相关惠农政策，放大政策效应。

# 报告正文

"家电下乡"是政府对农民购买家电实施补贴的一项新政策，它是中国财政和贸易政策的一种新尝试。"家电下乡"有利于激活潜在需求，提振乡村消费，拓展农村市场，既扩大内需，又惠农利民。家电下乡采取"政府搭台，工商联手，农民参与"的方式。这种方式深受农民欢迎，有农民感慨地说：家电下乡，我们得实惠，企业得利润，政府得民心，经济得发展，这样的政策再多点就更好了。

家电下乡政策于 2007 年 12 月在山东、河南、四川三省试点；2008年 12 月推广到 14 个省市区；2009 年 2 月在全国推行、实施。家电下乡政策已实施一年多，其成效如何、问题何在、农民反响怎样，这是本课题最为关心的问题。

对此，华中师范大学中国农村问题研究中心"百村观察"项目组，借助"百村观察"平台，于 2009 年 7—9 月，对全国 30 个省 205 个村2953 户进行了家电、农机、汽车"三下乡"问卷的调查与访谈。本报告以此次调查为基础，对"三下乡"的现实情况进行统计与分析、对政策实施效果进行测算和评估、对农民的反应与需求进行收集和整理，并在此基础上指出了问题，提出了改进建议。

## 一　家电下乡政策的反响与实效

### （一）农民对家电下乡政策反应较强烈

1. 农民对政策的知晓度较高，电视媒介是主要的获知渠道

调查发现，农民对国家大政方针，特别是关乎自己切身利益的涉农政策给予了巨大的关注。就家电下乡政策来看，在 2881 份有效样本中，听说过家电下乡政策的农户为 2432 户，占有效样本的 84.4%（见表 1），仅有 449 户没有听说过家电下乡政策，其比重为 15.6%。从家庭条件来看，

富裕及中等条件农户对政策的知晓程度更高，89.9% 的富裕农户和 86.7% 的中等条件农户知道家电下乡政策，而贫困户的知晓率只有 70.2%，远远低于 84.4% 的总体水平。造成这一现象的主要原因是，家庭条件越好，获知外部信息的渠道和范围就越广，信息的接受程度就越高。

表 1　　　　　　　　　　农户对家电下乡政策的知晓情况

| 政策知晓情况 | 样本户数 | 占总样本比重（%） |
|---|---|---|
| 听说过政策 | 2432 | 84.4 |
| 没有听说过 | 449 | 15.6 |
| 合计 | 2881 | 100 |

从政策获得渠道来看，在"听说过政策"的农户中有 2154 个有效样本（见表 2），其中通过电视媒介了解政策信息的农户最多，为 1314 户，占有效样本的 61%；其次是政府宣传，有 257 户，占有效样本的 11.9%；211 户听其他村民转述，其比重为 9.8%；从销售点、村干部宣传中知晓的农户较少，其比重分别为 6.3% 和 5.1%。

表 2　　　　　　　　　　农户对家电下乡政策的知晓途径

| 政策知晓情况 | 样本户数 | 占有效样本的比重（%） |
|---|---|---|
| 电视 | 1314 | 61.0 |
| 政府 | 257 | 11.9 |
| 村民 | 211 | 9.8 |
| 销售点 | 136 | 6.3 |
| 村干部 | 110 | 5.1 |
| 其他 | 126 | 5.9 |
| 合计 | 2154 | 100 |

由此可见，电视媒介已经成为农民获知国家政策信息的主要渠道。对 2953 户的调查发现，2759 户有看电视的习惯，其中 2374 户，约 80.4% 的农户，每天看电视的时间在 2 小时以上。显然，电视媒介是农民知晓国家政策信息的主渠道、主窗口。

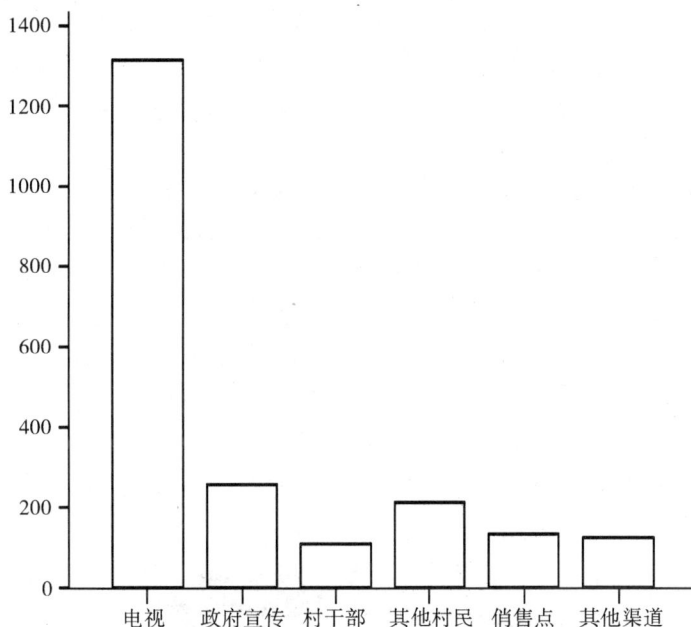

**图 1 农民获知家电下乡政策信息的途径**

从电视频道和收看节目类型来看，农户获取政策信息主要通过中央电视台和新闻类节目两个渠道。在通过新闻媒体了解政策信息的 1264 户中（见表 3），通过中央、省、市、县电视台了解政策信息的农户分别为 891户、220 户、94 户、59 户，分别占有效样本的 70.5%、17.4%、7.4% 和4.7%。从节目类型来看，农民获取政策信息主要依靠新闻节目，有 1151

表 3　　　　　通过电视频道和节目类型了解政策信息的情况统计

| 电视频道 | 样本户数 | 占总样本比重（%） | 节目类型 | 样本户数 | 占总样本比重（%） |
|---|---|---|---|---|---|
| 中央台 | 891 | 70.5 | 新闻节目 | 1151 | 89.8 |
| 省电视台 | 220 | 17.4 | 广告节目 | 109 | 8.5 |
| 市电视台 | 94 | 7.4 | 其他节目 | 22 | 1.7 |
| 县电视台 | 59 | 4.7 | | | |
| 合计 | 1264 | 100 | 合计 | 1282 | 100 |

户通过新闻节目了解到家电下乡的政策信息，其比重高达 89.8%；其次为广告节目，比重为 8.5%，其他节目只占 1.7%。显然，中央电视台和新闻节目为农民所信任，是农民获取国家政策信息的重要渠道，也是国家传输政策信息的重要途径。

2. 农民普遍反映：家电下乡产品价格适中、质量较好

从家电下乡的产品价格来看，在 248 份有效样本中，认为价格"很贵"的不多，只有 26 户，占有效样本的 10.5%（见图 2）；认为价格"较贵"的农户稍多，为 34 户，占有效样本的 13.7%；认为价格"一般"的农户最多，有 120 户，占有效样本的 48.4%，其比重接近购买农户数量的一半。认为价格"较便宜"的也不少，有 63 户，占有效样本的 25.4%。而认为价格"很便宜"的非常少，只有 5 户，其比率仅为 2.0%。从总体上看，农户还是认为下乡家电产品的价格比较适中。

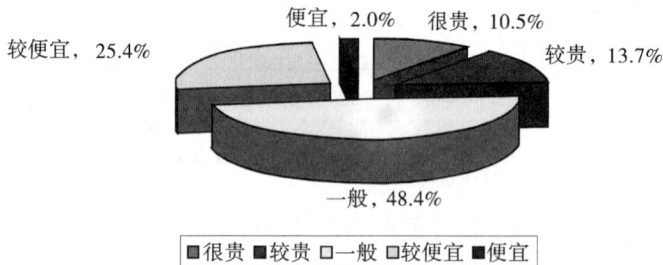

图 2 农民对下乡产品价格的评价

从家电下乡的产品质量来看，在 246 个有效样本中，认为产品质量"较好"的农户最多，高达 119 户，占有效样本的 48.4%（见图 3）；认为产品质量"很好"和"一般"的农户分别只有 54 户和 65 户，其比重分别为 22% 和 26.4%；认为质量"较差"和"很差"的农户极少，只有 6 户和 2 户，其比重合计为 3.2%。由此可见，农户总体上对于家电下乡产品的品质给予了肯定。

3. 农民最看重下乡产品质量，对财政补贴并不十分在意

从购买下乡家电产品的农户可以发现，在品牌、质量、价格、售后服务、财政补贴等五大指标中，农户最关注下乡家电产品的质量，在 220 份有效样本中，129 户认为（见表 4），质量是农民购买下乡家电产品的第一重要指标，约占有效样本的 58.6%；将其排在第二重要的农户只有 53

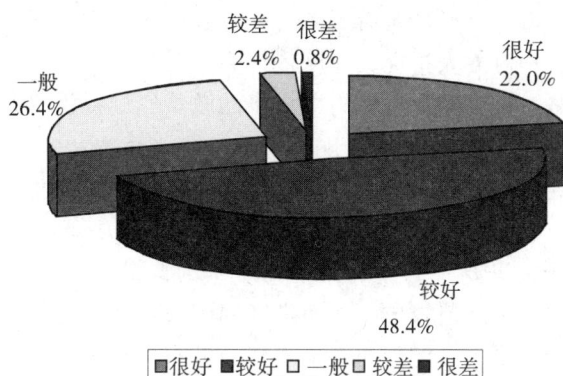

**图 3　农民对下乡产品质量的评价**

户，占有效样本的 24%。显然，质量是农民选择购买下乡家电产品时最关注、最看重的指标。其次农民比较关注下乡家电产品的价格，在 218 份有效样本中，20 户认为价格最重要，84 户将价格排在第二重要的位置，认为价格最不重要的只有 19 户。总体上看，农民倾向于将价格放在购买下乡家电产品第二重要的位置。对售后服务指标农户并不太关注，在 217 份有效样本中，只有 19 户认为此指标最重要，将其排在第三、第四、第五重要的农户很多，达到了 169 户，占有效样本的 77.8%，可见农民并不将售后服务视为一个非常重要的指标。对下乡家电产品品牌的认知较为分散，其排序重要性，从第一位到第五位的农户数量相差不大，平均在 40—50 户之间，各个序位约占有效样本的 20% 左右，也就是说，农户对品牌重要性的认知差异较大，没有形成一个比较一致的意见。比较有趣的是，农民对于政府的财政补贴并不十分在意，在其重要性排序中，有 96 户认为，财政补贴是购买下乡家电产品时最不重要的指标，占到有效样本的 44.4%。

**表 4　农户对品牌、质量、价格、售后服务、财政补贴的重要性排序**

|  | 第一重要 | 第二重要 | 第三重要 | 第四重要 | 第五重要 | 样本数 |
|---|---|---|---|---|---|---|
| 品牌 | 42 | 39 | 47 | 41 | 48 | 217 |
| 质量 | 129 | 53 | 22 | 11 | 5 | 220 |
| 价格 | 20 | 84 | 52 | 43 | 19 | 218 |
| 售后服务 | 19 | 29 | 56 | 64 | 49 | 217 |
| 财政补贴 | 10 | 12 | 40 | 58 | 96 | 216 |

对品牌、质量、价格、售后服务、财政补贴等五大指标的对比分析可以发现，购买农户对五大指标关注度依次为：质量、价格、品牌、售后服务以及财政补贴。这个排序可以为下一步的政策实施提供方向和参考。简单地说，国家要提高家电下乡的政策效果，应当优先提高下乡产品的品质，让农户买到质优价廉的"对味产品"。在实地调查中也发现，在依然为"熟人社会"的农村社会中，农民购买家电的"从众效应"和"示范效应"非常明显，只要有一户购买了高质量的产品，往往能够通过口口相传的方式形成一种示范效应，从而带动周围农户购买更多的产品；而一旦有的农户购买下乡产品使用的效果不好，就有可能影响周围农户甚至整个村庄农户购买的积极性，并增强对整个下乡产品的疑虑。其次，目前国家政策的目的在于通过财政补贴拉动农民消费，扩大农村内需，调查结果显示，实际实施效果并不明显。从经济层面来看，在目前条件下，通过财政补贴扩大内需的政策效果的可行性仍有待观察。

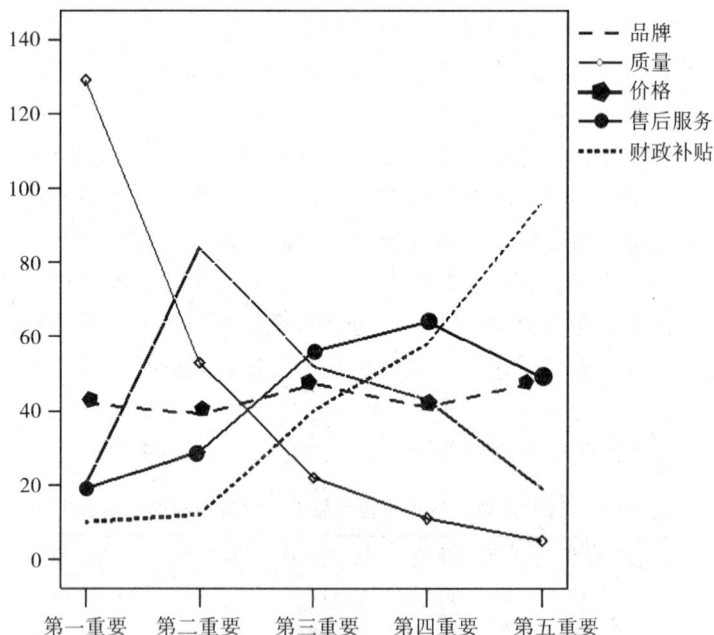

图 4　影响农民购买行为的主要指标的重要性排序图示

4. 农民购买家电大都采取就近原则，对产品销售的满意度较高

在销售点的选择方面，农户主要在乡镇上购买产品。在238个有效样本中，137户选择在乡（镇）一级的销售点购买，约占有效样本的57.6%（见表5）；选择在县级销售点购买的有82户，占有效样本的34.5%；只有19户选择在市级销售点购买，其比例为7.9%。可见，农户在购买下乡家电产品时普遍采取就近原则。而以前农户购买家电大都会选择较大城市的家电专卖店，而不愿意选择乡镇商店。但家电下乡政策实施后，下乡产品全国统一定价，不少农户为节省交易成本，普遍就近购买。

表5　　　　　　　　　农户购买家电下乡产品的地点情况统计表

| 购买地点 | 样本户数 | 占总样本比重（%） |
| --- | --- | --- |
| 县里 | 82 | 34.5 |
| 乡（镇）上 | 137 | 57.6 |
| 市里 | 19 | 7.9 |
| 合计 | 238 | 100 |

通过对产品销售环节的调查发现，在242个有效样本中，有200家购买户认为在销售点购买产品比较方便，占有效样本的82.6%（见表6）；19户认为在销售点购买不方便，其比率仅为7.9%；另有23户认为在销售点购买方便程度一般，其比率为9.5%。总体而言，农户普遍认为去销售点购买下乡家电产品比较方便。在销售员的服务态度方面，认为销售点服务态度"好"的有190户，占有效样本的79.8%；认为服务员态度"一般"的有41户，占有效样本的17.2%；只有7户认为销售点的服务态度"不太好"，其比重为3%。总体上看，农民对家电下乡产品的销售满意程度比较高。

表6　　　　　　　　农户购买的方便程度及服务态度情况统计表

| 方便与否 | 样本户数 | 占样本比重（%） | 服务态度 | 样本户数 | 占总样本比重（%） |
| --- | --- | --- | --- | --- | --- |
| 方便 | 200 | 82.6 | 好 | 190 | 79.8 |
| 不方便 | 19 | 7.9 | 一般 | 41 | 17.2 |
| 一般 | 23 | 9.5 | 不太好 | 7 | 3.0 |
| 合计 | 242 | 100 | 合计 | 238 | 100 |

**（二）家电下乡政策拉动内需的实际效果**

**1. 农村家电消费稳中有升，下乡产品成为最大推手**

2007 年 12 月，国家率先在河南、山东、四川三省开展家电下乡政策试点，2008 年 12 月和 2009 年 2 月，其他省份分两批陆续展开。表 7 为基于 2953 户调查整理的近四年试点省份与其他省份主要家电户均消费额统计。表中数据显示，在家电下乡政策实施之前的三年里，试点省份与其他省份的户均消费并无明显差异，家电消费增长率呈交替变化的趋势。在家电下乡政策实施以后，试点省份的家电消费量明显优于非试点省份。在冰箱销售方面，试点省份 2008 年的户均消费为 174.9 元，增长率为 53.6%，高出 2007 年 25.2% 增长率近一倍。而在其他省份，2008 年的冰箱消费增长率仅为 30.3%，低于前一年 50.5% 的增长水平。在空调销售方面，试点省份 2008 年销售量比 2007 年略有上升，增长率为 3.6%，而其他省份则呈现出下滑迹象，出现了 5.8% 的负增长。从洗衣机销售来看，尽管试点省份和其他省份均出现了销售下滑的迹象，但试点省份下降的比重为 7.5%，仍然好于其他省份 9.2% 的下降比率。由此可见，在开展家电下乡试点的河南、山东、四川等省区，2008 年农村家电消费整体上要好于其他省份，家电下乡的政策效应不容忽视（见表 7）。

表 7　　　　　2008 年试点省份与其他省份主要家电消费额及增长率比较

| 产品类别 | 省区类型 | 2006 年 | | 2007 年 | | 2008 年 | |
|---|---|---|---|---|---|---|---|
| | | 户均消费 | 增长率(%) | 户均消费 | 增长率(%) | 户均消费 | 增长率(%) |
| 冰箱 | 试点省份 | 91.0 | 50.7 | 113.9 | 25.2 | 174.9 | 53.6 |
| | 其他省份 | 80.8 | 36.5 | 121.6 | 50.5 | 158.4 | 30.3 |
| 空调 | 试点省份 | 30.5 | 15.5 | 82.6 | 170.8 | 85.6 | 3.6 |
| | 其他省份 | 42.3 | 41.5 | 60.3 | 42.6 | 56.8 | -5.8 |
| 洗衣机 | 试点省份 | 45.9 | -10.1 | 61.7 | 34.4 | 57.1 | -7.5 |
| | 其他省份 | 37.3 | 29.5 | 52.1 | 39.7 | 47.3 | -9.2 |

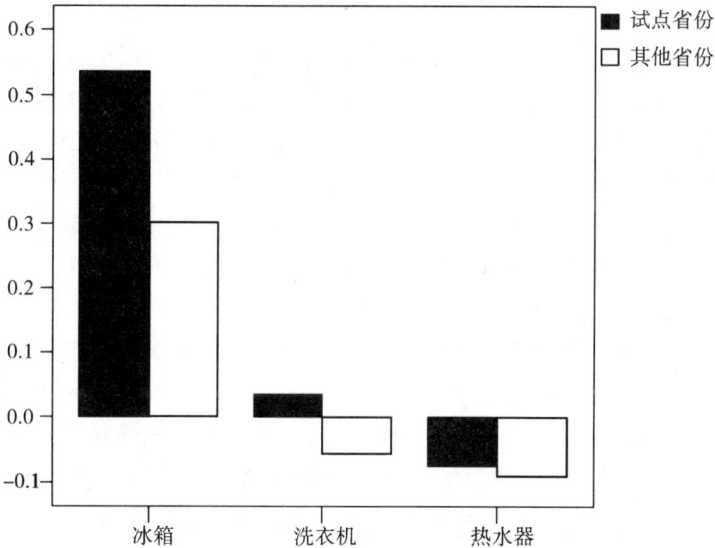

**图 5　2008 年试点省份及其他省份家电消费增长率比较**

那么，在农民的家电消费中，家电下乡产品比重如何呢？调查数据显示，在政策实施期间，从冰箱的消费来看，冰箱的总购买量共有 220 台，总消费额为 432416 元（见表 8），其中家电下乡产品 160 台，消费额 310508

表 8　　　　　　　　政策实施期间家电下乡产品购买情况统计

| | 家电购买量与金额 | | | | 下乡家电购买量与金额 | | | |
|---|---|---|---|---|---|---|---|---|
| | 总购买量（台） | 比重（%） | 总消费额（元） | 比重（%） | 下乡产品购买量（台） | 比重（%） | 下乡产品消费额（元） | 比重（%） |
| 冰箱 | 220 | 49.3 | 432416 | 51.8 | 160 | 72.1 | 310508 | 73.9 |
| 洗衣机 | 109 | 24.4 | 102762 | 12.3 | 30 | 13.5 | 28471 | 6.9 |
| 空调 | 117 | 26.3 | 300086 | 35.9 | 32 | 14.4 | 80856 | 19.2 |
| 合计 | 446 | 100 | 835264 | 100 | 222 | 100 | 419835 | 100 |

注：河南、四川、山东等试点省份从 2008 年 1 月开始统计，其他省份统一从 2009 年开始统计。

元，占比分别为72.1%和73.9%。可见冰箱消费占家电下乡产品的七成多。从洗衣机的消费看，在政策实施期间农户共购买109台，消费额为102762元，其中家电下乡产品30台，消费额为28471元，占比分别为13.5%和6.9%。从空调消费来看，在政策实施期间农户共购买了117台，消费额为300086元，其中家电下乡产品32台，消费额为80856元，占比分别为14.4%和19.2%。总体来看，下乡家电产品销售要好于非家电下乡产品；在众多下乡家电产品中，冰箱消费较受农民热捧。

2. 家电下乡产品消费总额较大，对经济增长的作用明显

在2953份调查总样本中，有255户购买了下乡家电产品，合计购买家电288件，实现消费额510698元，其中剔除政府补贴款61431元，农户实际支出款项为449267元，亦即相当于2953户户均实现消费约173元。以此数据为基础，可以对全国家电下乡的消费额进行测算。如果按照全国2.5亿农户计算，全国约有2159万户购买了下乡家电产品，购买家电约2438万件（见表9），由此拉动的消费总额为432亿元，其中政府补贴金额约为52亿元，农户实际支出380亿元。总体上看，在短短数月的时间能够如此迅速地释放农村家电消费需求，家电下乡政策功不可没。

表9　　　　　　　　　　全国家电下乡产品消费额测算

| 购买户 | 购买家电量 | 总消费额 | 政府补贴额 | 农户实际支出 |
| --- | --- | --- | --- | --- |
| 2159 万户 | 2438 万件 | 432 亿元 | 52 亿元 | 380 亿元 |

注：①全国购买户数＝全国农户总数 * （受访购买户数/受访农户总数）；②全国购买家电量＝全国农户总数 * （受访农户购买家电量/受访农户总数）；③全国总消费额＝全国农户总数 * （受访农户消费额/受访农户总数）；④全国政府补贴总额＝全国农户总数 * （受访农户补贴额/受访农户总数）；⑤全国农户实际支出＝全国总消费额－全国政府补贴额。

3. 农民购买与否以需求为前提，政策直接拉动的消费较可观

农民购买下乡家电产品，是基于自身需求还是政策优惠？调查显示，农民很理性，购买下乡产品主要基于自身需求。对"您是否是因政策优惠而购买家电下乡产品"的问题，有119户农户选择了"否"，占有效样本的48.8%（见表10）。也就是说，有近一半的农户完全出于"自身需要"而选择购买下乡家电产品，这部分农户实际消费额为217560元，占总消费额的49.3%。选择"是"的农户有67户，占有效样本的27.5%，

实现消费额 117520 元，占总消费额的 26.6%。虽然这部分农户购买家电是为了满足自身需求，但政策优惠对其购买行为还是产生了直接的激励作用。按照全国 2.5 亿农户推算，全国因为政策而引致的家电消费约为 115 亿元，政策直接影响而购买家电的农户约为 593 万户。①

表 10　　　　　　　　政策优惠对农户购买行为的影响情况统计

| 是否因政策优惠而购买 | 户数 | 农户比重（%） | 消费总额 | 消费比重（%） |
| --- | --- | --- | --- | --- |
| 是 | 67 | 27.5 | 117520 | 26.6 |
| 否 | 119 | 48.8 | 217560 | 49.3 |
| 说不清 | 58 | 23.7 | 106102 | 24.1 |
| 合计 | 244 | 100 | 441182 | 100 |

当问及"是否是政策促使您下决心购买"时，有 73 家农户选择了"是"，占有效样本的 29.9%（见表 11），由此产生的家电消费额为 127602 元。也就是说，有近三成购买下乡家电产品的农户认为，政策对其购买选择产生了影响，并最终促成其购买行为。同时，仍有 128 户农户认为，并不是政策促使其下决心购买，占有效样本的 52.5%，由此产生的消费额也相当可观，为 235358 元。按照全国 2.5 亿农户计算，可以推知全国约有 646 万农户因政策激励而下决心购买下乡家电产品，② 实现消

表 11　　　　　　　　政策对农户购买决定的影响情况统计

| 是否是政策促使您下决心购买？ | 户数 | 农户比重（%） | 消费总额 | 消费比重（%） |
| --- | --- | --- | --- | --- |
| 是 | 73 | 29.9 | 127602 | 29.1 |
| 否 | 128 | 52.5 | 235358 | 53.6 |
| 说不清 | 43 | 17.6 | 75702 | 17.3 |
| 合计 | 244 | 100 | 438662 | 100 |

---

① 注：①全国因政策引致的消费额 = 全国总消费额 * 受访购买户由政策引致而产生的消费比例 = 432 * 0.266 ≈ 115 亿元；②全国由政策直接影响而购买家电的农户 = 全国总购买户数 * 因政策直接影响而购买家电的农户比例 = 2159 * 0.275 ≈ 593 万户。

② 全国由于政策激励而下决心购买家电的农户数 = 全国购买户总数 * 受访农户中由于政策激烈而下决心购买家电的农户比例 = 2159 * 0.299 = 646 万户。

费额 129 亿元。① 结合前面的问题，可以推测全国有 593 万—646 万户家庭因为政策激励而购买下乡家电产品，实现消费额为 115 亿—129 亿元。

总体上看，农户购买下乡家电产品还是比较多，对经济增长的拉动作用还是比较大，但是购买下乡家电产品的农户，大多出于"自身需要"（即使没有补贴政策也会购买），因政策直接刺激而购买的农户比重大约在 27.5%—29.9%，即家电下乡产品对经济增长的拉动作用，只有 1/3 源于政策补贴的贡献。

**（三）家电下乡政策的支农惠农效应**

1. 家电下乡政策给农民带来了实惠

农民普遍将家电下乡政策与粮食补贴、农合医疗等政策视为国家惠农政策的一部分。在评价家电下乡政策时，农民从惠农的角度来考虑效果和作用。对"您是否从政策中得到了实惠"的问题，选择"是"的农户最多，为 190 户，占有效回答的农户样本的 79.4%（见图 6），约有八成农户认可政策的惠农效果。选择"否"的农户很少，只有 18 户，占有效回答的农户样本的 7.4%。总体来看，农民对国家出台家电下乡政策持欢迎态度。对"家电下乡政策是否有成效"的问题，有 193 户选择"是"，占有效回答的农户样本的 79.6%，选择"否"的农户非常少，只有 14 户，其比重为 5.9%。总体上看，农户对于家电下乡政策的惠农目标和成效较为认可。这一态度不仅体现在对家电下乡政策中，还体现在对其他惠农政策的评价上。调查显示，农民对粮食补贴政策、农村合作医疗政策、小额信贷政策三项政策感到"非常满意"和"比较满意"的农户合计，分别为 2506 户、2407 户和 1360 户，占各自有效样本的 87.3%、83% 和 52.4%。显然，国家推出的一系列惠农政策基本为农民所认可，惠农政策变成了一项民心工程。

在调查中也发现，尽管总体上农民认可家电下乡政策，但也有部分农民对政策提出了一些批评。例如，不少农民反映，国家制定政策的出发点是好的，但是一旦政策传递到基层，往往会失去其本来面目，成为基层政府、干部谋取个人私利的工具。按照农民的说法，叫做"上面清清楚楚，下面糊糊涂涂"。由此看来，加大政策在基层的监管力度，强化政策的执

---

① 129 亿元 = 432 * 0.299。

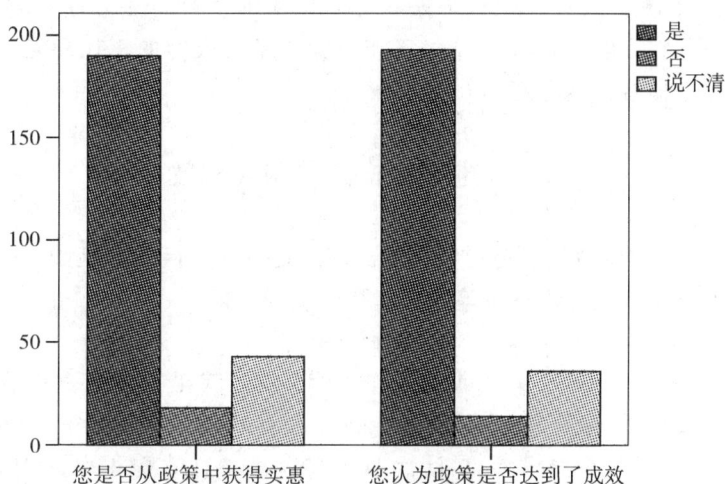

**图6　农民对国家政策惠农效果的评价**

行力度，是将来国家实施新的惠农政策需要重点关注的一个问题。

2. 政策补贴落实较好，农民对补贴兑付程序较满意

对于农民而言，家电下乡直接的实惠是政府补贴。截至8月底，255户购买家电下乡产品288件，其中250件产品的购买者拿到了补贴，占总购买件数的86.8%（见表12），获得政府补贴总额为61431元，户均补贴241元。按照前面的推算，全国约2159万农户购买了下乡家电产品，可以推算全国家电下乡的补贴总额约为52亿元。可以说全国购买下乡家电的农户户均增收241元，全国农民增收52亿元。可以说，家电下乡政策不仅是一项民心工程，更是一项农民的增收工程。

表12　　　　　　　　　255家农户补贴落实情况统计

| 家电产品（件） | 消费总额（元） | 补贴总额（元） | 户均补贴（元） | 补贴比例（%） | 尚未补贴（元） | 未获补贴家电（件） |
|---|---|---|---|---|---|---|
| 288 | 510698 | 61431 | 241 | 12.0% | 5107 | 38 |

调查显示，在已经领取了补贴款的农户中，都为足额补贴。在补贴的获取程序上，有78户农民认为，补贴手续繁杂，占购买农户总数的30.6%；有117户农民认为，补贴手续不繁杂，占购买农户总数的45.9%；23.4%的农民认为，补贴手续复杂程度一般，可以接受。另外调

查显示，有 16 户农民在领取补贴款时支付了手续费，占比为 6.3%。总体上来看，在家电下乡补贴兑付工作方面，基层政府的工作还是较为规范，农民总体持肯定态度。

## 二 家电下乡产品的购买成效

**（一）购买成效较显著：农户购买率接近一成；西南地区购买比率最高，丘陵地带位居其次；中等收入者是购买的主体**

**1. 购买下乡家电的农户比率接近一成**

本次调查了 205 个村，调查农户 2953 户，获得有效信息的样本为 2781 户。255 户购买过家电下乡产品，占有效样本的 9.2%（参见表13）。其中，农户家电购买累计次数为 288 次，有效购买率为 10.4%。可见，接近一成的农户购买了下乡家电产品，家电下乡政策的成效较为显著。

表 13 家电下乡产品总体购买情况

| 调查户数 | 购买户数 | 农户购买率（%） | 购买次数 | 有效购买率（%） |
|---|---|---|---|---|
| 2781 | 255 | 9.2 | 288 | 10.4 |

注：农户购买率是购买户数与调查户数之比；有效购买率是购买次数与调查户数之比。

**2. 西南地区是家电下乡产品购买率最高区域**

表 14 分地区比较家电下乡购买情况

| | 中部地区 | 沿海地区 | 西南地区 | 华北地区 | 西北地区 | 东北地区 | 合计 |
|---|---|---|---|---|---|---|---|
| 有效样本（户） | 910 | 652 | 533 | 365 | 205 | 116 | 2781 |
| 购买户数（户） | 103 | 55 | 65 | 13 | 11 | 8 | 255 |
| 农户购买率(%) | 11.3 | 8.4 | 12.2 | 3.6 | 5.4 | 6.9 | 9.2 |
| 购买次数（次） | 115 | 60 | 76 | 15 | 12 | 10 | 288 |
| 有效购买率(%) | 12.6 | 9.2 | 14.3 | 4.1 | 5.9 | 8.6 | 10.4 |

注：按照抽样调查原则，将调查地区进行如下分类：沿海地区指广东、福建、浙江、江苏、山东、海南等省；中部地区指湖南、湖北、安徽、江西、河南等省；西

北地区指陕西、甘肃、宁夏、青海、新疆等省区；西南地区指云南、重庆、贵州、四川、广西等省区市；华北地区指河北、内蒙古、山西等省区；东北指辽宁、吉林、黑龙江等省。

从表 14 可知，在 2781 户中，中部地区有 910 户，沿海地区有 652 户，西南地区有 533 户，华北地区有 365 户，西北地区有 205 户，东北地区有 116 户。西南地区购买下乡家电产品的户数为 65 户，农户购买次数达到了 76 次；中部地区购买户数为 103 户，购买发生的次数为 115 次。中部地区购买户要比西南地区多 38 户，购买次数也要多 39 次。从购买绝对量上来看，中部地区最多，东北地区最少。但是从实际购买率来看，西南地区的成效更好。在各地农户购买率中（见图 7），西南地区为 12.2%，位于各地区农户购买率之首，比沿海地区高出了 3.8 个百分点，比中部多 0.9 个百分点。华北地区农户购买率最低，仅为 3.6%，比西南地区少了 8.6 个百分点。

从各地区的有效购买率比较来看，西南地区也为最高，达到 14.3%，比沿海地区、中部地区分别多 5.1、1.7 个百分点。华北地区为最低，只占到 4.1%，比西南地区则少了 10.2 个百分点（可参见图 7）。可见，西南地区是调查的各区域中购买家电下乡产品比率最高的地区。

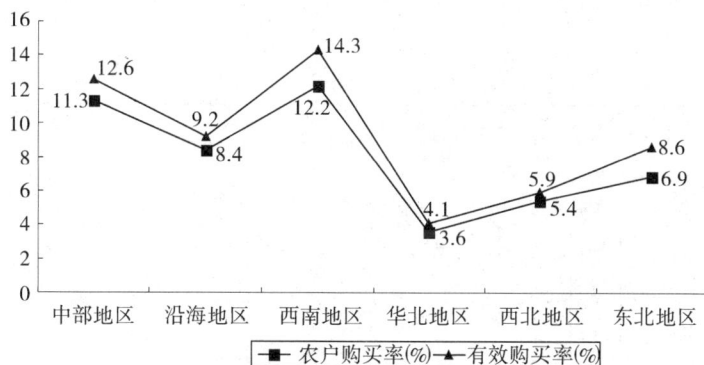

图 7　各地区家电下乡产品的购买率

3. 丘陵地区农户购买下乡产品相对比较多

调查时，我们将村庄按照地形分为平原、丘陵、山地、高原、湖区等五种，从统计数据来看，各个省市都有这五种地形的村庄。从表 15 与图

8 中可知，从地形来看，具有有效信息的样本为 2761 户，其中居住在平原地区、丘陵地区的比较多，分别为 1006 户、986 户，最少的要数湖区，只调查了 31 户。丘陵地区农户购买家电产品的户数有 131 户，占到总购买户数的一半以上，购买次数也发生了 150 次，农户购买率为 13.3%，有效购买率为 15.2%。平原地区的购买户数为 72 户，比丘陵地区少 56户，前者的购买率比后者低 6.1 个百分点，有效购买率比后者低 7.4 个百分点。山地与高原地区各项统计指标均要比丘陵地区少很多。湖区则因调查样本偏少，在购买比率方面却与丘陵地区比较接近，农户购买率为9.7%，有效购买率为 12.9%。通过统计分析，综合比较来看，丘陵地区各项统计指标均高于其他地形区域。因而，丘陵地区对下乡产品的购买要多于其他地形区域。这反映了丘陵地区作物、资源的多样性要高于平原地区，收入来源相对较多。

表 15　　　　　　　　从农户居住地形来分析下乡产品购买情况

|  | 平原 | 山地 | 高原 | 丘陵 | 湖区 | 合计 |
|---|---|---|---|---|---|---|
| 调查农户 | 1006 | 663 | 75 | 986 | 31 | 2761 |
| 购买户数 | 72 | 44 | 4 | 131 | 3 | 254 |
| 农户购买率(%) | 7.2 | 6.6 | 5.3 | 13.3 | 9.7 | 9.2 |
| 购买次数 | 78 | 48 | 4 | 150 | 4 | 284 |
| 有效购买率(%) | 7.8 | 7.2 | 5.3 | 15.2 | 12.9 | 10.3 |

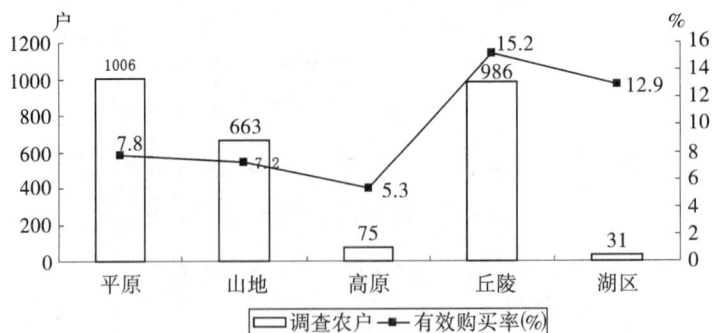

图 8　按农户所居地形比较家电下乡产品的购买率

4. 中高等收入的农户是购买补贴产品的主力①

具有收入信息的农户为 2666 户（见表16），以家庭年毛收入2万元为分组标准，将2666户分为4组，年毛收入在2万元以下、2—4万元、4—6万元以及6万元以上四组，其有效信息农户分别为1218户、778户、318户、352户，四个组分别有100户、70户、44户和40户购买了下乡家电产品，农户购买率分别为8.2%、9%、13.8%和11.4%，有效购买率分别为9.8%、10%、14.2%和12.5%。其中年毛收入在5000元以下的农户256户，购买下乡家电产品只有14户，购买率和有效购买率均为5.5%。可见，中高等收入的农户购买率和有效购买率都较高。年毛收入在5000元以下的家庭购买数量最少，购买比率最低，而且唯独这组没有发生过多次购买行为，其余各组均有多次购买的现象。这表明贫困农户对家电产品购买比较少。

表16　　按家庭年毛收入分组来看家电下乡产品的购买情况

| | 20000元以下 | 其中：0—5000 | 20001—40000 | 40001—60000 | 60000以上 | 合计 |
|---|---|---|---|---|---|---|
| 调查户数 | 1218 | 256 | 778 | 318 | 352 | 2666 |
| 购买户数 | 100 | 14 | 70 | 44 | 40 | 254 |
| 农户购买率（%） | 8.2 | 5.5 | 9 | 13.8 | 11.4 | 9.5 |
| 购买次数 | 119 | 14 | 78 | 45 | 44 | 286 |
| 有效购买率（%） | 9.8 | 5.5 | 10.0 | 14.2 | 12.5 | 10.7 |

注：所调查农户家庭年毛收入平均值为42882元。

按照调查农户的家庭年毛收入平均值42882元为基准，可以将4万—6万元这一收入组的农户，归为中等收入的家庭。通过分析比较，中等收入农户的购买率与有效购买率最高。6万元以上这一组的购买率和有效购买率也较高，但没有4万—6万元这一组高。可以得出如下结论：中高等

① 根据所调查农户家庭的基本情况，按照家庭年毛收入、人口结构特征，以所调查农户家庭年毛收入平均值42882元、家庭平均人口4.5人为标准，将农户家庭分为以下几类：一是低收入家庭，即家庭年毛收入在4万元以下的家庭；二是中等收入家庭，即年毛收入在4万—6万元之间的家庭；三是高等收入家庭，即年毛收入在6万元以上的家庭。

收入的农户是购买下乡家电产品的主力军，其中中等收入的购买欲望最强烈。其主要原因是：贫困家庭买不起，富裕家庭已有而不太需要，或者希望购买更高端的家电产品。

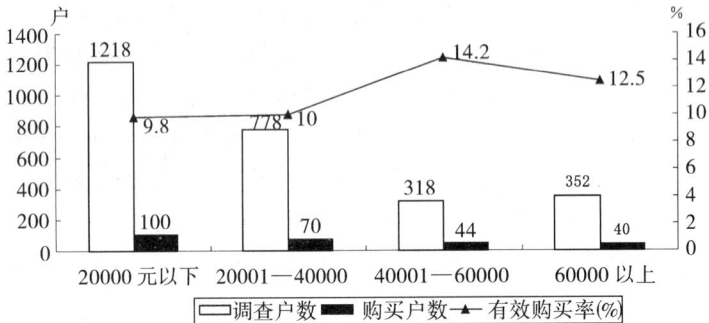

图 9　按家庭收入比较农户购买率

**（二）生活型家电备受青睐，冰箱成为热购产品，电脑也开始走进农家①**

1. 生活型家电产品受到广大农户的青睐，享受型家电成长较快

在农户购买的三大类家电产品中，生活型家电购的买数量为 215 件，占购买总数的 74.7% 品。享受型家电购买数量为 65 件，占购买总数的 22.6%，享受型家电的购买数量不到生活型家电的三分之一。这表明农民仍然以生活型家电购买为主，享受型家电尚没有成为购买的主要对象。其他类型的家电只有购买总数的 2.8%。显然在国家财政补贴政策的刺激下，农民选购家电的顺序是：首先选择生活必需用品，其次才会考虑享受型产品，最后才涉及其他产品。

2. 电冰箱成为农户热购的下乡产品，以"四大件"为主体

农户购买冰箱（柜）最多，达到了 160 台，占下乡家电购买总量的 55.6%；彩电购买了 45 台，占下乡家电购买总量的 15.6%。空调与洗衣机购买数量分别为 32 台与 30 台，占下乡家电购买数量的 11.1% 和 10.4%。

---

① 按照农民生产生活交往行为演变与习惯，将下乡家电分成以下三类：一是生活型家电，与农民日常基本生活关联度高，消费成本不高的家电。主要包括电视、冰箱（柜）、电磁炉等；二是享受型家电，使农民日常生活相对舒适，消费使用成本较高的家电。主要包括空调、洗衣机、热水器等；三是其他类型家电，即除了上述两种之外，暂不便归类的家电，主要包括手机、电脑等。

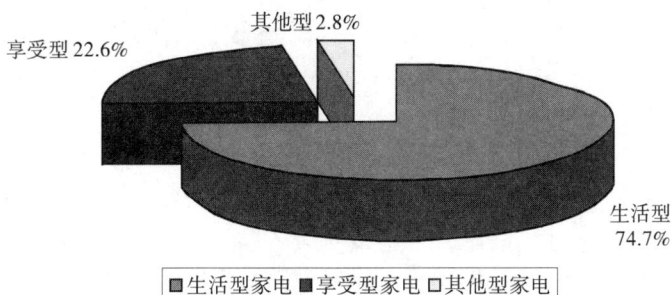

**图 10 农户购买家电的主要类型情况**

冰箱、彩电、空调和洗衣机"四大件"的购买数量占购买总量的92.7%。手机与电脑购买较少，分别只有4台与2台，主要原因是手机已经普及，电脑是一种农民比较陌生的产品，可喜的是它已经开始进入农家。

表 17            **主要下乡家电产品的情况**

| | 冰箱 | 彩电 | 洗衣机 | 空调 | 电磁炉 | 热水器 | 手机 | 电脑 | 其他 | 合计 |
|---|---|---|---|---|---|---|---|---|---|---|
| 购买件数 | 160 | 45 | 30 | 32 | 5 | 7 | 4 | 2 | 3 | 288 |
| 所占比重（%） | 55.6 | 15.6 | 10.4 | 11.1 | 1.7 | 2.4 | 1.4 | 0.7 | 1.1 | 100 |

从图11也可以看出，电冰箱占到农户购买总数的55.6%，其他类产品所占比例均未超过20%。冰箱购买数量比排列第二位的彩电多了40个百分点，比空调也多出44.5个百分点。可以说，冰箱是追求生活品质的农户优先购买的家电产品。其实农户购买家电首选冰箱，也体现了农民理性的一面，因为冰箱能够保存食物，其作用不亚于生产和增收。同时，不可忽视的是，电脑这种只在城市或文化程度较高的家庭中才使用的产品，也开始出现在农家，文化产品也开始受到农民的关注。虽然这只是一个好的苗头，但是我们有理由推测，不久它将会更多地进入农家。

**（三）购买单件家电的农户最多，农民购买与否受补贴影响，购买数量与收入无关，中等收入农户是购买的主力军**

1. 大部分农户只购买一件下乡产品

在255户中，226户购买1件、27户购买2件、2户购买3件家电下

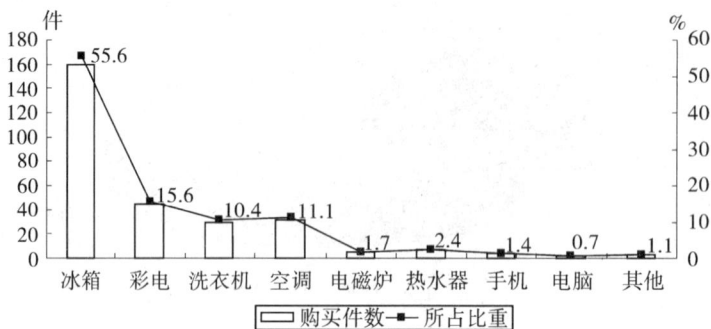

**图 11　农户购买主要家电产品的比例**

乡产品（见表 18），农户比重分别为 88.6%、10.6%、0.8%，对应的年均毛收入分别为 40336 元、48800 元和 63448 元，占购买农户的 88.6%。表明多次性购买下乡家电的农户比较少，年毛收入在 4 万元左右的农户为下乡家电产品购买的主力军，农户实际购买次数与家庭年收入呈正向关系。

表 18    农户购买数量统计表

| 购买数量 | 频数 | 有效比例（%） | 累积比例（%） | 农户户均年收入（元） |
|---|---|---|---|---|
| 1 | 226 | 88.6 | 88.6 | 40336 |
| 2 | 27 | 10.6 | 99.2 | 48800 |
| 3 | 2 | 0.8 | 100.0 | 63448 |
| 合计 | 255 | 100 | 100 | —— |

2. 农户购买的数量与财政补贴有着直接关系

从表 19 中可知，购买数量与财政补贴的相关系数为 0.220，显著性水平为 0.001（双尾检验）。虽然相关系数较低，但是显著性水平相当低，这说明购买数量与财政补贴的相关性十分显著。因而，从计量结果来看，财政补贴对农户家电购买数量有着较大的刺激作用，即财政补贴与农户购买数量相关。

表 19                两变量相关分析结果统计表

|  |  | 购买数量 | 财政补贴 |
|---|---|---|---|
| 购买数量 | 相关系数 | 1 | 0.220** |
| | 显著水平 | . | 0.001 |
| | 交叉积平方和 | 54.259 | 7370.477 |
| | 方差 | 0.214 | 30.583 |
| | 样本 | 255 | 242 |
| 财政补贴 | 相关系数 | 0.220** | 1 |
| | 显著水平 | 0.001 | . |
| | 交叉积平方和 | 7370.477 | 24890452.369 |
| | 方差 | 30.583 | 103279.885 |
| | 样本 | 242 | 242 |

** Correlation is significant at the 0.01 level (2 – tailed).

注：此例选择皮尔逊相关系数（PEARSON CORRELATION）进行分析，对相关显著性选用双尾检验。

**（四）下乡家电购买均价：东北最高，西北最低；富裕户最高，贫困户最低；空调支付价格较集中，价格在 1800 元左右的家电最受欢迎**

1. 下乡家电购买均价集中在 1800 元左右

表 20 是对家电购买价格的描述性统计分析，其中 7 件产品缺少价格信息被剔除。有价格信息的购买次数为 281 次。其中，购买价格最高为 4600 元，最低为 150 元，两者之差即极差为 4550 元。均值为 1792.416 元，标准差为 687.255 元，峰度系数为 0.805，偏度系数为 0.092。

表 20            对家电购买价格的描述性统计分析表

|  | 样本 | 极差 | 最小值 | 最大值 | 均值 | 标准差 | 峰度系数 | 偏度系数 |
|---|---|---|---|---|---|---|---|---|
| 价格 | 281 | 4450.00 | 150.00 | 4600.00 | 1792.416 | 687.255 | 0.805 | 0.092 |

注：对缺失值采用列删除方法（LISTWISE）。

农户购买家电的平均价格为 1792.416 元，购买价格变化范围在 150—4600 元之间。表明农户购买下乡家电产品的价格变化比较大，但是峰度系数为 0.805，比正态分布曲线更陡峭。这说明农户购买价格在平均价格附近比较集中。从总体来看，农户购买下乡家电的平均价格集中在 1800 元左右，换句话可以说，农户对价格在 1800 元左右的下乡家电产品，需求比较大。

2. 农户支付均价：东北地区最高、西北地区最低

东北地区支付的平均价格最高，为 2090 元（见表 21），西北地区最低，为 1338 元，东北地区比西北地区的平均价格高出了 752 元，比全国平均价格 1792 元也高出近 300 元。华北地区和西南地区的均价为 1688 元、1704 元。中部与沿海地区的平均价格差距不大，分别为 1847 元、1863 元，低于东北地区，但是比全国平均支付价格高，更比西北、华北地区高。另外，东北地区、华北地区和西北地区的购买均价的标准差比较大，说明了这些地区农户购买下乡家电产品的价格偏好比较分散，而中、东部地区购买均价的标准差比较小，说明农户价格偏好比较集中。

表 21　　　　　　　　　　各地区支付平均价格比较表

| 区域分类 | 平均价格 | 样本数 | 标准差 |
| --- | --- | --- | --- |
| 沿海地区 | 1863.4000 | 60 | 653.64429 |
| 中部地区 | 1846.9286 | 112 | 652.47875 |
| 西北地区 | 1338.1667 | 12 | 856.97786 |
| 西南地区 | 1704.1216 | 74 | 602.11549 |
| 东北地区 | 2090.0000 | 10 | 1014.83441 |
| 华北地区 | 1688.1538 | 13 | 968.57549 |
| 合计 | 1792.4164 | 281 | 687.25521 |

注：有效样本比例为 98.6%。地区分类标准与前面相同。

3. 农户支付均价：富裕户最高，穷困户最低

富裕户与中等户的购买均价相差不是很大，分别是 1834.13 元、1824.61 元，相差不到 10 元，但超过了 1784.44 元的全国平均水平。这说明富裕户与中等户在购买下乡家电产品的价格方面并不存在太大的差异。贫困户的支付平均价格为 1523.73 元，低于富裕户与中等户。这说明农户支付均价与收入水平呈正相关的关系，收入越高，支付均价越大。另外，富裕农户支付平均价格的标准差比较大，说明富裕户在价格方面选择的空

间相对较大，他们既可以选择价格比较高的下乡家电产品，也可以选择价格相对较低的下乡家电产品。

表22 不同条件家庭支付平均价格比较表

| 家庭条件 | 均值 | 样本 | 标准差 | 最小值 | 最大值 |
|---|---|---|---|---|---|
| 富裕 | 1834.13 | 127 | 741.770 | 150.00 | 4600.00 |
| 中等 | 1824.61 | 109 | 633.125 | 180.00 | 3400.00 |
| 贫困 | 1523.73 | 41 | 605.656 | 550.00 | 2599.00 |
| 合计 | 1784.44 | 277 | 687.804 | 150.00 | 4600.00 |

注：样本有效比例为97.2%，与上表统计的均值存在一定误差。有4户缺少农户收入指标，因此有效信息样本为277户。

4. 农户需求集中度：电脑3000元左右，空调2500元左右，冰箱2000元左右，彩电1400元左右

从农户购买的家电品种情况来看（见表23），购买均价最高为电脑，为2790元；其次是空调，为2479元；冰箱居于第三，为1959元；热水器为1767元；彩电为1399元；手机为416.5元；最低的为电磁炉，仅207元。购买均价反映了各类产品的价值，但也从一个侧面反映了农民对

表23 各种产品平均价格比较表

| 产品类别 | 均值 | 样本 | 标准差 | 峰度系数 | 偏度系数 |
|---|---|---|---|---|---|
| 冰箱 | 1959.37 | 161 | 402.987 | 0.363 | −0.378 |
| 彩电 | 1399.13 | 46 | 843.447 | 4.658 | 2.037 |
| 洗衣机 | 1048.93 | 27 | 407.255 | 0.104 | 1.097 |
| 电磁炉 | 206.7500 | 4 | 64.60844 | 2.438 | 1.440 |
| 空调 | 2479.23 | 31 | 482.452 | 4.382 | 1.663 |
| 热水器 | 1766.67 | 6 | 643.946 | −2.490 | 0.211 |
| 手机 | 416.5000 | 4 | 90.60353 | 3.229 | 1.802 |
| 电脑 | 2790.00 | 2 | 268.701 | . | . |
| 合计 | 1792.42 | 281 | 687.255 | 0.805 | 0.092 |

此类产品平均需求的集中程度，即电脑 3000 元左右，空调 2500 元左右，冰箱 2000 元左右，彩电 1400 元左右。从标准差来看，最大为彩电，达 843 元；最小为手机，仅 91 元。说明了农民对于彩电的选择，差异较大，有相当大一部分农户购买价格较高的彩电，也有相当大一部分农户购买价格较低的彩电。

**（五）"三下乡"产品：家电购买数量最多、均价最低；农机东北购得多，汽车西南卖得好**

1. 购买数量：家电最多，农机汽车很少

在 2781 有效信息样本中，购买家电下乡产品的农户数为 255 户，购买农机的为 71 户，购买汽车的为 41 户（见表 24）。购买家电的户数最多，这与家电产品价格较低和农民日常生活需求有关。从购买数量来看，家电购买 281 件（有 7 户缺少价格信息，剔除了），购买金额达到 503669 元，平均每件家电购买价格为 1792 元。农机与汽车购买数量不多，但支付金额比较大，平均每套农机购买价格为 10770 元，平均每台汽车购买价格为 21660 元。

表 24　　　　　　　　　　下乡家电、农机、汽车购买比较

|  | 家电 | 农机 | 汽车 |
|---|---|---|---|
| 购买农户（户） | 255 | 71 | 41 |
| 购买数量（件） | 281 | 93 | 41 |
| 购买总额（元） | 503669 | 1001610 | 888060 |
| 平均购买金额（元） | 1792 | 10770 | 21660 |

从家电、农机、汽车购买户数与有效信息的农户对比来看，家电、农机、汽车购买户数分别占到有效信息农户的 9.2%、2.6%、1.5%（见图 12）。农户下乡家电购买数量最多，购买比率最高；农户购买下乡农机和下乡汽车的数量比较少，比率也较低。虽然农机补贴政策已实施近五年，但农户购买下乡农机的数量并不多。这可能与农机购买价格高、农民经营规模小、需求不大以及山区农机无法使用等因素有关，另外，与政策的宣传不到位、补贴品种较少也有很大的关系。

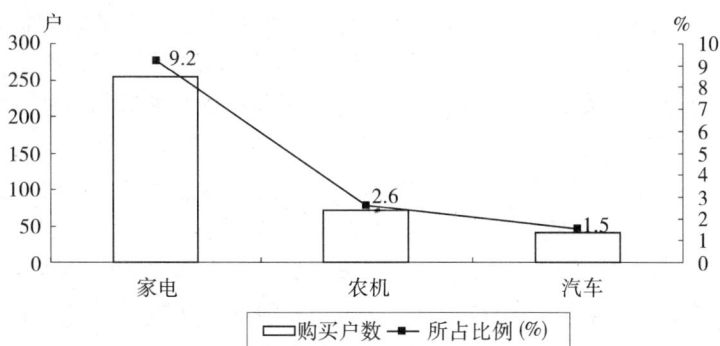

**图 12　下乡家电、农机与汽车购买比例**

注：有效信息样本数为 2781，以户数为统计单位。农机数为已获补贴的数量，摩托车归类于汽车。

2. 支付均价：家电最低，汽车、农机很高

农户购买家电的平均价格为 1792.416 元，标准差为 687.2550；农机的平均价格为 10770.22 元，标准差为 19666.86；汽车的购买均价为 21660.21 元，标准差为 20432.18 元。农户购买农机、汽车的标准差比较大，说明了农户在价格的选择方面差别比较大。综上所述，可以得出如下结论：在"三下乡"产品中，家电购买均价最低，汽车和农机很高，而且汽车和农机购买价格的差异也比较大（见表 25）。

表 25　　　　　　　　　**家电、汽车、农机价格描述性分析比较**

| | | 家电 | 农机 | 汽车 |
|---|---|---|---|---|
| 样本 | Valid | 281 | 93 | 41 |
| 均值 | | 1792.416 | 10770.22 | 21660.21 |
| 标准差 | | 687.2550 | 19666.86 | 20432.18 |
| 最小值 | | 150.00 | 230.00 | 2300.00 |
| 最大值 | | 4600.00 | 100000.0 | 71000.00 |

注：此表按农户购买次数来计算。

3. 农机东北购买率高，汽车西南卖得好

从家电来看，前面已经分析过，西南地区和中部地区农民的购买率较

高，分别为 14.3% 和 12.6%；华北地区和西北地区购买率比较低，分别为 4.1% 和 5.9%。总体而言，西南地区家电购买情况最好，西南地区并不是我国经济发展水平最好的区域，但是家电下乡产品的购买效果反而在该区域表现得比较好。

从农机来看，与家电购买相比，农机购买量不是很多。中部地区购买量最大，为 31 台（见表 26），但购买率却不高，只有 3.4%。东北地区的购买率比较高，为 7.8%，西南、西北、华北地区分别为 4.5%、3.9% 和 3%。沿海地区购买率最低，只有 1.5%。农机在东北地区购买率相对较高，这与东北地形以平原居多、家庭户均耕地较多有关。这也说明，农机特别是大型农机具，在丘陵、山区使用面会很窄，四川的数据能够证明这个观点。

从汽车来看，购买下乡汽车的农户更少。在 2781 户中，购买下乡汽车、摩托车只有 41 户、41 台（见表 26）。西南地区下乡汽车、摩托车的购买率较高，为 3.6%。东北地区为 2.6%、中部地区为 1.3%、西北地区为 1%、沿海地区和华北地区的购买率都为 0.5%。

总体上来说，农机在东北卖得比较好，家电、汽车、摩托车在西南地区卖得好，而且西南地区对这三类下乡产品的总体购买率都较高，扩大需求的潜力比较大。从地区来看，东北地区的下乡农机、汽车，农民的购买率比较高；西南地区家电、汽车，农民的购买率高。

表 26　　　　　　各地区家电、农机、汽车购买情况比较表

| 地区 | 调查 | 家电 | | 农机 | | 汽车 | |
|---|---|---|---|---|---|---|---|
| 分类 | 户数 | 购买量 | 购买率 | 购买量 | 购买率 | 购买量 | 购买率 |
| 沿海地区 | 652 | 60 | 9.2 | 10 | 1.5 | 3 | 0.5 |
| 中部地区 | 910 | 115 | 12.6 | 31 | 3.4 | 12 | 1.3 |
| 西北地区 | 205 | 12 | 5.9 | 8 | 3.9 | 2 | 1 |
| 西南地区 | 533 | 76 | 14.3 | 24 | 4.5 | 19 | 3.6 |
| 东北地区 | 116 | 10 | 8.6 | 9 | 7.8 | 3 | 2.6 |
| 华北地区 | 365 | 15 | 4.1 | 11 | 3 | 2 | 0.5 |
| 合 计 | 2781 | 288 | 10.4 | 93 | 3.3 | 41 | 1.5 |

注：地区分类标准与前面相同，购买率 = 购买量/调查户数。

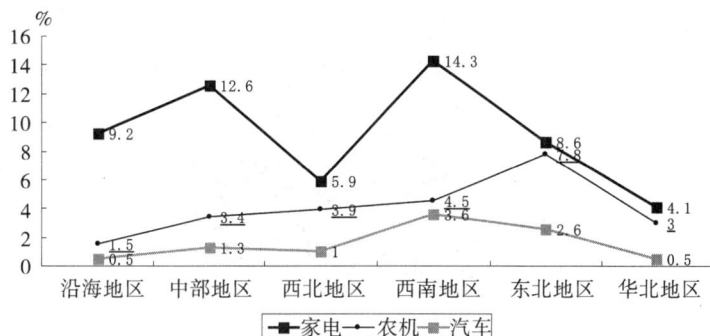

图 13　各地区家电、农机、汽车有效购买率比较

注：此图按农户购买次数来计算。地区分类标准与前面相同。

## 三　家电下乡需要关注的十个问题

### （一）下乡政策宣传不到位

1. 政策宣传方式比较单调

家电下乡：地方政府宣传较少，宣传方式单一。统计分析发现，通过电视媒介了解政策的农户最多，为1314户，占有效样本的61%；其次为政府宣传，有257户，占有效样本的11.9%。销售点的宣传为6.3%。农民反映，获取政策信息的途径主要是中央电视台和新闻类节目，有891户通过中央台了解，占有效样本的67.8%。这说明家电下乡政策的宣传，仍然以中央新闻部门的统一宣传为主，地方政府的宣传工作不到位，且宣传手段比较单一。

农机下乡：农民最需要政府宣传，但难以看到政府。调查显示，在知道农机下乡政策的1965户中，有967户是通过电视或广播来了解这一政策，占知晓政策农户的49.2%（见图14）。从政府及其他方式获知信息的只有167户，占知晓政策农户的8.5%。相对农户对农机下乡政策信息的需求来看，这种政策信息传输方式远不能满足农民的需求。农机购买户认为，对于农机下乡政策，政府宣传非常重要，因为农机对操作、质量、技术方面的要求比较高，加之购买价格如此高，农民担心虚假的宣传，担心上当受骗，因此迫切需要从政府的宣传中了解信息。然而实践中，政府的农机下乡宣传却很难满足农民的需要。

　　大部分农民只知道有补贴之事，却不知道具体的操作流程。农民大多通过电视媒体了解产品下乡政策的部分信息，只是知道购买下乡家电、农

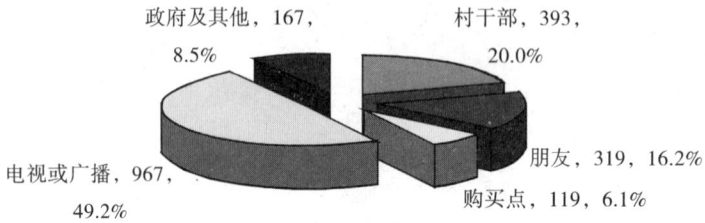

政府及其他，167，
8.5%

村干部，393，
20.0%

朋友，319，16.2%

购买点，119，6.1%

电视或广播，967，
49.2%

图 14　农民获知农机下乡政策的渠道

机、汽车、摩托车，政府给予一定的优惠和补贴，但是具体是哪些产品、哪些型号、哪些环节、哪些流程、哪些手续并不十分清楚。由于下乡政策宣传不到位、不具体，农民不知从何处了解，想购买也不知如何着手。

　　2. 乡村对下乡政策的宣传重视程度不够

　　对于"村庄干部是否传达过产品下乡政策"的问题，51.7% 的农户反映，村干部进行过宣传（见图 15），但宣传流于形式。43.3% 的农户反映，村干部没进行过任何形式的宣传。显然，村干部对家电、农机、汽车下乡政策宣传得不太多，村庄宣传渠道没有利用起来。

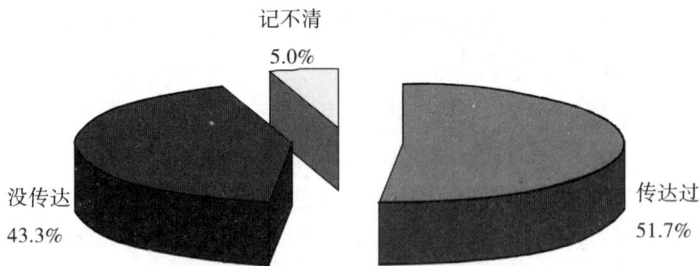

记不清
5.0%

没传达
43.3%

传达过
51.7%

图 15　村干部是否传达过政策的情况统计

　　农民普遍反映，乡镇并没有进行下乡产品的政策宣传。倒是下乡产品销售点，有宣传资料、横幅，有的还有喇叭，南方地区，如湖南、江西尤其如此，乡镇销售点的促销搞得非常热闹。显然，对于产品下乡政策，基层政府没有发挥应有的职能，没有根据当地农村的实际情况，制定具体的

推广、示范措施，没能使下乡政策为农民所知晓和理解。农民反映，在购买下乡产品时依然感到手足无措，无从着手。

### （二）补贴方式需要进一步改进

补贴比例单一，补贴范围较窄。农民反映，所有家电产品的补贴比率均为13%，不尽合理。高端产品和低端产品应有些差异，而且一些较高端的产品不在补贴范围之列，农民不太理解。随着经济的发展，农民的生活水平逐渐提高，购买能力远比想象中要强，特别是农民迫切希望缩小与城市生活的差距，农民对高端家电产品也表现出较大需求。有三成左右的农民认为，家电下乡产品价格偏低，要求将高端产品，如大尺寸的液晶电视、中高端手机也纳入补贴范围，而且希望高低端产品补贴率应有一些差别，便于农民根据自身能力而选择性地购买。

价格限额与购买次数限额，限制了农民的购买行为。下乡政策对农民购买摩托车的最高补贴为650元；购买汽车的最高补贴为5000元。彩电超过3500元、冰箱（含冰柜）超过2500元、手机超过1000元就不能享受补贴。有些地区对25英寸以上的彩电以及液晶显示器或者对价格超过3500元以上的高档家电也不给予补贴。而且还有的地区规定，每家每户只能购买2件下乡家电产品。要享受汽车和摩托车政府补贴，必须办齐所有的驾照、检车、上牌、保险等手续，考驾照的费用在1000元左右，其他手续根据地区不同而有差异，费用一般在800—1000元之间，农民购车成本远远高于补贴收益。在一些偏远的农村，农民不办手续，也可以直接上路行驶。对摩托车而言，650元的补贴激励效果有限。

就地购买、就地补贴，将外出打工人员拒之门外。家电下乡补贴和户口本、身份证、粮食直补存折挂钩，其目的是杜绝骗取补贴的行为，但也有一定的局限性。如今外出务工经商的农民达到了1.4亿，这部分农民常年生活在城市和工厂，就地购买、就地补贴政策剥夺了这部分农民享受家电补贴的权利，同时也使家电下乡政策的成效大打折扣。

### （三）品种和价格选择空间较小

产品品种较少，农民选择余地少。购买过下乡产品的农户总体认为，下乡家电产品的质量与价格比较适中。但从实际需求角度来看，下乡产品的品种较少，农民选择的空间不大。从下乡家电产品的品种数量来看，认为种类"很多"以及"较多"的农户分别有 67 户和 63 户，占购买农户的 27.3% 和 25.7%（见图 16），两者合计为 53%。认为品种"一般"的有 66 户，占有效回答的样本总数的 26.9%；认为产品品种"较少"的有 40 户，占购买农户的 16.3%；认为产品品种"很少"的只有 9 户，约占购买农户的 3.7%，三者合计为 46.9%。显然，下乡产品品种还有待增多，选择空间有待扩大。不少农民反映，如果在增加产品品种的同时，适当扩大补贴产品的范围，应该更能造福农民，从而使更多的农民受惠于国家的下乡政策。

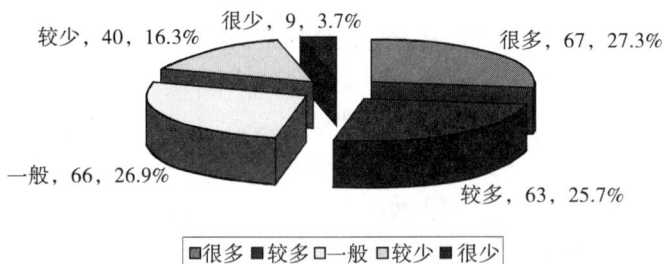

**图 16　农民对下乡家电产品品种的评价**

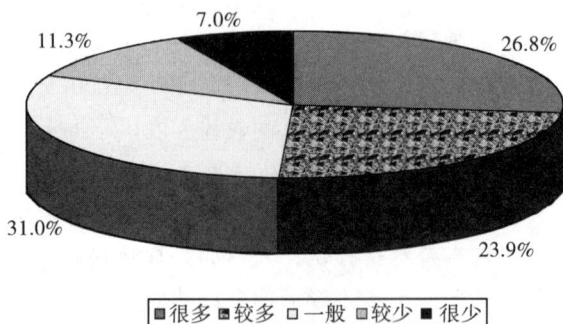

**图 17　农户对下乡农机品种的评价**

农机产品价格偏贵，农民买不起。从下乡农机的情况来看，农民普遍反映，农机下乡的品种太少，价格较贵。在 2953 户中，购买下乡农机产品的只有 71 户，有 35 户认为农机下乡品种"一般"、"较少"、"很少"，三者合计占购买农户的 49.3%（见图 17），接近购买户数的一半。说明农机下乡产品多样化方面还存在一些问题，限制了农民的选择范围。71户共购各类下乡农机产品 93 台，其均价为 10770.22 元，最低价格 230元，最高价格为 100000 元。相对于农民收入水平，农机产品价格太高，即使有补贴，村民也买不起。

产品款式较陈旧，功能不多。农民反映，下乡家电产品款式比较陈旧，功能不多。调查员在乡镇商场调查时也发现，标有"家电下乡"标志的电器也存在款式陈旧、功能不多等问题。就海尔、西门子冰箱来说，家电下乡机型与该品牌其他机型相比较，在价格方面的确便宜一些，但是经过仔细比较就可发现，家电下乡产品的材质、规格和该品牌其他机型尚有一定距离，同时在功能方面也逊色不少。

### （四）产品设计目标较单一，针对性不强

下乡产品设计目标是中等收入水平的农户，产品既不属于高端，也不属于低端。这种设计目标和供给理念，将庞大的低收入农户和高收入农户排斥在下乡产品购买群体之外。收入水平较低的农户需要较为低端的家电产品，满足日常生活的需要，如电扇、豆浆机、甩桶等简单的家电和小型农机具。农村也有部分先富起来的农户，家庭收入水平相对较高。这部分农户大多于 2000 年以前就已经购买了基本家电。下乡家电产品无论是质量，还是款式，或是功能都与已有家电产品类似，即下乡家电产品不能满足他们对产品升级替换的需求。这类农户希望下乡家电产品能升级换代，推出质量、价位更高，功能更多，款式更新颖的家电产品，同时也希望厂家提供高、中、低不同档次的产品，以满足不同消费层次的需要。显然，下乡家电产品的品种太少、档次偏低、消费群体针对性不强，也制约了下乡政策的成效。

### （五）售后服务不热情，不到位

购买家电的部分农户反映，厂家商家售后服务质量较差，态度不太好。农民普遍认为，在销售点购买家电时比较方便，服务态度很好，销售员承诺：如产品出现质量问题，打个电话，维修人员就会自动上门服务。但下乡家电产品一旦出了问题，经销商总以"忙"或者"稍后就到"为借口，推迟上门服务的时间。

下乡家电产品市场覆盖面狭小，销售网点和服务网点尚不健全。下乡

家电的售后服务跟不上销售形势。农民购买下乡家电产品后出现的质量问题难以得到及时有效的服务，其主要问题是，农村地区维修服务网点少、技术服务水平低、配件供应量小而不全、服务人员素质差等。现有的售后服务问题，只是个案。但是随着时间的推移，下乡家电产品的质量和使用问题将会逐步出现，如果售后服务跟不上，不仅下乡家电政策的信誉会受损，甚至连厂商的信誉也会赔上。

另外，也有农户反映，下乡产品虽然便宜，但是维修的配件难以购买，即下乡产品是专门设计的，产品配件通用性比较差。据辽宁一农户反映，他购买了一台农机但是维修找不到配件，只好请维修点制作。另外，辽宁有一个地区几十户农机购买户认为购买农机产品上当了，现在准备联合起来上访。

### （六）对厂商不太信任，观望等待的农户较多

由于过去商家、厂家的诚信问题，有不少农民对厂家和商家不太信任。一是对价格不太信任。不少农户认为，下乡产品的价格虚高，补贴前后差异不大，购买补贴产品与非补贴产品的差额不大。有农户认为，家电下乡产品不能打折，而非下乡产品能够打折，后者打折后的价格与前者相差不大。因此，农民觉得，下乡产品既使得到补贴也不会比同类产品更便宜。二是对质量不太信任。现在农民比较注重产品质量，有不少农民担心，生产厂家可能借家电下乡，以次充好，销售积压产品，害怕买到积压、淘汰产品，或者以旧翻新的产品。三是对售后服务的不信任。农民担心厂家、商家一卖了之，担心售后服务跟不上，担心下乡产品的通用性差。特别是农民居住相对分散，而家电维修服务网点少、小、乱、弱，而家电企业在农村规划和建设维修服务网点少，这也增添了农民对售后服务的疑惑。显然，这些对厂家、商家不信任的农户，抱着"等等看"的态度观望、徘徊，这也在一定程度上影响了下乡政策的实效。

### （七）家电拥有量影响了下乡政策的效果

不少农户已经拥有家电、摩托车、农机，在现有产品没有淘汰前，即使下乡产品再便宜，农民也不会购买。农民有个心理"新三年，旧三年，缝缝补补又三年"，产品不到最后报废不会换新。这个因素也影响了下乡政策的成效。调查显示，在 2953 户中拥有手机的农户有 1629 户，占到样本总数的 55%（见图 18）；拥有洗衣机的农户为 1292 户，占样本总数的

43.8%；已购买冰箱的农户为 1006 户，占样本总数的 34.1%；拥有空调的 305 户，占样本总数的 10.3%；拥有摩托车的 1179 户，占样本总数的 40%。这些拥有家电、摩托车的农户，在已有家电、摩托车没有报废前，不会购买新的家电和摩托车。因此，如果下乡产品不更新换代，拉开与农民拥有产品的档次或者款式，农户很难下决心购买新的家电。

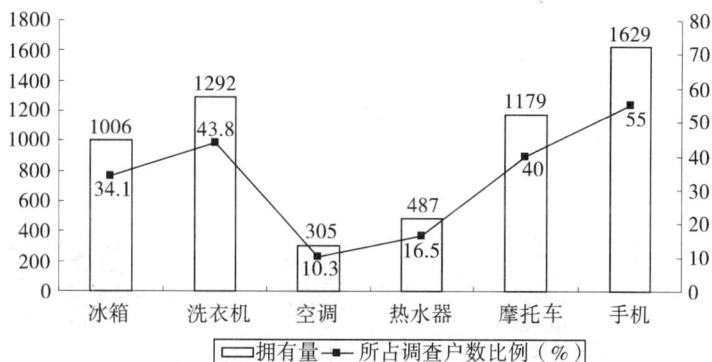

**图 18　农户现有主要家电、摩托车拥有情况**

注：统计数据为农户于 2007 年 12 月前购买的数量。

### （八）农民收入水平成为家电下乡的硬约束

虽然近几年农民收入增长较快，但是农民总体上并不富裕。调查员在调查时问农民，"为什么不购买下乡产品"。很多农民回答，"不是不想买，而是没有钱，买不起"。显然，并不是农民不需要家电，而是农民根本无钱购买家电。另外，有些农民反映，家电是"买得起用不起"，如空调、冰箱等消耗型家电更是如此。据测算，如果一个家庭正常使用电视、冰箱、洗衣机等各一台（件），一年的费用最低也需要 800 元，最高需要 3000 元左右，前者相当于 2008 年农民人均纯收入 4761 元的 16.8% 左右，后者相当于 63.01%。显然，农民的经济支付能力和承受能力仍然是家电下乡的一个重大约束。

### （九）农村基础设施水平影响了下乡成效

公路通畅情况影响了下乡产品的销售。调查中发现，在广大农村地区，基础设施供给无法满足下乡家电的需求。首先是乡村道路制约了汽车、摩托车、农机的购买。从调查的数据来看，实现"村村通"的村庄为 179 个，占 203 份有效样本的 88.2%（见图 19）。实现"组组通"的村庄有 133 个，占 196 份有效样本的 67.9%，没有实现"组组通"公路的村庄 63 个，占 32.1%。实现"户户通"的村庄则更少了，只有 120 个村，占 191 份有效样本 62.8%，还有 71 个村庄没有实现"户户通"公路，占比达到 37.2%。

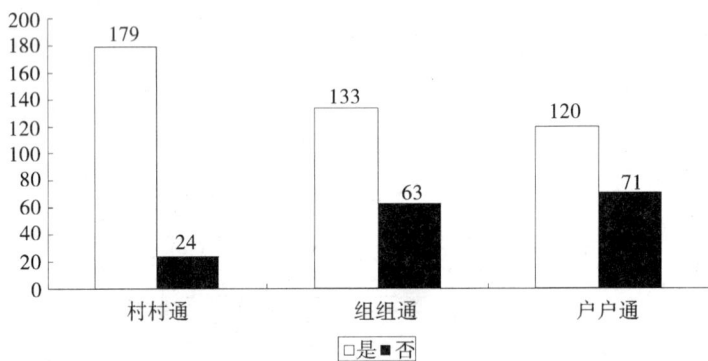

**图 19　所调查村庄公路通达情况**

公路硬化情况也影响了产品下乡。调查村庄的道路硬化情况也不容乐观。硬化公路里程占村庄公路总里程的 47.1%，还有 38.9% 的道路为砂石公路或者泥土地路面。道路路况也在一定程度上影响了下乡汽车、摩托车和农机产品的购买。

表 27　　　　　　　　　所调查村庄道路硬化情况

| | 硬化公路里程 | 砂石公路里路 | 公路里程 |
| --- | --- | --- | --- |
| 村庄个数 | 175 | 142 | 190 |
| 平均里程 | 5.2026 | 5.2946 | 10.1820 |
| 小计 | 910.45 | 751.83 | 1934.59 |
| 所占比例（%） | 47.1 | 38.9 | 100 |

"三网"建设情况也制约下乡的成效。农村电网改造的不彻底导致供电不正常、电压不稳，村民买了电视不能正常收看，买了空调不能启动；自来水不畅、水压不足，买了洗衣机也转不起来，只能当米缸用；有线、无线电

视网络建设滞后，买了电视也收不着台；通信覆盖盲点多，购买了手机当玩具用。显然，"三网"基础设施是否配套也直接影响下乡产品的成效。

### （十）基层部门市场监管不到位

基层政府也存在对下乡产品市场管理不到位的问题。一是部分非招标企业、非指定商家也打着家电下乡的牌子搞促销活动，个别中标家电生产代理商将中标产品发给非家电下乡指定网点销售。二是商务主管部门对中标企业的管理缺乏手段，对违规行为没有制约措施，难以有效遏制。显然，家电下乡政策如何解决鱼龙混杂、"李鬼充李逵"的问题也是下一步要关注和解决的问题。三是质量监管部门对农民质量投诉不太重视，特别是没有针对农民的特点，设置专门的投诉中心和纠纷调解中心。这些问题也是影响农民购买的重要因素。

## 四　完善家电（农机汽车）下乡政策的建议与措施

总体的原则就是在产品下乡的同时，服务、监督、管理、金融、培训、技术、售后等都要下乡，确保下乡政策的通畅，维护政府下乡政策的信用和下乡产品的声誉。

### （一）要完善产品下乡机制，加强市场监督与服务保障

明确政策思路，完善家电、农机、汽车下乡机制。要把下乡产品的质量、品质放在第一位，坚持招标制度的公开、透明，坚决杜绝暗箱操作、人情操作等不良行为的发生。各中标企业，必须根据农村市场的客观情况与消费特点，有针对性的提高生产、销售及售后服务水平，切实维护下乡产品的信誉。企业要适应农村使用的特点，研发、生产、提供具备防虫、防鼠、防潮等功能的家电产品。从源头上保证农民购到质优、价廉、实用、节能、环保的下乡产品。

强化地方政府的责任，确保家电、农机、汽车下乡政策落实到位。家电下乡不能只有政策没有执行，地方政府也要积极参与、配合国家政策，财政配套要及时足额到位。对部分经销商的违规、违法操作行为，如假冒指定下乡产品销售点、强制性搭售非补贴产品等，地方监管部门要依法做好市场监督工作，遇到问题时要适时、恰当地处理，维护政府形象。确保

农民利益的同时，推出更多人性化的管理制度，将便民惠民的理念，贯彻到产品购买、补贴、售后服务等各个环节中去。

完善服务保障体系，为已购买或计划购买下乡产品的农民提供索赔、投诉维权机制。发挥现有电话及网络等投诉机制的作用，建立相应的意见反馈与问题受理部门。为了方便农民索赔、投诉，可以针对农村特点，采取"集市办公"受理、专门受理、乡村巡回受理、产品回访受理等方式，解决农民在投诉中"门难进、人难找、脸难看"的问题。

建立有效的监督惩罚机制，从源头上保证农民消费权益，维护政府形象和企业信誉。在完善招投标机制的基础上，对"三下乡"产品生产、销售、售后服务环节进行有效的管理和监督；定期或不定期的进行检查，对违规行为，要"发现一起查处一起"；对接到的农民投诉，要直接追究厂家责任，索取赔偿；对于违规或投诉达到一定次数的厂家要采取警告、罚款、取消供给下乡产品的资格等处罚手段，净化下乡政策的市场环境，保障农民消费权益，维护政府形象和企业声誉。

督促招标厂家、商家尽快完善售后服务网络和下乡产品的通用配套性。各级政府部门要严格督促厂家、商家在产品下乡的同时，售后服务也要下乡。各级政府要配合厂家和商家的售后服务部门，在下乡产品购买相对集中的区域，因地制宜地对农民开展维修服务培训、技术培训，如家电维修、农机的使用及维修、汽车的保养与维修等等。在具备条件的村庄培训专业服务人员，既能解决村庄内部服务问题，又能开辟新的就业和创业门路。

另外，可考虑打破地域限制，实现通购通兑，方便务工经商农民购买下乡家电产品。针对外出务工经商农民大量存在的现实，以及一些农户居住地与指定购买点、兑付地点比较远，购买成本较高的问题，建议实施异地购买制度。要打破地域束缚，完善地区衔接机制，实现异地购买、本地补贴；异地付款、本地拿货；异地购买，异地补贴的制度。从农民实际需求出发，方便农民，减少农民的购买成本，使所有的农民都能够享受国家的惠农政策，全方位维护、保障农民的政策利益。

### （二）改进宣传方式，明确宣传责任，强化宣传的针对性

家电下乡政策宣传要精细化、生活化、乡土化。针对许多农民不了解、没参与、未享受产品下乡政策的问题，要继续加大宣传力度，将以往粗放式的宣传方式精细化、生活化，确保农民平等的享受到国家的优惠政

策。要继续加大电视、广播、报纸等主流媒体的宣传力度，以新闻、广告形式宣传家电下乡政策和具体流程。同时，要借助网络、手机等现代化传播媒介，让农民充分了解政策细节。要迎合农村乡土文化的特点，动员乡村干部开展"进村入户"的宣讲，发挥乡村熟人传递信息的特点，可以通过购买示范、熟人带动等方式直接激励农民购买。

要明确家电下乡政策宣传工作的责任，政府、企业、商家各司其职。宣传工作要做到多而不重、繁而不乱，要分工明确、各司其职。政府要主导政策及制度层面的宣传，企业或销售点要负责产品、补贴操作层面的宣传，要优化信息资源，充实信息内容。要将宣传工作细化到每个流程，力争从多角度深入宣传家电、农机、汽车下乡政策，扩大政策效果，让有能力购买、想购买的农民享受到国家政策的优惠。

家电下乡政策的宣传要有针对性，对不同的群体采取不同的宣传方式。家电下乡政策的宣传工作要有针对性，对于已经购买家电农户鼓励其继续购买，对于观望、徘徊的农户，通过宣传打消其顾虑，对于早已购买家电的农户鼓励其替换升级。要通过宣传，让农民听得明白，买得放心，用得安心。同时要注意一个问题，政策宣传、信息推广方式要有度，不得侵扰农民的正常生活，不能让惠民工程变成扰民工程。

### （三）增加不同品种、不同价位的下乡产品，满足不同层次、不同区域农户的需求

丰富下乡产品的品种，满足农户选择的需要。要针对农民生活的多样性需求，扩大下乡产品的品种、款式，增加下乡产品的功能，满足农民多样化的需求，扩大农民的选择空间，实现既扩大下乡产品的需求，又满足了农民生活多样化的需求。在招投标时就要充分考察，同时企业也要前瞻性地设计多样化的下乡产品，增加品种、款式。

增加不同价位的产品，满足不同层次的需要。农户之间出现了分层，有些农户比较富裕，有些农民比较贫穷，有些农户喜欢高端产品，有些农户喜欢适用的产品。下乡产品要针对农民收入的分化和需求的分化，推出不同价位的产品，满足各类农户的需求。

强化产品的区域特色，满足不同地区的需要。针对各地特色，开发具有区域特色的产品，不能一个样式，也不能一刀切。比如四川是山区，比较需要摩托，不需要大型农机具；东北需要大型农机具，也需要汽车；中

部地区家电需求比较大；南方对空调制冷要求较高，北方对制热要求较高；农村老鼠多，电线要能够防鼠等等。要根据不同区域特点和消费习惯，推出最适合的下乡产品。

**（四）改进补贴方式、购买方式，使便民惠农落到实处**

提供更多的、适合农民的补贴方式及手段，保证农民的多样化要求。如可以采取发放代金券的方式来补充现有的补贴方式，并允许代金券流转，使缺乏购买能力的贫困户也能够享受国家政策的优惠。

创新购买方式，方便农民购买下乡产品。厂家和商家要在定点销售的基础上，鼓励企业经销商开展巡回展销的宣传、营销方式。解决离城镇较远、交通不便、购买成本较高的农户的购买问题，节约农民获取下乡产品信息的成本和购买成本。实现既能宣传国家政策，又能推销产品的目的。

扩大以旧换新范围，促进农户家电消费结构升级。可以考虑将只在城市实施的以旧换新补贴制度，推广到农村，促进农民消费结构升级。调查统计分析发现，经济相对发达的农村，如沿海地区的农村，中西部的富裕农户家庭，并不是购买下乡产品的主力军，最主要的原因是大多数农户已拥有家电产品。以旧换新制度在农村的推广，可以促使收入比较高的农民加速家电产品消费的升级换代。

**（五）完善农村基础设施建设，跟进金融配套业务，夯实产品、政策下乡的基础**

继续加强农村路网、电网、水网以及有线网和通信网建设。持续增加农村基础设施投资建设，为家电、农机、汽车产品下乡提供必要的硬件设施，以保证下乡产品能够"进村入户"，保证农民"买得起，用得上"。

可以考虑完善下乡产品的金融配套政策。小额信贷不只是在农业生产领域发挥作用，也可以考虑进入消费领域，解决部分贫困农户对下乡产品有需要而无支付能力的问题和有购买能力而没有承受能力的问题，使家电下乡政策实现既扶贫又促消费、扩内需的多重效果。

可以考虑对农机、汽车下乡产品推出按揭政策。在条件成熟的情况下，可以考虑对有资质、有稳定收入的农户提供贷款、抵押、分期付款等支付手段，为农民购买大宗下乡产品，特别是为购买大型农机具或汽车提供必要的金融服务，同时也鼓励企业在产品下乡时，推动金融下乡。

# "建材下乡"：反映、期盼、问题与对策

## ——对 21 个省 93 个村 3147 个农户的调查与研究

主持人：徐　勇

执笔人：邓大才　佘纪国　吴春宝　朱敏杰

# 内容摘要

2010年中央一号文件推出了"建材下乡"政策，虽然细则尚未出台，但是"建材下乡"话题引发了社会的热议。政策实施的对象农民对此的反响尤其值得关注。为此，华中师范大学中国农村问题研究中心"百村观察"项目组受全国社科规划办委托，借助"百村十年观察"平台，于2010年春节前后，对全国21个省93个村3147个农户进行了"建材下乡"的问卷调查与深度访谈。农民对建材下乡政策的总体评估是：期望高、评价高、意愿高，但期望与观望并存；期盼与担忧并存；欢喜与顾虑并存。我们通过调查认为，在所有的下乡政策中，建材下乡将是农民受益最多的惠农政策，也是最受农民欢迎的政策。总体而言，建材下乡政策具有"小杠杆，大推力"、"小投入、大收获"、"小政策、大民心"的功效，它将是内需的大突破，惠农的新亮点。同时也应看到，这一政策刚推出，实际效应有待观察，尚存在不少值得关注的问题。

## 一　农民对建材下乡政策的认知和评价

1. 知晓不高但评价高。由于建材下乡政策只出现在中央一号文件中，细则尚未出台，大部分农民不知晓。"没有听说过"的农户占76.1%，"听说过"的占21.8%，其中49.6%的农户通过电视获悉。经过调查员的介绍和解释，大多数农民对建材下乡政策持肯定态度，74.9%的农户认为建材下乡政策"好"；23.9%的农户认为"较好"，两者合计达到98.8%。显然，农民对于建材下乡政策是"知晓不高但评价高"。

2. 吸引力不大但意愿高。建材下乡政策只对水泥、钢材、玻璃、瓷砖等产品实施补贴且5000元封顶。相对于13万元的建房造价和9.2万元建材总预算，5000元分别只有前者的3.8%，后者的5.4%。农民普遍反映建材下乡补贴较少，"吸引力不大"，但农民参与意愿还是比较高。

59.4%的农户表示建房将购买建材下乡产品，不会购买的农户只有2.8%，持观望态度的占到37.8%。这表明农民参与意愿较高，但观望的也不少。

3. 了解不多但期望高。建材下乡政策的细则尚未出台，农民只能通过记者的报道以及建材协会建议稿中透露的一些信息了解。即便如此，农民的期望仍很高。按照"政策作用最大"排序，选择建材下乡作用最大的农户占33.3%；其次是家电下乡为31%；最后是农机下乡、汽车下乡，分别为22.1%、13.6%。80.5%的农民认为，能够从建材下乡中得到实惠。这显示农民对建材下乡政策充满了期待。

## 二　建材下乡政策的惠农和内需拉动效应

1. 小措施，大成效。建材下乡只是国家系列下乡政策的一个小措施，但成效将非常显著。约有16.5%的农户因建材下乡政策而改变建房计划考虑近期建房，持观望态度的为34.4%。按照16.5%的拉动率，全国约有3481.5万农户会因建材下乡政策而建房，平均每年拉动9156.68亿元的经济增长和4814.70亿元的建材需求，而国家只需新增348.15亿元的财政补贴。可见，建材下乡政策是"小杠杆，大推力"、"小措施，大成效"。

2. 小政策，大民心。与扩大内需、新农村建设、地区开发等政策相比，建材下乡是"小政策"，但它带来的政策效应却毫不逊色。它不仅能够扩需，还能惠农，是一项民心工程和民生工程。80.5%的农户认为建材下乡政策能带来实惠，认为此政策"好"的农户超过了98%。各类家庭、农户的认可、肯定程度都超过了此前的任何一项惠农政策，真可谓是"小政策，大民心"。

3. 小房屋，大方向。农民建房的周期一般是20年，1988年左右是改革开放以来的第一个建房高峰期，2008年开始进入了第二个高峰期。即使没有建材下乡政策，农民建房的需求也非常可观。2010年有建房计划的农户为7.3%，2011年为8.7%，3—5年间为11.5%，5年之内合计为27.5%，10年内建房的农户达到了42.5%。农民建房需求大，扩大内需潜力大，对政策的敏感性也强，16.5%的农户将因建材下乡而改变建房计划就是体现。显然，农民的"小房屋"是今后中央实施惠农政策、扩大内需的"大方向"。

## 三　建材下乡政策：农民的期盼、担忧与要求

1. 农民的期盼。"建材下乡"作为中央利农、惠农的又一重大举措，农民对此充满了期待。农民最盼政策能够早日实施，75%的农户希望能够尽快享受惠农新政策，农民还盼财政补贴能够适当增加，56%的农户希望适当提高建材补贴比率和限额，缓解建房压力，农民更盼政策配套到位，技术、保障、服务措施能"跟得上、用得着、买得起"，成为"放心产品"。

2. 农民的担忧。虽然农民高度评价、赞赏建材下乡政策，但忧虑也是显而易见的。农民最担忧的还是建材的质量问题，42.2%的农户担心建材经销商会以次充好、以假乱真。农民还担忧官商勾结，27.7%的农户担心地方政府与建材经营商勾结，私自克扣、挪用中央政府给农民的补贴款。补贴程序也是农民比较担忧的问题，25.5%的农户关注补贴程序，担心补贴程序太复杂、"获利不讨好"。农民更担心政策的落实问题，有些农民就说"政策很好，落实不了"。

3. 农民的要求。对于建材下乡政策，农民也提出一些要求。一是增补贴，农民认为 5000 元的补贴限额相比建房造价、建材成本太少，希望能够提高补贴限额。二是扩品种，希望可以享受补贴的建材品种多些，将砖石、木材、黄沙、油漆等也纳入补贴范围。三是简程序，农民希望补贴程序简单、方便、快捷，好理解、易操作。四是强监督，农民强烈要求政府强化监督，确保建材质量，确保政策落实到位。

此次调查还发现惠农政策存在几个共性的问题，需要引起中央有关部门的高度重视。一是信任问题。信任是政府贯彻落实惠农政策的基础，但有部分农民对地方政府的执行与落实能力存在疑虑，对厂商的诚信很不信任。二是"死角"问题。不管是家电下乡，还是建材下乡都存在同样一个问题：有部分群体既享受不了国家的惠农政策，也融不进城市，存在政策"死角"。三是普惠式、一刀切的惠农政策，贫困地区配套不了，弱势群体享受不了。如何使这些特殊地区和特殊群体有能力、有资格、有尊严地享受惠农政策，也是有关部门需要重点研究解决的问题。另外还有如何确保农民公平享受国家惠农政策、如何避免新的城乡分割及惠农政策后续

遗留矛盾的化解等问题也要引起相关部门的高度重视。

## 四　对建材下乡政策的六条建议

1. 准确认识，充分评估政策效力。各级政府需要对建材下乡政策有一个基本的评价：2008 年以来我国农村开始进入改革开放后的第二个建房高峰期，农民建房正从基本需求型向消费需求型转换，楼房装修、需求增多，享受型需求增大。建材下乡政策正逢其时，它是一个"以小拨大"的内需扩张型惠农政策，国家每年以不到 400 亿元财政补贴就能够拉动庞大的农村内需，投入—拉动比达到了 1：26.3，它将是今后国家惠农利民、扩大内需的主要方向。农民的高评价、高期盼、高意愿还说明了建材下乡政策是一个"民生工程"和"民心工程"，各级政府、部门都需确保落实，不能将农民的"期望变成失望，观望变成无望"。

2. 强化宣传，使政策能进村入户。好政策靠宣传，"建材下乡"要吸取家电下乡政策的宣传经验，充分利用电视、广播、报纸等主流媒体，借助宣传单、宣传车、横幅等宣传方式，大力宣传"建材下乡"。采取唱戏、说段子、顺口溜等农民喜闻乐见的方式推荐"建材下乡"。发挥手机通信和网络信息等新媒体的优势，及时、准确、全面地向农民推荐建材下乡政策。根据"家电下乡"宣传的经验，最好做到"电视有画面，广播有声音，纸上有文字，村内有活动"。

3. 完善内容，使惠农政策真惠农。建材下乡政策要针对农村和农民的特点，设计出便民、利民、惠民的政策内容。建议采取"上限提高，补贴比例不变"的方式，使补贴金额达到建房总体成本的 5% —8%。采取"一卡通"、"即买即补"等方式简化补贴程序，减少补贴环节。针对部分农户建房资金不足或暂时无力建房的情况，建议适时推出优惠贷款或按揭政策。可以考虑扩大补贴种类，将黄沙、砖瓦、木材、涂料纳入补贴范围，也应将失地农民、集体茶场、集体林场、集体农场中的"职工"纳入补贴范围。鼓励农民就地买房、鼓励农民进城购房，使其享受建材下乡政策，推进城乡一体化和城镇化建设。

4. 严把"三关"，使实惠政策全落实。建材下乡缺少统一的质量标准、统一的招标及统一的定价，管理、监督、补贴领取和发放难度较大，为此必须严把"三关"。首先严把"质量关"，推行进入备案审查制度、资格认证制度，鼓励节能、环保、低碳等绿色建材产品下乡。其次严把"落实关"，建议相关部门通过简环节促落实，强监督抓落实，重反馈求落实，定职能保落实。最后严把"监督关"，通过组织监督、社会监督、舆论监督、政府自我监督等方式，齐抓共管，维护建材市场秩序，保障农民权益，确保政策充分落实。

5. 统筹关系，使惠农政策更加实惠。建材下乡政策是众多惠农政策中的一项，处理好与其他惠农政策的关系至关重要。首先要统筹建材下乡与新社区建设的关系，既要通过建材下乡引导农民在集中规划的新社区建房，也要保证农民享受建材下乡政策的权利，还可考虑将农村公路、农田水利建设纳入政策实施范围，给予建材补贴。其次要统筹建材下乡与城乡一体发展的关系，可以考虑将新城区（或城郊村）的建设纳入建材下乡补贴范围，对村庄集资建房、集体购房或者在县乡购买第一套商品房的农民给予一定的建材补贴。再次要统筹政策统一性与需求特殊性的关系，在保证政策统一性的基础上，兼顾地区、农民的特殊性，适当赋予地方政府一定权限和灵活性。另外，建材下乡还应与农村危旧房改造、淘汰落后产能、推广农村节能建筑、促进建材产业结构战略性调整等工作对接，将惠农、扩需、调整、发展于一体，促进经济社会、城乡、工农的整体进步和协调发展。

6. 辅以配套方案，使政策结构更合理。鉴于建材下乡政策的复杂性，可以考虑多套备选方案。首先可考虑以农村户口为依据，按户发放等额的建房补贴券，此券在建材市场等同现金，可以购买，也可转让。其次可考虑以农民房产证为依据给予一次性的建房补贴。最后可考虑给农民建房以优惠贷款、按揭，以解决建房资金不足的农户的建房问题和农民公平的享受建材下乡政策问题。

# 报告正文

国家继“家电下乡”、“农机下乡”、“汽车下乡”后，2010 年中央一号文件再次推出了“建材下乡”政策。虽然“建材下乡”政策细则尚未出台，但是“建材下乡”话题引发了社会的热议。在建材下乡政策即将出台，补贴标准、补贴方式等内容尚无具体规定之际，农民对此政策的知晓程度如何，认知评价及受惠程度怎样，“建材下乡”对经济的拉动效应有多大，农民对此政策的期待与担忧又有哪些？面对这一系列的疑问，华中师范大学中国农村问题研究中心“百村观察”项目组受全国社科规划办委托，借助“百村十年观察”平台，于 2010 年春节前后，对全国 21 个省 93 个村 3147 个农户进行了“建材下乡”的问卷调查与深度访谈。

农民对建材下乡政策的总体评估是：期望高、评价高、意愿高，但期望与观望并存；期盼与担忧并存；欢喜与顾虑并存。我们通过调查认为，在所有的下乡政策中，建材下乡将是农民受惠最多、最受农民欢迎的惠农政策。总体而言，建材下乡政策具有“小杠杆，大推力”、“小投入、大收获”、“小政策、大民心”的功效，它将是内需的大突破，惠农的新亮点。同时也应看到，这一政策刚刚推出，实际效应有待观察，尚存在不少值得关注的问题。

## 一 农民对建材下乡政策的反应与认识

### （一）农民对建材下乡政策的知晓率尚不高

1. 仅两成农户知晓建材下乡政策，电视媒介为主要途径

调查发现，农民对建材下乡政策的知晓率偏低，只有两成农户听说过此政策。许多农民并不知道有主建房购买建材可享受国家财政补贴政策。有农民怀疑地问道：“自家建房子，国家会给钱啊？”在

3102 份有效问卷中，听说过建材下乡政策的农户占有效样本的 21.8%，76.1% 的农户没有听说过建材下乡政策（见表 1）。主要原因是建材下乡政策的具体实施办法尚未出台，政策宣传还未完全展开。从中也能说明，国家的好政策、好方针，如果仅仅停留在文件中和领导人的讲话中，没有专门的机构推动和媒体的宣传报道，好政策、好方针也难以进村入户。

表 1　　　　　　　　农户对建材下乡政策的知晓情况

| 政策知晓情况 | 调查户数 | 占总调查户数比重（%） |
| --- | --- | --- |
| 听说过政策 | 677 | 21.8 |
| 没有听说过 | 2361 | 76.1 |
| 说不清 | 64 | 2.1 |
| 合计 | 3102 | 100.0 |

注：缺失值没有纳入计算，以下图表未加说明皆循此例。

从政策获得渠道来看，电视媒介为农民获取政策信息的主要来源。（见表 2）在"听说过政策"的 661 份问卷中，通过电视媒介了解政策信息的农户最多有 328 户，占"听说过政策"农户的 49.6%；通过其他村民转述、从政府宣传中、从其他渠道如网络获悉的农户，其比重分别为 12.9%、9.8%、14.8%；从村干部交谈中知晓的农户比较少，仅为 5%。显然，电视成为了农民了解国家大政方针的主渠道、主窗口。

表 2　　　　　　　　农户知晓建材下乡政策的途径

| 政策知晓情况 | 调查户数 | 所占比重（%） |
| --- | --- | --- |
| 电视 | 328 | 49.6 |
| 广播节目 | 52 | 7.9 |
| 政府宣传 | 65 | 9.8 |
| 村干部 | 33 | 5.0 |
| 其他村民 | 85 | 12.9 |
| 其他渠道 | 98 | 14.8 |
| 合计 | 661 | 100.0 |

2. 中部地区农户政策知晓率低，贫困户对政策关注较少

从地区来看，各个地区农户对政策的知晓与反应程度不尽相同。西部地区农户对建材下乡政策知晓率最高，占西部调查样本的 27.2%，高于 21.8% 的总体平均水平；东部地区的知晓率为 25.6%；中部地区的知晓率最低，仅有 19.1%（见表3）。中部地区知晓率低的主要原因可能有两个：一是外出打工的农民比较多，暂时不太关注建房的问题；二是大部分农户已经完成改革开放以来住宅的第二轮改造，暂时不需要再建房。

表3　　　　　　　不同地区农户对建材下乡政策的知晓情况

| 地区 | 知晓户数 | 调查户数 | 政策知晓率（%） |
|---|---|---|---|
| 东部 | 205 | 801 | 25.6 |
| 中部 | 365 | 1907 | 19.1 |
| 西部 | 107 | 394 | 27.2 |
| 合计 | 677 | 3102 | 21.8 |

注：参照国家统计局的划分标准，根据调查实际覆盖面情况，将地区分为东、中、西部三类。东部地区包括河北、辽宁、上海、江苏、浙江、福建、山东、广东和海南等省市；中部地区包括山西、吉林、黑龙江、安徽、江西、河南、湖北、湖南等省；西部地区包括四川、重庆、贵州、云南、陕西、甘肃、青海、宁夏、新疆、广西、内蒙古等省市区。

从家庭条件来看，富裕及中等条件农户对政策的知晓程度较高，贫困户知晓率较低。30.2% 的富裕农户和 23.6% 的中等条件农户知道建材下乡政策，而贫困户的知晓率只有 20.0%，低于 24.6% 的总体水平（见表4）。可见，农户家庭经济条件与政策知晓率呈正相关，即家庭经济条件越

表4　　　　　　　不同家庭条件农户对建材下乡政策的知晓情况

| 家庭条件 | 知晓户数 | 调查户数 | 政策知晓率（%） |
|---|---|---|---|
| 富裕户 | 141 | 467 | 30.2 |
| 中等户 | 394 | 1673 | 23.6 |
| 贫困户 | 29 | 145 | 20.0 |
| 合计 | 562 | 2285 | 24.6 |

好越会关注政策变化，家庭经济条件越差越不关注政策变化。造成这一现象的主要原因是，家庭条件越好，获知外部信息的渠道和范围就越广泛，信息的接受程度就越高；家庭经济条件越好，越希望通过国家政策来获取利好，改善自己的生活条件。

3. 在家务农、文化程度低的农户政策知晓率低

当今农民的流动性与日俱增，农民职业也呈现多样化。外出务工、经商已成为许多农民的生活方式，不同职业的农民对政策的知晓率也有较大的差异。在家务农的农户对建材下乡政策的知晓率最低，仅为 18.5%；务工农户的知晓率为 21.5%；经商农户知晓率为 36.3%；从事其他非农职业的农户的知晓率达到 38.3%，远远高于 21.2% 的总体平均水平（见表 5）。总体上看，在家务农的户主对政策的关注度远不及从事非农产业的户主，知晓途径也比较少，这与他们生活圈子较小，对国家政策的敏感度不高有很大的关系。

表 5　　　　　　　从事不同职业的农户对建材下乡政策的知晓情况

| 从事职业 | 知晓户数 | 调查户数 | 政策知晓率（%） |
|---|---|---|---|
| 务农 | 326 | 1758 | 18.5 |
| 务工 | 212 | 988 | 21.5 |
| 经商 | 53 | 146 | 36.3 |
| 其他 | 49 | 128 | 38.3 |
| 合计 | 640 | 3020 | 21.2 |

注：其他职业主要指司机、教师、乡村医生、无业等。

值得一提的是，农民的文化程度与政策知晓度有明显的正相关性，即文化程度越高，政策知晓率就越高。在具有有效教育程度信息的 3082 户中，大专及以上文化程度的农户知晓率最高，达到了 46.3%，高于 21.9% 的总体平均水平（见表 6）；文盲与半文盲的知晓率最低为 12.6%，远低于总体平均水平；具有小学、初中、高中文化程度农户的知晓率分别为 17.0%、23.5%、25.8%。在调查中，有农民说："我们文化低，不晓得什么建材下乡政策，我们种我们的田，管不了国家的事。"这从一个侧面反映出教育程度与政策关注度成正比，受教育程度高的农户获取政策信息的能力强、渠道多，求政

图变的动机强。

表6　　　　　不同教育程度的农户对建材下乡政策的知晓情况

| 文化程度 | 知晓户数 | 调查户数 | 政策知晓率（%） |
|---|---|---|---|
| 文盲及半文盲 | 12 | 95 | 12.6 |
| 小学 | 178 | 1045 | 17.0 |
| 初中 | 338 | 1440 | 23.5 |
| 高中 | 109 | 422 | 25.8 |
| 大专及以上 | 37 | 80 | 46.3 |
| 合计 | 674 | 3082 | 21.9 |

### （二）建材下乡政策：农民评价普遍很高

1. 农民普遍认为：建材下乡政策好，能给农民带来实惠

建材下乡政策虽未具体实施，许多农户也不知晓，但经过调查员的解释与说明，大多数农民对此政策都持肯定态度。在具有有效信息的2243份样本中，74.9%的农户认为政策"好"；23.9%的农户认为"较好"，两者合计达到98.8%；持否定态度的农户仅占到1.2%（见表7）。显然，农民对国家政策特别是建材下乡政策表示欢迎和肯定。

表7　　　　　农民对建材下乡政策的评价

| 政策评价情况 | 调查户数 | 占总调查户数比重（%） |
|---|---|---|
| 好 | 1681 | 74.9 |
| 较好 | 536 | 23.9 |
| 不好 | 26 | 1.2 |
| 合计 | 2243 | 100.0 |

注：未回答，调查员解释后仍对政策不了解的情况没有纳入分析。

超过八成的农户认为"建材下乡"能惠及农民。具有有效信息的

2394 份样本中，80.5% 的农户认为下乡政策能带来实惠；17.8% 的农户认为"说不清"；只有 1.7% 的农户认为此政策不会给农民带来好处（见表 8）。农民一般的心态是：建材下乡政策补贴"有总比没有好"。有了前几年家电下乡、汽车下乡、农机下乡政策的经验，农民比较容易理解和接受建材下乡政策。

表 8　　　　　　　建材下乡政策能不能给农民带来实惠

| 政策评价情况 | 调查户数 | 占总调查户数比重（％） |
|---|---|---|
| 能 | 1926 | 80.5 |
| 不能 | 41 | 1.7 |
| 说不清 | 427 | 17.8 |
| 合计 | 2394 | 100.0 |

注：未回答，调查员解释后仍对政策不了解的情况没有纳入分析。

2. 中等经济条件的农户认为政策能带来较多实惠

从不同地区来看，绝大多数农民都认为建材下乡政策"好"或者"较好"，但是不同地区也有些许差异。西部地区所有的被调查农户都认为此政策好或者较好。东部地区有 72.5% 的农户认为建材下乡政策"好"，26.4% 的农户做出"较好"评价，两者合计为 98.9%（见表 9）。中部地区认为建材下乡政策"好"和"较好"的农户，合计比重为98.6%。这表明各个地区的农民对家电下乡政策均持欢迎态度。

表 9　　　　　　　不同地区农户对建材下乡政策的评价

| 地区分类 | 好 | | | 较好 | | | 不好 | | |
|---|---|---|---|---|---|---|---|---|---|
| | 户数 | 调查户数 | 比重（％） | 户数 | 调查户数 | 比重（％） | 户数 | 调查户数 | 比重（％） |
| 东部 | 456 | 629 | 72.5 | 166 | 629 | 26.4 | 7 | 629 | 1.1 |
| 中部 | 1031 | 1347 | 76.5 | 297 | 1347 | 22.1 | 19 | 1347 | 1.4 |
| 西部 | 194 | 267 | 72.7 | 73 | 267 | 27.3 | 0 | 267 | 0 |
| 合计 | 1681 | 2243 | 74.9 | 536 | 2243 | 23.9 | 26 | 2243 | 1.2 |

从家庭富裕程度来看,贫困户对政策的实惠性评价较高。同类比较,78.1%的贫困户认为,建材下乡政策能给农民带来好处,富裕户和中等经济条件的农户比重分别为75.5%、76.0%(见表10)。虽然三者的比例相差不大,但是实地访谈发现,对于建房政策补贴,富裕户往往是"有则要,没有关系也不大";建房政策补贴对于中等经济条件家庭比较重要;贫困户有没有补贴都很难建起新房,对政策补贴持"想得到而得不到"的无奈心态。

表 10　　　　　　按家庭条件来考察政策给农民带来实惠的情况

| 家庭条件 | 户数 | 调查户数 | 比重（%） |
|---|---|---|---|
| 富裕户 | 259 | 343 | 75.5 |
| 中等户 | 884 | 1163 | 76.0 |
| 贫困户 | 64 | 82 | 78.1 |
| 合 计 | 1207 | 1588 | 76.0 |

3. 空巢家庭对政策评价高,非打工家庭对政策认可度高

农户家庭类型的不同对建材下乡政策的评价也不一样。对比而论,空巢家庭的农户对政策的评价较高,认为政策好的农户达到79.3%;其次为核心家庭,占比为74.8%;再次是扩大家庭,占比为72.7%(见表11)。可见,家庭人口规模越小,对建房补贴政策认可程度越高,另外空巢家庭外出打工的劳动力多,建房的需求较大,因此评价较高。

表 11　　　　　　　　不同家庭类型对建材下乡政策的评价

| 家庭类型 | 好 | | | 较好 | | | 不好 | | |
|---|---|---|---|---|---|---|---|---|---|
| | 户数 | 调查户数 | 比重（%） | 户数 | 调查户数 | 比重（%） | 户数 | 调查户数 | 比重（%） |
| 核心家庭 | 999 | 1335 | 74.8 | 321 | 1335 | 24.1 | 15 | 1335 | 1.1 |
| 扩大家庭 | 288 | 396 | 72.7 | 99 | 396 | 25 | 9 | 396 | 2.3 |
| 空巢家庭 | 157 | 198 | 79.3 | 41 | 198 | 20.7 | 0 | 198 | 0 |
| 其他家庭 | 148 | 204 | 72.6 | 56 | 204 | 27.5 | 0 | 204 | 0 |
| 合计 | 1592 | 2133 | 74.6 | 517 | 2133 | 24.2 | 24 | 2133 | 1.1 |

　　调查分析也表明，是否有外出打工人员的家庭对政策评价仅有微小的差异，非打工家庭认为建材下乡政策"好"的比重为 77.6%，打工家庭为 74.3%。见表 12。总体上来说，没有劳动力打工的家庭对政策评价相对比较高。

表 12　　　　　　　　　　打工与否对建材下乡政策的评价

| 政策评价情况 | 打工家庭（%） | 非打工家庭（%） |
|---|---|---|
| 好 | 74.3 | 77.6 |
| 较好 | 24.6 | 21.1 |
| 不好 | 1.1 | 1.3 |
| 合计 | 100 | 100 |

### （三）下乡政策比较：建材下乡对农民更重要

#### 1. 农民认为各种下乡政策中建材下乡作用最大

　　对于国家近几年推出的家电下乡、农机下乡、汽车下乡及建材下乡政策，农民普遍反映"建材下乡"的作用应该最大。按照"政策作用最大"排序，认为"建材下乡"作用最大的占到 33.3%；其次是"家电下乡"，占比为 31.0%；"农机下乡"与"汽车下乡"分别为 22.1%、13.6%（见表 13）。按照"政策作用最小"排序，52.9% 的农民认为"汽车下乡"的作用最小；其次是农机下乡政策，22.6% 的农民持此种看法；再次是"家电下乡"，其比重为 15.1%；最后是"建材下乡"，比重为 9.4%。显然，与农民日常生活最紧密的惠农政策，如"建材下乡"、"家电下乡"最受农民欢迎。今后国家可以考虑更多地推出与农民日常生产生活相关的惠农新政策。

表 13　　　　　　　　　　农民对政策作用大小的排序

| | 家电下乡（%） | 农机下乡（%） | 汽车下乡（%） | 建材下乡（%） |
|---|---|---|---|---|
| 作用最大 | 31.0 | 22.1 | 13.6 | 33.3 |
| 作用最小 | 15.1 | 22.6 | 52.9 | 9.4 |

2. 未享受过下乡补贴政策的农户认为建材下乡作用最大

对于家电下乡、农机下乡、汽车下乡三类惠农政策,农民享受过一类、二类、三类政策的农户比重分别为31.8%、5.1%、2.6%(见图1),享受过一类政策的数量居多,当然也必须看到尚有60.5%的农户没有获得过任何惠农政策补贴,即有6成的农户没有享受到国家的下乡补贴政策。享受与没有享受惠农下乡政策的农户对建材下乡的评价有差异。

未享受过惠农政策补贴的农户认为,建材下乡政策对他们的作用很大,他们对建材下乡政策的期待更大。在未享受过补贴政策的农户中,认为作用比较大的农户比率排序,建材下乡政策为37.2%(见表14);"家电下乡"为29.3%;"农机下乡"为21.2%;"汽车下乡"为13.3%。显然,未享受过惠农政策的农户,对"建材下乡"评价高的农户最多,汽车下乡最少。

享受惠农政策补贴的农户对下乡政策的重要性排序稍有不同。家电下乡、建材下乡、农机下乡、汽车下乡的比重分别为32.2%、28.2%、23.9%、15.7%。享受过惠农政策的农户对家电下乡的评价较好的比重最高,但对农机下乡、汽车下乡的评价比较低。

排序的这种变化是因为享受过政策补贴的农户,往往会用切身体验评价各类下乡补贴政策。在农村,汽车并不是家家都需要,也并非家家能够买得起。而且汽车主要用于运输经营,而非日常生活,因而对于汽车下乡政策只是少部分农民能享受。农机有一定的地域限制性,适合于大块土地耕作地区,对于山地、丘陵地区作用不大。相对而言,家电属于农民的日常生活用品,而且价格相对便宜,农民买得起,也用得起。至于建材下乡,由于还没有正式实行,农民只能结合自身建房的需求以及对先期下乡政策的认识,评价后续下乡政策,可能与期望高有较大的关系。

表14　　　　　享受政策与否的农民对政策作用的排序

| 是否享受过政策 | 家电下乡(%) | 农机下乡(%) | 汽车下乡(%) | 建材下乡(%) |
|---|---|---|---|---|
| 享受过 | 32.2 | 23.9 | 15.7 | 28.2 |
| 没有享受过 | 29.3 | 21.2 | 13.3 | 37.2 |

注:享受过政策的农户是指对已经实施的家电下乡、农机下乡、汽车下乡政策,享受过一种、两种或三种的农户。

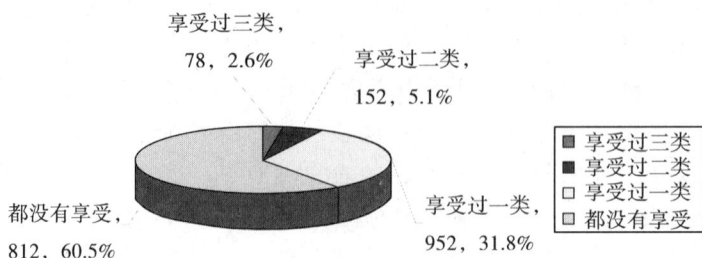

享受过三类，78，2.6%
享受过二类，152，5.1%
都没有享受，812，60.5%
享受过一类，952，31.8%

图例：
- 享受过三类
- 享受过二类
- 享受过一类
- 都没有享受

**图 1　农户对家电下乡等政策的享受情况**

### 3. 农民对建房建材补贴与优惠贷款政策的需求均较大

建房是农民一辈子的事情，也是人生的一大责任，需要多年的积蓄，而且光有积蓄还不行，可能还要向外筹措资金。在 3069 份有效样本中，65.3% 的农户表示，建房会负债。对于"建房时，国家补贴建材好还是提供优惠贷款好"这个问题，53.6% 的农户选择了"补贴和贷款都有最好"，而选择"建材补贴好"的农户为 33.7%，选"优惠贷款好"的农户为 12.7%（见表 15）。综合比较来说，建材下乡政策更受农户看重，如果能够辅之以优惠信贷政策则更为农民乐见。

**表 15　　　　　农户对优惠贷款与建材补贴政策的偏好**

|  | 调查户数 | 占总调查户数比重（%） |
| --- | --- | --- |
| 建材补贴好 | 1036 | 33.7 |
| 优惠贷款好 | 389 | 12.7 |
| 两者都有最好 | 1644 | 53.6 |
| 合计 | 3069 | 100.0 |

## 二　农民的建房需求与建材下乡的拉动效应

### （一）农民近期建房需求的分析和评估

#### 1. 近三成农户在 5 年内有建房需求，楼房是农户的主要选择

将农户拟建房时间进行分段调查发现，2010 年有建房计划的农户约为

7.3%，2011 年为 8.7%，3 至 5 年内计划建房的为 11.5%，三者合计为
27.5%（见表 16），也就是说，有接近三分之一的农户在五年内有建房需求
和建房计划。5 至 10 年和 10 年以后计划建房的农户分别有 15%、24.2%。
"这辈子不准备建房"的农户有 33.3%。总体而言，五年之内计划建房的、
这辈子不准备建房的和五年以后建房的农户大约分别占 1/3。按照乡村 2.11
亿户简单推算，① 2 年内约有 3376 万农户有建房计划或者建房需求，② 其中
2010 年约有 1540 万户，2011 年约有 1836 万户。5 年内建房的约有 5803 万
户。10 年内建房有 8968 万户；10 年以后建房的有 5106 万户，一辈子都不
准备建房的农户约有 7026 万户。可见，农民建房需求今明两年最高，以后
会逐步递减，10 年内总体平均每年维持在 900 万户左右。

表 16 　　　　　　　　农户拟建房的时间安排及建房农户的推算

| 建房时间 | 调查户数 | 所占比（%） | 调查户数累计 | 累积比（%） | 全国建房农户推算（万户） | 全国建房农户推算累计（万户） |
|---|---|---|---|---|---|---|
| 2010 年 | 221 | 7.3 | 221 | 7.3 | 1540 | 1540 |
| 2011 年 | 265 | 8.7 | 486 | 16.0 | 1836 | 3376 |
| 3—5 年 | 348 | 11.5 | 834 | 27.5 | 2427 | 5803 |
| 5—10 年 | 454 | 15.0 | 1288 | 42.5 | 3165 | 8968 |
| 10 年以后 | 735 | 24.2 | 2023 | 66.7 | 5106 | 14074 |
| 这辈子不建房 | 1011 | 33.3 | 3034 | 100.0 | 7026 | — |
| 合计 | 3034 | 100.0 | — | — | 21100 | — |

注：后文中农户建房数量均以此表 5 年内建房农户数量为基础进行分析，由于
有些问题农民没有回答，因此具有有效信息的样本有差异。因此文中 5 年内建房数量
会有很多，如表 17 的 812 户、表 20 的 820 户和 802 户、表 21 的 804 户，以及文中出
现的 706 户，其原因都是如此，特此说明。

在房屋类别选择中，有 70.4% 的农户选择建楼房，其中建两层楼房
的农户占 35%，建三层的占 13.3%。只有 20.2% 的农户考虑建平房，还
有 9.4% 的农户没有决定建楼房还是建平房（见表 17）。通常建楼房的成

① 按照第五次人口普查数据，乡村地区有户数为 2.11 亿户。
② 要注意的是这个数据是没有下乡政策激励时的数据，与后面有政策激励的数据有所不同。

本要高于建平房，钢材、水泥等建材的用量也会多于平房。这也意味着农民对楼房的偏好有助于扩大建材需求和推动经济增长。

表 17　　　　　　　　5 年内农户打算建房的主要类别

| | 调查户数 | 百分比（％） |
|---|---|---|
| 楼房 | 572 | 70.4 |
| 其中：两层楼房 | 284 | 35.0 |
| 三层楼房 | 108 | 13.3 |
| 平房 | 164 | 20.2 |
| 到时再看 | 76 | 9.4 |
| 合　计 | 812 | 100.0 |

表 18　　　　　　　　5 年内农户建房成本及补贴额测算

| 类别 | 调查户数 | 总造价（元） | 户均造价（元） | 户均建材费用（元） | 建材费用占造价的比重（％） | 户均补贴额（按13%计算） | 户均实际补贴(5000限额计算) |
|---|---|---|---|---|---|---|---|
| 平房 | 156 | 12029000 | 77108.97 | 39630.00 | 51.4 | 5151.9 | 5000 |
| 楼房 | 550 | 80766000 | 146847.27 | 77472.18 | 52.8 | 10071.38 | 5000 |
| 合计 | 706 | 92795000 | 131437.68 | 69110.45 | 52.6 | 8984.36 | — |

　　2. 新建房屋平均预算约 13 万元，户均需要近 7 万元的建材成本

　　在 5 年内计划建房农户中，具有有效信息的农户有 706 户，[①] 每户建房的平均预算为 131437.68 元，每户所需钢材、水泥、玻璃、涂料建材费用为69110.45 元（不包括黄沙、木材、涂料、砖瓦等其他建材），其中楼房所需四项建材费用户均为 77472.18 元（不包括黄沙、木材、涂料、砖瓦等其他建材），平房只有 39630 元，分别占建房造价的 51.4% 和 52.8%。[②] 这表明在 5 年之内，不考虑建材下乡政策的影响，新建房屋平均每栋有近 7 万元的

---

　　① 指按原计划建房，不受建材下乡政策影响的农户。
　　② 按照农村建筑设计师估算，人工费和建材费用是 3∶7，如果按照此标准，建材总费用应为92006.3 元，也就是说黄沙、砖瓦、木材、涂料等建材还需要 22895.85 元。

建材需求。按照 13% 的补贴比率，楼房和平房的补贴金额均超过了 5000 元限额，因此两者均能获取最高限额的补贴金额。据此推算，2010 年全国约有 1540 万农户要建房（见表 19），国家财政需要补贴 770 亿元；2011 年约有 1836 万农户要建房，国家财政将补贴 918 亿元；2012—2014 年约有 2427 万农户要建房，国家财政要补贴 1213.5 亿元。

**表 19  5 年内农户建房成本估算**（不受建材下乡政策影响的数据）

| 年　份 | 2010 | 2011 | 2012—2014 | 合计 |
|---|---|---|---|---|
| 原来预计建房农户（万户） | 1540 | 1836 | 2427 | 5803 |
| 国家预计补贴（亿元） | 770① | 918 | 1213.5 | 2901.5 |

**3. 平房住户建房需求大于楼房住户，砖木结构住户大于其他住户**

通过对农户现有住房与 5 年内建房需求考察发现，家有平房又有建房需求的农户为 546 户，近三成会考虑在 5 年之内建房，即 29.3% 的平房住户打算建房；家有楼房又有建房需求的有 24.4%，低于平房住户的建房比重（见表 20）。可见，平房住房改善住房的需求比较大，楼房则相对较低。

从受访农户现居房屋结构来看，农户房屋结构主要是砖木、砖混、土坯结构，砖木结构房屋的农户建房需求最高，其比重为 35.8%（见表 20）；其次为土坯结构房屋为 33.5%；砖混结构房屋的建房需求最少为 24.8%。显然，住房条件越差，农民建房的需求越大。

**表 20  农户现住房屋类别结构与近三年内建房需求交叉分析情况**

| 现住房屋类别与建房需求 | 户数 | 总户数 | 百分比（%） | 现住房屋结构与建房需求 | 户数 | 总户数 | 百分比（%） |
|---|---|---|---|---|---|---|---|
| 平房 | 546 | 1865 | 29.3 | 砖木结构 | 218 | 609 | 35.8 |
| 楼房 | 272 | 1117 | 24.4 | 砖混结构 | 529 | 2131 | 24.8 |
| 其他 | 2 | 18 | 11.1 | 土坯结构 | 55 | 164 | 33.5 |
| 合计 | 820 | 3000 | 27.3 | 合　计 | 802 | 2904 | 27.6 |

---

① 财政补贴金额 = 当年预计建房数据 × 5000 元的补贴。

4. 结婚是建房的主要原因，超过八成的农户计划在村庄建房

在 5 年之内有建房计划的农户中，因为子女结婚需要建房的最多，其比重为 38.6%，可见在农村子女结婚是建房的最主要动机。旧屋翻修而建房的农户为 21.0%，构成了建房的第二大原因。由于家庭人口增加而建房的农户为 17.6%。因攀比或讲面子而建房的农户仅有 2.4%（见表21）。有农民反映，"没有子女结婚，国家财政补贴再多也不会建房"。子女结婚建房是一种被动的建房，旧屋翻新和家庭人口增加而建房是一种主动建房，前者是完成任务，后者是改善居住条件。

表 21                           5 年内农户建房的主要动机

| | 户数 | 百分比（%） |
|---|---|---|
| 儿子结婚 | 310 | 38.6 |
| 人数增多 | 142 | 17.6 |
| 旧屋需要翻修 | 169 | 21.0 |
| 新农村建设 | 41 | 5.1 |
| 别人修了，自己不修没面子 | 19 | 2.4 |
| 房子旧了，没法住了 | 62 | 7.7 |
| 其他原因 | 61 | 7.6 |
| 合计 | 804 | 100.0 |

从建房地点选择的情况来看，大多数农户打算将房子建在村内。调查显示，有 680 户约为 84.7% 的农户选择将房子建在原宅基地，不愿离开生他养他的村庄。也有部分农民规划在镇上建房，其比重为 9.9%。在镇上建房成本较大，生活费用也较高。正如农民说，"有钱人不住在村里，而住在镇上"。计划在县城买房的农户更少，只有 5.4%（见表22）。但是从另一个侧面来看，至少有 15.3% 的农户有强烈的进城动机或在城镇建房、购房的能力，这批农户是农民市民化的主力军，按此推算全国约有 3228.3 万户，超过了 1 亿农民愿意或者说有能力进入城镇定居。

表22  5年内农民建房地点的选择

| 主要地点 | 户数 | 百分比（%） |
|---|---|---|
| 村里 | 680 | 84.7 |
| 镇上 | 79 | 9.9 |
| 县里购买 | 43 | 5.4 |
| 合计 | 802 | 100.0 |

### （二）农民对建材下乡产品购买需求分析

1. 建材下乡产品的购买需求较大，观望农户较多

从农民的购买需求来看，在2739份有效样本中，有59.4%的农户表示（见表23），如果建房将会购买建材下乡产品。大部分农户对建材下乡产品持肯定态度。明确表示不会购买的农户只有2.8%。持观望态度的农户有1036户，占有效样本的37.8%。表明了农民的参与意愿比较高，同时部分农户对建材下乡政策既盼望又观望。

从具体购买行为来看，选择"全部购买"的农户占28.5%，"部分购买"的为25.5%，"不会购买"的有2.1%（见表23）。"到购买时再看"的农户最多，占43.9%。这表明农民对建材下乡政策存在疑虑与担心，可能与政策的具体措施与操作办法没有出台有关。农民要根据自己的需要与获利程度选择购买行为，也解释了观望者较多的情况。

表23  农户计划购买有财政补贴建材产品的情况

| 对财政补贴建材产品的购买态度 | | | 预计购买财政补贴建材产品的数量 | | |
|---|---|---|---|---|---|
| | 户数 | 百分比（%） | | 户数 | 百分比（%） |
| 会购买 | 1627 | 59.4 | 全部购买 | 761 | 28.5 |
| 不会购买 | 76 | 2.8 | 部分购买 | 680 | 25.5 |
| 到时再看 | 1036 | 37.8 | 不会购买 | 56 | 2.1 |
| 合计 | 2739 | 100.0 | 到时再看 | 1170 | 43.9 |
| | | | 合计 | 2667 | 100.0 |

2. 建材费用预算较低的农户购买需求大，支出较多的农户观望最多

按农民建材预算费用分组考察，建材预算费用较低的农户，购买需求较大。3 至 6 万元组预计购买建材下乡产品的比率最大为 67.9%（见表 24），高于 64.4% 的总体平均水平，其次是 1 万元及以下组为 65.6%，再次是 1 至 3 万元组为 63.3%，6 至 9 万元组为 60.3%，9 万元及以上组为 62.9%。可见建材预算费用越低的农户越看重国家的建材补贴。对照之下，建材预算费用支出 6 至 9 万元组持观望态度的农户比较多，为 38.9%；1 万元以下支出组、3 至 6 万元支出组持观望态度的农户相对较少，分别为 31.3%、31.7%。这也证实了前面的观点，建材预算费用较低的农户看重建材补贴，对建材下乡产品需求比较大，而建材预算费用较高的农户观望的比较多，可能有待价而沽的心态或者说到时再选择。

表 24　　　　　　　　建材费用预算与购买需求交叉分析

| 建材费用预算分组 | 单位 | 会购买 | 不会购买 | 到时再看 | 合计 |
|---|---|---|---|---|---|
| 10000 元及以下 | 户数 | 86 | 4 | 41 | 131 |
| | 占比（%） | 65.6 | 3.1 | 31.3 | 100.0 |
| 10001—30000 元 | 户数 | 219 | 4 | 123 | 346 |
| | 占比（%） | 63.3 | 1.2 | 35.5 | 100.0 |
| 30001—60000 元 | 户数 | 450 | 3 | 210 | 663 |
| | 占比（%） | 67.9 | 0.5 | 31.7 | 100.0 |
| 60001—90000 元 | 户数 | 223 | 3 | 144 | 370 |
| | 占比（%） | 60.3 | 0.8 | 38.9 | 100.0 |
| 90001 元及以上 | 户数 | 254 | 7 | 143 | 404 |
| | 占比（%） | 62.9 | 1.7 | 35.4 | 100.0 |
| 合计 | 户数 | 1232 | 21 | 661 | 1914 |
| | 占比（%） | 64.4 | 1.1 | 34.5 | 100.0 |

3. 中等经济条件的农户购买需求大，打工家庭购买需求较大

不同的家庭经济条件也有差异。中等经济条件的农户对补贴建材购买需求比率最大为 66.6%（见表 25），富裕家庭为 58.8%、贫困家庭为

65.3%。从持观望态度的农户来看，富裕家庭比率最多，为37.7%，贫困户只有29.7%。

从打工视角来看，60.9%的非打工家庭会选择购买建材下乡产品，超过了59.4%的总体平均水平；打工家庭会购买的比重为56.6%（见表25）。打工家庭对建材下乡政策持观望态度的占39.2%，非打工家庭只有37.1%。即非打工家庭对政策的信任度相对比较高。

表 25　　　　　　　　　　家庭富裕程度和打工与否与购买需求

| 家庭富裕程度（%） | | | | 是否打工家庭（%） | | |
|---|---|---|---|---|---|---|
| | 会购买 | 不会购买 | 到时再看 | | 会购买 | 不会购买 | 到时再看 |
| 富裕 | 58.8 | 3.5 | 37.7 | 打工 | 56.6 | 4.2 | 39.2 |
| 中等 | 66.6 | 2.1 | 31.3 | 非打工 | 60.9 | 2.0 | 37.1 |
| 贫困 | 65.3 | 5.0 | 29.7 | 合计 | 59.4 | 2.7 | 37.9 |
| 合计 | 64.9 | 2.6 | 32.5 | | | | |

**4. 土坯结构房屋的农户购买需求最大，平房住户购买需求较大**

房屋结构对农户是否建房有较大的影响，建房时选择"全部购买"建材下乡产品的农户，以土坯结构住房的农户最多，为34.8%（见表26）；以砖木结构房屋的农户最少，为24.6%。选择"部分购买"建材下乡产品的农户，以砖木结构房屋的农户最多，为29.8%；以砖混结构的农户最少，为24.3%。选择"不购买的"以砖混结构房屋的农户最多为2.4%。选择"购买时再说"的农户，以砖木结构的农户最多44.1%。这说明现居土坯结构房屋的农户对改善住房的紧迫性比较大，而承担建房成本的能力相对较弱，这类农户对建材下乡产品的需求最大。

从房屋类别来看，在选择"全部购买"的农户中，现居平房的农户对建材下乡产品的需求相对较大为29.6%（见表27）；现居楼房的农户为27.2%。在选择"部分购买"的农户中，以居平房的农户比率最大，为25.9%。显然，居平房农户的建房需求与建材需求都较大，这也与他们要求改善生活条件、提高生活质量紧密相关。有农民表示建房时"有补贴总比没有要好"，对财政补贴的追求最有可能拉动建材下乡产品的消费。

表 26　　　　　房屋结构与购买补贴建材需求交叉分析　　　（单位:%）

| 房屋结构 | 全部购买 | 部分购买 | 不会购买 | 到时再看 |
|---|---|---|---|---|
| 砖木结构 | 24.6 | 29.8 | 1.5 | 44.1 |
| 砖混结构 | 29.7 | 24.3 | 2.4 | 43.6 |
| 土坯结构 | 34.8 | 26.4 | 0.8 | 38.0 |
| 合计 | 28.9 | 25.5 | 2.1 | 43.5 |

表 27　　　　　房屋类别与购买补贴建材需求交叉分析　　　（单位:%）

| 房屋类别 | 全部购买 | 部分购买 | 不会购买 | 到时再看 |
|---|---|---|---|---|
| 平房 | 29.6 | 25.9 | 2.0 | 42.5 |
| 楼房 | 27.2 | 25.2 | 2.5 | 45.1 |
| 其他 | 15.8 | 5.3 | 0 | 78.9 |
| 合计 | 28.6 | 25.5 | 2.1 | 43.8 |

### （三）建材下乡拉动建房增量需求情况

1. 建材下乡政策能够诱致 16.5% 的农户提前建房

在 2776 份有效样本中，原来不准备建房，因政策补贴而打算建房的农户有 458 户，占有效样本的 16.5%（见表 28）。对政策持观望态度或出于其他因素的考虑有可能建房的农户占到 34.4%，两者合计达到 50.9%。而不管什么补贴政策，根本不考虑建房的农户有 29.0%。另外 20.1% 农户对政策是否影响建房行为没有明确的表态。

表 28　　　　　　因建材补贴而诱致的新建房情况

| 因补贴重新建房 | 户数 | 所占比（%） | 累积比（%） |
|---|---|---|---|
| 会建房 | 458 | 16.5 | 16.5 |
| 可能会建房 | 954 | 34.4 | 50.9 |
| 根本不会考虑 | 806 | 29.0 | 79.9 |
| 说不清 | 558 | 20.1 | 100.0 |
| 合计 | 2776 | 100.0 | —— |

根据样本数量可以推算总体的数量，16.5% 的农户因为建材下乡政策而新增建房的农户数量，全国约为 3481.5 万户；[①] 五年可以拉动 45783.41 亿元的经济增长；可以诱致 24073.50 亿元的建材需求；平均每年可以拉动 9156.68 亿元的经济增长和 4814.70 亿元的建材需求。国家每年新增的财政补贴按照最高限额计算平均每年为 348.15 亿元，按照建材补贴不封顶计算每年只需 625.91 亿元（见表 29）。如果考虑可能建房的农户，成效将会更大。可以说建材下乡政策是少量的财政投入就能够撬动庞大的农村内需，可谓是"小杠杆，大推力"。

表 29　　　　　因建材补贴而诱致的经济增长及财政补贴（5 年合计）

| | 政策诱致的建房比重 | 政策诱致的建房数量 | 政策诱致的建房总投入或拉动内需 | 政策诱致的建材成本 | 政策诱致的财政补贴（按照 13% 计算） | 政策诱致的财政补贴（按照 5000 元限额） |
|---|---|---|---|---|---|---|
| 单位 | % | 万户 | 亿元 | 亿元 | 万元 | 万元 |
| 五年合计 | 16.5 | 3481.5 | 45783.41 | 24073.50 | 3129.56 | 1740.75 |
| 每年平均 | — | 696.3 | 9156.68 | 4814.70 | 625.91 | 348.15 |

注：1. 政策诱致建房支出 = 22% × 3481.5 万户 × 77108.97（平房建筑支出）+ 78% × 3481.5 万户 × 146847.27（楼房建筑支出）= 5906.01 亿元 + 39877.40 亿元。2. 政策诱致的建材成本 = 22% × 3481.5 万户 × 39630.00（平房建材支出）+ 78% × 3481.5 万户 × 77472.18（楼房建材支出）= 3035.38 亿元 + 210381.12 亿元。3. 政策诱致的财政补贴（按照限额 5000 元计算）= 3481.5 万户 × 5000 元。

**2. 大部分农户会将建材补贴追加投入到新房中去**

如果有建材补贴，80.9% 的农户会考虑将房子建得更好些。而没有这种打算的农户只有 15.2%（见表 30）。48.7% 的农户会将建材补贴节省下来的钱，继续投入到新房建设中去。通常的情况是，只要有足够的钱，农民会将自己的房屋建得更加宽敞明亮、干净舒适。当有财政补贴增加家庭财力时，农民也乐意将补贴款追加到新房建

---

① 新增建房农户 = 16.5% × 2.11 亿户 = 3481.5 万户。

设中去。

| 表 30 | 建材补贴对建房追加投入 | | （单位:%） |
|---|---|---|---|
| | 会 | 不会 | 说不清 |
| 有了建房的建材补贴，会将房子建得好点 | 80.9 | 15.2 | 3.9 |
| 会将建材补贴节省下来的钱，继续投入到新房建设中 | 48.7 | 12.8 | 38.5 |

　　3. 从事非农产业、文化程度高的农户对建材下乡反响最积极

　　从职业角度来看，经商农户对建材下乡反响最积极，41%的经商农户表示将会购买建材下乡产品（见表 31）；从事医生、驾驶等非农职业的农户、务工家庭将购买建材下乡产品的比重分别占同类农户的 40% 和 34.1%。务农农户将购买建材下乡产品的比重为 32.4%。也就是说，从事非农产业的农户对建材下乡政策反应最积极。

| 表 31 | 不同职业对建材下乡政策的反应 | | | （单位:%） |
|---|---|---|---|---|
| | 会 | 可能会 | 根本不会 | 说不清 |
| 务农 | 32.4 | 39.8 | 10.0 | 17.8 |
| 务工 | 34.1 | 41.7 | 7.1 | 17.1 |
| 经商 | 41.0 | 30.8 | 10.3 | 17.9 |
| 其他 | 40.0 | 44.0 | 4.0 | 12.0 |
| 合计 | 33.7 | 40.0 | 9.0 | 17.3 |

　　从文化程度来看，不同文化程度的农户对建材下乡政策的理解不同，对政策的反应也不同。大专及以上文化程度的农民对建材下乡反应最为积极，有 41.2% 的农户表示将购买建材下乡产品（见表 32），没有受过学校教育的农户反应不太积极，只有 20.0% 的此类农户考虑购买建材下乡产品。

| 表 32 | 不同教育程度对建材下乡政策的反应 | | | （单位:%） |
|---|---|---|---|---|
| | 会 | 可能会 | 根本不会 | 说不清 |
| 文盲及半文盲 | 20.0 | 60.0 | 6.7 | 13.3 |
| 小学 | 35.2 | 36.1 | 9.7 | 19.0 |
| 初中 | 35.0 | 42.7 | 7.2 | 15.2 |
| 高中 | 30.9 | 38.1 | 11.3 | 19.6 |
| 大专及以上 | 41.2 | 41.2 | 5.9 | 11.8 |
| 合计 | 34.3 | 40.5 | 8.4 | 16.8 |

4. 扩大家庭、贫困户对建材需求相对较大

不同的家庭类型、家庭人口结构与规模对建房及建材的需求也不尽相同。34.9%的扩大家庭、34.9%的核心家庭、26.3%的其他类型的家庭对建材下乡政策做出了较为积极的反应（见表33）。

| 表 33 | 不同家庭类型对建材下乡政策的反应 | | | （单位:%） |
|---|---|---|---|---|
| | 会 | 可能会 | 根本不会 | 说不清 |
| 核心家庭 | 34.9 | 37.6 | 8.6 | 18.9 |
| 扩大家庭 | 35.5 | 41.3 | 10.9 | 12.3 |
| 空巢家庭 | 30.4 | 43.9 | 4.5 | 21.2 |
| 其他家庭 | 26.3 | 55.3 | 10.5 | 7.9 |
| 合 计 | 34.2 | 39.8 | 8.8 | 17.2 |

不同经济条件的农户对建材下乡政策的反应也不同。富裕户、中等户、贫困户对建材下乡政策的反应占同类农户的比重分别为43.9%、36.6%和41.9%（见表34）。富裕户将购买建材下乡产品的比重最高,中等经济条件的农户最低。表明富裕农户因经济相对比较好,购买能力高,对财政补贴的渴望程度、期盼程度、需求程度都较高。

**表 34　　　　不同经济条件的家庭对建材下乡政策的反应（5 年内）**

|      | 会   | 可能会 | 根本不会 | 说不清 |
|------|------|--------|----------|--------|
| 富裕 | 43.9 | 35.7   | 7.1      | 13.3   |
| 中等 | 36.6 | 40.3   | 8.2      | 14.9   |
| 贫困 | 41.9 | 38.7   | 12.9     | 6.5    |
| 合计 | 38.2 | 39.4   | 8.3      | 14.0   |

5. 当前西部地区建房需求最大，中部地区建房潜在需求大

从不同地区需求来看，不同区域农民建房需求不同，按照东中西分类，西部地区有 46.7% 的农民 5 年内将会建房，比例最高，高出 34.0% 的全国平均水平；中部地区比例最低为 30.9%；东部地区为 34.7%，与全国平均水平基本持平。在可能建房的农户中，中部地区比例最高为 41.4%，高出 40.2% 的全国平均水平。东、西部地区分别为 39.5%、36.2%（表 35）。由此可以看出，西部地区农民建房积极性较高，而中部地区农户建房建材需求不确定性多，但建房潜在需求大。

**表 35　　　　不同地区农户因政策拉动打算建房情况（5 年内）**

| 地区分类 | 单位      | 会建房 | 可能建房 | 不建房 | 说不清 | 合计   |
|----------|-----------|--------|----------|--------|--------|--------|
| 东部     | 户数      | 58     | 66       | 15     | 28     | 167    |
|          | 占比（%） | 34.7   | 39.5     | 9.0    | 16.8   | 100.0  |
| 中部     | 户数      | 147    | 197      | 47     | 85     | 476    |
|          | 占比（%） | 30.9   | 41.4     | 9.9    | 17.8   | 100.0  |
| 西部     | 户数      | 49     | 38       | 3      | 15     | 105    |
|          | 占比（%） | 46.7   | 36.2     | 2.9    | 14.2   | 100.0  |
| 合计     | 户数      | 254    | 301      | 65     | 128    | 748    |
|          | 占比（%） | 34.0   | 40.2     | 8.7    | 17.1   | 100.0  |

6. 当前是农民建房的高峰时期

农民建房有一定的周期性，这个周期除了受人口出生的影响外，还受经济条件的影响。从图 2 可以看出，农民建房的周期大约是 20 年左右，

前一个建房主要高峰期是 1988 年左右，现在则正处于第二个建房周期。前一个建房周期与家庭承包责任制后，农民逐渐富裕和积蓄增多有关。后一个建房周期则有四个原因：一是人口结婚高峰来临，结婚需要建房；二是 20 多年前建的房屋需要重建和翻新；三是农民外出务工、经商，收入增多，建房能力提高；四是 20 世纪 90 年代以来农民的住房开始向楼房转换，需求型向消费型建房转换。这四个原因促成了改革开放以来的第二个建房高峰期。

表 36　　　　　　　　改革开放以来农民建房时间与数量表

| 建房时间 | 建房数量 | 建房时间 | 建房数量 | 建房时间 | 建房数量 |
|---|---|---|---|---|---|
| 1978 | 28 | 1990 | 165 | 2002 | 108 |
| 1979 | 18 | 1991 | 42 | 2003 | 102 |
| 1980 | 88 | 1992 | 90 | 2004 | 80 |
| 1981 | 13 | 1993 | 104 | 2005 | 106 |
| 1982 | 47 | 1994 | 163 | 2006 | 113 |
| 1983 | 45 | 1995 | 117 | 2007 | 147 |
| 1984 | 47 | 1996 | 106 | 2008 | 106 |
| 1985 | 74 | 1997 | 93 | 2009 | 134 |
| 1986 | 74 | 1998 | 128 | 2010 | 221 |
| 1987 | 69 | 1999 | 111 | 2011 | 256 |
| 1988 | 74 | 2000 | 163 | | |
| 1989 | 67 | 2001 | 110 | | |

## 三　影响"建材下乡"的主要因素

### （一）现有住房对农户建房购买下乡建材的影响

1. 农户住房条件限定了农民的建房需求规模

现在农村有相当大一部分农户因各种各样的原因不考虑重新建房。在 778 份有效问卷中，表示"房子还好，没有必要建房"的农户最多，占不建房农户的 61.7%（见表 37）。"儿子不结婚不需要建房"的农户为

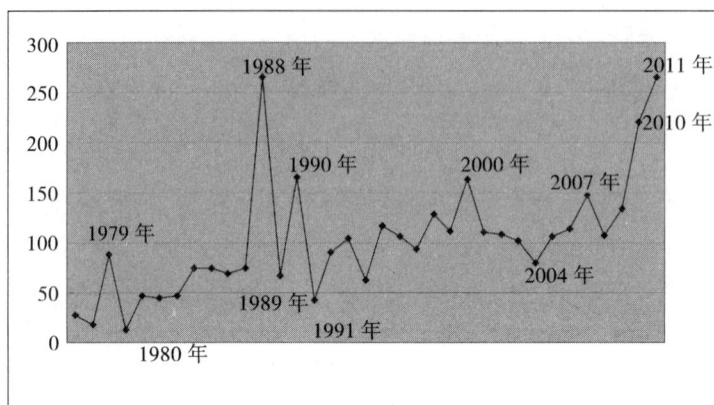

**图 2　改革开放以来农户建房时间与数量序列**

14.9%。因"补贴太少而不建房"的农户为 11.3%；要"搬出村庄"的农户为 9.5%；因"外出打工而不建房"的农户最少，只有 2.6%。显然，现有住房条件及对建房特殊选择对农户建房及建材下乡的影响最大。

**表 37　　　　　　　　　建房需求对建材下乡政策的影响**

|  | 调查户数 | 所占比（%） | 累积比（%） |
|---|---|---|---|
| 补贴太少 | 88 | 11.3 | 11.3 |
| 房子还好，没有必要建房 | 480 | 61.7 | 73.0 |
| 儿子不结婚不需建房 | 116 | 14.9 | 87.9 |
| 外出打工，暂时不需要 | 20 | 2.6 | 90.5 |
| 不打算在村庄居住 | 74 | 9.5 | 100.0 |
| 合　计 | 778 | 100.0 | — |

2. 房屋使用周期制约了农民建房及对建材的需求

按照农户建房时间分组可以发现，即使"有补贴也不建房"的农户，2005—2010 年这一组的农户最多，占比 25.1%；2000—2004 年为 21.0%（见表 38），1995—1999 年为 16.4%。1995 年以后已建房屋且"不再建房的"农户占到"不建房农户"总数的 62.5%，也就是说大部分的住房是在最近 15 年内修建的，不需要重新建房。根据前面的研究，农村房屋翻新或者重建的周期一般是 20 年，有的家庭甚至更长，因而在 10 年之内修建的房屋其状况一般较好，农户没有必要重新修建，特别是 20 世纪 90 年代中后期兴建的房屋基本都是楼房或者砖混结构，使用寿命将更长。

表 38　　　　　　　　　不建新房农户现有住房的建筑时间情况

| 分组<br>年份 | 有补贴不建房农户住房建筑时间 | | | 调查农户住房建筑时间 | | |
|---|---|---|---|---|---|---|
| | 户数 | 百分比（%） | 累积比（%） | 户数 | 百分比（%） | 累积比（%） |
| 2005—2010 | 195 | 25.1 | 25.1 | 615 | 20.5 | 20.5 |
| 2000—2004 | 163 | 21.0 | 46.1 | 563 | 18.8 | 39.4 |
| 1995—1999 | 127 | 16.4 | 62.5 | 555 | 18.5 | 57.9 |
| 1990—1994 | 108 | 13.9 | 76.4 | 464 | 15.5 | 73.4 |
| 1989 以前 | 183 | 23.6 | 100.0 | 796 | 26.7 | 100.0 |
| 合计 | 776 | 100.0 | — | 2993 | 100.0 | — |

3. 现有房屋结构也影响农户对建材产品的需求

房屋结构不同使用周期也不同。土坯结构的房屋翻新要快，砖木结构的次之，砖混结构的房屋使用时间最长，无须在短时期内翻新。在不需要建房的 767 户中，74.3% 的农户房屋为砖混结构，砖木结构的房屋为 21.0%（见图 3），只有 4.7% 的房屋是土坯结构。显然砖混结构的房屋，使用时间较长，加上修建时间也比较短，拥有此类住房的农户没有必要再建新房，更不需要购买建材产品。

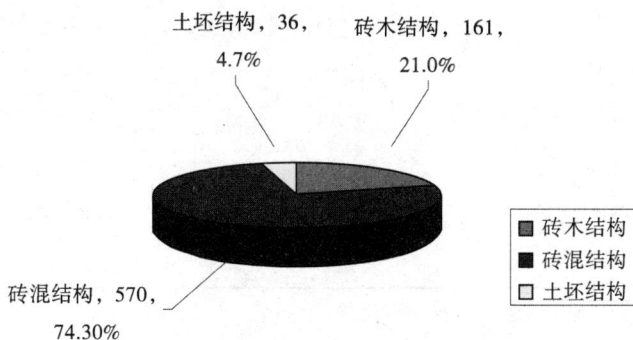

图 3　有补贴也不新建房屋的农户现住房屋结构情况

## （二）农民经济状况制约建房需求

### 1. 有六成农户表示新建房屋会负债

建房支出属于农民生活的重大支出的项目，许多农民因此会背上债务。在具有有效信息的 1878 份样本中，约有 66.3% 的农户会因建房负债，33.7% 的农户表示不会负债（见表 39）。同时建房负债也会影响农户对房屋的翻修和装修，还会约束农民对价高、质好、环保建材的选择。

表 39　　　　　　　　农民计划建房总体负债与否情况

|  | 户数 | 百分比（%） |
| --- | --- | --- |
| 会负债 | 1245 | 66.3 |
| 不会负债 | 633 | 33.7 |
| 总 计 | 1878 | 100.0 |

### 2. 建房预计负债 2 万元的农户最多

在调查过程中发现，预计负债 2 万元的农户居多数，约有 208 户，占比为 21.3%；预计负债 5 万元的农户有 179 户，占比为 18.3%；预计负债 3 万元的农户有 163 户，占比 16.7%；预计负债 5000 元的农户只有 1.1%（见表 40）。

表 40　　　　　　　　农民建新房负债金额比较

| 负债金额（元） | 户数 | 占总调查户数比例（%） |
| --- | --- | --- |
| 5000 | 11 | （11/977）1.1 |
| 10000 | 67 | （67/977）6.9 |
| 20000 | 208 | （208/977）21.3 |
| 30000 | 163 | （163/977）16.7 |
| 40000 | 85 | （85/977）8.7 |
| 50000 | 179 | （179/977）18.3 |

注：总有效调查户数为 977。

### 3. 近期建房的农户负债相对较多

从计划建房时间来看，可能负债的农户以 5—10 年内建房的居多，占同时期建房农户的 67.7%。5 年内建房的农户负债的比率为 67.3%（见表 41）。不会负债的农户则以远期建房的居多，即准备 10 年以后建房的农户，占比为 36%。近期与中期建房负债的农户要多一些，这对建房支出构成了现实压力，也影响建材的需求。

表 41　　　　　　　　　　农民建房时间与负债情况交叉分析

| 计划建房时间 | 单位 | 会负债 | 不会负债 | 合计 |
|---|---|---|---|---|
| 五年内 | 户数 | 549 | 267 | 816 |
| | 占比（%） | 67.3 | 32.7 | 100.0 |
| 五至十年 | 户数 | 294 | 140 | 434 |
| | 占比（%） | 67.7 | 32.3 | 100.0 |
| 十年后 | 户数 | 402 | 226 | 628 |
| | 占比（%） | 64.0 | 36.0 | 100.0 |

### （三）农民个体特征与家庭结构影响建材下乡

1. 老年户主购买建材下乡产品需求大，青年户主购买需求相对较小

从户主年龄结构来看，老年户主对建材下乡产品购买需求比较大，青年户主相对较小。68.8% 的 61 岁以上的老年户主将会购买建材下乡产品，超过 63.6% 的总体平均水平。35 岁以下的青年户主会购买建材下乡产品的比重为 60.9%（见表 42）。其原因是，老年户主以务农为主，收入有限，购买力相对较小，更需要国家的建材补贴；青年户主则是家庭主要收入的创造者，外出务工经商的多，购买力较强。

表 42　　　　　　　　户主年龄结构与补贴建材购买需求交叉分析

| 年龄结构 | | 购买 | 不购买 | 到时再看 | 合计 |
|---|---|---|---|---|---|
| 35 岁以下 | 户数 | 198 | 6 | 121 | 325 |
| | 占比（%） | 60.9 | 1.8 | 37.3 | 100.0 |
| 36—45 岁 | 户数 | 407 | 8 | 219 | 634 |
| | 占比（%） | 64.2 | 1.3 | 34.5 | 100.0 |

| 年龄结构 | | 购买 | 不购买 | 到时再看 | 合计 |
|---|---|---|---|---|---|
| 46—60 岁 | 户数 | 514 | 9 | 296 | 819 |
| | 占比（%） | 62.8 | 1.1 | 36.1 | 100.0 |
| 61 岁以上 | 户数 | 148 | 3 | 64 | 215 |
| | 占比（%） | 68.8 | 1.4 | 29.8 | 100.0 |
| 合计 | 户数 | 1267 | 26 | 700 | 1993 |
| | 占比（%） | 63.6 | 1.3 | 35.1 | 100.0 |

**2. 文化程度高的农户购买需求不高，文化低的农户却相对较高**

文化程度越高对国家政策的知晓率与关注度也越高。在政策没有实施或细则颁布时，文化程度高的农户往往持观望态度。从调查情况来看，高中与大专以上文化程度的农户有购买需求的分别占同类农户的 59.5% 和 60.8%（见表43），而具有小学文化程度或没有接受系统教育的农户占同类农户的比重分别为 65%、65.3%。也就是说学历越高，持观望态度的越多。

表 43　　　　　　　农户教育程度与补贴建材购买交叉分析

| 教育程度 | | 购买 | 不购买 | 到时再看 | 合计 |
|---|---|---|---|---|---|
| 文盲与半文盲 | 户数 | 32 | 0 | 17 | 49 |
| | 占比（%） | 65.3 | 0 | 34.7 | 100.0 |
| 小学 | 户数 | 391 | 10 | 201 | 602 |
| | 占比（%） | 65.0 | 1.7 | 33.3 | 100.0 |
| 初中 | 户数 | 641 | 8 | 354 | 1003 |
| | 占比（%） | 63.9 | 0.8 | 35.3 | 100.0 |
| 高中 | 户数 | 163 | 3 | 108 | 274 |
| | 占比（%） | 59.5 | 1.1 | 39.4 | 100.0 |
| 大专及以上 | 户数 | 31 | 2 | 18 | 51 |
| | 占比（%） | 60.8 | 3.9 | 35.3 | 100.0 |
| 合计 | 户数 | 1258 | 23 | 698 | 1979 |
| | 占比（%） | 63.6 | 1.2 | 35.2 | 100.0 |

### 3. 核心家庭建房需求比较高，而扩大家庭相对较低

人口增加而需要建房是新建房屋的主要原因之一。因有建材补贴而考虑重新建房的农户，以核心家庭的比率最高，达到 24.2%（见表 44）。几代同堂的扩大家庭的比率为 21.7%，反而低于核心家庭。

| 表 44 | 家庭类型与重新建房交叉分析 | | | （单位：%） |
| --- | --- | --- | --- | --- |
| | 会建房 | 可能会建房 | 不会建房 | 说不清 |
| 核心家庭 | 24.2 | 41.8 | 10.2 | 23.8 |
| 扩大家庭 | 21.7 | 45.4 | 13.1 | 19.8 |
| 空巢家庭 | 19.7 | 45.6 | 12.9 | 21.8 |
| 其他家庭 | 19.8 | 50.5 | 9.0 | 20.7 |
| 合计 | 23.1 | 43.4 | 10.9 | 22.6 |

### 4. 没有享受政策的贫困户建房需求大，享受政策的低保户建房需求却小

未享受国家帮助的贫困户建房需求相对较高，达到 32.3%，远远高于 22.8% 的总体平均水平。享受最低生活保障的农户建房需求最低，仅为 21.2%（见表 45）。分散供养五保户与非贫困户，可能会建房的比重分别为 27.3%、22.3%。

| 表 45 | 农户庭贫困类型与重新建房交叉分析 | | | （单位：%） |
| --- | --- | --- | --- | --- |
| | 会 | 可能会 | 不会 | 说不清 |
| 分散供养五保户 | 27.3 | 36.4 | 27.3 | 9.0 |
| 低保户 | 21.2 | 38.5 | 17.3 | 23.0 |
| 其他贫困户 | 32.3 | 39.6 | 11.5 | 16.6 |
| 非贫困户 | 22.3 | 44.8 | 10.3 | 22.6 |
| 合计 | 22.8 | 44.2 | 10.7 | 22.3 |

## 四 农民对"建材下乡"政策的期盼与担忧

"建材下乡"作为利农、惠农的又一重大举措，受到了农民的高度肯

定。当前农民对建材下乡政策是"既盼望，又期望；既盼望，又观望"。总括起来，农民有"三盼"、"四忧"、"五要求"和"六个问题"

### （一）三大期盼

一盼尽快落实。七成以上的农户希望建材下乡政策早日落实。在2289份有效样本中，有1716户农民期盼"建材下乡"政策早日落实，占有效样本的75%；68户不期待政策早日落实，占比仅为2.9%；另有505户约22.1%的农户则持无所谓的态度，他们认为建材下乡政策实施时间的早晚，对自己的影响不是很大。以上分析可以发现，七成农户期待政策尽快落实，尽快享受中央出台的新惠农政策，而仅仅有一小部分农户不盼望"建材下乡"（见表46）。

二盼增加补贴。农民期盼建材下乡政策能提高补贴比重，采取更加灵活的补贴方式，能够切实缓解自己的建房压力。调查发现，因建材价格上涨，农民建房压力越来越大。5年之内有建房计划的农户，平均造价预算为131437.68元，能够享受建材补贴的钢材、水泥、玻璃、瓷砖等建材平均预算费用为69110.45元，这其中并未包括砖、瓦、木材和沙石。如果建材补贴政策最高限额5000元，补贴比率只占受补贴类建材成本的7.23%，占建房总成本的3.8%左右。

表46　　　　　　农民对"建材下乡"政策落实的意愿情况

|  | 户数 | 占有效样本的比重（%） |
| --- | --- | --- |
| 盼望建材下乡 | 1716 | 75.0 |
| 不盼望建材下乡 | 68 | 2.9 |
| 无所谓 | 505 | 22.1 |
| 合计 | 2289 | 100 |

在2907个有效样本中，12.2%的农户认为财政补贴5000元对建房的"作用大"；28.4%的农户认为"作用不太大"；27.6%的农户认为"作用不大"；31.8%的农户认为"有总比没有好"。可见大部分的农户还是认为5000元的限额建材补贴金额太少。所以农民希望国家提高建材补贴限额，增加建房补贴（见表47）。

**表 47　　　　　　　　　　　　农户对建材定额补贴评价情况**

|  | 户数 | 比重（%） |
|---|---|---|
| 补贴作用大 | 356 | 12.2 |
| 补贴作用不太大 | 825 | 28.4 |
| 补贴作用不大 | 802 | 27.6 |
| 补贴有总比没有好 | 924 | 31.8 |
| 合计 | 2907 | 100 |

三盼配套到位。鉴于家电下乡的经验，农民盼望建材下乡要有比较完备的配套措施。首先技术措施配套到位。建材下乡的种类繁多，农民的需求也不同。要保障建材能够顺利下乡，从技术上讲需要制定各类建材统一的质量标准，保障建材下乡产品成为"放心"产品。其次政策保障到位，积极向弱势群体倾斜，向贫困地区倾斜，为没有足额建房资金的农户提供多种弹性政策，以保证"建材下乡"政策的初衷能够实现。

### （二）　四大担忧

虽然"建材下乡"政策受到老百姓的高度肯定与评价，但在调研中，我们发现农民对"建材下乡"政策仍存在一些担忧。

一忧建材质量差。调查显示，42.2%（见表48）的农户担心建材经销商会以次充好、以假乱真。农民表示"房子是安家立命的根本，质量不好，再便宜也不买"。对于大多数老百姓来讲，房屋建设是一辈子的事情，建材质量问题直接关系到新房的质量，直接影响到农民购买建材的积极性，同时也影响到农民对中央后续惠农政策的信任问题。因此，建材的质量问题能否得到切实的保障，直接影响建材下乡政策的实施成效。

**表 48　　　　　　　　　　　农民对"建材下乡"担忧情况分布**

|  | 农户 | 比重（%） |
|---|---|---|
| 担忧建材质量 | 997 | 42.2 |
| 担忧补贴程序 | 602 | 25.5 |
| 担忧官商勾结 | 655 | 27.7 |
| 担忧政策落实 | 109 | 4.6 |
| 合计 | 2363 | 100 |

　　二忧官商相勾结。除担心质量外，约有二成八（27.7%）的农户担心在建材下乡政策实施的过程中，地方政府与建材经营商勾结，私自克扣或者挪用中央政府给农民的补贴款。调查中，农民就用顺口溜表示这种担心："中央大晴天，省里起乌云，县里发洪水，底下淹死人。"也有农民反映"感谢国家的政策，担心下面的对策"。出于对地方政府的不信任，相当大一部分农民对"建材下乡"政策持一种观望的态度，同时也会产生一些消极的想法。农民对建材经销商更为怀疑，害怕经销商们"忽悠自己"，通过抬高建材价格，以次充好，变相将政府给农民的补贴掠进自己的腰包。调查发现，农民最不信任的是厂商，其次为地方政府，最信任的是中央政府。

　　三忧补贴程序多。在 2687 个有效样本中，25.5% 的农户关注补贴程序问题，担心程序太复杂。鉴于家电下乡的经验，近六成的农户（约59.7%）愿意按照家电下乡的方式进行补贴，15.8% 的农户不愿意采取"家电下乡的方式"补贴，24.5% 的农户根本不知道"家电下乡"的补贴方式。显然农民希望建材下乡补贴程序更加简单，以便于理解和接受，更便于获取补贴。对于繁琐的补贴程序，农民反映，"跑这儿跑那儿，托关系，看别人眼色，不如不要"。如果补贴程序复杂，要花费过多的时间和精力，获取补贴等待的时间过长，农民就觉得不划算。

表 49　　　农户对"建材下乡"与"家电下乡"补贴方式比较分析

| | 农户 | 比重（%） |
| --- | --- | --- |
| 愿意采取"家电下乡方式" | 1605 | 59.7 |
| 不愿意采取"家电下乡方式" | 423 | 15.8 |
| 不知道"家电下乡方式" | 659 | 24.5 |
| 合计 | 2687 | 100 |

　　四忧政策落实难。对于需要购买建材建房的农户来说，何时才能享受国家的补贴政策，成为最为关切的问题。当前农民对中央的惠农政策既期待又无奈。"期盼政策，顾虑落实"是很多农民的一种心态。还有些农民担心"上面的政策好是好，但到下面就不知怎么了"；"政策很好，落实不了"。这体现了农民对建材下乡政策落实的担心和忧虑。

### （三）五大要求

1. 增补贴。从现有补贴额度来看，5000 元的补贴占补贴建材成本的 7.23%，占总建材成本的 5.4%，占建房总成本的 3.8% 左右。大部分的农民认为，"政策出台好，有比没有强，但吸引力不够大"。原因是补贴在建材、建房成本中所占比重太小。当然补贴金额对于不同收入的群体来说效果不同。同时农户还会考虑到产品价格的变动因素对农户补贴的影响，因此农民希望能够增加补贴金额。我们认为，增加补贴金额（与现有透露的方案对比）有两个方面的好处：一是能在一定程度上减轻农民的建房负担，给农民以真正实惠，二是能够刺激农民建房的积极性，从而扩大内需。

2. 多品种。从建材下乡政策现有的规定来看，入选建材仅有水泥、钢材、瓷砖、玻璃 4 类品种。据调查农户使用四类建材成本的平均预算为 69110.45 元，只占总建材成本的 75.1%。而对于建房来说，除以上建材以外，还应包括建筑用砖、木材、黄沙、油漆等多个种类的建材产品。因此，农民要求建材品种多样化，建材价格多元化，从而扩大农民的选择空间，使不同收入、不同类型的农户都有可供选择的产品。从而实现"建材下乡"政策广覆盖，多惠及的目标。

3. 简程序。"建材下乡"补贴的程序直接影响到农民参与该政策的积极性。鉴于农民自身的特点，简单快捷的补贴程序更受农民欢迎。因此，农民要求在补贴程序、补贴手续方面，更加简单、方便、快捷、容易操作，使建材下乡政策既能惠农，又能"便民"。

4. 快落实。农民对"建材下乡"认可度高、期待高、意愿高。对于需要建房农民来说，他们更加期待建材能够迅速下乡，给自己带来实惠。保障"建材下乡"的同时，还要注意"建材下乡"与"汽车下乡"、"家电下乡"等其他优惠政策之间的协调与配合。建材下乡也应积极借鉴"家电下乡"、"汽车下乡"的经验并完善它们不足的地方。

5. 强监督。鉴于"家电下乡"的经验，部分厂商打着家电下乡的旗号欺骗农民以次充好、鱼目混珠的情况，农民强烈要求政府强化监督，确保下乡建材的质量，确保农民的利益，确保政策落实到位。

### （四）六大问题

在进行家电下乡、新农保及建材下乡的调查过程中，我们发现国家在推行惠农政策过程中也存在几个有共性的问题，需要引起中央有关部门的高度重视。

1. 信任问题。信任是政府贯彻落实惠农政策的基础，也是建材下乡政策能否顺利实施的关键。但在调查中发现，部分农民对地方政府的执行与落实能力存在疑虑、对厂商的信用很不信任。为此，必须在政策的宣传、执行、监督上下大力气，多渠道、多角度地与农民沟通，在阳光下实行建材下乡政策。通过落实建材下乡政策，重建农民对各级政府的信任感。

2. "死角"问题。不管是"家电下乡"、"建材下乡"，还是新农保、新农合都存在同样一个问题：有一部分群体，既不是农民，也不是市民，既享受不了国家的惠农政策，也融不进城市，这是一个政策的"死角"。这部分群体主要有"失地农民"、城郊已经规划布局的"农民"，另外还有因体制原因遗留下来的如在林区工作的林农，在集体茶场工作的茶农，在农场种田的农民等。根据我们调查推算，这部分群体大约占农民总数的 10% 左右，成了城乡扶持政策的"死角"。

3. 照顾问题。中央的惠农政策有很多都需要地方政府特别是县级政府配套，但是中西部地区的县级财政比较困难。在调查中河南有位县长诉苦说："如果将中央各个部门的惠农政策全部配套，我们吃饭都成问题。"所以中央的惠农政策除了"普惠式"的、"一刀切"的政策外，还应该有对特殊地区、特殊群体的照顾。比如中西部地区的贫困县（市）配套资金的问题，又如农村中的特困群体问题，他们既无钱买家电，更无力建房，也缴纳不了新农保的参保费。对于这些地区、这些群体，惠农政策要有所考虑、有所倾斜、有所照顾。

4. 公平问题。国家惠农政策原本的目的是惠农，同时也拉动内需，但是惠农政策，可能会造成新的不公平问题。如建材下乡政策就有两个目的：一是拉动建材行业的消费市场，解决产能过剩问题；二是改善农村住房条件。但是现在有能力建房、准备建房的大多是有一定经济能力的农户，"建材下乡"补贴政策对这部分建房者是"锦上添花"，但是对于村中的特殊群体，如低保户、五保户、残障人群、贫困户等，无论中央给予怎样的政策补贴，都不可能获得补贴，无法"雪中送炭"。因此，国家对前者的补贴反而造成了农村居住条件两极分化。家电下乡也带来了同样的问题，这可能会导致"穷者愈穷、富者愈富"的"马太效应"。

5. 新城乡认同问题。现在所有的惠农政策包括建材下乡、家电下乡、新农保、新农合等都要求以农村户口为准，有农村户口就能够享受国家的惠农政策。所以有些城郊区或者失地农民强烈要求"非转农"，希望享受国家的惠农新政策。本来惠农政策的目的是缩小城乡差距，但以农村户口为依据的惠农政策则有加剧城乡分割，强化城乡二元格局的潜在作用。如何在惠农的同时减缓可能出现的新城乡认同问题，也是今后惠农新政策要关注的焦点。

6. 后续影响问题。在调查的过程中，我们发现过去惠农政策存在的一些制度缺憾，或者一些操作上的漏洞，或者参与惠农政策的厂商的欺诈、服务问题等等。这些遗留下来的问题对建材下乡、新农保等新惠农政策的实施产生了一定的影响。农民总用过去的眼光、过去的方式看待新政策。因此农民常常对新政策持怀疑、不信任、不合作的态度。随着中央惠农政策增多，遗留的问题也将会越来越多，如何化解这些遗留问题，解决后续影响也值得相关部门注意。

## 五　对建材下乡政策的六个建议

### （一）准确认识，充分评估政策效力

正确评估、充分认识是政策制定的基础。各级政府需要对建材下乡政策有一个基本的评价：一是当前农民建房居于高峰期，农民建房周期一般是 20 年，1988 年左右为第一个高峰；2008 年以来开始进入建房的第二个高峰期，农民的建房意愿高、支出多、敏感性强。二是农民建房正处于一个基本需求型向消费需求型转换的过程中，将农民建房分为三种类型：基本需求型、消费需求型和投资需求型，现在我国大部分的农民处于从第一个阶段向第二个阶段转换的过程中，如现在有些农民对房屋的装修需求比较大就是一种体现。三是建材下乡政策是一个"以小拨大"的内需扩张政策，因为房屋建设支出大，财政以较小的补贴就能够拉动庞大的农村建房需求，按照目前 5000 元的补贴限额简单计算，国家每年财政补贴不到

400 亿元，就能够拉动庞大的内需，其直接拉动效应为 1 : 26.3,① 建材下乡政策是"小杠杆，大需求"、"小措施，大成效"。四是建材下乡是一个"民生工程"和"民心工程"，虽然建材下乡尚未出台细则，但是它得到了农民的很高评估、肯定和赞赏，对于这一项民生、民心工程，应该慎重、严格程序，确保落实，不能将农民的"期望变成失望，观望变成无望"。

### （二）强化宣传，让政策能进村入户

高知晓度、高认可度是建材下乡政策走进农户，惠及农村的基本前提。"建材下乡"要吸取家电下乡政策宣传的经验。一是充分利用电视、广播、报纸等主流媒体，借助宣传单、宣传车、横幅等宣传方式，大力宣传建材下乡政策。二是采取唱戏、说段子、顺口溜等农民喜闻乐见的方式推荐建材下乡政策。三是发挥手机通信和网络信息等新媒体的优势，及时、准确、全面向农民推荐建材下乡政策。四是利用传统宣传手段鼓励干部进村入户宣传。总体的要求是："电视要有画面，广播要有声音，纸上要有文字，村内要有活动"，通过各类宣传使建材下乡政策能够进村入户，补贴方式家喻户晓。

### （三）完善内容，让惠农政策真惠农

建材下乡政策能否实现设计初衷，补贴程序和内容极为重要。建材下乡政策必须针对农民的特点，设计出能够利民、便民、惠民的具体方案。一是优化补贴比率，提高补贴限额，可以选择三种方式：比例提高，上限不变；比例提高，上限提高；比例不变，上限提高。我们建议可以采取上限提高，补贴比例不变（13% 或者 10%）的方式，上限可以提高到农村建房总体成本的 5%—8%。二是简化补贴程序，减少补贴环节，可以借鉴家电下乡的补贴方式：一卡通、即买即补等方式，减少审批环节，缩短补贴周期。三是丰富补贴方式，使更多的农户享受补贴政策。现在的补贴方式主要是针对家里有积蓄、有能力建房的群体，但还有部分农民建房资金不足，或者有些农民根本建不起房，对此建议时机成熟时可以推出优惠

---

① 拉动效应 = 近五年的年均财政建材补贴 ÷ 近五年建材下乡政策带动的建房支出 = 348. 15 ÷ 9156. 68。

贷款或按揭，让更多的农民能够享受国家的惠农政策，让更多的农民能够建得起房。四是增加补贴品种，让农民有更多的选择。在建材协会递交的建材下乡方案中只有钢材、水泥、玻璃、瓷砖等几类建材享受下乡补贴，其实这几类建材只占建房建材总成本的75.1%。因此可以考虑扩大补贴品种，将沙石、砖瓦、木材、涂料纳入补贴范围。五是扩大补贴群体，将更多人群纳入补贴范围，可以考虑将失地农民，集体茶场、集体林场、集体农场中的"职工"也纳入补贴范围，还可以将农民工就地买房及农民进城买房也纳入补贴范围，让更多的农民享受国家的惠农政策。

**（四）严把"三关"，让实惠政策全落实**

建材下乡缺少规范的经营网点、缺少统一的招投标制度，缺少规范的市场定价，缺少统一的质量标准，这就给建材下乡产品的监管、补贴的发放与领取带来困难。因此，必须把好"三关"：

1. 严把"质量关"。将市场准入制度作为"建材下乡"的前提。一是推行进入备案审查制度，尽管国家不进行建材产品招标，但是对从事建材下乡产品销售的厂商，还是有必要实施备案制度。二是推行资格认证制度，对于即将进入农村市场的建材产品的质量要有资格认定制度。三是鼓励推介绿色建材产品，对于节能、环保、低碳等建材产品，有关部门要重点推介、大力宣传，既节约能源，又能促进建材产业结构的调整。

2. 严把"落实关"。建材下乡政策的关键是补贴款的落实。一是简环节促落实，可以采取"一卡通"，也可以采取"就地兑付"的方式确保补贴款的落实。二是强监督抓落实，通过各级部门包括执法部门、财政部门、工商行政部门及人大、政协、新闻等部门和机构的共同努力，通过形成监督合力抓落实。三是重反馈求落实，监督部门和职能部门要通过反馈调查、抽样调查的形式，考察下乡补贴的落实情况，争取政策落实到位。四是核职能保落实，各级编制部门或者上级有关部门要将建材下乡的工作纳入有关部门的职责中去，确保政策落实到位。

3. 严把"监督关"。管理与监督是保障政策有效执行的重要手段。"建材下乡"政策也需要建立相应的管理与监督机构，健全和完善相关的管理与监督制度。一是组织监督，有关部门要组织监督小组，从建材生产到建材销售；从农民对补贴方式的选择到补贴款的领取进行全方位的监督，保证建材质量。二是社会监督，要建立专门的机构，收集整理农民的投诉和反映，及时处理坑农、害农事件，切实维护农村的建材市场秩序。三是舆论监督，对于坑农、害农以及假冒伪劣产品及经销商要及时曝光。四是自我监督，政府要加强自我监督，规范行为。

### （五）统筹关系，使惠农政策更加实惠

"建材下乡"政策要落实与执行，必须协调好与新农村建设中的社区建设、城乡一体化和其他惠农政策之间的关系，做到惠农政策之间相互呼应，统筹兼顾，形成合力。

1. 统筹"建材下乡"与"新社区建设"。建材下乡政策就是鼓励农民建房，新农村建设也要求村容整洁，特别是鼓励有条件的农村集中居住，建设新社区。河南、安徽等地区的农民反映，政府鼓励建设新社区，已经不批宅基地，不允许翻新，在这种条件下，农民无法享受建材下乡的补贴政策。因此协调建材下乡政策与新社区建设极为重要。一是对于鼓励新社区建设的地区，可以在建材下乡补贴政策的基础上，加大配套补贴力度，引导农民在新社区建房。二是对于鼓励新社区建设的地区，集体统一建房，可以按照楼房的面积及造价采取"单房定补"的方法，让农民享受建材下乡的补贴。三是对于鼓励新社区建房的地区不能强制、也不能剥夺农民享受建材下乡政策的权利，做好沟通与协调工作，避免房屋的重复建设，避免资源浪费及环境污染。通过以上三种方式使建材下乡政策与新农村建设统一起来。另外，建材下乡也可以考虑对农村公路、农田水利建设给予同等的补贴。

2. 统筹"建材下乡"与"城乡一体发展"。所有惠农政策的最终目标是缩小城乡差距，促进城乡一体化。"建材下乡"政策无疑为农村城镇化、农民市民化开辟了一条新路子：一是可以考虑将新城区（城郊村）的建设纳入建材下乡补贴的范围，势必能促进城乡住房一体化的进程。二是建议对农民在原宅基地建房或翻新的农民给予建材补贴的基础上，对集资建房、集体购房或者在县乡镇购买第一套商品房的农民给予一定的建材补贴，鼓励农民进城。三是可以考虑出台务工人员在务工地购买住房的建材补贴政策。这样既可以增加"建材下乡"政策的公平性，又能鼓励农民进城、农村城镇化，促进城乡一体化发展。

3. 统筹"政策统一性"与"需求特殊性"。"建材下乡"有别于"家电、农机、摩托下乡"在商场或大型超市的简单货币消费，需要对农民

这个消费群体做出细致的区分，要量体裁衣，制定相应的优惠政策。农民建房有如下几种类型：宅基地新建房或重建房、宅基地旧房翻修、新农村建设规划地区集中集资建设或购买的住房、农村社区统一规划集资建设或购买的住房、拥有农村户口但在乡镇县上自建房、拥有农村户口但在乡镇县等地购房居住。复杂的农村居住环境，多种类的居住情况，多样化的选择，要求有关部门既制定统一的"建材下乡"政策，同时也要兼顾地区、农民的特殊性，适当赋予地方政府一定的权利和灵活性，允许地方政府因地制宜的根据中央的政策进行调整和创新。

4. 统筹"建材下乡"与"相关惠农政策"。最近几年国家推出了不少惠农优惠政策，这本来是一件好事，农民也非常欢迎，但是政策多了也带来协调的问题。一是建议惠农政策出台要给予一定的时间"消化"，否则前一个惠农政策没有出台，下一个政策又上演，农民"消化"比较困难。二是建议惠农政策之间不能相互冲突、相互打架，惠农政策之间要相互协调。三是建议国家要对相关惠农政策有一个协调管理部门，便于惠农政策、部门之间的协调、落实、管理和监督。

另外，建材下乡应与农村危旧房改造、淘汰落后产能、推广农村建筑节能、促进建材产业结构的战略性调整等工作对接，使建材下乡政策不是简单的惠农，也不是单一的拉动内需，而是将惠农、扩需、调整、发展于一体，促进经济社会的整体进步和发展。

### （六）辅以配套方案，使政策结构更合理

鉴于建材下乡产品的多样性与销售渠道的分散性，凭票补贴的真实性与可靠性以及建房补贴的公平性和效率性，在此另推选几个备用方案作为替代方案或者配套措施。

1. 发放建房补贴券。可以考虑以农村户口为依据，按户发放等额的建房补贴券。此券在建材市场等同现金，可以购买，也可转让。推行此政策有三大好处：一是较为公平，统一发放建房券使所有农民都能公平享受国家的补贴政策。不建房的农民可以转让补贴券，可以使不建房、无力建房或不在政策实施期间建房的农民也能享受国家的补贴。二是较为简单，补贴券的发放、使用过程简单，对于多样化、分散性的建材产品，可操作性极强，节省了管理成本和交易成本。三是较易控制，能够控制国民经济的增长，因为发放可转让的建房补贴券，发放多少都能够转换成建材消

费，对经济的增长有一定的可控性。

2. 整体造价补贴。建材下乡还可以采取整体造价补贴方式，真正让利于民。可以考虑以农民获得的房产证为准给予一次性的建房补贴，即依据房产造价按照一定的比率一次性补贴。这样的优点非常明显：程序简单、可操作性强、可控程度高、能够确保政策落实、农民能够得到真实惠，避免了中间环节的盘剥和欺诈，还能够促进农村产权制度改革。但此方法必须有完整的房产评估制度，要求农村宅基地及房产制度改革以及强化监督，防止有关部门勾结，共同骗取中央财政的补贴。

3. 财政贴息方式（财政补贴 + 银行贷款）。可以考虑给农民建房以优惠贷款、按揭，以解决建房资金不足的农户的建房问题和享受建材下乡政策的问题。一是采取优惠贷款，如可对农民建房贷款实施财政贴息，就解决了部分农民建房的资金问题。二是可以推行按揭优惠贷款方式，"按揭 + 优惠贷款"主要是两种方式的结合，前者可以采取分期付款方式给农民贷款，后者主要是采取财政贴息方式给农民优惠贷款。对于享受财政贴息贷款的建房户可以提出一定的要求，如要求新房建在集中规划的新社区，采用新型节能、低碳、无污染的建材等。

# 家电、汽摩、农机"下乡政策":成效、潜力、问题及建议

## ——对全国20个省68个村1942个农户的调查

主持人：徐　勇

执笔人：邓大才　　黄振华　　胡雅琼　　曾　晨
　　　　杨乐乐　　江　丽　　王　媛　　朱敏杰
　　　　（吴春宝、罗金莲参与了最后的修改）

# 内容摘要

华中师范大学中国农村问题研究中心"百村观察"项目组受全国社科规划办委托，于 2010 年春节前后组织近百名师生对全国 20 个省 68 个村的 1942 个农户就"家电、汽摩、农机三下乡"政策展开了大规模问卷调查和深度访谈。课题组通过调查研究对三项下乡政策做出如下结论：农民对下乡政策评价很高，反响比较积极；购买率高，需求比较旺盛；内需拉动效应较大，增收效果不错；下乡政策效应开始显现，未来潜力较大，前景较乐观。其中，家电下乡受益面最广，影响最大；汽摩下乡经济贡献最大，拉动效应明显。当然，三项下乡政策也存在一些问题，农民也提出了新的要求和期盼。

## 一 "三下乡"政策的成效与潜力

1. 农民评价很高，家电汽摩反响最好。74.1% 的农户对家电下乡政策表示"非常满意"，九成以上农户比较满意；对汽摩、农机下乡政策表示很"满意"和"较为满意"的农户比重分别为 89.4% 和 85%。至少有八成的农民认可一项下乡政策，完全不认可的不到 1%。家电下乡政策最受农民欢迎，中部地区的农民对下乡政策的认可程度最高。农民对于下乡产品质量、价格、服务的总体满意度比较高，对家电、汽摩、农机下乡产品表示"满意"和"比较满意"的农户分别为 66%、64.6% 和 47%。农民对下乡汽车、摩托车产品的质量最认可、最满意。

2. 购买率比较高，农民需求比较旺盛。家电、汽摩、农机下乡产品的购买率分别为 14.2%、4.1% 和 1.9%，总体购买率为 17%，比 2009 年的 12.7% 提高了 4.3 个百分点。据此推算，全国约有 4000 万农户购买了下乡产品。从区域来看，中部地区的家电、汽摩销售最旺，西部地区的农机产品购买最多。家电、汽车、摩托车和农机的购买均价分别为 1975 元、

39669.2 元、5182.5 元和 10093.8 元。汽车和摩托车价格均在农民支付能力以内，所以需求较为旺盛。

3. 内需拉动效应较大，农民增收效果不错。根据调查样本测算，全国"三下乡"政策共拉动消费总额 1887 亿元，其中拉动消费最多的是"汽摩下乡"政策，拉动消费 898 亿元，占总消费额的 47.6%。从拉动内需、刺激消费的角度来看，"汽摩下乡"政策的经济刺激效果最显著，家电下乡政策位居其次，农机下乡政策效果不太理想。从农民增收来看，家电和汽摩下乡政策使购买家庭总收入增加 1 个百分点和 4 个百分点，拉动全国农户家庭总收入增加 0.1 个百分点和 0.2 个百分点，农机下乡使全国农民人均增收 10 元左右。

4. 下乡政策效应显现，潜力较大前景较乐观。从民心来看，家电下乡政策最好；从内需来看，汽摩下乡政策最好；从民生来看，三项下乡政策均能够改善农民的生活质量。总体分析，三项下乡政策有较大的潜力，其中家电和汽摩下乡的潜力比较突出，电视、手机等保有量较大的家电，以旧换新的潜力大；冰箱、空调、电磁炉、微波炉等保有量不大的家电，前景比较乐观；电脑、太阳能热水器等信息、环保、低碳产品将会保持较高的增长态势；小排量的微型汽车开始进入农家，电动车有望取代摩托车，两者均有较大消费潜力和市场前景。

## 二　"三下乡"政策实施中的问题、要求与期盼

1. 下乡政策的"三大问题"。首先是政策设计实施有偏差，覆盖面不全，还有一些居住在农场、林场、茶场、良种场等地的农村"边缘群体"无法享受政策；举家外出打工农户无法在异地享受政策；下乡政策也没有考虑对贫困农户的支持和帮扶。农民对地方政府、厂家和商家不信任，担心遭受三方联手欺骗。二是销售环节问题较突出，下乡产品价格定期统一招标，招标价格跟不上市场更新换代的速度，导致下乡产品在价格、功能、款式方面无法与非下乡产品竞争，下乡产品还无法讨价还价，农民认为定价机制较僵硬。因为销售利润较低，一些商家不愿意甚至回避下乡产品。三是配套设施程序不完善，农民反映下乡产品的配套设施不完备，不少产品一买回家就成了"摆设"，空调转不动、汽车开不回、收割机无法下田、彩电效果不好等。厂家的配套服务也不周到，导致"产品下乡，

技术不下乡，服务没下乡，能力没跟上"。农民戏称："买得起，用不起；用得起，耗不起。"

2. 农民的"六项要求"。农民对下乡政策也提出了一些新要求。首先要求增加产品类别，希望下乡产品更加贴近民生、贴近生活，增加不同价位、不同档次的产品以供农民选择；注重推出能耗更低、更绿色、更环保、更具有乡土特色的产品下乡。其次要求简化程序，农民希望汽摩、农机下乡也能够借鉴家电下乡的经验，简化程序，采取一卡通或者商家直补模式。再次要求提高售后服务能力，农民希望厂家能够从重销售转到重售后，增加维修网点，提高维修能力。最后要求下乡产品档次高点、品牌好点、质量优点、款式新点，并强烈要求政府强化监督，把好产品质量关，防止厂家商家倾销低质伪劣产品，农民戏称："农村是消费市场，但不是废品市场。"

3. 农民的"五点期盼"。对下乡政策，农民也有新的期待。期盼宣传再深入一点，农民希望政府、厂商能够更多地宣传下乡政策的新动向、新变化以及政策细节和产品安全。期盼配套再完善一点，不少农民反映，空调不能启动、冰箱不能制冷、洗衣机不能运转。农民期盼政府加强路网、电网、水网、通信网的配套建设；期盼企业增设营销、维修网点。农民期盼政策再宽松一点，将居住在农村的市民、在城市打工的农民和城市低保人员也纳入政策范围。农民期盼产品再适合一点，希望厂家根据农民的需求设计下乡产品，而不是简单地将现有产品下乡，做到适销对路；还希望产品种类多一点、功能全一点、针对性强一点，如增加下乡产品的防鼠、防噪音、防漏电、防水、防电压不稳和抗干扰等功能；期盼更多的宽电压、强信号的彩电，耗电低、冷冻量大、环保的电冰箱，宽电压、宽水压、洗涤量大、方便排水的洗衣机，强信号、待机时间长的手机。农民期盼销售网点再清晰一点、品牌标识更明确一点、产品价格更透明一点，让农民能够识别加价销售、假冒销售等欺诈行为。

## 三　"三下乡"政策进一步实施的对策与建议

1. 加大宣传力度，让下乡政策家喻户晓。应坚持"宣传扎根，产品进村"的原则，让村干部成为政策宣传主体，让农民成为熟人社会的示范主体。宣传重点向"汽摩下乡"、农机下乡、"以旧换新"政策倾斜。

宣传内容应侧重细则、动向、程序、投诉、维权等方面，如下乡产品种类是否变化，补贴额度是否改变，补贴手续是否简化，如何进行维权，通过细致的、动态的宣传让农民及时了解到下乡政策的新信息、新动态。

2. 完善制度设计，助下乡政策减阻增效。一是解除制度约束，可以让更多的企业参与下乡产品的投标，拉开下乡产品的价格、品牌、功能档次差距，让农民有更多的选择；改革定期招标制度，缩小招标周期，及时推出新产品下乡，增强下乡产品的竞争力和吸引力。二是强化制度激励。鼓励企业研发适合乡村特点和需求的下乡产品，研制具有低水压、低电压、节能省电的产品，开发具有防虫、防鼠、防潮功能的产品，推出质量过硬、能耗更低的小排量汽车、摩托车；减免厂家、商家的税费，引导厂家创新，激励商家销售。三是完善补贴机制。补贴方式要灵活，中央政府只需保证自己的补贴标准、范围和额度，地方政府可以在中央补贴的基础上提高补贴率、增加补贴种类；农机、汽摩下乡补贴可以采取一卡通或者厂商代付的方式；政府及其部门可以考虑以税收优惠、财政补贴等方式，支持厂家投入更多的资金研发新产品，鼓励商家改善营销方式，甚至承担部分完善基础设施的社会责任，通过这种方式使"三下乡"政策由政府推动变为企业自主自觉的行为。

3. 搞好配套建设，为下乡政策搭桥铺路。下乡政策的顺利推进有赖于产品使用条件、程序和设施的配套完善。一是路网配套。"路不平，车难行"，在"村村通"的基础上，力争实现"组组通"、"户户通"，为下乡汽车、摩托车提供良好的行驶条件。二是电网配套。要抓住下乡政策的机会，更新不安全的老旧电力设施，升级不稳定的传输设备；配合家电下乡政策，改造电网，增量扩容，前瞻性、整体性地解决农村电力供给不足、电压过低不稳的问题。三是水网配套。将生活供水与农田灌溉、防旱排涝三大水利建设结合起来，有条件的地方可以考虑集中供水，鼓励农民自建取水设施，鼓励企业提供更多的用水增压设施，改进用水计量方式，促使用水机制市场化。四是通信网络配套。以全面覆盖为目标，消灭通信盲区，考虑在合适的时机，实施通信网、有线网、电信网的"三网合一"。

4. 促进政策转型，使下乡政策与时俱进。首先促使下乡政策转型。"三下乡"政策不能"胡子眉毛一把抓"，应以农民的需求为导向，针对不同的地区采取差别化政策，东部主推汽车下乡，中部主打家电下乡；针对不同的群体采取针对性政策，鼓励富裕家庭消费高档产品，贫困家庭消费价廉物美产品。考虑到经济可持续发展的需要，可以考虑使下乡政策制度化。其次引导消费结构转型。随着农民收入的增长，可以通过下乡政策逐步引导农民从生存型消费转向生活型消费，从生产型消费转向享受型消费，引导农民购买节能、环保、低排放的产品，还可以引导农民利用消费信贷，减轻支付压力。再次引导产业结构转型。下乡企业要抓住下乡政策的机遇，全面考虑产业结构的战略性调整，及时推出节能、环保、生态、人性化、乡土化的下乡产品；中央政府在招标时应优先选择符合两型社会目标、低碳经济要求的产业、产品，引导企业淘汰高碳经济产品，地方政府也要鼓励下乡企业淘汰落后产能和产品。最后考虑推出替代政策。有关部门可以考虑推出文化下乡、娱乐下乡、体育下乡、服务下乡、保健下乡等更高层次的"软件"下乡政策，提高农民的生活质量；还可考虑出台环保下乡政策，鼓励节能、减排、少污染的产品下乡；重点瞄准中青年农民，推出"一人一技"的培训政策，增强农民的就业技能和致富能力；逐步放开对农村的金融管制，鼓励金融网点下乡，规划金融产品入乡，搞活农村金融市场。

# 报告正文

　　为拉动农村社会经济发展，改善农民生产生活水平，国家先后推出了"农机下乡"、"家电下乡"、"汽车、摩托车下乡"及家电、汽车"以旧换新"等惠农政策（简称"三下乡"政策）。"三下乡"政策是国家在新形势下促进经济发展、拉动内需的新探索，也是惠农利民的新思路，它预示着未来农村惠农政策的新走向、新趋势。经过一段时期的运行，"三下乡"政策的实施效果如何，有些什么样的问题，还有多大潜力，是否有调整的余地，如果没有调整的余地，今后惠农政策着力点在什么地方？针对这一系列问题，华中师范大学中国农村问题研究中心"百村观察"项目组继2009年在全国范围内开展"三下乡"调查之后，又受全国社科规划办委托，于2010年春节前后组织近百名师生对全国20个省68个县市68个村的1942个农户就"家电、汽摩、农机三下乡"政策展开了大规模的问卷调查和深度访谈。

　　通过调查研究，课题组对三项下乡政策做出如下结论：农民对政策评价很高，反响比较积极；购买率高，需求比较旺盛；内需拉动效应较大，增收效果不错；下乡政策效应开始显现，未来潜力较大，前景较乐观。其中，家电下乡受益面最广，影响最大；汽摩下乡贡献最大，拉动效应明显。当然，三项下乡政策也存在一些问题，农民也提出了新的要求和期盼。

## 一　家电下乡政策的评价与成效

### （一）农民对家电下乡政策的评价

1. 农民对家电下乡政策整体评价较高，中部地区尤为突出

　　随着家电下乡政策的推进和深化，农民对家电下乡政策的认可程度也在不断提高。很多农民都说"家电下乡是一项给农民做实事的好政

策"。调查显示，在 1734 份有效问卷中，74.1% 的农民认为家电下乡政策能够带来实惠，认为不能带来实惠的农民比重不足一成，仅为 9.4%（见表 1）。也就是说，七成四的农民对于家电下乡政策给予了充分的肯定。

从区域差异来看，中部地区受访者对家电下乡政策的认可度最高，81.1% 的农户认为政策能够带来实惠；相对而言，东部和西部的比重稍低，分别为 65.4% 和 67.9%。整体上，从东部到西部，农民对家电下乡政策的评价呈"倒 U 形"结构，即两头低，中间高。在消极评价方面，有 13% 的西部地区农民认为家电下乡政策不能带来实惠，比重最高；中部地区最低，仅为 6.7%，东部地区比重也在一成以上，达到 11.8%（见图 1）。对政策认可的差异与地区之间的经济差异和消费结构有关系：中部地区相当大一部分农民处在家电产品升级换代的阶段；东部地区处在从生活型家电转向享受型家电的阶段，而享受型家电能够享受政策优惠的并不多；西部地区大部分农民则离生活型家电产品的升级换代还有一段时间。因此中部地区评价最高，东西部地区评价稍低。这也说明了有针对性推出惠农政策将更加有效，即东部推出享受型下乡家电，西部地区推出生活型下乡家电。

表 1 　　　　不同区域对政策实惠程度的不同评价 　　　（单位：%）

|  | 能够带来实惠 | 不能带来实惠 | 说不清 |
| --- | --- | --- | --- |
| 东部 | 65.4 | 11.8 | 22.8 |
| 中部 | 81.1 | 6.7 | 12.2 |
| 西部 | 67.9 | 13.0 | 19.1 |
| 总体 | 74.1 | 9.4 | 16.5 |

2. 近九成购买户认可家电下乡政策，较去年提高 10 个百分点

在 1691 个有效样本中，有 275 户购买了家电下乡产品，认为政策"能带来实惠"的购买户占有效样本的 89%；2.6% 的购买户认为政策"不能带来实惠"。未购买户对政策的整体评价明显低于购买户，认为政策"能带来实惠"的比重仅为 72.9%，比购买户低 16.1 个百分点，认为

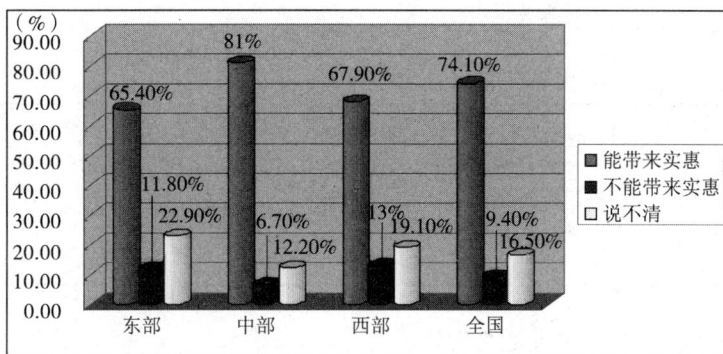

**图 1　不同区域对"家电下乡"的政策评价**

政策"不能带来实惠"的为 10.2%，比购买户高 7.6 个百分点（见表 2）。由此可见，农民对家电下乡政策的参与程度会影响其对政策的评价，九成购买户对家电下乡政策给予了充分的肯定。

**表 2　　　　　　　　　购买与否对政策实惠程度的不同评价**

|  | 能带来实惠 | 不能带来实惠 | 说不清 | 有效样本总数 |
|---|---|---|---|---|
| 购买户 | 244 | 7 | 23 | 274 |
| 不同评价所占比重（%） | 89.0 | 2.6 | 8.4 | 100.0 |
| 未购买户 | 1032 | 144 | 239 | 1415 |
| 不同评价所占比重（%） | 72.9 | 10.2 | 16.9 | 100.0 |

　　注：275 户已购买"家电下乡"产品的农户中 274 户回答了这个问题，故有效样本总数为 274 户。

　　农民评价度持续走高。在 275 户享受过家电下乡政策的农户中，89%认为政策"能带来实惠"，比 2009 年的 79.4%增长了 9.6 个百分点（见表 3）。① 可见，只有半年的时间，农民对政策认可程度大幅提高，表明政

---

　　① 本文中所有 2009 年的数据均来自华中师范大学中国农村问题研究中心"百村观察"项目组于 2009 年 7—9 月，对全国 30 个省 205 个村 2953 户进行的家电、农机、汽车"三下乡"的调查与访谈。

策的积极效应正在不断扩大。

表3 　　　　不同年限对政策实惠程度的不同评价 　　　（单位:%）

| 年份 | 能带来实惠 | 不能带来实惠 | 说不清 | 合计 |
|---|---|---|---|---|
| 2009 | 79.4 | 7.4 | 13.2 | 100.0 |
| 2010 | 89.0 | 2.6 | 8.4 | 100.0 |

3. 财政补贴被认为是政策的最大优惠

当问及"您认为政策带来了什么样的实惠"时，在1266份有效问卷中，84.6%的农户认为是"财政补贴收入"，占比最高；只有8.2%的农户认为是"产品方便实用"（见图2）。由此可见，13%的财政补贴是最大实惠，农民非常理性，比较相信"看得见、摸得着"的好处，更相信到手的实惠。

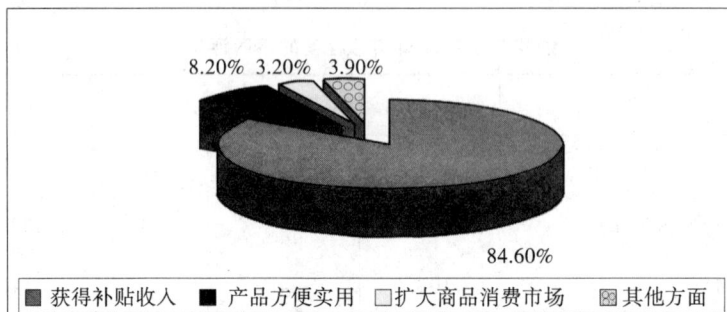

图2　农户对"家电下乡"政策带来实惠的不同认识

4. 农民的购买行为是需求导向，而不是政策导向

在1248户未购买家电下乡产品的农户中，当问及"您为什么不购买家电下乡产品"时，表示"不需要"的农户比重最高，为50.5%；选择"以后买"的为13.8%，这部分农户短期内没有家电消费的需求，其原因可能是现有家电还比较好，可继续使用；表示"没钱购买"下乡产品的为17.6%，这部分农户有消费需求，但无消费能力，经济压力是其主要制约因素；还有6.7%的农户对政策的可信度表示怀疑，不愿购买（见图3）。可见，大部分农民的购买行为属需求导向，有需要才会购买；没有

需求，再多的政策优惠也不会购买。购买能力和不信任政策也是影响农民购买行为的重要因素。

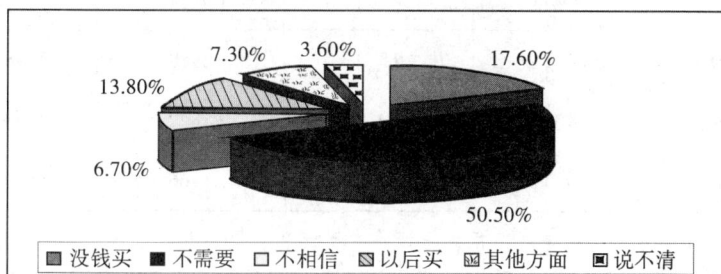

**图3　农户不购买"家电下乡"产品的原因统计图**

**（二）家电下乡产品的购买情况与影响因素**

1. 产品购买率接近一成五，全国将近四千万农户享受政策

2009 年家电下乡产品的购买率为 8.6%，[①] 有效购买率为 9.8%；2010 年在 1942 个调查农户中，275 户购买了下乡家电产品，购买率为 14.2%，累计购买次数为 298 件次，有效购买率为 15.3%。[②] 也就是说，在半年时间内，家电下乡产品的购买率增加了 5.6 个百分点，有效购买率增加了 5.5 个百分点，两项指标的增长幅度分别为 65.1% 和 56.1%。可见，当前享受家电下乡政策的农户已达一成五，购买量也较去年增加六成左右，表明家电下乡政策的成效持续走好。

若以此次购买率为基础，按照全国 2.11 亿农户计算，全国购买了家电下乡产品的农户约为 2988 万户，购买的家电下乡产品共计 3238 万件。与 2009 年相比，参与政策的农户数量在短短半年内增加了 1166 万户，购买产品数量增加了 1180 万件（见表4），显示了政策良好的发展态势。

---

① 2009 年调查的"家电下乡"产品中家电产品包括摩托车，但 2010 年调查中已将摩托车纳入到汽摩下乡产品范畴。

② 有效购买率 = 实际购买的产品件数/购买产品的样本户数。

表 4　　　　　　　　不同年份家电下乡产品总体购买情况比较

| 年份 | 购买率（%） | 有效购买率（%） | 全国购买户数（万户） | 全国购买件数（万件） |
|---|---|---|---|---|
| 2010 | 14.2 | 15.3 | 2988 | 3238 |
| 2009 | 8.6 | 9.8 | 1822 | 2058 |
| 增加值 | 5.6 | 5.5 | 1166 | 1180 |

注：①农户购买率是购买户数与调查户数之比；②有效购买率是购买次数与调查户数之比；③全国购买户数 = 全国农户总数 * （受访购买户数/受访农户总数）；④全国购买家电量 = 全国农户总数 * （受访农户购买家电量/受访农户总数）。

2. 华北东北地区增幅最快，西北地区购买热情最低

从不同区域来看，购买率最高的地区是西南地区，达到了 16.2%，其次是中部和沿海地区，分别为 15.8% 和 15.6%。西北地区的产品购买率最低，仅为 8.3%。有效购买率稍有差距，而西南地区仍然最高，为 21.4%，其次为东北地区，为 17.2%，说明了单个购买农户的购买数量比较多。再次为中部和沿海地区，分别为 16.3% 和 16.7%。

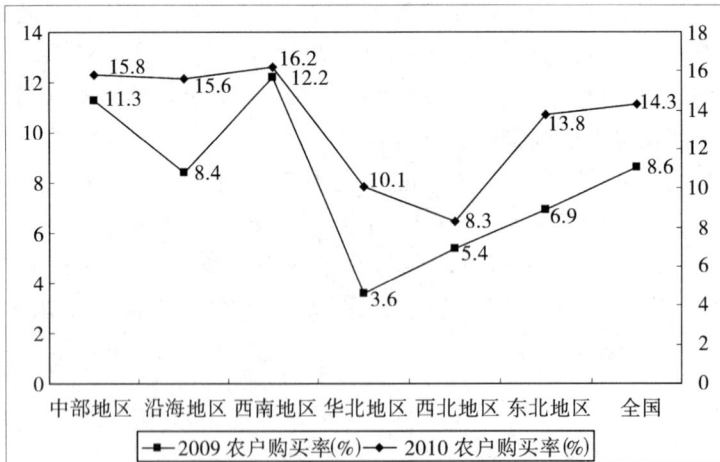

图 4　两次调查各地区"家电下乡"产品的购买率

与 2009 年比较来看，华北地区购买率增幅最大，为 180.6%；其次是东北地区，为 100%。西南和中部地区增幅最小，分别为 32.8% 和 39.8%。有效购买率增幅最大的也为华北地区，其次为东部地区，分别为 156.1% 和 111.6%。中部和西北地区的增幅最低，分别为 29.4% 和 40.7%。由此可见，在不同地区，家电下乡产品的销售情况存在较大差异，其中家电下乡产品在西南地区仍然最受欢迎；华北、东北地区开始受热捧；在西部地区则相对冷清；中部和西南地区由于前期产品销售量较大，增长幅度相对缓慢。

3. 家庭收入与购买率呈正向关系，中低收入农户增幅最大

从购买户的收入分布来看，随着收入的增长，购买率逐渐升高，即收入是购买率的增函数，家庭收入 5000 元以下农户的购买率只有 7.2%，6 万元以上家庭的为 18.5%（见表 6）。从增幅来看，家庭收入与购买率呈一个"W"形（见表 5）。家庭收入在 1 至 4 万元之间的农户，购买率增幅最大，1 至 2 万元农户的购买率增长了 100%，2 至 4 万元的增长了 70.9%，家庭收入在 6 万元以上的增幅也达到了 63.7%。可见，半年来，

表5　　　　　　　　分地区比较家电下乡购买情况①　　　　　　（单位:%）

| 年份 | | 中部 | 沿海 | 西南 | 华北 | 西北 | 东北 |
|---|---|---|---|---|---|---|---|
| 2009 | 农户购买率 | 11.3 | 8.4 | 12.2 | 3.6 | 5.4 | 6.9 |
| | 有效购买率 | 12.6 | 9.2 | 14.3 | 4.1 | 5.9 | 8.6 |
| 2010 | 农户购买率 | 15.8 | 15.6 | 16.2 | 10.1 | 8.3 | 13.8 |
| | 有效购买率 | 16.3 | 16.7 | 21.4 | 10.5 | 8.3 | 17.2 |
| 变化情况 | 购买率增加 | 4.5 | 7.2 | 4.0 | 6.5 | 2.9 | 6.9 |
| | 购买增长率 | 39.8 | 85.7 | 32.8 | 180.6 | 53.7 | 100.0 |
| | 有效购买率增加 | 3.7 | 8.5 | 7.1 | 6.4 | 2.4 | 9.6 |
| | 有效购买增长率 | 29.4 | 92.4 | 49.7 | 156.1 | 40.7 | 111.6 |

---

① 这里的地区分类标准沿袭 2009 年调查的分类标准，即沿海地区指广东、福建、浙江、江苏、山东、海南等省；中部地区指湖南、湖北、安徽、江西、河南等省；西北地区指陕西、甘肃、宁夏、青海、新疆等省区；西南地区指云南、重庆、贵州、四川、广西等省区市；华北地区指河北、内蒙古、山西等省区；东北指辽宁、吉林、黑龙江等省。

| 表6 | | 不同收入水平的农户的购买率 | | （单位:%） |
| --- | --- | --- | --- | --- |
| | 2010 年农户购买率 | 2009 年农户购买率 | 变化情况 | 增长幅度 |
| 5000 元以下 | 7.2 | 4.9 | 2.3 | 46.9 |
| 5000—10000 元 | 13.3 | 9.2 | 4.1 | 44.6 |
| 10000—20000 元 | 15.4 | 7.7 | 7.7 | 100.0 |
| 20000—40000 元 | 14.7 | 8.6 | 6.1 | 70.9 |
| 40000—60000 元 | 17.7 | 13.2 | 4.5 | 34.1 |
| 60000 元以上 | 18.5 | 11.3 | 7.2 | 63.7 |

家电下乡政策经过一定的调整和推进，成功刺激了中等收入和高收入农户的购买积极性，但低收入农户的购买情况变化不大，购买积极性仍然不太高，存在被政策边缘化的趋向。国家近期对家电下乡政策进行了调整，提高了产品限价。这一政策措施的主要目的在于刺激较高收入农户的消费需求，对较低收入家庭的影响很小。家电下乡政策作为一项普惠性的政策，未来应当对低收入家庭也制定针对性的政策，防止低收入农户在家电下乡政策中被边缘化。

4. 非务农农户购买积极性更高，务农农户消费比重最大

从表7中可以看出，在1682个有效样本中，职工为务工的购买率最高，达到20.1%，超过全国平均水平14.2%近6个百分点。其次是教师的购买率有18.5%。最低的是务农和经商的职业，分别为14.9%和14.1%。经商农户的购买率最低，其原因可能在于新一轮家电升级换代还未来临，也可能在于他们对新家电的需求层次更高，下乡家电质量、档次

| 表7 | 不同职业的农户的购买率比较 | | | | | |
| --- | --- | --- | --- | --- | --- | --- |
| | 务农 | 务工 | 经商 | 教师 | 其他 | 非务农 |
| 已购买 | 164 | 78 | 9 | 5 | 17 | 109 |
| 未购买 | 933 | 310 | 55 | 22 | 89 | 585 |
| 样本总数 | 1097 | 388 | 64 | 27 | 106 | 694 |
| 购买率（%） | 14.90 | 20.10 | 14.10 | 18.50 | 16 | 18.6 |

注：表中"非务农"包括务工、经商、教师和其他职业。

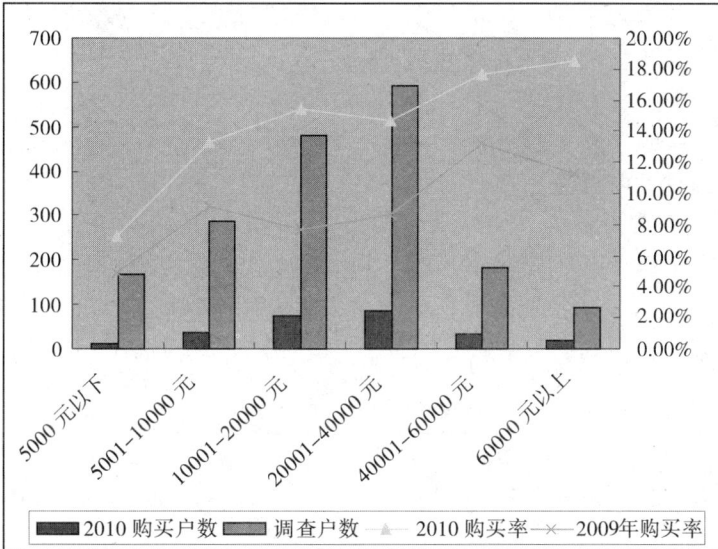

**图 5　不同家庭年收入农户的"家电下乡"产品购买率**

和品牌无法满足其需求。比较务农农户和非务农农户的购买率可以看出，务农农户购买率为 14.9%，非务农农户购买率为 18.6%，前者比后者低了近 4 个百分点。这个差距反映了务工与务农农民之间的收入差距和需求差异。这也从一个侧面说明了：家庭收入与下乡家电的购买数量成正比。

从表 8 中可以看出，在 273 个已购农户中，务农消费者所占比重达到六成，务工消费者所占比重占到三成。可以得出如下结论，务农农户是下乡家电产品的消费主力军，但是消费积极性不太高；务工农户虽然消费比重不大，但是消费积极性很高。所以，家电下乡政策下一阶段应该推出多元化的激励措施，调动主要消费者（即务农农户）的消费积极性，消除抑制务工消费者购买行为的政策约束。

表 8　　　　　　　　　　已购农户中不同职业分布情况

| | 务农 | 务工 | 经商 | 教师 | 其他 | 合计 |
|---|---|---|---|---|---|---|
| 已购买 | 164 | 78 | 9 | 5 | 17 | 273 |
| 所占比例（%） | 60.1 | 28.6 | 3.3 | 1.8 | 5.2 | 100 |

5. 农民继续热购生活型家电①，电视机逐渐成为主打产品

在下乡家电产品的购置类别上，冰箱的购买率仍然高居榜首，达到
40.4%；但较 2009 年，其购买率出现大幅下降，从 56.1% 下降到
40.4%，降幅高达 15.7 个百分点。与此同时，农民对电视、洗衣机和电
脑的购买量开始增多。调查显示，电视机已经成为当前农民争相购买的
"新宠"，其购买率从 15.8% 飙升到 28.8%，增加了 13 个百分点，增长率
为 82.3%；洗衣机的购买率达到了 14.7%，比去年增加了 4.2 个百分点，
增长率为 28.6%；特别需要指出的是，农民对电脑的购买量在半年间实
现了巨幅增长，其购买率从去年的 0.7% 上升到今年年初的 5.3%，增长

表 9　　　　　　　　　　主要家电下乡产品的情况

| 年份 | 2010 | | 2009 | |
|---|---|---|---|---|
| | 购买件数（件） | 购买比重（%） | 购买件数（件） | 购买比重（%） |
| 电视机 | 82 | 28.8 | 45 | 15.8 |
| 冰箱（柜） | 115 | 40.4 | 160 | 56.1 |
| 洗衣机 | 42 | 14.7 | 30 | 10.5 |
| 空调 | 21 | 7.4 | 32 | 11.2 |
| 电脑 | 15 | 5.3 | 2 | 0.7 |
| 电磁炉 | 3 | 1.0 | 5 | 1.8 |
| 热水器 | 3 | 1.0 | 7 | 2.5 |
| 手机 | 4 | 1.4 | 2 | 1.4 |
| 合计 | 285 | 100 | 283 | 100 |

注：2010 年的有效购买件数为 298 件，其中 11 件产品不清楚其类别，2 件属其
他产品，均不包括在本表内；2009 年的有效购买次数为 288 次，本表不包括其他产品
5 件。

---

① 按照农民生产生活交往行为演变与习惯，将下乡家电分成以下三类：一是生活型家电，
与农民日常基本生活关联度高，消费成本不高的家电，主要包括电视、冰箱（柜）、电磁炉等；
二是享受型家电，使农民日常生活相对舒适，消费使用成本较高的家电，主要包括空调、洗衣
机、热水器等；三是其他类型家电，即除了上述两种之外，暂不便归类的家电，主要包括手机、
电脑等。

率高达657.1%，这也成为今年以来农民购买量增长最快的下乡家电产品。相比冰箱、电视、洗衣机、电脑等热销产品，空调、电磁炉等产品相对受冷遇，其中空调的购买率为7.4%，较去年下降了3.8个百分点；电磁炉的购买率为1%，较去年下降了0.8个百分点。产生这一差异的原因可以从两个方面来解释：一方面，农户购买家电产品具有季节性的特点，冰箱、空调的购买多集中于夏季；2009年9月至2010年3月期间受气温下降的影响，产品购买率有所下降，符合家电市场的基本规律；另一方面，农户购买家电具有阶段性的特征，前期热销的冰箱这半年来购买率骤降，即在一定程度上反映出农民对冰箱的需求达到了阶段性的饱和（离真正饱和尚远），即想购买的农户都买了，犹豫的还在犹豫，不想买的还是不买，因此购买率下降是必然的。电脑购买比重大幅度提高，说明了电脑等知识性、信息性家电将可能会是下一个阶段农民的热购对象。

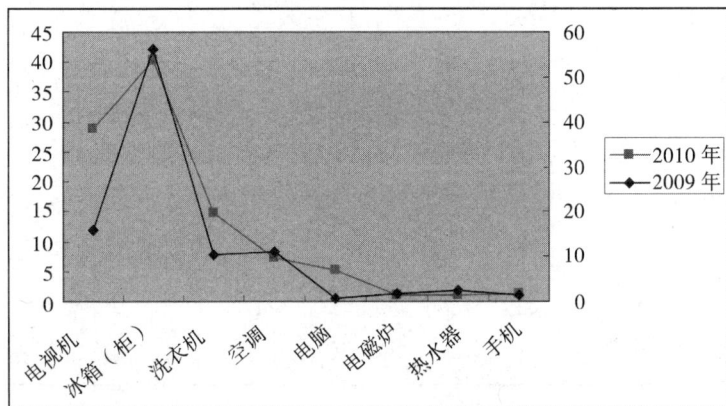

图6　不同年份主要家电购买趋势图

6. 家电购买均价呈上升趋势，中高价位①产品开始受到青睐

从2009年和2010年产品购买均价来看，农户购买下乡产品的支付均价总体呈上升趋势，其单件均价从1792元上升到1975元，平均每件产品上升了183元，增长了10.2%。除热水器之外，2010年其他家电的购买均价都有所提高，其中电脑的购买均价增加最多，每台提高了783元，达

---

① 依据已购下乡产品平均支付均价为1975元，将产品价格在2000元及其以上的定义为中高价位产品。

到 3573 元；手机的均价增长率最高，较 2009 年增加了 109.8％，达到 875 元；电视机的购买均价的增加值和增长率都较大，从去年的 1399 元 提高到今年的 1845 元，增加了 446 元，增长率为 31.9％（见表 10）。总 体而言，农民购买下乡家电产品的均价呈不断上升的趋势。这说明目前农 民对家电产品的消费能力正在逐渐提高，也表明农村家电消费市场的潜力 仍然巨大，农户的消费潜力还有待进一步的挖掘；同时也可能存在物价上 涨较快的现象，或存在有些厂商以涨价截取农民应得的财政补贴的行为。

表 10　　　　　　农户家电购买价格情况　　　　　　（单位：元、％）

| | 2010 年产品均价 | 2009 年产品均价 | 均价之差 | 增长幅度（％） |
|---|---|---|---|---|
| 冰箱 | 2100 | 1959 | 141 | 7.2 |
| 电视 | 1845 | 1399 | 446 | 31.9 |
| 空调 | 2524 | 2479 | 45 | 1.8 |
| 洗衣机① | 1212 | 1048 | 164 | 15.6 |
| 电脑 | 3573 | 2790 | 783 | 28.1 |
| 电磁炉 | 300 | 207 | 93 | 44.9 |
| 热水器 | 1267 | 1767 | －500 | －28.3 |
| 手机 | 875 | 417 | 458 | 109.8 |
| 微波炉 | 947 | — | — | |
| 合计 | 1975 | 1792 | 183 | 10.2 |

注：表中未填的空是缺失值造成的。

本次调查的 1942 个农户的平均家庭年收入为 27328 元，每件家电购 买均价 1975 元，占家庭年收入的 7.2％。也就是说，农户普遍可以接受 的下乡家电价格在家庭年收入的 7％左右。123 户所购家电价格在 2000 元 以上，占所有购买户的 44.7％；34 户所购家电价格在 3000 元以上，占所 有购买户的 12.1％。四成以上农户选择了中高价位的下乡家电产品。从 表 11 中可以看到，家庭年收入在 2 至 4 万的农户是中高价位下乡产品的 主要购买者，农户职业对产品选择的影响不大。

————————

① 洗衣机中也包含甩干机。

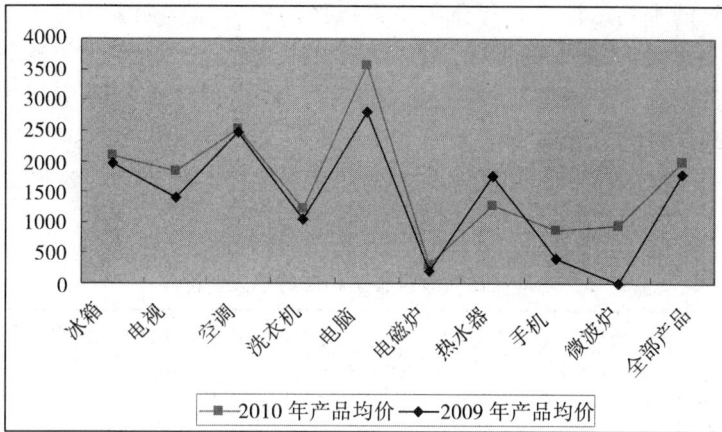

图7　不同年份主要家电购买均价趋势图

表11　　　　　　　农户购买中高价位家电情况　　　　　　（单位：件）

| 年收入＼价位 | | 5000元以下 | 5000—1万(元) | 1万—2万(元) | 2万—4万(元) | 4万—6万(元) | 6万元以上 |
|---|---|---|---|---|---|---|---|
| 2000—3000（元） | 务工 | | 4 | 3 | 19 | 3 | 1 |
| | 务农 | 4 | 11 | 12 | 15 | 10 | 4 |
| 3000—4000（元） | 务工 | | | 1 | 1 | 2 | 1 |
| | 务农 | | | 5 | 4 | | |
| 4000—5000（元） | 务工 | | | | | | |
| | 务农 | | | 1 | 1 | | |
| 5000元以上 | 务工 | | | | | | |
| | 务农 | 1 | | | 1 | | |

注：由于农户职业主要以务农和务工为主，故此表仅分析这两个职业已购农户的情况。表中空白处均为0。

## （三）家电下乡产品的售后服务

### 1. 下乡家电产品的故障率偏高，农民的售后服务意识较弱

在275户购买的298件下乡家电产品中，277件产品在产品保修期内没有出现故障，占到总购买量的93%；出现过故障的产品共有21件，占到购买家电数量的7%（见表12），略高于日常耐用家电的

3%—6% 的平均故障率，可见下乡家电产品的故障率偏高。进一步分析显示，在出现产品故障的 21 户样本农户中，有 15 户曾要求进行售后服务，仅占故障农户的 71.4%。由此来看，农户的售后服务意识相对较弱，出现问题自认倒霉、自我承担，但是这也从一个侧面说明了下乡家电的维修还存在一些问题，农民要提高维权意识，厂家要提高服务意识。

表 12　　　　　　　　不同区域对政策实惠程度的不同评价

|  | 购买户数（户） | 农户比重（%） | 购买件数（件） | 产品比重（%） |
|---|---|---|---|---|
| 出现故障 | 21 | 7.6 | 21 | 7.0 |
| 没有故障 | 254 | 92.4 | 277 | 93.0 |
| 合计 | 275 | 100.0 | 298 | 100.0 |

注："是否要求售后服务"的问题仅针对所购家电在保修期内出现故障的农户设置，因此有效样本为 21 个。

2. 售后服务网点距离过远成为下乡产品售后服务的瓶颈

调查显示，在 15 户对家电进行过维修的农户中，53.3% 反映售后服务网点"有点远"和"很远"，觉得"比较近"和"很近"的只有33.3%（见表 13）。这反映家电下乡产品售后服务网络不太健全，售后服务跟不上，没有深入农村腹地，没有全面覆盖农村。售后服务网点距离过远、数量过少不仅增加下乡产品售后服务的成本，而且会影响农民持续消费下乡家电产品的积极性。因此，家电下乡企业把好产品卖进了农村，却没有把好服务带给农民，这是未来进一步推进下乡政策需要着力解决的问题。

表 13　　　　　　　　农户对售后服务网点距离的评价

|  | 很远 | 有点远 | 比较近 | 很近 | 说不清 |
|---|---|---|---|---|---|
| 选择户数（户） | 0 | 8 | 3 | 2 | 2 |
| 所占比例（%） | 0.0 | 53.3 | 20.0 | 13.3 | 13.4 |

3. 售后服务态度得到农户认可，但解决故障的能力有待提高

数据分析显示，13.3% 的农户认为售后服务态度"很好"，认为"比较

好"和"一般"的各占40%（见表14），三者合计为93.3%。总体而言，农户对下乡产品的售后服务态度较为认可。售后服务态度是衡量售后服务整体质量的重要指标，态度的好坏亦是影响农户持续购买下乡家电产品的重要因素。如果购买的产品短期内出现质量问题，或者受到较差甚至很差的售后服务，那么该农户的潜在购买需求将会被抑制。这样的不良信息能在"熟人社会"中广泛传播，很可能导致该地区的农户都对这种下乡产品乃至所有下乡产品产生怀疑，从而抑制更多的潜在需求，影响下乡产品的信誉。

表 14 农户对售后服务态度的反映

| | 很好 | 比较好 | 一般 | 较差 | 很差 | 说不清 |
|---|---|---|---|---|---|---|
| 样本户数（户） | 2 | 6 | 6 | 0 | 1 | 0 |
| 比例（%） | 13.3 | 40.0 | 40.0 | 0.0 | 6.7 | 0.0 |

虽然农户比较满意售后服务态度，但是服务网点实际解决问题的能力并不理想。调查显示，在15户出现产品故障的农户中，表示通过售后服务"完全解决"故障的农户只有7户，占有效样本的46.7%；"部分解决"的4户，占26.7%；"没有解决"的有3户，占20%（见图8）。这意味着，接近五成农户的家电故障问题没能在售后服务中得到解决，这从侧面反映出，当前下乡家电企业虽然售后服务态度较好，但是服务能力较差，说明了下乡家电企业售后服务体系待完善，质量待提高，能力待增强。

4. 农民对售后服务评价差异较大，售后服务整体落后于销售服务

对于家电下乡政策的售后服务状况，15户接受了售后服务的农户中，有6户表示"比较满意"，占到有效样本的40%；3户认为服务"一般"，占比为20%，还有20%的农户"较不满意"和"不满意"（见图9）。可见，农户对售后服务并没有形成一致性的意见，差异性较大。这说明目前的产品售后服务水平参差不齐，厂商之间、地区之间都存在较大差异。总体上看，目前家电下乡产品的售后服务水平远远滞后于销售服务水平。未来国家应进一步提高家电下乡产品的售后服务水平，不仅要让产品下乡，更要让高水平的服务下乡。

**（四）家电下乡产品的配套设施**

1. 一成产品考虑了农村水电使用条件，半数农民对此不关心

当问及"您购买的下乡家电产品是否有低电压、低水压等考虑农村

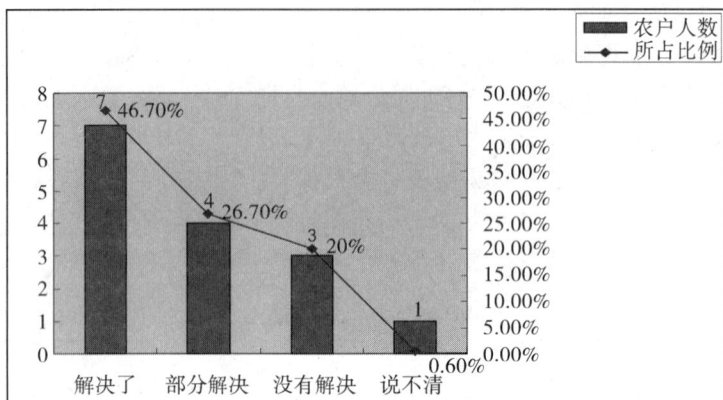

图 8　农户对售后服务效果的反映

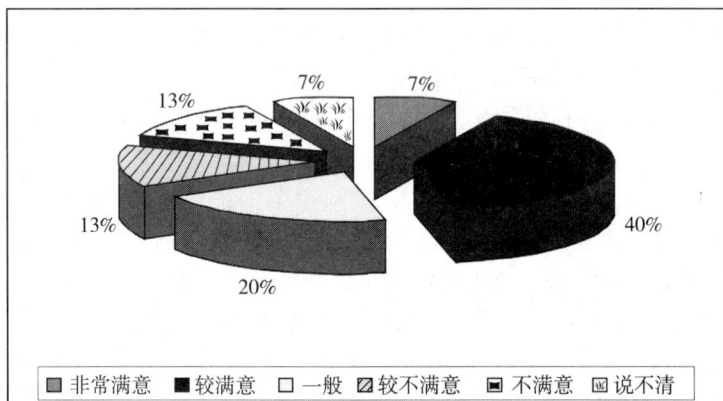

图 9　农户对售后服务的总体评价

实际的设计"时，54.7%的农户不太清楚产品是否有专门的低电压、低水压设计，仅有 10.9%的农户给出了肯定的答案，认为没有考虑的农户比重为 34.4%（表 15）。由此可见，农户在购买下乡家电产品时对农村的水电使用条件考虑不多。在实地调查中，我们还发现，少数地区水电条件达不到家电的正常使用要求，但农户由于对这方面了解不多，购买时并不在意，买回家后频出故障甚至完全无法使用。同时，仅有一成农户购买的家电产品有低水压、低电压设计，这从另一方面说明下乡家电生产企业并没有充分考虑到农村的实际情况，设计的下乡产品缺乏适用性，这给农户正常使用家电带来了诸多不便和烦恼。

表 15　　　　　　　　　针对农村水电条件设计产品的情况

|  | 有 | 没有 | 说不清 |
|---|---|---|---|
| 有效样本数（户） | 30 | 95 | 151 |
| 所占比例（%） | 10.9 | 34.4 | 54.7 |

2. 农村水电基础设施较薄弱，西部地区尤其严重

从电力供给来看，在 251 份有效样本中，68.9% 的受访者表示供电比较正常，31.1% 的受访者表示电力供应不正常。东、中、西部地区表示供电比较正常的受访者分别为 83%、64% 和 58.7%，从东至西逐渐递减。电力供应不太正常的比重分别为 17.7%、36%、41.3%。这说明目前还有相当大一部分农村地区特别是中西部地区的电力无法正常供给，因而进一步加大中西部地区电力基础设施建设，改善农村的供电条件非常重要，否则电力问题将会成为家电下乡的重要瓶颈。

从供水情况看，在 245 份有效样本中，77.1% 的受访者表示供水不存在问题，22.9% 的受访者表示供水存在一些问题。东、中、西部地区表示供水比较正常的受访者分别为 77.9%、79.5% 和 68.5%，东、中部地区相对较好。供水不正常的受访者分别为 22.1%、20.5%、31.4%。这表明目前还有不少农村地区供水存在困难，西部地区更为严重，东中部地区也有超过二成的农户表示供水困难。这应该引起有关部门的重视，加大农村水利基础设施的建设，改善农村家庭的饮水和用水设施。

整体而言，电力供应比水力供应差。偶尔出现停电的比例为 21.3%，比偶尔出现停水的比例要高出 10 个百分点（见表 16；图 10）。因此，家电下乡产品若要在农村市场"站住脚、稳住根"，不仅下乡企业要设计出适应农村特点的产品，而且各地区的水电基础设施建设要齐步跟进，不要成为下乡政策的"短木板"。①

————————————

① 短木板理论，一个木桶装水的容量是由最短的一块木板决定的。

表 16　　　　　　不同区域农村基础水电供应状况比较表　　　　（单位：%）

| | | 经常出现 | 有时出现 | 偶尔出现 | 基本没有 | 说不清 |
|---|---|---|---|---|---|---|
| 停电 | 东部 | 0.0 | 2.4 | 14.6 | 83 | 0.0 |
| | 中部 | 4.0 | 8.8 | 23.2 | 64.0 | 0.0 |
| | 西部 | 4.3 | 6.5 | 28.3 | 58.7 | 2.2 |
| 停水 | 东部 | 7.8 | 2.6 | 11.7 | 77.9 | 0.0 |
| | 中部 | 2.4 | 4.8 | 13.3 | 79.5 | 0.0 |
| | 西部 | 8.6 | 8.6 | 14.3 | 68.5 | 0.0 |

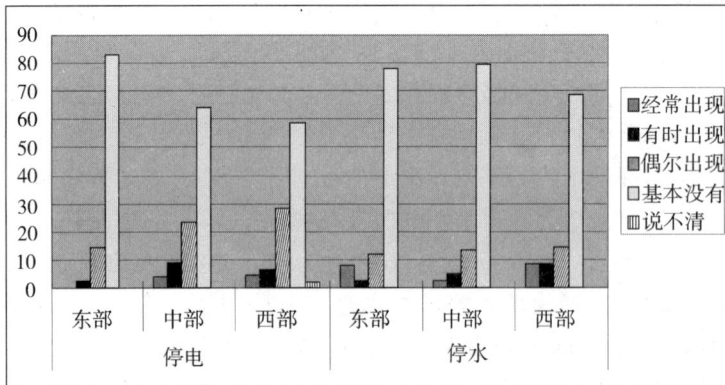

图 10　农户对基本电力、水力供应状况的反映

3. 农村生活水电供应不太稳定，有时影响家电正常使用

数据显示，两成农户使用家电时会受到低电压、低水压的干扰和限制。当我们问"是否存在低电压、低水压的问题"，对"基本没有"这一项的回答中可以明显看出无论是低电压，还是低水压，西部地区的比例均为最低，分别为 71.1% 和 75%，两者均比全国平均水平低 5—10 个百分点，说明西部地区存在较多的低电压和低水压问题（见表 17）。与购买率进行交叉分析，东、中、西部地区的购买率分别为 16.4%、14.3%、11.2%，低电压和低水压与购买率有一定的相关性，前者问题越多，后者的比重就越低。整体来看，不少农村地区的生活水电供应不太稳定。因此，家电下乡对水电的供应提出了更高的要求，不仅要求保证水电供应的

连续性，还要保障供应的稳定性。落后的水网、电网可能是西部地区下乡家电产品购买率较低的重要因素。要下大力气解决水电基础设施这一块"短木板"，为家电下乡提供更好的条件。

表 17　　　　不同区域农村生活水电供应状况比较表　　　（单位：%）

| | | 经常出现 | 有时出现 | 偶尔出现 | 基本没有 | 说不清 |
|---|---|---|---|---|---|---|
| 低电压 | 东部 | 3.8 | 8.9 | 3.8 | 83.5 | 0.0 |
| | 中部 | 2.4 | 8.1 | 12.2 | 75.6 | 1.7 |
| | 西部 | 6.7 | 8.9 | 8.9 | 71.1 | 4.4 |
| 低水压 | 东部 | 3.9 | 1.3 | 9.1 | 83.1 | 2.6 |
| | 中部 | 1.4 | 4.1 | 8.1 | 85.1 | 1.3 |
| | 西部 | 2.8 | 11.1 | 8.3 | 75.0 | 2.8 |

注：上表中的"低电压"和"低水压"是指，是否出现电压过低或者水压过低以致影响家电使用。

### （五）农户对下乡家电产品的评价

1. 下乡产品：九成农户基本满意，不同地区的满意度存在差异

247 个购买农户中，60.7% 的农户对购买的下乡家电产品表示"满意"，5.3% 的表示"很满意"，25.9% 的表示"一般"。也就是说，高达91.9% 的农户对下乡家电产品予以认可或者没有意见。

从东中西三个区域的对比来看，不同地区的购买户对产品的满意度存在差异：东部地区农户对产品满意度的变化幅度最大，满意度高的农户和满意度低的农户所在比例均最大；西部地区农户对产品满意度的变化幅度最小；整体而言，中部地区农户对产品最满意，满意度高的农户较多，满意度低的农户最少（见图 11）。

表 18　　　　不同区域农户对产品满意度的对比　　　（单位：%）

| | 很满意 | 较满意 | 一般 | 较不满意 | 很不满意 | 说不清 |
|---|---|---|---|---|---|---|
| 东部 | 7.4 | 64.6 | 19.5 | 4.9 | 3.7 | 4.9 |
| 中部 | 6.7 | 61.3 | 28.6 | 2.5 | 0 | 0.9 |
| 西部 | 6.5 | 52.2 | 30.4 | 4.3 | 2.2 | 4.4 |
| 全国 | 5.3 | 60.7 | 25.9 | 3.6 | 1.6 | 2.9 |

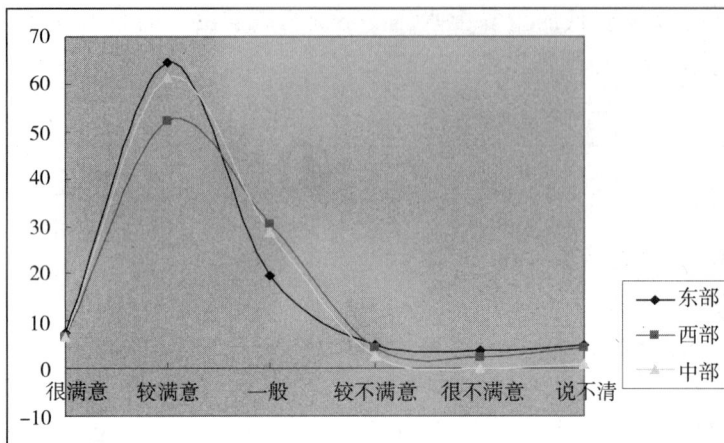

**图 11　不同区域农户对产品的满意度**

2. 下乡产品价格：总体适中，经济收入较低的农户认为价格高

在 250 个有效样本中，受访者对下乡家电产品价格的评价主要集中在"一般"和"较便宜"，两者分别占有效样本的 54.8% 和 29.6%，认为价格"很便宜"的农户很少，仅为 0.4%。也就是说，接近八成五的农户认为家电下乡产品的价格在可以承受的范围之内，或者说没有太多的意见。同时也有 12.4% 的农户表示价格"较高"，没有农户认为价格"很高"。这说明仍然有一成二的农户认为产品价格对其购买行为产生了较大的压力，或者不太满意现有家电下乡产品的价格。

从区域上看，各个区域之间对产品价格的评价较为接近，其中，东部地区倾向于认为价格相对便宜的农户更多，占比为 36.3%，分别高出中、西部地区 11.3 个百分点和 3.7 个百分点；而西部地区倾向于认为产品价格相对昂贵的比重更高，达到 17.4%，分别高出中、东部地区 9.9 个百分点和 3.7 个百分点（见表 19）。这个评价与地区之间的经济承受能力有很大的关系，东部地区的农户整体上家庭收入比中西部地区高，经济承受能力强，家电购买占农户的支出比重低，因此普遍认为下乡家电产品的价格比较便宜。

表19　　　　　　不同区域农户对产品价格评价的对比　　　　　　（单位：%）

|  | 很便宜 | 较便宜 | 一般 | 较高 | 很高 | 说不清 | 合计 |
|---|---|---|---|---|---|---|---|
| 东部 | 1.3 | 35.0 | 53.8 | 7.5 | 0.0 | 2.6 | 100.0 |
| 中部 | 0.0 | 25.0 | 58.9 | 13.7 | 0.0 | 2.4 | 100.0 |
| 西部 | 0.0 | 32.6 | 45.7 | 17.4 | 0.0 | 4.3 | 100.0 |

与2009年相比，2010年农户对下乡家电产品的价格评价更为满意。在认为价格"很高"的农户组中，2010年比2009年下降了11.7个百分点；在认为价格"较高"的农户组中，2010年比2009年下降了1.2个百分点；而在认为"一般"和"较便宜"的农户组中，2010年比2009年都有所上升，分别上升了6.4个百分点和5.1个百分点（见表20）。可见，2010年农户对家电下乡产品的价格评价有了较大幅度的改善，对价格的满意程度也在提高。

表20　　　　　　两次调查农户对产品价格评价的对比　　　　　　（单位：%）

|  | 很便宜 | 较便宜 | 一般 | 较高 | 很高 | 说不清 |
|---|---|---|---|---|---|---|
| 2009年 | 1.8 | 24.5 | 48.4 | 13.6 | 11.7 | 0.0 |
| 2010年 | 0.4 | 29.6 | 54.8 | 12.4 | 0.0 | 2.8 |
| 变化情况 | -1.4 | 5.1 | 6.4 | -1.2 | -11.7 | 2.8 |

从图12中可以看到，不同收入阶层的农户对产品价格的感受均成"倒U"形分布的，即认为价格一般的农户最多，认为价格便宜或者昂贵的很少。仔细观察可以发现，随着农户家庭年收入档次的增加，"倒U"形曲线呈现出从左向右移动的趋势，并且收入在2万元以下"倒U"形曲线比收入在2万元以上的更加陡峭。这说明，高收入农户对价格的反应不如低收入农户敏感。高收入农户觉得下乡产品的价格较便宜，低收入农户觉得下乡产品的价格较昂贵。

用农户收入水平与对产品价格的评价作卡方分析，卡方值的概率为0.186，大于0.05的显著性水平。这表明从现阶段的家电下乡政策实施状况来看，无论是低收入农户，还是富裕农户，对所购产品的价格评价实际上并没有显著差异。这意味着目前市场上下乡家电产品的价格处于大多数

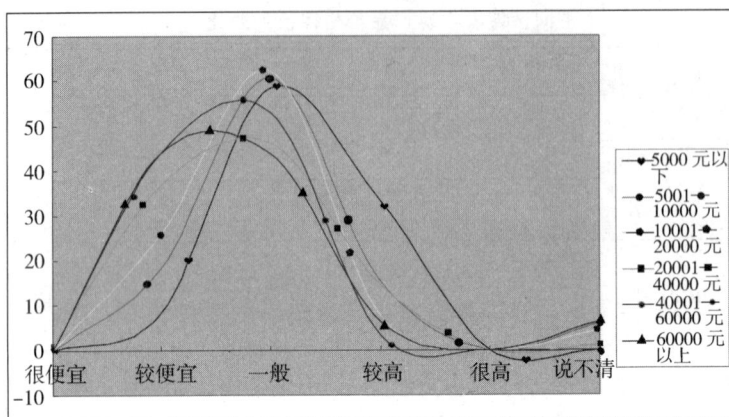

**图 12　不同收入水平的农户对产品价格的评价**[①]

农户的合理预期和承受能力之内（见表 21）。

**表 21　　　　　　不同收入水平的农户对产品价格的评价　　　　（单位:%）**

|  | 很便宜 | 较便宜 | 一般 | 较高 | 很高 | 说不清 |
|---|---|---|---|---|---|---|
| 5000 元以下 | 0.0 | 8.3 | 58.3 | 33.3 | 0.0 | 0 |
| 5001—10000 元 | 0.0 | 18.2 | 60.6 | 15.2 | 0.0 | 6.1 |
| 10001—20000 元 | 0.0 | 25.8 | 62.1 | 7.6 | 0.0 | 4.5 |
| 20001—40000 元 | 1.3 | 36.8 | 46.1 | 14.5 | 0.0 | 1.3 |
| 40001—60000 元 | 0.0 | 43.8 | 53.1 | 3.1 | 0.0 | 0.0 |
| 60000 元以上 | 0.0 | 43.8 | 43.8 | 6.3 | 0.0 | 6.3 |

　　3. 下乡产品质量：九成以上的农户基本满意，七成农户的满意度较高

　　在 251 个购买农户中，认为下乡家电产品的质量"非常好"、"比较好"、"一般"、"较差"、"很差"的受访者比重分别为 13.5%、56.2%、25.5%、2.4% 和 0。（见表 22）总体上看，超过九成的农户都对产品质量

---

　　① 本图中的数据来源于表 19。

表示基本满意，其中接近七成农户对产品质量满意度较高。

**表 22　　　　　　　　　农户对产品质量的看法　　　　　　（单位:%）**

| | 非常好 | 比较好 | 一般 | 较差 | 很差 | 说不清 |
|---|---|---|---|---|---|---|
| 有效样本 | 34 | 141 | 64 | 6 | 0 | 6 |
| 所占比例 | 13.5 | 56.2 | 25.5 | 2.4 | 0.0 | 2.4 |

　　对比图 13 中 2009 年和 2010 年已购农户对产品质量的评价，可以清晰地看到，从 2009 年 9 月到 2010 年 3 月，认为产品质量"很好"的农户从 21.9% 下降到了 13.5%，同时认为产品质量"比较好"的农户从 48% 上升到了 56.2%。可见随着可选产品的增加，农户对产品质量的要求也与日俱增：一方面，可能确实存在部分下乡产品质量不太好的问题，另一方面，农户衡量产品质量的标准越来越高、要求越来越高。这意味着，下乡企业应该适应农民需求变化，加强产品质量的监控，只有过硬的质量与实惠的价格双重结合，才能赢得农村消费者的信任。

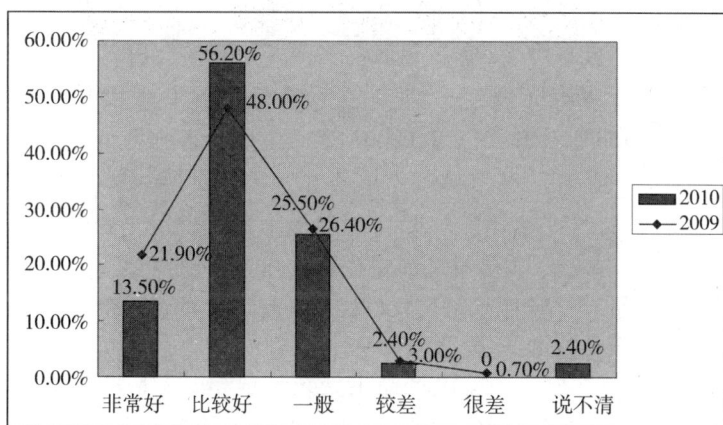

**图 13　不同年份农户对产品质量的反映对比**

　　4. 下乡产品种类：接近八成农户基本满意，但选择空间仍然有限

　　调查显示，农民对下乡家电产品种类表示"很多"、"较多"和"一般"的比重分别为 7.2%、38.2% 和 35.1%，三者合计 80.3%（见图

14）；2009 年表示"很多"、"较多"和"一般"分别为 27.6%、25.7% 和 26.5%，三者合计 79.8%。可见，在两次调查中农民对产品种类满意 的比重只是略有提高，总的满意度在八成左右，与 2009 年相比，农民的 态度出现了两个变化：一是集中程度有所提高，表示"较多"和"一般" 的农户数量大增；二是表示种类"很多"的农户数量大减。这预示着， 随着家电下乡政策的全面深入农村市场，农村家电消费的潜在需求的数量 被不断激发，农户潜在需求的种类也日趋多元化，农民希望有更多的产品 种类可供选择。有关部门要根据农民需求的变化及时调整政策，不断满足 农民的需求。

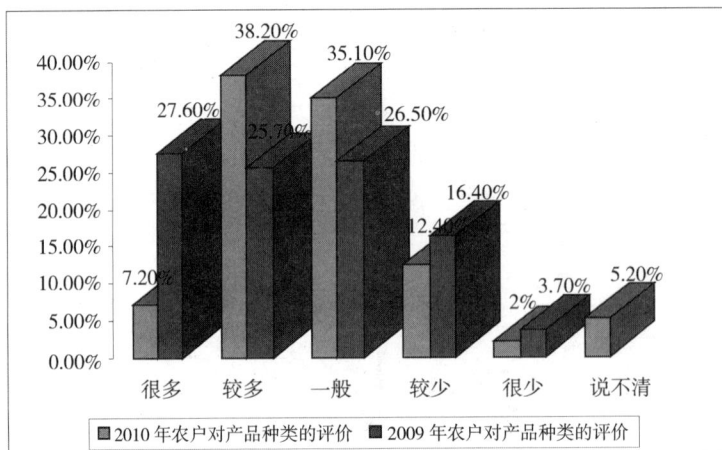

图 14　农户对"家电下乡"产品种类评价

### （六）家电下乡政策的经济效应和增收效应

1. 家电下乡政策的经济贡献较大

依据 1942 个农户下乡家电产品消费统计显示，275 户农户合计购买 家电 298 件，实现消费额 588430 元，其中剔除政府补贴款 74775 元，[①] 农 户实际支出 513655 元。对于 275 个农户而言，农民户均消费了 2139.7 元，其中户均获得补贴 272 元，户均实际支出 1867.7 元。

依据此次调查获得的消费数据，按照全国 2.11 亿农户计算，可以推

---

① 298 件已购家电中，其中 4 件没有补贴款，11 件为缺失值。

算得到目前全国家电下乡消费总额为 639 亿元，其中政府财政补贴金额为 81 亿元，农户实际支出 558 亿元。也就是说，从 2009 年 9 月到 2010 年 2 月，半年间家电下乡政策拉动的消费额为 274 亿元，占到政策拉动消费总额 639 亿元的 42.9%（见表 23）。由此可见，近半年来家电下乡政策的经济拉动效应非常显著，政策的内需拉动效应巨大。

表 23                    全国家电下乡产品消费额测算

|  | 购买户<br>（万户） | 购买家电量<br>（万件） | 总消费额<br>（亿元） | 政府补贴额<br>（亿元） | 农户实际支出<br>（亿元） |
|---|---|---|---|---|---|
| 2010 年 | 2988 | 3238 | 639 | 81 | 558 |
| 2009 年 | 1822 | 2058 | 365 | 44 | 321 |
| 增加值 | 1166 | 1180 | 274 | 37 | 237 |

注：①全国总消费额＝全国农户总数＊（受访农户消费额/受访农户总数）；②全国政府补贴总额＝全国农户总数＊（受访农户补贴额/受访农户总数）；③全国农户实际支出＝全国总消费额－全国政府补贴额。

2. 家电下乡政策的农户增收效应明显

2010 年 275 户购买农户合计获得政府补贴 74775 元，购买户平均每户获得 272 元的政府补贴收入。推算到全部样本 1942 户，平均每户可获得 38.5 元政府补贴收入。2009 年 255 户购买农户获得政府补贴 61431 元，购买户平均每户获得 241 元政府补贴收入。推算到全部样本 2953 户，平均每户可获得 20.8 元政府补贴收入。可见半年之内，购买户均补贴收入增加了 12.9 个百分点，全部农户的补贴收入则上升了 82.2 个百分点（见表 24）。虽然政府补贴比例一直保持在 13%，随着政策的持续推进，农户购买价格的上升和数量的增加，购买户的增收效应比较强劲。

迄今为止，按照农户家庭年均收入 27328 元计算，家电下乡政策实施以来使得全国 2988 万农户增收 81 亿元，拉动已购农户年平均收入增加 1 个百分点，拉动 2.11 亿农户年平均收入增加 0.1 个百分点。"家电下乡"政策不仅仅把家电产品送进农户家，提高了生活质量；也为农户减轻了货币支出压力，提高了收入水平。

表 24　　　　　　　　　　家电下乡政策的补贴变化情况

| | 样本农户数 | 政府补贴额 | 购买户均补贴额 | 总样本户数 | 户均补贴额 |
|---|---|---|---|---|---|
| 2010 年 | 275 | 74775 | 272 | 1942 | 38.5 |
| 2009 年 | 255 | 61431 | 241 | 2953 | 20.8 |
| 变化值 | — | — | 31 | — | 17.1 |
| 变化率（%） | — | — | 12.9 | — | 82.2 |

## 二　汽车、摩托车下乡政策的评价与成效

### （一）农民对政策的知晓与认可情况

#### 1. 政策知晓度接近七成，较去年提高 22 个百分点

汽车、摩托车下乡政策（简称"汽摩下乡"政策）是在家电下乡政策实施之后出台的。由于有家电下乡政策的前期作用，在一定程度上减少了"汽摩下乡"政策的宣传压力。经过一年时间的政策运行，在政府、媒体、厂家和商家的共同努力下，政策效果逐渐显现出来，农民对政策的知晓度也在不断提高。调查结果显示，在 1636 份有效样本中，1129 个受访者表示听说过"汽摩下乡"政策，占有效样本的 69%；没有听说过政策的受访者为 507 户，占比 31%（见表 25）。也就是说，接近七成的农户知晓"汽摩下乡"政策，表明农民对政策的知晓率比较高。相对于农户的购买能力和购买需求来说，七成的知晓率已经很高了，因为大部分的农民根本不会购买汽车和摩托车，农民往往有"事不关己高高挂起"的特点，对"不关己"的事还有如此高的知晓率实属罕见。

表 25　　　　　　　农户对"汽摩下乡"政策的知晓情况

| 政策知晓情况 | 样本户数 | 占总样本比重（%） |
|---|---|---|
| 听说过政策 | 1129 | 69.0 |
| 没有听说过 | 507 | 31.0 |
| 合计 | 1636 | 100.0 |

在 2009 年的调查中，"汽摩下乡"政策知晓率不足一半，仅为

47.3%，不知晓政策的农户比重达到了 52.7%（见表 26；图 15）。也就是说，仅仅半年时间，农民对政策的知晓率提高了近 22 个百分点，由此足见政策宣传效果明显，或者政策对农民的吸引力大幅度增强。

表 26　　　　　　两次调查"汽摩下乡"政策的知晓率比较

| 知晓率（%） | 政策知晓情况 | 知晓的样本数 | 总有效样本 |
| --- | --- | --- | --- |
| 2009 年 | 1314 | 2779 | 47.3 |
| 2010 年 | 1129 | 1636 | 69.0 |

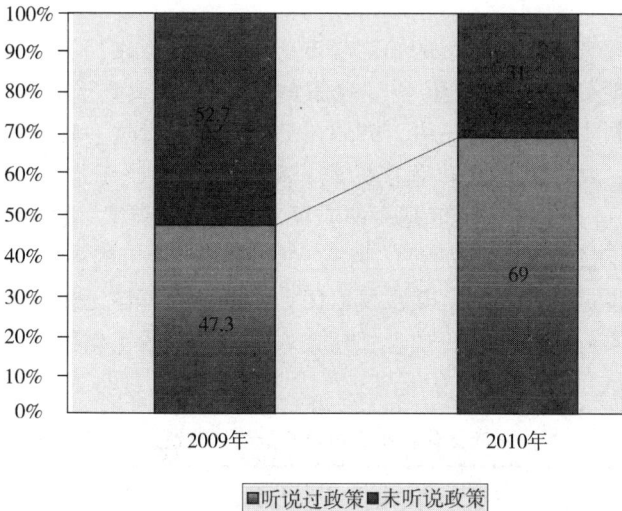

图 15　两次调查的政策知晓度对比

2. 东部地区知晓率最高，文化程度对农民了解政策有显著影响

从不同地区来看，东、中、西部地区的受访者听说过"汽摩下乡"政策的比重分别为 71.3%、68.5%、67.5%（见图 16）。由此可见，东部地区的政策知晓率最高，其次是中部地区，西部地区的政策知晓率最低。造成这一差异的原因主要在于，东部地区经济发达、开放程度较高，其信息传递较快，农民对政策动向更加关注，也更容易获取到信息。另外，东部地区的农户家庭经济收入比较高，对汽车、摩托车的需求较大，因此更为关注。

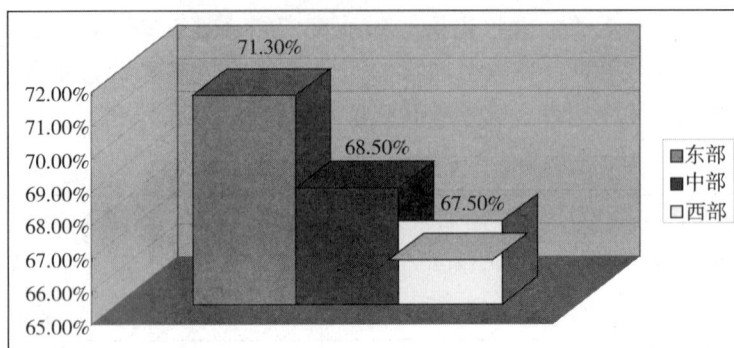

图 16　不同区域农民的政策知晓度

农民受教育水平对政策的知晓程度有一定影响。在拥有小学文化水平的农民中，听说过"汽摩下乡"政策的为 61.6%，低于 69% 的整体水平；接受过初中教育的农民中，69.3% 的农户听说过这一政策，接近整体平均知晓率；具有高中文化程度的农民对政策的知晓率最高，为 75.6%（见表 27）。可见，文化程度越高的农民对"汽摩下乡"政策的知晓程度相应更高。不过令人意外的是，拥有大学及以上学历的被调查者中仅有 59% 的人听说过这项政策，其主要原因在于这部分群体大多数已经脱离土地，从事与农业无关的职业或者长期在城市中学习或工作生活，因而对农村中的新政策并不太关注。

表 27　　　　　　　　　不同文化程度农户对政策的知晓情况

|  | 小学 | 初中 | 高中 | 大学及以上 |
|---|---|---|---|---|
| 听说过政策（人） | 310 | 309 | 475 | 23 |
| 占样本比重（%） | 61.6 | 69.3 | 75.6 | 59.0 |

3. 半数农民完全认可汽摩下乡政策，九成农民相对认可

在听说过"汽摩下乡"政策的 1129 户农户中，有 525 位认为这项政策完全能给农民带来实惠，占有效样本数的 46.5%；认为这项政策能够带来一些好处的农民有 484 人，其比重为 42.9%；认为政策不能带来实惠的农户极少，只有 38 人，占比仅为 3.3%。也就是说，认为"汽摩下乡"政策或多或少可以让农民得实惠的农户共有 1009 人，达到有效样本的 89.4%（见表 28；图 17）。总体来看，"汽摩下乡"政策的认可度较高。

表28　　　　　　　　　　农户对"汽摩下乡"政策的认可度

| 政策认可度 | 样本户数 | 占总样本比重（%） |
|---|---|---|
| 完全能带来实惠 | 525 | 46.5 |
| 能带来一些实惠 | 484 | 42.9 |
| 不能带来实惠 | 38 | 3.3 |
| 说不清 | 82 | 7.3 |

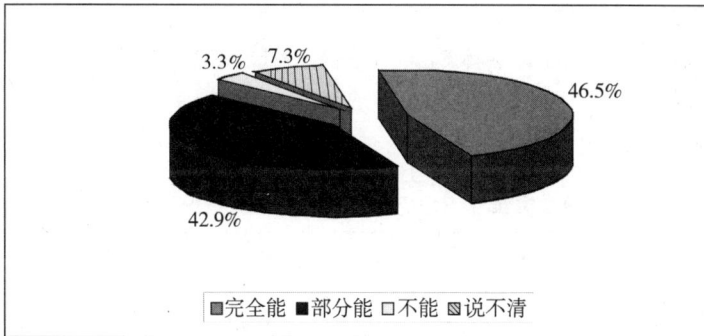

图17　农户对政策能否带来实惠的认可度

## （二）"汽摩下乡"产品的购买情况及影响因素

### 1. 汽摩产品购买率总体不高，但较去年增长1.5倍

　　虽然农户对于"汽摩下乡"政策普遍表示欢迎，但实际购买率并不高。在1942份调查样本中，购买汽车或者摩托车下乡产品的农户共有79户，其比重仅为4.1%（见表29）。造成"汽摩下乡"产品购买率低的主要原因是，汽车和摩托车的价格较为昂贵，农户的购买能力有限，消费需求较小。如果没有很强的出行或经营需要，农民不会仅仅因为补贴款而考虑购买。由此可见，实际需求是农民购买"汽摩下乡"产品的主要动机，即对于汽摩下乡产品，农民依然是需求导向。

表 29　　　　　　　　2010 年 2 月前"汽摩下乡"产品的购买情况

| 是否购买 | 样本户数 | 占总样本比重（%） |
|---|---|---|
| 是 | 79 | 4.1 |
| 否 | 1863 | 95.9 |
| 合计 | 1942 | 100.0 |

　　虽然当前购买率并不高，但还是较 2009 年 7 至 9 月的调查结果有显著上升。2009 年的购买率为 1.6%，当前的购买率为 4.1%，较去年提高了 2.5 个百分点，增长幅度为 156.3%（见表 30；图 18）。也就是说，尽管"汽摩下乡"产品的总体购买率不高，但增长幅度超过了 1.5 倍，显示了"汽摩下乡"产品良好的销售势头和较大的增长空间。因此，随着农民收入水平的提高，汽车和摩托车应该是未来下乡产品的重点。

表 30　　　　　　　　两次调查"汽摩下乡"产品的购买情况比较

| 年份 | 购买户数（户） | 总有效样本（户） | 购买率（%） |
|---|---|---|---|
| 2010 | 79 | 1942 | 4.1 |
| 2009 | 48 | 2953 | 1.6 |

　　2. 摩托车更受农户青睐，产品均价较去年小幅下降

　　在 1942 份有效样本中，购买了"汽摩下乡"产品的农户有 79 户，其中有 73 户提供了产品的购买及补贴信息。在 73 件"汽摩下乡"产品中，有 60 件是摩托车，所占比重为 82.2%，另外 13 件为汽车，其比重为 17.8%（见图 19）。这表明摩托车更受广大农户的欢迎。究其原因，一方面从农户的经济实力来看，购买汽车所需资金数额庞大，一般农户难以承受，而摩托车只需几千元，对于大多数农户来说购买压力并不太大；另一方面从农民的实际需求来看，由于摩托车较之汽车更适用于农村的道路、地形，且耗油量较小，操作灵活、简便，还不需要考驾驶执照，因此农民更加青睐摩托车。总体上，摩托车的性价比更高，更受农民欢迎，也更加符合当前农民的普遍消费能力。

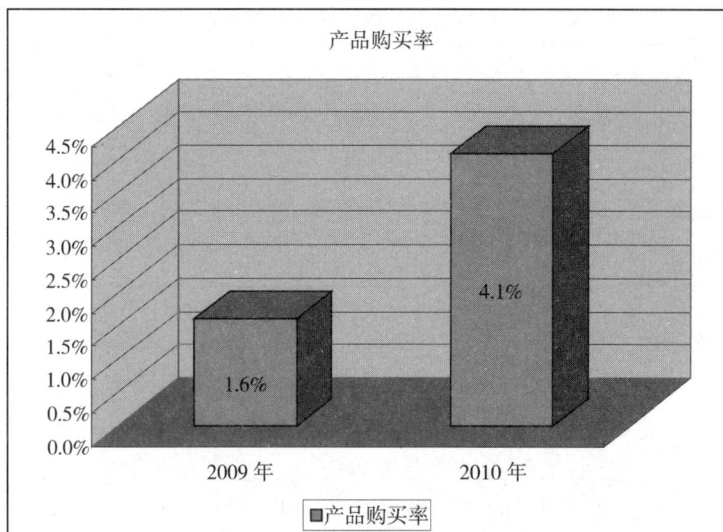

**图18　两次调查的购买率对比情况**

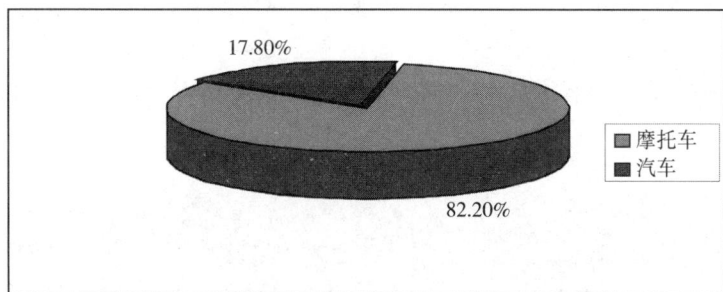

**图19　农户对"汽摩下乡"产品的购买率**

在产品购买均价方面，汽车产品的均价为39669.2元，较去年下降1060.4元，表示农民购买的是微型小汽车；摩托车产品的均价为5182.5元，较去年下降120.1元。2009年汽车产品的总体均价为40729.6元，2010年与2009年相比下降了1060.4元，降幅为2.6%，摩托车产品均价降低了120.1元，降幅为2.3%（见表31）。也就是说，今年农户购买的"汽摩下乡"产品的均价都较去年有了一定幅度的下降，表明农民对"汽摩下乡"产品的价格偏好有所下调。

表 31　　　　　　　2009 年与 2010 年汽车、摩托车下乡产品的均价对比

|  | 摩托车均价（元） | 汽车均价（元） |
|---|---|---|
| 2009 年 | 5302.6 | 40729.6 |
| 2010 年 | 5182.5 | 39669.2 |
| 下降额度 | 120.1 | 1060.4 |
| 下降幅度（%） | 2.3 | 2.6 |

3. 收入较高的家庭购买最为积极，收入较低的农户购买率相对较低

从收入水平来看，在 1069 份有效调查样本中，2009 年家庭总收入在 6 至 10 万元的农户，其购买率为 13.4%，年收入在 2 万—6 万元的农户，购买率为 8.6%，而年收入在 2 万元以下的家庭仅有 5.1% 购买了下乡汽车或者摩托车，低于 7% 的平均购买率（见图 20）。由此可以看出，在一定的收入以内，家庭收入与购买率呈正向关系，收入越高，购买率越高。比较特别的是，家庭年收入在 10 万元及以上的农户购买"汽摩下乡"产品的并不多，其比率仅为 4.2%。造成这一现象的原因在于，这类农户要么多数已购买了汽车、摩托车，暂时不考虑更换；要么由于家庭条件特别好，倾向于购买较好质量、品牌的汽车和摩托车，对政府补贴并不在意，或者说对下乡汽车产品的品种和质量不太满意。

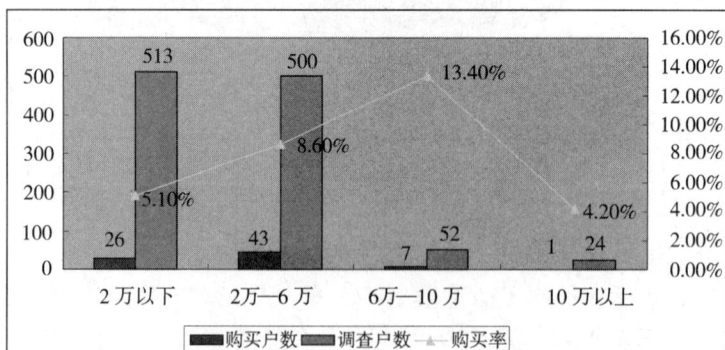

图 20　按家庭收入比较农户购买率

4. 经商的农户购买率最高，务农的农民购买量最大

调查结果显示，农民的打工经历对购买"汽摩下乡"产品的行为有

一定影响。在 1020 份有效样本中（见表 32），有打工经历的 487 个受访者，购买了汽车或者摩托车下乡产品的人数为 37 人，购买率为 7.6%；没有过外出打工经历的 533 户农民中，购买了"汽摩下乡"产品的共有 33 人，购买率为 6.2%，后者比前者的购买率低 1.4 个百分点。通过对农户打工经历与产品购买作卡方检验，其皮尔逊卡方值为 0，小于 0.05 的显著性水平，可见打工经历对农户的购买行为存在显著的影响，有打工经历的农户购买积极性高于无打工经历的农户。这有两个原因：一是外出打工会给农民带来更多的收入，提高其购买能力；二是外出打工的经历开阔了视野，刺激了其购买汽车或者摩托车的欲望。

表 32　　　　　是否有打工经历对农户购买"汽摩下乡"产品的影响

|  | 购买人数 | 未购买人数 | 购买率（%） |
|---|---|---|---|
| 有打工经历 | 37 | 450 | 7.6 |
| 无打工经历 | 33 | 500 | 6.2 |

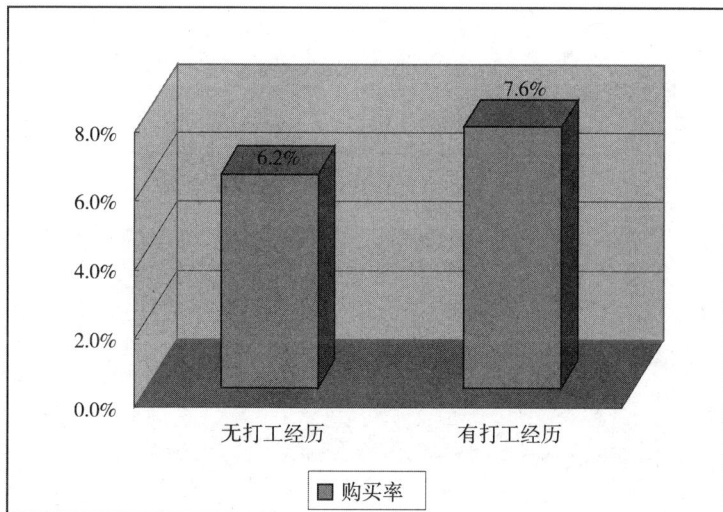

图 21　是否有打工经历对农户购买"汽摩下乡"产品的影响

从具体职业来看，在家务农、务工、经商、教师、医生、其他的农户购买汽摩的数量占同类农户的比重分别为 6.7%、7%、9.8%、4.8%、

0、3.1%。经商的农户购买比率最大，依次为务工农户、务农的农户、从事教师职业的农户、从事其他职业的农户、从事医生职业的农户。对这一排序进行分析可知，经商和务工的农民收入水平较高，因而其购买率高于务农的农民，从事教师和医生职业的农户，受教育水平较高，消费行为更加理性，考虑购买"汽摩下乡"产品时，补贴对其影响更小，也可能是他们对汽车和摩托车的需求并非特别强烈。从不同职业购买量占总购买量的比重来看，经商、务工、务农、教师、医生和其他职业的总量购买率分别为 6.3%、26.6%、63.3%、1.3%、0、2.5%，其中务农农户购买人数最多、比重最大，可见"汽摩下乡"产品的消费主力军仍是广大务农农户。

表 33　　　　　　　　不同职业的"汽摩下乡"产品购买率对比

|  | 经商 | 务工 | 务农 | 教师 | 医生 | 其他 | 合计 |
|---|---|---|---|---|---|---|---|
| 农户总数（户） | 51 | 298 | 741 | 21 | 6 | 65 | 1182 |
| 购买户数（户） | 5 | 21 | 50 | 1 | 0 | 2 | 79 |
| 同类购买率（%） | 9.8 | 7.0 | 6.7 | 4.8 | 0 | 3.1 | — |
| 总量购买率（%） | 6.3 | 26.6 | 63.3 | 1.3 | 0 | 2.5 | 100 |

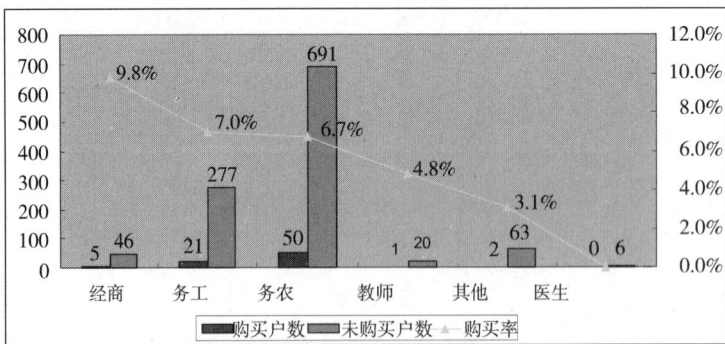

图 22　不同职业对"汽摩下乡"产品购买率的影响

5. 东部地区购买率最大，中部购买量最大

从农户所属区域来看，东、中、西部的"汽摩下乡"产品购买户数

占同区域农户总数的比重分别为 8.8%、5.5%、7.1%，东部农户的购买率最高，这与东部地区经济发展水平高、农民消费能力强有密切关系；西部农户购买率次之，由于西部地区交通网不发达，农民出行不便利，因此对摩托车的需求较高；而中部地区购买率最低，可能的原因是该地区摩托车普及率较高，暂时不需要更换，购买汽车还没有这方面的需求。从不同区域农户购买量占总购买量的比重来看，东部、中部、西部地区的购买率依次是 36.7%、41.8%、21.5%。显然，在总的购买量中，中部地区消费量最大，东部和西部次之（见表 34）。

表 34　　　　　　　　　　不同地区农户的汽摩购买率

| | 东部 | 中部 | 西部 | 合计 |
|---|---|---|---|---|
| 农户总数 | 329 | 622 | 239 | 1190 |
| 购买农户 | 29 | 33 | 17 | 79 |
| 同区农户购买率（%） | 8.8 | 5.5 | 7.1 | — |
| 总量购买率（%） | 36.7 | 41.8 | 21.5 | 100 |

### （三）汽摩下乡政策的经济效应

1. 经济贡献比较大，拉动作用明显

在 1942 份调查总样本中，购买了"汽摩下乡"产品的农户有 79 户，其中有 73 户提供了产品的购买及补贴信息。统计显示，73 个农户共支出 826650 元，其中，财政补贴 87068 元，农户实际支出 739582 元，相当于 73 个农户户均消费 11324.0 元，户均补贴 1192.7 元，户均实际支出 10131.3 元。以此为基础，按照全国 2.11 亿农户计算，可以推算得到全国共有 858 万户购买了"汽摩下乡"产品，由此拉动的消费总额约为 898 亿元，其中政府补贴金额约为 95 亿元，农户实际支出 803 亿元（见表 35）。由这一测算结果我们可以看出，"汽摩下乡"政策蕴涵着巨大的消费拉动力，考虑到汽车在农村的广阔、持久的消费需求，这一政策长期实行将对我国经济增长会起到持久的拉动作用。

2009 年调查的 2953 户中购买了"汽摩下乡"产品的共 48 户，实现消费总额 1093438 元，其中财政补贴 106988 元，农户实际支出 986450 元，以此推算全国的消费情况，按照 2.11 亿农户计算，全国共有 343 万户购买"汽摩下乡"产品，由此实现消费总额约为 781 亿元，其中政府补贴金额约为 76 亿元，农户实际支出 705 亿元。可见随着政策进一步推行，2010 年全国"汽摩下乡"产品购买户数与 2009 年相比增加了一倍多，上涨幅度为 210.1%，总消费额与 2009 年相比也有所增长，上升幅度为 15.0%，政府补贴和农户实际支出的上涨幅度分别为 25.0%、13.9%。下乡汽车和摩托车销售量大增主要有两个原因：一是政策宣传的结果；二是政策实施的滞后效应已过，潜在的需求正在转化成现实的购买力。

表 35    2010 年与 2009 年全国汽车、摩托车下乡产品消费额测算对比

|  | 购买户（万户） | 总消费额（亿元） | 政府补贴额（亿元） | 农户实际支出（亿元） |
|---|---|---|---|---|
| 2010 | 858 | 898 | 95 | 803 |
| 2009 | 343 | 781 | 76 | 705 |
| 上升幅度（%） | 210.1 | 15.0 | 25.0 | 13.9 |

注：全国拉动的消费额 = 全国农户总数 * （样本户消费额/样本农户总数），2010 年样本农户总数统一为 1942 户，2009 年样本农户总数为 2953 户。

2. "汽摩下乡"政策的农民增收效应明显

2010 年有 73 个农户购买了"汽摩下乡"产品，共获得财政补贴 87068 元。按此次调查的 1942 户总样本推算，平均每户可获得 44.8 元财政补贴。2009 年 48 个购买农户获得政府补贴 106988 元，推算到总样本 2953 户，平均每户可获得 36.2 元财政补贴。在半年之内，全部农户的平均补贴额提高了 8.6 元，增长了 23.8 个百分点。随着政策的持续推进，农户购买数量的增多，农民收入也会随之增加。

从购买农户的平均收益来看，每户获得财政补贴款 1192.7 元，"汽摩下乡"政策的实施为全国 858 万户，增收 102 亿。按照农户家庭年均收入 27328 元计算，这一政策使已购农户家庭年平均收入增加 4 个百分点，同时拉动 2.11 亿农户年平均收入增加 0.2 个百分点。可见"汽摩下乡"政策的增收效应较为明显。

表36                    "汽摩下乡"政策的补贴变化情况

|  | 购买农户数 | 政府补贴额 | 总样本户数 | 户均补贴额 |
|---|---|---|---|---|
| 2010 年 | 73 | 87068 | 1942 | 44.8 |
| 2009 年 | 48 | 106988 | 2953 | 36.2 |
| 变化值 | — | — | — | 8.6 |
| 变化率（%） | — | — | — | 23.8 |

### （四）农户对"汽摩下乡"产品的评价

*1. 产品质量总体较好，价格较为适中*

在购买了"汽摩下乡"产品的 79 个农户中，认为产品质量"非常好"和"比较好"的农户分别占有效样本的 17.7% 和 50.6%，认为产品质量"一般"、"较差"的农户分别为 25.3% 和 2.5%，没有农民表示产品"很差"（见表37；图23）。总体而言，农民对于所购买的"汽摩下乡"产品的质量评价较高，接近七成的农民表示产品质量较好。在调查中农户普遍反映，自己最看重的还是产品质量，若下乡产品的质量不过关，即使有太多的补贴也不会购买，因为汽车和摩托车关系到生命安全。因此，推进"汽摩下乡"政策不仅要注意补贴的额度，更要把好产品的质量关。

表37                    农户对下乡产品的质量评价

|  | 非常好 | 比较好 | 一般 | 较差 | 很差 | 不清楚 |
|---|---|---|---|---|---|---|
| 户数（户） | 14 | 40 | 20 | 2 | 0 | 3 |
| 比重（%） | 17.7 | 50.6 | 25.3 | 2.5 | 0.0 | 3.8 |

从农户对"汽摩下乡"产品的价格评价来看，在 79 户购买了产品的农户中，认为价格"很便宜"和"较便宜"的农户分别为 7.6%、29.1%，38% 的农户认为价格水平"一般"，20.3% 认为价格水平"较贵"，仅有 1.3% 的农户表示购买的价格"很贵"（见表38；图24）。可见，大部分的农民认为"汽摩下乡"产品价格较为适中。

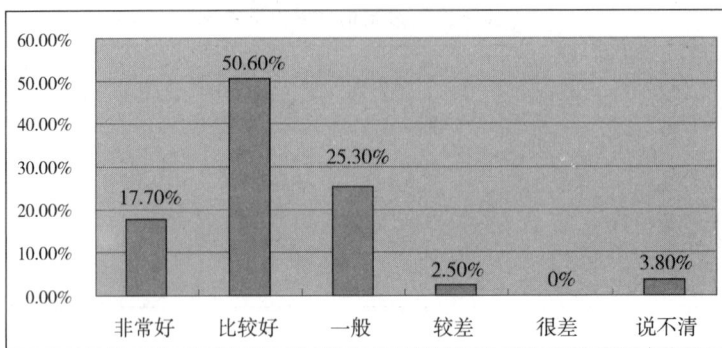

图 23　农户对"汽摩下乡"产品质量的评价

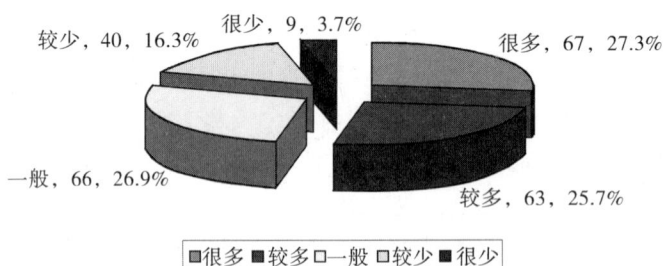

图 24　农户对"汽摩下乡"产品品种的评价

表 38　　　　　　　农户对"汽摩下乡"产品的价格评价

| | 很便宜 | 较便宜 | 一般 | 较贵 | 很贵 | 说不清 | 合计 |
|---|---|---|---|---|---|---|---|
| 户数 | 6 | 23 | 30 | 16 | 1 | 3 | 79 |
| 比重（%） | 7.6 | 29.1 | 38 | 20.3 | 1.3 | 3.7 | 100.0 |

　　2. 超过六成农户的满意度较高，超过九成农户认可下乡产品

　　"汽摩下乡"产品的满意度评价方面，在 79 个已购买汽车、摩托车的农户中，有 13 户表示对产品"非常满意"，其比重为 16.5%；选择"较满意"的为 48.1%；表示"一般"的为 31.6%；仅有 2 人对产品较不满意，其比重为 2.5%；受访者中没有人表示"很不满意"（见表 39）。从总体上看，六成以上的农户对于所购买的"汽摩下乡"产品给予了积

极评价，96.2%的农户能够接受"汽摩下乡"产品。

表39　　　　　　　　　　　农户对所购买产品的满意度

| | 非常满意 | 比较满意 | 一般 | 较不满意 | 很不满意 | 说不清 | 合计 |
|---|---|---|---|---|---|---|---|
| 样本户数 | 13 | 38 | 25 | 2 | 0 | 1 | 79 |
| 比重(%) | 16.5 | 48.1 | 31.6 | 2.5 | 0.0 | 1.3 | 100.0 |

### （五）汽车、摩托车使用的配套设施

1. 道路设施基本满足使用要求，西部地区较差

在126份具有有效信息的调查样本中，认为农村的道路设施完全"能够满足"汽车使用要求的占77%，11.9%的农户觉得道路设施"不完全满足"汽车的行驶需要，只有9.5%的农户认为道路设施还不完善，"不能满足"汽车行驶的要求（见表40）。从购买汽车的农户来看，表示农村道路情况"能满足"、"不完全满足"、"不能满足"的比重分别为61.5%、23.1%、15.4%。从购买摩托车的农户来看，表示农村道路情况"能满足"、"不完全满足"、"不能满足"的比重分别为68.6%、19.6%、7.8%。可见，购买摩托车的农户对于道路状况的满意度高于购买汽车的农户，这与摩托车具有较强灵活性、适应性有关，而汽车对路面的要求更高。这也能在一定程度上解释摩托车需求量大的原因。因此，要想让更多农户购买下乡汽车产品，应在道路建设上下工夫。总体而言，目前道路设施基本能够满足"汽摩下乡"产品的使用要求，但仍有两成以上农户认为，道路设施并不能完全满足，这对于"汽摩下乡"产品的推广将产生不利的影响。摩托车购买者的满意度高于汽车购买者的满意度。

表40　　　　　　　农户对道路设施能否满足使用要求的看法

| | 能满足要求 | 不完全满足 | 不能满足 | 说不清 |
|---|---|---|---|---|
| 样本户数 | 97 | 15 | 12 | 2 |
| 比重(%) | 77 | 11.9 | 9.5 | 1.6 |

　　从所属区域来看，认为道路设施能够满足汽车行驶要求的农户，东、中、西部地区的比重分别为 87.2%、77.1%、52.9%（见表 41），可见，东部地区的道路交通设施较好，能够较大程度满足"汽摩下乡"产品的需求，但西部地区的道路状况比较差，未来应当强化西部地区道路基础设施的建设。农民购买汽车不仅要考虑自己的现实需求和支付能力，而且也会考虑相关配套设施。如果道路崎岖、交通不便，农民购买了汽车也无用武之地，这势必影响农民的购买积极性。因此，改善道路状况是深化"汽摩下乡"政策的重要内容。

表 41　　　　　　　不同区域农户对道路设施能否满足需求的评价

| | 东部 | 中部 | 西部 |
|---|---|---|---|
| 能满足需求农户 | 34 | 54 | 9 |
| 占样本比重（%） | 87.2 | 77.1 | 52.9 |

　　2. 大部分汽摩产品维修、加油较便利，二成六的农户表示比较麻烦

　　当问及"当地汽车、摩托车维修是否方便"时，在 126 个有效样本中，认为"很方便"的农户共有 64 户，占比 50.8%；认为"比较方便"的农户共有 39 户，为 31.0%；认为在当地维修"有点麻烦"的农户占比仅为 10.3%（见表 42；图 25）。从购买汽摩的农户来看，表示维修"有点麻烦"和"很麻烦"的农户比重分别为 17.8% 和 8.2%。总体来看，大部分汽摩下乡产品的维修能够得到基本解决，但仍然有四分之一强的农户表示比较麻烦，也就是说还有相当大一部分农户的维修不太方便。

　　"汽车、摩托车加油是否方便"也是考察配套设施完善与否的一个重要方面，在回答此项问题的 126 个受访者中，有 70 人表示加油"很方便"，占有效样本的 55.6%；表示加油"比较方便"的 38 人，占比 30.2%；认为"有点麻烦"的农户有 13 个，其比重为 10.2%；仅有 5 位农民选择了"很麻烦"，占比 4%（见表 42；图 25）。从购买汽摩的农户来看，表示加油"有点麻烦"和"很麻烦"的农户比重分别为 16.7% 和 5.6%。调查结果显示，"汽摩下乡"的加油问题比维修问题要好，近八成的农户表示比较方便，只有近二成的农户表示比较麻烦。

表 42　　　　　　　农户对汽摩产品维修、加油便利程度的评价

|  | 很方便 | 比较方便 | 有点麻烦 | 很麻烦 | 不知道 | 合计 |
|---|---|---|---|---|---|---|
| 维修 | 64 | 39 | 13 | 7 | 3 | 126 |
| 比重（%） | 50.8 | 31 | 10.3 | 5.6 | 2.3 | 100 |
| 加油 | 70 | 38 | 13 | 5 | 0 | 126 |
| 比重（%） | 55.6 | 30.2 | 10.2 | 4 | 0 | 100 |

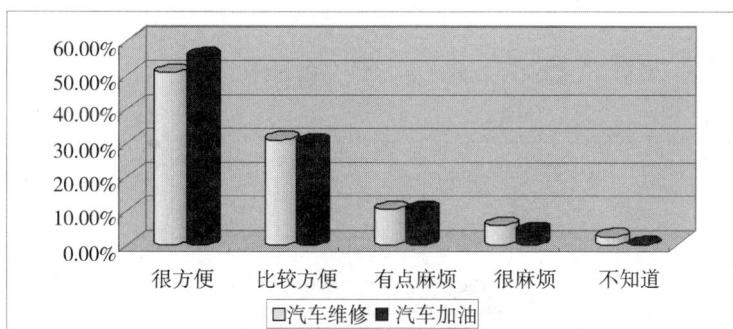

图 25　农户对汽车维修、加油方便与否的评价

3. 维修、油耗等费用整体较高，支出压力较大

在 44 份有效调查样本中，每年维修汽车、摩托车花费在 200 元以下的农户共 14 户，所占比重为 31.8%；维修费用在 200—400 元的有 6 户，占比 13.6%；维修费用在 400—600 元的有 13 户，为 29.5%；有 1 户维修支出在 600—800 元之间，占有效样本的 2.3%；有 10 户的年维修支出在 800 元以上，所占比重为 22.8%（见表 43）。根据图表可以看出，随着维修费用的提高，维修户数呈现"＼／＼"波浪形的变化趋势（见图 26）。

表 43　　　　　　　　农户维修汽车、摩托车的年支出

|  | 200 元以下 | 200—400 | 400—600 | 600—800 | 800 元以上 | 合计 |
|---|---|---|---|---|---|---|
| 维修户数 | 14 | 6 | 13 | 1 | 10 | 44 |
| 维修比重（%） | 31.8 | 13.6 | 29.5 | 2.3 | 22.8 | 100.0 |

调查显示，44 个农户年维修费用共计 34900 元，也就是说，农户用

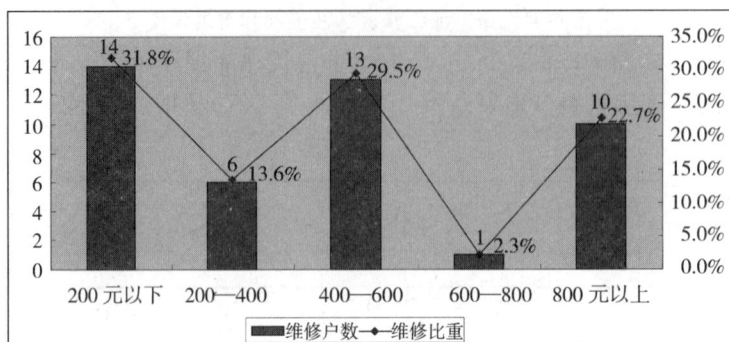

图 26　农户维修汽车、摩托车的年支出

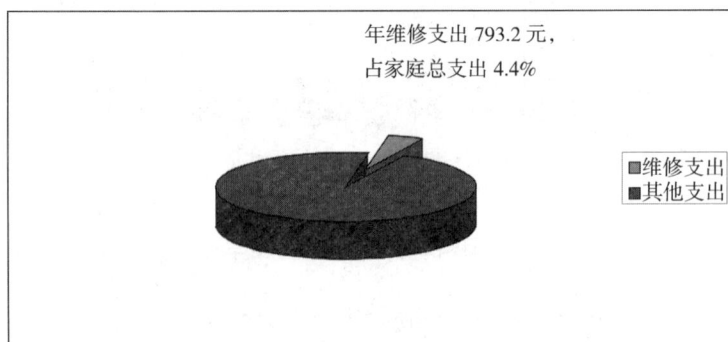

图 27　农户维修汽摩维修支出占家庭总支出的比重

于汽车、摩托车的年均维修费用高达 793.2 元，占维修农户户均家庭年支
出 17993 元的 4.4%（见图 27）。可见，农民为维修汽车、摩托车而支付
的费用总体较高，支出压力相对较大。

　　油耗支出也是汽车和摩托车使用的一大支出项目。根据调查显示，购
买了汽车的 10 户农户，在汽油上的年支出费用共计 85700 元，每户年均
油耗支出 8570 元，这 10 户的平均家庭年支出为 22160 元，即汽车油耗支
出占家庭年支出的比重约 38.7%；购买摩托车下乡产品的 39 户，汽油的
年费用共计 37782 元，每户年均耗油支出达 968.8 元。这 39 户的平均家
庭年支出为 16305.4 元，即摩托车油耗支出约占其家庭年支出 5.9%（见
表 44）。可以看出，汽车、摩托车的油耗支出在农户家庭总支出中所占比
重较大，给农户带来较重的经济负担，尤其是汽车油耗支出远高于摩托车

油耗费用。这也是汽车购买量远小于摩托车购买量的重要原因。由于汽油价格整体呈上升趋势，有农户反映说，"汽车、摩托车买得起，用不起"，还有农户希望国家能对购买汽油的农户进行财政补贴。所以，今后可以考虑推出能耗更低、维修费用更少的汽车和摩托车下乡产品。

表44　　"汽摩下乡"政策补贴款占购买农户家庭年支出的比例

| 产品 | 购买户数 | 户均年耗油支出（元） | 户均年家庭支出（元） | 支出比重（%） |
|---|---|---|---|---|
| 摩托车 | 39 | 968.8 | 16305.4 | 5.9 |
| 汽车 | 10 | 8570 | 22160 | 38.7 |

## 三　农机下乡政策的评价与实施成效

### （一）农民对农机下乡政策的评价

1. 农户总体评价较高，政策反映良好

农机下乡政策实施以来，赢得了农民的一致好评。在此次调查中，当问及"您认为农机下乡政策能够给农民带来实惠吗"时，认为"完全能够带来实惠"的农户有712人，占比52.7%；选择"能带来一些实惠"的农户有435人，占有效样本数的32.2%；还有一部分农民选择"说不清"，占比11.4%（见表45；图28）。总体来说，农民对农机下乡的评价较高，认为"完全能带来实惠"和"能带来一些实惠"的农户占比接近九成。由此可见，农机下乡政策已经广为农民所知，且广受认可，深得民心。

表45　　　　　　　农民对农机下乡政策的态度情况统计

| 政策态度 | 样本户数（户） | 占有效样本的比重（%） |
|---|---|---|
| 完全能够带来实惠 | 712 | 52.7 |
| 能带来一些实惠 | 435 | 32.2 |
| 不能带来实惠 | 50 | 3.7 |
| 说不清 | 154 | 11.4 |
| 合计 | 1351 | 100.0 |

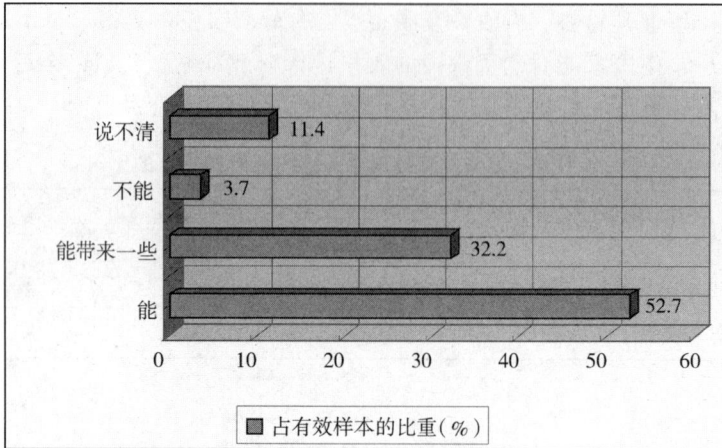

图 28　农民对农机下乡政策的态度情况

2. 不同区域的政策评价有所差异，中部地区农民评价最高

按不同区域进行划分，在被调查农户中表示农机下乡政策"完全能带来实惠"的农民比重东北、华北、西北、西南、沿海、中部地区分别为 60%、52.7%、42.3%、64.8%、48.5%、52.5%；选择"能带来一些"实惠的比重依次为 24%、33.9%、24.8%、14.1%、33.3%、40.9%（见表 46）。两者结合起来考察，中部地区农民对政策的评价最

表 46　　　　　不同区域农民对农机下乡政策的态度情况　　　　　（单位：%）

| 政策态度 | 东北地区 | 华北地区 | 西北地区 | 西南地区 | 沿海地区 | 中部地区 |
|---|---|---|---|---|---|---|
| 能 | 60.0 | 52.7 | 42.3 | 64.8 | 48.5 | 52.5 |
| 能带来一些 | 24.0 | 33.9 | 24.8 | 14.1 | 33.3 | 40.9 |
| 不能 | 4.0 | 6.7 | 5.1 | 3.8 | 5.1 | 1.6 |
| 说不清 | 12.0 | 6.7 | 27.8 | 17.3 | 13.1 | 5.0 |
| 合计 | 100.0 | 100.0 | 100.0 | 100.0 | 100 | 100.0 |

注：按照抽样调查原则，将调查地区进行如下分类：沿海地区指广东、福建、浙江、江苏、山东、海南等省；中部地区指湖南、湖北、安徽、江西、河南等省；西北地区指陕西、甘肃、宁夏、青海、新疆等省区；西南地区指云南、重庆、贵州、四川、广西等省区市；华北地区指河北、内蒙古、山西等省区；东北指辽宁、吉林、黑龙江等省。

高，比重为93.4%；西北地区最低为67.1%；其他地区比重均在80%左右，中部地区和西北地区相差了近25个百分点。地区之间的评价差异主要原因是：中部地区的农民对国家政策更加敏感，同时具备购买农机的经济条件以及拥有农机耕作的地理环境，即有较强的需求和购买能力，而且购买也多，这些因素结合起来就导致了中部地区的农民对政策的评价最高。总体来看，农民对农机下乡政策的评价还是比较高，受访者对农机下乡政策大多表示了支持和拥护。

3. 年轻人对政策的评价最高，中年人评价较低

从年龄上来看，不同年龄分组对农机下乡政策的评价存在差异性。在选择"完全能带来实惠"和"能带来一些实惠"的农户中，20—30岁年龄组的农户比重最高，达到了91.2%；其次是50—60岁年龄组，占有效样本数的87.5%；40—50岁年龄组和60岁以上年龄组的农户所占比重分别为84.8%和84.4%；最少的是30—40岁年龄组，占比81.6%（见表47）。从数据中我们可以看出，不同年龄组的农户对农机下乡的政策认可度呈现"∨∧"波浪形的变化。表明各年龄组的农户对政策的评价虽然有些差异，但总体评价比较高，均在八成以上。

表47　　　　　　　不同年龄层对政策的认可情况统计　　　　　（单位:%）

| 政策态度 | 能 | 能带来一些 | 不能 | 说不清 | 合计 |
|---|---|---|---|---|---|
| 20—30 岁 | 45.6 | 45.6 | 0.0 | 8.9 | 100.0 |
| 31—40 岁 | 48.0 | 33.6 | 4.5 | 13.9 | 100.0 |
| 41—50 岁 | 54.6 | 29.8 | 5.4 | 10.2 | 100.0 |
| 51—60 岁 | 52.0 | 35.5 | 3.7 | 8.8 | 100.0 |
| 61 岁以上 | 57.1 | 27.7 | 1.4 | 13.8 | 100.0 |
| 总体 | 52.9 | 32.2 | 3.7 | 11.2 | 100.0 |

注：未将20岁以下年龄组纳入统计。

**（二）农机下乡产品的购买情况**

1. 农机购买率总体较低，东部地区最低

农机下乡政策实施以来，虽然好评如潮，但购买率普遍较低。在1942户样本农户中，有37户购买了农机，占有效样本的比重为1.9%。

农户的购买率在东中西部之间存在一定差异。东、中、西部购买率呈现"倒 V"形，其中东部地区购买率最低，为 0.9%；中、西部地区分别为 3.8%、1.6%（见表 48，图 29）。东部地区人均耕地面积少，中西部地区人均耕地面积相对比较多，而且中西部地区适合于机械化作业的耕地比较多。因此，中西部地区的购买率相对较高。

表 48　　　　　　东、中、西部农民购买农机情况统计　　　　　（单位：%）

| 购买情况 | 东部 | 中部 | 西部 | 总体 |
|---|---|---|---|---|
| 购买 | 0.9 | 3.8 | 1.6 | 1.9 |
| 没购买 | 67.1 | 68.1 | 61.1 | 98.1 |
| 合计 | 68.0 | 71.9 | 62.7 | 100.0 |

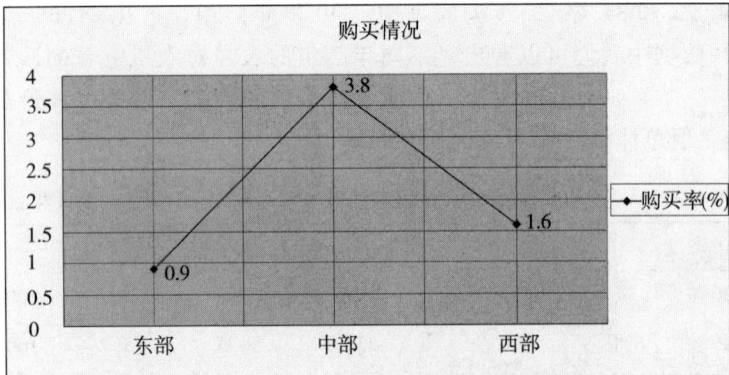

图 29　东、中、西部农民购买农机产品情况

以此次调查统计得到的购买率为基础，按照全国 2.11 亿农户测算，全国购买了农机下乡产品的农户约为 402 万户①。也就是说，全国有四百多万农户购买了下乡农机产品。

2. 购买户增收效应明显，政策拉动作用大

在 37 户购买户中，有 32 户提供了详细的购买和补贴信息。其中，有 27 户农民获得了财政补贴，比率为 84.4%。统计显示，27 户农民共消费

———

① 全国购买户数 = 全国农户总数 * （受访购买户数/受访农户总数）。

323000元，其中政府补贴额为68976元，农户实际支出为254024元（见表49），由此可知，购买户户均消费11963.0元，户均补贴额为2554.7元，户均实际支出9408.3元。按照全国2.11亿农户计算，可以推算全国通过农机下乡政策获得补贴的户数共有293万户，农户消费总额约为350亿元，补贴总额75亿，政策实际拉动的农户消费额为275亿（见表49）。总体上看，全国有将近300万农户获得了农机下乡补贴，政策拉动的消费接近400亿元，农民增收约75亿元，全国农民人均约增收10元。

表49　　　　　　　　　　农机补贴落实情况统计

| 样本数 | 样本农户的消费额 | 样本农户的政府补贴 | 样本农户的实际支出 |
|---|---|---|---|
| 27 户 | 323000 元 | 68976 元 | 254024 元 |
| 全国获得补贴户数 | 全国农户消费总额 | 全国农户补贴总额 | 全国农户实际支出 |
| 293 户 | 350 亿元 | 75 亿元 | 275 亿元 |

注：全国获得补贴户数＝全国总户数＊（获得补贴的样本户数/受访农户总数）；全国总消费额＝全国农户总数＊（受访农户消费额/受访农户总数）；全国农户补贴总额＝全国农户总数＊（受访农户补贴额/受访农户总数）；全国农户实际支出＝全国总消费额－全国政府补贴额。

3. 农机下乡产品价格差异大，销售均价高

在37户购买了农机下乡产品的农户中，有32户提供了所购产品的价格信息。其中，价格最高的为145000元，最低的为520元，两者相差144480元。可见，农机下乡产品的价格差异非常大。从产品均价来看，在32户有效样本当中，农机下乡产品的均价为10093.8元（见表50）。从调查中我们发现，农机种类很多，价格变化幅度大，在520—145000元之间，虽然如此，但是其峰度系数为0.809，比正态分布曲线更陡峭，这说明农户购买价格在平均价格附近比较集中。从总体来看，农户购买下乡农机的平均价格在1万元左右，相对农民的收入而言，属于大件大宗设备购买，需要一定的积累。

表50　　　　　　　对农机购买价格的描述性统计分析表

| 样本数 | 最低价 | 最高价 | 极差 | 产品总价 | 单件均价 |
|---|---|---|---|---|---|
| 32 户 | 520 元 | 145000 元 | 144480 元 | 323000 元 | 10093.8 元 |

4. 南、北方农民购买农机的倾向不同,① 南方偏向小型农机

在调查中我们发现, 由于地域的差别, 南北方农民选择购买农机的类型也有所差别, 南方购买的农机多, 且偏向小型机械。在提供农机购买价格的 32 个样本中, 南方的农户购买了小型农机 26 台, 大型农机 2 台, 合计购买 28 台, 占样本数的 87.5%；北方的农户购买小型农机和大型农机均为 2 台, 合计 4 台, 占样本数的 12.5%（见表 51）。从调查数据中可以看出, 南方农民购买的农机总数远远超过北方, 而且南方农民更倾向于购买小型机械。这是由南、北方的经济条件和地理环境决定的, 南方的经济条件比北方好, 因此农机的购买量多些；同时南方的耕地面积没有北方平整、地块小, 小型机械的适用性更强。由此可见, 南北方农机的销售也应该因地制宜, 有针对性制定财政补贴政策。

表 51　　　　　　　南北方选择农机的类型情况统计表

| 价格 | 小型农机（10000 元以下） | 大型农机（10000—145000 元） | 合计 | 所占比（%） |
|---|---|---|---|---|
| 南方 | 26 | 2 | 28 | 87.5 |
| 北方 | 2 | 2 | 4 | 12.5 |

5. 农民购买动机不同, 东部倾向于提高生产效率

农民购买农机的动机主要有三个：提高生产效率、弥补劳动力不足和替代牲畜。在具有有效信息的 29 个购买户中, 有 12 户的动机是为了"提高生产效率", 占有效样本的 41.4%；想用来"替代牲畜"的农户占有效样本的 31%；还有 8 户农民是"弥补劳动力的不足", 占样本数的 27.6%（见表 52）。总体来看, 大部分的农户购买农机是提高生产效率。

表 52　　　　　　　农民购买动机情况统计

| 购买动机 | 提高生产效率 | 弥补劳动力不足 | 替代牲畜 | 合计 |
|---|---|---|---|---|
| 样本户数（户） | 12 | 8 | 9 | 29 |
| 所占比重（%） | 41.4 | 27.6 | 31.0 | 100.0 |

① 南方：广东、广西、贵州、江西、福建、江苏、安徽、湖南、湖北、四川、重庆、上海、浙江；北方：黑龙江、吉林、辽宁、内蒙古、河北、河南、山东、甘肃、青海、宁夏、陕西、山西。

　　从不同区域来看，农民购买农机下乡产品的动机有所差异。在此次调查中，当问及"您购买农机产品的主要原因是什么"时，东、中、西部地区的农民选择"提高生产效率"的比重分别为 66.7%、33.3%、41.2%（见表53，图40）。另外，东部地区"弥补劳动力不足"也是重要动机，占比为 33.3%。中部地区的农民购买农机的动机主要是"替代牲畜"，占比 44.4%，其次是提高效率，占比 33.3%。可见不同地区的农民购买下乡农机的动机有所区别：东、西部地区的农民主要是提高生产效率；中部地区主要是替代牲畜。总体而言，农民购买下乡农机是为了提高生产效率。

表 53　　　　　　　　　不同地区农民购买农机的动机　　　　　　　　（单位:%）

| 购买动机 | 东部 | 中部 | 西部 | 总体 |
|---|---|---|---|---|
| 提高生产效率 | 66.7 | 33.3 | 41.2 | 41.4 |
| 弥补劳动力不足 | 33.3 | 22.2 | 29.4 | 27.6 |
| 替代牲畜 | 0.0 | 44.4 | 29.4 | 31.0 |
| 合计 | 100.0 | 100.0 | 100.0 | 100.0 |

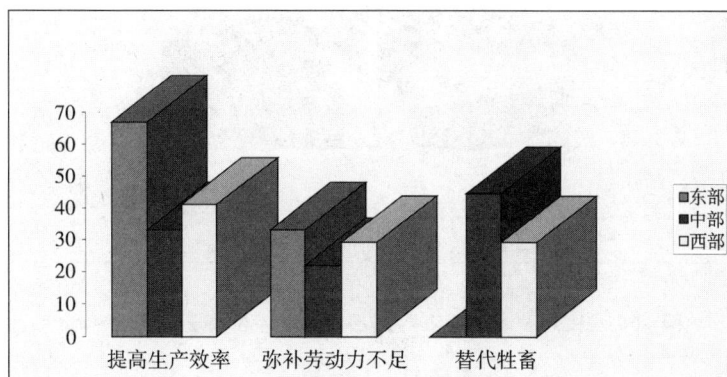

图40　不同地区农户购买动机情况（单位:%）

## （三）农民对农机下乡产品的评价

### 1. 农民反映：大部分下乡农机产品质量比较好

　　下乡产品的质量一直为各界所关注。在此次调查中，当问到农民

"您购买的农机产品质量如何"时，农民表示产品质量总体较好。在已购买且具有有效信息的 35 户中，有将近一半的农民认为农机下乡产品"比较好"，占样本总数的 48.6%；25.7% 的农民表示产品质量"一般"；还有将近五分之一的农民认为产品质量"较差"和"很差"（见表 54；图 41）。显然，大部分农民认为，下乡农机产品的质量比较好，但是也有近二成的农民表示，下乡农机产品质量比较差，这既影响农民的生产经营，也影响下乡产品的信誉。显然，下乡农机产品质量监管的力度还要加强。

表 54　　　　　　　　农民对"农机下乡"产品质量的评价情况

| 产品质量 | 非常好 | 比较好 | 一般 | 较差 | 很差 | 说不清 |
|---|---|---|---|---|---|---|
| 样本户数（户） | 1 | 17 | 9 | 3 | 3 | 2 |
| 所占比重（%） | 2.9 | 48.6 | 25.7 | 8.6 | 8.6 | 5.6 |

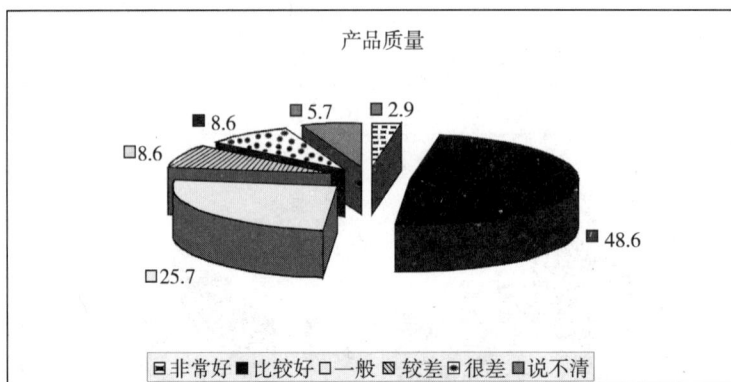

图 41　农民对"农机下乡"产品质量的评价情况（单位:%）

2. 大部分农民可以接受下乡农机产品的价格

农民比较关心下乡农机产品的价格，他们担心"商家或企业故意哄抬价格，再进行补贴，这就不是真正意义上的给农民实惠"。调查显示，超过三成的农户认为价格"较便宜"，占有效样本的 30.2%；认为价格"一般"的农户也不少，为 27.3%；认为下乡农机产品价格"较高"和"很高"的农户分别为 18.2% 和 6.1%，即有近四分之一的农户对农机下乡产品的价格并不满意（见表 55；图 42）。可见，大部分农户能够接受下乡农机产品的价格，或者说对下乡农机产品的价格没有意见，但也有近四分之一的农民不能接受，这可能与经济承受能力有关。

表 55　　　　　　　　农民对"农机下乡"产品价格的评价情况

| 产品价格 | 很便宜 | 较便宜 | 一般 | 较高 | 很高 | 说不清 | 合计 |
|---|---|---|---|---|---|---|---|
| 样本数（户） | 1 | 10 | 9 | 6 | 2 | 5 | 33 |
| 比重（%） | 3.0 | 30.2 | 27.3 | 18.2 | 6.1 | 15.2 | 100.0 |

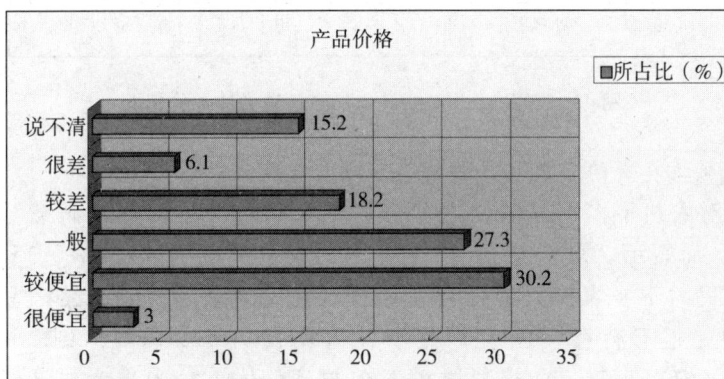

图 42　农民对农机产品价格的评价情况（单位:%）

3. 三成农民认为下乡农机产品类别较少，增加农机产品品种是关键

在调查中，当问到"您觉得农机下乡产品的种类多吗"时，24.3%的农民认为品种"较多"；24.3%的农户认为产品品种"较少"；21.6%的农民评价品种"一般"（见表 56；图 43）。由此可见，近五成的农户表示下乡农机产品的品种还可以，但也有三成的农户认为目前下乡农机产品品种较少，制约了农民的选购范围，可见增加下乡农机产品的品种将是下一阶段的重点。

表 56　　　　　　　　农民对农机下乡产品品种的评价情况

| 产品种类 | 很多 | 较多 | 一般 | 较少 | 很少 | 说不清 | 合计 |
|---|---|---|---|---|---|---|---|
| 样本户数（户） | 4 | 9 | 8 | 9 | 2 | 5 | 37 |
| 所占比重（%） | 10.8 | 24.3 | 21.6 | 24.3 | 5.4 | 13.6 | 100.0 |

产品种类

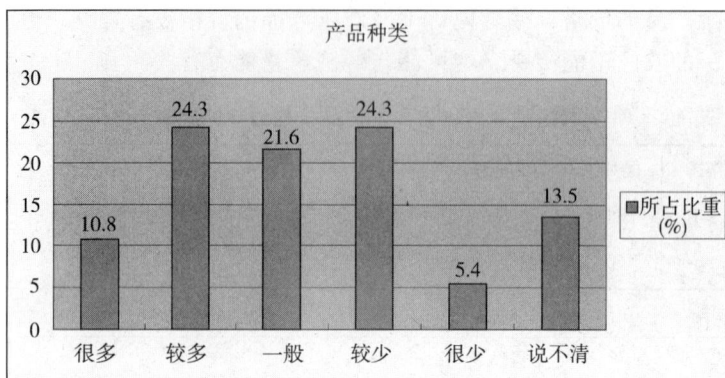

图43　农民对"农机下乡"产品种类的评价情况

4. 接近八成的农民对产品较满意或者没有大的意见

在对农机下乡产品的满意度方面，表示对产品"非常满意"只占 2.9%，而表示"较满意"、"一般"的农户分别为 44.1%、35.3%，说明农民对下乡农机只是较为满意和没有大的意见。对产品"较不满意"和"很不满意"的农户很少，占比仅为 5.9% 和 5.9%（见表 57；图44）。可见，农民对农机下乡产品整体上较为满意或者没有大的意见。

表 57　　　　　　　　　　　农民对购买产品的评价

| 产品种类 | 非常满意 | 较满意 | 一般 | 较不满意 | 很不满意 | 说不清 |
|---|---|---|---|---|---|---|
| 样本户数（户） | 1 | 15 | 12 | 2 | 2 | 2 |
| 所占比重（%） | 2.9 | 44.1 | 35.3 | 5.9 | 5.9 | 5.9 |

与此同时，在调查中也发现，不同地区农民对购买产品的评价也有所不同。在具有有效信息的 34 个购买户中，东中西部地区的农民对购买的产品满意度有一定的差异，其中中部地区表示产品"非常满意"和"较满意"的农户比重合计为 69.2%，西部地区为 35.3%，东部地区为 25%。也就是说，中部地区的产品满意度最高，比东、西部地区平均高出一倍多。显然，中部地区农机下乡产品更受农户欢迎，这与中部地区下乡农机品种较多、农民购买较多有关系（见表58）。

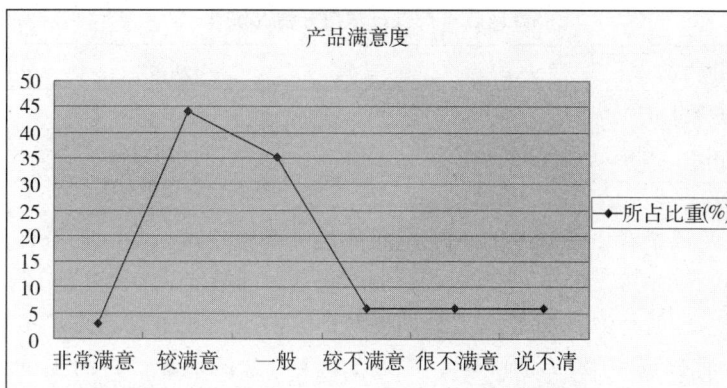

图 44　农民对购买产品满意度情况统计

表 58　　　　　　不同区域农民对农机下乡政策满意度情况统计　　　（单位：%）

| 政策评价 | 非常满意 | 较满意 | 一般 | 较不满意 | 很不满意 | 说不清 | 合计 |
|---|---|---|---|---|---|---|---|
| 中部 | 7.7 | 61.5 | 15.4 | 0.0 | 0.0 | 15.4 | 100.0 |
| 西部 | 0.0 | 35.3 | 47.1 | 11.8 | 5.9 | 0.0 | 100.0 |
| 东部 | 0.0 | 25.0 | 50.0 | 0.0 | 25.0 | 0.0 | 100.0 |

**（四）"农机下乡"政策实施的配套环境**

1. 农机技术指导跟不上，东中部地区相对比较差

多数农机产品有一定的技术要求，必要的技术指导是农机产品推广及产品效率提升的基础。在此次调查中，当问及"当地政府是否提供农机使用的技术指导"时，有48.8%的农户给予了肯定的回答；反映当地没有提供技术指导的农户为34.1%（见表59）。整体来看，目前农户接受技术指导的比重并不太高，不少农户购买农机之后都需要自己熟悉农机产品。一些农户反映，由于没有必要的技术指导，不大愿意购买大型农机设备，担心"买回来也是一个摆设"。可见，技术指导成为制约下乡农机产品的重要障碍。

表 59       当地政府提供技术指导情况统计

| 技术指导情况 | 是 | 否 | 不知道 | 合计 |
|---|---|---|---|---|
| 样本户数（户） | 20 | 14 | 7 | 41 |
| 所占比重（%） | 48.8 | 34.1 | 17.1 | 100.0 |

从区域来看，在样本农户中，西部地区接受技术指导的比重最高，达到了 76.5%；其次是东部地区，为 33.3%；最低是中部地区，仅为 27.8%。也就是说，西部地区提供技术指导的农户比重高出东、中部地区 43.2 个百分点和 48.7 个百分点（见表 60）。总体来看，目前提供技术指导的比重不高，东、中部地区的问题尤为严重，需要引起各级政府部门的重视。非常有意思的是：中部地区农机品种最多，而且农民满意度也比较高，但是技术指导却比较少。这个原因值得学者关注和研究。

表 60   不同地区政府对农民的技术指导情况统计   （单位:%）

| 技术指导情况 | 是 | 否 | 不知道 | 合计 |
|---|---|---|---|---|
| 西部 | 76.5 | 23.5 | 0.0 | 100.0 |
| 东部 | 33.3 | 66.7 | 0.0 | 100.0 |
| 中部 | 27.8 | 33.3 | 38.9 | 100.0 |

2. 农村水电条件基本符合使用要求，西部地区有所欠缺

农机的正常使用有赖于水电等基础设施的配套。如果水电条件无法满足，农机产品只能是"巧妇难为无米之炊"。此次调查统计显示，认为当地的水电条件符合农机使用基本要求的农户比重为 75.6%；认为存在水电使用瓶颈的农户比重较低，只有 4.9%（见表 61）。也就是说，目前农村水电条件基本符合下乡农机产品的使用要求，配套措施相对完善。但国家仍应进一步加大基础设施建设力度，力争使水电条件最优，让下乡农机产品不仅"下得去"，而且"用得好"。

表 61    水电条件是否符合农机使用条件情况统计

| 水电条件 | 是 | 否 | 不知道 | 合计 |
|---|---|---|---|---|
| 样本户数（户） | 31 | 2 | 8 | 41 |
| 所占比重（%） | 75.6 | 4.9 | 19.5 | 100.0 |

在调查中我们还发现,不同地区村庄的水电条件存在较大的差异,东部地区水电条件全部符合农机使用的基本要求,西部地区仅有六成符合要求。统计显示,东、中、西部符合农机使用的水电条件呈现依次递减趋势,东、中、西部地区分别为 100%、82.4%、61.1%(见表 62;图45)。产生这一差异的主要原因是,东部地区经济发达,农村基础设施建设较为完备;西部地区相对贫困,加上地理条件的限制,导致很多地区都存在水电供应不足的问题。事实上,不仅是生产用水、用电难以保障,在一些西部地区,农民的日常生活用水、用电都存在较大困难。所以加大中西部地区生产、生活水电设施的建设力度,完善下乡配套设施是下一阶段着力解决的问题。

表 62　　　不同地区水电条件是否符合农机使用要求的情况统计　　　(单位:%)

| 水电条件 | 是 | 否 | 不知道 | 合计 |
|---|---|---|---|---|
| 东部 | 100.0 | 0.0 | 0.0 | 100.0 |
| 中部 | 82.4 | 5.9 | 11.8 | 100.0 |
| 西部 | 61.1 | 5.6 | 33.3 | 100.0 |

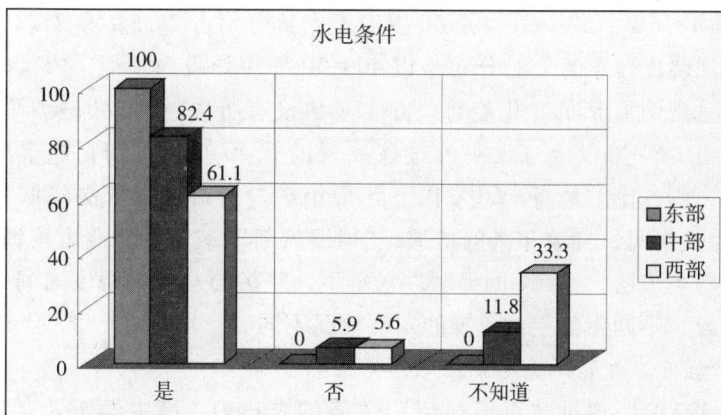

图 45　不同地区村庄水电条件是否符合农机使用基本要求的情况(单位:%)

# 四　家电、汽车"以旧换新"政策评价与成效

## (一)"以旧换新"政策的知晓情况

### 1. 六成农户知晓以旧换新政策，总体知晓率比较高

在 419 份调查问卷中有效样本为 345 户，[1] 听说过"家电/汽摩以旧换新"政策的农户有 227 户，占有效样本的 65.8%；没有听说过该政策的有 118 户，其比重为 34.2%（如表 63）。由此可见，超过六成的农户听说过"以旧换新"政策，知晓程度比较高。

表 63　　　　　　　　　　　"以旧换新"政策的知晓情况

| 政策知晓情况 | 听说过 | 没有听说过 | 合计 |
| --- | --- | --- | --- |
| 样本数 | 227 | 118 | 345 |
| 占样本总数比重(%) | 65.8 | 34.2 | 100.0 |

### 2. 40—50 岁年龄段的农民知晓度最高，总体呈倒 U 形趋势

在 227 户听说过"以旧换新"政策的农户中，40 至 50 岁年龄段有 66 户，所占比重最高，为 29.2%；20—30 岁及 30—40 岁间所占比重分别为 4.4% 和 18.6%；50—60 岁及 60 岁以上人数分别占 26.5% 和 21.3%，可见政策知晓度在年龄上的分布是以 40—50 岁年龄段为顶端，依次向两侧递减，呈现倒 U 形的变化趋势。在 118 户没有听说过"以旧换新"政策的农户中，60 岁以上且没听说过该政策的有 40 户，占调查样本总数的 33.9%，所占比重最高，60 岁以下各个年龄段所占比重依次降低（如图 46）。由此可见，随着年龄的增加，"以旧换新"政策的知晓度逐渐降低。卡方检验也表明，在 5% 的显著性水平下，年龄与政策知晓度之间存在显著性差异，不同年龄层对政策的知晓情况不同。

### 3. 学历与政策知晓度成正比例关系

在 227 户听说过"以旧换新"政策的农户中，高中学历者有 83 户，

---

① 汽车"以旧换新"政策是在全国普遍实施的，家电"以旧换新"政策只在京、津、沪、鲁、苏、浙、粤及福州、长沙等 9 省市试行。本次调查中浙江、广东、江苏、山东四省属于试点地区，样本总数为 419 户。因此这部分的分析是对该四省 419 户的调查所得。

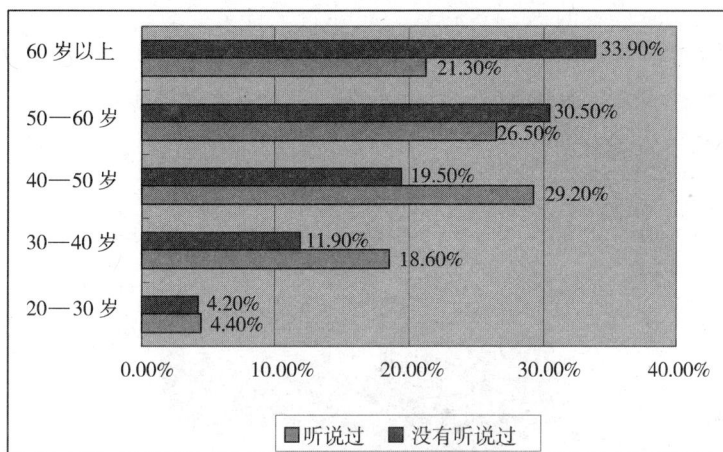

图46    不同年龄层的政策知晓情况

占调查样本的36.4%；其次为初中和小学学历，所占比重依次为34.7%和27.6%；大学及以上学历者所占比重最低。在没听说过该政策的样本户中，小学学历者、初中、高中学历者及大学及以上学历者所占比重依次降低（如表64），分别为35.9%、32.3%、29.9%和1.7%。卡方检验也表明，在5%的显著性水平下，说明学历与政策知晓度之间存在显著性差异。总体而言，农民对政策的知晓度随教育年限的增加而逐步提高，高中以下学历者对政策知晓度差异较小，到高中学历时差异开始拉大。可见学历越高，人们接受和获取信息的愿望和能力越强，对"以旧换新"政策的关注度也越高，学历与政策知晓度成正比。

表64                不同学历者的政策知晓情况                （单位:%）

| 政策知晓情况 | 小学学历 | 初中学历 | 高中学历 | 大学及以上学历 | 合计 |
|---|---|---|---|---|---|
| 听说过 | 27.6 | 34.7 | 36.4 | 1.3 | 100.0 |
| 没听说过 | 35.9 | 32.3 | 29.9 | 1.7 | 100.0 |

（二）农户对"以旧换新"政策的评价

1. 约八成的农户对"以旧换新"政策持积极肯定态度

据249份有效样本数据显示，认为这项政策能够给农民带来实惠的有

98 户，占调查样本的 39.4%；认为只能带来部分实惠的有 105 户，其比重为 42.2%；表示不能带来实惠的为 9.6%；还有 8.8% 的农户态度较模糊，认为说不清（如图 47）。总体而言，约八成农户持肯定态度，拥护和支持该政策。

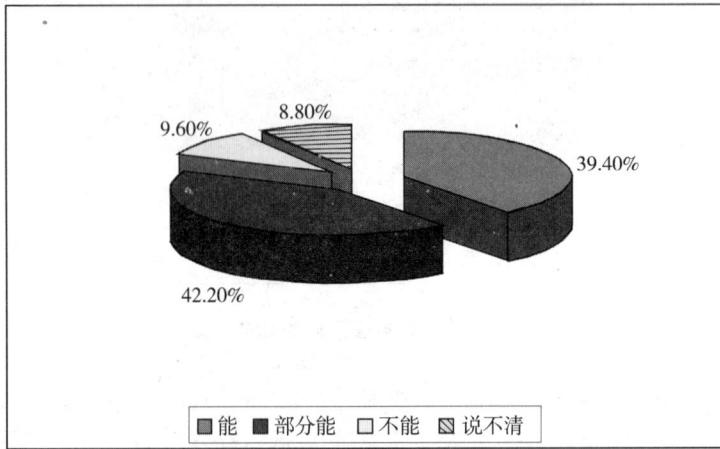

9.60%　　　8.80%

39.40%

42.20%

■能　■部分能　□不能　▨说不清

**图 47　对"以旧换新"政策的评价**

2. 受访者对政策的评价与学历呈正向关系

据 246 份有效调查问卷统计显示，小学及初中学历者主要认为"以旧换新"政策只能给农民带来部分实惠，其所占比重分别约为 40% 和 52.8%，二者认为完全能带来实惠的比重分别为 38.8%、28.1%，略低于部分能带来实惠的比重。而高中及以上学历者持完全肯定态度所占比重较高，分别达到 52.1% 和 50%，认为不能带来实惠的所占比重相对较低（见表 65）。由此可见，政策评价因不同学历层而有所差异，二者成正比关系。

表 65　　　　　不同学历层对"以旧换新"政策的评价　　　　（单位:%）

| 评价 | 能 | 部分能 | 不能 | 说不清 | 合计 |
|---|---|---|---|---|---|
| 小学学历 | 38.8 | 40 | 15 | 6.2 | 100.0 |
| 初中学历 | 28.1 | 52.8 | 7.9 | 11.2 | 100.0 |
| 高中学历 | 52.1 | 34.2 | 5.5 | 8.2 | 100.0 |
| 大学及以上学历 | 50.0 | 22.0 | 25.0 | 3.0 | 100.0 |

3.50 岁以下农民对政策评价较为保守，50 岁以上农户多持积极肯定态度

248 份有效样本显示，不同年龄分组对政策的评价存在差异，其差异主要表现在政策是能或部分能给农民带来实惠方面。50 岁以下年龄组的农民选择部分能的居多，其比重均在 40% 以上，而 50 岁以上的农民认为能带来实惠的较多，60 岁以上年龄组持完全肯定态度的达到 52%（如表 66）。总体而言，各个年龄组对政策主要持积极肯定态度，持否定模糊态度较少。随年龄的增加，人们对政策持完全肯定态度的比重随之增加，以 50 岁为分截点，增幅开始加速。

表 66　　　　　不同年龄组对"以旧换新"政策的评价　　　　（单位:%）

| 评价 | 能 | 部分能 | 不能 | 说不清 | 合计 |
|---|---|---|---|---|---|
| 20—30 岁 | 25.0 | 41.7 | 33.3 | 0.0 | 100.0 |
| 31—40 岁 | 33.3 | 44.4 | 9.0 | 13.3 | 100.0 |
| 41—50 岁 | 34.6 | 50.0 | 6.4 | 9.0 | 100.0 |
| 51—60 岁 | 42.9 | 38.1 | 9.5 | 9.5 | 100.0 |
| 61 岁以上 | 52.0 | 34.0 | 10.0 | 4.0 | 100.0 |

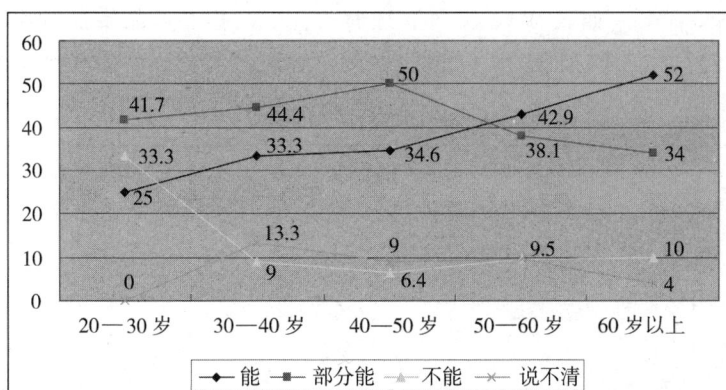

图 48　不同年龄组对政策的评价

### （三）"以旧换新"政策的实施情况

1. "以旧换新"政策的参与率仅为 4.4%，政策效应尚不明显

据 251 份有效调查问卷显示，参与了"以旧换新"政策的农户只有 11 户，占比仅为 4.4%；没有参与政策的人数占比 95.6%（如表 67）。可见，目前"以旧换新"政策的参与率很低，政策尚未达到预期的效果。基于实地调查，我们认为目前政策参与率较低的原因主要有两个：一方面，"以旧换新"政策推出时间较晚，农户对其政策内容并不十分了解，关注度不高；另一方面，目前农村中旧家电的保有量较低，农户换购的积极性不高。

表 67　　　　　　　　　　是否把旧家电/汽车拿去换购新产品

| 是否"以旧换新" | 是 | 否 | 合计 |
|---|---|---|---|
| 样本数 | 11 | 240 | 251 |
| 占调查样本比重(%) | 4.4 | 95.6 | 100.0 |

2. 没有换购需求是换购率低的主要原因

通过对 218 份有效调查问卷统计显示，农户没有换购新家电/汽车的主要原因是旧家电/汽车仍可使用，该项原因占比高达 64.7%；其次是农户认为"以旧换新"政策补贴额太低，这类农户占比 13.3%；认为得不到好处的所占比重为 7.3%；觉得程序太复杂和不了解政策分别各为 4.6% 和 3.7%（如表 68）；此外，还有一些农户担心产品质量问题以及具体操作过程中的欺骗行为等。由此可见，农户的消费心理比较保守，只要

表 68　　　　　　　　　　没有换购产品的原因分析

| 原因 | 样本数 | 占比（%） |
|---|---|---|
| 不知道该政策 | 8 | 3.7 |
| 程序太复杂 | 10 | 4.6 |
| 得不到什么好处 | 16 | 7.3 |
| 补贴额度太低 | 29 | 13.3 |
| 旧家电/汽车仍可使用 | 141 | 64.7 |
| 其他原因 | 14 | 6.4 |
| 合计 | 218 | 100.0 |

旧家电/汽车仍可使用，"以旧换新"政策的优惠条件刺激农民消费的作用就十分有限。同时，农户消费也比较谨慎，担心产品质量是否可靠及程序是否繁琐，害怕上当受骗。

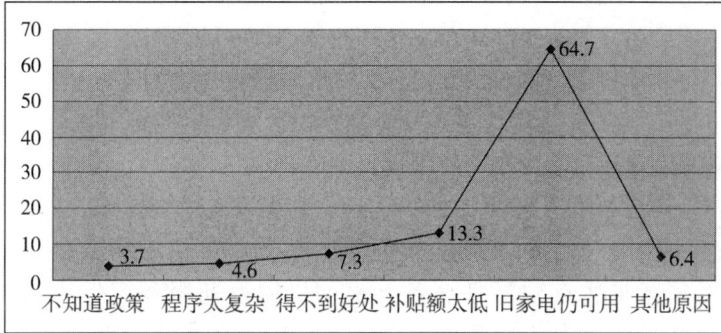

**图 49　没有换购产品的原因分析**

3. 换购产品类别较少，主要倾向换购一线品牌

据调查统计，农户进行换购的产品主要是家电，汽车的换购非常稀少。同时"以旧换新"政策对换购的家电有一定的限制，主要包括彩电、冰箱、洗衣机、空调及电脑。在调查中发现，农户进行换购的家电主要集中在彩电、冰箱和洗衣机三类，占调查样本总数的72.7%，空调和电脑的换购则较为稀少。从产品品牌来看，农户进行"以旧换新"主要选择同品牌换购或向一线品牌换购。调查显示，换购前的"旧家电"品牌杂多，换购后的"新家电"品牌多向海尔、海信、小天鹅等十佳家电品牌靠拢（如表69）。这也充分反映出农民的消费心理：开始注重产品品牌与质量，消费逐渐理性化和高档化。这也说明了"以旧换新"可以促进农村家电的升级换代。

表 69　　　　　　　　　　换购产品的类型及品牌

| 换购产品类型 | 样本数 | 占比（%） | 换购产品品牌 | 样本数 | 占比（%） |
|---|---|---|---|---|---|
| 彩电 | 3 | 27.3 | 海尔 | 4 | 36.5 |
| 洗衣机 | 3 | 27.3 | 海信 | 2 | 18.1 |
| 冰箱 | 2 | 18.1 | 小天鹅 | 2 | 18.1 |
| 其他 | 3 | 27.3 | 其他 | 3 | 27.3 |
| 总计 | 11 | 100.0 | 总计 | 11 | 100.0 |

4. 补贴金额有上限，兑付较方便

相对家电下乡而言，家电"以旧换新"政策的补贴比例是 10%，同时对各类产品规定补贴上限：电视 400 元/台，冰箱（含冰柜）300 元/台，洗衣机 250 元/台，空调 350 元/台，电脑 400 元/台。按这两项条件，调查中具备有效信息的样本数为 6 户，总补贴额约为 1418 元，户均补贴额为 236.3 元，均在各类产品规定补贴上限以内，由此可见，补贴金额较小，补贴力度不大。

就补贴兑付方式而言，也不同于家电下乡的方式，家电"以旧换新"政策中产品补贴额直接从产品销售价格中扣除。对于汽车"以旧换新"政策则是凭有效证件在各县市的以旧换新服务窗口申请补贴资金，享受过"汽车下乡"政策的不可同时享受汽车"以旧换新"政策。从补贴兑付方式程序来看，接近五成的农户认为补贴兑付"较方便"，18.2% 的农户认为"一般"，只有 9.1% 的农户认为兑付"很麻烦"。总体而言，超过五成的农户认为可以接受这种方便的补贴兑付方式（如图50）。

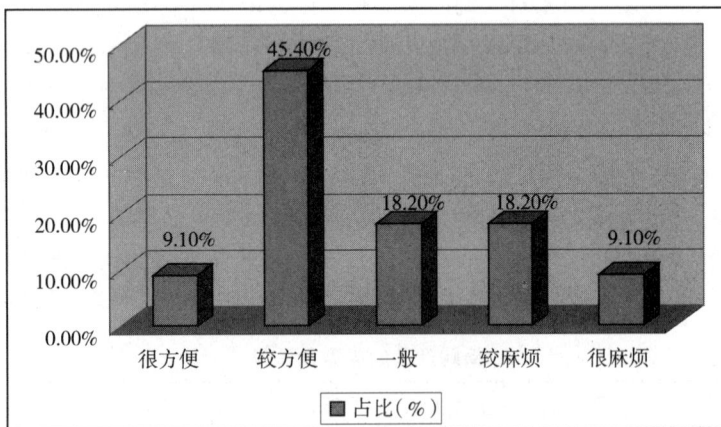

**图50　农户对补贴兑付是否方便的态度**

5. 农民选择就近换购，对产品质量较满意

在 11 户已换购新产品的农户中，约五成五的农户在乡（镇）上换购新产品，近三成的农户选择了在县里换购，18.2% 的农户在市级以上地区

进行换购（见表70）。由此可见，农户换购新产品主要采取就近选择商家的原则，一方面可以节省购买成本，另一方面也方便于享受产品的售后服务。对于产品质量的评价，大部分农民认为质量比较好，对产品质量不太满意的所占比重很低，总体上农户对换购产品的质量较为认可。

表70　　　　　　　　　农户换购产品的地点情况统计表

| 购买地点 | 样本户数 | 占总样本比重（%） |
|---|---|---|
| 县里 | 3 | 27.3 |
| 乡（镇）上 | 6 | 54.5 |
| 市里 | 2 | 18.2 |
| 合计 | 11 | 100.0 |

注：缺失值经过处理。

### 6. 农户对换购程序的态度呈倒 V 形趋势

对于换购程序是否繁杂的问题，45.4% 的农户认为"一般"，所占比重最高；认为程序繁杂与方便的比重相当，均为 27.3% 左右（如图51）。总体可见，不同农户对换购程序是否繁杂的态度差异较明显，呈现倒 V 形变化趋势，要吸引农民以旧换新，需简化换购程序。

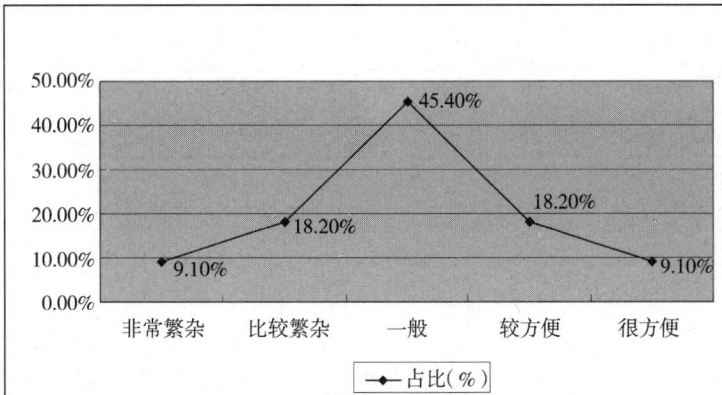

图51　农户对换购程序是否繁杂的态度

# 五 "三下乡"政策：成效比较与综合

## （一）政策评价情况分析

### 1. 农民对"三下乡"政策总体评价较高，家电下乡政策尤被青睐

总体来看，农民对家电、汽摩、农机"三下乡"政策的评价较高，其中以家电下乡政策最为突出。调查显示，当被问及"您认为家电下乡/汽车下乡/农机下乡政策是否能够给农民带来实惠"时，明确表示"能够带来实惠"的有效样本分别为 1285 户、525 户和 712 户，各自占有效样本的 74.1%、46.5% 和 52.7%（见表 71；图 52）。也就是说，家电下乡政策得到了七成以上农民的充分肯定，农机下乡的认可度位居其次，再者是"汽摩下乡"政策。需要指出的是，尽管完全认可"汽摩下乡"和农机下乡政策的农户比重只占样本数的一半左右，但表示"能够带来一些实惠"的农户分别为 42.9% 和 32.3%。可见，农民对这两项政策能够带来的实惠比较认可，只是态度不如对家电下乡政策强烈而已。其原因是家电下乡几乎涉及所有的农户，有很多农户享受到了这一政策的好处，而农机下乡、"汽摩下乡"惠及的农户不多。

表 71　　　　　　　　　样本农户对"三下乡"政策的认可程度

| | "家电下乡" | "汽摩下乡" | "农机下乡" |
| --- | --- | --- | --- |
| 能够带来实惠（户） | 1285 | 525 | 712 |
| 总有效样本（户） | 1735 | 1129 | 1351 |
| 比重（%） | 74.1 | 46.5 | 52.7 |

### 2. 两成农民完全认可三项下乡政策，不认可率不足一个百分点

综合农民对三项下乡政策的态度发现，在 1751 份有效样本中，明确表示三项下乡政策均能够带来实惠的农户共有 391 户，占有效样本的 22.3%，即超过五分之一的农民对"三下乡"政策给予了完全认可；表示至少有两项政策能够带来实惠的农户共有 744 户，超过有效样本的四成，达到 42.5%；认为至少有一项政策能够带来实惠的农户共有 1378 户，约占有效样本的八成，为 78.7%。从数据分析来看，接近八成的农户至少认可一项下乡政策，表明政策的实施效果已经显现出来，但对三项

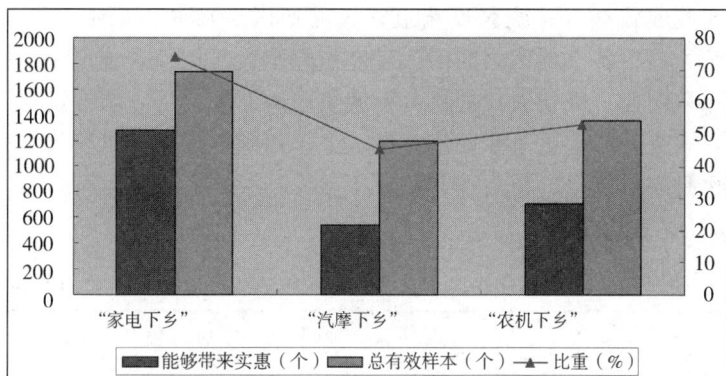

图52　样本农户对"三下乡"政策的认可程度

政策都认可的比重仅在两成左右，说明政策还存在一些不足，即并非所有的惠农政策都得到农民的充分肯定，未来进一步完善的空间仍很大。当然这也可以理解，比如大型农机具，并不是所有的农户都有购买需要和购买能力。需要指出的是，在针对下乡政策的评价中，明确表示三项政策均不能带来实惠的农户只有13户，占比仅为0.7%，相对总样本数，这一比例可以说是微乎其微（见表72）。

表72　　　　　　　　　　农民对"三下乡"政策的综合评价

| "三下乡"政策的评价 | 有效样本（户） | 认可情况（%） |
| --- | --- | --- |
| 三项政策都能带来实惠 | 391 | 22.3 |
| 至少两项政策能够带来实惠 | 744 | 42.5 |
| 至少一项政策能够带来实惠 | 1378 | 78.7 |
| 三项政策都不能带来实惠 | 13 | 0.7 |
| 态度不明确 | 373 | 21.3 |

3. 不同区域政策认可差异小，中部地区八成农民认可家电下乡政策

从区域来看，对家电下乡政策认可度最高为中部地区，其比重超过了八成，达到81.1%，其次是西部为67.9%，东部地区最低为65.4%。比较而言，中部地区对家电下乡的认可程度平均要高出东、西部地区近15个百分点，东西部之间相差较小，均不足7成。可见，中部是目前家电下

乡政策实施成效最好，农民反响最积极的地区。在"汽摩下乡"和农机下乡政策方面，各个地区之间的认可度相差不大，但也表现出一定的规律性，即自东向西，受访农户的认可程度呈递增态势。从三项政策在不同地区的认可度来看，家电下乡政策在东、中、西部地区的认可度始终居于首位，其次是农机下乡，最后是"汽摩下乡"，各个地区与全国的总体情况相一致。（见表 73；图 53）

表 73　　　　　　　不同地区农民对"三下乡"政策的认可情况　　　　　　（单位：%）

|  | "家电下乡" | "汽摩下乡" | "农机下乡" |
|---|---|---|---|
| 东部 | 65.4 | 40.4 | 52.0 |
| 中部 | 81.1 | 46.9 | 52.7 |
| 西部 | 67.9 | 48.1 | 53.8 |

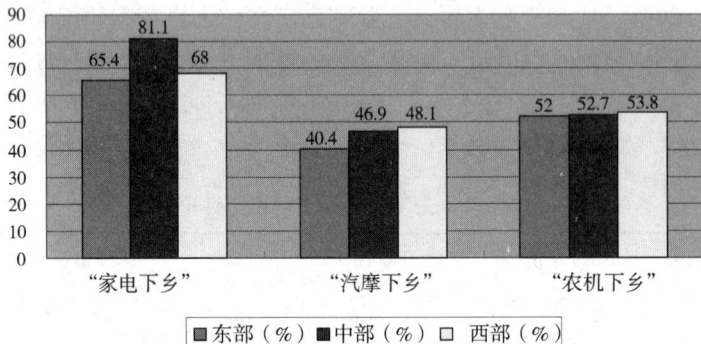

图 53　不同地区农民对"三下乡"政策的认可情况

### （二）产品购买情况分析

1. "三下乡"产品总体购买率达 17%，家电产品最受青睐

调查显示，在 1942 户样本农户中，购买家电下乡产品的农户最多，共有 275 户，占有效样本的 14.2%，相当于 7 户当中就有一户购买；"汽摩下乡"产品的购买户数位居其次，共有 79 户，占比为 4.1%，其中，有 73 户提供了产品类别信息，包括 13 辆汽车购买户和 60 辆摩托车购买户，分别占样本总数的 0.7% 和 3.1%；购买农机下乡产品的农户数量最

少，只有 37 户，占比仅为 1.9%（见表 74；图 54）。由此可见，家电下乡产品是目前"三下乡"产品中销售情况最好的一类产品，"汽摩下乡"和农机下乡产品的受众相对要小很多。从实地调查的情况来看，造成目前各类产品购买率差异的原因主要在于消费需求，农民的消费需求越大，其购买量就越大，即需求决定消费行为，消费能力决定购买类别。就"三下乡"产品来看，家电产品显然更加符合当前中国农民的消费能力，农户的家电消费需求最广泛，购买的积极性也相应更高；伴随农村公路交通网络的逐步完善，汽摩（尤其是摩托车）在农村的普及速度还会加快，农民的购买需求也在不断增长；而受到小规模农业、土地细碎化以及自然地理条件等多方面因素的制约，当前农村对农机具的购置需求较小，购买率也相对较低。可见，从政策视角看，家电下乡政策更加符合当下农民的消费需求，从而也在更大程度上能够实现了政策的设计初衷。

从"三下乡"产品的总体购买情况来看，在 1942 个农户中，合计有331 户至少购买了 1 件"三下乡"产品，总体购买率达到了 17%，相当于平均每 6 户农村居民当中就有 1 户购置了至少 1 件"三下乡"产品（见表 74）。也就是说，"三下乡"政策目前已经覆盖到了全国六分之一的农户，说明了"三下乡"政策取得了显著成效。

**表 74　　　"三下乡"产品的购买情况统计**

|  | "家电下乡" | "汽摩下乡" | "农机下乡" | 总计 |
|---|---|---|---|---|
| 购买户数（户） | 275 | 79 | 37 | 331 |
| 购买率（%） | 14.2 | 4.1 | 1.9 | 17.0 |

注：由于存在一户农民购买多种"三下乡"产品的情况，因此总计的户数会小于三类产品购买户数的总和，总体的购买率也要小于三类产品购买率的总和。

与 2009 年调查相比，农户购买"三下乡"产品的积极性有了进一步的提升。数据统计显示，2009 年有 376 户农民购买了至少 1 件"三下乡"产品，占到 2953 个总体样本的 12.7%。也就是说，短短半年时间，"三下乡"政策的总体购买率提升了 4.3 个百分点，购买量较 2009 年增长了三分之一强，达到 33.9%（见表 75）。可见，近半年以来，农户购买"三下乡"产品的积极性持续高涨，"三下乡"产品销量不断攀升，显示了良好的政策发展态势。

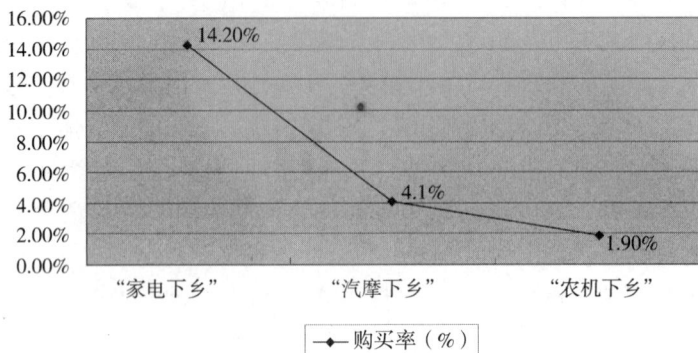

**图 54　"三下乡"产品的购买情况**

**表 75　　　　　两次调查"三下乡"产品的总体购买情况比较**

| 年份 | 购买户（户） | 总体样本（户） | 总体购买率（%） |
|------|------|------|------|
| 2010 | 331 | 1942 | 17.0 |
| 2009 | 376 | 2953 | 12.7 |

注：由于存在一户农民购买多种"三下乡"产品的情况，因此总计的户数会小于三类产品购买户数的总和，总体的购买率也要小于三类产品购买率的总和。

2. 全国约有超过四千万农户购买"三下乡"产品

以此次调查得到的购买率为基准，按照全国 2.11 亿农户进行推算，可以大致推算全国购买"三下乡"产品农户的数量。结果显示，全国约有 2988 万农户购买了"家电下乡"产品，858 万农户购买了"汽摩下乡"产品，402 万农户购买"农机下乡"产品。总体上，至少购买了一件"三下乡"产品的农户超过三千万，达到 3587 万户。可见，当前"三下乡"政策的普及范围极为广泛，受益农户众多。其中，家电下乡政策的主导作用不可忽视，统计显示，在所有购买了"三下乡"产品的农户中，购买家电下乡产品的农户比重达到了 83.5%，比"汽摩下乡"的 24.1% 和农机下乡的 11.2% 分别高出 59.2 个百分点和 72.3 个百分点（见表 76）。由此足见家电下乡政策在整个"三下乡"政策中的主导地位与重要作用。

| 表 76 | | 全国购买"三下乡"产品的农户数量估计 | | |
|---|---|---|---|---|
| | "家电下乡" | "汽摩下乡" | "农机下乡" | 总体 |
| 购买率（%） | 14.2 | 4.1 | 1.9 | 17.0 |
| 全国购买户数（万户） | 2988 | 858 | 402 | 3587 |
| 占购买总户数比重（%） | 83.5 | 24.1 | 11.2 | — |

注：全国购买户数 = 全国农户总数 * （受访购买户数/受访农户总数）；占购买总户数比重 = （各类产品购买率/总体购买率） * 100.0%；由于存在同一户农民购买多件"三下乡"产品的情况，因此各类产品购买户占总户数比重之和将会大于100.0%。

与2009年相比，全国购买"三下乡"产品的农户数量有了大幅度的增加。以去年12.7%的总体购买率为基础，按照2.11亿农户测算，2009年至少购买了1件"三下乡"产品的农户约为2680万户（见表77）。也就是说，短短半年时间，全国购买"三下乡"产品的农户数量增加了907万户。可见，"三下乡"政策在全国的影响力正在逐步扩大，且参与农户数量在增加。

| 表 77 | 两次调查"三下乡"产品的全国购买情况比较 | |
|---|---|---|
| | 总体购买率（%） | 全国购买户（万户） |
| 2009 年 | 12.7 | 2680 |
| 2010 年 | 17.0 | 3587 |
| 增加值 | 4.3 | 907 |

注：由于存在一户农民购买多种"三下乡"产品的情况，因此总计的户数会小于三类产品购买户数的总和，总体的购买率也要小于三类产品购买率的总和。

| 表 78 | 两次调查"三下乡"产品的全国购买情况比较 | |
|---|---|---|
| | 总体购买率（%） | 全国购买户（万户） |
| 2009 年 | 12.7 | 3175 |
| 2010 年 | 17.0 | 4250 |
| 增加值 | 4.3 | 1075 |

注：由于存在一户农民购买多种"三下乡"产品的情况，因此总计的户数会小于三类产品购买户数的总和，总体的购买率也要小于三类产品购买率的总和。

3. 中部地区家电、汽摩销售最旺，西部地区农机产品购买最多

从区域上看，在已经购买了"三下乡"产品的农户中，家电下乡和"汽摩下乡"的区域分布基本一致，均是中部最高，东部其次，西部最低。略有不同的是，家电下乡在中部的农户分布更加集中，接近总有效样本的一半，达到49.8%，比东部地区高出18个百分点，中西部差异则在30个百分点以上；"汽摩下乡"在中部地区的比重最高，达到了41.8%，东部地区位居其次，为36.7%，西部地区最低，仅为21.5%。可以说，家电下乡和汽摩下乡则是东中聚集，西部比重偏低，与家电下乡、"汽摩下乡"形成对比的是，购买农机下乡产品的农户分布呈现中西部聚集的特征，其中西部的比重高达45.9%，中部比重也在四成以上，达到了40.5%，而东部的比重仅为13.5%，东西部相差了32个百分点还要多（见表79；图55）。在实地调查中发现，形成这一区域差异的原因主要与产品用途及区域特征相关。一方面，家电、汽车摩托车均属于生活耐用品，主要满足农户生活需求，受家庭经济条件约束较大，因此，经济条件更好的东中部地区的购买比重相对要高于经济条件较差的西部地区；另一方面，农机产品属于农业生产机械，主要适用于以农业生产为主的中西部地区，东部地区工商业发达、精耕细作农业发达，农业生产相对滞后，购置农机具的农户比重自然要低于中西部地区。必须指出的是，在家电下乡和"汽摩下乡"的比较中，经济条件更好的东部地区反而低于中部地区，其原因可能主要是东部地区农户很多在政策实施以前即已经购买了家电和汽车摩托车，目前对这些产品的需求相对较小，即东部地区需求结构与下乡家电和下乡汽摩有一定的差异，因此，如果要刺激东部地区农民的消费，必须改变下乡产品的结构以适应东部地区农民的需求结构。

表 79　　　　　　　　"三下乡"产品购买户的区域分布情况

| | 家电下乡（%） | 汽摩下乡（%） | 农机下乡（%） |
|---|---|---|---|
| 东部 | 31.8 | 36.7 | 13.5 |
| 中部 | 49.8 | 41.8 | 40.5 |
| 西部 | 18.8 | 21.5 | 45.9 |
| 合计 | 100.0 | 100.0 | 100.0 |

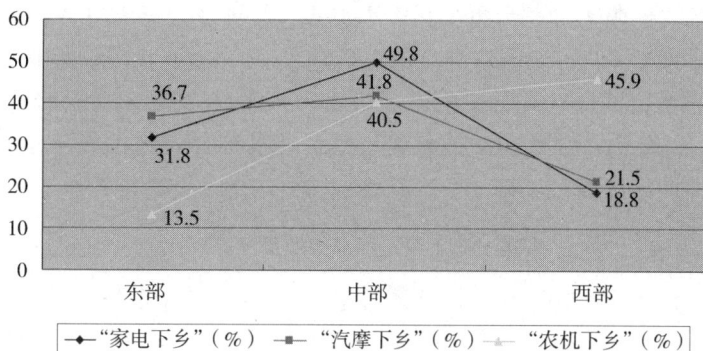

图55　"三下乡"产品购买户的区域分布情况

### （三）消费支出情况分析

**1. 汽车产品的均价最高，家电、摩托对农民的消费压力较小**

在四类下乡产品中，单价最高的产品是大型收割机，价格高达 145000 元，最低的则是 200 元的电磁炉，二者相差了 725 倍，可见"三下乡"产品的价格跨度极大。从产品均价来看，"三下乡"产品的总体均价为 4428.9 元，其中均价最高的是汽车，达到了 39669.2 元；其次是农机产品，其均价也在万元以上，为 10093.8 元，摩托车产品的均价不高，为 5182.5 元，均价最低的是家电类产品，为 1975 元（见表 80）。为考察农民对各类下乡产品的消费承受能力，以"三下乡"产品均价与 2009 年农民户均纯收入的比例构造消费压力指标。结果显示，在四类产品中，汽车对农民的消费压力最大，达到了 2.354，也就是说，一个普通的农民家庭需要花费两年多的家庭纯收入才有可能购置一辆下乡汽车产品（均价为 39669.2 元）；相比而言，农机的消费压力比要低出很多，仅为 0.599，即使用六成左右的家庭年纯收入即可购置一台；摩托车和家电产品对农民造成的消费压力最低，仅为 0.308 和 0.117，即农民只需花费家庭年纯收入的 30.8% 和 11.7% 就能购置一辆摩托车或者家电产品（见表 80）。正是由于家电和摩托车对农民的收入支出压力不大，因此这两类产品也得到了广大农民的青睐，无论是购买量还是购买率，家电和摩托车产品都要远远高于农机和汽车产品。因此，从购买能力的角度来看，当前实施家电下乡政策（也包括摩托车下乡政策）更符合农民的现有购买能力和购买需求，其推广的阻力和压力也会相应小很多，政策成效会大得多。

总体来看，"三下乡"产品的总体消费压力比不大，仅为 0.263，也就是说，平均每户只需要支出家庭年收入水平的 26.3% 就能够购置 1 件"三下乡"产品。可见，"三下乡"产品基本符合农户的经济承受能力，具有相当广泛的经济基础。

表 80　　　　　　　　　各类"三下乡"产品的消费情况统计

|  | 家电 | 汽车 | 摩托车 | 农机 | 总体 |
|---|---|---|---|---|---|
| 单价最高（元） | 6000 | 90000 | 10000 | 145000 | 145000 |
| 单价最低（元） | 200 | 24000 | 2000 | 520 | 200 |
| 产品均价（元） | 1975 | 39669.2 | 5182.5 | 10093.8 | 4428.9 |
| 消费额（元） | 588430 | 515699.6 | 310950 | 323000 | 1727258 |
| 消费压力比 | 0.117 | 2.354 | 0.308 | 0.599 | 0.263 |

注：消费压力比 = 产品均价/2009 年农民户均纯收入；统计资料显示，2009 年农民人均纯收入为 5153 元，以全国第五次人口普查获得的农村户均 3.27 人为标准，可以大致推算得到 2009 年农民户均纯收入为 16850.3 元。

2. 全国"三下乡"政策拉动消费或超两千亿，汽摩消费接近五成

从样本农户的消费额来看，最大的是汽摩产品，共实现了 826650 元的销售额，其次是家电类产品，共实现了 588430 元的消费额，农机产品最小，为 323000 元。总体上，样本农户购买"三下乡"产品共实现消费额 1738080 元。以上述样本农户的消费额为基础，按照 2.11 亿农户进行推算，可以得到全国"三下乡"产品的消费情况。计算结果显示，全国"三下乡"政策共拉动的消费总额为 1887 亿元，其中，拉动消费最多的政策是"汽摩下乡"政策，共拉动汽车、摩托车消费 898 亿元，占到总消费额的 47.6%；家电下乡政策拉动的消费额也很高，达到了 639 亿元，占到总消费额的 33.9%；农机下乡政策拉动的消费额在各项政策中最少，只有 350 亿元，占比仅为 18.6%（见表 81；图 56）。由此可见，如果从拉动内需，刺激消费的角度来看，"汽摩下乡"政策的经济刺激效果更为显著，家电下乡政策的效果位居其次，农机下乡政策的经济刺激效果最不理想。

表 81　　　　　　　"三下乡"政策拉动的全国消费额情况

| | "家电下乡" | "汽摩下乡" | "农机下乡" | 总体 |
|---|---|---|---|---|
| 样本户消费额（元） | 588430 | 826650 | 323000 | 1738080 |
| 全国拉动的消费额（亿元） | 639 | 898 | 350 | 1887 |

注：全国拉动的消费额 = 全国农户总数 * （样本户消费额/样本农户总数），其中样本农户总数统一为 1942 户。

### （四）产品评价情况分析

1. "三下乡"产品质量总体较好，农机下乡产品略逊一筹

当被问及"您购买的家电/汽车/摩托车/农机的质量如何"时，农户总体上认为家电下乡、"汽摩下乡"产品的质量相对更好，而农机下乡的产品相对较差。调查显示，认为产品质量非常好的产品类别中，"汽摩下乡"产品的比重最高，达到了 17.7%，其次是家电下乡产品，为 13.5%，农机下乡产品的比重仅为 2.9%，比其他两类产品均低出了十个百分点以上。在认为产品质量比较好的产品类别中，家电下乡、"汽摩下乡"产品的比重也更高，分别为 56.2% 和 50.6%，农机下乡产品为 48.6%。再从认为产品质量"较差"和"很差"的产品类别来看，农机下乡的比重极高，达到了 8.6% 和 8.6%，也远远高于家电下乡和"汽摩下乡"的比重（见表 82）。比较来看，当前家电下乡和"汽摩下乡"的产品品质较高，农机下乡产品质量较差，未来应当更加注重下乡农机产品的质量提升问题。

表 82　　　　　　农民对"三下乡"产品的质量评价

| 满意程度 | "家电下乡"（%） | "汽摩下乡"（%） | "农机下乡"（%） |
|---|---|---|---|
| 非常好 | 13.5 | 17.7 | 2.9 |
| 比较好 | 56.2 | 50.6 | 48.6 |
| 一般 | 25.5 | 25.3 | 25.7 |
| 较差 | 2.4 | 2.5 | 8.6 |
| 很差 | 0.0 | 0.0 | 8.6 |
| 说不清 | 2.4 | 3.9 | 5.6 |
| 合计 | 100.0 | 100.0 | 100.0 |

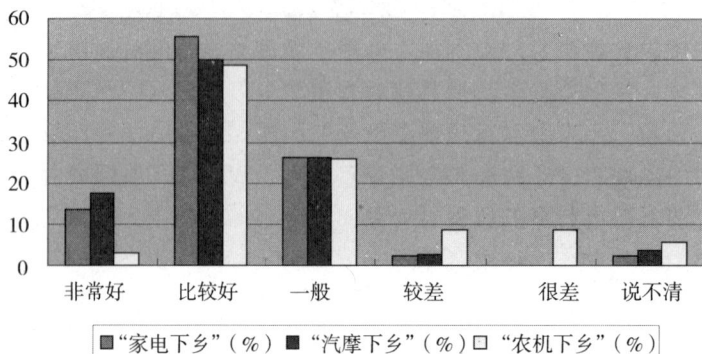

图 56　农民对"三下乡"产品的质量评价

## 2."三下乡"产品价格总体适中，农机下乡产品相对较贵

当问及"您购买的家电/汽车/摩托车/农机的价格如何"时，农户总体上认为"三下乡"产品的价格较为适中。其中，认为价格"较便宜"的产品类别中，选择家电、汽摩、农机三类产品的农户比重接近，均为总有效样本的三成左右，分别为 29.6%、29.1% 和 30.2%。认为价格"一般"的产品类别中，选择家电下乡的农户比重最高，为54.8%，其次是"汽摩下乡"和农机下乡产品，分别为 38% 和27.3%。总体上看，超过八成的家电购买户和六成左右的汽摩、农机购买户倾向于认为产品价格"一般"或者"较便宜"。可见，农民整体上对"三下乡"产品价格较为满意，其中尤以家电购买户最为认可。

对三项政策的比较来看，农机购买户认为价格较贵的比重较高。这从价格"很贵"这个极端情况的评价上可以很清楚地看到。调查显示，在认为价格"很贵"的产品类别中，选择下乡农机产品的农户比重最高，达到了 6.1%，分别比选择家电下乡和"汽摩下乡"产品的比重高出 6.1 个百分点和 4.8 个百分点（见表 83，图 57）。由此可见，尽管农民整体上认为三类产品的价格较为适中，但农机下乡产品的价格相对更贵一些。

| 表83 | 农民对"三下乡"产品的价格评价 | | |
|---|---|---|---|
| 满意程度 | "家电下乡"（%） | "汽摩下乡"（%） | "农机下乡"（%） |
| 很便宜 | 0.4 | 7.6 | 3.0 |
| 较便宜 | 29.6 | 29.1 | 30.2 |
| 一般 | 54.8 | 38.0 | 27.3 |
| 较高 | 12.4 | 20.3 | 18.2 |
| 很高 | 0.0 | 1.3 | 6.1 |
| 说不清 | 2.8 | 3.7 | 15.2 |
| 合计 | 100.0 | 100.0 | 100.0 |

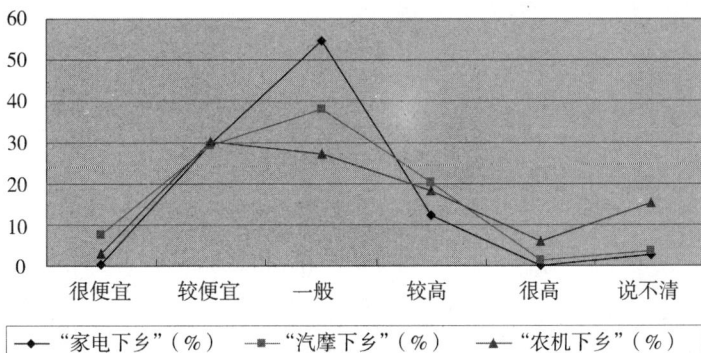

图57　农民对"三下乡"产品的价格评价

3. "三下乡"产品的满意度总体较高，家电、汽摩产品更受欢迎

当被问及"您对所购买的家电/汽车/摩托车/农机产品是否满意"时，农户总体上认为"三下乡"产品较为满意，选择"较满意"和"一般"的农户最多。其中，认为"较满意"的产品类别中，选择"家电下乡"产品的农户比重最高，超过有效样本的六成，达到了60.7%；其次是"汽摩下乡"产品，接近有效样本的一半，为48.1%；再者是农机下乡产品，达到了44.1%。认为满意程度"一般"的产品类别中，选择农机下乡的农户比重最高，为35.3%；其次是"汽摩下乡"和家电下乡产品，分别为31.6%和25.9%。需要指出的是，在认为"非常满意"的产

品类别中，农户选择最多的是汽摩产品，占比为 16.5%；其次是家电下乡产品，占比为 5.3%；最后是农机下乡产品，农户比重只有 2.9%。再从"很不满意"的产品类别来看，没有一户受访者选择了"汽摩下乡"产品；其次是家电下乡产品，占比为 1.6%；农机下乡产品的比重最高，达到了 5.9%（见表 84；图 58）。综合来看，尽管农户对三类产品的评价均倾向于较为满意，但可以肯定最受农民认可的是"汽摩下乡"产品，家电下乡产品位居其次，农机下乡产品的满意程度相对较低。

表 84                    农民对"三下乡"产品的满意度评价

| 满意程度 | "家电下乡"（%） | "汽摩下乡"（%） | "农机下乡"（%） |
|---|---|---|---|
| 非常满意 | 5.3 | 16.5 | 2.9 |
| 较满意 | 60.7 | 48.1 | 44.1 |
| 一般 | 25.9 | 31.6 | 35.3 |
| 较不满意 | 3.6 | 2.5 | 5.9 |
| 很不满意 | 1.6 | 0.0 | 5.9 |
| 说不清 | 2.9 | 1.3 | 5.9 |
| 合计 | 100.0 | 100.0 | 100.0 |

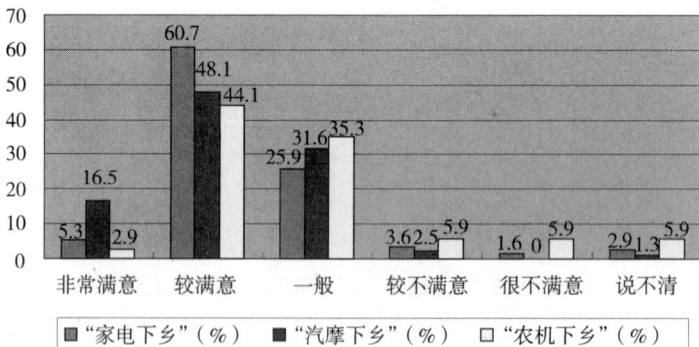

图 58　农民对"三下乡"产品的满意度评价

### （五）补贴兑付情况比较

1. 农机产品单件补贴额最高，家电产品单件补贴额度最小

从单件补贴额度上看，补贴额度最高的是农机产品，达到了2554.7元/件；其次是汽摩产品，为1192.7元/件；家电产品的补贴额度相对要少很多，仅有264.2元/件（见表85）。从政策效应的角度来看，家电产品的补贴范围最广，共有283件产品获得补贴，264.2元的单件补贴额有效地扩展了政策的参与广度；与之形成对比的是，农机产品的补贴范围最小，仅有27件产品获得补贴，2554.7元的高额单件补贴致使补贴的受益人群非常集中。总体来看，在样本农户当中，共有383件"三下乡"产品获得了补贴，其单件补贴额为602.7元（见表85）。总而言之，农机产品的单件补贴额最高，受益人群最为集中，汽摩产品的单件补贴额也在千元以上，受益人群也不太多，家电产品的单件补贴最低，但受益人群也最为广泛。

表85　　　　　　　　　"三下乡"产品的补贴额情况

|  | "家电下乡" | "汽摩下乡" | "农机下乡" | 总体 |
| --- | --- | --- | --- | --- |
| 样本总补贴额（元） | 74775 | 87068 | 68976 | 230819 |
| 获得补贴件数（件） | 283 | 73 | 27 | 383 |
| 单件补贴额（元） | 264.2 | 1192.7 | 2554.7 | 602.7 |

2. "三下乡"政策补贴总额近三百亿，家电补贴的政策认可效应最高

从补贴额上来看，在"三下乡"政策所涉及的各类产品中，补贴总额最高的是汽摩产品，达到87068元，其次是家电，为74775元，农机下乡产品补贴额度相对较少，为68976元。如果按照全国2.11亿农户进行推算，国家为"三下乡"产品的补贴总额从高到低依次为"汽摩下乡"、"家电下乡"和"农机下乡"，分别为95亿元、81亿元和75亿元。也就是说，三项政策的全国补贴额度总计为251亿元，平均每项政策补贴额约为80亿元左右，相差不大。结合前面对"三下乡"政策的评价来看，尽管三项政策的补贴额度相差不大，但政策的认可程度却存在较大的差异。在此，我们以推算获得的"三下乡"补贴总额和样本农户的政策认可度为基础，构造每百亿元政策认可度指标，用于表征每百亿元财政补贴所能够获得的农民认可程度。经过计算可以看到，家电下乡政策的每百亿元政

策认可度最高，达到 91.5%；其次是农机下乡政策为 70.3%；最低是
"汽摩下乡"政策，为 48.9%。也就是说，国家同样支付一百亿元的财政
补贴，家电下乡政策能够获得 91.5% 的认可度，而农机下乡和"汽摩下
乡"产品则为 70.3% 和 48.9%（见表 86）。可见，家电下乡政策花了最
少的钱，却得到了相对更大程度的认可和更多的民心，其政策效应最为明
显，可以说是"小补贴，大民心"。"汽摩下乡"政策尽管同样支付了相
同补贴，但其认可程度最小，政策效应最弱。

表 86　　　　　　　　"三下乡"产品的全国补贴额度情况

| | 家电下乡 | 汽摩下乡 | 农机下乡 | 总体 |
|---|---|---|---|---|
| 产品补贴额（元） | 74775 | 87068 | 68976 | 230819 |
| 获得补贴件数（件） | 283 | 73 | 27 | 385 |
| 全国补贴总额（亿元） | 81 | 95 | 75 | 251 |
| 样本户政策认可度（%） | 74.1 | 46.5 | 52.7 | — |
| 每百亿元政策认可度（%） | 91.5 | 48.9 | 70.3 | — |

　　注：全国补贴总额 = 全国农户总数 *（受访农户补贴额/受访农户总数），其中
受访农户总数统一为 1942 户；每百亿元政策认可度 = 全国补贴总额 *（样本户政策
认可度/100 亿）；由于本表探讨的是每项政策的补贴额度，因此将汽车和摩托车的补
贴度进行了合并计算。

　　3. "三下乡"产品总体补贴率达到 94.3%，汽车产品全部获得补贴
　　从产品补贴率来看，家电下乡产品的补贴率最高，在农民购买的 287
件有补贴信息的产品中，共有 283 件获得了补贴，比例达到了 98.6%。
"汽摩下乡"产品的产品补贴率也非常高，在总共 73 件提供了补贴信息
的汽摩产品中，有 3 件未获得补贴，其产品补贴率为 95.9%。其中，汽
车产品全部获得了补贴，摩托车产品有 3 件未获补贴，产品补贴率为
95.0%。相对而言，农机下乡产品的补贴率较低，32 件产品中只有 27 件
获得补贴，补贴率仅为 84.4%。综合来看，在样本农户购买的 414 件
"三下乡"产品中，共有 392 件产品有补贴信息，其中有 392 件产品获得
了补贴，产品补贴率也达到了 96.9% 的高水平。（见表 87）也就是说，
每 32 位"三下乡"产品购买者中，只有 1 位没有获得补贴。可见，当前
"三下乡"政策补贴的兑付程度非常高。总体而言，"三下乡"产品的补
贴率极高，"农机下乡"产品的补贴率相对较低，未来应进一步加大农机

下乡产品的补贴力度。

表87　　　　　"三下乡"产品的产品补贴率情况　　　　　（单位：件；%）

| | "家电下乡" | "汽摩下乡" | "农机下乡" | 总体 |
|---|---|---|---|---|
| 总购买件数（件） | 298 | 79 | 37 | 414 |
| 有补贴信息件数（件） | 287 | 73 | 32 | 392 |
| 获得补贴件数（件） | 283 | 70 | 27 | 380 |
| 产品补贴率（%） | 98.6 | 95.9 | 84.4 | 96.9 |

注：产品补贴率＝（获得补贴的产品件数/有补贴信息件数）＊100%；有补贴信息件数是指购买户明确填写了补贴信息的产品数量。

4. 农机产品现金补贴率最高，汽车产品补贴资金基本全部到位

以上文统计的消费额与补贴额为基础，可以得到各类产品的现金补贴率。表88显示，农机产品的现金补贴率最高，为21.3%；其次是家电产品，为12.7%；摩托车的现金补贴率为11.7%，略低于家电产品，最低的是汽车产品，其现金补贴率为9.9%。根据"三下乡"政策规定的国家补贴标准比例，可以推算各类产品的补贴到位率水平。其中，补贴到位率最高的是汽车产品，高达99.1%，也就是说，国家的补贴资金基本上到了农户的手中；家电下乡产品的补贴到位率也非常高，达到了97.7%；摩托车的补贴到位率也在九成以上，达到了90.1%（见表88）。由此可见，从财政补贴兑付的角度看，当前家电下乡和"汽摩下乡"的补贴到位率较高，兑付工作开展较好。

表88　　　　　　　"三下乡"产品现金补贴率情况统计

| | 家电 | 汽车 | 摩托车 | 农机 | 总体 |
|---|---|---|---|---|---|
| 总补贴额（元） | 74775 | 53504 | 33564 | 68976 | 230189 |
| 总消费额（元） | 588430 | 539700 | 286950 | 323000 | 1738080 |
| 现金补贴率（%） | 12.7 | 9.9 | 11.7 | 21.3 | 13.2 |
| 财政补贴标准（%） | 13.0 | 10.0 | 13.0 | — | — |
| 补贴资金到位率（%） | 97.7 | 99.1 | 90.1 | — | — |

注：目前，国家对农机产品的补贴率为30%，但前期政策实施中补贴率有一定变动，因此在这里未对农机产品的资金到位率进行分析。

## 六　"三下乡"政策：潜力与前景分析

### （一）"家电下乡"产品的潜力与前景

从城乡一体化的总体趋势来看，今后农村居民的家电消费格局势必逐渐向城市家庭靠拢，这意味着家电下乡产品未来巨大的消费潜力和广阔前景。根据国家统计局的数据统计显示，2007 年每百户城市居民拥有的彩电、冰箱、手机、洗衣机、电脑、空调、热水器、微波炉分别为 137.79台、95.03 台、165.18 部、96.77 台、53.77 台、95.08 台、79.52 台、53.39 台。相比而言，每百户农村居民对以上产品的拥有量均少于城市居民。其中，每百户农村居民对彩电的拥有量相对较多，为 94.38 台，其数量接近城市居民的七成，达到 68.5%；手机、洗衣机的拥有量分别为77.84 部和 45.94 台，占比接近城市居民的一半，达到 47.1% 和 47.5%；作为三大件产品之一，冰箱在农村家庭中的保有量很低，每百户居民仅拥有 26.12 台，其比重略超过城市居民拥有量的四分之一，达到 27.5%；每百户农村居民对电脑和空调的占有量很小，只有 3.68 台和 8.54 台，占比分别仅为城市居民的 6.8% 和 9%（见表 89）。总体来看，在主要的家

表 89　　　　　　　每百户城乡居民拥有的主要家电产品情况比较

| | 城市 | 农村 | 差值 | 占比（%） |
| --- | --- | --- | --- | --- |
| 彩色电视机（台） | 137.79 | 94.38 | 43.41 | 68.5 |
| 电冰箱（台） | 95.03 | 26.12 | 68.91 | 27.5 |
| 洗衣机（台） | 96.77 | 45.94 | 50.83 | 47.5 |
| 移动电话（部） | 165.18 | 77.84 | 87.34 | 47.1 |
| 家用电脑（台） | 53.77 | 3.68 | 50.09 | 6.8 |
| 空调器（台） | 95.08 | 8.54 | 86.54 | 9.0 |
| 淋浴热水器（台） | 79.52 | — | — | — |
| 微波炉（台） | 53.39 | — | — | — |
| 电磁炉（台） | — | — | — | — |

注：本部分数据按照《中国统计年鉴（2008）》整理。

电产品中，农村居民的保有量和城市居民相比都存在较大差距，虽然彩电、洗衣机、手机、冰箱等的保有量相对较高，但与城市居民相比仍然存在较大的差距；电脑、空调等产品在农村的普及刚刚开始，市场潜力巨大；热水器、微波炉、电磁炉等产品甚至没有统计数据，表明农村居民基本尚未开始使用这些产品。结合此次实地调查的数据，可以对未来家电下乡政策的前景作出预测。根据1942户样本农户的家电购买情况（见表90），样本农户对彩电的购买率较高，占到所有购买户的三成左右，达到28.8%。全国统计数据显示，2007年农村每百户居民的彩电拥有量已经达到了94.38%，占城市居民的比重也接近七成。由此可以预测，目前农村居民的彩电消费规模较大，但已经处于整个消费周期的末端。随着彩电保有量的不断提高，爆发式的消费增长将告一段落，农村居民对彩电的消费可能将步入一个相对平稳、常态化的阶段。未来的消费需求则主要是已购买彩电，但有更新换代要求的农户引致。2009年和2010年两次实地调查的数据显示，冰箱是当前农户购买最为积极的家电产品，两次调查中分别有56.1%和40.4%的购买户都选择购置了冰箱。结合全国数据来看，当前冰箱在每百户农村居民家庭中的保有量较低，仅为26.12台，其占城市居民保有量的比重也只有27.5%。由此可知，当前农村地区冰箱的消费空间极为巨大，且目前正处于农民冰箱消费急速增长的时期，冰箱的高购买率有望持续一段较长的时期，甚至还将出现爆发性的增长。未来家电下乡政策可对冰箱予以重点扶持。与冰箱类似的一类产品是电脑，实地调查发现，样本农户对电脑的购买也出现了大幅度增长的态势，其购买率从2009年的0.7%上升到2010年年初的5.3%，增长率高达657.1%。而从电脑的保有量来看，全国每百户农村居民的电脑保有量仅为3.68台，只有城市居民保有量的6.8%。由此可以判断，农村居民对电脑的购买需求潜力比较大。随着农村电信网络的完善和升级，电脑需求可能会出现较快速度增长，且这一增长态势将在未来持续很长一段时间。需要指出的是，电脑的使用年限较短，更新换代要求较高，由此也会产生持续的消费需求。未来家电下乡政策可重点向电脑等更新换代要求高、可持续产生消费需求的科技类产品倾斜。

表 90 两次调查主要家电产品的购买情况

| | 2010 年 | | 2009 年 | |
| --- | --- | --- | --- | --- |
| | 购买件数（件） | 购买比重（%） | 购买件数（件） | 购买比重（%） |
| 电视机 | 82 | 28.8 | 45 | 15.8 |
| 冰箱（柜） | 115 | 40.4 | 160 | 56.1 |
| 洗衣机 | 42 | 14.7 | 30 | 10.5 |
| 空调 | 21 | 7.4 | 32 | 11.2 |
| 电脑 | 15 | 5.3 | 2 | 0.7 |
| 电磁炉 | 3 | 1.0 | 5 | 1.8 |
| 热水器 | 3 | 1.0 | 7 | 2.5 |
| 手机 | 4 | 1.4 | 2 | 1.4 |
| 合计 | 285 | 100 | 283 | 100 |

相比冰箱、彩电、电脑等热销产品，农村居民对手机、洗衣机、空调、热水器、电磁炉、微波炉等产品的消费则略显平淡。这里可以分两种情况进行讨论，一是针对洗衣机、手机等产品，样本农户对这两类产品的购买量都不大，且与 2009 年相比也没有大的变化。从全国每百户农村居民的保有量来看，其占比已经接近城市居民的一半左右，相对而言保有量较高。同时，与城市居民相比，农民对洗衣机、手机等的需求不如电视机普遍。由此可以预测，农民对洗衣机、手机等产品的消费已经进入一个相对平稳的时期，未来出现大幅度变化的可能性不大。二是针对空调、热水器、电磁炉、微波炉等产品，样本农户对这四类产品的购买量很小，销售不旺。而从全国每百户居民的保有量来看，农村居民与城市居民的差距非常大，其中热水器、微波炉、电磁炉甚至没有统计数据。由此可以判断，从长远来看，空调、热水器、电磁炉、微波炉等产品有着广阔的市场潜力和发展前景，但就近期而言，这些产品在农村的使用尚未普及。原因可能是农民对这几类产品的消费观念尚未形成，也可能是这些产品不符合当下农民的消费需求和消费习惯。

总体来看，目前家电产品在农村家庭中的保有量并不高，未来的市场潜力巨大。其中，电视、手机、洗衣机的普及率已经达到一定水平，进入了相对平稳期，未来主要依靠更新换代产生消费需求。电脑、冰箱正处于高速发展时期，未来仍可能继续高速增长，并将成为家电下乡产品的热销品种。空调、热水器、微波炉、电磁炉等产品在农村尚未普及，其市场潜力将随着农民消费观念和消费能力的变化而逐步释放，但可能需要一段相对较长的时间。

对农村家电下乡产品的潜力分析可以分为五类：一是电视、手机等具有一定保有量的家电，可以通过"以旧换新"政策引导农民购买功能齐全、款式新颖、操作方便的产品；二是如冰箱这类日常生活需要且保有量不大的产品，市场潜力比较大；三是像电脑这类信息产品潜力更大，而且需求持续时间更长；四是像太阳能等这些节能减排、绿色环保的产品，潜力将很大，也是未来的发展方向；五是对于空调、电磁炉、微波炉等产品，农民不太了解、不熟悉，还需要一个熟悉的过程，商家可以加大此类产品的宣传力度，今后潜力将会很大。按照这个分析预测：近期消费潜力比较大的还是生活型家电，如冰箱、电视；中期将是空调、电热水器等享受型家电；远期则是电磁炉、微波炉等不太符合农民消费习惯的家电产品；长期具有消费潜力的将是电脑和太阳能热水器等信息、节能、低碳家电产品。

### （二）"汽摩下乡"产品的潜力与前景

"汽摩下乡"政策的推行为打开农村汽车、摩托车消费市场注入了巨大的活力。调查显示，2010 年样本农户的汽摩购买率达到了 4.1%，较 2009 年的 1.6% 提高了 2.5 个百分点，增长了 156.3%。同时，根据全国统计数据，2007 年每百户城市居民的汽车保有量为 6.06 辆，同期每百户农村居民的汽车保有量为 1.91 辆，也就是说，农村居民对汽车的保有量只有城市居民的三成，为 31.5%（见表 91）。再从历年来农村居民汽车保有量来看，1990 年到 2007 年 18 年间，除 2000 年以外，其他年份每百户居民的汽车保有量均比上年有所增加。2000 年以来，每年的汽车保有量增长幅度较为稳定，均在 4% 上下浮动（见图 59）。值得注意的是，我们在实地调查中发现，生活型家用汽车已经开始在农村出现，这表明农村汽车消费进入了一个新的阶段。通常来说，家用汽车的普及速度较生产型用车的普及速度要更快。以我国城市地区为例，2000 年我国每百户城市居民的汽车保有量仅为 0.5 辆，而 2007 年则达到了 6.06 辆，短短 6 年增长了 11 倍多。总体上，基于实地调查数据和全国统计数据可以推断，当前农村汽车消费市场存在巨大的发展空间。未来我国农村居民的汽车消费将迎来一个快速增长的时期，汽车下乡政策的出台可谓正当其时，未来国家还应继续加大对农村汽车消费市场的扶持。需要指出的是，近年来国家对农村公路网络建设的重视程度不断增加，也为农村汽车消费市场的形成产生了积极的推动作用。按照 2005 年国务院通过的《全国农村公路建设规划》，"十一五"期间，全国计划建设农村公路约 113 万公里，其中改造沥青水泥路 73 万公里，建设通达工程 40 万公里。"十一五"末，具备条件的乡（镇）通沥青（水泥）路，全国农村公里里程达到 310 万公里。东中部地区具备条件的建制村实现村村通（沥青或水泥路面）；西部地区具备条件的建制村基本实现通公路，2020 年具备条件的乡（镇）和建制村通沥青（或者水泥）路，全国县乡公路里程达到 370 万公里。

　　基于以上四个条件：一是消费增长惯性；二是下乡政策的刺激；三是消费结构的变化；四是公路条件的不断改善。我们断定，农村中具有消费能力的群体将进入消费性（非经营性）需求阶段，即农户的汽车消费需求将会处于一个较快的增长阶段。另外，按照农民的收入及农村消费结构滞后城市 10 年左右的历史经验，我们认为，农户的小型汽车的需求量将会在较长时期内保持较快的增长态势。

表 91　　　　　　历年每百户农村居民汽车保有量统计　　　　　（单位：辆）

| 年份 | 汽车（辆） | 年份 | 汽车（辆） |
|------|-----------|------|-----------|
| 1990 | 0.28 | 1999 | 1.09 |
| 1991 | 0.24 | 2000 | 1.32 |
| 1992 | 0.28 | 2001 | 1.20 |
| 1993 | 0.33 | 2002 | 1.29 |
| 1994 | 0.40 | 2003 | 1.40 |
| 1995 | 0.51 | 2004 | 1.43 |
| 1996 | 0.78 | 2005 | 1.76 |
| 1997 | 0.82 | 2006 | 1.83 |
| 1998 | 1.01 | 2007 | 1.91 |

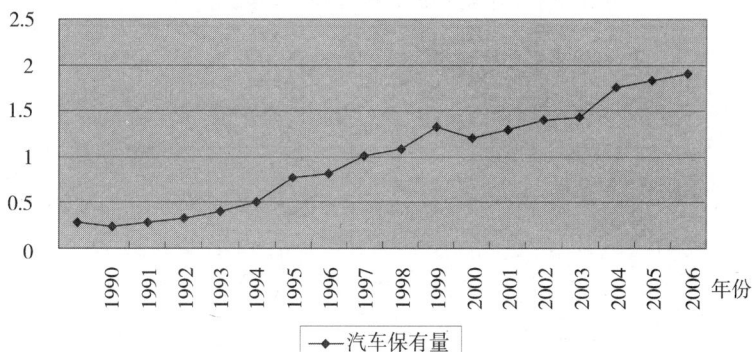

图 59    历年每百户农村居民汽车保有量（单位：辆）

与汽车产品的低保有量相比，摩托车产品在农村的保有量则要高出许多。根据全国统计数据显示，2007 年每百户农村居民的摩托车保有量已经达到了 48.52 辆的较高水平，也就是说，几乎一半的农户都有一辆摩托车。从保有量的历年变化情况来看，摩托车在农村普及速度最快的时期是 1990 年到 2000 年，十年间每百户农村居民的摩托车保有量从 0.89 辆剧增至 21.94 辆，增长了 23.7 倍，其中 1990 年到 1995 年的增长幅度更为显著，5 年即增长了 4.5 倍。进入 2000 年以后，摩托车保有量的增速开始放缓，到 2005 年每百户农村居民的摩托车保有量为 40.7 辆，仅比 2000 年的 21.94 辆，增长了 85.5%。2005 年以后农村居民的摩托车保有量增速进一步下滑，2006 年和 2007 年分别为 44.59 辆和 48.52 辆，同比增速仅为 3.89% 和 3.93%（见表 92）。由此可见，尽管当前农村地区的摩托车保有量仍在增长，但其增幅已经大为下降，预示着未来农村摩托车市场将逐渐趋于饱和，新增的市场需求将主要由更新换代需求的农户所引致。需要强调的是，摩托车产品的折旧期相对较长，新增需求的产生较为缓慢。另外，加上电动车对摩托车市场的挤压和冲击，摩托车市场的需求可能不会太大，现在尚未购买的农户会转向电动车。所以，我们的判断是：摩托车市场未来的需求不会太大，但电动车的潜力将会比较大，而且电动车污染较少，价格相对便宜，更适合于农民购买。因此，有关部门可以将汽摩下乡政策扩大到汽车、摩托车和电动车，将电动车纳入补贴范围，刺激农民的电动车需求。

表 92　　　　　　历年每百户农村居民的摩托车保有量变化情况

| 年份 | 1990 | 1995 | 2000 | 2005 | 2006 | 2007 |
|---|---|---|---|---|---|---|
| 摩托车保有量 | 0.89 | 4.91 | 21.94 | 40.70 | 44.59 | 48.52 |

总体来看，当前农村汽摩产品的市场前景可以说是"冰火两重天"，一方面，我国农村地区汽车保有率相对较低，市场潜力巨大，农民的汽车消费需求正进入快速增长时期，农村微型汽车消费市场有望实现高速发展；另一方面，摩托车产品在我国农村地区的保有率相对较高，受电动车的冲击，增速放缓，未来有可能逐渐接近饱和，市场的挖潜能力受到局限。基于以上判断，我们认为，未来"汽摩下乡"政策应当抓重点、调结构：即抓汽车这个大产品，稳定摩托车这个目前增速最快的产品，同时将下乡政策扩大到电动车，形成汽车、摩托车、电动车三足鼎立的局面。

### （三）农机下乡产品的潜力与前景

2002 年国家开始实施农机下乡政策，目的在于激励农民购置农机具，提高农业生产的机械化水平。但从目前政策的成效来看，并不十分理想。根据此次调查的数据显示，接受调查的农民购买下乡农机的比重仅为 1.9%，远低于家电下乡和汽摩下乡产品的购买率。从历年每百户农村居民的农机保有量来看，不同类型农机具的保有量存在较大差异，其中小型和手扶拖拉机、农用水泵的保有量相对较高，近年来已经达到 20 台左右的水平；脱粒机每百户农村居民保有量相对较低，近年来保持在 10 台上下波动；大中型拖拉机在农村的普及程度最低，每百户农村居民保有量均在 3 台以下（见表 93）。可见，目前农村居民的农机保有情况呈现小型化趋势，即小型农机具产品较为普及、大中型农机普及程度较低。由于总体上各类农机具每百户保有量均不高，表明当前农村的整体机械化水平较低，换句话说，农机产品的中长期的发展潜力仍然巨大，但其潜力能否转换成购买力则有待观察。

表 93　　　　　历年每百户农村居民主要农机具拥有量统计　　　（单位：台）

| 年份 | 大中型拖拉机 | 小型和手扶拖拉机 | 机动脱粒机 | 农用水泵 |
|---|---|---|---|---|
| 1990 | 0.45 | 5.30 | 3.55 | 3.86 |
| 1991 | 0.51 | 6.61 | 3.85 | 4.73 |
| 1992 | 0.55 | 7.25 | 4.16 | 5.48 |
| 1993 | 0.64 | 8.40 | 5.30 | 8.54 |
| 1994 | 0.79 | 8.77 | 5.15 | 7.90 |
| 1995 | 0.77 | 9.93 | 6.33 | 9.07 |
| 1996 | 0.99 | 12.46 | 6.87 | 10.97 |
| 1997 | 1.39 | 14.26 | 7.41 | 12.12 |
| 1998 | 1.22 | 14.34 | 8.58 | 13.73 |
| 1999 | 1.44 | 16.28 | 8.35 | 14.02 |
| 2000 | 1.41 | 16.72 | 9.59 | 17.73 |
| 2001 | 1.50 | 17.41 | 9.28 | 19.92 |
| 2002 | 1.53 | 18.48 | 9.62 | 21.53 |
| 2003 | 1.79 | 18.93 | 10.06 | 21.12 |
| 2004 | 2.24 | 18.78 | 10.12 | 22.06 |
| 2005 | 2.13 | 20.24 | 8.69 | 21.03 |
| 2006 | 2.39 | 21.06 | 9.44 | 22.12 |
| 2007 | 2.85 | 19.10 | 9.76 | 23.35 |

　　从历年各类农机的保有量变化情况来看，当前农民对农机产品需求并不大。在 1990 年至 2007 年期间大中型拖拉机每百户农村居民保有量逐年增长，但增长幅度不大，2007 年每百户农村居民对大中型拖拉机的保有量也仅为 2.85 辆。大中型拖拉机难以普及的原因，一方面是由于地形、耕种条件以及土地等方面的限制，不利于大中型农机的使用；二是农户承受能力有限，即使有足够的资金，往往也会用于其他非农领域，很少投资购置大中型农机具；三是农户都是一家一户分散经营，没有必要每家每户均拥有大型农机具。由此可见，尽管从长远来看，包括大中型拖拉机在内

的大中型农机具有广阔的市场潜力，但因为一家一户分散经营的特点决定了大型农机具高速增长的可能性不大。大型农机具的消费增长取决于两个条件：一是农地规模经营的速度；二是农户生产环节的市场化程度。因此，我们可以断定：大型农机具还会有小幅度的增长，但是潜力并不是特别大。

再从小型和手扶拖拉机、脱粒机以及农用水泵等中小型农机具来看，目前以上各类农具在我国农村地区均有一定程度的普及。就变化趋势而言，2000 年以前中小型农机具一直呈稳步增长的态势，每百户农村居民的保有量持续攀升。2000 年以后以上三类农机具均不同程度地出现了徘徊不前的局面，在不少年份一度下降，降幅还较大。近两年中小型农机具的发展局面同样不乐观：小型和手扶拖拉机的每百户居民保有量在 2007 年仅为 19.10 台，同比下降了 9.3%，与 2003 年的水平基本相当；脱粒机每百户农村居民保有量近三年始终没有达到 2003 年、2004 年的水平，处于低水平徘徊阶段；农用水泵的保有量近三年有一定幅度的增长，但幅度较小，未来预计仍将保持相对平稳的状态。小型农机具与大型农机具有同样的需求特征，小规模经营农户并不需要家家户户都拥小型农机具，需要时可以向市场租赁，而且南方农村可以不需要小型拖拉机，况且农业生产环节的市场化和社会化，农民不需要自己购买农机具，需要时租赁就行了。因此，我们可以断定：小型农机具基本饱和，新增需求主要是以旧换新，建议以旧换新政策范围扩大至小型农机具，大型农机具的购买者主要是以出租为主的专业化经营业主。

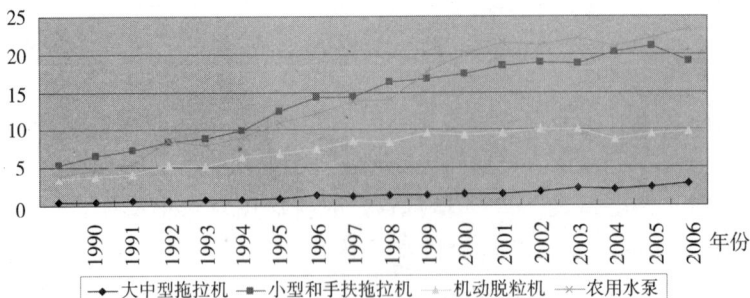

图 60　各类农机的保有量（单位：台）

总体上，农民对于农机具的需求并不是特别大，大型农机具受农户经营规模和生产环节市场化的制约，其需求暂时难以提高，因此增长潜力不大。小型农机具按照耕地规模和历史的增长态势，现在已经呈现饱和状态，但以旧换新的需求可能很大。因此，农机下乡政策可以继续加大大型农机具的补贴力度，同时将以旧换新政策扩大到小型农机具，拉抬农机下乡产品的市场。

## 七　问题、要求与期盼

虽然 "三下乡" 政策得到了农民的高度肯定，也取得了显著的成效，但是仍然存在一些问题，农民也提出了新的要求和期盼。

### (一) 三大问题

#### 1. 政策设计实施有偏差，下乡质量有待提高

下乡政策覆盖面不全。下乡政策因为制度问题、历史问题、能力问题，导致了政策覆盖面不太全。一是 "边缘农户" 没办法享受政策。依据规定，"三下乡" 政策的优惠对象为拥有农村户口的居民，户口是决定其享受政策的依据。为此，不少以前由于各种原因 "农转非" 或者长期居住在农村的非农亦非城市居民被排除在政策优惠之外，如农场、林场、茶场、良种场等。其中不少居民表示，他们不仅与一般的农民没有差别，甚至比他们的处境更为艰难，更需要国家的政策帮扶。在调查过程中，一位江西的农民就曾气愤地表示："当年因为征地被迫 '农转非'，从没有享受过 '农转非' 的待遇。到头来，种了一辈子地，现在竟然不认我是农民了。" 本来惠农政策的目的是缩小城乡差距，但以农村户口为依据的惠农政策则有加剧城乡分割，强化城乡二元格局的潜在作用。事实上，不仅仅是 "三下乡" 政策，包括新农保、新农合等其他惠农政策在实施过程中，对于到底是以户口为标准，还是以居住地为标准，或以其他依据来界定政策受益对象都值得进一步研究，并着力解决。二是贫困农民无能力享受政策。国家出台 "三下乡" 政策的主要重要目标是惠农，但是政策以支付能力为提前，有支付能力就能够享受政策，否则不能享受，即 "政策是认钱不认人"，以支付能力享受政策就有 "嫌贫爱富" 的特征，导致贫困农户无法享受国家的惠农政策。在数据分析和实地调查中我们都

发现，农村富裕家庭往往成为"三下乡"政策的主要受益者、享受者。这就导致贫困农户无钱购买，享受不到政策优惠；而富裕农户却可利用政策优惠重复购买，即出现"越富越能得补贴，越穷越得不到补贴"的局面，违背了惠农政策济贫助困的原则。不少贫困农户都希望能够根据经济承受能力确定补贴水平。三是外出打工农户无法享受政策。许多农民举家外出打工，想购买下乡家电，但是受制于户籍限制，因此无法在打工地点购买，而在家乡购买后要运到打工地点又得不偿失。因此，如何让举家打工的农户也能够享受下乡政策也是有关部门下一步要研究解决的问题。

下乡政策的信任度较低。信任是政府贯彻落实惠农政策的基础，也是"三下乡"政策能否继续实施的关键。但在调查中发现，部分农民对政策依然存在不信任感。主要体现在三个方面。一是对主管部门的落实不信任，担心官商联手，补贴落入商家之手，农民只能得到部分甚至得不到国家政策的实惠，还担心补贴款不能及时兑付，其中农机下乡补贴不到位问题尤为突出。二是对中标企业的信誉不信任，信任建立在知情的基础之上，哪些企业是中标企业，政府相关部门虽然有明确备案，但是农民知者甚少，大多靠商家自己定义。在湖北的调研中，农民就反应"哪个晓得哪些是下乡产品，店子打招牌的就是吧"。农民还担心下乡产品属存货倾销，或者以次充好、质量不过硬，或者售后服务不到位，产品维修难保障。三是对商家的销售行为不信任，农民无法辨别哪些是"三下乡"产品的正规销售网点，哪些是自行销售网点，常因购买了非下乡产品而上当。农民特别担心销售网点"挂羊头、卖狗肉"，弄虚作假、坑农害农，特别是担心有些企业打着下乡的旗号倾销非下乡产品，更担心销售网点提价后再"补贴"，既通过抬价从农民身上获利，又将国家的补贴囊入自己的腰包，两头获利。导致农户产生顾虑的原因是多方面的，其中既有历史的原因，也有政策本身的问题，还可能与宣传不到位有关。如何有效化解农民对政策的担心与顾虑，是决定今后政策能否进一步深化的关键。

下乡政策间的联动性较差。一是下乡政策之间没有关联性，如家电下乡、农机下乡、汽摩下乡、建材下乡等产业和产品下乡之间没有协调、沟通。二是产业产品下乡政策与新农保、新农合、粮食补贴之间没有关联性。三是以前的政策和当前的惠农政策之间缺少协调。在调查的过程中我们发现，以往的农村政策及其存在的问题会影响农民的判断，并对其后出台的政策产生怀疑或者恐惧。"一朝被蛇咬，十年怕井绳"。农民往往会根据过去的经验，用过去的眼光和方式看待新的惠农政策。一旦前面的政策落实得不好，农民便会对新政策失去信心，从而采取怀疑、不信任、不合作的态度，这就不利于新的惠农政策的推行。随着中央惠农政策的增多，遗留的问题也将会越来越多，如何化解并解决这些遗留问题值得相关部门重视。

2. 销售环节问题较突出，下乡能力有待提高

下乡产品定价不灵活。在市场经济中，商品的价格总是随着供需的变化而变化。"三下乡"产品特别是电视、手机、电脑等电子产品更新换代速度快，贬值速度快，其市场价格也应随之变动。然而，国家对"三下乡"产品均采取全国统一定价的方式，其本意在于确定财政补贴基数，保障农民权益，但这种定价方式同时导致"三下乡"产品价格无弹性，若不及时调整定价会影响其市场吸引力。以"家电下乡"为例，在2007年出台政策之前相关部门通过招标的方式确定了下乡产品的价格及最高限价，期间除了对最高限价进行过一次调整外，对其他各类产品的价格均未做任何调整。这意味着目前不少家电下乡产品的价格仍然是两三年前的价格。在连续4年的家电下乡政策期间，家电企业不断推出新产品，如果下乡产品的价格不能跟上市场的变化，其价格可能会高于同类产品的价格。不少农民就担心，"现在买到的下乡电视，也许城里更便宜"。下乡产品的刚性定价机制会随着时间的推移而失去吸引力。

另外，部分下乡产品价格门槛过高也制约了农民的购买欲望。这突出表现在农机补贴方面，虽然农机补贴的绝对额比较高，但农机的售价也很高。例如福田G438小麦联合收割机，补贴为1.8万，市场价格在11到12万之间。获得补贴后，农民还要拿出十多万元，支付困难依然很大。最后只有想从事生产经营的城镇居民借农民的户口，购买大型农机，获取财政补贴，又再次通过垄断性的收割服务，向农民收取高额的收割费用。因此，农民建议高价产品要有高补贴率，不能按照统一标准补贴，从而降低农民购买的"能力门槛"。

下乡产品销售商不积极。非家电下乡产品和家电下乡产品利润悬殊，影响商家销售的积极性。如新飞BCD—L89GSK（Z）冰箱，非家电下乡产品销售标价3150元，最低销售价2600元，进货价2200元，差价400元，税金78元，毛利润322元。家电下乡产品中标销售价2150元，进货价1935元，差价215元，税金64.5元，毛利润150.5元。毛利润对比悬

殊为 171.5 元（322 - 150.5 = 171.5 元）。这就导致有的经销商往往不愿意销售家电下乡产品，而更愿意推销价格贵、利润高的非下乡的同品牌家电产品。有商家反映，中标企业给予销售网点的利润空间小，一台产品 5%—6% 的差价，有的产品仅为 3%—4%。销售网点开具正式发票缴纳 4% 的税金后，利润仅为 1%—2%，有的甚至要亏损 1%，还要送货上门，商家利润得不到保证，影响销售积极性。

下乡产品市场秩序不规范。在调查中我们发现，农村市场存在一些不规范的销售行为。一是鱼目混珠。一些销售商故意混淆"三下乡"产品补贴与产品打折的关系，往往是以打折的名义来销售非"三下乡"的产品。二是以次充好。一些厂商利用农户不了解"三下乡"产品的类别、范围、标识的弱点，抓住农民信任下乡产品的机会，向农户兜售产品质量较差的产品。

3. 配套设施程序不全面，下乡基础有待提高

配套资金到位不及时。惠农政策的顺利实施，需要有财政资金大力支持，否则再好的政策也是"无源之水，无本之木"。一是中央与地方财权平衡欠思考。未来会有更多的惠农政策出台，需要配套的资金势必越来越多。如何平衡中央和地方的财政责任，不仅是"三下乡"政策实施中需要认真解决的问题，而且也是出台其他涉农政策值得深思的问题。二是地方经济实力参差不齐，负担不均。"三下乡"政策的补贴资金大都采取中央和地方财政共同负担的方式，尽管地方负担的比重不高，但对于不少中西部省份来说仍然存在较大困难。在实地调查中，河南某县县长诉苦说，"如果将中央各个部门的惠农政策全部配套，我们吃饭都成问题"。因此，在政策资金配套方面，中央政府应当有所偏重，有所倾斜，针对特殊地区给予一定的特殊待遇。三是资金配套下不了乡。补贴额度标准各个地方不统一，不透明，配套资金要么被政府截留、挪用、套取，要么被商家转移，惠农政策变成了"惠官政策"和"惠商政策"。

配套设施不健全。下乡政策的成效不仅与产品本身的质量、功能、价格有关，也与产品的使用环境、运行条件等配套设施相关。基于问卷调查和实地调查，我们发现，"三下乡"产品的配套设施并不完备。例如，在一些中西部地区，不少村庄电网、水网、路网建设滞后，停电（低电压）、停水（低水压）、道路不平等问题突出，不少"三下乡"产品一买回家就成了"装饰品"，无法正常使用，如空调转不动、汽车开不回、大

型收割机无法下田、彩电效果不好、热水器水压不高等。由于农村中经常出现低水压、低电压现象,下乡产品的故障率较高。可见,在改进政策本身的同时,还要进一步完善配套设施、配套条件、配套环境。换句话说,配套设施和条件跟不上就会制约下乡政策的成效,导致"好产品下不了乡"。

配套服务不周到。下乡产品不能以出售为服务的终点,必须前移服务平台,延伸至千家万户的购买农户。在调查中我们发现,很多商家只想把产品卖出去,剩下的事情就不闻不问,售后服务和能力跟不上。一是产品下乡,技术不下乡,影响农民购买热情。例如电脑的购买,绝大多数农民都不懂电脑使用技术,不太清楚电脑在生产生活中的作用,不知道基本的操作使用,因而即使家有余钱,有购买欲望,也不会付诸行动;更有甚者,有的农民买电脑纯粹是作为高档商品摆在家里,作为炫富的资本,根本不投入使用,造成了资源的浪费。二是产品下乡,售后不下乡,农民买得起用不起。下乡产品重销售,轻服务,维修网点数量少,网点布局缺乏规划,维修人员技术跟不上,维修配件不能保障,维修不及时等问题时有发生。在青海某县调研的时候,发现部分交通不便、离中心城镇比较偏远的农村,售后服务是影响农民选择下乡家电产品的一个重要因素。由于配套服务下不了乡,农民购买下乡产品不仅没有享受到便利,反而带来了无尽的后续麻烦,多一事不如省一事,农民宁愿不买下乡产品,也不想惹上麻烦。三是售后下乡,能力没有下乡,农民买得起耗不起。虽然下乡产品都有一些售后服务网点,但是服务能力很差,解决问题的能力不强,维修产品需要很长的时间。农民诉苦说:"买得起下乡产品,但是耗不起维修的时间。"

### (二) 六项要求

1. 要求增加产品类别。在实地调查中,不少农户反映,下乡家电产品的类别太少,不能满足他们的需求。一是增加贴近民生的下乡产品。从农户对"三下乡"产品的整体需求来看,农民要求下乡产品更加贴近农村的生产、生活,使得"三下乡"产品更加民生化。以家电下乡为例,经过几轮的政策调整,目前政策主要包括九类产品,分别是彩电、冰箱(含冰柜)、洗衣机、手机、电脑、热水器、微波炉、空调、电磁炉。这些产品基本属于耐用家电,使用年限较长,价格相对较高,但对于很多农村家庭来说，一些价格更为低廉、使用更为频繁的小家电产品更受欢迎。在实地调查中，不少农户就反映希望能够增加诸如电扇、灯具、豆浆机、甩干桶等常用小家电产品，以满足日常生活的需要，即下乡产品小型化、日常化。二是增加不同价位的下乡产品。农民对于目前下乡产品的心态是："高收入家庭不想买，而低收入家庭又买不起。"特别是家庭收入比较高的农户希望有高、中、低档不同价位的产品可供选择，以满足自己的消费需求。因此，有关部门在下乡产品招标时，可以考虑不同地区、不同条件农户的需求，使每个地区、每类农户都有适合的下乡产品选择。三是增加注重低能耗的下乡产品。从下乡产品的能耗来看，农户需要能耗更低、更绿色、更环保的下乡产品。在调查中有些农户反映，"农村的确是一个大消费市场，但不是消废市场"。消费理性的农民在追求实用的同时，更加关注下乡产品的环保效应、安全效应和节能效应。因此，有关部门可以因应农户的需求，增加低能耗、低排放、绿色环保的下乡产品。四是增加体现乡土特色的下乡产品。当前的下乡产品基本以城市消费者为需求导向，很少考虑农村居民的消费特点和需要。我们在调查中，农民就埋怨，一些下乡产品操作麻烦，不实用，没有考虑农民的要求，不适合农村，不适合农民。因此，建议有关部门督促招标企业针对农村实际和农民的切实需求，设计出具有乡土特点的下乡产品。

2. 要求提高产品档次。一是规格样式上档次。农民既希望下乡产品价格便宜，也希望下乡产品能跟上潮流，比较时髦。因此，有消费能力的农民要求下乡产品的规格多点、样式新点、档次高点。二是品牌价值上档次，在调研中我们发现，农民对品牌的要求越来越高，影响越来越大。农民不仅能说出很多一线品牌名称，而且还能判断品牌好坏。在农民看来，名牌就是质量。农民希望下乡产品能够推出更多一线品牌的产品。三是质量功能上档次，从调查情况来看，农民总体上认为，下乡产品的档次相对较低，不能满足不同层次的消费需求。以家电下乡产品为例，在调查中我们发现，限价范围内的高价位家电销路较好，这在一定程度上说明当前农民的消费需求受到了产品限价的制约。某电器行的销售人员介绍，2009年冰箱最高限价是 2500 元，结果 2200 元至 2500 元价位的冰箱销得最好，占下乡冰箱的四分之三。因此，农民希望下乡家电产品能升级换代，推出质量、价位更高，功能更多，款式更新颖的高端家电产品。

3. 要求提升产品质量。质量是产品的生命，也是"三下乡"政策能否深化的前提。从调查的情况来看，农民总体上对"三下乡"产品质量比较满意，但由于产品销售类别多、品种繁杂，产品质量问题时有发生。因此，农民要求提升产品质量。一方面，要求政府把好下乡产品质量关，与家电下乡和"汽摩下乡"相比，农机下乡的质量问题更为突出，不少农民反映买回来的农机具容易出现故障，返修率较高，要求有关部门招标时要注意产品的质量，把好下乡产品的出口关。另一方面，要求政府加强下乡产品市场的监管，对于家电下乡产品，一些农户也反映商家在销售中存在以次充好、鱼目混珠的现象。少数不法商贩利用农民追求低廉价格的心理，打着家电下乡产品的旗号，以次充好、以旧充新。还有一些商家打着13%的财政补贴幌子，将返修机、翻新旧家电或积压产品打五折、六折卖给农民，农民容易在不知情的情况下上当。因此，农民强烈要求政府加强下乡产品的市场监管，保障农民的权益。

4. 要求简化补贴程序。目前家电下乡政策已经普遍采取由商家直接垫付补贴的方式，农民购置下乡家电产品的程序较为简单。但"汽摩下乡"和"农机下乡"则较为复杂，手续更多、时间更长、程序更不清楚。因此，农民提出三大要求：一是手续更加简单。购买下乡农机、汽车和摩托车，农民需持户口、购买发票及其他证明材料到户口所在地的乡镇财政所领取补贴款。这一兑付程序往往给农户带来较多麻烦。不少农户反映，由于对政策细节不熟悉，兑付的相关材料很难一次性通过审核，需要多次修改和补充，领取补贴需要多次往返。二是环节更加少些。还有农户反映，乡镇财政所在办理兑付手续时态度不好，工作不热心，有时候为了能够尽快领到补贴款，还要托关系、走后门。此外，按照政策规定，目前农机下乡、"汽摩下乡"的补贴款并不是即时拨付，而是有15天的缓冲期。这意味着农民还需要等待半个月的时间。在调查中我们发现，有些农户从上交补贴材料到领取补贴的时间远超过半个月，少数农户甚至压根儿就没有得到补贴款。三是程序更加清晰。在调查中我们问农民，购买的农机是否享受了财政补贴，很多农民都表示不清楚，也不知道在什么地方兑付，如何享受下乡政策。因此，农民要求下乡产品的政策更加清楚，简化补贴兑付手续，使"三下乡"政策既能惠农，又能便民。

5. 要求完善售后服务。部分购买下乡家电产品的农民表示，厂家商家存在"重推销，轻服务"的做法，即购买的时候热情推销、服务周到，而售后服务不热情、不到位。因此，农户对售后服务提出了新的要求：一是要求从重推销到重售后。虽然厂家商家推出了更多、更新奇的销售手段和推销方式，但是农民更希望自己购买的产品一旦出了质量问题，能够在最短的时间内得到维修。二是要求从增网点到育人才。下乡家电产品市场覆盖面狭小，销售网点和服务网点尚不健全，导致售后服务跟不上销售服务。农民购买下乡家电产品后出现的质量问题难以得到及时有效的处理，突出表现为农村地区维修体系规模小、技术能力弱、配件供应量小而不全、服务人员素质低等。因此，农户要求厂家、商家能够培养更多的技术人才下乡和建立更加完善的售后服务保障体系。三是要求从补设施到建设施。在调研中，厂家和商家都反映，下乡产品往往因设施不足或者不全而不能下乡。因此，不少农民要求："家电下乡，设施要先行。"因此，进一步完善农村基础设施的建设，改善下乡产品的使用条件和环境就显得非常重要。四是要求从铺摊子到提能力。现在厂家、商家的销售服务能力很强，但售后服务的能力很弱，服务网点在增加，但服务能力不太强。因此，农民要求厂家、商家能否在加强销售服务的同时，提高售后服务的水平，特别是提升解决问题的能力。现阶段"三下乡"产品处在前期阶段，故障率不高，对产品售后的压力并不大。但是随着时间的推移，"三下乡"产品的故障率会逐步增加，如果售后服务跟不上，不仅中标企业的信誉会受损，"三下乡"政策的信誉也会受到冲击。

6. 要求加强监督管理。厂家和商家在销售"三下乡"产品时的不规范行为直接导致农户对"三下乡"政策的怀疑，进而影响了"三下乡"政策的执行效果，因此农民对下乡政策的执行也提出了相应的要求。一是要求加强对产品生产与销售的监督，中标企业行为不到位，下乡产品断档脱销，货源不足；下乡产品标识不规范，采用直接粘贴方式，有假冒之嫌；中标企业对销售网点的业务培训工作不到位，宣传解释不细致，售后服务不周到。而且有些销售网点以未中标产品冒充中标产品进行销售，存在以次充好，鱼目混珠现象；把未中标产品混在下乡家电产品中一起宣传，倾向于介绍利润更高的非下乡产品，误导农民，影响下乡家电产品销售；一些销售网点设置的专区不专，农民无法辨别。因此农民要求相关部门加强下乡产品在生产和销售环节的监管，不能"一招了之"。二是要求政府部门强化自我监督，基层政府监督不规范成为政府监管不到位的重要原因，表现在商务主管部门对中标企业的管理缺乏手段，对违规行为没有制约措施；质量监管部门对农民的投诉不太重视，特别是没有针对农民的特点，设置专门的投诉中心和纠纷调处中心，因此农民要求政府除了加强对厂家、商家的监督外，也要加强自身的约束和监督。三是要求增强社会舆论监督。与政府自我监督相比，农户往往更加希望通过社会的力量来维护自己的消费权益。在调研中农民反映，希望增设社会舆论投诉中心，建构农民与各媒体的沟通平台，特别有关媒体可以设立专门曝光厂家、商家、政府不规范行为或者欺诈行为的栏目或者频道，让农民表达心声，如实反映情况。

### （三）五点期盼

一盼宣传再深入一点。有的农民对"三下乡"政策一知半解，对购买、补贴流程不清楚，导致在申请补贴时处处碰壁，耽误时间；有的农民购买了下乡产品，却因为不熟悉补贴流程而放弃补贴；还有的农民认为"三下乡"产品是"销不出去的东西"、"淘汰的产品"，对产品质量心存疑虑。因此，农民期望基层政府、企业和商家各司其职，做好宣传、解释工作。一是期盼基层政府加强政策宣传，深入宣传"三下乡"政策的细则，使农民明明白白地购买，轻轻松松地领取补贴，高高兴兴地使用。二是期盼生产企业加强产品宣传，详细介绍产品的性能和使用方法，方便农民使用，方便农民维修。三是期盼商家加强配套宣传，除了积极配合基层政府和生产企业对政策和产品进行宣传以外，还要做好产品的购买指导和售后服务工作，譬如可以通过产品演示、试用等群众熟悉的方式进行宣传促销。

二盼配套再完善一点。各项配套条件直接影响"三下乡"政策的实施效果。不少农民反映购买的大功率电器，如空调不能启动、冰箱不能制冷、洗衣机不能运转，一些小功率的家电如电视机、电风扇、电饭煲、电动摩托充电器等在用电高峰期也成问题，农民花数千元购买的电器成为"摆设"。因此，农民盼望"三下乡"的配套更加完善。一是盼基础设施的配套。农民希望政府和相关部门加强农村水利、电力、有线电视网、无线信号覆盖、道路交通等基础设施的建设，为农民安心、放心、舒心地使用"三下乡"产品提供良好的条件。二是盼经营网点的配套。"三下乡"产品销售网点无论在广度和深度上都不够，因此农民盼望厂家、商家从农村实际出发，增加销售网点，拓展营销渠道，大力发展农村连锁商业，提高零售企业组织化、规模化程度，确保下乡产品货源充足，使下乡产品有良好的销售终端。三是盼人员网络的配套。农民希望厂家、商家根据农村的特点，在乡镇配备专门的服务人员和维修网点，做好"三下乡"服务和售后工作，同时政府也应建立和完善"三下乡"管理和服务平台，发挥网络的优势，接受农民的信息反馈和投诉，快速做出反应和解答。

三盼政策再放宽一点。"农村户口"和补贴政策制约购买对象。一是盼放宽政策享受条件。在调查中我们发现有四类人员被排除在国家优惠政策之外：一是"农转非"人员，他们既不是农民，也不是市民，不能进城，也不能回乡，大部分人仍然生活在农村，既享受不了国家的惠农政策，也融不进城市。二是城市低收入家庭，其收入甚至达不到农村居民水平，他们同样没有农村户口，不能享受家电下乡政策补贴。三是外出务工人员，由于长年生活在外地，就地购买、就地补贴政策阻碍或剥夺了这部分农民享受惠农政策的权利。四是其他人员，还有生活、居住在农村的原农场、茶场、原种场、林场等半城市户口的人群，无法享受下乡产品的补贴。这四类人群要求进一步放宽户口的限制，享受"三下乡"政策的优惠；二盼放宽地域的限制，允许农民在异地购买和享受政府补贴。三盼放宽准入门槛的限制，希望降低销售网点的准入门槛，准许更多的乡镇中小型经营网点销售下乡产品，降低农民的购买成本，方便农民购买和点对点的服务。

四盼产品再适合一点。目前"三下乡"政策推出的产品品种仍然有限，符合农村消费环境和特征的产品并不多，专门为农村地区而设计的产品更是少之又少。因此，农民期望下乡产品要更适合农村和农民。一是盼品种多一点，随着生活水平提高，农民的购买理念已由生活型逐渐转向享受型，除了现有的下乡家电、农机、汽车和摩托车之外，农民还希望增加如燃气灶、抽油烟机、电压力锅、豆浆机、电动车等新型家电产品。二是盼功能齐一点，根据农村的实际情况，农民希望下乡产品的功能更加齐全，如增加下乡产品的防鼠、防噪音、防漏电、防水、防电压不稳和抗干扰等功能。三是盼针对性强一点，农民对下乡产品在节能、环保、耐用、安全等方面提出更多、更高的要求。如希望更多的宽电压、强信号的彩电，耗电低、冷冻量大、环保的电冰箱，宽电压、宽水压、洗涤量大、方便排水的洗衣机，强信号、待机时间长的手机。此外，农民还希望企业简化不适合农村消费的功能和包装，降低购买成本，使下乡家电产品质量更可靠、功能更实用、价更廉、物更美。

五盼政策再规范一点。一是销售网点更清晰点。不少农民反映，在县乡购买家电时，"不少销售网点都说有下乡产品，我们农民又搞不清楚，到底哪些商店销售，哪些商店不销售"。农民期盼，下乡产品的销售网点能够更清晰点，有更明确的标志。二是品牌更明确点。农民还反映，"购买家电时，几乎所有品牌，都说是家电下乡产品，我们担心上当，不敢购买"。农民期望各级政府多做宣传，将下乡产品的品牌、种类的信息传递给农民，让农民"放心买，买得放心"。三是价格再透明点儿。农民反映，现在一个最大的问题是，不清楚下乡产品的真实价格，担心厂家加价后销售，获取国家的财政补贴。因此，农民希望公示下乡产品的原价，让农民"有比较，好判断，放心买"。四是价格更灵活点。农民也反映，在购买下乡产品时，下乡产品不能讲价，而其他非下乡产品能够讲价，而且现在产品价格变化很大，下乡产品按照招标价格销售，前几年的价格到现在已经没有吸引力了。农民盼望销售价格能够更加灵活，能够讲价，能够随着物价浮动而调整。

## 八　完善"三下乡"政策的六条建议

### （一）抓宣传

1. 加大宣传力度。"家电、农机、汽摩下乡"政策已经取得了较好的成绩，尤其是家电下乡政策知晓度、购买率都比较高，这与充分细致的宣传密不可分。随着下乡政策的持续推进，宣传工作也需继续跟进。从过去的宣传经验来看，可以继续借助电视、广播等主流媒体进行政策宣传；借助手机、网络等新型媒介，利用其传播速度快、覆盖广、精准度高的优点及时宣传下乡政策。坚持"宣传扎根，产品进村"的原则，让村干部成为政策宣传的主体，成为政策的解读者、示范者；同时通过利用熟人社会的示范效应，让购买者自己宣传。通过以上方式，使农民既知晓政策，又理解政策，还熟悉政策细节及其程序。

2. 转变宣传重点。宣传重点向"汽摩下乡"、农机下乡、"以旧换新"政策倾斜。相较于家电下乡，农机下乡和汽车下乡政策的知晓率并不高，仍需要进一步强化政策普及的宣传。随着农村生活水平的提高，先富起来的农户购买小汽车的愿望会越来越大，普通农户则对于电动车更感兴趣，而使用农机是提高农业生产效率的重要途径。因此，汽车、电脑等产品的潜在需求比较大。各级政府和相关部门可以借鉴家电下乡的宣传方式，加大汽车、农机下乡政策和"以旧换新"政策的宣传。同时政策宣传应向细则、动向、程序、投诉、维权等方面转变，如下乡产品种类是否变化，补贴额度是否改变，补贴手续简化与否，如何进行维权，通过细致的宣传让农民及时了解到下乡政策的新信息、新动态。

3. 完善宣传内容。政府宣传政策、企业推销产品的同时，也应当尽力担负起"家电教育下乡"的责任。许多农民对于产品如何使用、如何保养、如何维修等知识不足，为保证农民充分利用下乡产品，正确运用下乡产品，享受下乡产品的功能，政府特别是企业要完善宣传内容，深入宣传产品使用、保养、维护等方面的知识。结合商家的产品宣传，厂家要为农民提供产品使用后期出现的相关问题及基本解决方法。商家可以针对下乡产品印制简单易懂的说明书或者画册，村干部也要扩展治理职能，可以在村庄板报上普及一些电器保养、简单维修的知识。

### （二）抓制度

1. 放宽招标制度。首先，放宽招标限制，增加下乡产品的种类、品牌。"三下乡"政策给农民带来了实惠、受到农民的欢迎，农民希望将更多的产品纳入下乡产品的系列。在现有"9 + 1"模式的基础上，我们建议进一步扩充下乡产品，在招标过程中充分考虑农民的需求，放宽招标制度中对下乡产品种类和品牌的定额限制。家电方面可以向两个方面延伸，一是考虑将电风扇、豆浆机、电饭煲、照相机等低端产品纳入家电下乡的行列，二是考虑将更高端、高价的产品纳入下乡产品范围。汽摩下乡方面可以新增电动车，在农村电动车已经取代了摩托车。农机下乡产品可补充农产品加工器具，如磨面机等。在品牌上，让更多的企业参与到招标竞争中去，同时鼓励更多的国内外企业投标，增加中标企业名额，择优选取，实现家电、汽摩、农机下乡产品品牌的多样化，使农民有更多的选购空间。同时也需要根据地方特点有选择性的扩大种类和品牌，如东部地区偏向购买享受型家电，中西部地区偏好生活型家电，针对不同地区的需求结构增加相应的产品种类。考虑到当前农户的需求从生活型家电向享受型、信息型家电转变，可以考虑扩充信息型家电的供应种类和品牌；东北三省的大型农机需求较高，南方小型农机受欢迎，就应有针对性的增加这些地区的农机品种。

其次，改变招标方式，保证下乡产品的吸引力。下乡产品实施统一招投标制度，但是家电产品更新换代的速度很快，企业每月、每季都会推出新功能、新款式的产品，固定时期招标的下乡产品会被贴上老旧、低档次的标签，这需要相关部门适时调整下乡产品种类，保持下乡产品"新"的特性，使下乡产品既有补贴的吸引力，也有产品功能的竞争力。为此必然改变招标的方式，缩小每次招标的间隔，督促相关企业对市场上出现的新型产品进行考察记录，及时将性价比高、符合市场需求的新产品纳入到下乡产品之列。而对于施行优惠补贴时间较长的产品，也可定期进行追踪考察，根据网点普遍反映的销售情况，将销售太差、被市场淘汰的过时产品适时退出下乡产品系列。

再次，解除产品限制，开拓中高档消费市场。在招标过程中，相关部门可能认为农村比较穷，农民收入不高，消费水平较低，倾向于选择价格低、功能少、外观不太新颖的产品作为下乡产品。这实际上限制了农民需求水平和选择空间，有些地区农民已经富起来，对下乡产品的质量、性能、功能、包装都提出了更高要求。因此，应当考虑不同农户的需求。尤其是家电下乡，随着低端市场的饱和，中高价位的产品受到农民更多关注，可以进一步开拓中高档的家电消费市场。在招标中，更多考虑中等价位、适度考虑高价位的产品，结合其质量、性能、外观、品牌等因素进行选择，提高中标产品的档次和价位。而汽车、摩托车、农机上也适当增加中高档产品的供应，保证农户有更多的选择。以旧换新必须起点高、质量好、品牌好、口碑好的企业和产品。

2. 强化激励制度。首先，利用税收和价格手段，鼓励企业研发适合农村地区特点和需求的下乡产品。在"三下乡"政策推行之前，家电、汽车等产品设计更多考虑的是城市居民的消费特点和使用需求，当前农村市场逐渐被打开，中标企业应充分考虑农村的消费环境、消费习惯和消费条件，开发更具农村特色、满足农民需求的下乡产品。许多村庄水压不稳、电网不稳、电价较高，这就要求企业推出更多的低水压、低电压、节能省电的家电产品；农村蚊虫鼠蚁多，南方湿气重，这就需要使用带有防虫、防鼠、防潮功能的产品；西部地区道路较差，需要性能更稳定、质量更过硬的摩托车、电动车；能耗支出是农民购买汽车的最大负担，厂家要适时推出适合农村的小排量的汽车。政府有关部门应充分利用税收和价格杠杆，激励企业研发适合农村的产品，对于积极开拓农村市场，因地制宜推出乡村特点产品的企业，可以给予相应的税收优惠或财政补贴、奖励，鼓励企业针对农村的研发创新活动。

其次，减免税收和表彰宣传，提高基层网点的销售积极性。由于下乡产品价格低、利润空间小，销售网点会减少供货，回避销售。有关部门可以考虑适当减免"三下乡"产品销售网点的税收，保证基本的利润，激发销售网点的积极性。对于下乡产品销量突出的网点，可利用网络、报纸等媒介予以宣传和表彰，增加知名度，鼓励各网点购销下乡产品。

最后，积极跟进配套政策，减轻农民后顾之忧。长期以来农民因收入水平、税收负担、教育费用、医疗支出、养老储蓄等问题而不敢消费。要让更多的农民购买下乡产品、享受政策优惠，就要减少农民在其他方面的消费支出或者增加其消费实力，因此其他配套惠农政策的跟进，也有利推进"三下乡"政策。这体现了政策之间的相关性、配套性。如在粮食补贴政策上，可适度提高补贴金额，增加务农农民的收入；新农保和新农合制度的推进也减缓了农民的养老、医疗压力，减少了农民的一些后顾之忧。

3. 完善的限价机制。按期调整价格，保证下乡产品的市场吸引力。随着新产品、新功能、新款式的家电、摩托车、汽车、农机等产品的推出，原招标产品的市场价格会下降，会过时，会被逐渐淘汰。但现在下乡产品则按照前几年的招标价格出售，缺乏灵活性，其性价比随着时间而下降，而其他的非家电下乡产品则比较灵活，能够根据市场需求灵活的调整价格，还能够讨价还价。因此，针对产品市场更新换代速度快的特点，要么缩短招标周期，要么调整老产品的价格，要么推出更新产品，否则下乡产品与其他产品相比则会缺乏吸引力，从而使下乡产品形式化和边缘化。

逐步取消限价，赋予农民更大的选择空间。目前下乡产品大多实施限价政策，只有在一定价格范围的产品，才能够享受政策优惠。从前面的分析可知，目前下乡家电产品的价格处于大多数农户可以接受的范围之内，但是随着农民收入的提高，农民开始偏好于中高价位产品，因此相关部门要针对农民需求的变化，及时提高并且逐步取消最高限价，促使更多高价格、高档次、高品位的产品下乡，让农户有更多选择的机会和空间。汽车、摩托车和农机这样的高价产品，更不必用限价方式避免过高的补贴负担。政府可以规定补贴上限，而不规定价格上限，这可以将所有汽摩、农机产品都囊括进下乡产品的范围，农民购买汽车、农机、摩托车都能够平等的享受政策优惠。

4. 丰富补贴制度。第一，补贴额度灵活化。首先，从地区承受能力来看，由于地区间经济发展水平不同，财力也会有很大的差别，国家财政补贴也可以实施差别政策，对于贫困地区的地方配套部分，中央财政应该全额补贴。其次，从各地区的特殊性来看，国家只要求自己承担的下乡产品补贴率，没有必要强求地方政府也完全按照中央要求的补贴率实施，地方政府可以在保证中央政府补贴率的基础上，提高补贴率，以支持本地产品或者给农民"派发红利"。地方政府也可以根据当地农民的实际需求，对农民迫切需要的产品给予更高的补贴率。最后，从农户消费水平的差异来考虑，针对"三下乡"政策中的"嫌贫爱富"、"逆向转移支付"的问题，可以使贫困户如低保户、五保户和残疾人等弱势群众凭其证件享受更高的补贴率，降低弱势群体的购买成本。

第二，补贴方式多样化。家电下乡领取补贴的方式比较多，有乡镇财政所领取，"一卡通"、商家直接垫付等方式，补贴程序较为简便。"汽摩下乡"和农机下乡应尽快摆脱单一的财政发放模式，借鉴家电下乡产品的补贴经验，积极引入银行领取和商家直补的模式，使"三下乡"政策既能惠农，又能便民。此外，还应进一步丰富补贴发放的形式，探索更加便捷的补贴方式，如印发消费券，或者将标示卡改为消费卡，直接让农民拿到补贴。

第三，补贴主体多元化。如今农村市场的消费潜力正被逐渐挖掘出来，"三下乡"政策在惠农的同时，也让部分生产企业尝到了甜头，这时要引导企业自觉的开拓和培育农村市场，有针对性的推出适合农村的系列产品，有目的性的向农村基层延伸产品的销售、维修网络，战略性的改善农村消费环境。政府及其部门可以考虑以税收或者财政补贴、奖励的方式支持厂家、商家，促使厂家、商家投入更多的资金研发新产品，有更大的积极性改善营销方式、提供优质的售后服务，甚至为销售而承担起部分完善基础设施的社会责任，通过这种方式使"三下乡"政策由政府推动变为企业自主自觉的行为。

### （三）抓落实

1. 狠抓兑付落实。只有农户将补贴款落实到农民手中，才能体现"三下乡"政策的价值。因而财政补贴兑付环节尤其重要。一是从政府部门来看，要将截留、挪用财政补贴款的"黑手"——斩断，彻查严处扣留、挪用补贴款的行为，杜绝此类现象的发生。二是从销售点来看，相关部门要对网点的兑付情况进行抽查，规范兑付补贴行为，对于利用下乡政策销售非下乡产品，自抬价格后又返还农民的"伪补贴"，以及利用农民的不知情而扣留补贴款等行为，可利用罚款、曝光等手段依法、依约处理，对屡犯不改、情节严重的网点，可取消经营资格，吊销营业执照。最后从直接受益的农户来看，针对农民不急于领取或忘记领取补贴款的情况，强化基层财政管理部门与农户及时联系，并通过电话、短信等方式，让消费者尽快申领补贴。针对部分农民因交通不便、年老体弱、身患残疾等特殊情况而尚未领到的补贴，相关部门可以专门组织人员将补贴款送到农户手中，或是委托村干部将补贴兑付落实。

2. 狠抓销售服务。"顾客就是上帝"，购买三下乡产品的顾客同样是"上帝"。销售点不能因下乡产品利润空间小、代办补贴比较麻烦就对购买农户"冷眼相看"，厚此薄彼。相关部门应鼓励销售点提供优质的销售服务。一是考察从业人员的专业素质，包括对产品了解程度、服务意识、社会责任等，组织服务能力较差的网点销售人员进行培训。二是积极听取农民的意见，对农民称赞或投诉的网点给予表扬鼓励或者通报批评。三是不定期组织人员赴各销售网点进行定期或者不定期的现场检查，发现有下乡标识不规范、下乡产品的宣传不到位、下乡服务不周全、非下乡家电产品冒充下乡产品等现象，应当场要求网点负责人纠正整改，维护下乡品牌的信誉。

3. 狠抓售后服务。"三下乡"产品的售后服务是保证下乡政策平稳实施的关键。一是对于农村地区已有的维修点进行资质审核，如维修安装人员的技术认证是否合格，配套维修设施是否完善，网点售后服务态度和质量如何，政府应对其提出要求，制定统一的售后服务标准。二是政府要大力推动维修网点下乡，鼓励农村基层维修网点的建设，为此可以对扩建维修点的业主提供优惠贷款、减免税收，提高农村地区网点扩建的积极性，更多的售后服务站可以减少农民维修退换的后顾之忧。三是对于人口稀少、位置偏远的农村，可以考虑配置流动维修服务站，让维修人员定期到这些村庄为农民提供流动的维修服务，或是组织技术人员定期下乡入户，保证下乡产品的正常使用。此外，也可以培养一部分返乡农民工，使其成为保养维修的技术工人，既能解决返乡农民工就业的问题，也能解决当地下乡产品的维修问题。

### （四）抓配套

家电、汽摩、农机下乡政策的顺利推进也有赖于各种配套条件、配套程序和配套设施的完善程序。总体来讲，要搞好如下几类配套：

1. 路网配套。一是完善路网。努力实现"村村通"向"组组通"以及"户户通"的升级，努力实现乡镇路网的贯通与拓展，保证下乡汽车摩托车有好的行驶条件。二是升级路网。路网不仅要实现"从无到有"，更要"从有到好"。家电的快速配送、汽摩的安全行驶都对农村路网提出了更高的要求。对老化路面、桥面进行诊断、整修、加固、扩宽，减少农民购买汽车、摩托车的顾虑。三是建管制度化。各地应贯彻"建管养结合"的基本原则，不能"只建不管"、"只建不养"，硬化路面、桥面的管理和养护应该有制度保障、有人员专管、有档案记录、有定期检查、有质量审核。四是安全化路网。应倡导农村"平安交通工程"的实施。增设路边防护栏、交通指示灯、警示牌、标志、标线等等，确保农村交通配套设施的跟进。另外，"汽摩下乡"将汽车、摩托车带进农村的同时，也将交通安全隐患带进农村，因此应加强交通法规知识的宣传、强化对合法合章驾驶的引导、教育。

2. 电网配套。农村电网应遵循"建、改、换、升"的同步建设，为下乡家电提供一个稳定的供电环境。一是改造电网。原有的电网体系不太科学，不少地区都是生活用电和生产用电共配变，大部分时间都是"大马拉小车"，资源没有有效配置，既浪费了资源，也无法保证生活用电的需求。二是更新设施。当前农村的供电线路老化、半径过长、装置过期等问题严重影响农户的用电安全和质量，相关部门要抓住家电下乡的机会，更新不安全的老旧电力设施，升级不稳定的电力输送设备，配合家电下乡政策，提供供电水平和能力。三是增量扩容。随着越来越多的下乡家电进入农村，"电压过低难启动、电压不稳难使用"等问题会越来越突出，为此电力设施增量扩容刻不容缓，电力基础设施的改造也迫在眉睫。电力部门要根据农村的需要整体性的、前瞻性的改造、升级农村电网。

3. 水网配套。一是有条件的农村社区，可以考虑实现供水一体化和规模化，充分发挥集中供水的优势。二是将生活供水与农田灌溉、防旱排涝三大农村水利建设结合起来，最大限度利用水资源。三是鼓励农民打井，并给予适当的财政补贴，保证农机和家电正常的用水需求。四是改革山塘水库河湖水资源的管理体制，利用市场机制融资，吸纳民间资本经营农村水资源，搞活农村用水市场。五是创新农村供水的增压措施，使热水器、洗衣机等耗水家电能够正常使用。六是建立水质监察与污染水源治理的双重机制，确保水质洁净化，保证下乡家电用水安全，降低故障率，提高使用寿命。七是"三下乡"产品增加了农户的用水需求，应该逐步规范用水计量方式，促使用水数字化，用水缴费的定期化，生产生活用水价格差别化。

4. 通信网和有线网配套。从 2009 年 9 月至 2010 年 2 月家电下乡产品的销售请况来看，电脑产品的销售势头最好，手机的消费价格上升最快，电视机取代冰箱成为最热销产品。农民消费结构的转型和消费能力提升，凸显了农村通信网和有线网建设的紧迫性。一是完善硬件设施，要以先进的科技为导向，合理规划光缆布局，提高信号传输质量；二是要以全面覆盖为目标，广泛分布服务网点，解决入网缴费难的问题。三是搞好软件配套，相关企业要因地制宜、因时制宜推出具有农村特色的通信业务产品，如中国移动的"农信宝"。四是可以考虑在合适的时机，实施通信网、有线网、电信网的"三网合一"。

5. 物流网配套。"三下乡"产品能否顺利进村入户，需要完善的乡村物流网络的支撑。对企业而言，首先要合理布局乡村的实体产品仓储点，确保产品及相关配件可以随时调配使用，最大限度缩减农户等待产品入户或配件更换的时间；其次要成立专业化的产品运输和配送队伍，降低产品运送中的损耗，确保产品卸装后的完整；最后要全面实施电话和网络营销和服务，随着手机和电脑在农村的普及，产品查询、订购、配送、反馈都要及时跟进，有条件的地方可以推行网络服务。

### （五）抓监管

1. 把好产品质量关。对生产企业而言，必须建立严密的标准质量管理体系，产品出厂前进行严格的质量检测，降低保修期内产品的故障率；产品出厂后进行严密的质量追踪，及时提供咨询和维修服务。对各级政府而言，商务部门应继续确保严格的下乡产品招投标制度，审核价格，建立市场准入制度。质检部门为中标企业建立下乡产品质量档案，将其纳入重点监督检查计划之列，定期进行质量数量化评级，连续评级最低的企业可以取消其生产经营资格。宣传部门可以利用电视、报纸、网络等媒体，对于产品频出质量问题的企业予以曝光，对于质量过硬、信誉较好的企业给予嘉奖。

2. 把好销售网点关。基层销售网点是下乡产品流通的关键环节，企业和政府应该通力合作，不定期地开展市场巡查和抽查。企业应定期反馈基层销售网点的经营和服务情况，及时调整人员配备和产品库存；各级政府要设立专管制度、成立专管部门、完善专管法规，严厉打击销售点私自提价、利用下乡政策为其他产品打广告、克扣发票和标示卡的违法行为，不仅局限于事后的取缔惩处，而且事前进行预防，防患于未然。

3. 把好售后服务关。良好的售后服务是"三下乡"产品持续、安全、稳定使用的保证。企业要推动售后服务网点向"覆盖广、距离近、人员足、态度好、服务全、能力强，速度快"的方向发展，一方面要大力宣传售后服务的内容和方式，强化购买户的售后服务意识；另一方面建立售后服务用户信息档案，对接受售后服务的农户进行服务质量调查，及时解决农户反馈的问题。政府监管部门则应将售后服务纳入企业资格审定和监管的目标。

4. 把好投诉赔付关。在投诉举报方面，不能把举报信箱当摆设，把投诉热线当成忙音。一方面，要将农民消费者反映的问题快速答复、准确处理，减少农民的损失、减轻农民的顾虑；另一方面，及时与被投诉方沟通，理清问题的权责，对于侵害下乡产品消费者权益行为，及时依法处理。在赔偿安抚方面，可以考虑建立"政府先行，代付赔偿"的快速通道，政府作为中介，先向农民代偿，后与经销商或企业协商补偿。

### （六）抓转型

家电下乡作为一项刺消费，拉内需的惠农政策，具有短期的应急性质与调控性质。要保证我国经济的可持续发展，需要使此政策常态化，制度化，即由短期政策向长期制度转型。

首先，促进政策转型。一是实行差别化下乡政策。东中西部"三下乡"的产品的购买比例和消费偏好有较大差异。比如，东部地区青睐享受型家电，而中西部地区对基本生活型家电需求更大。可以考虑在东部等经济发展较快的地区进一步放宽下乡产品种类的限制，将更多的享受型、高档次的家电作为下乡产品。二是实施针对性下乡政策。从农户对"三下乡"政策的评价来看，家电下乡呼声最高，农机下乡反映较冷。农户受支出压力的约束，当前农村的消费定位是改善生活质量而非提高生产能力，"三下乡"政策不能"胡子眉毛一把抓"，而应该以农民的即时需求为导向，在家电、汽摩消费的上升期，给予更多的政策关注和扶持。三是制度化下乡政策。随着越来越多的产品相继纳入下乡产品范围，这些产品享受财政补贴的年限也应适当延长，或者在一定时间内使其制度化。另外，"三下乡"政策已经释放了农村的消费潜力，农户基本生活型消费的改善和高级享受型消费的提升应该同步进行，延长政策优惠期限或者将下乡政策阶段性制度化，可以更好的落实下乡政策，促进经济发展。

其次，引导消费结构转型。一是促进消费结构转型。从家电下乡的购买情况来看，电脑产品的购买率增长最快，预示着一些农村地区的消费结构正处于从生活型向信息型的转型过程中。这可能成为下一轮家电消费的重点和热点，那么电脑等信息产品的种类、品牌、价格也需相应拓宽和增加。二是引导消费行为转型。农民对家电下乡产品的支付均价半年内有了很大的提升，中低端价位的产品市场渐呈饱和态势。政府应逐步放宽最高限价政策，鼓励农户对高端产品的购买。三是实现消费需求转型。当前农机下乡的购买者主要以家庭自用为主，要从家用转向家用与经营并重。"汽摩下乡"的购买者部分以经营运输为主，要引导从经营转向经营和自主使用并重转变，通过转变农民的消费结构，引导农民的消费行为，充分发掘潜在的消费需求。四是引导支付方式转型。当前农民购买"三下乡"产品的资金主要来源于家庭的储蓄存款，可以考虑为农民提供低息的消费信贷、小额抵押担保贷款或者"零首付"的分期付款。

再次，引导产业结构转型。下乡企业要抓住国家下乡政策的机遇，抓住农民需求旺盛的条件，未雨绸缪，考虑产业结构的战略性调整。一方面，企业要有危机意识，抓紧利用现在好条件、好时机，主动进行产业、产品的结构调整，而不是考虑全面激活、用活现有落后、淘汰的、过时的产能，做好调查调研，根据农民的需求，及时推出节能、环保、生态、人性化、乡土化的下乡产品。另一方面，政府要有战略意识，各级政府必须清楚地认识到，当前是解决下乡企业的产业、产品结构的最好时机，中央政府在招标时就要鼓励竞标企业符合两型社会、低碳经济的要求，引导企业淘汰高碳经济产品；地方政府可以通过财政、金融、市场政策鼓励下乡企业淘汰落后产能。下乡产业政策的目标要从扩大内需转向支持产业结构调整、惠农利民，提高农民生活水平和农业生产力。

　　最后，考虑推出替代政策。下乡政策作为国家的一项阶段性政策，需要及时的替代和更新，根据调查研究，我们建议有关部门可以考虑推出如下几类下乡政策：一是推出"软件"下乡政策。随着国家惠农政策的系列推进，建材下乡可能会成为下一个阶段的重点，但无论是家电下乡，还是"汽摩下乡"，都是改善农民生存、生活质量的"硬件"用品，随着生活质量的提高，农民开始期待诸如文化下乡、娱乐下乡、体育下乡、服务下乡、保健下乡等更高层次的"软件"下乡政策，丰富农村生活，提高生活质量。二是推出环保下乡政策。目前农村生态饱受生活排污、工业排污、农业污染的多重侵害，一方面农民呼唤"治污政策"，另一方面农民又期盼"低碳政策"的提前出台。我们认为，不能再走城市"先污染后治理"的老路，有关部门可以考虑出台环保下乡政策，大力推行节能、减排、少污染的工业产品下乡。三是推出培训下乡政策。为了帮助农民掌握下乡产品、扶持农民进城务工经商、推进农村城市化和现代农业，政府可以"扶农民一把、送农民一程"。有关部门可以考虑推出"一人一技"的培训政策，重点瞄准中青年农民，增强农民的就业能力和致富能力。四是推出金融下乡政策。国家应该逐步放开对农村金融的限制，可以实现金融网点下乡，规划金融产品入乡，培养金融意识驻乡。解决"贷款难"不是唯一目的，根本目标是活络农民手中的闲置资金，吸引外部资金，搞活农村金融市场。

# 下乡政策：农民最盼什么

## ——基于全国 21 个省 93 个村 3362 个农户的调查与研究

主持人：徐　勇

执笔人：邓大才　　王　媛　　黄振华

# 内容摘要

农民最盼望什么政策"下乡"？这是政策制定者和研究者共同关心的问题。为了解农民对国家政策的需求状况，2010年春节前后，华中师范大学中国农村问题研究中心依托"百村观察"平台，在全国21个省93个村庄针对3362个农户就农民的政策需求情况进行了问卷调查。调查研究表明：农民对医疗、技术等基础型下乡政策需求最迫切，期待最高；对教育、金融等发展型下乡政策关注增加，期待增强。因此，医疗、技术等基础型下乡政策应当成为目前国家涉农政策的主体；未来则应逐步加强教育、金融等发展型涉农政策的比重和层次。

进一步分析发现，农民对下乡政策的需求在地理区域、家庭经济水平、年龄、学历、职业上存在显著差异。其中，农民对医疗下乡的政策需求度呈现东中西逐步递减趋势；随家庭收入的增加、学历的提高，需求度下降；老年人及务农者的需求偏好尤为显著；农民对技术下乡的政策需求度呈现东中西逐步递增趋势；随家庭经济水平的提高，需求度下降；中青年人及务工者的需求偏好更为强烈；农民对教育、金融下乡的政策需求度则随着家庭收入的增加、受教育水平的提高，需求度随之上升；中青年人及非务农者的需求相对较高。总体而言，惠农利民的下乡政策，要调整结构，实现转型：从"民生型"（基础型）政策转向"发展型"政策、从"硬件下乡"转向"软件下乡"，突出发展、环保、生态、低碳和可持续。

# 报告正文

近些年来，国家先后推行了一系列下乡政策，受到了农民的普遍欢迎，显示了良好的经济效应。但随着经济的发展和生活水平的改善，农民对下乡政策的需求也发生一定的变化。华中师范大学中国农村问题研究中心"百村观察"项目组受全国社科规划办委托，借助"百村十年观察"平台，于2010年春节前后，对全国21个省93个村3362个农户进行了以"建材下乡"为中心的问卷调查与深度访谈，从中对下乡惠农政策需求进行了调查。本文依托此次调查结果对农民的政策期盼及需求差异进行了数据分析，调查发现：农民对医疗、技术等基础型下乡政策需求最迫切，期待最高；对教育、金融等发展型下乡政策关注增加，期待增强。因此，医疗、技术等基础型下乡政策应当成为目前国家涉农政策的主体；未来则应逐步加强教育、金融等发展型涉农政策的比重和层次。

## 一　农民对下乡政策的反映

### 1. 农民对下乡政策的需求层次存在差异

据3224份有效样本数据统计显示（见表1、图1），认为最需要医疗下乡的农户数为1148户，占调查样本总数的35.6%；其次是选择技术下乡，样本户数为977户，所占比重为30.3%；认为最需要教育下乡和金融下乡的农户数相当，分别为522户和516户，占比依次为16.2%和16%。此外，仅有1.9%的农户选择了其他类别的下乡政策。由此可见，农民对下乡政策的需求呈现三个分层：首先，农民最需要医疗下乡和技术下乡，两者所占比重达到六成五。这两类下乡政策侧重于给农民提供医疗保障和农副业技术指导，属于农民基本生产层面的，可以归纳为基础型下乡政策；其次，农民较期待教育下乡和金融下乡，两者所占比重相当，均在两成以内。这两类下乡政策强调提高农民的知识水平和资本扩张能力，有利于提升农民的综合发展水平，可以归纳为发展型下乡政策；最后对其他类型的下乡政策需求不大，所占比重仅约两个百分点。农民对下乡政策的需求主要集中在基础型和发展型两类政策上。

表 1　　　　　　　　　　不同下乡政策的需求对比情况

|  | 技术下乡 | 教育下乡 | 金融下乡 | 医疗下乡 | 其他 | 合计 |
|---|---|---|---|---|---|---|
| 样本数 | 977 | 522 | 516 | 1148 | 61 | 3224 |
| 占比（%） | 30.3 | 16.2 | 16 | 35.6 | 1.9 | 100 |

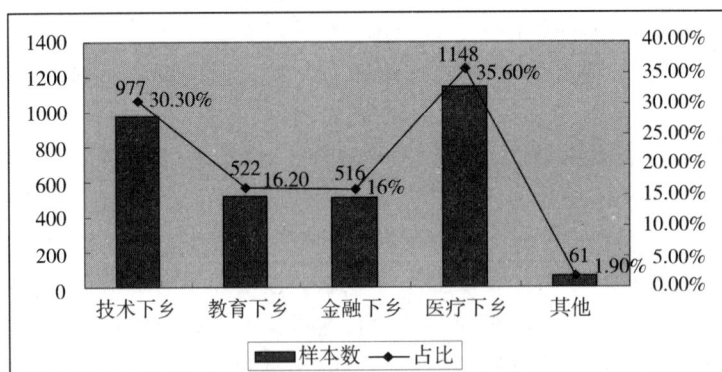

图 1　不同下乡政策的需求对比

2. 医疗下乡和技术下乡依然是农民的两大主要需求

从此次调查数据来看，医疗下乡和技术下乡成为农民最迫切需要的下乡政策，所占比重分别达到 35.6% 和 30.3%，远远高出对教育、金融下乡的需求。此前，在 2009 年针对全国范围内家电下乡的实施情况调查中，我们对医疗、技术、环保、服务等下乡政策进行了考察。调查结果显示（见表 2）：认为需要医疗下乡的农户数达到 53.2%，选择技术下乡的农户数为 38.2%。对这两类下乡政策的期盼度远远高出对环保、服务等其他下乡政策的需求度。虽然两次调查的可比性较弱，但传达了一个基本相似的结论：医疗下乡和技术下乡是农民的两大主要需求。2009 年的调查结果给我们提供了客观的参考价值，在此基础上，2010 年的下乡政策调查中对医疗和技术下乡进行了后续调查，我们发现：医疗和技术下乡较其他下乡政策而言，更为农民所期待，依然成为农民的两大主要需求。从农民对医疗和技术的期待中可以反映出，"看病难，看病贵"的现状仍有待解决；"新农合"的惠农效应未完全凸显；农民对技术的需求折射出致富理念的转变。

表2 不同下乡政策的需求度

| | 样本数（户） | 比重（%） |
|---|---|---|
| 医疗下乡 | 846 | 53.2 |
| 环保下乡 | 106 | 6.7 |
| 技术下乡 | 607 | 38.2 |
| 服务下乡 | 135 | 8.5 |
| 其他 | 26 | 1.6 |

注：本题为多选题，有效样本数为1589，因此百分比加总超过100%。

3. 发展型下乡政策需求呈现多样化

调查显示：在医疗、技术等生存型下乡政策之外，农民也逐渐开始关注和期待一些享受型下乡政策。在选择其他下乡政策的有效样本数据中（见图2），信息下乡、服务下乡、建材下乡、文化下乡和法律下乡所占比重依次为：25%、24%、21%、18%、12%。可见，农民在满足了基础性需求外，对发展型下乡政策的需求开始增加：信息下乡反映出农民认识到信息对生产生活的重要性；建材下乡体现了农民建房的需求；法律下乡凸显了农民权利意识的增强；文化下乡表达了农民对精神文化生活的渴求，还有教育、金融、服务等下乡政策均从不同的侧面反映出现代农民的需求偏好。可见，随着经济的发展，农民会更加趋向于发展型下乡政策，需求也将更加多样化。这种趋势的变化应引起相当部门的重视，适时适需地推行下乡惠农政策。

## 二 农民对下乡政策的需求差异

1. 不同地理区域的政策需求差异

在3221份有效样本中（见表3、图3），我们进行了区域分层。从相

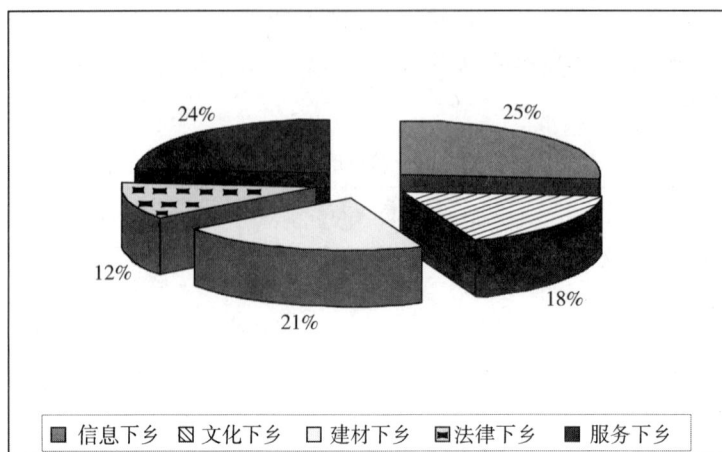

**图 2  享受型下乡政策的类别分布**

表 3                          不同地理区域的期盼差异

| | 东部 | | 中部 | | 西部 | |
|---|---|---|---|---|---|---|
| | 样本数(户) | 占比(%) | 样本数(户) | 占比(%) | 样本数(户) | 占比(%) |
| 技术下乡 | 249 | 26.3 | 571 | 29.2 | 156 | 49.1 |
| 教育下乡 | 138 | 14.6 | 336 | 17.2 | 48 | 15.1 |
| 金融下乡 | 166 | 17.5 | 309 | 15.8 | 40 | 12.6 |
| 医疗下乡 | 368 | 38.9 | 715 | 36.5 | 64 | 20.1 |
| 其他 | 25 | 2.7 | 26 | 1.3 | 10 | 3.1 |
| 合计 | 946 | 100.0 | 1957 | 100.0 | 318 | 100.0 |

对比重来看，在技术下乡的需求度上，东中西部各自比重依次为：
26.3%、29.2%、49.1%，呈现出由东中西逐渐递增的趋势。可见，区域
经济水平与技术下乡需求之间存在一定的相关关系，经济水平较弱地区，
对技术下乡的期待程度越高。在教育下乡方面，区域差异较小。中部地区
比重为 17.2%，略高出东部和西部地区。金融下乡在区域上的差异与医
疗下乡基本相似，两者在东部地区的相对比重为 17.5% 和 38.9%，在中
部地区为 15.8% 和 36.5%，西部地区为 12.6% 和 20.1%，呈现出明显的

东中西逐渐递减的趋势。可以发现，经济越发达的地区，农民在投融资及
医疗保健方面的意识越强；对其期待度也随之提高。进一步的卡方检验也
表明，不同下乡政策的需求度与地理区域之间存在显著差异。由此可以得
出结论：区域经济水平影响对下乡政策的选择，下乡政策需求上的层次化
凸显地理区域上的差异化。

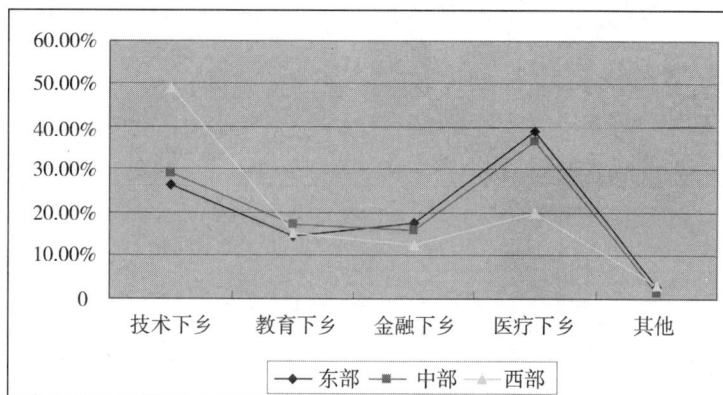

**图3　不同地理区域的期盼差异**

2. 不同收入层的政策需求差异

对3138份有效样本数据进行收入分层（见表4），从相对比重可以发
现，三类收入群体对技术下乡的需求程度约在三成左右，差异并不明显。
在教育下乡和金融下乡方面，不同收入群体的需求差异开始显现。从相对
比重可见，低收入层在这两方面的比重依次为15.7%和16%，中等收入
层其比重分别为16.3%和16.1%，高收入层依次为22.6%和19.3%。由
此可见，随着收入的增加，农民有更多的精力和资本放在教育培训和银行
信贷上，对这类下乡政策的关注度也越高，而较低收入阶层在保证基本生
活外，无暇顾及教育、金融等更高需求。在医疗下乡需求度上的差异与上
述两类恰好相反，低、中、高三类收入层各自所占比重依次为：35.8%、
34.8%、30.2%。可见收入较低阶层对医疗下乡的期待度较高，这与家庭
经济水平是关系密切。家庭经济条件较差，农民的需求主要在于保证基本
生活，因而对医疗这类基础型下乡政策格外青睐。进一步的卡方检验值也
表明，家庭收入水平与不同下乡政策需求度之间存在显著差异，由此可以
得出：不同的下乡政策需求反映了家庭经济水平上的差异。一般而言，收

入层越高越趋向于发展型下乡政策；收入层越低越趋向于基础型下乡政策。

**表4　　　　　　　　　不同收入层的期盼差异**

| | 低收入层 | | 中等收入层 | | 高收入层 | |
|---|---|---|---|---|---|---|
| | 样本数(户) | 占比(%) | 样本数(户) | 占比(%) | 样本数(户) | 占比(%) |
| 技术下乡 | 687 | 30.5 | 209 | 31 | 57 | 26.9 |
| 教育下乡 | 354 | 15.7 | 110 | 16.3 | 48 | 22.6 |
| 金融下乡 | 360 | 16 | 109 | 16.1 | 41 | 19.3 |
| 医疗下乡 | 806 | 35.8 | 235 | 34.8 | 64 | 30.2 |
| 其他 | 44 | 2 | 12 | 1.8 | 2 | 1 |
| 合计 | 2251 | 100.0 | 675 | 100.0 | 212 | 100.0 |

**3. 不同学历层的政策需求差异**

在 3194 份有效样本数据中进行学历分层（见表5），对学历与不同下乡政策需求度作交叉分析。卡方检验的概率值为 0.000，远小于 5% 的显著性水平，说明学历与不同下乡政策需求度之间存在显著性差异。在技术下乡的需求度上，不同学历层各自所占比重均在两到三成间，差异较小。对教育下乡和金融下乡而言，需求度与学历呈现正比例关系。由相对比重可见，小学学历层对这两类下乡政策的需求度分别为 12.3% 和 15.4%；初中学历层分别占比 16% 和 16.2%；高中学历层分别占 21.3% 和 16.5%；大学以上学历层依次为 29% 和 18.1%。显然，随着学历的提高，农民的眼界更为开阔，更能认识到教育培训的重要性以及金融信贷对提高家庭经济水平的潜在效应，因而对教育和金融这类发展型下乡政策关注度也更高。在医疗下乡方面，小学、初中、高中及大学以上学历层所占相对比重依次为：42.7%、33.6%、33.5%、27.7%，呈现出学历由低到高，需求度逐渐递减的变化趋势。由此可见，医疗、技术这类基础型下乡政策受到较低学历群体的偏好，学历越低，农民的需求度越高。

表5　　　　　　　　　　　　不同学历层的期盼差异

| | 小学 | | 初中 | | 高中 | | 大学以上 | |
|---|---|---|---|---|---|---|---|---|
| | 样本数（户） | 占比（%） | 样本数（户） | 占比（%） | 样本数（户） | 占比（%） | 样本数（户） | 占比（%） |
| 技术下乡 | 188 | 27.1 | 647 | 32.6 | 113 | 25.9 | 20 | 24.1 |
| 教育下乡 | 85 | 12.3 | 318 | 16 | 93 | 21.3 | 24 | 29 |
| 金融下乡 | 107 | 15.4 | 321 | 16.2 | 72 | 16.5 | 15 | 18.1 |
| 医疗下乡 | 296 | 42.7 | 665 | 33.6 | 146 | 33.5 | 23 | 27.7 |
| 其他 | 17 | 2.5 | 31 | 15.6 | 12 | 2.8 | 1 | 1.1 |
| 合计 | 693 | 100.0 | 1982 | 100.0 | 436 | 100.0 | 83 | 100.0 |

4. 不同职业的政策需求差异

在3224份有效样本数据中进行职业分层（见表6），对职业与不同下乡政策需求度作交叉分析，卡方检验的概率值为0.000，远低于5%的显著性水平表明不同下乡政策需求度与职业之间存在显著差异。从相对比重来看，务工者对下乡政策的需求主要体现在技术和金融两方面，分别占比34.5%和17.1%，相对较高出务农和其他职业者。务农者最迫切

表6　　　　　　　　　　　　不同职业者的期盼差异

| | 务工 | | 务农 | | 其他职业 | |
|---|---|---|---|---|---|---|
| | 样本数（户） | 占比（%） | 样本数（户） | 占比（%） | 样本数（%） | 占比（%） |
| 技术下乡 | 307 | 34.5 | 517 | 29.5 | 153 | 26.3 |
| 教育下乡 | 161 | 18.1 | 248 | 14.1 | 113 | 19.4 |
| 金融下乡 | 152 | 17.1 | 252 | 14.4 | 112 | 19.2 |
| 医疗下乡 | 257 | 28.9 | 701 | 40 | 190 | 32.6 |
| 其他 | 12 | 1.4 | 35 | 2.0 | 14 | 2.5 |
| 合计 | 889 | 100.0 | 1753 | 100.0 | 582 | 100.0 |

需求的是医疗下乡和技术下乡，其所占比重依次为 40% 和 29.5%；其他职业者的主要需求是教育下乡和金融下乡，分别为 19.4% 和 19.2%。由此可以发现，不同的下乡政策需求反映不同的职业偏好。技术下乡可以为农民带来技术信息，帮助其完善职业技能；金融下乡可带来资金信息，为农民的经济活动提供资金支持。务工者主要是一些在工厂上班人群或个体户，他们对惠及个人利益的（如技术培训，优惠信贷等）下乡政策会格外关注一些；对于以农业为主要职业的人群，他们的主要精力是放在农业生产和保证基本生活方面，因而其需求偏好侧重于医疗保健和农业技术的推广；对于教师、医生等其他职业人群而言，他们基本上拥有一份较为稳定的职业，受教育水平更高，关注面也更广，较之于务工和务农者，更为偏好于教育、金融等发展型下乡政策，追求精神层面上的提升。总体而言，不同的下乡政策反映了不同的职业需求，职业偏好性反映较强。

5. 不同年龄层的政策需求差异

对 3221 份有效样本数据进行年龄分层（见表 7），并对年龄层与不同下乡政策需求度作交叉分析。从相对比重来比较，医疗下乡的需求度

表 7　　　　　　　　　　　　不同年龄层的期盼差异

| | 20—30 岁 | | 31—40 岁 | | 41—50 岁 | | 51—60 岁 | | 60 岁以上 | |
|---|---|---|---|---|---|---|---|---|---|---|
| | 样本数（户） | 占比（%） | 样本数（户） | 占比（%） | 样本数（户） | 占比（%） | 样本数（户） | 占比（%） | 样本数（户） | 占比（%） |
| 技术下乡 | 78 | 30.4 | 206 | 33.9 | 381 | 32.2 | 243 | 29.8 | 65 | 18.3 |
| 教育下乡 | 69 | 26.8 | 159 | 26.2 | 171 | 14.4 | 81 | 10.0 | 42 | 11.8 |
| 金融下乡 | 48 | 18.7 | 100 | 16.5 | 222 | 18.8 | 117 | 14.3 | 29 | 8.1 |
| 医疗下乡 | 55 | 21.4 | 132 | 21.8 | 385 | 32.5 | 361 | 44.2 | 214 | 60.1 |
| 其他 | 7 | 2.7 | 9 | 1.6 | 25 | 2.1 | 14 | 1.7 | 6 | 1.7 |
| 合计 | 257 | 100.0 | 606 | 100.0 | 1184 | 100.0 | 816 | 100.0 | 356 | 100.0 |

在年龄段上差异性显著，年龄段由低到高各自所占比重依次为：21.4%、21.8%、32.5%、44.2%、60.1%。由此可见，随着年龄的增长，农民对医疗下乡需求心理越强烈。数据显示高达六成的老人选择了最需要医疗下乡。而对技术下乡而言，则呈现出随年龄的增加，需求度下降的变化趋势。31—40岁年龄段中有33.9%的人群选择了最需要技术下乡，所占比重相对最高。对教育下乡和金融下乡的需求偏好主要集中于20—40岁年龄段，41—50岁年龄段需求偏好较为居中，51岁以上年龄段对这两类下乡政策的需求较为平淡。进一步的卡方检验也表明，不同年龄层与下乡政策的需求度之间存在显著差异，不同年龄段反映了不同的下乡政策需求。总体而言，40岁以上人群偏好于教育、金融等发展型下乡政策；41—50岁年龄段是一个过渡年龄层，50岁以上人群更倾向于医疗等基础型下乡政策。

## 三　结论和建议

根据问卷调查和数据统计分析，我们可以得出如下结论：

1. 医疗、技术成为农民两大期盼

调查发现，35.6%的农民期盼医疗下乡，所占比重远远高出对其他下乡政策需求。同时对医疗下乡的需求程度也呈现出地理区域、家庭经济水平、学历、年龄及职业上的差异。在地理区域上，需求度呈现出东中西逐渐递减趋势；家庭经济条件上，收入越高的家庭对医疗下乡的需求越低；学历上，受教育水平越高人群对其需求越低；需求度在年龄上的差异十分显著，两者成正比例增加趋势，高达60.1%的老人选择了最需要医疗下乡；在职业上，务农者的需求度远远高于非务农群体，达到40%。

此外，有30.3%的农户表达了对技术下乡的需求，所占比重仅低于医疗下乡。在地理区域上，对技术下乡的需求度呈现东中西逐步递增趋势，经济水平较不发达地区对技术下乡的需求程度更高；在家庭经济条件上，中低等收入家庭较高收入家庭，越期待技术下乡政策；在年龄和职业方面，中青年人及务工者对技术下乡的偏好性更高；在学历上需求差异并不显著。

由调查数据分析可见，医疗、技术已成为农民的两大期盼，医疗下乡、技术下乡也成为当前一系列下乡惠农政策中的主打政策。

2. 教育、金融受到农民普遍关注

据调查统计，16.2% 的农户选择了最期待教育下乡，同时有 16% 的农户认为最需要金融下乡。较之于法律、文化、信息、服务等下乡政策而言，教育、金融下乡开始受到农民的普遍关注。

对教育下乡和金融下乡的关注度呈现出家庭经济水平、学历、年龄及职业上的差异性。一般而言，经济水平越好的家庭、受教育水平越高的群体对教育、金融下乡的关注度越高；中青年人及从事教育等其他职业人群的期待度相对较高；在区域上的政策需求差异较小，东中部的需求度略高一些。

3. 基础型政策解燃眉之急，发展型政策成未来之需

据调查反映，目前农民最需要的仍是医疗、技术等基础型下乡政策，这与当前农民的普遍生活状况是紧密相连的。受其自身经济水平的制约，农民需要缓解医疗费用的压力，需要农业技术上的指导，需要务工技术培训等等，因此医疗、技术等基础型下乡政策能缓解农民燃眉之急，发挥出显而易见的惠农效应。随着经济的发展和生活水平的日趋完善，农民的生存性需求得到满足后，随之会产生一些更高层次的需求，如调查中反映农民期待教育、金融、服务、信息等下乡政策。这些需求量暂时还较少，但是一个很好的萌芽，体现了未来下乡惠农政策的发展趋势，即发展型下乡政策会越来越多，并逐步替代基础型下乡政策，成为农民最期待、最欢迎的下乡政策。总体而言，基础型下乡解农民燃眉之急，发展型下乡政策成农民未来之需。

作为相关部门，应及时了解农民的需求变化，推行满足农民需求的下乡政策，让农民真正享受到下乡政策所带来的惠农效应。同时，下乡惠农政策应发挥"指挥棒"的调控作用，适时适度地由基础型下乡政策向发展型下乡政策转型，引导农民对教育、金融、环保、服务等下乡政策的关注，逐步丰富和完善农民在精神层次上的需求，实现和谐、全面发展。

# 农机下乡政策有喜有忧

## ——基于全国 20 个省 68 个村 1942 个农户的调查

主持人：徐　勇

执笔人：邓大才　　江　丽　　赵飘飘　　胡雅琼
　　　　黄振华

# 内容摘要

　　"农机下乡"政策是国家为拉动农村社会经济发展，改善农民生产生活水平而推出的一项惠农政策。经过多年的运行和摸索，"农机下乡"政策的实施效果如何，存在哪些问题，还有多大潜力，还需做哪些调整？针对这一系列问题，华中师范大学中国农村问题研究中心"百村观察"项目组继 2009 年在全国范围内开展"农机下乡"调查之后，受全国社科规划办委托，于 2010 年春节前后组织近百名师生对全国 20 个省 68 个村庄的 1942 个农户就"农机下乡"政策的实施情况再次展开了大规模的问卷调查和深度访谈。

　　通过调查，"农机下乡"政策的总体实施情况是：评价很高，购买率低；价格悬殊，南北有别；品种较少，配套不全。我们认为，农机下乡产品虽然总体销售不太好，但其市场增长空间大，如在制度设计、运行机制、政策配套等方面多加改进和完善，农机下乡政策的实施效果将会越来越好。

## 一　农机下乡政策实施的三个特点

　　（一）评价很高，购买率低。农机下乡政策自实施以来，赢得了农民的一致好评，主要体现在对政策的肯定和对产品质量的满意度两个方面。84.9%的农民认为农机下乡政策能够带来实惠，东北、华北、西北、西南、沿海、中部地区对政策的好评比重依次为 84%、86.6%、67.1%、78.9%、81.8%和 93.4%。可见，农机下乡政策已经广为农民所知，且深得民心。农民反映大部分下乡农机产品质量比较好，48.6%和 2.9%的农民表示下乡农机产品质量"比较好"和"非常好"，17.2%的农民表示产品质量"较差"和"很差"。对产品"非常满意"、"较满意"和"一般"的农户分别为 2.9%、44.1%和 35.3%，说明农民对下乡农机政策的总体评价较高。在农民给予政策积极评价的同时，农机下乡产品的购买率却普遍较低。调查显示，仅有 1.9% 的农户购买了农机下乡产品。其中东部地区购买率最低，为 0.9%；中、西部地区分别为 3.8%、1.6%，东、中、西部购买率呈现"倒 V"形。这与各地区实际耕种情况密切相关。

（二）价格悬殊，南北有别。农机下乡产品价格差异大，销售均价居高不下。在调查中，购买农机产品均价为 10093.8 元，其中价格最高为 145000 元，最低的为 520 元，两者相差高达 144480 元。总体来看，购买农机需要较大的资金投入，这对于普通农民而言实属不易，也直接影响农机的购买率。由于地域的差异，南、北方农民购买农机的倾向不同，南方购买率高，且较偏向小型农机。农民购买动机不同，东部更倾向于提高生产效率。当问及"您购买农机产品的主要原因是什么"时，"提高生产效率"成为最为主要的动因。其中，东、中、西部地区农民选择"提高生产效率"的比重分别为 66.7%、33.3%、41.2%。另外，东部地区"弥补劳动力不足"也是重要动机，占比为 33.3%。中部地区的农民购买农机的动机主要是"替代牲畜"，占比 44.4%。

（三）品种较少，配套不全。29.7% 的农民认为农机下乡产品品种少，制约了农民的选购范围。同时，农民也反映农机产品在下乡的过程中出现了"产品下乡、配套没下乡"的问题。多数农机产品的操作和维护有一定的技术要求，48.8% 的农户表示当地政府提供了技术指导，34.1% 反映没有提供技术指导。西部地区接受技术指导的比重最高，达到了 76.5%；其次是东部地区，为 33.3%；中部地区最低，仅为 27.8%。整体来看，目前农户接受技术指导的比重并不太高，不少农户购买农机之后都需要自己熟悉农机产品。缺乏技术指导成为制约农机产品下乡的重要障碍。调查发现，不同地区村庄的水电条件存在较大的差异，东、中、西部符合农机使用的水电条件呈现依次递减趋势，东、中、西部地区分别为 100%、82.4%、61.1%。因此，加大中西部地区生产、生活水电设施的建设力度，继续完善下乡配套设施成为当务之急。

## 二 农机下乡政策落实的六个问题

（一）政策宣传不到位。农机下乡政策自 2002 年实施至今已有 8 年的时间，但是实际效果和其他的下乡政策相比并不尽如人意。究其原因首先体现在政策宣传不到位，包括媒体宣传力度小且不持续，地方宣传效率低且不细致，村干部宣传局限多且不及时等。

（二）政策设计不完备。农机下乡政策考虑的主体对象为农牧渔民、农场（林场）职工、直接从事农机作业的农业生产经营组织、取得当地工商登记的奶农专业合作社、奶畜养殖场所办生鲜乳收购站和乳品生产企业参股经营的生鲜乳收购站。与其他下乡政策一样，农机下乡政策未将农村流动人口、农村边缘人口的实际情况和要求考虑在内。大型农机的全面推广和使用，还要依靠农地的流转整合，唯有将小块土地规模化才有条件使用大型农机。目前，农机下乡的配套政策尚不健全，影响政策的实施效果。

（三）农机市场不健全。目前，各地农机下乡产品多出自本土企业，外来企业即使在品质上占有优势也很难在市场上站住脚，农民担心因缺乏竞争导致购买成本增加。有的农机下乡的销售网点存在以"农机下乡"名义销售非农机下乡产品等问题，或是在价格和补贴上做文章以谋取私利。还有一些商家私设门槛，限定下乡农机可以享受国家补贴，但是不能和非下乡农机一样，享受同等的售后服务和维修服务。相关部门监管不力也成为农机市场不成熟的因素之一。

（四）农机补贴不灵活。当前，农机补贴存在三个实际的问题：一是补贴比例僵硬化。不同地区的农民对农机的需求各不相同，不同农机的价格也相差悬殊，农机补贴不能"一刀切"。二是补贴方式单一化。农机补贴统一采用的现金补贴，由中央和地方政府共同负担，中央的补贴能够及时到位，但是很多地方财政却是迟迟没法落实，这在一些中西部的省市体现的尤为明显。三是补贴程序复杂化。有农民反映，与家电下乡的商家直补相比，农机下乡的补贴程序就显得较为复杂，手续更多、历时更长久。这些问题给农民带来诸多不便。

（五）配套设施不健全。这主要体现在硬件条件和软件条件的不足：一方面是农村基础设施建设不足，如道路、水利、电力等条件达不到农机正常作业的标准。此外，农地的细碎化、分散化也阻碍了农机下乡的效果。另一方面，农民缺乏技术指导，使得有能力购机却没能力用机的农村潜在消费群体被排除在外，农机下乡缺乏服务下乡、法律下乡和金融下乡。技术问题、售后问题、法律问题、信贷问题都制约了农机下乡政策在农村的实施成效，以致有农民调侃道："农机下乡、技术不下乡、服务跟不上。"

（六）农民主体地位不明显。农民的经济条件和技术水平是农机下乡得以成功的基础。对于普通农民而言，农机属于大宗商品，其价格也普遍偏高，农民表示受家庭经济条件的制约，买不起农机。由于受文化程度、技术水平和法制观念等因素的影响，农民在购置下乡农机的过程中往往处于"信息不对称"的尴尬局面，凡事只有被动接受，主体地位不明显。

## 三　完善农机下乡政策的五条建议

（一）增强宣传是前提。政策宣传主体要多元化，应充分调动各方积极性，将政府、农民、厂家、商家都融入宣传主体中去。宣传手段要多样化，联合传统媒体和互联网、手机等新媒介进行多种形式的宣传。宣传对象要全面化。不要把受众目标仅锁定在户主或是已购农机的农民身上，应拓宽政策宣传面。

（二）战略转型是重点。将农机下乡政策的关注点由农机购买转向农机以旧换新。调查显示中小型农机目前在农村的占有情况已经接近饱和，很难再出现爆发式的增长。这催生了农机更新换代的问题，可成为农机下乡产品销售的新增长点。促进农机产品质量提高，推广先进适用、安全可靠、节能环保的农业机械。

（三）完善配套是关键。加强农村基础设施建设，包括道路、水网、电网等，为农机产品下乡提供有利的前提条件。增加配套服务内容，大力推进技术下乡、售后下乡、法律下乡、金融下乡等，使农机产品能够顺利下乡。促进农地流转，将传统的小块的分散农地集约化，发展现代大规模农业是农机使用，特别是大型农机使用大幅度增加的必经之路。

（四）加强监管是保障。要严把"监督关"，通过组织监督、社会监督、舆论监督、政府自我监督等方式，齐抓共管，维护农机下乡市场秩序，保障农民的权益，确保政策充分落实。企业和政府应该通力合作，定期、不定期地开展市场巡查和抽查。对于销售网点的违法违规行为，要严格采取惩罚措施。

（五）农民增收是根本。要加快城乡一体化建设，缩小城镇和农村的差距，实现农民在城乡之间的流通，提高其收入水平。要实现农业产业化、规模化经营，借农机下乡之机，发展农村特色产业农业，实现农业的大规模机械化。通过对当地资源的整合，借此来增加农民收入，形成农民增收和农机增购的良性循环。

# 报告正文

为拉动农村社会经济发展，改善农民生产生活水平，国家于 2002 年推出了"农机下乡"政策。经过多年的运行和摸索，"农机下乡"政策的实施效果如何，存在哪些问题，还有多大潜力，还需做哪些调整？针对这一系列问题，华中师范大学中国农村问题研究中心"百村观察"项目组继 2009 年在全国范围内开展"农机下乡"调查之后，受全国社科规划办委托，于 2010 年春节前后组织近百名师生对全国 20 个省 68 个村庄的 1942 个农户就"农机下乡"政策的实施情况展开了大规模的问卷调查和深度访谈。

通过调查，"农机下乡"政策的总体实施情况是：评价很高，购买率低；价格悬殊，南北有别；品种较少，配套不全。我们认为，农机下乡产品虽然总体销售不太好，但其市场增长空间大，如在制度设计、运行机制、政策配套等方面多加改进和完善，农机下乡政策的实施效果将会越来越好。

## 一　农机下乡政策的实施现状

### （一）农机下乡产品的购买情况

1. 农机购买率总体较低，东部地区最低

农机下乡政策实施以来，农民们都拍手叫好，但是购买率却普遍较低。在 1942 户样本中，有 37 户农民购买了农机，占有效样本的比重为 1.9%。其中，东、中、西部地区购买率呈现"倒 V"形：东部地区购买率最低，为 0.9%；中、西部地区分别为 3.8%、1.6%（见表 1；图 1）。其中的原因可能主要在于，东部地区人均耕地面积少，中西部地区人均耕地面积相对比较多，而且中西部地区适合于机械化作业的耕地比较多。因此，中西部地区的购买率相对较高。

表1　　　　　　　东、中、西部农民购买农机情况统计　　　　（单位：%）

| 购买情况 | 东部 | 中部 | 西部 | 总体 |
|---|---|---|---|---|
| 购买 | 0.9 | 3.8 | 1.6 | 1.9 |
| 没购买 | 67.1 | 68.1 | 61.1 | 98.1 |
| 合计 | 68.0 | 71.9 | 62.7 | 100.0 |

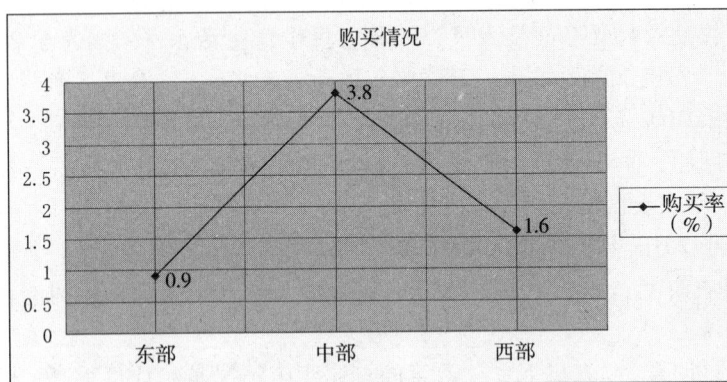

图1　东、中、西部农民购买农机产品情况

2. 农机下乡产品价格差异大，销售均价高

在 37 户购买了农机下乡产品的农户中，有 32 户提供了所购产品的价格信息。其中，价格最高为 145000 元，最低的为 520 元，两者相差高达144480 元。可见，农机下乡产品的价格差异非常大。从产品均价来看，在32 户有效样本当中，农机下乡产品的均价为 10093.8 元（见表2）。从调查中我们也发现，农机种类很多，价格变化幅度大，在 520—145000 元之间，虽然如此，但是其峰度系数为 0.809，比正态分布曲线更陡峭，这说明农户购买价格在平均价格附近比较集中。从总体来看，农户购买下乡农机的平均价格在 1 万元左右，相对农民的收入而言，农机的购买属于大宗设备购买，需要一定的资金积累。

表2　　　　　　　对农机购买价格的描述性统计分析表

| 样本数 | 最低价 | 最高价 | 极差 | 产品总价 | 单件均价 | 峰度系数 |
|---|---|---|---|---|---|---|
| 32 件 | 520 元 | 145000 元 | 144480 元 | 323000 元 | 10093.8 元 | 0.809 |

3. 南、北方农民购买农机的倾向不同，① 南方偏向小型农机

在调查中我们发现，由于地域的差别，南北方农民选择购买农机的类型也有所差别，南方购买的农机多，且较偏向于小型机械。在提供农机购买价格的 32 个样本中，南方的农户购买了小型农机 26 台，大型农机 2 台，合计购买 28 台，占样本总数的 87.5%；北方的农户购买小型农机和大型农机均为 2 台，合计 4 台，占样本数的 12.5%（见表 3）。从调查数据中可以看出，南方农民购买的农机总数远远超过北方，而且南方农民更倾向于购买小型机械。这是由南、北方的经济条件和地理环境决定的，南方的经济条件比北方好，因此农机的购买量多些；同时南方的耕地面积没有北方平整，由于其地块小，因此小型机械的适用性更强。由此可见，南北方农机的销售应该因地制宜，有针对性地制定财政补贴政策。

**表 3**         **南北方选择农机的类型情况统计表**

| 价格 | 小型农机<br>（10000 元以下） | 大型农机<br>（10000—145000 元） | 合计（台） | 所占比（%） |
|------|------|------|------|------|
| 南方 | 26 | 2 | 28 | 87.5 |
| 北方 | 2 | 2 | 4 | 12.5 |

4. 农民购买动机不同，东部更倾向于提高生产效率

通过调查，我们发现农民购买农机的动机主要有三项：提高生产效率、弥补劳动力不足和替代牲畜。在提供了有效信息的 29 个购买户中，有 12 户的动机是为了"提高生产效率"，占有效样本数的 41.4%；想用来"替代牲畜"的农户占有效样本数的 31%；还有 8 户农民是为了"弥补劳动力的不足"，占样本数的 27.6%（见表 4）。从总体来看，大部分的农户购买农机是想提高劳动生产效率。

---

① 南方：广东、广西、贵州、江西、福建、江苏、安徽、湖南、湖北、四川、重庆、上海、浙江。北方：黑龙江、吉林、辽宁、内蒙古、河北、河南、山东、甘肃、青海、宁夏、陕西、山西。

表 4　　　　　　　　　　　农民购买动机情况统计

| 购买动机 | 提高生产效率 | 弥补劳动力不足 | 替代牲畜 | 合计 |
|---|---|---|---|---|
| 样本户数（户） | 12 | 8 | 9 | 29 |
| 所占比重（%） | 41.4 | 27.6 | 31.0 | 100.0 |

从不同区域来看，农民购买农机下乡产品的动机有所差异。在此次调查中，当问及"您购买农机产品的主要原因是什么"时，东、中、西部地区的农民选择"提高生产效率"的比重分别为 66.7%、33.3%、41.2%（见表 5；图 2）。另外，东部地区"弥补劳动力不足"也是重要动机，占比为 33.3%。中部地区的农民购买农机的动机主要是"替代牲畜"，占比 44.4%，其次是提高效率，占比 33.3%。可见不同地区的农民购买下乡农机的动机有所区别：东、西部地区的农民主要是提高生产效率；中部地区主要是替代牲畜。总体而言，农民购买下乡农机是为了提高生产效率。

表 5　　　　　　不同地区农民购买农机的动机　　　　　　（单位:%）

| 购买动机 | 东部 | 中部 | 西部 | 总体 |
|---|---|---|---|---|
| 提高生产效率 | 66.7 | 33.3 | 41.2 | 41.4 |
| 弥补劳动力不足 | 33.3 | 22.2 | 29.4 | 27.6 |
| 替代牲畜 | 0.0 | 44.4 | 29.4 | 31.0 |
| 合计 | 100.0 | 100.0 | 100.0 | 100.0 |

### （二）农民对农机下乡政策的评价

#### 1. 农户总体评价较高，政策反映良好

农机下乡政策实施以来，赢得了农民的一致好评。在此次调查中，当被问到"您认为农机下乡政策能够给农民带来实惠吗"时，认为"完全能够带来实惠"的农户有 712 人，占比 52.7%；选择"能带来一些实惠"的农户有 435 人，占有效样本数的 32.2%；还有一部分农民选择"说不清"，占比 11.4%（见表 6；图 3）。总体来说，农民对农机下乡的评价较高，认为"完全能带来实惠"和"能带来一些实惠"的农户占比接近九

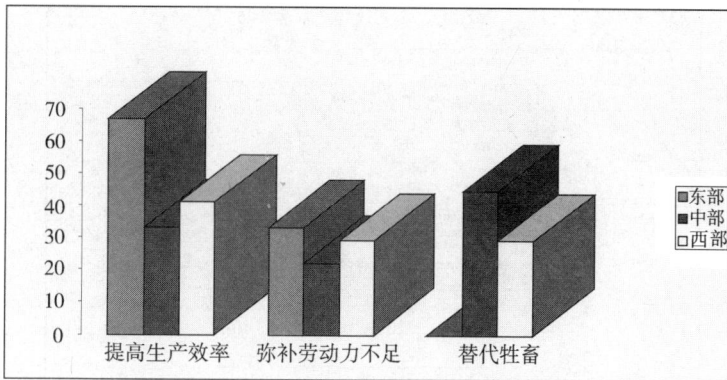

**图2    不同地区农户购买动机情况**（单位:%）

成。由此可见，农机下乡政策已经广为农民所知，且广受认可，深得民心。

**表6**                       **农民对农机下乡政策的态度情况统计**

| 政策态度 | 样本户数（户） | 占有效样本的比重（%） |
|---|---|---|
| 完全能够带来实惠 | 712 | 52.7 |
| 能带来一些实惠 | 435 | 32.2 |
| 不能带来实惠 | 50 | 3.7 |
| 说不清 | 154 | 11.4 |
| 合计 | 1351 | 100.0 |

2. 不同区域的政策评价有所差异，中部地区农民评价最高

按不同区域进行划分，在被调查农户中表示农机下乡政策"完全能带来实惠"的农民比重东北、华北、西北、西南、沿海、中部地区分别为 60%、52.7%、42.3%、64.8%、48.5%、52.5%；选择"能带来一些"实惠的比重依次为 24%、33.9%、24.8%、14.1%、33.3%、40.9%（见表7）。两者结合起来考察，中部地区农民对政策的评价最高，比重为 93.4%；西北地区最低为 67.1%；其他地区比重均在 80% 左右，中部地区和西北地区相差了近 25 个百分点。地区之间的评价差异主要原因可能是：中部地区的农民对国家政策更加敏感，同时具备购买农机的经

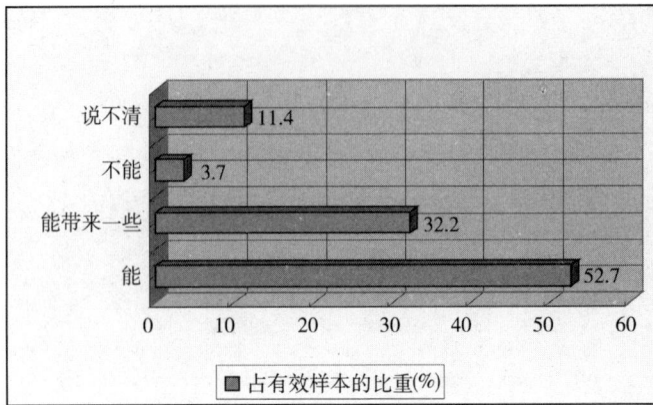

**图 3　农民对农机下乡政策的态度情况**

济条件以及拥有农机耕作的地理环境，即有较强的需求和购买能力，而且
购买也多，这些因素结合起来就导致了中部地区的农民对政策的评价最高。

　　总体来看，农民对农机下乡政策的评价总体较高，受访者对农机下乡
政策大多表示了支持和拥护。

表 7　　　　　不同区域农民对农机下乡政策的态度情况　　　　（单位:%）

| 政策态度 | 东北地区 | 华北地区 | 西北地区 | 西南地区 | 沿海地区 | 中部地区 |
|---|---|---|---|---|---|---|
| 能 | 60.0 | 52.7 | 42.3 | 64.8 | 48.5 | 52.5 |
| 能带来一些 | 24.0 | 33.9 | 24.8 | 14.1 | 33.3 | 40.9 |
| 不能 | 4.0 | 6.7 | 5.1 | 3.8 | 5.1 | 1.6 |
| 说不清 | 12.0 | 6.7 | 27.8 | 17.3 | 13.1 | 5.0 |
| 合计 | 100.0 | 100.0 | 100.0 | 100.0 | 100 | 100.0 |

　　注：按照抽样调查原则，将调查地区进行如下分类：沿海地区指广东、福建、
浙江、江苏、山东、海南等省；中部地区指湖南、湖北、安徽、江西、河南等省；西
北地区指陕西、甘肃、宁夏、青海、新疆等省区；西南地区指云南、重庆、贵州、四
川、广西等省区市；华北地区指河北、内蒙古、山西等省区；东北指辽宁、吉林、黑
龙江等省。

　　3. 年轻人对政策的评价最高，中年人评价较低

　　从年龄上来看，不同年龄分组对农机下乡政策的评价存在差异性。在

选择"完全能带来实惠"和"能带来一些实惠"的农户中，20—30岁年龄组的农户比重最高，达到了91.2%；其次是50—60岁年龄组，占有效样本数的87.5%；40—50岁年龄组和60岁以上年龄组的农户所占比重分别为84.4%和84.8%；最少的是30—40岁年龄组，占比81.6%（见表8）。从数据中我们可以看出，不同年龄组的农户对农机下乡的政策认可度呈现"∨∧"波浪形的变化。表明各年龄组的农户对政策的评价虽然有些差异，但总体评价比较高，均在八成以上。

| 表8 | 不同年龄层对政策的认可情况统计 | | | （单位:%） | |
|---|---|---|---|---|---|
| 政策态度 | 能 | 能带来一些 | 不能 | 说不清 | 合计 |
| 20—30 岁 | 45.6 | 45.6 | 0.0 | 8.9 | 100.0 |
| 30—40 岁 | 48.0 | 33.6 | 4.5 | 13.9 | 100.0 |
| 40—50 岁 | 54.6 | 29.8 | 5.4 | 10.2 | 100.0 |
| 50—60 岁 | 52.0 | 35.5 | 3.7 | 8.8 | 100.0 |
| 60 岁以上 | 57.1 | 27.7 | 1.4 | 13.8 | 100.0 |
| 总体 | 52.9 | 32.2 | 3.7 | 11.2 | 100.0 |

注：未将20岁以下年龄组纳入统计。

### （三）农民对农机下乡产品的评价

#### 1. 农民反映：大部分下乡农机产品质量比较好

下乡产品的质量一直为各界所关注。在此次调查中，当问到农民"您购买的农机产品质量如何"时，农民表示产品质量总体较好。在已购买且具有有效信息的35户中，有将近一半的农民认为农机下乡产品"比较好"，占样本总数的48.6%；25.7%的农民表示产品质量"一般"；还有将近五分之一的农民认为产品质量"较差"和"很差"（见表9；图4）。可见，农民总体认为下乡农机产品的质量比较好，但是也有近二成的农民表示，下乡农机产品质量比较差，这既影响农民的生产经营，也影响下乡产品的信誉。显然，下乡农机产品质量监管的力度还要加强。

表 9                农民对"农机下乡"产品质量的评价情况

| 产品质量 | 非常好 | 比较好 | 一般 | 较差 | 很差 | 说不清 |
|---|---|---|---|---|---|---|
| 样本户数(户) | 1 | 17 | 9 | 3 | 3 | 2 |
| 所占比重(%) | 2.9 | 48.6 | 25.7 | 8.6 | 8.6 | 5.6 |

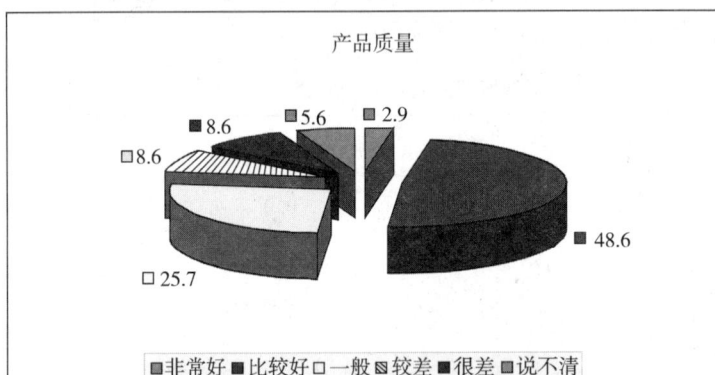

图 4  农民对"农机下乡"产品质量的评价情况 (单位:%)

### 2. 大部分农民可以接受下乡农机产品的价格

农民比较关心下乡农机产品的价格,他们担心"商家或企业故意哄抬价格,再进行补贴,这就不是真正意义上的给农民实惠"。调查显示,超过三成的农户认为价格"较便宜",占有效样本的 30.2%;认为价格"一般"的农户也不少,为 27.3%;认为下乡农机产品价格"较高"和"很高"的农户分别为 18.2% 和 6.1%,即有近四分之一的农户对农机下乡产品的价格并不满意(见表 10;图 5)。可见,大多数农户能够接受下乡农机产品的价格,或者说对下乡农机产品的价格没有意见,但也有近四分之一的农民不能接受,这可能与经济承受能力有关。

表 10                农民对"农机下乡"产品价格的评价情况

| 产品价格 | 很便宜 | 较便宜 | 一般 | 较高 | 很高 | 说不清 | 合计 |
|---|---|---|---|---|---|---|---|
| 样本数(户) | 1 | 10 | 9 | 6 | 2 | 5 | 33 |
| 比重(%) | 3.0 | 30.2 | 27.3 | 18.2 | 6.1 | 15.2 | 100.0 |

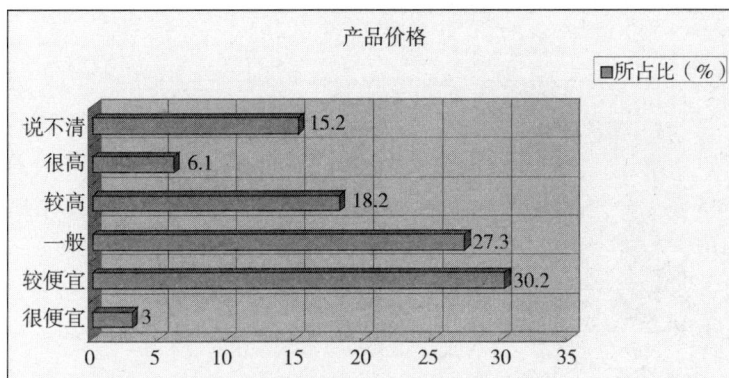

图5 农民对农机产品价格的评价情况

3. 三成农民认为下乡农机产品类别较少，增加农机产品品种是关键

在调查中，当问到"您觉得农机下乡产品的种类多吗"时，24.3%的农民认为品种"较多"；24.3%的农户认为产品品种"较少"；21.6%的农民评价品种"一般"（见表11；图6）。由此可见，近五成的农户表示下乡农机产品的品种还可以，但也有三成的农户认为目前下乡农机产品品种较少，制约了农民的选购范围，增加下乡农机产品的品种将是下一阶段的工作重点。

表11 农民对农机下乡产品品种的评价情况 （单位：户、%）

| 产品种类 | 很多 | 较多 | 一般 | 较少 | 很少 | 说不清 | 合计 |
|---|---|---|---|---|---|---|---|
| 样本户数 | 4 | 9 | 8 | 9 | 2 | 5 | 37 |
| 所占比重 | 10.8 | 24.3 | 21.6 | 24.3 | 5.4 | 13.6 | 100.0 |

4. 接近八成的农民对产品较满意或者没有大的意见

在对农机下乡产品的满意度方面，表示对产品"非常满意"的只占2.9%，而表示"较满意"、"一般"的农户分别为44.1%、35.3%，说明农民对下乡农机只是较为满意和没有大的意见。对产品"较不满意"和"很不满意"的农户很少，占比仅为5.9%和5.9%（见表12；图7）。可见，农民对农机下乡产品整体上较为满意或者没有大的意见。

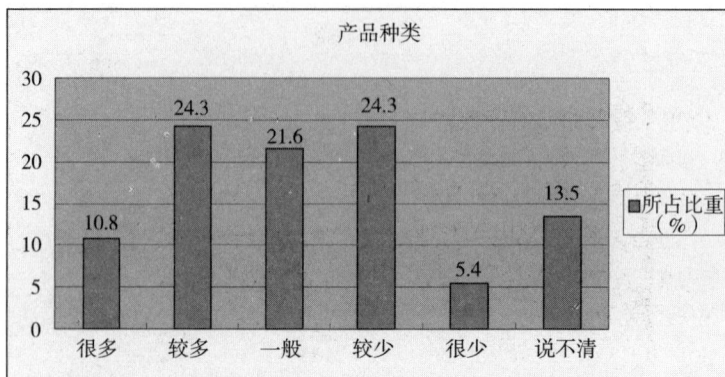

**图 6　农民对"农机下乡"产品种类的评价情况**

表 12　　　　　　　　　　　　　农民对购买产品的评价

| 产品种类 | 非常满意 | 较满意 | 一般 | 较不满意 | 很不满意 | 说不清 |
|---|---|---|---|---|---|---|
| 样本户数（户） | 1 | 15 | 12 | 2 | 2 | 2 |
| 所占比重（％） | 2.9 | 44.1 | 35.3 | 5.9 | 5.9 | 5.9 |

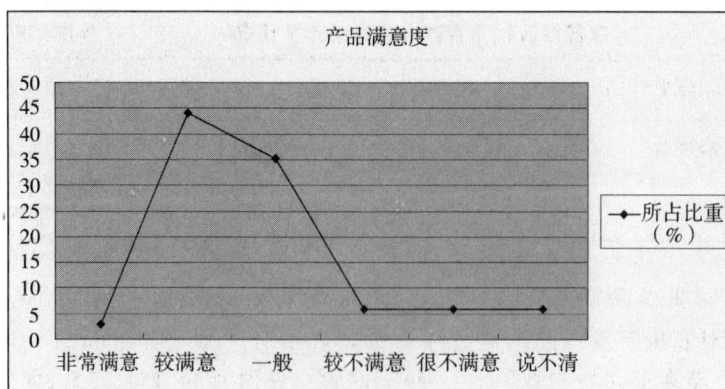

**图 7　农民对购买产品满意度情况统计**

与此同时，在调查中也发现，不同地区农民对购买产品的评价也有所不同。在具有有效信息的 34 个购买户中，东中西部地区的农民对购买的产品满意度有一定的差异，其中中部地区表示产品"非常满意"和"较满意"的农户比重合计为 69.2%，西部地区为 35.3%，东部地区为 25%。也就是说，中部地区的产品满意度最高，比东、西部地区平均高出一倍多。显然，中部地区农机下乡产品更受农户欢迎，这与中部地区下乡农机品种较多、农民购买较多有关（见表 13）。

表 13　　　　不同区域农民对农机下乡政策满意度情况统计　　　（单位:%）

| 政策评价 | 非常满意 | 较满意 | 一般 | 较不满意 | 很不满意 | 说不清 | 合计 |
|---|---|---|---|---|---|---|---|
| 中部 | 7.7 | 61.5 | 15.4 | 0.0 | 0.0 | 15.4 | 100.0 |
| 西部 | 0.0 | 35.3 | 47.1 | 11.8 | 5.9 | 0.0 | 100.0 |
| 东部 | 0.0 | 25.0 | 50.0 | 0.0 | 25.0 | 0.0 | 100.0 |

**（四）农机下乡政策实施的配套环境**

1. 农机技术指导跟不上，东中部地区相对比较差

多数农机产品有一定的技术要求，必要的技术指导是农机产品推广及产品效率提升的基础。在此次调查中，当问及"当地政府是否提供农机使用的技术指导"时，有 48.8% 的农户给予了肯定的回答；反映当地没有提供技术指导的农户为 34.1%（见表 14）。整体来看，目前农户接受技术指导的比重并不太高，不少农户购买农机之后都需要自己熟悉农机产品。一些农户反映，由于没有必要的技术指导，不大愿意购买大型农机设备，担心"买回来也是一个摆设"。可见，技术指导成为制约下乡农机产品的重要障碍。

表 14　　　　　　　当地政府提供技术指导情况统计

| 技术指导情况 | 是 | 否 | 不知道 | 合计 |
|---|---|---|---|---|
| 样本户数（户） | 20 | 14 | 7 | 41 |
| 所占比重（%） | 48.8 | 34.1 | 17.1 | 100.0 |

从区域来看,在样本农户中,西部地区接受技术指导的比重最高,达到了 76.5%;其次是东部地区,为 33.3%;最低是中部地区,仅为 27.8%。也就是说,西部地区提供技术指导的农户比重高出东、中部地区 43.2 个百分点和 48.7 个百分点(见表 15)。总体来看,目前提供技术指导的比重不高,东、中部地区的问题尤为严重,需要引起各级政府部门的重视。非常有意思的是:中部地区农机品种最多,而且农民满意度也比较高,但是技术指导却比较少。这一问题值得进一步研究和思考。

表 15　　　　不同地区政府对农民的技术指导情况统计　　　（单位:%）

| 技术指导情况 | 是 | 否 | 不知道 | 合计 |
|---|---|---|---|---|
| 西部 | 76.5 | 23.5 | 0.0 | 100.0 |
| 东部 | 33.3 | 66.7 | 0.0 | 100.0 |
| 中部 | 27.8 | 33.3 | 38.9 | 100.0 |

2. 农村水电条件基本符合使用要求,西部地区有所欠缺

农机的正常使用有赖于水电等基础设施的配套。如果水电条件无法满足,农机产品只能是"巧妇难为无米之炊"。此次调查统计显示,认为当地的水电条件符合农机使用基本要求的农户比重为 75.6%;认为存在水电使用瓶颈的农户比重较低,只有 4.9%(见表 16)。也就是说,目前农村水电条件基本符合下乡农机产品的使用要求,配套措施相对完善。但国家仍应进一步加大基础设施建设力度,力争使水电条件最优,让下乡农机产品不仅"下得去",而且"用得好"。

表 16　　　　水电条件是否符合农机使用条件情况统计　　　（单位:户、%）

| 水电条件 | 是 | 否 | 不知道 | 合计 |
|---|---|---|---|---|
| 样本户数(户) | 31 | 2 | 8 | 41 |
| 所占比重(%) | 75.6 | 4.9 | 19.5 | 100.0 |

在调查中我们还发现,不同地区村庄的水电条件存在较大的差异,东部地区水电条件全部符合农机使用的基本要求,西部地区仅有六成符合要

求。统计显示，东、中、西部符合农机使用的水电条件呈现依次递减趋势，其占比分别为100%、82.4%、61.1%（见表17；图8）。产生这一差异的主要原因是：东部地区经济发达，农村基础设施建设较为完备；西部地区相对贫困，加上地理条件的限制，导致很多地区都存在水电供应不足的问题。事实上，不仅是生产用水、用电难以保障，在一些西部地区，农民的日常生活用水、用电都存在较大困难。所以加大中西部地区生产、生活水电设施的建设力度，完善下乡配套设施是下一阶段着力解决的问题。

表17　　　　　　　不同地区水电条件是否符合农机使用要求的情况统计　　（单位:%）

| 水电条件 | 是 | 否 | 不知道 | 合计 |
|---|---|---|---|---|
| 东部 | 100.0 | 0.0 | 0.0 | 100.0 |
| 中部 | 82.4 | 5.9 | 11.8 | 100.0 |
| 西部 | 61.1 | 5.6 | 33.3 | 100.0 |

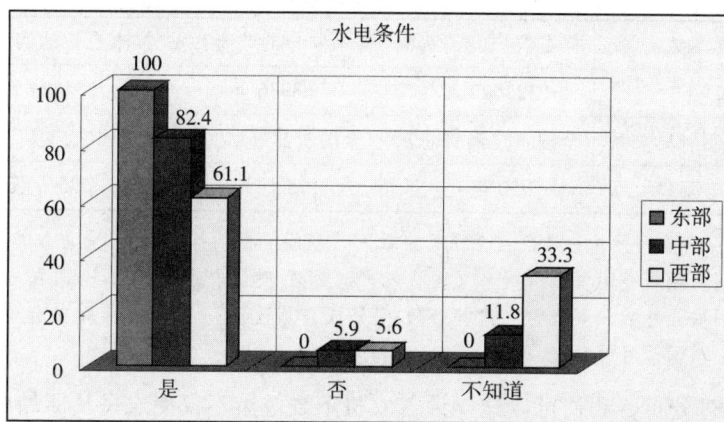

图8　不同地区村庄水电条件是否符合农机使用基本要求的情况（单位:%）

## （五）农机下乡政策对农村经济的推动和前景

1. 购买户增收效应明显，政策拉动作用大

2002年国家开始实施农机下乡政策，目的在于激励农民购置农机具，提高农业生产的机械化水平，同时拉动农村内需促进农村经济的增长。但从目前政策实施的效果来看，并不十分理想。根据此次调查的数据显示，

接受调查的农民购买农机产品的比重仅为 1.9%，远低于家电下乡和汽摩下乡产品的购买率。

购买率虽低，但是对购买户的增收效应明显，有效地促进了经济的增长。通过此次调查得知，在 37 户购买户中，有 32 户提供了详细的购买和补贴信息。其中，有 27 户农民获得了财政补贴，比率为 84.4%。统计显示，27 户农民共消费 323000 元，其中政府补贴额为 68976 元，农户实际支出为 254024 元（见表 18），由此可知，购买户户均消费11963.0 元，户均补贴额为 2554.7 元，户均实际支出 9408.3 元。按照全国 2.11 亿农户计算，可以推算全国通过农机下乡政策获得补贴的户数共有 293 万户，农户消费总额约为 350 亿元，补贴总额 75 亿元，政策实际拉动的农户消费额为 275 亿元（见表 18）。总体上看，全国有将近三百万农户获得了农机下乡补贴，政策拉动的消费接近 400 亿元，农民增收约 75 亿元，全国农民人均增收约 10 元。

表 18　　　　　　　　　　**农机补贴落实情况统计**

| 样本数 | 样本农户的消费额 | 样本农户的政府补贴 | 样本农户的实际支出 |
|---|---|---|---|
| 27 户 | 323000 元 | 68976 元 | 254024 元 |
| 全国获得补贴户数 | 全国农户消费总额 | 全国农户补贴总额 | 全国农户实际支出 |
| 293 万户 | 350 亿元 | 75 亿元 | 275 亿元 |

注：全国获得补贴户数 = 全国总户数 * （获得补贴的样本户数/受访农户总数）；全国总消费额 = 全国农户总数 * （受访农户消费额/受访农户总数）；全国农户补贴总额 = 全国农户总数 * （受访农户补贴额/受访农户总数）；全国农户实际支出 = 全国总消费额 − 全国政府补贴额。

通过分析，我们可以这样说：农机下乡政策不仅使农民从原始的劳动中得到了解放，提高了劳动生产效率，还是一项实实在在为老百姓谋利益的政策，因此它的发展前景是被农民所看好的。

2. 农机产品市场的潜力仍在，发展空间较大

通过调研我们发现，农机产品购买率低，而且不同类型农机具的保有量存在着较大的差异。数据显示：从历年每百户农村居民的农机保有量来看，其中小型和手扶拖拉机、农用水泵的保有量相对较高，近年来已经达到 20 台左右的水平；脱粒机每百户农村居民保有量相对较低，近年来保持在 10 台上下波动；大中型拖拉机在农村的普及程度最低，每百户农村

居民保有量均在 3 台以下（见表 19）。可见，目前农村居民的农机保有情

表 19　　　　历年每百户农村居民主要农机具拥有量统计　　　（单位：台）

| 年份 | 大中型拖拉机 | 小型和手扶拖拉机 | 机动脱粒机 | 农用水泵 |
|------|------|------|------|------|
| 1990 | 0.45 | 5.30 | 3.55 | 3.86 |
| 1991 | 0.51 | 6.61 | 3.85 | 4.73 |
| 1992 | 0.55 | 7.25 | 4.16 | 5.48 |
| 1993 | 0.64 | 8.40 | 5.30 | 8.54 |
| 1994 | 0.79 | 8.77 | 5.15 | 7.90 |
| 1995 | 0.77 | 9.93 | 6.33 | 9.07 |
| 1996 | 0.99 | 12.46 | 6.87 | 10.97 |
| 1997 | 1.39 | 14.26 | 7.41 | 12.12 |
| 1998 | 1.22 | 14.34 | 8.58 | 13.73 |
| 1999 | 1.44 | 16.28 | 8.35 | 14.02 |
| 2000 | 1.41 | 16.72 | 9.59 | 17.73 |
| 2001 | 1.50 | 17.41 | 9.28 | 19.92 |
| 2002 | 1.53 | 18.48 | 9.62 | 21.53 |
| 2003 | 1.79 | 18.93 | 10.06 | 21.12 |
| 2004 | 2.24 | 18.78 | 10.12 | 22.06 |
| 2005 | 2.13 | 20.24 | 8.69 | 21.03 |
| 2006 | 2.39 | 21.06 | 9.44 | 22.12 |
| 2007 | 2.85 | 19.10 | 9.76 | 23.35 |

况呈现小型化趋势，即小型农机具产品较为普及、大中型农机普及程度较低。由于总体上各类农机具每百户保有量均不高，表明当前农村的整体机械化水平较低，换句话说，农机产品中长期的发展潜力仍然巨大，但其潜力能否转换成购买力则有待观察。

　　从历年各类农机的保有量变化来看，当前农民对农机产品的需求并不大。在 1990 年至 2007 年期间大中型拖拉机每百户农村居民保有量呈现逐年增长的趋势，但增长幅度不大，2007 年每百户农村居民对大中型拖拉

机的保有量也仅为 2.85 辆。大中型拖拉机难以普及的原因，一是由于地形、耕种条件以及土地等方面的限制，不利于大中型农机的使用；二是农户承受能力有限，即使有足够的资金，往往也会用于其他非农领域，很少投资购置大中型农机具；三是农户都是一家一户分散经营，没有必要每家每户均拥有大型农机具。由此可见，尽管从长远来看，包括大中型拖拉机在内的大中型农机具有广阔的市场潜力，但因为一家一户分散经营的特点决定了大型农机具高速增长的可能性不大。大型农机具的消费增长取决于两个条件：一是农地规模经营的速度；二是农户生产环节的市场化程度。因此，我们可以断定：大型农机具还会有小幅度的增长，但是潜力并不是特别大。

　　再从小型和手扶拖拉机、脱粒机以及农用水泵等中小型农机具来看，目前以上各类农具在我国农村地区均有一定程度的普及。就变化趋势而言，2000 年以前中小型农机具一直呈稳步增长的态势，每百户农村居民的保有量持续攀升。2000 年以后上述三类农机具均不同程度地出现了徘徊不前的局面，在不少年份一度下降，降幅还较大。近两年中小型农机具的发展局面同样不太好：小型和手扶拖拉机的每百户居民保有量在 2007 年仅为 19.10 台，同比下降了 9.3%，与 2003 年的水平基本相当；脱粒机每百户农村居民保有量近三年始终没有达到 2003 年、2004 年的水平，处于低水平徘徊阶段；农用水泵的保有量近三年有一定幅度的增长，但增幅较小，未来预计仍将保持相对平稳的状态（如图 9）。小型农机具与大型农机具有同样的需求特征，小规模经营农户并不需要家家户户都有小型农机具，需要时可以向市场租赁，而且南方农村可以不需要小型拖拉机，况

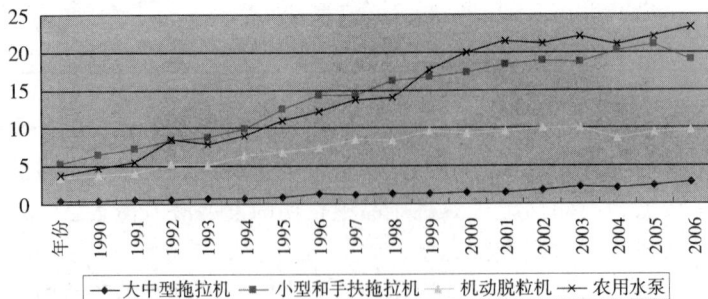

图 9　各类农机的保有量（单位：台）

且农业生产环节的市场化和社会化，农民不需要自己购买农机具，需要时租赁就行了。因此，我们可以断定：小型农机具基本饱和，新增需求主要是以旧换新，建议以旧换新政策范围扩大至小型农机具，大型农机具的购买者主要是以出租为主的专业化经营业主。

总体上，农民对于农机具的需求都不是特别大，大型农机具受农户经营规模和生产环节市场化的制约，其需求暂时难以提高，因此潜力不是特别大。小型农机具按照耕地规模和历史的增长态势，现在已经呈现饱和状态，但以旧换新的需求可能很大。因此，农机下乡政策可以继续加大大型农机具的补贴力度，同时将以旧换新政策扩大到小型农机具，拉抬农机下乡产品的市场。

## 二 "农机下乡"政策实施存在的问题

农机下乡政策自实施以来，不仅加快了农业现代化建设的进程，也提高了农业生产效率，降低了农业生产成本，给农民带来了很大实惠。但与之后实施的家电下乡、汽摩下乡等政策相比，仍存在相当程度的差距。具体而言，农机下乡政策尚面临"六大问题"。

### （一）政策宣传不到位

1. 媒体宣传力度小。一方面，宣传方式单一。目前，"家电下乡"政策的主要宣传方式以新闻、报纸等大众媒体为主，农民接受信息的渠道单一，加之农民受教育水平不高，对报纸和新闻类节目关注较少，因此难以从中获知国家政策。另一方面，宣传频率较低。新闻报道属于即时信息，时间短，信息量小，农民接受相关信息的频率少，直接影响了农民对政策的认知程度。

2. 地方宣传效率低。调查发现，大部分农民对农机下乡具体的政策规定和实施细节知之甚少，大多停留在几条新闻、几张宣传单上。随着时间的推进，农机下乡政策也在不断地调整实施细则和战略重点，但由于地方政府和商家的宣传不力，使得政策的新趋势、新动向无法最先抢占农民的眼球，无法激发农民的购买欲望。一方面，地方政府对农机下乡政策的宣传力度不够。有农民反映"农机下乡不像家电下乡那样到处都能看见宣传横幅"。虽然农机下乡政策实施了多年，但是仍有相当部分农民（尤其是南方农民）不知晓这项政策。另一方面，商家对农机下乡的辅助宣传作用未凸显。目前，农机下乡政策成效不明显与商家的宣传力度也有一定的关系。由于国家补贴，下乡农机的利润空间很小，一些商家倾向于销售非下乡农机，而很少提及下乡农机产品，导致农民在购买前和购买中都不清楚有这项惠农政策。

3. 村干部宣传局限多。村干部是和农民接触最密切的群体，村干部进村入户的宣传是农民了解政策的最直接和最根本的渠道，是农民和国家政策的纽带。但调查中发现，村干部的宣传存在不及时、不到位等问题。首先，中央的政策下达到村庄，往往较为滞后。加之各地配套财政状况不同，政策实施的时间也不尽相同。其次，村干部的文化水平制约宣传效果。村干部对于国家惠农政策的了解往往仅凭上级的一纸文件和几次会议，很多政策细则自己都不清楚，更无从向农民灌输了。最后，宣传对象具有局限性。在调查中发现，很多购置农机下乡产品的农民多是规模经营户或以出租农机为业，村干部的宣传重点也在这部分人上。但是这忽视了农村潜在的消费群体，如一些想返乡从事农业生产的农民工，以及希望从事土地规模经营的大户等。

**（二）政策设计不完备**

1. 政策覆盖范围不够全面。农机下乡政策考虑的主体对象为农牧渔民、农场（林场）职工、直接从事农机作业的农业生产经营组织、取得当地工商登记的奶农专业合作社、奶畜养殖场所办生鲜乳收购站和乳品生产企业参股经营的生鲜乳收购站。对于农村流动人口、农村边缘人口的需求未能涵盖其中。可见，目前政策只是简单地将不同农户的需求单一化，未考虑一些有特殊需要的农户的内在需求。同时，在政策实施过程中，农民购置采取申购的方式，即并不是所有有购机需求的农户都能享受到补贴优惠，而是要进行筛选，这无疑人为的缩小了政策覆盖范围。

2. 相关配套政策不尽完善。农机下乡政策不是一个单一的独立体，其全面落实需要配套政策和措施的不断完善。农机下乡之所以未能取得与家电下乡等其他政策的效果，一个很重要的原因是配套政策和措施不尽完善。农机监督的法律不够健全，农机技术要求和宣传的政策尚未明确，这些漏洞和空缺都在一定程度上给农民的购置农机埋下隐患。大型农机的全面推广和使用，不仅靠金融信贷的支持，还要依靠农地的流转整合，唯有将小块土地规模化才能使用大型农机。然而目前我国农村土地的大规模流转尚需时日，这无疑不利于大型农机的使用，从而制约农机下乡的成效。

### （三）农机市场不健全

1. 农机厂家。厂家唯有成为农机下乡中标企业，生产的产品才是下乡农机。要成功中标，厂家就要致力于提高品牌影响力，提升企业经营理念。然而，在实际的操作过程中，并不能排除一些企业"走捷径"，通过寻租或其他方式获得中标资格。目前，国家对农机厂商的监管并不规范，很多地方政府的 GDP 主义使得农机市场上本土企业在数量上占有绝对的优势，为了保地方经济财税，地方保护主义盛行，外来企业即使在品质上占有优势也很难在本地市场上站稳脚跟。同时，不少农民还存在疑虑：农村市场是否被当成是城市市场的垃圾回收站和倾销厂，农机厂商是否会将一些性能落后甚至是不合格的产品投入农村市场欺诈农民，是否会存在以次充好，以假冒真的行为，这些在农机市场不健全的状态下都极有可能发生。让农民倍感担忧的还有农机产品的售后服务问题。调查显示，很多地区没有相应的农机产品维修网点，一些厂家也存在拖延时间、服务质量差等问题，以致农机产品难以及时维修，甚至延误农时，造成不必要的经济损失。

2. 农机商家。随着政府政策的宣传，"下乡产品"成为了农民口中的新名词，各路商家也是紧跟时讯潮流，纷纷打起了下乡产品的旗号。其中，大多数商家名副其实，正规经营。但在调查中我们也发现，少数地区存在一些"挂羊头，卖狗肉"的奸商，钻农民不了解实情的空子，打着"农机下乡"的牌子，从事着非下乡农机的买卖。此外，据农民反映，还有部分商家采用的农机价格"先升后降"的套路，即提高农机下乡产品的销售价格，再按照政策给予补贴让利，经过这种设计后的产品价格往往和一般的农机相比不具有价格优势，甚至价格比同类产品更高。也就是说，商家也加入到与民争利的行列，将国家给农民的补贴装进了自己的腰包。还有一些商家采用的是限制性规定，如下乡农机可以享受国家补贴，但是不能和非下乡农机一样，享受同等的售后服务和维修服务，这些自设门槛的规定都给下乡农机产品进村入户带来了不利的影响。

3. 市场监管部门。面对农机市场上厂家和商家存在的以次充好的现象，农民需要完善的市场监管作为保障。然而，从实地调查的情况来看，政府部门的监管行为并不到位，影响了惠农政策的实施效果。例如：质量监管部门缺乏对农机下乡产品的质量监督，再如对于由购买农机引发的农机纷争没有引起足够的重视等。总体上看，在购买农机产品时，农民本身不仅维权意识不高，在面对欺诈时不知所措，而且好安厌争，特别是在和政府等权威机构打交道时会显得格外的小心翼翼，他们期望"有人"主持正义。农民希望出现专门解决纷争的机构和部门来更好地进行维权活动。政府在做好对厂家和商家监督管理的同时，也要注重政府内部的监管。要严格约束自身的行为，加强自身部门建设，使之能够更好地赢得农民信赖。社会舆论的力量在信息化的今天也是起到了越来越重要的作用，通过公众媒体的力量，不仅能够曝光一些不法企业和商家，也为农民的维权提供了一个全新的更为宽广的舞台。

### (四) 农机补贴不灵活

1. 补贴比例僵硬化。2010 年农业机械购置补贴实施指导意见中指出：全国农机补贴比例不超过 30%，汶川地震重灾区、重点血防疫区补贴比例可提高到 50%。财政补贴圆了很多农民的农机梦，但是不同农机的统一补贴比例也使得这一政策效果大打折扣。很多农民要求"农机补贴要有高有低"。不同农机的受欢迎度和推广度在不同地区和不同时期是不同的，特定地区和特定时期农民需要特定的农机，也需要特定的农机补贴。特别是随着时间的推移，下一轮技术革命的开启，农机补贴也要与时俱进，加大新型农机的补贴力度，对一些技术陈旧的农机补贴要降低，通过此种方式，实现技术的优胜劣汰，加快产品的更新换代和技术革新。要考虑到农业产业结构的优化，充分适应当地农业实际情况和未来规划，尽量做到均衡发展。同时对于贫困地区也要提高农机补贴的比例，不搞"一刀切"，根据各地实际情况相应地调整补贴额度。

2. 补贴方式单一化。农机补贴统一采用的现金补贴，由中央和地方政府共同负担，中央的补贴能够及时到位，但是很多地方财政常常难以马上落实，这在一些中西部省市体现的尤为明显。中央牵头、多方筹资的方式亟待开发。对于不同的农机产品，中央统一的补贴比例，使得这一政策过于僵硬化，能否制定出多层次的补贴方案也是农民期盼之一，如不仅给予现金补贴，更重要的是给予技术帮助、金融支持等，授之以鱼不如授之以渔，中央的惠农政策要想发挥出长久的社会经济效应，就必须要考虑到政策的转型。补贴方式只有多元化了，才能应不同农民的实际需求给予他们不同形式的补贴，最大限度地保证农民的利益。

3. 补贴程序复杂化。据农民反映，和家电下乡的商家直补相比，农机下乡的补贴程序就较为复杂，手续更多，耗时更长。目前，农民要获得农机补贴，必须在购机后，携带户口本、身份证、农机购买发票等相关证明到户口所在地的乡镇一级领取财政补贴，有些还要村里出具证明材料。由于农民对审核材料了解不多，忘带、漏带的情况经常发生，影响农民及时获得补贴。与此同时，少数地区存在补贴兑付工作人员态度恶劣的问题，也严重打击了农民的自尊心和购买积极性。此外，不少地区补贴兑付缺乏办公时间概念，农民办理补贴经常"吃闭门羹"，一次能办成的事情往往两次、三次都办不好，农民对此类现象也是无可奈何。按照政策规定，农机补贴在农户购机后的十五日内发放，但是实际中农机补贴常是"拖而不发，发而不放"。有农民反映"不知道何时才能发放"。工作人员态度不热情，常以资金不到位为由，拒绝农民的合理要求，有些农民为了能早日领到补贴，甚至要托关系、走后门。农民纷纷呼吁要求农机补贴向家电补贴看齐，越简单越好，越方便越好。

### （五）配套设施不健全

配套实施可以分为硬件设施和软件设施，其中硬件设施指的是道路、水电、厂房等农村基础设施，而软件设施指的是技术、服务、法律、金融等。

1. 硬件设施：一是公共基础设施建设不足。虽然农村道路基本实现了"村村通"，但和城市相比较，公路的硬化程度仍显不足，难以实现组组通、户户通。特别是在一些山区和丘陵地区，路面窄小曲折未硬化，一下雨更是泥泞不堪。交通不力对于农机产品特别是大型农机的运输和适用带来了不便，以致很多农具进了村入了户却无法"进田"。另外，水电条件也是影响政策效果的主要制约因素。根据调查显示，大多数样本农户认为水电等硬件设施基本满足农机的要求，但西部地区水电设施的建设状况有所欠缺，近一半的农户由于水电适用条件问题而无法正常使用农机。二是自家厂房匮乏。农机买回来后总要有空间放置，农机产品体积大、精密度高，对农闲存放提出了较高要求。在北方有院子的地方农户一般将拖拉机等农机停放于院子中，这只能保证其安全性，对于暴雨和暴晒等加快农机折旧的因素则显得无能为力。而在南方一些地区，由于没有院落，农机只能停放在房子周边，其安全系数也相应下降。买了农机还要为其修建厂房，很多农民都因为觉得不省心，觉得"买了也没地放"，还不如到农忙时租赁实惠。特别是新农村建设实施后，全国各地都在建新房、搬新居，新居的设计多为节省土地，未建造农机放置的厂房，这也在一定程度上使得农机下乡政策的成效大打折扣。三是农地细碎化。从 1978 年我国实行家庭联产承包责任制后，我国农业一直延续传统小农的小规模经营模式，农户成为最基本的单位，田地在改革中也成了条块分割的状况，随着人口的增多，土地压力越来越大，人均土地越来越少，土地的细碎化使得大型农业机械无法使用，这构成一个硬性约束。平原地区的土地尚且如此，更不用说那些在山脊上的土地，农业机械化的难度很大。

2. 软件设施：技术问题、售后问题、法律问题、信贷问题是当前制约农机下乡政策的"软约束"，以致有农民调侃道"农机下乡、技术不下乡、服务跟不上"。一是农机下乡、技术没下乡。村民对农机产品的使用注意事项、维修保养等内容知晓度并不高，很少有人清楚细节，特别是一些新技术、新工具，农民不经过专人指导和培训，很难完全掌握。二是农机下乡、服务没下乡。售后服务是农民普遍关注的问题之一，农机作为一个大型机械，一旦使用中出现故障和问题，影响播种收割，造成的农业经济损失难以弥补。从目前来看，农机修理和维护还面临着很大的困难，一般的农村中的小型维修点往往由于没有配套零件或缺少技术无法接手，只得返厂维修，误工误时，加上路途费、运输费等，这对于农民而言可谓是破财受累。三是农机下乡、法律没下乡。农村在传统社会中是一个无讼社会，法律观念淡薄，维持农村社会秩序的通常是宗法人情。目前为止，关于农机下乡可能会引起纠纷的法律尚不健全，农民在面对商家欺诈和厂家假冒伪劣产品需要法律帮扶的时候，法律的缺位现象非常严重。四是农机下乡、金融没下乡。据调查数据显示，在农户购置均价在万元以上，农机价格不菲已然是一个不争的事实。可见，农机的高成本与农户的低收入之间的矛盾，是影响农机购买和推广的原因所在。农机补贴在一定程度上缓解了这种经济压力，但是它只是起一个引导作用，真正农机的购买还需要大量农民的自筹资金，农机的推广中金融信贷服务就是农民迫切需要的，但是现阶段而言，农村金融尚处于不完善阶段，这也严重制约了农机下乡的成效。

### （六）农民主体地位不明显

一是农民受教育程度低。通过数据统计可知，在调查的农户中，百分之九十的农民仅接受了最基本的义务教育，农村中的高中生和大学生寥寥无几。农民的受教育水平低，使得农民对于政策的了解和关注度不够，这就很容易被伺机挣钱的商家钻空子，通过假借一些新名词来糊弄诱导农民买一些价高质次的产品。二是农民的技术水平低。农民对机械质量安全、使用注意事项等不清楚，不仅不利于高效使用农机，而一旦农机出现问题和故障，农民往往束手无策。对于一些简单的日常维修和护理，农民知道的也不多，更不要提复杂的换件和大拆大修。农民对农机知识了解匮乏，一定程度上难以凸显农民在农机下乡政策实施中的主体地位。三是农民的法治和维权意识不强。一旦农户买到了假冒伪劣产品，理应运用法律的武器维护自己的合法权益，但是作为弱势群体，农民往往由于缺乏维权意识而自认倒霉。在对自己买的产品产生怀疑时，农民也无法对其进行鉴别和判定，只能吃哑巴亏。四是农民收入不宽裕。农民的经济基础和生存状态是农机下乡得以成功的硬性基础。调查显示，一台普通农机的均价超过万元，相对普通农户的家庭年收入而言，属于大宗产品。如果没有特别迫切的需要，农民不会随便拿出大笔收入购买农机进行农业生产。低收入决定了低消费，进而也决定了农机的购买率不高。购买行为的发生都是购买欲望和购买能力的结合，如果仅有购买欲望和需求，而缺乏购买能力的话，农机的购买率还是难以大幅度提升。

## 三　完善"农机下乡"政策的五条建议

### （一）增强宣传是前提

首先，政策宣传主体要多元化，应充分调动各方积极性，将政府、农民、厂家、商家都融入宣传主体中去。各级政府应充分利用新闻媒体和制度优势做好宣传工作；农民要发挥示范作用，对性能好的下乡农机要向其他村民推荐；厂家和商家应多深入乡镇开展现场咨询和推荐好农机、好产品。其次，宣传手段要多样化，传统的宣传方式主要包括传统新闻媒介宣传、政府宣传、村民内部宣传等。现在由于互联网科技知识的发展，很多农户家庭都已经实现数字化和信息化，手机、电脑的出现使得农村内部的信息流通更快更便捷。因此，农机下乡政策在宣传上可以充分利用手机短信和互联网等新媒介，使得宣传的手段推陈出新，更加多样化、现代化和科技化；还可以通过现场咨询会、推介会等方式进行宣传。最后，宣传对象要全面化。不要仅把受众目标锁定在户主或是已购农机的农民身上，宣传对象要全面化。应采用全民总动员的方式，针对农村中不同年龄、不同职业的人群采取不同的宣传方式，如可以给农村中的儿童发放带有卡通画面的宣传单、给妇女分发一些印有政策内容的小礼物等。针对现在农村的实际情况，基层政府和村干部宜在过年期间集中、大力地宣传国家惠农政策，便于长年在外务工的农民工知晓政策并作出反应。

### （二）战略转型是重点

一是将关注点由农机购买转向农机以旧换新。据调查显示，下乡农机购买中最受欢迎的是中小型农机，其显著的优点在于适合现阶段土地和生产的需求，且价格相对大型农机较便宜，在普通农户的经济承受范围之内。目前农机消费的重点在此部分，但是调查数据显示，中小型农机目前在农村的占有情况已经接近饱和，很难再出现爆发式的增长。大中型农机符合现代农业的要求，迎合了农业集约化发展的历史规律。大型农机有很好的发展潜力，但就现阶段而言，大型农机的购买量和占有量不会太大。每百户中约有三台大型农机，这基本可以满足现阶段的农业需求，价格昂贵的大型农机如果户均一台，那将是极大的资源浪费。因此现今在抓中小型的同时也要将长远的战略目标放眼于大型农机，不断完善大型农机进村入户的条件，在一些有条件的地区引导农民一步到位，注重地区差异，分批分期地实现短时利益和长期经济增长点。另外，政策还应发现新的增长点，即农机的以旧换新。在中小型农机占有达到一定数量后，农机就存在更新换代的问题，让农民紧跟最新生产力的发展，使用新型农机、逐步淘汰掉过时的、不合经济效益的农机产品。将这部分农机产品作为销售增长点，在激励机制上应加大此部分农机的吸引力和优惠度，使得新老用户都能心动。二是注重新型农机的研发和推广。企业应与时俱进，在农机研发中要融入新科技，将节能、绿色、环保考虑其中，农机下乡要注意把最新产品引入农村、用于农业，而不是让厂商搭下乡政策的便车，倾销过期库存。企业应提高研发团队的能力，满足农村实际需求，设计出更加贴近民心的农机产品，如在性能不变的前提下，将农机设计的更加轻便，既可以轻松使用，也便于存放，让农民得实惠，企业得发展。

### （三）完善配套是关键

首先是完善基础设施建设，"路不通，车难进"，路网的畅通是农机进村的基本要求，进一步拓宽农村道路，加快道路硬化的速度，不仅是新农村建设的要求，也是农机下乡成功的保障。农机对水网的要求也是目前农机下乡购买率不高的一个主要限制。水压不高、水量不足造成农机闲置不能用，导致资源浪费。加强水网建设，特别是对水资源不丰富、用水困难的地区而言，是保障农机下乡的前提。对于农机的存放问题，村集体或者社区可以考虑修建集体仓库进行统一管理和存放，不仅能节约土地空间，还增大农民居住空间。其次是增加服务内容。农机下乡，不仅仅是产品下乡，更重要的是政策下乡、技术下乡、农机质量知识下乡、法律下乡、服务下乡、金融下乡。一是增加售后服务，增加农机产品的售后服务。可以采用售后反馈的方式，通过网络和电话的回访，让农民买得放心、用得安心。增加已购机农户的信心和满意度，有益于农民内部宣传，帮助提升后续购买量。二是增加法律服务。对购机出现故障，对所购机械不满的农户，应当提供合法的法律途径维护农民利益，让农民用法律武器对待购机过程中商家厂家出现的欺诈行为，增加农民在与政府和企业三方对话中的分量和砝码，掌握话语主动权。三是增加金融信贷服务。农村金融业的发展是近年来新农村建设中的亮点。开发农机下乡中的金融信贷服务，为那些有购机需求却暂无购机能力的农户降低了购机门槛。在具体实施中，可以考虑将它作为大宗物品，提供分期付款或是低息无息贷款，允许农民在贷款时将土地和房产作为抵押，在注重安全的前提下，降低标准，降低农民购机的经济压力。最后是促进农地流转。农机无法正常使用除了受地形等的限制外，还受到了中国传统小农小规模经营的影响和制约，农地小块化和细碎化，使得大型农机根本在农地中施展不开。要想从根本上提升农业现代化水平，增加机器使用率特别是大型农机的使用，那么农地的流转将是必然的选择。将传统的小块的分散的农地集约化，发展现代大规模农业是农机使用大幅度增加的必经之路。

### （四）加强监管是保障

从监督部门看，存在政府监督、厂商监督和社会监督三种。政府监督指政府部门对农机下乡设立部门的监督，也就是最狭义上的政府监督。另外政府监督还应包括政府自身部门的监督，对执法部门的监督，防止出现政府权力寻租以及联合厂商瓜分农民利益的行为。厂商监督是指厂家、商家为了保障自身的发展，其内部也必然存在一套自身监管的规章制度，应将其正规化和详尽化，以便更充分运用这些厂规对其产品进行监督。社会监督本身的作用并不大，但近年来随着网络等的普及，媒体的作用也是越来越大。农机下乡中应加大媒体监督的力量，聚焦全社会的目光，实现社会监督的有序和有力。三种监督不同，监督的内容和方式也不尽相同。政府要宏观全局，加大对厂家产品质量施行监督，对商家的售卖过程施行监督。厂商监督要从内部保障产品安全。而社会监督则重在动用舆论的力量，从外在层面抵制假冒伪劣的产生。从监督方式看，存在行政监督、经济监督。行政监督是传统意义上的监督方式，通过行政体制的科层制一层层实现权力的监督和制约。农机下乡政策的实施过程中不仅要考虑到行政监督，也要参考经济监督，实现行政、经济双管齐下。

### （五）农民增收是根本

要想刺激农民消费就必须先增加农民收入，农民唯有口袋鼓了，才会增加消费。与传统生存小农相比，现今农民已经成为追求货币收入最大化的理性小农，农民对货币的现期偏好是众所周知的。促进农民增收的举措有很多，一方面要加快城乡一体化建设，缩小城镇和农村的差距，实现农民在城乡之间的流通，提高其收入水平。鼓励农民走出土地，从事第三产业，可以就近打工，也可进城务工。鼓励乡镇小企业的发展，拓宽农民增收的渠道。实现农村剩余劳动力的转移，不仅有助于农户家庭的增收，也有助于农业产业化的发展，还有利于农机新技术、新机器的推广和利用。另一方面要实现农业产业化规模化经营，借农机下乡之机，发展农村特色产业，实现农业的大规模机械化，打造一乡一品，村村都有新特色。通过对当地资源进行整合，借此增加农民收入，形成农民增收和农机增购的良性循环。

# "汽摩下乡":现状、阻碍及对策建议

## ——对全国20个省68个村1942个农户的调查

主持人：徐　勇

执笔人：邓大才　　杨乐乐　　米中威　　蔡　娥
　　　　万　磊

# 内容摘要

　　"汽摩下乡"是继"家电下乡"推行后的又一项惠农政策,它的实施效果受到社会各界的高度关注。为了解"汽摩下乡"是否给广大农户带来了实惠,政策推行遇到什么样的阻碍,政策的各方参与者应如何为政策实效最大化作出努力,华中师范大学中国农村问题研究中心"百村观察"项目组受全国社科规划办委托,在2010年2至3月对全国20个省68个县市的管理部门、68个村的1942个农户进行了关于"汽摩下乡"的问卷调查及深度访谈。农民对"汽摩下乡"政策的反应是:知晓率高、认可率高,产品满意度高。摩托车更受青睐,汽车购买势头好。"汽摩下乡"政策对拉动内需、惠及民生有着重要意义。但是汽摩下乡产品购买率较低,这是因为政策的各方参与者都存在些许问题,为减少政策推行的阻碍,我们建议,应强化购买者、销售方以及政府部门三方的协调、配合,使政策发挥更好的效应。

## 一　政策认同与产品购买情况

　　(一)近七成农民知晓,约九成农民认可。在1636个有效调查样本中,听说过"汽车、摩托车下乡"政策的有1129位,占总受访农户的69%,没听说的有507位,所占比重为31%,接近七成农民知晓"汽摩下乡"政策。同时,农民对"汽摩下乡"政策普遍表示认可。在知道该政策的1129位农民中,当被问到"汽摩下乡"政策是否能够给他们带来实惠时,46.5%的农民认为"能",42.9%的农民认为"能带来一些",回答"不能"的仅占3.4%,另有7.2%的人选择"说不清"。也就是说接近九成农民认可"汽摩下乡"政策能够给农民带来益处。

　　(二)汽摩购买率不高,产品满意度较高。虽然农户对于"汽摩下乡"政策普遍表示欢迎,然而实际购买率并不高。在1942份调查样本中,购买汽摩下乡产品的农户共有 79 户，仅占所调查样本的 4.1%。在购买者中，认为汽摩下乡产品质量"非常好"及"比较好"的农户共有 54 个，占比为 68.3%。可见接近七成的农户对"汽摩下乡"产品质量表示满意。调查中没有一人表示汽摩下乡产品的质量"很差"。在产品价格水平方面，认为"很便宜"、"较便宜"、"一般"的购买农户分别占 7.6%，29.1%，38%，三者合计 74.7%。由此看出大部分购买者对产品定价可以接受。综合价格与质量来看，汽摩下乡产品在大多数已购买农户心中属于"物美价廉"。这表明，虽然购买农户人数不多，但购买者对汽摩下乡产品总体满意度较高。

（三）摩托车更受青睐，汽车购买势头好。在 1942 个接受调查的农户中，2009 年购买汽车、摩托车下乡产品的农户共有 79 户。其中有 73 户提供了产品的购买及补贴信息，在这 73 件"汽摩下乡"产品中，有 60 件是摩托车，13 件是微型汽车。目前摩托车依然是消费的重点。根据 13 户提供了新增购买汽车的信息，可测算出 2009 年约每 100 户农户新增购买 0.67 辆下乡汽车产品。据中国统计年鉴数据显示，2008 年农村每百户居民新增购买汽车为 0.12 辆。可见，在汽车下乡政策的推动下，农村居民对汽车的购买量呈较好的发展势头。

## 二　政策推行中的制约因素

（一）实力不足，购买方缺乏信心。首先，经济实力是影响农户消费行为的最重要因素之一，农户购买汽车、摩托车这样的大宗商品更是受到其经济实力的制约。调查结果显示，广大农户的家庭收入来源单一，收入水平普遍较低，相对于汽车和摩托车的高昂消费成本而言，农民的购买实力薄弱。在许多农户根本无力承担汽车和摩托车消费成本的情况下，政府的补贴款项难以达到普惠效果，容易出现惠农政策"嫌贫爱富"的现象。其次，许多农户对汽车、摩托车的操作实力不足。农户缺乏对汽车和摩托车驾驶、维修等相关技能的掌握，影响了农户购买产品的积极性，调查中许多农民反映自己不具备驾驶能力，也没有信心去学习，因而不愿购买汽摩下乡的产品。最后，农民对于政策缺乏信心。这表现在两个方面，一是农民对于其他惠农政策的信心不足，如教育、医疗、养老等方面，广大农民仍不能从这些惠农政策中获得安全感，因而在消费方面仍持有保守态度；二是农民对汽摩下乡政策本身缺乏信心，尤其是下乡产品的质量、价格，以及补贴的领取上，农民还存在着担忧和顾虑。

（二）能力较差，销售点服务不周。一是销售网点的服务能力较差，基层销售点的服务人员大多没有受过系统的专业知识培训，对汽车和摩托车的性能、操作原理等了解并不深入，无法为购买者提供专业的介绍和解答；基层销售点规模和实力有限，影响其售后服务质量，如偏远地区的配货、维修、退换等问题不能最大限度地满足消费者所需；基层网点的服务能力不高还体现在供货能力较弱上，由于经营资金有限而无法给购买者提供较大的产品选择空间。二是销售网点的服务意识不高，由于汽车和摩托车下乡产品利润空间浮动不灵活，有些网点对购买者存在歧视心理，很多销售员不能提供周到的服务，甚至态度恶劣，这样严重降低了顾客的购买欲望。

（三）政策疏漏，推行者配套不全。一是汽摩补贴的领取程序较为复杂，补贴资金实行"乡级审核、乡级兑付"或"乡级审核、县级兑付"的方式，增加了购买农户的领取成本，降低了补贴政策的吸引力。二是汽摩下乡政策的配套条件不完善，包括农村道路建设、维修点和加油站的增设、信贷和保险下乡等，虽然部分农村中的此类配套设施得到一定的改善，但很多地区还不能完全达到满足消费汽车、摩托车的所需水平，这些配套条件还存在较大完善空间。三是政府的监督力度不足，政府部门和汽车、摩托车的生产者、销售者之间存在信息不对称，造成相关部门对汽车和摩托车的质量、成本、价格等方面难以实行有力的监督。

## 三　对"汽摩下乡"政策的四项建议

（一）富农扶农，提高农民购买能力。让农民真正享受到汽摩下乡政策的好处，应首先让农民具备购买汽车、摩托车的经济实力。第一，让农民富裕起来，促进农民增收，加强农业技术支持，让农产品生产成为农民的优质收入源，放宽土地使用权，使土地有效流转起来，成为参与农民收入分配的重要要素，加强对农民的就业指导，为农民提供就业机会，引导农民向非农就业转移。第二，扶持贫农，完善补贴机制，贫困农户可凭证享受较高的补贴率，给予低收入农户更多的政策照顾，增设燃油补贴，减轻农民"买得起，用不起"的后顾之忧。第三，向农民提供信贷支持，放宽对农民的借贷条件，针对下乡产品提供专项优惠贷款。

（二）完善配套，优化汽摩使用环境。农民是否购买和能否充分享用汽摩下乡产品，配套环境是重要的影响因素。首先要加强硬件设施建设，改善农村的道路状况，通过减免税收和提供优惠贷款的方式，增加乡镇维修点和加油站，鼓励基层销售网点的扩展。其次提供软件支持，把汽车、摩托车保险同产品一道下乡，鼓励农民参加人身保险，在农村中宣传普及保险知识，降低农民使用汽车、摩托车而引发风险事故时所带来的经济危害。同时要鼓励驾驶学校的开办，为农民提供技能培训。

（三）加强监管，保障农户合法权益。一是要强化对销售网点的管理，如从业人员是否将具备专业素养，相关部门应进行审查，并尽可能提供培训服务；严格审查汽摩下乡产品质量、价格，以及"下乡产品"标识的规范使用。二是加强对补贴资金的监管，压力打击地方政府私降补贴、挪用和克扣补贴资金的行为，督促相关部门按时、足额发放补贴款。三是建立便捷的投诉赔付通道，针对农户在购买汽摩下乡产品时遇到的问题建立表达意见的平台，并及时予以解决，同时要建立起完善的赔付制度，可以采取先行赔付的方式，然后向责任商家问责，最大限度地维护农民利益。

（四）简化程序，提高补贴领取效率。减少农民在领取补贴过程中的各项成本，简化补贴申报材料和审批程序，尽量采用由销售网点代审、乡镇财政所兑付的方式，减少县级财政部门的参与。有条件的地区采取"一卡通"或"一折通"的形式向农民发放补贴，同时积极推广"网点代垫直补"改革试点，提高补贴领取效率，让农民尽快享受惠农政策。

# 报告正文

2009 年国务院正式启动《汽车、摩托车下乡实施方案》，这既是实现惠农强农目标的需要，也是拉动消费带动生产的一项重要措施。经过一年多的实施，政策效应初步体现出来。汽摩下乡究竟能否给广大农户带来实惠，政策推行中存在什么样的问题，政策的各方参与者应如何为政策实效最大化作出努力，这是本项课题关注的重点。

2010 年春节前后，华中师范大学中国农村问题研究中心"百村观察"项目组受全国社科规划办委托，借助"百村十年观察"平台，对全国 1636个农户进行了关于"汽摩下乡"的问卷调查，并完成了此份报告。农民对"汽摩下乡"政策的反应是：知晓率高、认可率高，对产品满意度高。摩托车更受青睐，汽车购买势头好。"汽摩下乡"政策对拉动内需、惠及民生有着重要意义。但是汽摩下乡产品购买率较低，这是因为政策的各方参与者都存在些许问题。为减少政策推行的阻碍，我们提出对策建议，从购买者、销售方以及政府部门三方的配合入手，使政策发挥更好的效应。

## 一 "汽摩下乡"政策的实施现状

### （一）"汽摩下乡"政策的宣传效果

1. 接近七成农户知晓"汽摩下乡"政策

从宣传效果来看，"汽摩下乡"政策的知晓率比较高。在 1636 个有效样本中，听说过"汽车、摩托车下乡"政策的有 1129 位，占有效样本的 69%，没听说的为 507 位，占比 31%，接近七成农民知晓"汽摩下乡"政策，政策的传达比较到位（见表 1；图 1）。取得这种良好的宣传效果，是由于政府重视、市场推广、媒体宣传、农户获取信息能力增强的共同作用。首先保证农民"知道"有这一政策，然后对产品有需求的农户可以进一步"了解"政策细节，有购买能力的农户将最终做出购买政策，享受到政府补贴带来的实惠。因此，一项政策的出台，经过初期大张旗鼓的宣传后，应当将宣传重点转向政策细节，以顺应农民了解政策详情的需求，帮助农民做出合理决策。

表1　　　　　　　　　　　"汽摩下乡"政策知晓情况

| 政策知晓情况 | 样本户数 | 占总样本比重（％） |
| --- | --- | --- |
| 听说过政策 | 1129 | 69.0 |
| 没有听说过 | 507 | 31.0 |
| 合计 | 1636 | 100.0 |

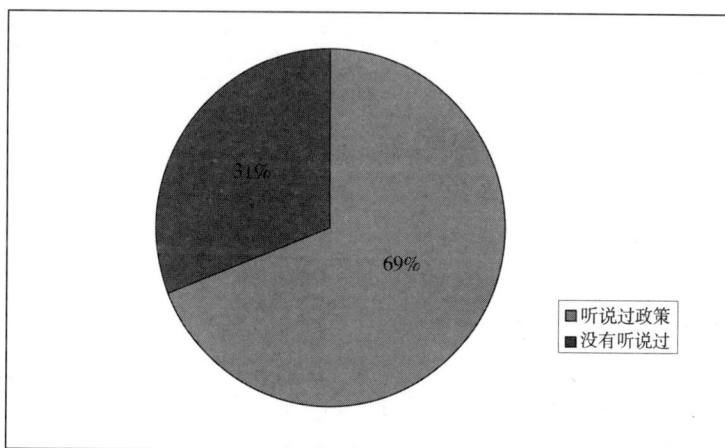

图1　"汽摩下乡"政策知晓情况

2. 东部地区知晓率最高，文化程度高的中青年更了解政策

不同地区农户对"汽摩下乡"政策知晓度略有差异。东部最高，为71.3％，中部和西部分别为68.5％和67.5％（见表2）。从年龄分布来看，30岁以下人群对该政策的知晓率为72.5％，30—40岁人群的知晓率为80.4％，40—50岁人群的知晓率为75.6％，50—60岁人群的知晓率为67.5％，60岁以上人群的知晓率为52.4％（见表3）。可见50岁以下的中青年人对政策的知晓率高于总体水平，50岁以上人群对政策的敏感度稍弱。这是因为中青年人思想观念较为先进，接受信息的能力和渠道较为发达，对产品需求较为迫切，所以他们对政策的知晓程度高。从受教育程

度分布来看，具有小学教育水平的农民中，知道"汽摩下乡"政策的比重为 61.6%；具有初中教育程度的农民中，政策知晓率为 69.3%，具有高中及以上文化程度的农民中，听说过该项政策的占 74.7%，可见文化程度越高，政策知晓率越高（见表 2）。通过以上分析，可以看出农民获取信息的能力越高，对汽车、摩托车的需求越大，购买意愿越强，对"汽摩下乡"政策的了解程度越高；而对政策的了解程度反过来又影响到对产品的需求。

表 2                不同地区、受教育程度对政策知晓率的影响

| 地区 | 政策知晓率（%） | 受教育程度 | 政策知晓率（%） |
|------|------|------|------|
| 东部 | 71.3 | 小学 | 61.6 |
| 中部 | 68.5 | 初中 | 69.3 |
| 西部 | 67.5 | 高中及以上 | 74.7 |

表 3                    不同年龄层的政策知晓率

| 年龄层（岁） | 30 岁以下 | 31—40 岁 | 41—50 岁 | 51—60 岁 | 60 岁以上 |
|------|------|------|------|------|------|
| 知晓率（%） | 72.5 | 80.4 | 75.6 | 67.5 | 52.4 |

### （二）农民对政策的认可与评价

1. 接近九成农民认可"汽摩下乡"政策

农民对"汽摩下乡"政策给予高度评价，总体上表示满意。在知道该政策的 1129 位农民中，当被问到"汽摩下乡"政策是否能够给他们带来实惠时，46.5% 的农民认为"能"，42.9% 的农民认为"能带来一些"，可以看出认可该项政策对农民有实惠的共占 89.4%。也就是说接近九成农民认同"汽摩下乡"政策。回答"不能"的仅占 3.4%，另有 7.2% 的人回答"说不清"（见图 2）。对农户来说，补贴政策减少了他们的货币支出，即期的经济收益明显，使农民得到了看得见的实惠，最受他们欢迎。对政府来说，长远上获得了农民的称赞、支持、认同。取得了"厚民生、聚民心、顺民意"的良好效果。

2. 购买产品的农户支持政策、满意产品

对政策的评价方面，在 79 户购买了下乡汽车、摩托车的农民中，有

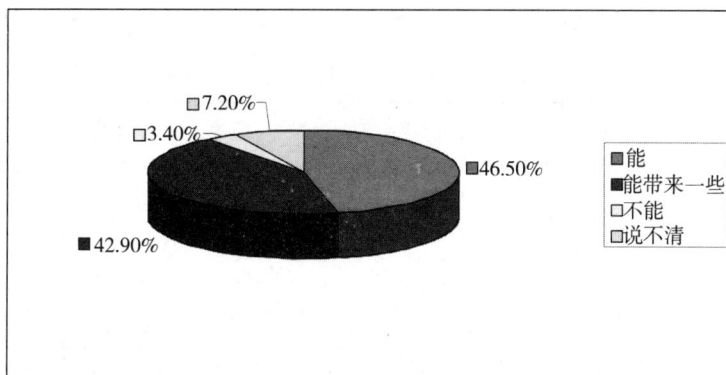

**图 2　农户对汽摩下乡政策的评价**

48 位认为该政策能给他们带来实惠，占 61.5%；有 26 位认为能带来一些好处，占 33.3%，二者合计占到 94.8%；仅有 1 位购买产品的农民认为"汽摩下乡"政策不能给他们带来实惠，另有 3 位表示说不清；1 位没有回答，是缺失值（见表 4）。购买产品的农户切实感受到了政策带来的收益，普遍认可"汽摩下乡"政策，对该政策的评价高于被调查者平均水平。

**表 4　　　　　　　　　　购买产品农户对政策的评价**

|  | 能带来实惠 | 能带来一些 | 不能带来实惠 | 说不清 |
| --- | --- | --- | --- | --- |
| 户数（户） | 48 | 26 | 1 | 3 |
| 比重（%） | 61.5 | 33.3 | 1.3 | 3.8 |

注：计算比重时未包括缺失值。

对产品质量的评价方面。在这 79 户购买"汽摩下乡"产品的农户中，认为产品质量"非常好"的农户有 14 位，占 17.7%；质量比较好的有 40 位，占 50.6%，二者合计占 68.3%。可见接近七成的人对"汽摩下乡"产品质量表示满意。有 25.3% 的农户认为产品质量"一般"，2.5% 的农户认为"较差"，3.8% 的农户"不清楚"，没有人认为产品质量"很差"（见表 5；图 3）。对于汽车、摩托车这种耐用品，农民格外看重产品质量，最担心出现质量问题，希望产品使用寿命尽量长，维修费用尽量低，所以政府一定要加强对产品质量和相关企业的监管。

表 5　　　　　　　　　　购买产品农户对产品的质量评价

|  | 非常好 | 比较好 | 一般 | 较差 | 很差 | 不清楚 |
|---|---|---|---|---|---|---|
| 户数（户） | 14 | 40 | 20 | 2 | 0 | 3 |
| 比重（%） | 17.7 | 50.6 | 25.3 | 2.5 | 0.0 | 3.8 |

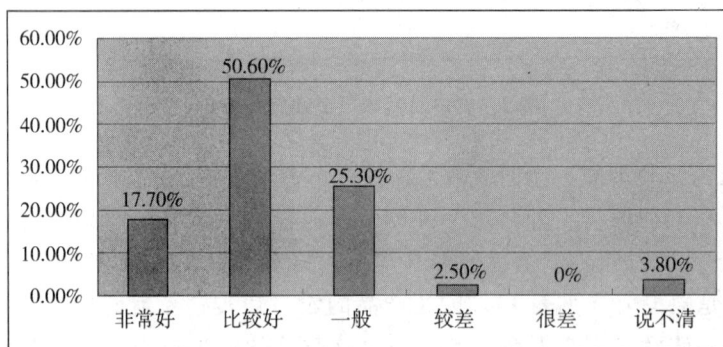

图 3　购买产品农户对产品的质量评价

对产品价格的评价方面，在 79 户购买了产品的农户中，仅有 1.3% 的农户表示购买的价格"很贵"，有 20.3% 认为价格水平"较贵"；认为价格"很便宜"的农户占 7.6%，认为"较便宜"的农户占 29.1%，38% 的农户认为价格水平"一般"，三者合计 74.7%（见表 6；图 4）。我们可以把这三种选择看作满足农民对价格的心理预期，则大部分农民能够接受"汽摩下乡"产品的价格。

表 6　　　　　　　　　　购买产品农户的价格评价

|  | 很便宜 | 较便宜 | 一般 | 较贵 | 很贵 | 说不清 | 合计 |
|---|---|---|---|---|---|---|---|
| 户数（户） | 6 | 23 | 30 | 16 | 1 | 3 | 79 |
| 比重（%） | 7.6 | 29.1 | 38 | 20.3 | 1.3 | 3.7 | 100.0 |

产品的总体满意度评价方面。在 79 个已购买汽车、摩托车的农户中，对产品"非常满意"的占 16.5%，"较满意"的占 48.1%，可见六成多

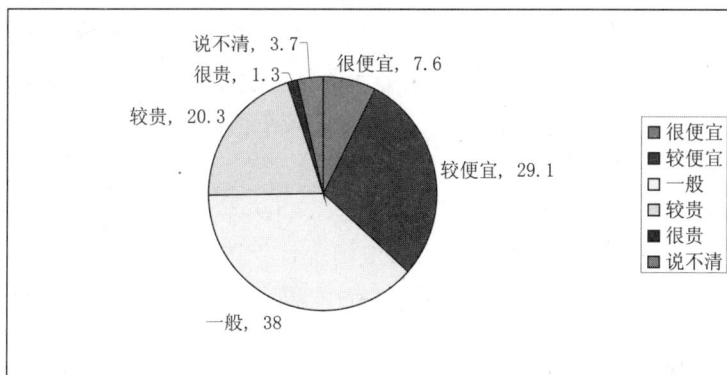

**图4 农户对"汽摩下乡"产品价格的评价**

农民对购买的"汽摩下乡"产品表示满意;认为"一般"的占31.6%,"非常满意"、"较满意"、"一般"三者加起来共占到96.2%,可见绝大多数农户完全认可"汽摩下乡"政策。仅有2人对产品较不满意,其比重为2.5%;受访者中没有人表示"很不满意"(见表7)。与其他农户相比,已经购买产品的农户的购买行为、对产品的满意度,对政策的评价或许更重要,在农村这样的熟人社会中,购买者的行为、态度、评价将对周围人群产生示范作用,打消其他人的顾虑,鼓励更多人购买汽车、摩托车产品。

表7                              农户对所购买产品的满意度

|  | 非常满意 | 比较满意 | 一般 | 较不满意 | 很不满意 | 说不清 | 合计 |
|---|---|---|---|---|---|---|---|
| 样本户数 | 13 | 38 | 25 | 2 | 0 | 1 | 79 |
| 比重(%) | 16.5 | 48.1 | 31.6 | 2.5 | 0.0 | 1.3 | 100.0 |

**(三)"汽摩下乡"产品的购买情况**

**1. 汽摩产品购买率总体不高,摩托车更受青睐,汽车购买势头较好**

虽然农户对于"汽摩下乡"政策普遍表示欢迎,但实际购买率并不高。在1942份调查样本中,2009年购买汽摩下乡产品的农户共有79户,仅占所调查样本的4.1%。其中有73户提供了产品的购买及补贴信息,在这 73 件"汽摩下乡"产品中，有 60 件是摩托车，13 件是微型汽车。目前摩托车依然是消费的重点，这是因为摩托车相对价格较低，又可以满足农民基本的出行需要，性价比对农民合适。目前，摩托车仍属于发展型消费品，汽车仍属享受型消费品，摩托车的销量远远多于汽车，但农村汽车消费的增长速度十分迅猛。

通过分析调查数据，我们可以看出，2009 年每 100 户农户中又新增购买了 3.09 辆摩托车下乡产品。据中国统计年鉴显示，2008 年农村地区家庭每百户拥有摩托车数量为 52.45 辆，2007 年为 48.52 辆，2008 年农村居民每百户新增购买摩托车 3.93 辆。而 2009 年仅摩托车下乡品牌的新增购买量便达到 3.09 辆，接近 2008 年全部新增购买量。可以说摩托车下乡产品购买率达到了较高水平，政策拉动消费作用明显。

在 1942 户调查的农户中，有 13 户提供了新增购买汽车的信息，即大约每 100 户农户新增购买 0.67 辆下乡汽车产品。据中国统计年鉴数据显示，2008 年农村居民家庭平均每百户拥有汽车数量为 2.03 辆，2007 年为 1.91 辆，2008 年农村每百户居民新增购买汽车为 0.12 辆，2009 年仅汽车下乡产品便新增 0.67 辆（见表 8）。可见，在汽车下乡政策的推动下，农村居民对汽车的购买量增长势头较好，农民的购车热情被大大点燃。未来，随着政策的延续和完善，随着经济社会的发展，随着消费结构的升级换代，农村汽车市场必然存在广阔的增长空间，所以在条件允许时，汽、摩下乡政策还应继续实施一段时间，以发挥其巨大的经济拉动作用，并使更多农户得到补贴优惠。

表 8　　　　　　　每百户摩托车、汽车新增购买量对比

| 年份 | 每百户摩托车新增购买量（辆） | 每百户汽车新增购买量（辆） |
| --- | --- | --- |
| 2008 | 3.93 | 0.12 |
| 2009 | 3.09 | 0.67 |

注：2008 年数据依据《中国统计年鉴》计算。2009 年数据依据调研数据，仅计算"汽摩下乡"产品，不包括未列入下乡品牌产品。

2. 东部地区购买率最高，中部购买量最大

从区域分布来看，在 79 户购买汽摩下乡的农户中，东部有 29 户，占 36.7%；中部有 33 户，占 41.8%；西部有 17 户，占 21.5%（见图 5）。

中部地区消费量最大,东部次之,西部最少。东部地区经济比较发达、农民收入高,所以购买能力强。而中部购买量最大,可能是由于调查样本里中部人群最多。因为从购买户数与所在区域农户总数的关系看,东、中、西部比重分别为 8.8%、5.5%、7.1%,东部农户的购买率最高(见表9)。但总的来看,由于中部地区人口数量上基数大,所以其"汽摩下乡"产品的购买量也相应较大。

表9　　　　　　　　　　不同地区农户的汽摩购买率

|  | 东部 | 中部 | 西部 | 合计 |
|---|---|---|---|---|
| 农户总数(户) | 329 | 622 | 239 | 1190 |
| 购买农户(户) | 29 | 33 | 17 | 79 |
| 同区农户购买率(%) | 8.8 | 5.5 | 7.1 | — |
| 总量购买率(%) | 36.7 | 41.8 | 21.5 | 100 |

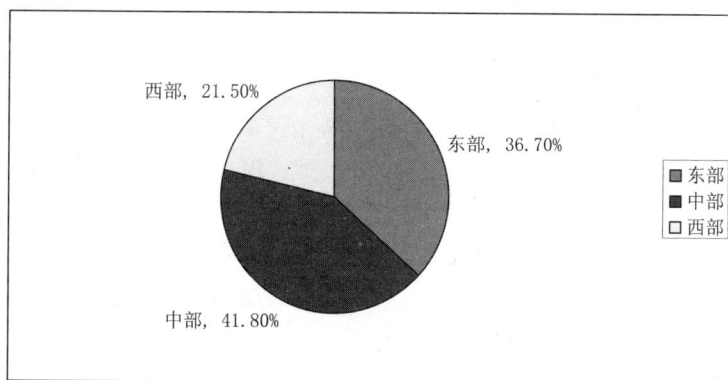

图5　各地区汽摩购买量所占比

**3. 随着家庭收入增加,购买率呈先增后降趋势**

从收入水平来看,在1069份有效调查样本中,2009年家庭总收入在6万—10万元的农户,其购买率为13.4%,年收入在2万—6万元的农户,购买率为8.6%,而年收入在2万元以下的家庭仅有5.1%购买了"汽摩下乡"产品。家庭年收入在10万元及以上的农户购买"汽摩下乡"产品的最少,其比率仅为4.2%(见图6)。由此可见,随着家庭收入增加，购买率先增长、再下降。这是因为家庭收入是农户做出购买决策的基本影响因素，收入高的家庭购买能力一般较强，所以当收入增加时，农户对汽车摩托车产品的购买率一定是增加的。而当收入继续增加到一定程度，农户达到非常富裕阶段时，他们或者多数已购买了汽车、摩托车，暂时不考虑更换；要么由于家庭收入高，偏好于更高档的产品，例如享受型的轿车，而不是补贴政策中的微型客车。

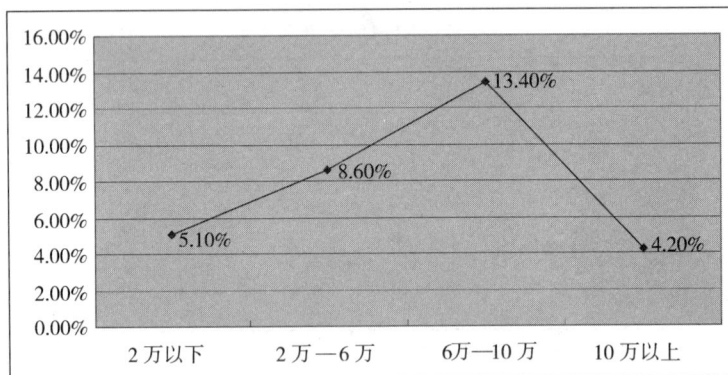

图 6　家庭收入与农户购买率

4. 务工、经商的农户购买汽车多，务农农户是摩托车最大购买群体

从职业来看，务农、务工、经商、教师、医生、其他的农户购买汽摩的数量占同类农户的比重分别为 6.7%、7%、9.8%、4.8%、0、3.1%（见表 10）。经商的农户购买比率最大，依次为务工农户、务农的农户、从事教师职业的农户、从事其他职业的农户、从事医生职业的农户。对这一排序进行分析可知，经商和务工的农民收入水平较高，因而其购买率高于务农的农民；从事教师和医生职业的农户人数少，在农村人群中比例低，且他们的出行需求可能也低于务工、务农和经商的农户，所以购买率偏低。从不同职业购买量占总购买量的比重来看，经商、务工、务农、教师、医生和其他职业的总量购买率分别为 6.3%、26.6%、63.3%、1.3%、0、2.5%，其中务农农户购买人数最多、比重最大，其次为务工农户，受不同职业的人群数量影响，"汽摩下乡"产品的消费主力军必然是务农农户和务工农户。

表 10　　　　　　　不同职业的"汽摩下乡"产品购买率对比

|  | 经商 | 务工 | 务农 | 教师 | 医生 | 其他 | 合计 |
|---|---|---|---|---|---|---|---|
| 农户总数（户） | 51 | 298 | 741 | 21 | 6 | 65 | 1182 |
| 购买户数（户） | 5 | 21 | 50 | 1 | 0 | 2 | 79 |
| 同类购买率（%） | 9.8 | 7.0 | 6.7 | 4.8 | 0 | 3.1 | —— |
| 总量购买率（%） | 6.3 | 26.6 | 63.3 | 1.3 | 0 | 2.5 | 100 |

特别地，务工农户和经商农户购买汽车的数量更多，务农农户购买摩托车的比例更高。在 13 例购买汽车的农户中，有 5 位是务工农户，占同类农户的比重为 1.7%，占 13 例汽车总量的购买率为 38.4%；4 位是经商农户，占同类农户的比重为 7.8%，占汽车总量的购买率为 30.8%；3 位是务农农户，占同类农户的比重为 0.4%，占汽车总量的购买率为 23.1%；1 位是从事其他职业的农户，占同类农户的比重为 1.5%，占汽车总量的购买率为 7.7%。

表 11　　　　　　　　　不同职业的汽车购买率

|  | 务工 | 经商 | 务农 | 其他 |
|---|---|---|---|---|
| 农户总数（户） | 298 | 51 | 741 | 65 |
| 购买户数（户） | 5 | 4 | 3 | 1 |
| 同类购买率（%） | 1.7 | 7.8 | 0.4 | 1.5 |
| 总量购买率（%） | 38.4 | 30.8 | 23.1 | 7.7 |

### （四）汽车下乡政策的经济成效

统计显示，在产品购买均价方面，汽车产品的均价为 39669.2 元，摩托车产品的均价为 5182.5 元。73 个农户共支出 826650 元，其中，财政补贴 87068 元，农户实际支出 739582 元，相当于 73 个农户户均消费 11324.0 元，户均补贴 1192.7 元，户均实际支出 10131.3 元。以此为基础，按照全国 2.11 亿农户计算，可以推算得到全国共有 858 万户购买了"汽摩下乡"产品，由此拉动的消费总额约为 898 亿元，其中政府补贴金额约为 95 亿元，农户实际支出 803 亿元（见表 12）。由这一测算结果结合汽车消费的增长速度,我们可以看出,"汽摩下乡"政策蕴含着巨大的消费拉动力,这一政策的长期实行将对我国经济增长起到持久的拉动作用。

表 12　　　　　　全国汽车、摩托车下乡产品消费额测算

| 购买户 | 总消费额 | 政府补贴额 | 农户实际支出 |
| --- | --- | --- | --- |
| 858 万户 | 898 亿元 | 95 亿元 | 803 亿元 |

注:全国拉动的消费额 = 全国农户总数 * (样本户消费额/样本农户总数)。

## 二　"汽摩下乡"政策推行的阻碍因素

汽摩下乡产品购买率不高的尴尬现状,映射出这一政策并没有充分发挥出作用,只有较少的农民在实际上享受到政策所带来的实惠。以下从汽摩下乡政策所牵涉的三个互动方,即购买主体、政策推行主体以及销售主体,来分析此项政策推行中的阻碍因素。

### (一) 实力不足,购买方缺乏信心

1. 农户实际购买能力薄弱。从农户收入与汽摩购买成本对比来看,受调查的 1942 个农户,家庭的年均收入约为 21863 元,购买汽车、摩托车的平均成本分别约为 36279 元、4814 元。农民家庭年均收入远低于汽车的消费成本,农户购买能力薄弱,摩托车消费成本约占家庭年均收入22%,可见农民的消费压力较大。从农户收入的分布区域来看,中部地区的家庭年均收入约为 25519 元,西部地区约为 22142 元,东部地区约为38436 元,结果表明,西部地区的购买能力是最弱的。从农户的实际购买情况看,中部地区和东部地区的购买量分别占总购买量的 41.8% 、36.6% ,西部仅占了 21.5% 。由此可以看出,农户的实际购买能力是制约汽摩下乡政策实施效果的重要方面。农户的家庭收入普遍偏低,尽管政府给予了补贴,但相对于汽车和摩托车的高消费成本而言,这还不足以使大多数农户家庭拥有相应的支付能力。

2. 农民保守型的消费偏好。农村的生活条件在政府的各项政策中逐渐得到改善,生活水平逐渐得到了提高,但农民对基本生活品的消费需求明显大于对享受型消费品的需求,这是农村家庭长期传承的消费习惯和消

费观念。中国自古推崇勤俭节约，特别是在广大的农村地区，尚俭恶奢的思想观念更是根深蒂固，农户由此形成了对储蓄的强烈偏好。此外，长期以来的城乡二元体制以及社会经济的发展，农村中养老、住房、教育、医疗等生存压力增大，使得农民更不敢放开手脚去消费，这就巩固了农民保守型的消费观念。对于汽车、摩托车这类享受型商品，农民习惯了秉持观望不买的态度。

3. 农户对政策的不信任感。在调查中我们发现，农户对政府所推行的政策存在极大的不信任感，这种不信任感主要包括以下两个方面：一是对地方政府的不信任，主要是对补贴多少，如何补贴，是否会准时发放等方面存在质疑。对农户进行补贴是一项程序复杂、手续烦琐的工作，补贴主要由中央财政和省级财政两级拨款，然后再发给地方政府，最后到各个乡镇级政府。这存在一个中间环节，不是中央和省级财政直接对乡镇的一对一的关系，而是一对多的关系，其中可能会让农民实际拿到的补贴款打折扣。汽摩的补贴相对于家电下乡来说更麻烦，对于不同的车型等补贴方式又不同，农民担心地方政府在补贴方式上设下门槛，让其难以得到实惠；二是对商家的不信任，商家是无利不起早、以营利为目的的，农户担心商家会在产品的质量、价格等方面做手段，而产品的质量、价格直接关系到农户的购买意愿。在产品质量上，汽摩下乡政策所采用的厂家不是通过竞标上岗，而是通过凭证入选，只要获得了汽车生产许可证的商家就可以入围，这就让农户在产品质量上产生极大的不信任感，特别是对那些生产资金有限，信誉度低的中小型汽车生产商家；在产品的价格上，很多农户担心商家通过提高价格的方式进行敲诈，这实际上就是一种变相的加价，是商家瓜分了国家的补贴，在家电下乡过程中出现的私自提价现象，加重了农户对下乡政策的连锁反应，让农民觉得下乡产品必定质量不好、价钱又高，是地方政府和企业联合起来骗人钱的。政府补贴政策的落实、企业产品质量的保证，价格的公正合理直接关系着农户是否能得到实惠，因此，在政策的推行过程中，农户对政策的信任感应该引起地方政府和企业的重视。

4. 农民缺乏汽摩的相关知识。汽车、摩托车的相关知识主要包括汽摩的驾驶、汽摩的性能、汽摩的维修和保养等方面。在广大农村，受到经济条件、基础设施等方面的限制，长期以来，农民普遍缺乏机动车辆的使用经验，农村的驾校数量较少，农户对汽车、摩托车相关知识的知之甚少。许多经销商只是卖产品，并没有提供为农民进行汽摩知识讲座的培训服务，而农民对汽摩性能不熟悉直接影响农民对汽摩的使用需求。另外，农村中较差的基础设施对汽摩的损耗相当大，保养和维修显得尤为必要，对汽摩维修和保养不熟悉削减了农户的购买信心。

**（二）设计疏漏，政府配套不完善**

1. 补贴领取程序繁杂。在办理补贴手续方面，购买微型客车、摩托车的农民，向户口所在地乡镇财政部门申报补贴资金，申报时需提供以下材料：公安交通管理部门出具的机动车行驶证或机动车登记证书，机动车销售发票，购买者本人的居民身份证、户口簿或公安部门出具的户籍证明，购买人储蓄存折。在发放补贴资金的方面，补贴资金实行"乡级审核、乡级兑付"或"乡级审核、县级兑付"。乡镇财政部门对农民申报材料进行审核后，符合补贴要求的，在购买人提出申请的 15 个工作日内将补贴资金拨付到购买人储蓄存折账户。从以上的补贴政策实施方案来看，汽摩补贴不管在补贴程序上还是方式上都是相当复杂的，需要经过层层审核，这样让很多人都担心，越是执行到基层的政策，越是容易变味。如何确保国家发放的购车补贴发放到位，是所有人都关注的问题。

购买汽摩牵涉的部门较多，耗费时间和精力。各种审批手续繁琐，签字盖章的单位较多，势必增加农民的实际成本和时间成本。"家电下乡"繁琐的补贴程序让农民产生了阴影，简化补贴程序，让消费者能更快拿到相关的补贴，这是农民的愿望。这样将购买汽摩的消费者可以更早享受到政策实惠。

2. 配套条件不够完善。政策的推行需要一定的基础配套设施来支持，如果没有这些设施条件，再好的下乡政策也下不了乡，特别是在广大农村地区，基础设施较为薄弱，主要包括以下几个方面：

——道路状况不佳。前几年国家花大力气来实施"村村通"公路，然而很多农村地区并未按质按量地实现这一目标，过于狭窄的乡村道路并不适合汽车和摩托车行驶，农村道路状况仍然堪忧。有些地区下雨后，泥泞的道路给村民出行带来极大困扰。在广大农村许多地方的公路建设不容乐观，特别是那些规模太小、户数少、人口少的零星村庄和修路难度太大的深山区村庄，更是存在通车困难的问题。另一方面，有些道路虽然表面上看是得到了一定改善，但绝大多数没有严格按照相关标准建设，因此，农村地区的道路能否满足汽车和摩托车顺畅通行、能否承载负荷,还有待检验。打开农村汽摩产品消费市场的一个大前提就是道路建设。

——服务设施较少,比如加油站、维修站。在农村地区,机动车辆很少,加油站、维修站也很少,更谈不上大型的基础配套设施了。而这些硬件设施建设的投入问题,只有政府统筹兼顾,才能合理解决。

——汽油价格偏高。农户的消费是十分理性的,他们特别注重计算消费成本。汽油是使用汽摩产品的附加成本,油价偏高使农户对汽摩的购买态度也犹豫不定。因此,将油价控制在一定范围内至关重要。要让农民掏钱买车,油价需保持在合适水平,以减轻农民购买、使用汽车和摩托车的心理负担。

——保险服务缺失。当前农村中的保险意识普遍不高,政府部门和商家忽略了农村中的保险知识宣传和意识培育,农村地区保险服务缺失。在农村地区购车者的用车范围十分广泛,即使强制农村用车者购买了保险,出险后的勘察、索赔以及责任认定也十分困难,因此,保险费用的赔偿也造成了农户对汽摩购买的负担。

——信贷系统落后。农村的信贷服务系统一直是制约农村经济发展的一个重要因素。农村的信贷服务系统主要存在以下问题:服务网点少、信贷手续比较繁琐、信贷规则比较严格,这严重地打击了农民想通过贷款改善生活的积极性。适当放松信贷政策,简化信贷手续,尽量使政府的信贷服务系统向农村倾斜。

3. 政策的监督反馈力度不足。首先,政府和汽车、摩托车生产商之间存在着信息不对称,政府部门对汽摩生产商的质量、成本、价格等方面难以进行有力监督。其次,农民和地方政府之间也存在一种博弈,很多地方政府是强政府,他们并没有实事求是去落实政策,而是附加了许多条件,给农民设置了重重补贴门槛,让农民享受不到国家政策的好处。在补贴资金的发放方面,政府是否按中央财政和省级财政所拨的款按实给农民发放了补贴资金,基层政府是否挪用挤占国家补贴资金,更是存在极大的监督空白。最后,在产品质量、价格及售后服务等问题方面,生产商并没有建立良好的信息反馈渠道,农民只能自己承担这些信息缺失成本,同时在对地方政府的监督上,对于政府的不合理行为,因为缺乏监督和民意反馈机制,农民也只能是被动接受。在广大的农村地区,信息搜集存在一定难度,政策实施的监督和反馈效果并不理想。

### （三）能力较弱，销售点服务不周

1. 基层销售网点服务水平低。良好的服务主要由以下几个方面构成，一是服务人员具备相关的专业知识和技能，二是销售者对顾客服务的态度好，三是产品的售后服务质量高，这三者直接影响着农民的购买信心。当前汽摩下乡产品的基层销售网点服务能力差、水平低，首先，许多经销商并不是专业的汽摩销售人员，对汽摩的零部件的性能知识并不熟知，对于顾客提出的问题也只是敷衍了事，难以做到专业详尽的回答；其次，销售人员的态度有偏差，因为汽摩下乡产品的利润空间比其他产品小，有些销售人员对汽摩下乡产品购买者"另眼相看"，不能提供周到、公平的服务，这严重削弱了顾客的购买欲望；最后，汽摩是易耗品，企业售后服务质量是重要环节之一，许多经销商只管汽车和摩托车的销售，对汽摩的维修和保养却置之不顾，更有甚者在销售前承诺一条龙的服务，可当售后出现各种质量问题时，他们却找出各种理由进行推脱，这样极大挫伤了农民的购买积极性。

2. 下乡产品的可选择空间小。第一，不同地区农村的经济发展水平不同，农民的消费能力存在差别。商家并没有区别的对待，没有根据不同地区的经济情况生产、供应不同档次的产品，而是采取"一刀切"的方法。这样使经济条件相对好的农民买不到品质较好的产品，经济条件差的农民也买不到称心如意价格低廉的产品，这样限制了农户的选择。第二，在可供选择的车型上，推出主要是微型客车和轻卡两种车型，不包括微轿车型，而经济发达地区的农户对于微轿车型存在消费需求，这就限制了农户在车型上的选择空间。第三，地方保护主义制约农户的选择，部分省为了保护本地企业，促进本地的经济发展，对农户的购买进行限制，强制农户优先采购本省生产的车，这也缩小了农户自主选择的余地。第四，由于汽摩下乡产品的利润空间相对较小，销售网点会减少供应下乡产品，在品牌、数量上难以做到全面充足地供货，这就减少了农民的选择空间。

总之，汽摩下乡政策还有一段很长的路要走，它对启动农村市场具有重大的意义，对农村地区的发展、国家消费的拉动和车企的发展，都有重要的战略意义，但是农村地区不是低价低质产品倾销地，我们要不断完善此政策。启动农村市场也不应仅仅是应付危机下的权宜之计，应从长远考虑，让"汽摩下乡"将农村市场动员起来。

## 三 对"汽摩下乡"政策的四项建议

"汽摩下乡"政策在实施过程中，受到了大多数农民的好评。而同时通过以上分析可以看出，"汽摩下乡"政策仍有需要改进之处。为了使"汽摩下乡"政策达到更广泛的惠农效果，可以尝试做出以下努力。

### （一）富农扶农，提高农民购买能力

1. 促进农民增收，提高农民的购买能力。农民的购买能力取决于农民的收入水平，因此让农民增收是提高农民购买力的重要方法。具体来讲，可以做以下几方面的工作：第一，明确土地产权，促进土地流转，让土地成为农民的重要收入来源。随着城乡统筹的发展，农村城镇化进程的加快，原有的土地制度很多时候已经不能满足和适应农民增产增收的愿望。这就需要放宽土地制度，放宽土地使用权，让土地这一要素有效流转起来，让土地成为参与农民收入分配的重要要素。第二，加强对农业的技术支持，使农业成为优质收入源。科学技术是第一生产力，过去和目前农民相对较低的收入水平说明旧的农业生产方式不能使农民致富，而在下乡调研的过程中我们也发现，农民对农业技术下乡的要求十分迫切。传统农业在解决了农民温饱之后难以在农民致富方面有所作为。应当加强对农民的技术培训、农业知识宣传，同时提供规划指导，走新型农业道路。第三，加强对农民的就业指导，为农民提供就业机会，引导农民向非农就业转移，扩大其收入来源渠道。鉴于农民工劳动素质和专业技能普遍不高，应该向农民提供教育培训，提供专业的技术指导，各种职业技校应积极向农民工开放。村镇干部也应该积极向农民提供就业信息，拓宽农民获得打工信息的渠道。

2. 完善补贴机制，提高农民的购买积极性。补贴机制不完善也是影响农民购买"汽摩下乡"产品的重要原因。在下乡调查过程中，我们发现补贴率低，补贴不够人性化等情况使农民的购买积极性受到很大影响。因此可以尝试从以下方面对补贴机制进行改进，提高农民的购买积极性：第一，增加对贫困或低收入农户的补贴率。目前在购买汽车摩托车下乡产品的农户中以家庭条件中等偏上的居多。低收入农户是惠农政策的盲区，这就导致"汽摩下乡"政策出现"嫌贫爱富"的特点。适当调整补贴率

倾斜方向，给予低收入农户更多的政策照顾是使惠农政策普惠广大农村的好办法。第二，增设燃油补贴。在调查中我们发现，拥有汽车和摩托车的农民普遍反映油价太高，调查结果也显示出燃油费用占据家庭支出不小的份额，给农户带来了支出压力。较高的油价让许多农民对汽车摩托车消费心存顾虑，调查中有农民反映："买得起，用不起。"针对这种情况，可以考虑增加燃油补贴，减轻农民的后顾之忧。

3. 重视农村金融，向农民提供信贷支持。对于汽车、摩托车这种大件的消费品来讲，广大农民的收入水平难以达到一次性付清所有款项。按揭付款观念的普及，使得农民对金融信贷的需要也越来越大。这就需要加强对农民的信贷支持，开发农民的消费能力。具体来讲，可以从以下方面着手：第一，放宽对农民的借贷条件。农村的金融信贷一直处于很原始的"存取"阶段，很少涉及信贷。所以在信贷方面，农民长期缺乏一些借贷条件的要求，比如缺乏固定资产抵押物，农业的季节性特点使农民缺乏稳定现金流，农村金融的落后使农民缺乏以往的信用记录。鉴于这种特殊性，就需要放宽对农民的借贷条件的限制。放宽对农民固定资产抵押物、信用记录、现金流等条件的限制，农民的投资消费活力才会被激发出来。第二，对农民信贷提供优惠措施。农民的收入水平在整个社会中处于很低的位置，所以在借贷方面应该充分考虑到农民的经济压力，适当降低利息率。农村信贷应该考虑的是让农民得到资金支持的实惠，而不是增加农民的还贷压力。同时应该注意制度上的规范，防止应该属于农民的低息贷款被占用。第三，增加对农民的专项贷款服务，针对汽车摩托车下乡以及农机下乡的惠农政策，可以考虑针对性的出台相应的优惠借贷，将下乡汽车摩托车的消费同信贷绑在一起，这样可以使农民真正享受到惠农政策的优惠，同时还可以有效防止有人抢占对农村信贷优惠资金的现象出现。

**（二）完善配套，优化汽摩使用条件**

1. 加强硬件设施建设。硬件设施是农民购买汽车、摩托车时的重要考虑因素之一，能否有良好的硬件设施支撑会影响农民的消费行为，所以要想推动农村汽摩消费，让政策真正惠农，硬件设施的完善是必要的。第一，优化路况，改善交通。汽车摩托车这种需要"动起来"的设备对路况的要求相对较高。而农村的道路状况多数难以达标，因此可以采取对农民进行修路的材料补贴，资金补贴，鼓励农民集资修路，动员农民参与修路等措施。第二，增加乡镇维修点，让售后服务下乡。调查中发现，"汽摩下乡"产品甚至家电下乡产品的维修点普遍离村镇较远或者数量很少。这种情况会很大程度上影响农民的购买愿望。因此增加乡镇维修点显得十分迫切和必要。相关部门应该积极采取配套政策，鼓励商家增设维修点，可以考虑减免企业营业税，向企业提供相关业务补贴，增设维修点的企业给予次年继续家电下乡项目的优先考虑。第三，增设村镇级的加油站。增加村镇级加油站是与惠农工程相配套的便民工程。政府部门应考虑增设乡村加油站的规划点，对于投资者给予优惠政策，以资鼓励。

2. 加强软件环境支持。汽车摩托车作为交通工具，存在一定的安全风险。农村的道路状况不佳以及农民自身驾驶技能的不足将会加大这一隐患。因此相应的保险服务也应该成为"汽摩下乡"惠农政策的一部分。保障农民的生命财产安全应该主要从两方面做起。第一，在销售"汽摩下乡"产品时本着鼓励不强迫的原则宣传保险配套业务。把保险和汽车摩托车产品"打包"下乡，增加汽车摩托车产品的保障系数，以保证在万一可能出现的特殊情况下，让农民理赔有路，减少损失。第二，加强对农民人身安全的保障。同样应该本着鼓励不强迫的原则向农民提供人身保险的咨询和服务。汽车和摩托车由于其特殊性，一旦出现安全问题，将很可能对农民人身造成伤害。对收入水平普遍不高的农民来说，医疗费用是不能承受之重。因此未雨绸缪，向农民宣传保险知识，向农民提供人身保险服务将很好地使农民免除后顾之忧。

3. 传授汽摩相关知识。由于农村地区的经济社会发展比较落后，与汽车摩托车相关的技能培训以及基本保养维修技巧缺乏。很多时候仅仅是通过口口相传，边操作边学习的不系统的方式实现的。农民对这方面的知识的需要比较迫切。汽车和摩托车产品的销售方应该改变以往"管卖不管教"的旧思维，主动向农民提供汽摩产品的相关驾驶、维护等知识。具体来讲，应该采取以下措施：第一，向农民提供驾驶技能的培训和咨询。多数农民知识水平不高，也较少参加正规的驾校培训。针对这种情况应该在销售汽车摩托车产品时就向农民进行初步的驾驶知识培训。针对不同下乡汽车摩托车的特点还应该向农民进行特别的指导说明。有条件的地区，政府应该鼓励村镇集体或个人成立驾驶培训机构，向农民提供专业的驾驶技术培训。第二，向农民提供汽摩产品基本的保养维修知识。汽车摩托车产品是需要保养维护，没有使用过汽摩产品的农民在这方面的知识比较贫乏。商家应该将一些基本的维护维修知识印制成册，在农民购买时发放。同时在村镇公告公示栏也可以展出一些相关的宣传知识。

### （三）加强监管，保障农民合法权益

1. 加强对销售网点的管理。针对销售网点暴露出的许多问题，如销售人员缺乏必要的专业素质，自己对产品的性能都是一知半解且服务态度有待提高；下乡产品提价销售；产品质量参差不齐等问题，需要做好以下几方面的监督管理工作：第一，严格要求销售人员的专业素质。在汽车摩托车下乡产品的销售环节，销售人员的素质将对农民购买与否起到最直接的作用。一个销售人员的专业水平和服务态度好坏将极大影响农民的购买欲望。因此加强对销售人员的聘用管理就十分重要。应对销售人员进行严格的培训和审查，并对有农民投诉或者不满的销售人员进行加强培训或者辞退。第二，加强对下乡产品销售方的准入审查，确保产品质量。在汽车摩托车下乡销售的过程中，以次充好，以假乱真，非汽摩下乡产品冒充汽摩下乡产品等现象时有出现。这就要求相关部门给下乡的汽摩产品品牌进行严格的招标认证，为农民严把质量关，并严厉打击销售假冒伪劣产品等现象。

2. 加强对补贴资金的监管。汽车摩托车下乡作为国家的一项惠农政策，有许多国家补贴的资金支持。这些资金应该是属于农民的。然而在实施的过程中可能出现资金挪用、克扣以及拖欠等情况。这就需要严格监管惠农资金的发放使用情况。具体来讲，应该做到：第一，严格执行国家规定补贴政策。对于销售方利用各种各样的理由降低国家规定的硬补贴率，抢占惠农的国家补贴以及挪用补贴资金的违规行为，必须要求相关部门严格监督，保证政策实施不打折扣。第二，严格监管补贴资金的后续发放情况。有些地区以种种理由拖欠应该发给农民的补贴资金。甚至有些时候农民需要"找关系"才能拿到应该属于自己的惠农补贴。这就要求相关部门对资金的发放和使用严格监督，确保农民把该得的补贴实实在在拿到手。强化基层财政管理部门与农户的联系，并通过电话、短信等方式，让消费者申领补贴。针对部分农民因交通不便、年老体弱、身患残疾等特殊情况而尚未领到的补贴，相关部门可以专门组织人员将补贴款送到农户手中，或是委托村干部将补贴兑付落实。

3. 建立便捷的投诉赔付通道。汽摩下乡的政策在实施过程中，将会

不可避免出现一些纠纷。为了应对这些可能出现的情况就需要建立一个便捷的投诉赔付通道，让农民能够及时方便的反馈购买和使用情况。第一，应该建立畅通的投诉渠道，解决农民在购买或使用过程中出现的不满。很多商家经营态度并不令人满意，并且由于商家内部职能的划分不同。有许多商家出现"只管售不管后"的情况。农民对产品对服务的不满没有一个畅通的渠道表达。因此为了维护农民权益，就必须首先要让农民有表达意见和态度的平台。让农民的想法及时直接地反映出来，方便问题的解决。第二，应该建立及时有效的赔付制度。与投诉等意见表达渠道相配套的是必须有一个完善的理赔渠道，这样才能让农民的问题得到真正解决。对农民反映的问题，在核实责任方后，可以采取先行赔付制度，然后向责任商家问责，最大限度地维护农民利益。

### （四）简化程序，提高补贴领取效率

汽车摩托车下乡的补贴程序在下乡调研过程中一直饱受诟病。复杂的补贴申报和领取程序让农民颇有怨言。因为补贴程序的不方便，农民需要花费大量的"时间成本"和"机会成本"。因此，简化补贴程序已经势在必行。由于家电下乡已经实施了相当长的一段时间，补贴程序已经得到完善，汽摩下乡可以考虑在补贴程序上向家电下乡靠拢。第一，简化补贴申报材料和审批程序。在办理汽车摩托车下乡产品的补贴业务时，许多农民反映，大量的材料，证件使农民"找不到方向"。审批程序的复杂也使农民短时间内无法获知申报的具体情况。在这方面，汽摩下乡应该充分吸取家电下乡的经验，以行政的规定方式，要求相关部门简化申报材料，简化审批程序，让农民对申报的进度有一个清晰的了解。第二，简化资金发放程序。有条件的地区采取"一卡通"或"一折通"的形式向农民发放补贴。对于特殊情况和特殊地区，销售网点可以考虑对符合条件的农户实行先行补贴的制度，让农民尽快领到应得补贴，然后销售网点再向相关财政部门进行补贴资金清算。

# 政治与社会政策研究

农民工：返乡、留乡及去向

农村基层政治参与的瓶颈亟待突破

# 农民工：返乡、留乡及去向

## ——"六省十村"返乡农民工调查

**主持人：** 徐　勇

**执笔人：** 邓大才　黄振华　佘纪国　朱敏杰
　　　　　高　超

# 内容摘要

为全面客观评估 2008 年以来我国农民工返乡与再就业情况，我们于 2009 年 2 月 23 日至 3 月 5 日组织了十个调查组分赴全国六省的十个村庄进行抽样调查。本次调查的村庄分布在全国六个传统劳务大省，其中江西、湖北、湖南、河南各两个村庄，安徽、四川各一个村庄。调查共发放问卷 1200 份，收到有效问卷 927 份，涉及人口 4377 人，其中包括 1351 名务工人员的返乡及就业信息。

## 一　农民工的流动特征

调查结果显示，农民工打工率为 26.7%，返乡率为 72.5%，留乡率为 13.4%。据此测算，全国农民工年内返乡人数约为 10875 万人，全国农民工留乡人数约为 2010 万人。可见，全国的农民工返乡和留乡状况较为严峻，尤其是留乡农民工人数较多，需要引起各级政府部门的重视。

从返乡原因上看，农民工年内返乡的最主要原因是回家过年，其比例高达 77.8%。由于经济不景气（包括失业和工厂效益不好）而选择返乡比例为 9.1%。据此测算，全国由于经济不景气而选择返乡的打工人员约为 989.6 万人。可见，近期经济形势的变化对农民工是否返乡决策产生了较大影响，并加大了农民工年内返乡的压力。

在返乡时间上，返乡农民工选择 2009 年 1 季度返乡的人数最多，其次是在 2008 年第 4 季度，整体上显示出典型的梯度特征。留乡农民工的返乡时间与返乡农民工相似，也是以 2009 年 1 季度最为集中，其次是 2008 年 4 季度，在时间序列上则呈现出两梯度增长的态势。

调查结果显示，外部经济衰退不仅使农民工做出了返乡决策，并在相当程度上使农民工的返乡时间提前。根据指标测算，2008 年下半年由于经济不景气而提前返乡的农民工人数约为 600 万，其中在 2008 年 4 季度由于经济不景气而提前返乡的农民工人数约为 525 万。由此可以判断，外部经济冲击对农民工的影响主要是从 2008 年 4 季度开始大面积显现的。

## 二 留乡农民工的基本特征

从性别特征看，留乡人员以男性居多，且留乡倾向明显。从年龄特征看，30—40 岁年龄段在留乡人员中所占比重最大，中青年构成留乡人员的主体。同时，性别年龄结构差异大，表现为 20—30 岁年龄段的留乡人员以女性为主，而 40—50 岁年龄段的留乡人员则以男性居多。从受教育程度看，留乡人员以接受初中教育的农民工为主体，其中，男性所接受的教育水平无论在广度还是深度上都要略高于女性。从技术程度上看，是否拥有一门技术并不是农民选择外出打工或者留乡的决定因素。即使面对金融危机条件下的严峻就业形势，技术程度也并非农民工打工的先决条件。

从留乡原因来看，找工作难与个人、家庭因素影响，是农民工选择留乡的主要原因。其中，因找工作难而留乡的男性比例高于女性。受家庭与个人因素影响而留乡的女性比例高于男性。年轻的、受教育程度低的打工者更容易因为找工作难而选择留乡。

## 三 农民工留乡前的职业特征

调查结果显示，农民工留乡前从事建筑业与制造业的人数最多，两项合计占到留乡总人数的三分之二强。从打工区域看，农民工留乡前主要集中在东部沿海地区，其中有超过半数在长三角、珠三角地区打工。从职业调整上看，超过三分之二的留乡人员都没有更换过职业，表明更换职业对农民工留乡的影响不是很大。而在区域调整上，有超过六成的留乡农民工曾经变换过打工地点，且有两成留乡人员频繁更换地点，由此可见，打工地点变动频率较大的农民工更容易选择留乡。

打工年限同样是影响农民工留乡情况的重要因素。调查结果显示，打工年限相对不长且职业稳定的打工人员更容易选择留乡，同时打工年限相对较长且工作地点变动频繁的打工者也在留乡人员中占比较大。

从农民工的地区差别来看，留乡人员的打工职业存在较为明显的"组团"现象，表现为村庄总体职业分布上的职业集中和村庄内部职业分布上的职业集中。

## 四　留乡人员的再就业特征

根据调查数据，共有 144 名留乡人员的基本去向进行归类和统计（统计 181 人留乡，有 37 人去向信息不完整），可以分为继续打工、另谋新职、自主创业、留乡务农、照顾家庭、休息养病、暂无事做等七种。

从基本去向上看，有近三成的留乡农民工选择继续外出务工，超过两成留乡农民工选择在家务农，可见，继续外出打工和务农是留乡人员的主要去向。另外，暂无事可做的人员占到总留乡人数的一成左右，他们往往是引发社会不安定因素的重要诱因，需要引起各级政府部门的重视。

从性别角度看，实现再就业的留乡农民工中，男性要多于女性。在年龄方面，继续打工、留乡务农和休息养病的人员以 30 岁以上的较多，30 岁以下的较少。暂无事做的人员以 30 岁以下的较多，30 岁以上的较少。另谋新职和自主创业主要集中在 20—40 岁年龄段。在教育程度方面，留乡农民工多以初中、小学文化水平为主，各种去向的人数也以这两种教育程度的居多。

## 五　基本结论

通过对"六省十村"返乡农民工的调查，我们得到以下基本判断与结论：

第一，返乡农民工人数过亿，留乡农民工超过 2000 万。

第二，留乡人员返乡时间普遍提前，且较为集中。

第三，留乡人员以接受初等教育的中青年男性为主。

第四，农民工留乡前以从事制造业和建筑业为主，打工区域集中在东部沿海地区。

第五，失业、家庭及个人因素是农民工选择留乡的主要原因。

第六，计划外出打工与在家务农是留乡人员的主要去向。

总之，农民工集中返乡的影响不可低估，农民工再就业问题不可小觑。要未雨绸缪，防患于未然。为此，各级政府部门应高度重视留乡农民工这一特殊群体，并采取各种积极措施有序转移和妥善安置留乡农民工。

# 报告正文

2008 年下半年以来，随着国内外经济形势的变化，我国不少企业出现经营困难，减薪裁员规模加大，劳动力供求矛盾骤然加剧。其中，作为劳动力供给主体之一的农民工受到较大冲击，各劳动力流出省份均出现了较为明显的回流现象，农民工返乡问题日益突出。在此背景下，为全面客观评估去年以来我国农民工返乡与再就业情况，并为今后应对相似的外部冲击提供理论和经验支持，我们于 2009 年 2 月 23 日至 3 月 5 日组织了十个调查组分赴湖南、湖北、河南、江西、安徽及四川六省的十个村庄进行了抽样调查，以期对当前劳动力流动的异动状况"把脉听诊"。

本次调查的村庄分布在全国六个传统劳务大省，其中江西、湖北、湖南、河南各两个村庄，安徽、四川各一个村庄。所选村庄均为该省份的代表性村庄，能够反映当地劳动力外出务工的一般特点，具有较强的普遍性和典型性。本次调查发放问卷 1200 份，收到有效问卷 927 份，涉及人口 4377 人，其中包括 1351 名务工人员的返乡及就业信息。

## 一　农民工的流动特征

### （一）有多少人返乡和留乡

在 6 省 10 村所调查的 927 户农户中，共有人口 4377 人，其中外出打工人员 1170 人，打工率为 26.7%。返乡人员合计 979 人，返乡率 72.5%，返乡人员中共有 181 人选择留乡，留乡率为 13.4%。也就是说，每 100 名外出务工人员中，有 72.5 人选择年内返乡，其中有 13.4 人选择留乡而不再外出（见表 1）。

**表1**　　　　　　　　　打工人员返乡和留乡基本情况统计表

| 村庄名称 | 农户 | 人口 | 2009 年打工人员 | 返乡人员 | 留乡人员 | 打工率（%） | 返乡率（%） | 留乡率（%） |
|---|---|---|---|---|---|---|---|---|
| 安徽白云村 | 101 | 461 | 102 | 126 | 25 | 22.1 | 99.2 | 19.7 |
| 湖南白云村 | 74 | 373 | 80 | 71 | 6 | 21.5 | 82.6 | 7.0 |
| 湖北交通村 | 80 | 380 | 95 | 85 | 28 | 25.0 | 69.1 | 22.8 |
| 湖北利国村 | 73 | 351 | 85 | 73 | 8 | 24.2 | 78.5 | 8.6 |
| 江西刘钰村 | 89 | 456 | 102 | 119 | 26 | 22.4 | 93.0 | 20.3 |
| 河南马庄村 | 100 | 459 | 177 | 176 | 10 | 38.6 | 94.1 | 5.4 |
| 河南南板桥 | 108 | 496 | 118 | 24 | 19 | 23.8 | 17.5 | 13.9 |
| 湖南平桥村 | 100 | 408 | 140 | 125 | 20 | 34.3 | 78.1 | 12.5 |
| 四川三沟村 | 101 | 524 | 135 | 41 | 13 | 25.8 | 27.7 | 8.8 |
| 江西新湖村 | 101 | 469 | 136 | 142 | 26 | 29.0 | 87.7 | 16.1 |
| 合　计 | 927 | 4377 | 1170 | 979 | 181 | 26.7 | 72.5 | 13.4 |

　　注：①打工率指打工人员总数占调查农户人口总数，并非指打工人员占调查农户劳动力总数；②2009 年打工人员指 2009 年 2 月底的数据；③不考虑初次外出务工人员数量，返乡率 = ［返乡人员／（2009 年打工人员 + 留乡人员）］；④不考虑初次外出务工人员数量，留乡率 = ［留乡人员／（2009 年打工人员 + 留乡人员）］。

　　从各个村庄的情况来看，返乡率最高的是安徽安庆的白云村，达到 99.2%，几乎所有的打工者都选择在年内返乡；返乡率最小的则是河南驻马店的南板桥村，只有 17.5% 的打工人员返乡。综合看，除河南南板桥村和四川三沟村以外，其他 8 个村庄的返乡率都接近或者超过 70% 的水平，安徽白云村、江西刘钰村和河南马庄村的返乡率都高达 90% 以上。这表明，目前我国已有少数村庄出现了农民工整体留城的倾向，但总体上农民工选择年内返乡的情况仍然占据绝对优势。从留乡率指标看，最高的是湖北监利的交通村，达到 22.8%，相当于每 5 个人中有 1 人选择留乡；最小的是河南周口的马庄村，仅有 5.4%，即每 20 人中仅约有 1 人留乡。大体上看，各个村庄的留乡率指标差异很大，其中安徽白云村、江西刘钰村和湖北交通村的留乡率较高，均接近或者超过 20%，而小于 10% 的村庄也有四个：包括湖南白云村、湖北利国村、河南马庄村以及四川三沟村（见表1）。

以 927 户调查样本为基础，可以对全国的农民工返乡和留乡情况进行测算。本次调查显示，农民工的返乡率为 72.5%，按照 1.5 亿人测算，全国农民工年内返乡人数约为 10875 万人。同理，农民工的留乡率为 13.4%，按照 1.5 亿人测算，全国农民工留乡人数约为 2010 万人（见表 2）。总体来看，全国的农民工返乡和留乡状况较为严峻，尤其是留乡农民工人数较多，各级政府部门应及时有效制定各项政策措施，缓解由农民工返乡和留乡对社会和经济造成的负面冲击。

表 2                  全国农民工返乡及留乡人员测算

|  | 打工率 | 返乡情况 | 留乡情况 |
|---|---|---|---|
| 比重（%） | 26.7 | 72.5 | 13.4 |
| 人口（万人） | — | 10875 | 2010 |

注：打工人员按照 1.5 亿人为基数进行测算。

### （二）农民工为什么返乡

调查显示，农民工年内返乡的原因是多方面的，其中最主要的原因是回家过年，在 979 名返乡人员中有 762 人是因为过年而选择返乡，比例高达 77.8%，占据绝对优势。在返乡人员中，由于家庭和个人原因返乡有 61 人和 28 人，分别占总数的 6.2% 和 2.9%，由于经济不景气（包括失业和工厂效益不好）而选择返乡的有 89 人，占到总数的 9.1%（见表 3 和表 4）。

从全国的情况看，按照 1.5 亿农民工测算，全国由于经济不景气而选择返乡的打工人员约为 989.6 万人。由此看来，近期经济形势的变化对农民工的返乡决策产生了较大影响，并加大了农民工年内返乡的压力。

从各个村庄的数据看，因为过年而返乡比例最高的村庄是河南马庄村和湖南白云村，分别达 93.2% 和 93.0%，也就是说，每 100 名返乡者中，各有 93.2 人和 93 人是因为过年才返乡的；该比例最小的是河南的南板桥村，只有 37.5%。在由于经济不景气而返乡这一项中，各个村庄的差异较大，比例最高的是河南的南板桥村，达到了 20.8%；湖北交通村和江西刘钰村的比例也较大，分别是 17.1% 和 16.8%；另有三个村庄则小于 5%，分别是安徽白云村、衡阳白云村以及河南马庄村（见表 3 和表 4）。

表 3　　　　　　　　　　农民工返乡的原因统计表　　　　　　（单位：人）

| 村庄名称 | 过年 | 家庭原因 | 个人原因 | 失业 | 效益不好 | 其他原因 | 合计 |
|---|---|---|---|---|---|---|---|
| 安徽白云村 | 96 | 11 | 2 | 0 | 6 | 11 | 126 |
| 湖南白云村 | 66 | 3 | 0 | 0 | 2 | 0 | 71 |
| 湖北交通村 | 50 | 13 | 3 | 4 | 10 | 2 | 82 |
| 湖北利国村 | 60 | 0 | 1 | 0 | 5 | 7 | 73 |
| 江西刘钰村 | 85 | 4 | 8 | 17 | 3 | 2 | 119 |
| 河南马庄村 | 164 | 4 | 0 | 0 | 6 | 2 | 176 |
| 河南南板桥 | 9 | 6 | 3 | 5 | 0 | 1 | 24 |
| 湖南平桥村 | 99 | 11 | 2 | 10 | 0 | 3 | 125 |
| 四川三沟村 | 24 | 6 | 1 | 5 | 1 | 4 | 41 |
| 江西新湖村 | 109 | 3 | 8 | 14 | 1 | 7 | 142 |
| 合　计 | 762 | 61 | 28 | 55 | 34 | 39 | 979 |

注："其他原因"项中包括缺失值。

表 4　　　　　　　　　　农民工返乡的原因统计表　　　　　　（单位：%）

| 村庄名称 | 过年 | 家庭原因 | 个人原因 | 失业 | 效益不好 | 其他原因 |
|---|---|---|---|---|---|---|
| 安徽白云村 | 76.2 | 8.7 | 1.6 | 0 | 4.8 | 8.7 |
| 湖南白云村 | 93.0 | 4.2 | 0 | 0 | 2.8 | 0 |
| 湖北交通村 | 61.0 | 15.9 | 3.7 | 4.9 | 12.2 | 2.4 |
| 湖北利国村 | 82.2 | 0 | 1.4 | 0 | 6.9 | 9.6 |
| 江西刘钰村 | 71.4 | 3.4 | 6.7 | 14.3 | 2.5 | 1.7 |
| 河南马庄村 | 93.2 | 2.3 | 0 | 0 | 3.4 | 1.1 |
| 河南南板桥 | 37.5 | 25.0 | 12.5 | 20.8 | 0 | 4.2 |
| 湖南平桥村 | 79.2 | 8.8 | 1.6 | 8.0 | 0 | 2.4 |
| 四川三沟村 | 58.5 | 14.6 | 2.4 | 12.2 | 2.4 | 9.8 |
| 江西新湖村 | 76.8 | 2.1 | 5.6 | 9.9 | 0.7 | 4.9 |
| 合　计 | 77.8 | 6.2 | 2.9 | 5.6 | 3.5 | 4.0 |

### （三）农民工何时返乡

在对 979 名返乡人员的调查中发现，农民工选择 2009 年 1 季度返乡的人数最多，为 770 人，占到返乡总数的 78.7%，属绝对多数。除 2009 年 1 季度，返乡最集中的时期在 2008 年 4 季度，达到了 13.5%，而返乡最少的时段则是 2008 年 1 季度，只有 17 人，占总数的 1.7%（见表 5）。

表 5 农民工返乡的时间统计表

| 返乡时间 | 2008 年 1 季度 | 2008 年 2 季度 | 2008 年 3 季度 | 2008 年 4 季度 | 2009 年 1 季度 |
|---|---|---|---|---|---|
| 返乡人数 | 17 | 18 | 23 | 132 | 770 |
| 占比（%） | 1.7 | 1.8 | 2.4 | 13.5 | 78.7 |

注：缺失值没有纳入统计。

从时间序列上看，农民工返乡时间呈现出典型的梯度特征，即随着时间的推移，农民工返乡人数不断增加。从 2008 年 1 季度到 2008 年 3 季度，农民工返乡人数呈稳步增长的态势；进入 4 季度，返乡人数骤然增加，并在 2009 年 1 季度进一步激增到一个峰值（见图 1）。结合整体经济形势来看，世界经济对我国的影响在 2008 年 3 季度开始显现，并在 4 季度进一步加强，这与农民工的返乡时间相吻合。这似乎表明，外部经济衰退不仅使农民工做出了返乡决策，并在相当程度上使农民工的返乡时间提前。

为了检验这一假设，可以进一步对 2008 年下半年以及 4 季度打工人员返乡情况进行再分析。调查结果显示，在 2008 年 4 季度返乡的 132 名打工者中，因为过年而返乡的有 58 人，占总数的 43.9%；因为经济不景气（失业或效益不好）而选择返乡的有 47 人，占 2008 年 4 季度返乡人数的 35.6%。在 2008 年下半年返乡的 155 名打工者中，因为过年而返乡的人数没有变化，仍是 58 人，占总数的 37.4%；而由于经济不景气而选择返乡的有 54 人，占到 2008 年下半年返乡人数的 34.8%（见表 6）。

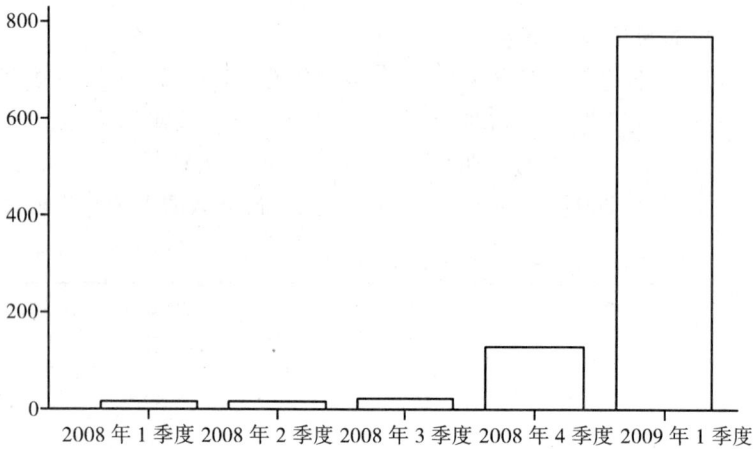

**图 1   农民工返乡时间统计图** （单位：人）

表 6                        **2008 年 4 季度打工者返乡原因统计**

| 返乡原因 | 过年 | 家庭原因 | 个人原因 | 失业 | 效益不好 | 其他 | 合计 |
|---|---|---|---|---|---|---|---|
| 2008 年 4 季度返乡人数 | 58 | 14 | 10 | 28 | 19 | 3 | 132 |
| 占比（%） | 43.9 | 10.6 | 7.6 | 21.2 | 14.4 | 2.3 | 100 |
| 2008 年下半年返乡人数 | 58 | 22 | 13 | 33 | 21 | 8 | 155 |
| 占比（%） | 37.4 | 14.2 | 8.4 | 21.3 | 13.5 | 5.2 | 100 |

　　将 2008 年 4 季度、2008 年下半年及全年的返乡情况进行整体比较，可以看到，尽管 2008 年 4 季度和下半年返乡人员主要以回家过年为主，但其比例仅为 43.9% 和 37.4%，远远小于年内返乡人员 77.8% 的整体比例；而两个时期由于经济不景气而返乡的比例则分别高达 35.7% 和 34.8%，比年内返乡人员中 9.1% 的整体水平分别高出 26.6 和 25.7 个百分点。由此可见，由于外部经济不景气，农民工提前返乡的现象非常明显（见表 7）。

**表7　2008 年 4 季度、下半年与年内打工人员返乡原因的整体比较　（单位:%）**

| 返乡原因 | 过年 | 经济不景气 |
|---|---|---|
| 年内返乡 | 77.8 | 9.1 |
| 2008 年 4 季度返乡 | 43.9 | 35.7 |
| 2008 年下半年返乡 | 37.4 | 34.8 |

　　从全国的情况看，如果以 1.5 亿打工人员为基数，可以测算在 2008 年下半年由于经济不景气而提前返乡的农民工人数有 600 万，其中在 2008 年 4 季度由于经济不景气而提前返乡的农民工人数有 525 万（见表 8）。由此可以基本判断，外部经济冲击对农民工的影响主要是从 2008 年 4 季度开始大面积显现的。

**表8　对全国 2008 年下半年和 4 季度由于经济不景气而提前返乡人员的测算**

|  | 返乡人员 | 2008 年下半年返乡人员 | 2008 年 4 季度返乡人员 |
|---|---|---|---|
| 占打工者比重(%) | 72.5 | 4.0 | 3.5 |
| 人口（万人） | 10875 | 600 | 525 |

　　注：按照 1.5 亿打工人员测算。

### （四）留乡人员何时返乡

　　在 181 名留乡人员中，返乡最集中的时期是在 2009 年 1 季度，共有 72 人，占到全体留乡人数的 39.8%；2008 年 4 季度也是留乡人员集中返乡的一个时期，共有 61 人，占到总数的 33.7%。在留乡人员中，于 2008 年 1 季度就返乡并选择留乡的人数最少，只有 13 人，占到留乡人员总数的 7.2%（见表 9）。

**表9　留乡人员的返乡时间统计情况**

| 返乡时间 | 2008 年 1 季度 | 2008 年 2 季度 | 2008 年 3 季度 | 2008 年 4 季度 | 2009 年 1 季度 |
|---|---|---|---|---|---|
| 留乡人数 | 13 | 17 | 15 | 61 | 72 |
| 占比（%） | 7.2 | 9.4 | 8.3 | 33.7 | 39.8 |

　　注：缺失值没有纳入统计。

从时间序列上看，留乡人员的返乡时间近似呈现两梯度增长态势，即2008 年 1 季度到 3 季度相对稳定，形成一个梯度；2008 年 4 季度则出现大幅度增加趋势，并在 2009 年 1 季度相对稳定，形成第二个梯度（见图2）。由此可见，留乡人员是从 2008 年 4 季度开始大规模集中返乡的，其中有三分之一的留乡人员选择在 4 季度提前返乡。

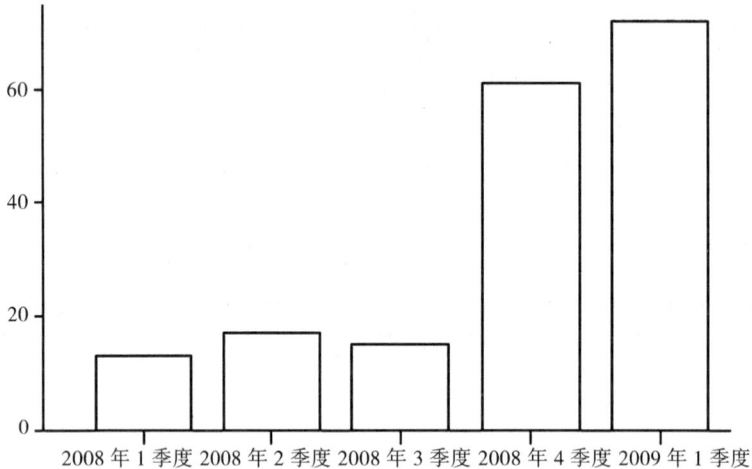

**图 2  留乡人员返乡时间统计图**（单位：人）

将返乡人员和留乡人员的返乡时间加以比较，可以看到二者的差异非常显著。其中，2009 年 1 季度返乡的比例高达 78.7%，相当于前四个季度返乡人数总和的 4 倍有余；而留乡人员选择 2009 年 1 季度返乡的则只有 39.8%，不到总数的四成。同时 2008 年 4 季度留乡人员比例也达到了 33.7% 的高水平，远高于返乡人员 13.5% 的比例（见表 10）。由此可以判断，很多留乡人员在返乡时就已经遭受了外部经济形势的变化和影响，并不得不提前回乡。

表 10 返乡人员与留乡人员的回乡时间比较

| 返乡时间 | 2008 年 1 季度 | 2008 年 2 季度 | 2008 年 3 季度 | 2008 年 4 季度 | 2009 年 1 季度 |
|---|---|---|---|---|---|
| 返乡人员占比（%） | 1.7 | 1.8 | 2.4 | 13.5 | 78.7 |
| 留乡人数占比（%） | 7.2 | 9.4 | 8.3 | 33.7 | 39.8 |

## 二 留乡农民工的基本特征

在所调查的 979 名返乡农民工中，有返城打工人员 798 人，留乡农民工 181 人。在留乡人员中，不打算外出务工的共有 78 人，占留乡总人数的 43.1%；因为受到金融危机影响，找工作难、收入低而返乡或留乡的共计 84 人，占留乡总人数的 46.6%，也就是说，接近一半的留乡者是因为经济状况恶化而选择留乡。那么，在全球金融危机蔓延的情况下，具有哪些特征的打工人员更倾向于选择留乡呢？

### （一）性别特征

留乡人员以男性居多，且留乡倾向更明显。在 927 户农民的摸底调查中，2009 年返城打工人员共有 798 人，其中男性 533 人，占打工总人数的 66.8%；而女性只占到返城打工人数的三分之一，为 265 人。在留乡的 181 名农民工中，男性有 132 人，占到了总数的 72.9%，比返城打工人员中 66.8% 的男性比例高出了 6 个百分点；而女性则为 49 人，仅占总数的 27.1%（见图 3）。由此可见，留乡人员中不仅以男性人员居多，而且其相对返城打工人员更高的男性比例也说明，男性选择留乡的倾向更明显。

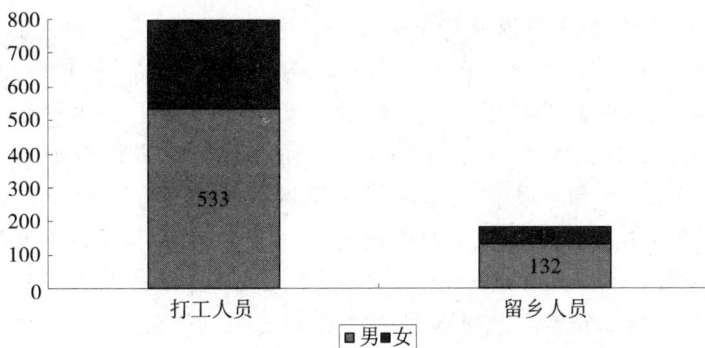

图 3 留乡与外出打工人员性别对比

**（二）年龄特征**

总体上来说，中青年构成留乡人员的主体。由图 4 可以看出，30—40 岁的人群是留乡人群中所占比重最大的，共计 60 人，达到留乡总人数的 33.1%；其次 20—30 岁的青年人有 56 人，占到 30.9%；此外，40—50 岁的留乡人数也较多，共计有 49 人，占到留乡总人数的 27.1%；50 岁以上和 20 岁以下的留乡者所占的比例则骤然下降，分别只有 7.2% 和 1.7%。由此可见，中青年人群是留乡人员的主要群体，20—50 岁的留乡者共计 165 人，占到总人数的 91.1%。

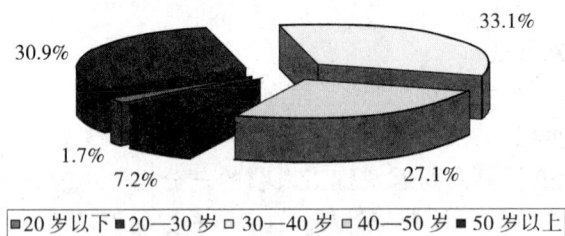

30.9%　33.1%　1.7%　7.2%　27.1%

■20 岁以下 ■20—30 岁 □30—40 岁 □40—50 岁 ■50 岁以上

**图 4　留乡人员年龄分布图**

相对而言，留乡人员性别年龄结构差异较大。20—30 岁年龄段女性留乡的相对较多，而 40—50 岁年龄段男性留乡的相对较多。结合表 11 可以看出在 2009 年返城打工人员中，中青年即 20—50 岁人群占据了绝大部分，其人数达到 729 人，占返城打工总人数的 91.4%。在相对稳定的留乡与打工年龄层中，女性的流动量要略大于男性。在 40—50 岁年龄段，男性留乡人员占到 23.8%，而该年龄段男性返城打工人员则达到 15.2%，留乡比例比返城打工比例多出 8.6 个百分点。在 20—30 岁年龄段中留乡人员女性的比例为 13.8%，高出返城打工女性人数的 1.4 个百分点，而在 30—40 岁年龄段中返城打工女性人数却高出留乡女性 2.2 个百分点。这可能是因为在 20—30 岁年龄段的女性大多处于要面临人生中结婚生子的阶段，从而只能选择留乡，即使在异地打工也会因为类似的原因返回家乡。而在 30 岁之后，女性已经完成了组建家庭和孕育后代的责任，可以外出打工为家庭挣取额外的收入，从而留乡的人数较少。

表 11  留乡与返城打工人员年龄对比  （单位：人、%）

| | 绝对数 | | | | | | 比重 | | | | | |
|---|---|---|---|---|---|---|---|---|---|---|---|---|
| | 留乡人员 | | | 返城打工人员 | | | 留乡人员 | | | 返城打工人员 | | |
| | 男性 | 女性 | 合计 | 男性 | 女性 | 合计 | 男性 | 女性 | 合计 | 男性 | 女性 | 合计 |
| 20 岁以下 | 1 | 2 | 3 | 13 | 22 | 35 | 0.6 | 1.1 | 1.7 | 1.6 | 2.8 | 4.4 |
| 20—30 | 31 | 25 | 56 | 162 | 99 | 261 | 17.1 | 13.8 | 30.9 | 20.3 | 12.4 | 32.7 |
| 30—40 | 44 | 16 | 60 | 212 | 88 | 300 | 24.3 | 8.8 | 33.1 | 26.6 | 11 | 37.6 |
| 40—50 | 43 | 6 | 49 | 122 | 46 | 168 | 23.8 | 3.3 | 27.1 | 15.2 | 5.8 | 21 |
| 50 岁以上 | 13 | 0 | 13 | 24 | 10 | 34 | 7.2 | 0 | 7.2 | 3 | 1.3 | 4.3 |
| 合 计 | 132 | 49 | 181 | 533 | 265 | 798 | 73 | 27 | 100 | 66.7 | 33.3 | 100 |

**（三）受教育程度**

受过初中教育的打工人员是留乡的主体。从受教育程度来分析留乡人员的构成可以看出，留乡人员中 77.8% 的人员具有初中或初中以上教育程度。在留乡人员中，除一位 54 岁的男性为文盲外，其他人员都接受过不同程度的教育，其中接受过初中教育的比例占到总数的 67.8%，即有 122 位留乡人员完成了国家规定的九年义务教育。但这些人员在接受完义务教育后，就不再继续念书，仅有 15 人接受了高中教育，3 人走进大学接受高等教育，这类人群仅占留乡人员的 8.3% 和 1.7%（具体见图 5）。

留乡人员中男性所受教育程度略高于女性。从返城打工人员的受教育程度来看，在 798 名人员中完成义务教育的人数共有 599 人，占返城打工人数的 75.1%；另有 14.9% 的返城打工人员接受了更高层次的教育，其中有 11.9% 的人员接受了高中教育，3% 的人员接受过高等教育。接受高中及大学教育的返城打工人员中，女性分别为 24 人和 7 人，远远低于男性接受教育的人数。对比留乡人员不难看出，返城打工人员的教育程度较高，留乡人员中仅有 9.9% 的人员接受了义务教育以上的更高层次教育，

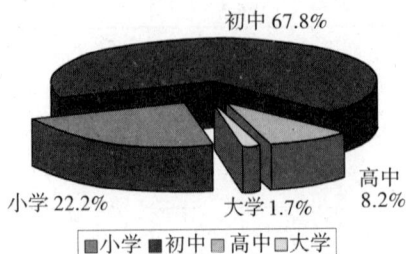

**图 5　留乡人员教育程度分布图**

而返城打工人员中这一比例则占到了 14.9% 。在接受高中与大学教育的比例上，返城打工人员则分别高出留乡人员 3.7% 和 1.3% 。而且在 15 名完成高中教育的人群中，只有两名女性，进入大学接受高等教育的 3 位则均为男性（具体见表 12）。总体而言，男性接受教育的广度和深度还是要略高于女性。

表 12　　　　　留乡与返城打工人员教育程度分析表　　　（单位：人、%）

|  | 绝对数（人） | | | | | | 比重（%） | | | | | |
|---|---|---|---|---|---|---|---|---|---|---|---|---|
|  | 留乡人员 | | | 返城打工人员 | | | 留乡人员 | | | 返城打工人员 | | |
|  | 男性 | 女性 | 合计 | 男性 | 女性 | 合计 | 男性 | 女性 | 合计 | 男性 | 女性 | 合计 |
| 未读书 | 1 | 0 | 1 | 6 | 9 | 15 | 0.6 | 0 | 0.6 | 0.8 | 1.1 | 1.9 |
| 小学 | 29 | 11 | 40 | 107 | 77 | 184 | 16 | 6.1 | 22.1 | 13.4 | 9.7 | 23.1 |
| 初中 | 86 | 36 | 122 | 332 | 148 | 480 | 47.5 | 19.9 | 67.4 | 41.6 | 18.5 | 60.1 |
| 高中 | 13 | 2 | 15 | 71 | 24 | 95 | 7.2 | 1 | 8.2 | 8.9 | 3 | 11.9 |
| 大学 | 3 | 0 | 3 | 17 | 7 | 24 | 1.7 | 0 | 1.7 | 2.1 | 0.9 | 3 |
| 合计 | 132 | 49 | 181 | 533 | 265 | 798 | 73 | 27 | 100 | 66.8 | 33.2 | 100 |

### （四）技术程度

技术拥有程度并非是农民工留乡还是外出打工的决定性因素。在留乡人员中共有 74 人至少掌握一门技术，占到留乡总人数的 40.9% 。其中有一定技术的女性只有 10 人，占拥有技术人员的 13.5% ，占女性总人数的 20.4% ，但仅占留乡总人数的 5.5% ，也远远低于有技术男性在总留乡人数中所占比例 35.4%。对比返城打工人员来看，留乡人员拥有技术的比例要略微高返城打工人员，高出百分比仅为 6%。这一差距主要是由于男性外出打工者拥有技术的人员较少，在 533 名男性打工者中，仅有 234 人拥有一项或一项以上的技术。通过对表 13 的分析，可以粗略地判断出，是否拥有一门技术并不是农民选择外出打工或者留乡的决定因素。即使面对金融危机条件下的严峻就业形势，是否有技术也并未成为农民打工的先决条件。

表 13　　　　　　　　　　农民工所拥有技术程度统计表

| | 绝对数（人） | | | | | | 比重（%） | | | | | |
|---|---|---|---|---|---|---|---|---|---|---|---|---|
| | 留乡人员 | | | 返城打工人员 | | | 留乡人员 | | | 返城打工人员 | | |
| | 男性 | 女性 | 合计 | 男性 | 女性 | 合计 | 男性 | 女性 | 合计 | 男性 | 女性 | 合计 |
| 有技术 | 64 | 10 | 74 | 234 | 45 | 279 | 35.4 | 5.5 | 40.9 | 29.3 | 5.6 | 34.9 |
| 无技术 | 68 | 39 | 107 | 299 | 220 | 519 | 37.6 | 21.5 | 59.1 | 37.5 | 27.6 | 65.1 |
| 合计 | 132 | 49 | 181 | 533 | 265 | 798 | 73 | 27 | 100 | 66.8 | 33.2 | 100 |

### （五）留乡原因

总体上来讲，工作难找与个人、家庭因素影响，是大部分农民工留乡的主要原因。在调查的 181 名留乡人员中，留乡理由各不相同，主要有：①找不到工作；②觉得打工收入太低；③自己能在村中找到事情做，不愿再外出打工；④本人结婚、照顾家人、健康问题、建房等家庭或个人因素，不得不留在家中；⑤其他原因。这五类原因涵盖了留乡者选择留乡的所有原因。从图 6 的分析中可以看出，家庭或个人的客观原因而留在家中，成为农民工留乡的第一大因素，共有 61 人，占留乡总人数的 33.7%；其次则是因为找不到工作的原因，占留乡总人数的 33.1%，共有 60 人。这两大原因成为打工农民工留乡的最主要因素，并且所占比重非常近似。而对打工收入的不满意也成为外出打工者留乡的另一重要原因，由此而选择留乡的共有 24 人，占到留乡总人数的 13.3%（见图 6；表 14）。

从村庄总体的情况来分析，可以看出江西省的留乡人员是所调查六个省份中留乡人数最多的，达到 52 人，占留乡总人数的 28.7%，其中有 26 人均因为失业而留乡；留乡人数第二多的是湖北省，有 36 人，占到留乡人数的 19.9%，其中有 21 人是由于家庭或个人原因选

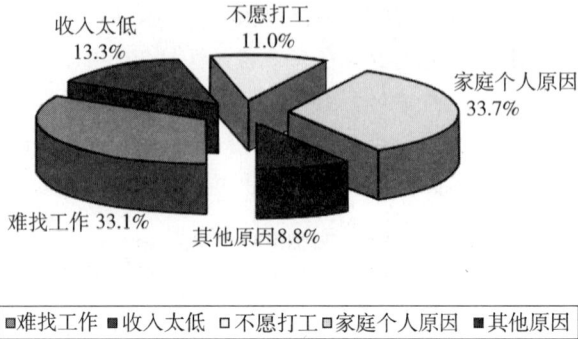

图 6　农民工留乡原因统计图

择了留乡。

表 14　　　　　　　　打工人员留乡原因统计表　　　　　（单位：人）

| | 找工作难 | 收入太低 | 不愿打工 | 家庭、个人原因 | 其他原因 | 合计 |
|---|---|---|---|---|---|---|
| 湖北 | 2 | 12 | 1 | 21 | 0 | 36 |
| 湖南 | 19 | 0 | 3 | 4 | 0 | 26 |
| 江西 | 26 | 9 | 8 | 9 | 0 | 52 |
| 河南 | 6 | 3 | 5 | 13 | 2 | 29 |
| 四川 | 1 | 0 | 0 | 11 | 1 | 13 |
| 安徽 | 6 | 0 | 3 | 3 | 13 | 25 |
| 合计 | 60 | 24 | 20 | 61 | 16 | 181 |

　　受家庭与个人因素影响而留乡的女性比例高于男性。尽管受男女平等观念的影响，外出务工的女性呈逐年上升的趋势，但是，妇女在家庭中所处的传统分工地位并未发生本质的改变，妇女待在家里的比例始终要高于男性，且妇女留乡的原因多受婚姻及家庭的影响。调查结果显示，因为结婚生子或照顾家庭等因素制约而选择留乡的打工人员中，共有 21 名女性，占到了 49 名留乡女性的 42.9%。与之相对比，虽因建房、身体情况欠佳

等家庭或个人因素而留乡的男性绝对数比较高，达到了40人，但也只占总留乡男性的30.3%（见表15）。这表明了女性因家庭个人原因留乡的比例相对较高。

表15　　　　　　　从性别角度考察打工人员留乡原因　　　　　单位：人

| | 找工作难 | 收入太低 | 不愿打工 | 家庭、个人原因 | 其他原因 | 合计 |
|---|---|---|---|---|---|---|
| 男性 | 46 | 19 | 12 | 40 | 15 | 132 |
| 女性 | 14 | 5 | 8 | 21 | 1 | 49 |
| 合计 | 60 | 24 | 20 | 61 | 16 | 181 |

因找工作难而留乡的男性比例高于女性。受金融危机影响，找不到工作或工资下降而选择留在村中的男性为65人，占男性比例的49.2%，接近一半；而在留乡的49名妇女中，仅有19人是因为工厂停工或对收入不满而选择留在村中，占留乡女性的38.8%。也就是说，女性比男性更容易找到工作。造成这一状况的原因可能是，女性在城市中比较容易找到类似钟点工、服务员、清洁工的工作，甚至可以从事部分体力活，可供他们选择的职业相比男性更为广泛。因此，在岗位紧缺的情况下，女性找到新工作的难度要小一些（见表15）。

年轻人找不到工作而留乡的较多。从年龄分布来看，中青年人群是受影响最严重的群体，因找工作难或不满现有工作而留乡的青年人人数要多于其他人群人数。外出务工人群主要是以中青年为主体，在工厂停工或裁员等情况下，受影响最大的也必然是这一群体。在留乡人群中有78名20—50岁的中青壮年劳动力因工厂停工或对收入不满而选择留乡，占到因为这个原因而留乡的农民工人数的92.9%，是留乡总人数的43.1%。而因为家庭或个人原因选择留乡的人员则以20—30岁和40岁以上的人群为主。年轻的大都出于结婚教子原因，40岁以上的则多以健康或建房原因为主（见表16）。

教育程度低且找工作难的打工人员选择留乡的较多。从受教育程度来分析，在找不到工作的留乡人员中，受影响最大的是接受完初中教育的人群，共33人，占留乡总人数的18.2%；其次是接受过小学教育的人员，

表 16　　　　　　　　从年龄角度考察打工人员留乡原因　　　　　单位：人

| | 找工作难 | 收入太低 | 不愿打工 | 家庭、个人原因 | 其他原因 | 合计 |
|---|---|---|---|---|---|---|
| 20 岁以下 | 2 | 0 | 1 | 0 | 0 | 3 |
| 20—30 | 19 | 8 | 10 | 17 | 0 | 54 |
| 30—40 | 22 | 12 | 6 | 16 | 5 | 61 |
| 40—50 | 13 | 4 | 1 | 21 | 10 | 49 |
| 50 岁以上 | 4 | 0 | 2 | 7 | 1 | 14 |
| 合 计 | 60 | 24 | 20 | 61 | 16 | 181 |

有 16 人因此而留乡，这两类人占到留乡总人数的 27.1%。值得注意的是，同样的情况也发生在受过高中和大学教育的打工者身上，留乡的 15 名高中毕业者中有 8 名都因为找不到工作而留乡，而仅有的三名大学毕业生也全部因为找不到工作而选择了留乡。但他们毕竟只占打工人员的少数，教育程度低的打工人员才是留乡的主要群体（见表 17）。

表 17　　　　　　　　从教育角度考察打工人员留乡原因　　　　　单位：人

| | 找工作难 | 收入太低 | 不愿打工 | 家庭、个人原因 | 其他原因 | 合计 |
|---|---|---|---|---|---|---|
| 小学 | 16 | 9 | 3 | 8 | 5 | 41 |
| 初中 | 33 | 15 | 16 | 47 | 11 | 122 |
| 高中 | 8 | 0 | 1 | 5 | 1 | 15 |
| 大学 | 3 | 0 | 0 | 0 | 0 | 3 |
| 合计 | 60 | 24 | 20 | 60 | 17 | 181 |

总体而言，目前留乡人员主要是中青年人，且男性要多于女性，集中在接受初等教育的农民工群体，留乡的主要原因是找工作难或受个人及家庭因素的影响。

## 三　农民工留乡前的职业特征

### （一）打工职业和打工地点

从事建筑业与制造业的农民工留乡较多。从图 7 不难看出，在调查的

10 个村庄 181 位留乡农民工中，返乡前从事建筑业、制造业的人数分别
为 75 人和 48 人，各占到留乡农民工总数的 41.4% 和 26.6%，两项合计
共有 123 人，占到留乡农民工总数的 68%。从其他行业看，留乡人员中
从事流通及服务业的只占 17.7%，比从事建筑业的少了 23.7 个百分点，
比制造业少了 8.9 个百分点。具体而言，留乡农民工从事职业主要有建筑
工、修路工、装修工、木工、漆工，服装厂、鞋厂、针织厂、电子厂、箱
包厂流水线上的普工，以及货物运输、个体餐饮业等。这说明，农民工在
外打工主要集中在建筑业与制造业领域。全国宏观数据也表明，外出农民
工从业比例最高的两个行业是制造业和建筑业，这两个行业的返乡人数占
返乡总人数的比例分别为 36.1% 和 28.2%。在制造业和建筑业中，返乡
农民工占外出农民工的比例分别为 46.2% 和 73.3%，高于全国的平均水
平。显然，制造业和建筑业受金融危机的冲击较为严重。这些情况也在所
调查的 10 个村庄的数据中得到部分体现。我们知道，与研究开发、设计
和服务业相比，建筑业与制造业处于全球产业价值链的低端位置，因此产
业结构升级与农民工就业转移安置问题就显得尤为重要。

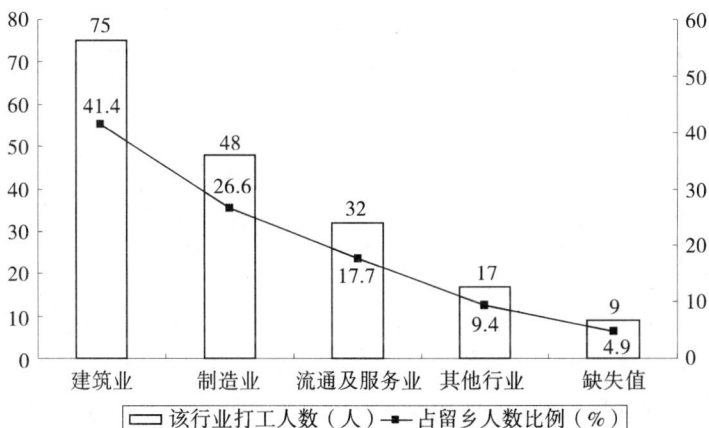

图 7　农民工留乡前打工的主要行业统计图

　　东部沿海打工的农民工留乡比较多。图 8 说明的是农民工留乡前主要
打工的区域分布情况。在中国几大经济区域板块中，留乡农民工返乡前，
在东部沿海特别是长三角、珠三角地区打工的比较多。在这两大区域打过
工的留乡人数有 101 人，占留乡总人数的 55.8%，其中长三角地区为

28.2%，珠三角地区为 27.6%。在长三角地区打工的农民工主要集中在上海、浙江与苏南地区，在珠三角地区打工的农民工则主要集中在广州、深圳、佛山、珠海等；在东部沿海的闽三角地区打过工的留乡人数有 13 人，占 7.3%；环渤海地区特别是北京，打工者留乡的情况也有所体现，有 9 人选择留乡而不再外出。由以上分析可知，东部沿海农民工返乡与留乡所占的比例相对较大。同时，也可以推断出金融危机对沿海地区的影响较大，增加了农民工找工作的难度。不可忽视的是，在中部打工的农民工中，选择留乡的也有 23 人，占到总人数的 12.7%。在金融危机还远未见底以及中部地区所受金融危机影响才刚开始显现的情况下，这需要各级政府部门予以特别关注。

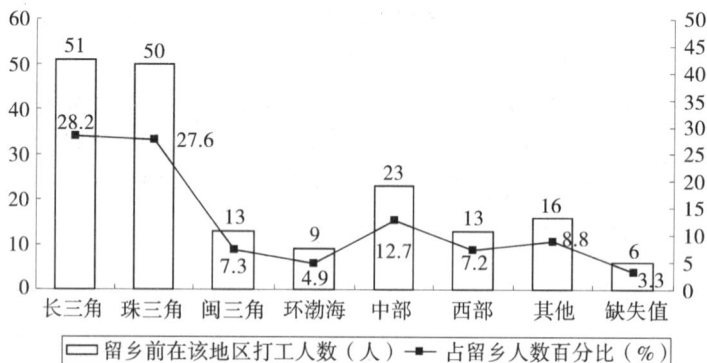

图 8　农民工留乡前打工的主要地区统计图

### （二）职业调整与区域调整

更换职业对农民工留乡影响不大。从表 18 可知，在调查的 10 个村庄 181 位留乡农民工中，返乡前打工没有换过职业的人数达到 126 人，占到留乡总人数的 69.6%，而换过职业的人数只有 47 人，占留乡总人数的 26%，比没换职业的人数要少 43.6 个百分点。其中换过一次、两次职业的只有 12 人和 27 人，分别仅占 6.7% 和 14.9%，换过三次职业和超过三次的也只占到 4.4%。由于农民工一般在劳动密集型产业中打工，这些产业往往位于产业链的低端，产品附加价值不高，技术要求也不高，又由于受自身职业技能素质的限制，因此农民工选择一项职业后再改变的难度相对较大。在与农民工调查访谈中也发现，农民工职业变动不是很频繁，即使更换打工地点后，职业也不会轻易改变。一般来讲，职业更换次数可以反映某些行业在全球经济发展中，尤其在金融危机背景下的兴衰变化走势，也可以反映农民工的就业稳定程度，这与农民收入持续增加有着直接关联。10个村庄的统计数据表明，农民工中没有更换职业的留乡农民工反而相对多一点，更换职业对农民工留乡的影响不是很大。

表 18　　　　　　　　　　农民工留乡前更换职业次数统计表

|  | 没换 | 换一次 | 换二次 | 换三次及以上 | 缺失值 | 合计 |
|---|---|---|---|---|---|---|
| 更换职业人数（人） | 126 | 12 | 27 | 8 | 8 | 181 |
| 占留乡人数比例（%） | 69.6 | 6.7 | 14.9 | 4.4 | 4.4 | 100 |

打工地点变动影响农民工留乡。图9反映了10个被调查村庄农民工留乡前打工地点变动情况。可以说，打工地点变动对农民工留乡总体上存在影响。在留乡农民工中，没有换过打工地点的有63人，占总人数的34.8%。而换过地点的农民工有110人，占总人数的60.8%，比没有换过打工地点的农民工高出26个百分点。其中，换过三次及三次以上打工地点的留乡农民工比例达到22.7%，表明打工地点频繁变动对职业稳定和留乡有相当影响。同时，换过一次打工地点的农民工留乡人数也达到36人和33人，占到总数的19.9%和18.2%。按照常理来说，频繁变动工作岗位本身就体现了工作的不稳定性，增加了农民工失业与返乡的可能性。特别是在沿海工厂受到金融危机冲击后，部分工厂裁员、减薪或者关闭的情况下，这种失业或留乡现象与问题更显现出了现实性与紧迫性。从调查的农户数据来看，变动过打工地点的农民工留乡比较多，这部分留乡群体需要有关部门予以密切注意。

### （三）打工年限、职业和地点的交叉影响

打工年限相对不长且没换职业的打工者留乡居多。从10个村庄的调查结果来看（具体见表19），打工年限为1—5年的，且没有换职业的留乡农民工有45人，占到了留乡总数的39.8%；其中打工年限为1—3年和4—5年，且没换过职业分别有28人和17人，占总数的24.8%和15%。但打工年限是6—10年，同时没有换职业的人数也不少，达到39人，占34.5%。打工年限是11—20年的，没有换职业的留乡人数为29

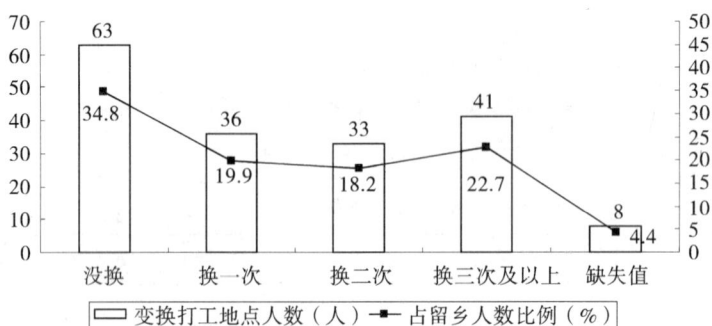

图 9　农民工留乡前打工地点变动情况统计图

人，占到 25.7%，比 1—10 年的要少 48.6 个百分点；其中打工年限为 16—20 年的只有 6 人留乡，11—15 年的有 23 人留乡，占 20.4%。这表明打工时间长，同时没有换职业的农民工留乡相对较少。而换过职业的打工留乡者中，打工年限与变换职业共同影响留乡的情况并不十分明显。打工年限为 4—5 年、6—10 年的留乡者中，换过职业的分别有 9 人和 10 人；打工年限为 1—5 年的，换过职业的留乡者也只有 16 人。可见，2000 年至 2009 年是没有更换过职业的打工者留乡比较集中的时间区间。也就是说，打工年限较短且职业稳定的打工者选择留乡的人数较多。同时，数据显示，农民工变换职业与留乡没有多大的关系。

表 19　　　　　　　　打工年限与更换职业情况统计表

| 打工年限 | 没　换 | | 换 一 次 | | 换 二 次 | | 换三次及以上 | |
|---|---|---|---|---|---|---|---|---|
| 年 | 人数 | % | 人数 | % | 人数 | % | 人数 | % |
| 1—3 年 | 28 | 24.8 | 3 | 25 | 4 | 14.8 | 0 | 0 |
| 4—5 年 | 17 | 15 | 2 | 16.6 | 7 | 25.9 | 0 | 0 |
| 6—10 年 | 39 | 34.5 | 2 | 16.7 | 7 | 25.9 | 1 | 12.5 |
| 11—15 年 | 23 | 20.4 | 3 | 25 | 3 | 11.2 | 3 | 37.5 |
| 16—20 年 | 6 | 5.3 | 2 | 16.7 | 5 | 18.5 | 2 | 25 |
| 20 年以上 | 0 | 0 | 0 | 0 | 1 | 3.7 | 2 | 25 |
| 合　计 | 113 | 100 | 12 | 100 | 27 | 100 | 8 | 100 |

　　注：打工年限是指农民工最早打工年与 2009 年相比较的区间值；年份、职业缺失情况没有纳入计算。

　　打工年限相对较长且更换过打工地点的打工者留乡居多。表 20 是打工年限与更换打工地点的留乡者统计情况分析表。在 181 名留乡人员中，更换过打工地点的留乡人数为 107 人，而没有换过打工地点的人数为 57 人（不包括缺失值）。打工年限为 1—5 年、6—10 年且没有换过打工地点的留乡人数分别为 33 人和 19 人，分别占到总数的 58% 和 33.3%；其中打工年限为 1—3 年、4—5 年的，且没有换过打工地点的为 21 人和 12 人，分别占到留乡者总数的 36.8% 和 21.2%。打工年限为 11 年以上且没有换过打工地方的留乡人数只有 5 人，仅占 8.7%。而打工年限为 1—5 年的留乡人员中更换过打工地点的为 33 人，占该打工年限总人数的 50%；其中换过一次的为 13 人，换过两次的为 9 人，换过三次及以上的为 11 人。由此可见，打工年限较短且换地点与留乡的关系不十分明显。在打工年限为 6—10 年这一组中，换过打工地点的人数为 29 人，占该组总人数的 60.4%，其中换过一次与三次及以上各为 10 人，换过两次的也有 9 人。这说明打工年限长且换过打工地点的农民工留乡相对较多。在打工年限为 11—15 年这一组中，换过地方人数有 29 人，占该组总人数的 87.9%。这也说明了打工年限长且更换过打工地点的留乡农民工较多。打工年限为 16—20 年这一组也同样体现了这一特点。特殊的是，在调查对象中，打工年限在 20 年以上的打工人员都有更换打工地点的经历。与上

表 20　　　　　　　　　打工年限与更换打工地点情况统计表

| 打工年限 | 没　　换 | | 换　一　次 | | 换　二　次 | | 换三次及以上 | |
|---|---|---|---|---|---|---|---|---|
| 年 | 人数 | % | 人数 | % | 人数 | % | 人数 | % |
| 1—3 年 | 21 | 36.8 | 9 | 26.5 | 4 | 12.5 | 6 | 14.6 |
| 4—5 年 | 12 | 21.2 | 4 | 11.8 | 5 | 15.6 | 5 | 12.2 |
| 6—10 年 | 19 | 33.3 | 10 | 29.4 | 9 | 28.1 | 10 | 24.4 |
| 11—15 年 | 4 | 7 | 8 | 23.5 | 10 | 31.3 | 11 | 26.8 |
| 16—20 年 | 1 | 1.7 | 2 | 5.9 | 3 | 9.4 | 7 | 17.1 |
| 20 年以上 | 0 | 0 | 1 | 2.9 | 1 | 3.1 | 2 | 4.9 |
| 合　计 | 57 | 100 | 34 | 100 | 32 | 100 | 41 | 100 |

　　注：打工年限是指农民工最早打工年与 2009 年相比较的区间值；年份、地点缺失情况没有纳入计算。

文的分析一样，更换打工地点对农民工留乡有相当影响，在这里只不过是
打工年限长的越容易返乡与留乡。

### （四）村庄差异、职业和地点的交叉影响

从事村庄"组团"打工职业的农民工留乡较多。以村庄为单位，来
考察农民工留乡前从事的行业情况，可以反映出打工职业与村庄的整体关
系及对留乡影响。此次调查的是湖南、湖北、河南、江西、安徽及四川等
六省的 10 个村庄，除了四川是西部内陆省份以外，其他都是中部内陆省
份。调查统计表明，各地农民工留乡前从事建筑业与制造业的人数居多，
这与我们前面的统计分析是一致的（参见表 21 与表 22）。

表 21　　　　　以村庄为单位考察农民工留乡前打工行业分布情况　　（单位：人）

| 村 庄 | 建筑业 | 制造业 | 流通及服务业 | 其他行业 | 缺失值 | 合 计 |
|---|---|---|---|---|---|---|
| 湖北交通村 | 9 | 10 | 2 | 6 | 1 | 28 |
| 安徽白云村 | 14 | 6 | 4 | 1 | 0 | 25 |
| 河南马庄村 | 0 | 4 | 4 | 2 | 0 | 10 |
| 河南南板桥 | 8 | 5 | 4 | 2 | 0 | 19 |
| 江西新湖村 | 10 | 6 | 7 | 2 | 1 | 26 |
| 湖北利国村 | 3 | 3 | 2 | 0 | 0 | 8 |
| 湖南平桥村 | 8 | 3 | 3 | 2 | 4 | 20 |
| 湖南白云村 | 3 | 1 | 1 | 0 | 1 | 6 |
| 四川三沟村 | 8 | 2 | 2 | 0 | 1 | 13 |
| 江西刘钰村 | 12 | 8 | 3 | 2 | 1 | 26 |
| 合 计 | 75 | 48 | 32 | 17 | 9 | 181 |

从各个村庄总体情况比较来看，留乡人员打工职业的"组团"集中
现象比较明显。安徽白云村与江西刘钰村在建筑业打工的人数为最多，分
别是 14 人、12 人，占该行业留乡总人数的 18.6%、16%；湖北交通村留
乡人员中在制造业中打工最多，有 10 人，占该行业留乡总人数的
20.7%；在江西新湖村中，从事流通及服务业的人数为最多，有 7 人，占
该行业留乡总人数的 21.9%；湖北交通村从事其他行业的人数最多，有 6

人，达到各村庄总数的 35.3% （见表 21 和表 22）。

从村庄内部留乡者打工职业分布情况来看，留乡人员打工职业的"组团"现象也比较明显。湖北交通村集中在建筑业与制造业，共有 19 人，占该村留乡人数的 67.9%，说明该村在这两个行业打工的留乡人员相对较多。安徽白云村、河南南板桥村、江西新湖村、湖南平桥村、江西刘钰村等村庄，留乡人员也主要集中在这两个行业。但河南马庄村统计数据中没有从事建筑业的，打工留乡人员主要是在制造业、流通业及服务业，各有 4 人。江西新湖村从事流通业和服务业的农民工比从事制造业的多 1 人。由此可见，各地农民工留乡前职业具有比较明显的集中化特征。之所以出现打工职业"组团"现象，主要是因为农民外出打工，一般是通过村庄亲朋帮带、介绍，然后进厂上班的。当然，也要考虑金融危机对沿海地区制造业的整体影响，以致这些产业的农民工返乡与留乡人数大面积增加。

**表 22　以村庄为单位考察农民工留乡前打工行业分布百分比　　（单位:%）**

| 村 庄 | 建筑业 | 制造业 | 流通及服务业 | 其他行业 |
|---|---|---|---|---|
| 湖北交通村 | 12 | 20.7 | 6.3 | 35.3 |
| 安徽白云村 | 18.6 | 12.5 | 12.5 | 5.7 |
| 河南马庄村 | 0 | 8.3 | 12.5 | 11.8 |
| 河南南板桥 | 10.7 | 10.4 | 12.5 | 11.8 |
| 江西新湖村 | 13.3 | 12.5 | 21.9 | 11.8 |
| 湖北利国村 | 4 | 6.3 | 6.3 | 0 |
| 湖南平桥村 | 10.7 | 6.3 | 9.3 | 11.8 |
| 湖南白云村 | 4 | 2.1 | 3.1 | 0 |
| 四川三沟村 | 10.7 | 4.2 | 6.3 | 0 |
| 江西刘钰村 | 16 | 16.7 | 9.3 | 11.8 |
| 合 计 | 100 | 100 | 100 | 100 |

注：缺失值没有计入。

　　村庄打工地点区域指向影响农民工留乡。从前面的分析中我们得知，留乡农民工中，曾在东部沿海地区打工的占到 63.1%，主要集中在长三角、珠三角以及福建闽三角地区（见图 8）。这种统计分析是建立在所调查的 10 个村总体情况基础上的。表 23、表 24 反映了以村庄为考察单位，来分析农民工留乡前打工地点的分布情况。

　　从各个村庄打工区域总体分布情况来看，村庄主要打工区域的留乡人数比较多。调查统计数据显示，湖南平桥村在珠三角地区打过工的人数为最多，留乡人员中有 14 人在这一地区打过工，占在该地区打过工的留乡人员的 28%；安徽白云村在长三角地区打工的人员比较多，打过工的留乡人员达到 22 人，占 43.1%；江西新湖村在闽三角有 9 人打过工，占该地区打过工留乡人数的 69.2%；四川三沟村在西部及其他地区打过工的有 8 人，占该区域留乡人数的 27.7%；河南南板桥村与江西新湖村在中部打过工的留乡人数均为 5 人，占到 21.7%。

表 23　　以村庄为单位考察农民工留乡前打工区域分布情况　　（单位：人）

| 村　庄 | 珠三角 | 长三角 | 闽三角 | 环渤海 | 中部 | 西部及其他 | 缺失值 | 合　计 |
|---|---|---|---|---|---|---|---|---|
| 湖北交通村 | 9 | 7 | 2 | 0 | 3 | 5 | 2 | 28 |
| 安徽白云村 | 0 | 22 | 0 | 0 | 3 | 0 | 0 | 25 |
| 河南马庄村 | 0 | 3 | 0 | 4 | 0 | 3 | 0 | 10 |
| 河南南板桥 | 4 | 3 | 1 | 3 | 5 | 3 | 0 | 19 |
| 江西新湖村 | 4 | 4 | 9 | 0 | 5 | 4 | 0 | 26 |
| 湖北利国村 | 4 | 1 | 1 | 0 | 2 | 0 | 0 | 8 |
| 湖南平桥村 | 14 | 0 | 0 | 0 | 1 | 3 | 2 | 20 |
| 湖南白云村 | 4 | 1 | 0 | 0 | 1 | 0 | 0 | 6 |
| 四川三沟村 | 4 | 0 | 0 | 0 | 0 | 8 | 1 | 13 |
| 江西刘钰村 | 7 | 10 | 0 | 2 | 3 | 3 | 1 | 26 |
| 合　计 | 50 | 51 | 13 | 9 | 23 | 29 | 6 | 181 |

表 24　　　　以村庄为单位考察农民工留乡前打工区域分布百分比　　（单位:%）

| 村　庄 | 珠三角 | 长三角 | 闽三角 | 环渤海 | 中部 | 西部及其他 |
|---|---|---|---|---|---|---|
| 湖北交通村 | 18 | 13.7 | 15.4 | 0 | 13.1 | 17.3 |
| 安徽白云村 | 0 | 43.1 | 0 | 0 | 13.1 | 0 |
| 河南马庄村 | 0 | 5.9 | 0 | 44.4 | 0 | 10.3 |
| 河南南板桥 | 8 | 5.9 | 7.7 | 33.3 | 21.7 | 10.3 |
| 江西新湖村 | 8 | 7.8 | 69.2 | 0 | 21.7 | 13.8 |
| 湖北利国村 | 8 | 2 | 7.7 | 0 | 8.7 | 0 |
| 湖南平桥村 | 28 | 0 | 0 | 0 | 4.3 | 10.3 |
| 湖南白云村 | 8 | 2 | 0 | 0 | 4.3 | 0 |
| 四川三沟村 | 8 | 0 | 0 | 0 | 0 | 27.7 |
| 江西刘钰村 | 14 | 19.6 | 0 | 22.3 | 13.1 | 10.3 |
| 合　计 | 100 | 100 | 100 | 100 | 100 | 100 |

注：缺失值没有统计百分比。

从村庄内部来看，村庄外出打工者较为集中的区域也往往是留乡农民工比较多的区域。统计数据表明，湖北交通村在珠三角与长三角打工人数较多，其留乡人数也相应较多，达到16人，占该村统计留乡人数的57.4%；安徽白云村离长三角地区比较近，在这一区域打工人数很多，留乡人员中有22人在这里打过工，占到该村总留乡人数的88%；湖南平桥村留乡人员主要来自珠三角地区。村庄外出农民工在某一区域集中打工现象的出现，除了打工者所在村庄与打工区域距离近的因素影响外，还有村庄先行打工者的帮带因素的影响。如湖南平桥村离广东地区相对较近，在珠三角打工人数也较多。也正是在这些打工地点集中的区域，特别是受金融危机影响较大的区域，农民工返乡与留乡的情况更为突出。

### （五）返乡时间、职业和地点的交叉影响

返乡时间集中在2008年4季度及2009年1季度，且从事建筑业与制造业的农民工选择留乡的人数比较多。前面分析过，返乡农民工的返乡时间主要集中在2008年4季度与2009年1季度，而农民工留乡前所从事的

职业也主要集中在建筑业与制造业。现将两个因素进行综合分析可以发现，2008 年 4 季度从事建筑业与制造业打工者中留乡的分别是 32 人和 14 人，占到同期留乡人数的 54.2% 和 23.7%，而从事流通及服务业的则相对少一些，只有 11 人留乡。同样，2009 年 1 季度主要是过春节前，建筑业与制造业留乡人数达到 29 人和 12 人，也占到同期返乡后留乡人数的 46% 和 17.5%。但这一季度流通服务业及其他行业留乡人员也有所增加，达到 10 人和 12 人。可以看出，与正常的过春节返乡情况相比较，2008 年 4 季度农民工返乡与留乡人数出现了小高峰，表现出提前返乡的现象。

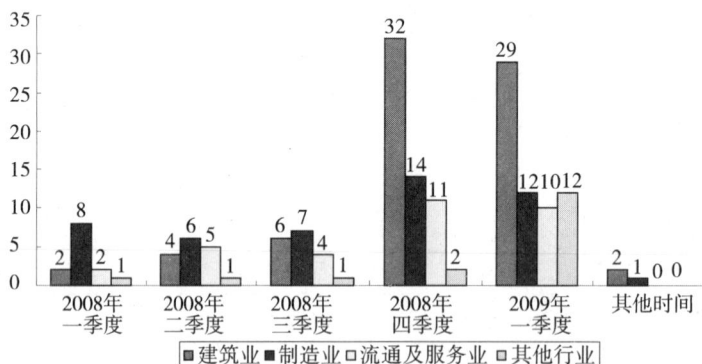

**图 10　农民工返乡时间与留乡前打工行业分析图**（单位：人）

注：回乡时间、打工职业等变量缺失的情况没有纳入统计。

返乡时间集中在 2008 年 4 季度及 2009 年 1 季度，且打工区域主要在东部沿海地区的农民工选择留乡的人数比较多。前面已经分析过，2008 年农民工返乡人数呈现出随着时间向后推移而逐渐增加的特点，且在 2009 年 1 季度和 2008 年 4 季度达到高峰。从留乡前的打工地点看，曾在珠三角、长三角地区打工的留乡农民工也在这两个季度显著增加，2008 年 4 季度在珠三角与长三角地区打过工的留乡者就有 28 人，达到同期留乡人数的 49%；而 2009 年 1 季度返乡农民工人数明显上升，留乡人数也大为增加，在珠三角、长三角打过工而留乡人数分别为 21 人、26 人，比上一季度多了 19 人（见图 11）。一般来说，回家过年是农民工返乡人数增加的一个正常因素，但留乡人数的增加说明国际国内宏观经济形势已影响到农民工的就业与发展。在东部沿海地区打工的农民工留乡人数的上升，也表明了宏观经济的不景气影响到农民工的就业。

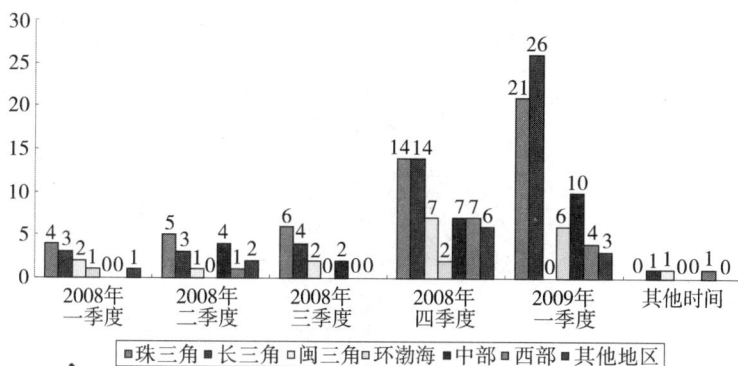

**图 11 农民工返乡时间与留乡前打工地区分析图**（单位：人）

注：回乡时间、打工地区等变量缺失的情况没有纳入统计。

## 四 留乡人员的再就业特征

因各种原因而留乡的打工人员，因自身情况不同而有不同的去向。分析留乡人员的基本去向，有利于进一步了解留乡人员状况，及时发现问题，然后针对相应问题做出适时的政策调整。

### （一）留乡人员的基本去向

根据调查数据，对 144 名留乡人员的基本去向进行归类和统计（统计 181 人留乡，有 37 人去向信息不完整），可以分为继续打工、另谋新职、自主创业、留乡务农、照顾家庭、休息养病、暂无事做七种（见表 25 和图 12）。

表 25　　　　　　　　　　留乡人员基本去向统计人数　　　　　　　　（单位：人）

| 去向合计 | 继续打工 | | 另谋新职 | | 自主创业 | | 留乡务农 | | 照顾家庭 | | 休息养病 | | 暂无事做 | |
|---|---|---|---|---|---|---|---|---|---|---|---|---|---|---|
| | 找工作 | 14 | 上班 | 2 | 创业 | 8 | 种地 | 28 | 照顾家人 | 5 | 休息 | 11 | 没打算 | 5 |
| | 继续打工 | 26 | 打零工 | 7 | | | 养猪 | 3 | 结婚 | 2 | 养伤 | 2 | 没事做 | 7 |
| | 打临时工 | 3 | 做生意 | 12 | | | 种植 | 2 | 修房子 | 4 | | | 看情况 | 3 |
| 144 | | 43 | | 21 | | 8 | | 33 | | 11 | | 13 | | 15 |

注：比率为各类人数除以 144（181－37），其中 37 为缺失值。

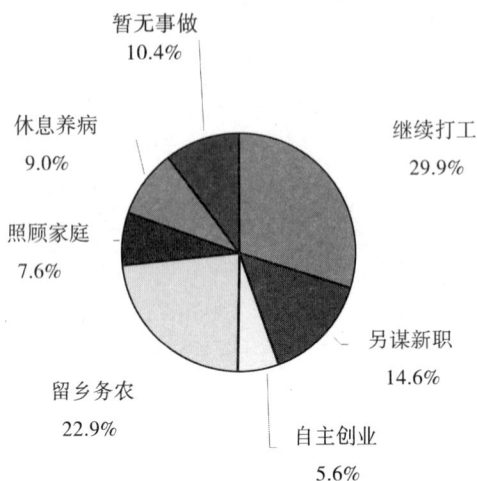

**图 12  留乡人员基本去向占留乡人数比例**

"继续打工"类别包括外出打工、打算找工作和现在临时在家打工的留乡人员。在 144 名去向清楚的留乡人员中，选择继续打工的有 43 人，占留乡人数的 29.9%。"另谋新职"类别包括现在已在当地找到工作、靠自己的技术打些零工和开始做些生意的。这类人员有 21 人，占留乡人数的 14.6%。这部分人员长期在外的打工经历，使其具备了一定的技能，即使外部就业环境恶化，失去了原先的工作，也能顺利在当地实现非农就业。"自主创业"类别是指不再外出打工，利用以前打工积累的经验、资金，在家做点事情。这类人员有 8 人，占留乡人数的 5.6%。"留乡务农"类别是指不再外出打工，而选择在家种地、养殖。留乡务农的有 33 人，仅次于继续打工的人数，占留乡人数的 22.9%。"照顾家庭"类别大都是指家里暂时有事而脱不开身，包括结婚、照顾老人小孩、在家盖房子或协助丈夫做些事情。这类人数有 11 人，占留乡人数的 7.6%。"休息养病"类别包括现在在家休息、养伤养病、暂时不想再外出打工的。这类人员有 13 人，占留乡人数的 9%。照顾家庭和休息养病这两类人员留乡都是暂时性的，等情况好转后，除了因年龄大不能再外出打工而选择在家休息的人员外，一般还会选择继续打工。"暂无事做"类别包括现在没打算、没事做和看情况的留乡人员。这类人员共 15 人，占留乡人数的 10.4%。（见表 25 和图 12）

**（二）基于性别的考察**

实现再就业的留乡农民工中，男性要多于女性。通过比较可以发现，留乡人员去向统计人数中除了照顾家庭的女性比男性多外，其他去向人数都明显少于男性。这主要是因为在照顾家庭方面更需要女性，如照顾老人、带小孩子等；而男性留乡人员照顾家庭主要是盖房子、装修房子等。如表26所示，留乡男性有109人，占留乡人数的75.7％。其中选择继续打工的有32人，是男性基本去向中人数最多的，占留乡人数的22.2％；另谋新职的有17人，占留乡人数的11.8％；自主创业的有7人，占留乡人数的4.9％；留乡务农的有28人，仅次于继续打工的人数，占留乡人数的19.4％；照顾家庭的有4人，占留乡人数的2.8％；休息养病的有11人，占留乡人数的7.6％；暂无事做的有10人，占留乡人数的6.9％。留乡女性有35人，占留乡人数的24.3％。其中选择继续打工的有11人，是女性基本去向人数中最多的，占留乡人数的7.6％；另谋新职的有4人，占留乡人数的2.8％；自主创业的有1人，占留乡人数的0.7％；留乡务农的有5人，占留乡人数的3.5％；照顾家庭的有7人，仅次于继续打工的人数，占留乡人数的4.9％；休息养病的有2人，占留乡人数的1.4％；暂无事做的有5人，占留乡人数的3.4％。

表26　　　　　　　　　　**男、女基本去向统计表**

| | 继续打工 | 另谋新职 | 自主创业 | 留乡务农 | 照顾家庭 | 休息养病 | 暂无事做 | 合计 |
|---|---|---|---|---|---|---|---|---|
| 男 | 32 | 17 | 7 | 28 | 4 | 11 | 10 | 109 |
| 比重1 | 22.2% | 11.8% | 4.9% | 19.4% | 2.8% | 7.6% | 6.9% | 75.7% |
| 女 | 11 | 4 | 1 | 5 | 7 | 2 | 5 | 35 |
| 比重2 | 7.6% | 2.8% | 0.7% | 3.5% | 4.9% | 1.4% | 3.4% | 24.3% |

注：比重1为男性基本去向占留乡人数比例，比重2为女性基本去向占留乡人数比例。

**（三）基于年龄的考察**

继续打工、留乡务农和休息养病的人员以30岁以上的较多，30岁以下的较少。暂无事做的人员以30岁以下的较多，30岁以上的较少。

另谋新职和自主创业主要集中在 20—40 岁年龄段。如表 27 所示,20 岁以下的留乡人员有 10 人,占留乡人员人数的 6.9%。其中选择继续打工的有 0 人;另谋新职的有 7 人,是 20 岁以下留乡人员基本去向中人数最多的,占留乡人数的 4.8%。照顾家庭的有 1 人,占留乡人数的 0.7%,留乡原因是结婚;自主创业、留乡务农及休息养病的人数均为 0。暂无事做的有 2 人,占留乡人数的 1.4%。这些最年轻的打工者,受到金融危机影响后意识到外出打工的不稳定性,基本不愿再外出打工,而倾向于另谋新路,在本地工作、做生意,甚至待在家里闲着。21—30 岁的留乡人员有 44 人,占留乡人数的 30.6%。其中选择继续打工的有 7 人,占留乡人数的 4.8%;另谋新职的有 10 人,占留乡人数的 6.9%;自主创业有 4 人,占留乡人数的 2.8%;留乡务农有 5 人,占留乡人数的 3.5%;照顾家庭的有 5 人,占留乡人数的 3.5%;休息养病的有 2 人,占留乡人数的 1.4%;暂无事做的有 11 人,是 21—30 岁留乡人员基本去向中人数最多的,占留乡人数的 7.6%。这个年龄段的留乡人员基本上属于第三代打工者,在已解决温饱问题的基础上外出打工,在没工可打时,他们宁肯闲着不做事也不找其他出路。31—40 岁的留乡人员有 48 人,占留乡人数的 33.3%。其中选择继续打工的有 14 人,是 31—40 岁留乡人员基本去向人数中最多的,占留乡人数的 9.7%;另谋新职的有 11 人,占留乡人数的 7.6%;自主创业有 3 人,占留乡人数的 2.1%;留乡务农有 13 人,人数仅次于继续打工的,占留乡人数的 9%;照顾家庭的有 3 人,占留乡人数的 2.1%;休息养病的有 4 人,占留乡人数的 2.8%;暂无事做的有 0 人。这个年龄段的留乡人员基本属于第二代打工者,在上有老下有小的家庭压力和日常支出较多的货币压力下,倾向于继续打工和另谋新职,没人愿意闲着。留乡务农也是暂时的,是为了等经济形势好转,有更多的打工机会。40 岁以上的留乡人员有 42 人,占留乡人数的 29.2%。其中选择继续打工的有 14 人,占留乡人数的 9.7%;另谋新职的有 1 人,占留乡人数的 0.7%;自主创业有 1 人,占留乡人数的 0.7%;留乡务农有 15 人,是 40 岁以上留乡人员基本去向中人数最多的,占留乡人数的 10.4%;照顾家庭的有 2 人,占留乡人数的 1.4%;休息养病的有 7 人,占留乡人数的 4.8%;暂无事做的有 2 人,占留乡人数的 1.4%。这个年龄段的留乡人员主要去向是留乡务农和继续打工,选择其他出路的很少。

表 27 各年龄段基本去向统计人数

|  | 继续打工 | 另谋新职 | 自主创业 | 留乡务农 | 照顾家庭 | 休息养病 | 暂无事做 | 合计 |
|---|---|---|---|---|---|---|---|---|
| 20 岁以下 | 0 | 7 | 0 | 0 | 1 | 0 | 2 | 10 |
| 比重 1（%） | 0 | 4.8 | 0 | 0 | 0.7 | 0 | 1.4 | 6.9 |
| 21—30 岁 | 7 | 10 | 4 | 5 | 5 | 2 | 11 | 44 |
| 比重 2（%） | 4.8 | 6.9 | 2.8 | 3.5 | 3.5 | 1.4 | 7.6 | 30.6 |
| 31—40 岁 | 14 | 11 | 3 | 13 | 3 | 4 | 0 | 48 |
| 比重 3（%） | 9.7 | 7.6 | 2.1 | 9 | 2.1 | 2.8 | 0 | 33.3 |
| 40 岁以上 | 14 | 1 | 1 | 15 | 2 | 7 | 2 | 42 |
| 比重 4（%） | 9.7 | 0.7 | 0.7 | 10.4 | 1.4 | 4.8 | 1.4 | 29.2 |

注：比重 1 为 20 岁以下基本去向占留乡人数比例；比重 2 为 21—30 岁基本去向占留乡人数比例；比重 3 为 31—40 岁基本去向占留乡人数比例；比重 4 为 40 岁以上基本去向占留乡人数比例。

### （四）基于教育程度的考察

留乡农民工多以初中、小学文化水平为主，各种去向的人数也以这两种教育程度的居多。由表 28 可知，小学文化水平的有 33 人，占留乡人数的 22.9%。其中继续打工的有 11 人，占留乡人数的 7.6%；另谋新职的有 2 人，占留乡人数的 1.4%；自主创业的有 1 人，占留乡人数的 0.7%；留乡务农的有 13 人，是具有小学文化程度的留乡人员中人数最多的，占留乡人数的 9%；照顾家庭有 0 人；休息养病的有 6 人，占留乡人数的 4.2%；暂无事做的有 0 人。由于文化程度不高，外出找工作的难度比较大，小学文化水平的留乡人员基本去向是留乡务农；继续打工的也不少，但大多从事建筑、收废品等行业。初中文化水平的有 94 人，占留乡人数的 65.3%。其中继续打工的有 27 人，是具有初中文化程度的留乡人数中人数最多的，占留乡人数的 18.8%；另谋新职的有 15 人，占留乡人数的 10.4%；自主创业的有 6 人，占留乡人数的 4.2%；留乡务农的有 19 人，仅次于继续打工人数，占留乡人数的 13.2%；照顾家庭有 10 人，占留乡人数的 6.9%；休息养病的有 5 人，占留乡人数的 3.5%；暂无事做的有 12 人，占留乡人数的 8.3%。留乡人员中初中文化水平的占 65.3%，所以各去向人数都明显高于其他文化水平人数，主要去向是继续打工、留乡务农和另谋新职。高中文化水平的有 14 人，占留乡总人数的 9.7%。其中继续打工的有 5 人，是具有高中文化程度的留乡人员中人数最多的，占留乡人数的 3.4%；另谋新职的有 4 人，仅次于继续打工人数，占留乡人数的 2.8%；自主创业的有 1 人，占留乡人数的 0.7%；留乡务农的有 1 人，占留乡人数的 0.7%；照顾家庭有 0 人；休息养病的有 2 人，占留乡人数的 1.4%；暂无事做的有 1 人，占留乡人数的 0.7%。大学文化水平的有 3 人，占留乡人数的 2.1%；继续打工、另谋新职、自主创业、留乡务农、休息养病的均为 0 人；照顾家庭有 1 人，占留乡人数的 0.7%；暂无事做的有 2 人，占留乡人数的 1.4%。大学文化水平是可获知的留乡人员中教育程度最高的，其中一人照顾家庭是由于要结婚，而暂无事做在家里闲着的只是暂时性的，等到经济好转后会继续出去找工作。

**表 28**         **不同教育水平占基本去向统计人数**

| | 继续打工 | 另谋新职 | 自主创业 | 留乡务农 | 照顾家庭 | 休息养病 | 暂无事做 | 合计 |
|---|---|---|---|---|---|---|---|---|
| 小学文化 | 11 | 2 | 1 | 13 | 0 | 6 | 0 | 33 |
| 比重 1(%) | 7.6 | 1.4 | 0.7 | 9 | 0 | 4.2 | 0 | 22.9 |
| 初中文化 | 27 | 15 | 6 | 19 | 10 | 5 | 12 | 94 |
| 比重 2(%) | 18.8 | 10.4 | 4.2 | 13.2 | 6.9 | 3.5 | 8.3 | 65.3 |
| 高中文化 | 5 | 4 | 1 | 1 | 0 | 2 | 1 | 14 |
| 比重 3(%) | 3.4 | 2.8 | 0.7 | 0.7 | 0 | 1.4 | 0.7 | 9.7 |
| 大学文化 | 0 | 0 | 0 | 0 | 1 | 0 | 2 | 3 |
| 比重 4(%) | 0 | 0 | 0 | 0 | 0.7 | 0 | 1.4 | 21.0 |

注：比重 1 为小学文化基本去向占留乡人数比例，比重 2 为初中文化基本去向占留乡人数比例，比重 3 为高中文化基本去向占留乡人数比例，比重 4 为大学文化基本去向占留乡人数比例。

**（五）基于村庄的考察**

从表 29 可以看出，继续外出打工的人数以安徽白云村最多，有 20 人，占该村留乡人数的 80%；江西的新湖村、刘钰村其次，分别为 9 人、6 人，占该村留乡人数的 34.6%、23.1%。根据调查资料显示，安徽白云村与其他村相比，具有人口多、资源贫乏、乡镇企业少的特点，这就能解释为什么这个村有比其他村更多的人选择继续打工。另谋新职人数占本村留乡人数的比例，以河南驻马店南板桥村和江西新湖村最高，分别为 21.1% 和 19.2%。自主创业人数占本村留乡人数比例最高的为河南周口马庄村，为 20%。留乡务农人数占本村留乡人数的比例最高的是湖北洪湖利国村，为 75%。照顾家庭、休息养病人数占本村留乡人数比例最高的都是湖南白云村，分别是 17% 和 50%。湖北交通村有 7 人暂无事做，是 10 个村庄中暂无事做的人员中最多，占本村留乡人数比例也最高。

表 29　　　　　　　　　各村庄留乡人员基本去向统计人数　　　　（单位：人）

| | 继续打工 | 另谋新职 | 自主创业 | 留乡务农 | 照顾家庭 | 休息养病 | 暂无事做 | 合计 |
|---|---|---|---|---|---|---|---|---|
| 安徽白云村 | 20 | 0 | 0 | 4 | 2 | 1 | 0 | 27 |
| 湖南白云村 | 1 | 0 | 1 | 0 | 1 | 3 | 0 | 6 |
| 湖北交通村 | 4 | 5 | 0 | 9 | 3 | 0 | 7 | 28 |
| 湖北利国村 | 0 | 1 | 0 | 6 | 0 | 0 | 1 | 8 |
| 江西刘钰村 | 6 | 4 | 1 | 2 | 1 | 6 | 4 | 24 |
| 河南马庄村 | 0 | 2 | 2 | 0 | 1 | 0 | 1 | 6 |
| 河南南板桥 | 2 | 4 | 0 | 9 | 0 | 0 | 0 | 15 |
| 湖南平桥村 | 1 | 0 | 2 | 2 | 1 | 0 | 2 | 8 |
| 四川三沟村 | 0 | 0 | 0 | 0 | 0 | 0 | 0 | 0 |
| 江西新湖村 | 9 | 5 | 2 | 1 | 2 | 3 | 0 | 22 |
| 合计 | 43 | 21 | 8 | 33 | 11 | 13 | 15 | 144 |

　　总之，通过对 10 个村庄农民工留乡去向的考察，基本判断如下：一是继续外出打工仍然是留乡人员的主要选择和出路。这就需要各地政府快速发展本地经济，迅速恢复生产，为留乡农民工提供更多的就业机会；二是留乡务农也是留乡人员的重要选择。当然，这是近几年来国家一系列惠农及支持农业发展政策的结果，使部分原打工人员认为，务农整体上并不比打工差多少。针对一些地方出现的农民愿意外出打工而不愿种地，以致土地大面积抛荒现象，国家可以提高种粮补贴，增加农民务农收入，使农民乐于务农；三是暂无事可做的这类人员主要以青年人为主。他们属于第三代打工者，既没有父辈种田的技能，又在这次金融危机下失去了工作的机会。他们不会务农，也不想务农，可现在又找不到工作的机会，时间长了容易引发社会不安定因素。根据上文分析计算，农民工留乡人数为 2010 万人，以此类推，留乡人员中暂无事做的有 209 万人，这应该引起相关部门的重视；四是另谋新职其实是留乡人员的非农就业。这就要求各级政府为留乡人员提供政策支持和职业技术培训，使其主动找出路，帮助其实现非农就业；五是自主创业的并不多。留乡人员自主创业不仅能解决自身的出路，还能提供一些就业岗位，吸收留乡人员就业，并发展乡村经济，一举多得。对于这类留乡者，当地政府应在政策上给予鼓励，如提供低息贷款、技术支持等。

## 五　基本结论

　　通过对"六省十村"返乡农民工的调查，可以得出如下基本判断与结论：

　　一是返乡农民工人数过亿，留乡农民工超过 2000 万人。以 927 户调查数据为基础，按照 72.5% 的返乡率估算，全国返乡农民工达到 10875 万人；按照 13.4% 的留乡率估算，全国留乡农民工达到 2010 万人。庞大的留乡农民工队伍，必将给农民工回流地区带来巨大的再就业压力。特别是对于占到留乡总数 10.4% 的无事可做的留乡人员，他们的再就业状况将直接影响回流地区的社会经济稳定，必须引起相关政府部门的重视。

　　二是留乡人员返乡时间普遍提前，且较为集中。调查显示，受外部经济环境影响，留乡人员普遍选择提前返乡。其中，选择 2008 年 4 季度返乡的占到 33.7%，选择 2009 年 1 季度的占到 39.8%，返乡时间非常集中。值得注意的是，农民工的非正常提前返乡与金融危机冲击下的宏观经济下滑时间相吻合，可能预示未来返乡农民工的数量会继续增多。

三是留乡人员以接受初等教育的中青年男性为主。调查显示，接受小学教育与初中教育的留乡人员占到总留乡人数的近90%，而且留乡人员中没有技术的人数占到了59.1%。这表明了当地经济发展所需要的人力资本的不足。同时，在留乡人员中男性占到总数的66.8%，中青年男性占比为65.2%，留乡人员中以中青年男性为主体的特征非常明显。

四是农民工留乡前以从事制造业和建筑业为主，打工区域集中在东部沿海地区。调查显示，农民工留乡前在建筑业与制造业打工的人数占到留乡总人数的近70%；曾经在东部沿海地区特别是珠三角与长三角地区打工的留乡人数最多，达到留乡总人数的55.8%。可见留乡农民工具有非常显著的行业集中和区域集中的趋向。

五是失业、家庭及个人因素是农民工选择留乡的主要原因。调查表明，因失业、家庭及个人因素原因留乡的人员最多，占到了留乡总人数的66.8%。特别是农民工大规模失业将沉重打击农民收入，使农民收入处于徘徊状态，并可能引发社会不稳定因素，需要引起相关部门的高度重视。

六是计划外出打工与在家务农是留乡人员的主要去向。通过调查发现，计划外出人员数占到留乡人数的29.9%，留乡务农人数占到了22.9%。部分留乡农民计划外出打工，无疑会继续挑战劳动力输入地区的吸纳能力，加剧当地劳动力市场供过于求局面。农民工自主创业，既可以带动本地产业发展，又可以解决再就业问题，是一条值得推广的就业路径。但调查数据显示，选择自主创业的留乡农民工并不多，仅占留乡人员总数的5.6%。

总之，农民工集中返乡的影响不可低估，农民工再就业问题不可小觑。要未雨绸缪，防患于未然。为此，各级政府部门应高度重视留乡农民工这一特殊群体，并采取各种积极措施有序转移和妥善安置留乡农民工。

（华中师范大学政治经济学专业研究生朱芸、肖烨、符莉同学帮助整理过数据，在此表示感谢）

# 农村基层政治参与的瓶颈亟待突破

## ——对全国 205 个村 2953 个农户的调查

**主持人：** 徐　勇

**执笔人：** 邓大才　　　佘纪国　　　朱敏杰　　　吴春宝

# 内容摘要

切实保障农民民主权利，提高农民政治参与水平，拓宽农民政治参与渠道，对于健全农村民主管理制度有着重要作用。当下农民政治参与形式与特征有哪些，参与水平与质量如何，又存在哪些问题？2009 年 7 月到 8 月间，"健全农村民主管理制度对策研究"组，借助华中师范大学中国农村问题研究中心"百村观察平台"，对全国 30 个省 205 个村 2953 户进行了农民政治参与状况的问卷调查与访谈。对当前农民政治参与现状进行考察，对农民政治参与形式、特征及存在的问题展开统计分析，并提出相应的政策建议。

农民政治参与可以概括为：村级民主认同感较高，参与行为不对等；农民参与形式集中，制度化形式略显不足；村内制度性参与多，村以上非制度性参与多；选举参与程度较高，决策管理监督参与不尽如人意；较富农民参与较多，较穷农民参与较少；务农农民参与较多，务工农民参与较少。

总体的问题是：整体参与水平不太高、质量不太好，基层矛盾无法通过农民的政治参与在基层化解，问题和矛盾有以非制度形式向上转移和累积的趋势，严重影响基层的稳定与和谐农村建设。如何利用好基层民主和村民自治化解矛盾，如何将非制度性参与转化为制度参与是当前及今后一段时间比较紧迫的任务。

## 一  参与形式简化 农民表现不同

调查显示，对于大多数农民而言，政治参与形式主要集中于参加村庄民主选举，而参与决策与管理、民主监督、政治接触活动则是少数农民的参与行为。在较少的参与形式面前，农民参与表现特点不同。

村民选举是主要参与形式。村民选举是大部分农民行使民主权利，进行政治参与的主要形式。有 56% 的农户参加过村民选举，而参与过村庄决策的农户仅有 44.6%，参与过以村务公开为主要内容的民主监督的农户仅有 34.7%。

村民选举中委托投票比较多。与民政部门统计数据比较来看，调查村庄村民选举参与率（56%）远远低于各省统计部门数据。代投人并不一定严格遵照被代投票人的意愿或被委托人严格遵照委托人的意思写票和投票。因而，委托投票的存在，降低了农民参与的质量与水平。

中年农民是参与选举的主体。参加村民选举的农户集中在 41—50 岁年龄段，参与率达到 59.7%，51—60 岁农民参与率也达 56.9%，中年农民占到绝大多数。

受过中等教育的农民参与选举最多。在参加过村民选举的农民中，具有高中文化程度的农民有 686 人，参与率为 64.6%，接受过普通或职业高等教育的农民，为 62.8%。未受学校教育农民的参与相对较少，只有 45.4%。而教育程度较高的年轻农民参与率高，为 76.9%。

打工农民参与选举较少。在外打工的农户有 188 户参加了村民选举，参与率最低，为 49%。在家务农的农户参加村民选举的有 1154 户，参与率最高，为 57%。经商的农户参与率为 56%，从事驾驶、乡村医生等其他职业的农户参与率为 50%。注意的是，外出务工与经商女性的参与率比较高，为 80.8%，外出务工经商的男性参与率为 50.7%，女性农民的参与率远远高于男性。

贫困农户参加选举不多。参加过村民选举的富裕户、中等户、贫困户所占比例分别为 62.6%、54.9%、49.2%，贫困户参与率最小。从交叉分析结果来看，外出务工贫困农户的参与率也比较低，村民选举参与率为 44.8%，比富裕户要低 10.2 个百分点。

## 二　参与程度不高　农民行为不一

调查显示，农民对村庄的管理与决策、民主监督的参与程度并不高，参与行为也表现出不一样。

重大决策参与度不高。只有 1239 户，占比为 44.6% 的农户参加过村庄重大事务的决策，村庄决策是少数人参与的决策。这与一些地方在民主管理决策中，重形式、轻实效，制度不健全、决策不民主等问题有关。

文化程度低的打工农民参与率低。文化程度较高且在家务农的参与率比较高，达到 60.1%，参与率比较低的是文化低又在外打工的农民，为 32%。村民文化程度与职业对村庄参与的交叉影响比较大。

村务公开参与程度较低。农户对村务公开活动参与率不是很高。在 2727 户中，仅有 947 户参与过村务公开活动，不到四成即 34.7%，没有参与的农户占大多数，有 65.3%。村民对以村务公开为主要内容的村庄民主监督参与积极性比较低。

村民与村干部交往频度不高。农户与村干部的接触次数主要分布在 1—5 次之间，达到 63.6%，占比最高，而接触 6 次以上的比例为 36.4%，显然不及前者。

中部农民村务公开参与率最高。中部地区参加村务公开的农户有 387 户，占比为 36.3%，要高于其他地区，如东部 33.7%、西部 34%，均高于全国水平 34.8%。

富裕户对村务公开的参与程度较高。在参与过村务公开的 929 户农户中，富裕农户参与率为最高，达到 48%；中等户次之，为 34.1%；贫困户最小，为 21.7%。

接触活动中的政治参与行为少。农民找村干部办事的较多，而反映问题、提出意见等政治参与行为较少。找村干部反映问题的有 395 户，占比为 16.2%，提出意见只有 156 户，占比仅为 6.4%，两者加总为 22.6%，也即只有刚过两成的村民与村干部接触具有政治参与的行为特征。而过半数的村民主要是为了办理个人事务才去找村干部的，这类人占比为 50.2%。村民通过接触活动达到政治参与目的的行为相对较少。

贫困户偏好非正式的政治接触。家庭年毛收入在 3 万元以下的低收入户中，与村干部进行过政治接触的比较多，达到 21.3%；而家庭年毛收入处于 3 万—5 万元的中等农户中，进行政治接触活动的户数为 95 户，占比为 18.9%；收入在 5 万元以上的富裕农户占比同样为 18.9%，后两组所占比例显然不及第一组比例大。特别值得注意的是，低收入户中，年毛收入在 1 万元以下的极端贫困户政治接触率比较高，有 24.2%。

村民从事乡级扩大参与程度不高。普通村民参与乡镇层级政治活动，制度化形式的稍显不足。村民从事带有政治参与性质的乡镇层次的接触活动只占到 21.8%。村民与乡镇干部接触最大的原因依然是办理个人事务，占比为 65.3%。在村民政治接触行为中，村民对乡镇一级的政治参与行为较少。

村民文化程度与乡镇的政治接触率成正比。在与乡镇干部的政治接触过程中，文盲半文盲的村民的政治接触率仅为 2.6%，而受过高等教育的村民的接触率为最高，达到 14.3%。

经商农民与乡镇的政治接触率比较高。在与乡镇干部的政治接触活动中，打工农民从事这种活动的参与率为 6.3%，为最低。而从事经商的农民与乡镇干部的接触率却比较高，达 12.2%，高出总体水平 8.9% 的接触率，也高出务农农民 8.8% 的接触率。

## 三 存在问题不少 亟需有效化解

当下农民政治参与存在的一些问题，需要引起高度重视，有必要在此集中列出，并加以改进。

参与质量不高，被动参与明显。农民参加选举会议的比例仅为 56%。农民参与村民会议大多是为了村委会选举，而且政府与村庄动员村民参加选举的特征也很明显。农民参与会议频度也比较低，参与次数主要集中在一次。农民参加村民会议的次数和户数呈反向关系，即随着村民会议次数的增加，农户参与的次数不增反而减少。在参加过村民会议的 1567 户中，参加过一次会议的农户占到全部农户的 44.8%，参与两次的占比为 27.6%，参与三次的占比为 11.5%，参加四次及以上的占比合计为 16.1%。

参与机制不完善，保障程度较低。村庄决策由少数人决定，农民决策参与权没有得到重视。有近四成（36.6%）的村庄决策是少数村干部的决策，偶尔听取村民意见的村庄有 24.7%，两者合计为 61.3%；而经常听取村民意见、村民在决策中发挥重要作用的村庄只占到 31.2%、7.5%。可见，有超过六成的村民在村庄决策中并没有发挥多少作用，村民的决策权、参与权也没有得到体现。村务公开不及时，村务公开制度不规范，农民知情权、监督权、参与权得不到保障。只有七成村庄平均每个季度至少进行一次村务公开。另有近三成的村庄只公开 4 次以下或没有公开，没有达到每季度至少公开一次的最低要求。

政治态度与参与行为不对称，政治参与热情不高。农民对村民自治特别是村民选举的认同与信任程度比较高，而政治参与的热情却不高，两者

并不一致。对近次民主选举至少作出"比较好"的评价的农户占到
56.9%，也就是说过半数的农户对村庄民主选举给予了比较高的评价。态
度居于中间的户数也占到30%，而只有8.1%与4.7%的农户认为"比较
差"和"很差"。当问及是否参加村委会选举时，有近八成（79.8%）的
农户明确表示不愿意参选。当问及弃选原因时，选择带有主观意愿的
"不想竞选"选项的农户占到近四成，即37.7%，而选择能力等其他因
素，如"工作难开展"、"报酬低"等选项的农户只占到14.9%。这表明
村民参加竞选的主观意愿比较低，政治参与热情不高。

手段性参与较多，参与出现非制度化。调查显示，农民找村干部大多
是办理个人事务，达到52.8%。农民与村干部进行带有政治参与性质的
接触活动的比例不是很高，仅21.5%。而越级上访是农户非制度化参与
的主要手段，西部地区农民上访相对较多。接受调查的205个村庄中，发
生农民上访事件的村庄就有47个，比重达22.9%。从村民上访的地区分
布来看，西部地区村民上访的最多，达到33.9%，而东部与中部地区上
访的比例差不多，均为18.8%。

贫困户正式参与程度较低，易采用非正式参与形式。贫困户参与村庄
管理决策、选举与监督的比例也相对较低。参加过村民选举的贫困户所占
比例为49.2%，而富裕户参加的比例却为62.6%；同样，贫困户参与村
庄决策、村务公开的比例也低于富裕户与中等户。农村贫困户或低收入户
通过非正式的政治接触从事政治参与的比例比较高，达到21.3%，其中
极贫困户达到24.2%，而中等、高收入户的比例为18.9%。这说明低收
入人群有寻求非制度化参与手段，满足自己利益诉求的倾向。

针对农民政治参与中出现的问题，我们建议做好以下几个方面的工
作：

（1）完善农民政治参与的组织与形式，拓宽参与的正式渠道。

（2）制定制度与营造参与环境，提高外出农民的参与水平。

（3）保障贫困户的利益，提高他们政治参与的积极性。

（4）加强有关制度建设，引导与化解农民非制度化参与。

# 报告正文

　　政治参与是民主政治的重要组成部分，是人民群众通过合法途径，对党和政府、基层组织及干部的决策施加影响的政治行为。了解和把握当下农民政治参与状况与特点，对于健全和完善农村民主管理制度意义重大。因此，"健全农村民主管理制度对策研究"课题组，借助华中师范大学中国农村问题研究中心"百村观察"平台，于 2009 年 7—9 月，对全国 30个省 205 个村 2953 户进行了农民政治参与状况的问卷调查与访谈。本报告以此次调查为基础，对当前农民政治参与现状、参与范围进行考察，对农民政治参与形式、特征及存在的问题展开统计分析，并提出相应的政策建议。

　　农民政治参与可以概括为：村级民主认同感较高，参与行为不对等；农民参与形式集中，制度化形式显不足；村内制度性参与多，村以上非制度性参与多；选举参与程度较高，决策管理监督参与不尽如人意；较富农民参与较多，较穷农民参与较少；务农农民参与较多，务工农民参与较少。

　　总体的问题是：整体参与水平不太高、质量不太好，基层矛盾无法通过农民的政治参与化解在基层，问题和矛盾有以非制度形式向上转移和累积的趋势，严重影响基层的稳定与和谐农村的建设。如何利用好基层民主和村民自治化解矛盾，如何将非制度性参与转化为制度参与是当前及今后一段时间比较紧迫的任务。

## 一　农民政治参与的形式和特征

　　农民政治参与指农民参加政治生活，以此影响各级组织特别是村级组织干部及其决策的行为。政治参与形式多种多样，很难进行严格的分类，但可以从村民参与村庄选举、民主决策与监督的角度，来考察农民政治参与的形式、特征与状况，如参加村民选举、参与村庄民主管理与决策、与乡村干部的政治接触、参与村庄民主监督等方面的特征与情况。

### （一）村级民主选举：最重要的农民政治参与形式

从实行村民自治以来，各地实践中最热闹，广为村民知晓，国内外影响最大，可进行定量研究的政治参与形式要数村级民主选举。村级民主选举是村民政治参与活动的重要表现形式，也是村民行使民主权利、参与村庄政治的正式制度化形式。

1. 仅有过半数的农户参加过村民选举，委托投票现象大量存在

村民选举中农户参与率不高。调查结果显示，有过半数的农户参加过村民选举。在所调查的 2953 户农户中，具有有效信息农户数为 2887 户。参加过最近一次村民选举的农户为 1616 户，占调查农户总数的 56%，没有参加村民选举的农户为 1271 户，占比为 44%（见表 1）。从总体上来看，只有刚过半的农户参加过村民选举，参与过村庄领导人的选择，还有过四成的农户没有参与过村民选举。许多有家庭成员在外打工或从事其他职业的农户，在村民选举中有代投票的经历。

表 1                农户参加村民选举情况

|  | 频数 | 百分比（％） |
|---|---|---|
| 参加过 | 1616 | 56.0 |
| 没参加 | 1271 | 44.0 |
| 合计 | 2887 | 100.0 |

注：缺失值没有纳入统计，未经注明，以下图表循此说明。

实际参选率与统计参选率有一定差距。比照民政部门统计的正式村民选举数据，可以发现，村民实际参选率与统计参选率相去甚远。就各省（区、市）的情况而言，在 1998—2000 年间，参选率最高的达到了96.10%（广东），最低的也有 85.50%（天津），平均为 91.03%；在2001—2003 年间，参选率最高的达到了 97.63%（浙江），最低的也有80.79%（重庆），平均为 91.43%；在 2004—2005 年间，参选率最高的为 95.00%（浙江），最低的也有 73.77%（重庆），平均为 90.09%；在2005—2007 年间，参选率最高的高达 99.06%（上海），最低的也有

73.73%（重庆），平均为90.97%。<sup>①</sup> 百村调查显示，调查村庄村民实际参选率仅为56%，远低于统计参选率。这说明：农村外出务工农民较多，委托投票的农民较多，亲友代为投票的农民较多。可以大致推断委托投票率最低也有30%，最高超过40%。

《中华人民共和国村民委员会组织法》第十四条规定，选举村民委员会，有选举权的村民的过半数投票，选举有效；候选人获得参加投票的村民的过半数的选票，始得当选。委托投票最重要的功效是在形式上确保了"双过半"中的"前一个过半"，然而却在相当大程度上阻碍了"双过半"中的"前一个过半"从实质上得到保证。同时，委托投票或代为投票与代为行使选举权是不同的，委托投票或代为投票应当是代投票人严格遵照被代投票人的意思或被委托人严格遵照委托人的意思写票和投票，这与受委托人根据自己的意志行使权利，从理论上讲，性质完全不同。<sup>②</sup> 大量委托投票的存在，降低了村民选举参与的质量与水平。

从整体上来说，村民实际参与村民选举的程度不高，除了自身的政治态度影响因素之外，还与参与的社会环境、参与的对象有关。现代化、市场化使农户生产生活日益社会化，个体独立的农民不依靠村庄也能正常生活下去，与村庄的联系趋向松散，因而就放松了对村庄政治生活的关注与参与。

2. 参加村民选举的主体是中年农民，教育程度较高年轻农民的参与率高

中年农民是参与主体，青年农民参与率不高。从参加村民选举农民的年龄结构来看，参加村民选举农民的年龄分布呈"倒U"状。在有有效年龄信息的农户中，参加村民选举的农户集中在41—50岁年龄段，参与率达到59.7%，51—60岁农户参与率也达56.9%，即中年农民占到绝大多数。而60岁以上的农民参与率为53.7%，31—40岁的农民参与率只为54.1%，18—30岁的年轻农民，参与率较低，仅有53.6%，其中25岁以下的农户，参与率仅为41.7%，为最低（见表2）。这样就形成了中间年龄段的农民参与率较高，而两端年龄段农民参与相对较低的结构，即"倒U"状结构。由此可见，参加村庄选举的主体是村庄中老年人，青年

---

① 唐鸣：《村委会选举中的委托投票问题研究》，《中国农村观察》2009年第4期。
② 同上。

人参加村民选举会议的相对较少。这与现代化进程中的农民流动，特别是青年农民的外出务工有很大的关系。

表2　　　　　　　　　参加过村民选举的农民年龄分布

| 年龄 | 参加户数 | 调查户数 | 百分比（%） |
|---|---|---|---|
| 18—30 | 37 | 69 | 53.6 |
| 其中：18—25 | 5 | 12 | 41.7 |
| 31—40 | 238 | 440 | 54.1 |
| 41—50 | 551 | 923 | 59.7 |
| 51—60 | 463 | 813 | 56.9 |
| 61 | 249 | 464 | 53.7 |
| 合计 | 1538 | 2709 | 56.8 |

中等文化程度农民的参与率较高，教育程度较高的青年农民参与率也高。从参加村民选举的农民的受教育程度来看，受过中等教育的农民是主体（见图1）。调查表明，在参加过村民选举的农民中，具有初中文化程度的农民有686人，参与率为59.1%，其次为接受过普通或职业高等教育的农民，为64.6%。而未受学校教育农民的参与相对较少，只有45.4%的参与率。显然，从总体上来说，受过中等教育的农民是村庄选举的主要参加者。具有一定的文化素质是提高政治参与质量的保证，受过中等教育就具备了提升民主政治参与水平的文化基础。文化程度越高，农民的参与意识越强，权利意识越强。

教育程度较高的年轻农民参与率高（见表3，见图1）。进行教育程度、年龄及职业的交叉分析，可以知道，教育程度较高且年龄较大的农民，其参与率为58.9%（93/158）；教育程度较高且较年轻的农民，其参与率为76.9%（10/13）。显然，后者要高于前者，此类农民的参与率也远远高于观察村庄56%的参与率。这表明文化教育程度较高且较年轻的农民参与意识强，容易形成政治参与行为。如果再将教育程度、年龄与务工进行交叉分析，教育程度较高年龄较大的务工农民，其参与率为54.5%（6/11），教育程度较高年龄较大的非务工农民，其参与率为58.6%（85/145）。两者比较来看，也表明教育程度较高的年龄较大的从

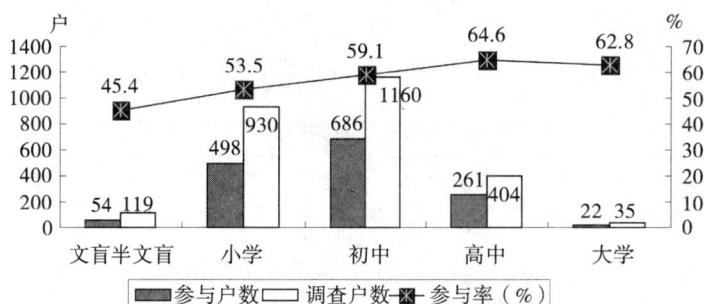

**图1 参加村民选举农民的受教育情况**

事非务工农民的参与率比较高。也就是说，在外打工农民的参与程度相对不太高。

表3 参与选举农民个体特征的交叉分析

| 农民个体特征 | 参与人数 | 调查人数 | 参与率（%） |
|---|---|---|---|
| 文化程度高·年龄大 | 93 | 158 | 58.9 |
| 文化程度高·年轻 | 10 | 13 | 76.9 |
| 文化程度高·年龄大·务工 | 6 | 11 | 54.5 |
| 文化程度高·年龄大·非务工 | 85 | 145 | 58.6 |

注：文化程度高与低，分别指高中水平及以上，初中水平及以下；年龄大与年轻，分别指50岁及以上，30岁及以下。

3. 打工农民参加村民选举比较少，贫困户参加选举也比较少

打工农民参加村民选举的较少。现代化、市场化给乡村社会带来了巨大的冲击，淘汰了乡村传统职业、带来了新的职业，同时，使农民从事的职业呈现出多样化特征。从参加过村民选举的农民所从事的职业来看，从事农业生产的农民参与程度要高些，外出打工的农民参与程度要低些。统计数据表明（见表4），务农的农户参与村民选举的有1154户，同比为57%，比例为最高；其次是经商的农户同比为56%；在外打工的农户有188户参与了村民选举，同比为49%。从事驾驶等其他职业的农户有58户，同比为50%。显然，参加村民选举的主要是在家务农的农民，打工或经商的农民参与村庄选举的比较少。这表明农村政治参与的主体还是从事农业生产的农民，外出打工者相对较少参与到村庄选举等政治活动中

来。从事农业生产的农民参与程度高，除了时间、精力较多，参与成本较低外，更重要的是这些农民的相关利益较多，吸引着他们参与村庄选举。

表 4　　　　　　　从事不同职业的农户参加村民选举的情况

|  | 调查户数 | 参与户数 | 比例（%） |
|---|---|---|---|
| 务农 | 2024 | 1154 | 57.0 |
| 经商 | 216 | 121 | 56.0 |
| 打工 | 384 | 188 | 49.0 |
| 其他 | 116 | 58 | 50.0 |
| 合计 | 2740 | 1521 | 55.5 |

注：其他包括驾驶、学生、乡村医生、木匠、无业等；"打工"情况统计为连续六个月以上外出非农就业。

外出务工与经商女性的参与率较高（见表 5）。从职业与性别的交叉分析来看，外出务工经商的男性参与率为 50.7%，而外出务工经商的女性参与率为 80.8%，女性农民的参与率远远高于男性。这与外出打工经商女性经济上的独立性增强，家庭社会地位的提高有相当大的关系，也与外出女性见过世面、增长了知识有关。比较而言，在家务农的男性的参与率也不及女性的参与率高。这从一个侧面反映了女性的政治社会参与精神与意识，也在与其社会地位一样不断提高。

表 5　　　　　　参与选举农民的职业与性别的交叉分析

|  | 参与人数 | 调查人数 | 参与率（%） |
|---|---|---|---|
| 外出打工经商·男性 | 288 | 568 | 50.7 |
| 外出打工经商·女性 | 21 | 26 | 80.8 |
| 在家务农·男性 | 1084 | 1848 | 58.7 |
| 在家务农·女性 | 70 | 118 | 59.3 |

贫困户参与村级民主选举的积极性不高。从参加村民选举的农户家庭条件来看，不同家庭条件的农户参加村民选举的积极性并不是一样的（见表 6）。在有效调查户数 2810 户中，2008 年参加过村民选举的农户为

1561户。接受调查的富裕户、中等户、贫困户各有901户、1011户、898户。2008年参加过村民选举的富裕户、中等户、贫困户所占比例分别为62.6%、54.9%、49.2%，呈递减趋势。通过比较未参加过村民选举农户所占比重，我们发现，贫困户未参加选举的比例相对较高，为50.8%，这要高于所有未参加过村民选举农户所占比例44.4%，也高于富裕户的37.4%与中等户的45.1%。可见，富裕户参加村庄选举的比较多，政治参与程度相对较高，而家庭比较贫困的农户参加选举相对较少。这也在一定程度上表明农民家庭经济状况与其政治参与程度高低有相当的关联。

表6　　　　　　　　按家庭条件分组来看参加村民选举的情况

| 家庭条件 | 调查户数 | 参加过村民选举 | | 没有参加过村民选举 | |
|---|---|---|---|---|---|
| | | 户数 | 占比（%） | 户数 | 占比（%） |
| 富裕 | 901 | 564 | 62.6 | 337 | 37.4 |
| 中等 | 1011 | 555 | 54.9 | 456 | 45.1 |
| 贫困 | 898 | 442 | 49.2 | 456 | 50.8 |
| 合计 | 2810 | 1561 | 55.6 | 1249 | 44.4 |

外出务工贫困农户的参与率比较低。再将农户的富裕程度与农民所从事职业情况进行交叉分析，可以发现，富裕且外出务工农户的参与率为55%，中等且外出务工农户的参与率为47.9%，贫穷且外出务工农户的参与率44.8%。外出务工贫困户的参与率比富裕户要低10.2个百分点。可见，贫困户更关注自身经济状况的改善，而相对较少关注与参村庄政治（见表7）。

表7　　　　　　　　参加选举农民的家庭条件与职业的交叉分析

| | 参与人数 | 调查人数 | 参与率（%） |
|---|---|---|---|
| 富裕·务工 | 66 | 120 | 55.0 |
| 中等·务工 | 67 | 140 | 47.9 |
| 贫困·务工 | 52 | 116 | 44.8 |

### （二）村级民主决策：仅有少数农民参与

参与村庄事务管理与决策也是农民政治参与的重要形式之一。农民积极参加村庄民主决策，是实现知情权、决策权、参与权的重要途径。

1. 村庄重大事务决策：村民知晓度与参与程度均不高

调查显示，农民对所在村庄重大事务决策知晓程度并不高，参与过村庄重大决策的农户居于少数（见表 8）。有 1683 户知道村庄重大事务决策，所占比重为 58.6%，另外有 41.4% 的农户并不知道村庄事务决策情况。而对"是否参与过决策"的农户的统计分析表明，只有 1239 户，占比为 44.6% 的农户参加过村庄重大事务的决策，如村集体的土地承包和租赁、集体举债、村庄公益事业的经费筹集方案等的决策。村民决策参与比例不高，村庄决策是少数人参与的决策。这与一些地方在民主管理决策中，重形式、轻实效，制度不健全、决策不民主等问题有关。

表 8　　　　　　　　　　　　参与重大事务决策情况

| 是否知晓村庄重大事务决策 | | | 是否参与过决策 | | |
|---|---|---|---|---|---|
| | 频数 | 百分比（%） | | 频数 | 百分比（%） |
| 知道 | 1683 | 58.6 | 参与过 | 1239 | 44.6 |
| 不知道 | 1190 | 41.4 | 未参与 | 1539 | 55.4 |
| 合计 | 2873 | 100.0 | 合计 | 2778 | 100.0 |

2. 各地区农民参与决策的比例相当，东部地区农民参与的比例相对高一些

从总体比较来看，各地区农民参与比例相差不大，东部地区稍微高一些（见表 9）。通过调查可知，各地区所调查户数为 2740 户，东部、中部、西部被调查户数分别是 882 户、1098 户、760 户。东部地区农户参与决策的户数为 413 户，比中部参与的户数少，但比例相对较高，为 46.8%，这要高于中部、西部农户参与的比例。表明东部农民政治参与程度稍微高于其他地区。一般而论，村庄重大事务决策影响到利益或资源的分配，村民的参与程度与村内资源多寡有很大的关联。东部地区的村庄特别是经济比较发达的村庄，村内各种资源相对较多。村庄重大事务的管理与决策涉及与村庄资源的分配与再分配，因而村民的决策参与积极性也会较高。

| 表 9 | 分地区比较农户参与决策的比例 | | |
|---|---|---|---|
| | 调查户数 | 参与决策户数 | 百分比（%） |
| 东部 | 882 | 413 | 46.8 |
| 中部 | 1098 | 500 | 45.5 |
| 西部 | 760 | 323 | 42.5 |
| 合计 | 2740 | 1236 | 45.1 |

注：参照国家统计局的划分标准，根据调查实际覆盖面情况，将地区分为东、中、西部三类。东部地区包括河北、辽宁、上海、江苏、浙江、福建、山东、广东和海南等省市；中部地区包括山西、吉林、黑龙江、安徽、江西、河南、湖北、湖南等省；西部地区包括四川、重庆、贵州、云南、陕西、甘肃、青海、宁夏、新疆、广西、内蒙古等省市区。

3. 文化程度高的务农农民参与率较高，文化程度低的打工农民参与率低

通过比较参与决策农民的文化程度与职业情况来看，文化程度较高且在家务农的参与率比较高，达到60.1%，参与率比较低的是文化低又在外打工的农民，为32%（见表10）。对比而言，文化程度较高的农民参与率比较高，在家务农的农民参与率较低，这与前面的分析大体一致。村民文化程度与职业对村庄参与的交叉影响比较大。

| 表 10 | 农民参与村庄重大决策的交叉分析 | | |
|---|---|---|---|
| | 参与人数 | 调查人数 | 参与率（%） |
| 文化程度高·务工 | 25 | 62 | 40.3 |
| 文化程度低·务工 | 39 | 122 | 32 |
| 文化程度高·务农 | 152 | 253 | 60.1 |
| 文化程度低·务农 | 308 | 820 | 37.6 |

4. 人均耕地多的农户参与村庄决策的比率高，地少务工农户参与率低

从拥有的土地资源多少来看农户参与村庄决策的情况，数据显示，人均耕地面积有5亩以上的农户，对村庄重大决策的参与程度较高，达到54.3%，人均耕地为1.1—2亩的农户，参与率最低，为39.8%（见表11）。农户人均耕地占有情况与村庄决策参与有一定关系。一般而言，村

庄重大决策关乎村庄利益、有关国家涉农政策的落实、一些农业技术服务的推广，有时也涉及土地的微调，这些都与人均承包地多的农户的相关性很大，因而地多的农户出于自身利益的考虑，对村庄决策的关注度要高一些，有时会积极参与村庄重大事务管理决策。

表 11 人均耕地对农民参与村庄重大决策的影响

| 人均耕地面积 | 参与户数 | 调查户数 | 参与率（%） |
|---|---|---|---|
| 1 亩以下 | 463 | 1062 | 43.4 |
| 其中：0.5 亩以下 | 146 | 325 | 44.9 |
| 1.1—2 亩 | 304 | 763 | 39.8 |
| 2.1—3 亩 | 125 | 279 | 44.8 |
| 3.1—5 亩 | 104 | 222 | 46.8 |
| 5 亩以上 | 134 | 247 | 54.3 |

注：耕地面积指农户承包地面积，包括水田、旱地、草地（场）、林地面积；人均耕地面积 = 调查农户承包地面积总和÷调查农户家庭人口总和。

从农户土地承包与职业情况的交叉分析来看，地多务农的农户参与村级决策的比率要高，达到 51.2%，比地少的务农农民决策参与率要高。与前面分析一样，在外打工农民决策参与率比较低。地少的打工农户决策参与率最低，只有 36.5%，地多的打工农户村庄决策参与率也不高，为37.5%（见表 12）。

表 12 农户参与村庄重大决策的交叉分析

| | 参与户数 | 调查户数 | 参与率（%） |
|---|---|---|---|
| 地多·务工 | 12 | 32 | 37.5 |
| 地少·务工 | 23 | 63 | 36.5 |
| 地多·务农 | 186 | 363 | 51.2 |
| 地少·务农 | 96 | 190 | 50.5 |

注：从调查情况来看，农户人均耕地面积为 1.5 亩；可将人均耕地面积 0.5 亩以下

农户视为地少户，而 3 亩以上的视为地多户。

### （三）村级民主监督：形式大于内容的参与

以村务公开为主要内容的民主监督，就是要让群众参与管理和监督村里的公共事务和公益事业。村民参与民主监督还有很多内容，如参加对村支两委及村干部的民主评议，在此重点考察村民参与以财务公开为重点的村务公开情况。

1. 农户对村务公开的知晓度较高，而农民参与村务公开活动的比例较低

村务公开知晓程度较高。从农户对村务公开的知晓情况来看，在2953 份农户问卷调查中，针对村务公开一栏的有效问卷共计 2906 份，知道村务公开的农户共有 1847 户，占总有效问卷数的 63.6%，不知道村务公开的户数为 1059 人，比例为 36.4%（见表 13）。这表明只有近四成的农户不知道村庄村务公开这回事。

村务公开参与程度较低。农户知晓并不等于就会参与，事实表明农户对村务公开活动参与率不是很高。在 2727 户中，仅有 947 户参与过村务公开活动，不到四成即 34.7%，没有参与的农户占据大多数，有65.3%。显然，村民对以村务公开为主要内容的村庄民主监督参与积极性比较低。

村务公开形式大于内容。将村庄进行过村务公开与农户知晓村务公开的情况相对比，两者并不对称。因为根据村庄调查可知每年至少进行一次村务公开活动的村庄达到 96.4%（190/197），而农户知晓村务公开的比例只有 63.6%。这表明村务公开存在形式化的问题，并没有引起大多数村民的关注，而且许多知道的村民也说不出村务公开的内容。

农民对村务公开认同程度较低（见表 14）。这主要与农民对村务公开的实质意义的满意程度相关。有九成（91.7%）的农民对村务公开不太满意，直接说没有进行过村务公开的农户达 21.8%，甚至有 37%的农户认为是假公开，而承认村庄进行过村务公开的农户只占到8.3%。对村务公开的认同感如此之低，势必会影响参与的积极性，更有甚者会对之产生抵触情绪。

表 13                    **农户对村务公开的知晓与参与情况**

| 是否知道村务公开 | | | 是否参加过村务公开 | | |
|---|---|---|---|---|---|
| | 频数 | 百分比（%） | | 频数 | 百分比（%） |
| 知道 | 1847 | 63.6 | 参加 | 947 | 34.7 |
| 不知道 | 1059 | 36.4 | 未参加 | 1780 | 65.3 |
| 合计 | 2906 | 100.0 | 合计 | 2727 | 100.0 |

表 14                        **农民对村务公开的看法**

| | 频数 | 比例（%） | 累积比例（%） |
|---|---|---|---|
| 不公开 | 420 | 21.8 | 21.8 |
| 假公开 | 291 | 15.1 | 37.0 |
| 公开不及时 | 1053 | 54.8 | 91.7 |
| 公开 | 159 | 8.3 | 100.0 |
| 合计 | 1923 | 100.0 | |

2. 中部地区农民参与村务公开活动相对较多，富裕农户的参与也比较多

中部地区参与率最高（见表 15）。从区域分类来看，不同地区村民参与村务公开比例是不一样的。具有有效信息的调查户数为 2717 户，东部、中部、西部所调查的户数为 863 户、1065 户、789 户。总体上来说，不管是从绝对数还是从相对数上看，中部地区农户的参与率为最高，有 387户，占比重为 36.3%，要高于其他地区，如东部 33.7%、西部 34%，也高于全国水平 34.8%。显然，中部地区农民对村务公开的参与程度相对较高。

表 15                    **不同地区村民参与村务公开的比较**

| | 东部 | 中部 | 西部 | 合计 |
|---|---|---|---|---|
| 参与村务公开户数 | 291 | 387 | 268 | 946 |
| 调查户数 | 863 | 1065 | 789 | 2717 |
| 百分比（%） | 33.7 | 36.3 | 34 | 34.8 |

　　富裕户参与程度较高。在调查的 2710 户中，富裕、中等、贫困家庭条件的农户分为 835 户、980 户、895 户，参与过村务公开活动的农户有 929 户。在参与过村务公开的农户中，富裕农户参与率为最高，达到 48%；中等户次之，为 34.1%；贫困户最小，为 21.7%。这一比例次序恰好与村民参加村民选举的情况相一致，富裕户的参与率为最高（见表 16）。

表 16　　　　　　　　　不同家庭条件的农户参与村务公开的比较

|  | 富裕 | 中等 | 贫困 | 合计 |
|---|---|---|---|---|
| 参与村务公开的户数 | 401 | 334 | 194 | 929 |
| 调查户数 | 835 | 980 | 895 | 2710 |
| 百分比（%） | 48 | 34.1 | 21.7 | 34.3 |

### （四）村级政治接触：一种非正式的参与方式

　　农民的政治接触活动主要是指农民以个人或集体的方式去接近各级干部主要是乡村干部，正式或非正式地向乡村干部反映情况，提出意见、建议或批评，以期影响或改变公共决策或决定的政治性活动。政治接触活动是农民政治参与的重要形式之一，常常带有非正式的特点。

　　1. 与村干部打过交道的农户近六成，大部分村民与干部接触的次数比较少

　　村民与村干部打过交道的比较多。从村民与村干部打交道的情况来看，相当一部分村民因各种原因与村干部有过接触，同时接触的程度也不尽相同。在调查的 2903 户中，或多或少与村干部有过接触的户数达到 2476 户，占到调查总户数的 85.4%；有 40.8% 的农户与村干部接触较多；有 26.8% 的农户与村干部接触很少；还有 427 户完全没有与村干部没有打过交道，占比为 14.6%。可见，出于自身或村庄利益等目的与村干部接触的村民稍占多数（见表 17）。

表 17　　　　　　　　　　农民与村干部接触情况

|  | 频数 | 百分比（%） | 累积百分比（%） |
|---|---|---|---|
| 经常接触 | 774 | 26.7 | 26.7 |
| 接触较多 | 409 | 14.1 | 40.8 |
| 一般 | 516 | 17.8 | 58.6 |
| 接触很少 | 777 | 26.8 | 85.4 |
| 基本不接触 | 427 | 14.6 | 100.0 |
| 合计 | 2903 | 100.0 | |

　　村民与村干部交往频度并不高。从农户与村干部接触的频度来看，大部分村民接触的次数比较少。统计结果显示，在明确回答与村干部接触次数的农户中，与村干部的接触次数主要分布在 1—5 次之间，达到 63.6%，占比为最高，而接触 6 次以上的比例为 36.4%，显然不及前者（见表 18）。可见，村庄日益开放的条件下，村干部不再是农民生产生活中与之打交道最多的人。乡村税费的取消，村庄与村民直接利益关联大为缩小，国家许多惠农补贴并不经过村庄，而直接打入村民账户，婚姻登记直接上县民政，而无须村庄证明，更加疏远了村庄与农民的联系。

表 18　　　　　　　　村民与村干部接触的次数

|  | 1 次 | 2 次 | 3 次 | 4 次 | 5 次 | 6—10 次 | 11—49 次 | 50 次以上 | 合计 |
|---|---|---|---|---|---|---|---|---|---|
| 户数 | 210 | 321 | 212 | 64 | 149 | 248 | 223 | 74 | 1501 |
| 占比（%） | 14 | 21.4 | 14.1 | 4.3 | 9.8 | 16.5 | 14.9 | 5 | 100 |

　　注：回答"没有接触过"、"接触很少"、"记不清"与未回答的情况没有纳入统计。

　　2. 与村干部接触的农户中，办理个人事务的农户较多，而进行反映问题、提意见等政治参与行为的农户较少

　　村民与村干部的接触行为，并不一定都属于政治参与的范畴，因而有必要对村民与村干部接触的动因进行分析。从村民与村干部接触的原因统计来看，农民找村干部办事的较多，而反映问题、提出意见等政治参与行为较少。私人交往、反映问题、提出意见、办理事务、其他等原因，是我们可以获得的农民与村干部接触原因的信息。通过统计分析可以发现，有

2443 户回答了与村干部接触的原因。找村干部反映问题的有 395 户，占比为 16.2%，提出意见只有 156 户，占比仅为 6.4%，两者加总为 22.6%，也即只有刚过两成的村民与村干部接触具有政治参与的行为特征。而大多数村民主要是为了办理个人事务才去找村干部的，这类人占比为 50.2%。显然，村民通过接触活动达到政治参与目的的行为还是相对较少（见表 19）。

表 19　　　　　　　　　　村民与村干部进行接触的原因

| | 频数 | 百分比（%） | 累积百分比（%） |
|---|---|---|---|
| 私人交往 | 547 | 22.4 | 22.4 |
| 反映问题 | 395 | 16.2 | 38.6 |
| 提出意见 | 156 | 6.4 | 45 |
| 办理事务 | 1227 | 50.2 | 95.2 |
| 其他原因 | 118 | 4.8 | 100.0 |
| 合　计 | 2443 | 100.0 | |

3. 低收入户进行政治接触活动的较多，是需要关注的群体

按家庭年毛收入分组来考察村民与村干部接触的政治参与情况，可发现低收入户与村干部的接触率最高。将考察的家庭年毛收入分为三个基本组，3 万元以下、3 万—5 万元、5 万元以上，分别代表低收入、中等收入与高收入组①。在具有政治接触和收入信息的 558 户中，家庭年毛收入在 3 万元以下这一组，与村干部进行过政治接触的农户比较多，达到 21.3%；而家庭年毛收入处于 3 万—5 万元的农户中，进行政治接触活动的户数为 95 户，占比为 18.9%；收入在 5 万元以上的农户占比同样为 18.9%，两组所占比例不及前面第一组比例大。特别值得注意的是，第一组中家庭年毛收入在 1 万元以下的农户政治接触率比较高，有 24.2%（见表 20）。显然，与村干部打交道进行政治接触的主要群体就是低收入农户，尤其是其中极端贫困农户。

与前面分析到的贫困农户参加村民会议的特点相比较，在这里，低收入农户或贫困户与村干部进行政治接触活动相对比较多。这也隐含着农村低收入群体有被边缘化的危险。他们对正式制度化参与的主动性不高，而

---

①　如果将家庭年毛收入 42800 元视为中等收入水平标准，那么年毛收入 5 万元以上的家庭就为高收入家庭，而 3 万元以下的就为低收入家庭，1 万元以下的可视为极贫困家庭。

偏好或多或少带有非正式特点的政治接触活动，以寻求自身问题的解决。

表 20                     按家庭年毛收入分组来看村民政治接触的情况

| | 3 万元以下，其中： | | | 3 万—5 万元 | 5 万元以上 | 合计 |
|---|---|---|---|---|---|---|
| | | 1 万元以下 | 1 万—3 万元 | | | |
| 接触户数 | 374 | 162 | 212 | 95 | 89 | 558 |
| 调查户数 | 1755 | 669 | 1086 | 501 | 471 | 2727 |
| 接触率（％） | 21.3 | 24.2 | 19.5 | 18.9 | 18.9 | 20.5 |

注：调查农户家庭年毛收入均值为 42800 元，家庭平均人口为 3.5 人；接触率＝接触户数÷调查户数。

### （五）乡级政治参与：参与形式极少

在现有体制框架内，农民直接参与乡级政治的正式制度化形式不足，常常局限于政治接触这类非正式的形式。农民与乡镇干部或乡镇政府的接触，特别是旨在影响公共决策的政治接触活动，反映了农民政治参与行为的扩展。农民的参与影响力不仅体现在村庄范围内，而且延伸到上一级政府所辖区域内，是基层民主参与有序扩大的表现之一。

1. 仅两成农民与乡镇干部有过接触，有政治参与行为的是少数

大多数村民与乡镇干部没有接触。村民与乡镇干部接触的程度及频次要少于与村干部的接触情况，只有两成村民与乡镇干部打过交道，而有近六成村民与村干部进行过接触。从调查数据来看，有 56.4% 村民与乡镇干部"基本不接触"，而与村庄干部"基本不接触"的比例为 14.6%；有过接触的村民只占到 21%，其中，"经常接触"与"接触较多"仅占到 13.8%，这远远小于村民与村庄干部接触的比率 40.8%（见表 21）。虽然村民生产、生活、交往的范围早已突破村庄的界限，甚至乡镇的区域，他们的生产生活离不开外部市场及社会，但村民的接触尤其是政治接触范围主要限于村庄组织，并没有过多地拓展至乡镇一级政府。

农民与乡镇干部接触中的政治参与行为更少。数据表明，在村民与乡镇干部接触的原因统计中，村民以"反映问题"与"提出意见"等带有政治参与性质的原因，与乡镇干部接触的人数所占比例比较少，分别有 16.5%、5.3%，合计为 21.8%，这比村民与村干部政治接触的比例 22.6% 要少。村民与乡镇干部接触最大的原因依然是办理个人事务，占比

为65.3%，而村民因办理事务与村庄干部接触的比例为50.2%，村民因事找乡镇干部的情况更多。这样，在村民政治接触行为中，村民对乡镇一级的政治参与行为更少（见表21）。

表21　　　　　　　　农民与乡镇干部接触情况及原因统计

| 您与乡镇干部接触的多吗 | | | | 您和乡镇干部接触的主要原因 | | | |
|---|---|---|---|---|---|---|---|
| | 频数 | 百分比 | 累积百分比 | | 频数 | 百分比 | 累积百分比 |
| 经常接触 | 201 | 7.0 | 7.0 | 私人交往 | 80 | 6.9 | 6.9 |
| 接触较多 | 197 | 6.8 | 13.8 | 反映问题 | 190 | 16.5 | 23.4 |
| 一般 | 206 | 7.2 | 21.0 | 提出意见 | 61 | 5.3 | 28.7 |
| 接触较少 | 651 | 22.6 | 43.6 | 办理事务 | 754 | 65.3 | 94.0 |
| 基本不接触 | 1623 | 56.4 | 100.0 | 其他原因 | 69 | 6.0 | 100.0 |
| 合计 | 2878 | 100.0 | | 合计 | 1154 | 100.0 | |

2. 教育程度高的村民政治接触率高，经商村民的接触率高

在与乡镇干部的政治接触过程中，村民文化程度与政治接触率成正比。统计数据表明，村民文化程度越高与乡镇干部政治接触率也就越高。文盲半文盲的村民的政治接触率仅为2.6%，为最低；而受过高等教育的村民的接触率为最高，达到14.3%；接触率居于中间的村民依次是具有小学、初中、高中文化程度的村民，他们与乡镇干部的政治接触率分别是8.1%、9.1%、10.5%。一般而言，文化程度越高就越有可能运用自己的知识储备与理解能力，通过一定政治手段，去满足自身需要（见表22）。

表22　　　　　　　不同教育程度村民与乡镇干部政治接触情况

| | 接触人数 | 调查人数 | 接触率（%） |
|---|---|---|---|
| 文盲半文盲 | 3 | 117 | 2.6 |
| 小学 | 76 | 935 | 8.1 |
| 初中 | 105 | 1160 | 9.1 |
| 高中 | 42 | 399 | 10.5 |
| 大学 | 5 | 35 | 14.3 |
| 合计 | 231 | 2646 | 8.7 |

注：接触率＝接触人数÷调查人数，下表同。

在与乡镇干部的政治接触活动中，经商农民的接触率比较高。与其他农民政治参与情况大体一样，外出务工村民的接触率（参与率）比较低，而经商村民的接触率却比较高。就此次调查统计而言，打工农民通过反映问题、提出意见等方式，旨在影响乡镇干部或政府的公共决策，实现自身或相关群体利益的政治接触行为最少。具体来说，打工农民从事这种活动的参与率为 6.3%，为最低。而从事经商的农民与乡镇干部的接触率却比较高，达12.2%，高出总体水平 8.9% 的接触率，也高出务农农民 8.8%（见表23）。

调查中发现，就农民经商范围而论，经商可分为两类，一类是本地经商如本村或本镇，此类农民占据绝大多数；一类是外地经商如县城或超出县城范围，这是少数农民的事。许多本地经商村民因为工商、营业税费关系，也因经营业务、交往的需要，而与乡村干部发生较多接触、联系。同时，部分经商村民选择从事政治接触活动，就是为了寻求与保障自己的利益最大化。这与外出打工村民的情况并不完全一致，打工者常年在外，与乡镇政府的涉农管理、服务联结越来越少、与乡镇村庄的直接利益联系也越来越少，从而与乡村干部打交道的机会就更少。

表23　　　　　从事不同职业的村民与乡镇干部政治接触情况

|  | 接触人数 | 调查人数 | 接触率（%） |
|---|---|---|---|
| 务农 | 173 | 1967 | 8.8 |
| 经商 | 26 | 213 | 12.2 |
| 打工 | 24 | 380 | 6.3 |
| 其他 | 13 | 115 | 11.3 |
| 合计 | 236 | 2675 | 8.9 |

**（六）县级以上的政治参与，需要高度关注的非制度性参与形式**

由于多种原因如时间、距离、利益关联、制度等等，村民与乡级政府可以有直接的政治接触这种形式利用，而直接参与县级及以上政府公共决策的机会，则显得不是很多。当村民的问题在基层不能或不想解决时，就会寻求上访，甚至是非制度化的越级上访。

1. 有两成以上村庄发生过村民上访，西部村庄村民上访比较多

调查中发现，村民越级上访的案例还不少。接受调查的 205 个村庄

中，发生农民上访事件的村庄就有 47 个，比重达 22.9%。从村民上访的地区分布来看，西部地区村民上访的最多，达到 33.9%，而东部与中部地区上访的比例差不多，均为 18.8%。（见表 24）这可能是由于西部地区的农村基层制度化建设还需要进一步落实与加强，村民部分利益受到威胁或侵犯。因而大力加强西部农村基层组织建设就显得很重要。

表 24                         村民上访的地区分布

|  | 调查村庄 | 有村民上访的村庄 | 比例（%） |
| --- | --- | --- | --- |
| 东部地区 | 69 | 13 | 18.8 |
| 中部地区 | 80 | 15 | 18.8 |
| 西部地区 | 56 | 19 | 33.9 |
| 合计 | 205 | 47 | 22.9 |

2. 村民上访反映最多的是土地征用问题，中部村民对土地流转问题上访反映的比较多

根据《调查中国农村》一书的调查，村民上访反映最集中的问题有如下：土地征用、承包地流转、污染、社会治安及其他等，各自占到 39.4%、26%、24.3%、10.2% 和 7.3%。分地区来看，东部村民在土地征用、污染方面上访反映比较多，比例分别为 48.1%、30.4%。这很可能与东部农村城市化与工业化有关。中部村民在土地承包流转方面上访比较多，占比 28.8%。西部村民则在社会治安方面反映比较多，为 14.1%。（见表 25）

表 25                 分地区村民上访反映最集中的问题[①]

|  | 合计（%） | 西部地区（%） | 中部地区（%） | 东部地区（%） |
| --- | --- | --- | --- | --- |
| 土地征用 | 39.4 | 34.5 | 26.0 | 48.1 |
| 承包地流转 | 26.0 | 24.3 | 28.8 | 25.6 |
| 污 染 | 24.3 | 18.4 | 17.5 | 30.4 |
| 社会治安 | 10.2 | 14.1 | 11.3 | 7.7 |
| 其 他 | 7.3 | 8.7 | 16.4 | 6.3 |

--------

① 韩俊：《调查中国农村》（上），中国发展出版社 2009 年版，第 30 页。

3. 人口多的村庄发生村民上访的比例大，打工人口少的村庄发生上访的比例少

总体上来看，村民上访发生情况与村庄人口数成正比。人口越多的村庄发生村民上访的比例越大。人口在 3500 人以上的村庄，发生村民上访的比例为 41%，为最高；次之为 2501—3500 人的村庄，比例为 31.3%；发生比例最低的村庄是 1000 人以下的村庄，发生比例为 9.8%。（见表 26）

表 26　　　　　　　　村庄人口与村民上访情况分析

| 村庄人口 | 发生上访村庄 | 调查村庄 | 百分比（%） |
|---|---|---|---|
| 1500 人以下 | 9 | 72 | 12.5 |
| 其中：1000 人以下 | 4 | 41 | 9.8 |
| 1501—2500 人 | 12 | 62 | 19.4 |
| 2501—3500 人 | 10 | 32 | 31.3 |
| 3500 人以上 | 16 | 39 | 41 |

注：调查村庄平均人口为 2300 人。

调查显示，打工人口少的村庄发生上访的比例少。具体来说，在调查村庄中，外出打工者在 100 人以下的村庄，发生村民上访的比例比较小，为 10.2%；而村庄打工人口数在 301—500 人的村庄发生上访的比率为 37.9%，501—1000 人的为 31.3%，均要高于 101—300 人与 100 人以下的村庄的比例。整体来说，调查村庄中，打工人数居中间的村庄上访发生率比较高。（见表 27）

表 27　　　　　　　　村庄打工人数与村民上访情况分析

| | 100 人以下 | 101—300 人 | 301—500 人 | 501—1000 人 | 1000 人以上 |
|---|---|---|---|---|---|
| 有上访的村庄 | 5 | 12 | 11 | 15 | 3 |
| 调查村庄 | 49 | 61 | 29 | 48 | 10 |
| 百分比（%） | 10.2 | 19.7 | 37.9 | 31.3 | 30 |

注：调查村庄打工人数平均值为 417 人。

## 二 农民政治参与存在的问题与原因

通过对农民政治参与形式、特征的描述与分析，我们将当下农民政治参与中存在的问题与需要注意的地方表述如下：

### （一）农民政治参与的程度与水平不高，动员式参与特征明显

总体上来讲，当前农民政治参与程度仍然不高，主动从事政治参与的农户也比较少。调查数据显示，农民参加村民选举会议的比例仅为56%。农民参与村民会议大多是为了村委会选举，而且政府与村庄动员村民参加选举的特征也很明显。为了保证法定的投票率，许多村庄以一定的物质承诺动员农民参加选举，如给予参加者一定误工补贴、赠送面盆、毛巾等日用生活品。这样，一部分村民就在物质刺激下参加了选举，这并不能真实反映村民政治参与水平。

农民参与会议频度比较低，参与次数主要集中在一次。农民参加村民会议次数的多少，可以从一定程度上反映农民政治参与的频度。对农户参加村民会议的次数进行统计分析可知，2008年参加过一次村民会议的农民居大多数，农民参加村民会议的次数和户数呈反向关系，即随着村民会议次数的增加，农户参与的次数不增反而减少。在参加过村民会议的1567户中，参加过一次会议的农户有702户，占到全部农户的44.8%，参与两次的农户为433户，占比为27.6%，参与三次的农户为180户占比为11.5%，参加四次及以上的占比合计为16.1%。（见表28；见图2）

表28　　　　　　　　　　村民参加村民会议次数的比较

| | 频数 | 百分比（%） | 累积百分比（%） |
|---|---|---|---|
| 参加1次 | 702 | 44.8 | 44.8 |
| 参加2次 | 433 | 27.6 | 72.4 |
| 参加3次 | 180 | 11.5 | 83.9 |
| 参加4次 | 95 | 6.1 | 90.0 |
| 参加5次 | 69 | 4.4 | 94.4 |
| 参加6次及以上 | 88 | 5.6 | 100.0 |
| 合计 | 1567 | 100.0 | |

比较来看，很明显，农户参加村民会议更多地集中在一次，对村庄决策与管理参与度不是很高。以上分析也表明，参加过一次村民会议的农民更多的是因村庄选举而参加的，至于对村庄事务的管理、决策等会议的参与次数则更少了。

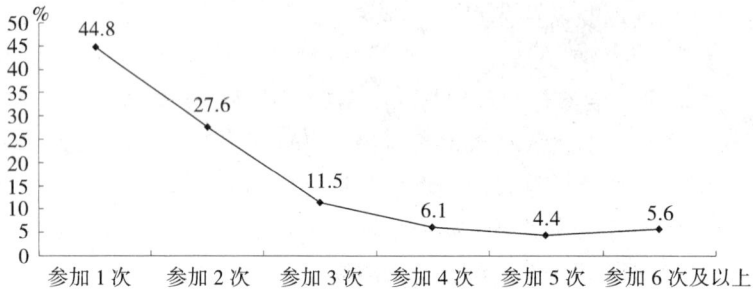

图 2 农民参加村民会议的次数比较

### （二）村民自治机制不完善，农民政治参与保障程度较低

作为基层民主的村民自治，在推动农村经济社会发展方面起到了非常重要的作用。但由于其"草根性"的特点，践行中也暴露了一些不足，如制度不够完善、机制不够灵活、运行不够规范等。除了村民选举存在一些问题外，民主管理与决策机制也存在不完善，农民的决策权与参与权得不到保证的问题。

表 29 村民在村庄决策中作用

| | 频数 | 百分比（%） |
| --- | --- | --- |
| 干部决定 | 1033 | 36.6 |
| 偶尔听取村民意见 | 695 | 24.7 |
| 经常听取村民意见 | 880 | 31.2 |
| 村民在决策中发挥重要作用 | 212 | 7.5 |
| 合计 | 2820 | 100.0 |

村庄决策由少数人决定，农民决策参与权没有得到重视。数据表明（见表29），有近四成（36.6%）的村庄决策是少数村干部的决策，偶尔听取村民意见的村庄有24.7%，两者合计为61.3%；而经常听取村民意

见、村民在决策中发挥重要作用的村庄只占到 31.2%、7.5%。总体上来说，有超过六成的村民在村庄决策中并没有发挥多少作用，村民的决策权、参与权也没有得到体现。

村务公开不及时，村务公开制度不规范，农民知情权、监督权、参与权得不到保障。以村务公开为主要内容的民主监督，就是要让群众参与监督和管理村里的公共事务及事业。一般的村务事项至少每季度公开一次，涉及农民利益的重大问题以及群众关心的事项要及时公开。集体财务往来较多的村，财务收支情况应每月公布一次。① 所调查的 205 个村庄的相关数据显示（见图 3），村务公开 4 次的村庄有 40.6%，即平均每季度公开一次的村庄有 40.6%。公开 5 次以上，即"公开 5—11 次"、"公开 12 次"，"公开 12 次以上"的分别有 11.2%、17.3%、1.9%，合计占到30.4%，这表明只有七成村庄平均每个季度至少进行一次村务公开。另有近三成的村庄只公开 4 次以下或没有公开，没有达到每季度至少公开一次的最低要求。

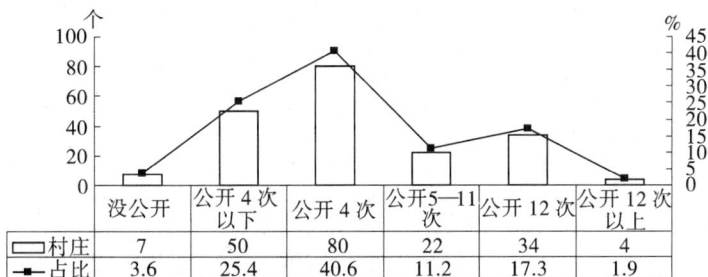

| | 没公开 | 公开 4 次以下 | 公开 4 次 | 公开5—11次 | 公开 12 次 | 公开 12 次以上 |
|---|---|---|---|---|---|---|
| 村庄 | 7 | 50 | 80 | 22 | 34 | 4 |
| 占比 | 3.6 | 25.4 | 40.6 | 11.2 | 17.3 | 1.9 |

图 3　以财务公开为主的村务公开次数

### （三）农民政治态度与参与行为不对称，政治参与热情不太高

农民政治态度是农民在主观方面所具有的政治特征，主要包括政治关心、政治效能感、政治信任与政治责任感。调查表明，农民对村民自治特别是村民选举的认同与信任程度比较高，而政治参与的热情却不高，两者并不一致。

农户对村庄选举认同与信任度高。在 2762 户有效样本中，认为最近

---

① 引自中共中央办公厅与国务院办公厅《关于健全和完善村务公开和民主管理制度的意见》。

一次村委会选举组织得"比较好"的农户最多，有 926 户，占比为
33.5%，而评价"很好"的有 647 户，占比为 23.4%，这样，对近次民
主选举至少作出"比较好"的评价的农户占到 56.9%，也就是说过半数
的农户对村庄民主选举给予了比较高的评价。态度居于中间的户数也有
30%，而只有 8.1% 与 4.7% 的农户认为"比较差"和"很差"。

当问到农户是否"村委会选举搞不搞都一样"的时候，有 1203 户的
农户不赞成这一观点，占比为 42%；有 16.8% 的农户选择了"不太赞
成"。可见，反对"村委会选举搞不搞都一样"的说法的农户仍为大多
数，所占比为 58.8%。而选择"非常赞成"与"有点赞成"的农户合为
25.1%。显然，民主选举已被大多数农民所认同与接受，也是农民参与民
主政治的重要形式。（见表 30）

表 30　　　　　　　　　　农民对村庄民主选举的态度

| 最近一次村委会选举，您觉得怎么样 | | | 村委会选举搞不搞都一样 | | |
| --- | --- | --- | --- | --- | --- |
| | 频数 | 百分比（%） | | 频数 | 百分比（%） |
| 很好 | 647 | 23.4 | 非常赞成 | 348 | 12.2 |
| 比较好 | 926 | 33.5 | 有点赞成 | 368 | 12.9 |
| 一般 | 830 | 30.0 | 说不准 | 459 | 16.0 |
| 比较差 | 223 | 8.1 | 不太赞成 | 481 | 16.8 |
| 很差 | 129 | 4.7 | 不赞成 | 1203 | 42.0 |
| 不清楚 | 7 | 0.3 | 不清楚 | 4 | 0.1 |
| 合计 | 2762 | 100.0 | 合计 | 2863 | 100.0 |

农户政治参与行为并不积极。虽然村民的政治认同与信任比较高，但
是村民政治参与程度并不高。通过对农民是否参加村委会竞选意愿及原因
的调查，就会发现农民政治态度与政治参与行为的不对称性，以及较低的
政治参与热情。当问及是否参选时，有近八成（79.8%）的农户明确表
示不愿意参选，政治参与程度明显不高。当问及弃选原因时，选择带有主
观意愿的"不想竞选"选项的农户占到近四成，即 37.7%，而选择能力
等其他因素，如"工作难开展"、"报酬低"等选项的农户只占到
22.4%。（见表 31）这表明村民参加竞选的主观意愿比较低，政治参与热

情不是很高。

表31　　　　　　农民对自己是否参与村委会竞选的态度及其原因

| 是否愿意参加下届村委会竞选 | | | 如果不愿意，主要原因 | | |
|---|---|---|---|---|---|
| | 户数 | 百分比（％） | | 户数 | 百分比（％） |
| 愿意 | 575 | 20.2 | 报酬低 | 166 | 7.5 |
| 不愿意 | 2269 | 79.8 | 工作难开展 | 330 | 14.9 |
| 合计 | 2844 | 100.0 | 得罪人 | 176 | 8.0 |
| | | | 不想竞选 | 835 | 37.7 |
| | | | 其他 | 706 | 31.9 |
| | | | 合计 | 2213 | 100.0 |

### （四）手段性参与比较多，政治参与出现非制度化

农民因问题接触干部的较多，而从事政治参与的不多。手段性参与是参与者把政治参与当作实现其他目标的手段，如达到某种利益目标的手段，政治参与本身不是目的。调查显示，农民找村干部大多是办理个人事务，达到52.8％。农民与村干部进行带有政治参与性质的接触活动的比例不是很高，仅21.5％。村民的这种参与常常是为了解决某一特定问题才发生的，参与的手段性很强，如反映生产、生活中的困难和一些不合理的现象，或向村干部、领导提出合理化的建议。单一问题可能不会引起重视，但对同一问题集中反映也能影响到公共决策。因而，这种手段性的参与需要慎重对待。

越级上访是农户非制度化参与的主要手段。数据表明，调查的205个村庄，发生农民上访事件的村庄就有47个，比重达22.9％。西部地区村民上访的最多，达到33.9％，而东部与中部地区上访的比例差不多，均为18.8％。数据也表明，农民上访问题反映集中在：土地征用、承包地流转、污染、社会治安及其他等等，分别为39.4％、26％、24.3％、10.2％和7.3％。

当农民的切身利益遭受到侵犯时，或者村干部以权谋私、贪污腐化、作风霸道，行为严重失范时，可能会激发农民的政治参与尤其是非制度化参与。非制度化参与对农村制度化建设影响很大。非制度化参与常见形式

主要有越级上访、行贿、写小字报、打击报复、攻击执法人员、冲击国家机关与部门等等。一般来讲，一个政治体系非制度化参与越多，政治制度化程度越低，政治制度化建设的难度就越大，这个体系的不稳定性也越高。

对中央政府高认同与对基层政府低认同的巨大反差，是农民越级上访的重要原因。调查数据显示，按照"最好、第二好、第三好"的次序进行排列，认为中央政府最好的农户将近九成，占到 89.8%，中央政府在农民心目中具有不可替代的优势地位。处于第二好位置的是省级政府，占比为 72.7%，接下来的是县级政府，这种从高一级政府到下一级政府的排序非常明显。而对"最差"政府的比较中，乡镇政府被农民摆在第一位，值得注意的是，认为村庄最差的占比也不少，达到 32.1%，只比选择乡镇政府的农户少 4.8 个百分点。农户也将注意力集中在乡镇政府，认为它是"第二差"的政府，占比为 52.5%，这也表明了农民对他们可以经常与之打交道的乡镇政府的管理与服务的不满意。（见表 32）

农民往往将自己的个人立场、个体行为、特殊经历等融进了对国家与政策的理解与评价。在涉及对政府"好与差"的主观评价时，农民的选择表现出明显的层次感，那就是离自己远的政府好，离自己近的政府差。正是基于这种认识，农民对自身问题的解决，往往越过基层政府，寄希望于上上级政府特别是中央政府。

表 32　　　　　　　　　农民对政府认可程度比较

| | 您认为哪一些"政府"好些（%） | | | 您认为哪一些"政府"差些（%） | | |
|---|---|---|---|---|---|---|
| | 最好 | 第二好 | 第三好 | 最差 | 第二差 | 第三差 |
| 中央政府 | 89.8 | 3.8 | 2.6 | 1.2 | 0.6 | 2.3 |
| 省级政府 | 1.2 | 72.7 | 6.4 | 5.4 | 6.4 | 10.4 |
| 县级政府 | 0.9 | 4.4 | 65.9 | 24.4 | 22.3 | 57.9 |
| 乡镇政府 | 1.8 | 7.6 | 8.1 | 36.9 | 52.5 | 9.7 |
| 村庄 | 6.3 | 11.5 | 17 | 32.1 | 18.2 | 19.7 |

注：为了更好地比较农民的政治态度，在此将村庄也纳入统计。

## （五）贫困农户政治参与程度较低，需要引起注意

农村贫困人口是弱势群体，他们的权利诉求与利益保障更应引起关注。比较来说，农村贫困户的政治参与程度不高。调查数据统计也显示，农民参与村庄管理决策、选举与监督的比例也相对较低。参加过村民选举的贫困户所占比例为49.2%，而富裕户参加的比例却为62.6%；同样，贫困户参与村庄决策、村务公开的比例也低于富裕户与中等户。（见表33；图4）

调查数据也表明，农村贫困户或低收入户通过非正式的政治接触从事政治参与的比例比较高，达到21.3%，其中极贫困户达到24.2%，而中等、高收入户的比例为18.9%。这说明低收入人群有寻求非制度化参与手段，满足自己利益诉求的倾向。因而，农村制度化建设不能绕过贫困人群，要将他们引导到制度化政治参与中来。否则，贫困户的利益权利难以得到保障。

表33　　　　　　　　　不同家庭条件农户的政治参与情况

| 家庭条件 | 参加村民选举（%） | 参与村庄决策（%） | 参加村务公开（%） |
| --- | --- | --- | --- |
| 富裕 | 62.6 | 53.3 | 48 |
| 中等 | 54.9 | 47.6 | 34.1 |
| 贫困 | 49.2 | 31.2 | 21.7 |
| 合计 | 55.6 | 44.2 | 34.3 |

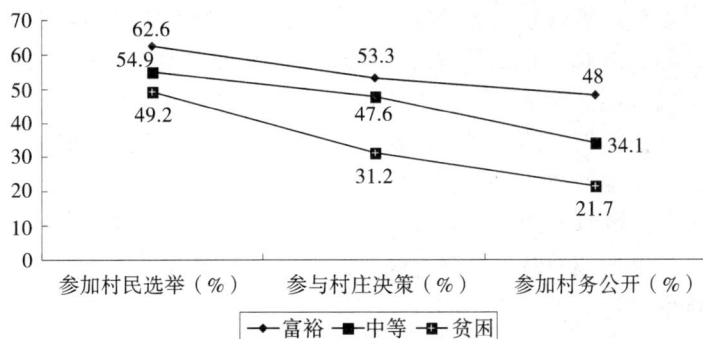

图4　不同家庭条件农户的政治参与情况

# 三　几点政策建议

关注农民政治参与状况，发现存在的问题，找到适宜的解决方法，有助于健全农村民主管理制度建设，有利于"三农"问题的解决。

## （一）完善参与组织与形式，拓宽参与的正式渠道

要健全村党组织领导下的村级民主自治机制，充分发挥村党组织的领导核心作用，增强村党组织的凝聚力，改进党员干部的工作作风。要深化村民自治制度、规范操作细节，完善选举、决策、管理与监督等方面的民主自治机制。通过选举、管理、决策、监督将农民吸纳到村庄政治经济发展中来。村庄重大事务决策要保证村民的知情权、参与权与监督权。进一步健全村务公开制度，形成常规化的监督机制，完善村务公开的内容，规范村务公开的时间、程序、形式。同时，要保障与发挥群众的监督主体地位，接受群众的意见与监督。

要总结适合本村村情的工作方法与政治参与方式，因地制宜创新农民政治参与形式，如通过村级合作组织或经济组织，将农民整合到村庄事务中来，拓宽农民政治参与的正式渠道。

## （二）健全制度与营造环境，提高外出农民的参与水平

外出务工或经商农民，由于与村庄利益关联相对较少，也由于时间、地域的限制，对于户籍所在村庄政治参与就比较少。同时，户籍制度的存在也局限了外出农民在当地的政治行为。这部分外出农民的政治参与水平是比较低的。因而，有必要制定与形成流动农民政治参与的机制与制度，使外出农民有机会就地享受政治权利、从事政治参与，可不必回到户籍所在地。如打破户籍制的限制，使农民能够在所在打工或经商城市行使公民权利、进行政治参与。

对于外出返乡的农民，要创造良好的参与环境，鼓励他们回乡创业或就近就业，增加他们与村庄利益的关联度，使此部分外出农民有参与村庄政治的热情与行为。

### （三）保障贫困户的利益，提高他们政治参与的积极性

一般来说，有利益就会有参与。要充分发挥政治整合功能，利用利益联结机制，保证村民享有平等权，强化村民政治参与的利益关联作用，提高村民政治参与的热情与水平。如不同家庭条件农户的政治参与程度与水平是不一样的。低收入农户特别是极端贫困的农户，他们在政治态度和政治参与方面表现得比较消极。必须保障政策规定的他们应享有的利益，在一些地区扩大农村低保覆盖面、适当上浮低保金额。新农合对贫困农户的救济要体现政策倾斜性。通过一些具体的与他们利益相关的政策与措施，才可能吸引更多的农户自动参与到村级政治民主活动与治理中来。

### （四）加强有关制度建设，引导与化解农民非制度化参与

制定、修订有关法规，规约干部失范行为，保障农民利益，减少农民非制度化参与的诱因。加快农村基层政权与基层组织制度化建设，按规章工作、依程序办事，政策、措施、建议不因人而异，不排斥农民政治参与。加强村民民主理财制度建设，吸纳村民参与、管理、监督，确保集体资产保值、增值。重视基层民主教育和培训工作，开展社会主义民主法制教育，宣讲各种民主形式的基本程序，鼓励村民进行制度化政治参与，引导、化解部分村民的非制度化行为。

# 民生政策研究

"新农保"政策的实施现状、问题与建议

新农保政策实施过程中县级主管部门反映的问题和要求

新型农村社区建设：模式比较与选择

莫让农民"富了口袋，穷了脑袋"

危房改造将成为民生政策的新亮点

农户搬迁集中居住建设区：意愿、问题和对策

# "新农保"政策的实施现状、问题与建议

## ——对全国 20 个省 68 个村 1942 个农户的调查

主持人：徐　勇

执笔人：邓大才　　黄振华　　胡雅琼　　曾　晨
　　　　王　媛、罗金莲

# 内容提要

华中师范大学中国农村问题研究中心"百村观察"项目组受全国社科规划办委托，依托"百村十年观察"平台，于 2010 年春节前后组织近百名师生，对全国 20 个省 68 个试点县（市）68 个村庄的 1942 个农户进行"新农保"政策试点情况的问卷调查和深度访谈。农民对"新农保"政策的总体评价是：成效很大，问题较突出；动作很大，宣传不充分；评价很高，参保率不太高；要求很高，发放率不太高。我们认为，试点县（市）的"新农保"政策落实情况整体来说还算不错，但在运行机制、制度设计、政策实施及沟通协调等方面还有待改进和完善。此外，农民也还存在一些担心和顾虑。

## 一 "新农保"政策实施的基本情况

1. 期待很高但信心不足。"新农保"政策实施前，农民主要依靠自己或子女养老，其比重分别为 39.1%、38.2%，近七成的农民在家庭内部解决养老问题。87% 的受访者认为依靠子女养老靠不住，80.9% 的家庭表示养老困难，39.5% 的家庭表示养老负担较重。大部分农民期待社会养老，但社会养老供给不足，仅占 11.7%；且不太相信社会养老，62.8% 的农民表示社会养老只能部分替代子女养老。显然，农民期盼社会养老，但信心又不足。

2. 知晓较多但细节不清。试点县（市）宣传力度较大，但方式较单一，大多依靠村干部开会、入户、发传单等传统方式，其比重分别为 39.6%、28.9%、15.8%。93% 的受访者知道"新农保"政策，50.7% 的农民从村干部了解政策信息；对于参保程序，"完全不知道"和"部分知道"的比重分别为 21.8%、34.9%；对缴费档次"知道"和"知道一部分"的分别为 45.7% 和 23.4%；82.3% 的受访者知道基础养老金。显然，很多农民不太清楚政策的具体细节及相关内容。即便如此,农民对"新农保"政策的评价仍较高,89%的受访者表示能够从"新农保"政策中受惠。

3. 参保踊跃但担心不少。68 个村庄的参保率为 57.59%,其中自愿参保率为 96%。颇受诟病的捆绑参保政策对参保率没有产生影响,各地强制参保和缴费的比重都在 3% 以内。农民比较理性,91.13% 的参保农民量力而行,选择分期缴费;六成四的农民选择 100 元缴费档次,八成五的农民选择 400 元以下的缴费档次,缴费档次越高,参保农民数量越少。参保费占家庭总支出的比重一般在 3% 以内,82% 的参保农户用自己的存款缴纳保费。农民不参保主要担心政策不可靠,占 45.6%,因不了解政策而没有参保的为 33.1%。

4. 发放较好但作用不大。试点地区基础养老金实际发放率为 73.5%,发放过 1 次的占比 73%。中部地区按时发放率较高,东部地区发放较规范。银行发放率为 63%,现金发放率为 15%;农信社和邮政银行是主要合作银行,其比重分别为 62% 和 27%。37.2% 的获得者曾经使用过基础养老金;西部地区、贫困农户的养老金使用率较高,主要用于日常生活支出,占比高达 90.2%。83% 的农民认为 55 元基础养老金的养老作用有限,接近五成的农民表示养老金难以解决养老问题,超过九成的农民表示仍会存钱养老。

## 二　落实"新农保"政策的"四个问题"

1. 宣传工作不到位,动员参与力度过大。"新农保"政策需求度高、受欢迎程度高,但政策主体——村干部并不熟悉政策,且宣传方式比较简单,"强调导向,忽视细节;强调要求,忽视解释;强调宏观,忽视微观"。农民不清楚政策细节,只知道参保可领取养老金,但对参保的基本程序、缴费档次、领取养老金的额度等基础信息不太了解。由于时间短、任务重,宣传变成了动员,动员变成了办手续,有些地方还将参保与农村工作、惠农政策、干部考核挂钩,如河南就有县要求所有的干部都必须说服自己的亲戚参保;还有些地方将参保与惠农政策如粮补挂钩,不参保不能获得粮补。动员参保力度过大、速度过快的问题在各地都有所反映,惠民工程有演变成"扰民工程"、"收费工程"的可能。

2. 制度设计不完善,基层操作比较难。首先,制度规范不明的困惑。

如子女"应当"缴费，管理部门理解为必须缴，农民觉得可缴可不缴；指导意见规定 60 岁以上农民可领取基础养老金，但又要求子女缴费才能领取。其次，连带责任的影响。子女参保的捆绑政策引起了误解：农民认为这是用自己的钱养老人，加重了多子女家庭的经济负担，还诱发了一些家庭矛盾，如子女、婆媳、父子之间因缴费而带来不和谐。最后，农民不知道"新农保"新在何处，也不知道务工人员的保费如何转移、如何续保，新旧农保的对接过渡、保费的异地转移接续也只有原则性的规定，没有具体的操作程序和细则。

3. 政策实施不均衡，配合协调兼顾难。一是部门之间的协调难。"新农保"涉及公安、民政、计生和金融等机构，部门之间合作较难，如农保部门向公安索要人口、户籍数据，公安部门称其为机密而不予给予；部门与政府、部门与村庄的权责划分不清，工作配合难，"新农保"部门难以指挥乡村干部；"新农保"统筹程度低，保费地区之间的转移接续难，如发达地区不仅不愿意将农民工的保费转移，更不愿意将企业、财政补贴的养老金转移。二是效率与公平兼顾难。指导意见要求地方政府对参保缴费给予补贴，对选择较高缴费档次的给予适当鼓励，但激励政策难以兼顾效率与公平问题，缴费不补难调动积极性，固定补贴难体现效率，多缴多补难体现公平。三是对特殊地区和群体照顾难。指导意见有对中西部地区的倾斜照顾，但对失地农民、"五保户"、低保户、特困户、残疾人、复退军人及独生子女家庭则没有针对性的照顾、帮扶政策，很多特殊群体想参保，但苦于无力参保。

4. 扩保、续保有阻力，农民担忧释怀难。农民有三大担心：一是担心政策的持续性问题。33.6% 的农民担心政策不可持续，45.6% 的农民担心政策不可靠而没有参保；二是担心缴费的连续性问题。农民对自己的挣钱能力和缴费能力没有信心，担心收入不稳定而无力续费；三是担心资金的安全性问题。28.9% 的农民担心"将来不能领到钱"，17% 的农民不信任政策而选择较低的缴费档次。如何打消农民的顾虑，化解扩保、续保阻力将是下段工作的重点。

## 三　完善"新农保"政策的"八条建议"

1. 加大补贴力度，优化财政补贴模式。首先改进补贴方式，加大

"入口补贴"力度，将养老保障与家庭投资结合起来，有缴有补，多缴多补，常缴常补；增加"出口补贴"强度，可以考虑随着年龄增长逐渐增加养老金，即随着年龄增长逐步提高养老金发放额，如年龄每增长1岁，基础养老金提高1%，上不封顶；同时还可考虑实施丧葬补助、重阳节补助、老人生日补助等。其次巩固参保对象，对参保对象"既要引进门，更要留住人"，设计续保的激励措施，比如可考虑以5年、10年为节点，逐级提高财政补贴系数。再次完善帮扶机制，基于"应保尽保"的原则，对"五保户"、低保户、特困户、残疾人、复退军人及独生子女家庭制定专门的补贴优惠政策。最后可以借鉴美国负所得税方式，依据家庭收入补贴参保费，收入低于一定标准的由国家全额承担其保费，彻底解决低收入家庭的养老问题。

2. 完善制度设计，满足多样化的需求。扩大参保的范围，将林场、茶场、农场的"职工"及失地农民纳入"新农保"政策的受益范围。明确财政补贴的福利、普惠性质，激活个人账户，赋予其投资、融资和信用功能，可以考虑个人账户资金和保险证质押贷款，将个人账户的资金由"死"变"活"。丰富保险的种类，可考虑增设老年人护理等险种，以适应老年人家庭逐渐增多的护理需要。在现有缴费档次的基础上，增设更高的缴费档次，以满足农村较富有家庭的投资需要，使低收入农民"老有保"，高收入农民"保得好"。强化"新农保"的区域特色，鼓励东部地区的村庄集体多补贴，支持乡村企业多配套，配套部分可税前列支。明确"新农保"的定位，变捆绑缴费为激励参保，鼓励子女参保，但不统一要求。

3. 健全管理机制，提高经办能力。各地应建立专门的农保管理机构，将农保部门的工作经费、人员经费纳入财政预算，切忌以保费养机构、养人员。搭建县乡村三级信息传输平台，完善农保部门与代理银行的信息流动平台，打通相关职能部门的信息支持平台。简化参保手续，完善操作程序，促使"新农保"政策人性化、生活化，如60岁以上的老年人大多没有办理二代身份证，管理部门可根据实际情况简化程序。各地可以在设立基金专户的基础上前移平台，提供持卡缴费、代扣、提现的平台和窗口，实现农保中心和保费代理银行之间数据的无缝对接；农民平日体力活重，指纹大多比较模糊，指纹认证系统不适合农民，建议采用手纹或者其他认证方式。

4. 搞好衔接协调，实现保障政策的对接。搞好新旧农保的衔接，做到"乡不漏村，村不漏户，户不漏人"，按照"做加法"、"就高不就低"、"老人新办法"的原则，确保补贴、养老金及时发放到位；尽快建立统一的参保信息系统，实现相关信息的全国查询；尽快出台打工人员个人账户资金与企业、地方财政补贴资金异地转移接续的具体细则和操作办法，实现养老保障的全国统筹；尽快摸索建立城乡养老保险的转移接续办法，制订农保与城保对接的措施，实现养老的城乡统筹，有针对性地制定城郊农民和失地农民的养老保险规则和条款；做好"新农保"与其他保障制度的对接，使"新农保"与其他社保制度"有接口，好核对，便配套，宜衔接，可转移"，可以考虑农保资金与医疗保险、公积金（务工农民）打通使用，也可以考虑将"新农保"逐渐替代低保、"五保"政策。

5. 强化农保监管，保障参保资金的安全。参保经费坚持"收发二线运行"，不能"以收抵发"，也不能"以发定收"，参保资金必须进入专户、专户专管、专管专营、专审专拨，征管分开、管营分开、收发分开。坚持"上下核对"、"横向制衡"，确保农保资金的安全。建立多渠道的监管机制，实现部门业务监管、财政拨付监管、银行协同监管以及新闻舆论监管的多元统一，特别是农保资金的使用运行情况必须经过独立的国际会计师、审计师事务所审计。鉴于通货膨胀问题，必须搞活农保资金的经营，将"死基金"变成"活资金"，避免资金的贬值和"在账流失"。可以考虑将农保资金交由专业的、资信好的商业性基金公司委托经营，在经营中保值，在投资中增值。但是绝对不允许农保资金进行风险性投资，不能进入股市、房市、汇市。

各级政府还要充分认识到"新农保"政策的长期性、广泛性、系统性、复杂性；强化宣传政策细节，做好解释和服务工作；及时发现问题、总结经验，修正方案，有计划有步骤地将"新农保"政策推向全国。

# 报告正文

2009 年 9 月，中央决定从 2010 年开始在全国选择 10% 的县（市）开展新型农村养老保险（简称新农保）的试点工作。"新农保"是继税费改革、粮食直接补贴、新农合等政策之后推出的又一项重大利农、惠农、稳农的政策。各试点县、市按照中央的统一安排和政策要求，结合本地区的经济社会特点制定出了相应的实施细则，并陆续开展了宣传发动、摸底建档、缴费参保、发放养老金、核对检查等项工作。截至 3 月 1 日，各地的"新农保"实施工作进展如何，实际效果怎样，农民有什么样的反响，存在一些什么问题？面对这一系列的疑问，华中师范大学中国农村问题研究中心"百村观察"项目组受全国社科规划办委托，依托"百村十年观察"平台，于 2010 年春节前后组织近百名师生，对全国 20 个省 68 个试点县市的 68 个村的 1942 个农户进行了"新农保"政策的试点情况的问卷调查和深度访谈。

农民对"新农保"政策的总体评价是：成绩很大，问题较突出；动作很大，宣传不充分；评价很高，参保率不太高，要求很高，发放率不太高。我们认为，试点县市对"新农保"政策的落实整体来说还算不错，但在运行机制、制度设计、政策实施及沟通协调等方面还有待改进和完善。此外，农民也有不少担心和顾虑。

## 一 农民的养老态度与政策需求

### （一）农民对养老方式的态度和现实选择

1. 农民对养老方式的认知差异大，社会养老方式最受认可

在传统观念中，"养儿防老"是农民最认可的方式。但随着社会经济的发展，传统的养老观念逐渐改变，社会养老越来越受农民重视。在 1871 份有效样本中，选择"依靠社会"养老的农户有 36.3%；"依靠自己"养老

的为 31.1%；"依靠子女"养老的为 26.5%（见表 1）。三种养老方式合计为 94%。也就是说，子女养老、自己养老和社会养老是当前农村最主要的养老方式，其中尤以社会养老的认可程度最高，最为农民所期待。也必须看到，自己养老的农民也超过了三成，表明农村养老问题比较严重，养儿防老的人数急剧下降，说明了子女养老不太可靠，农村孝悌文化正在发生改变。

表 1　　　　　　　　农民认可的养老方式情况统计

| 养老方式 | 样本户数（户） | 占有效样本的比重（%） |
| --- | --- | --- |
| 依靠子女 | 496 | 26.5 |
| 依靠自己 | 582 | 31.1 |
| 依靠社会养老保险 | 680 | 36.3 |
| 其他 | 113 | 6.1 |
| 合计 | 1871 | 100.0 |

2. 年龄对养老选择影响大，年长者比较认可子女养老和社会养老

不同的年龄组对养老方式的认知有较大的差异。20—30 岁的农民更多地倾向于"依靠社会"养老，更少趋向于"依靠子女养老"（见表 2 和图 1）；30—50 岁的农民更多地倾向于"依靠自己"，更少趋向于"依靠子女"养老；50 岁以上的农民更多地倾向于"依靠社会"养老，更少趋向于"依靠自己养老"。可以发现一个特点：越年轻，越不趋向于"依靠子女"养老；年龄越大，越倾向于"社会养老"；仅有 60 岁以上的老年人较多的选择依靠"子女养老"。[1] 这说明，随着时间的推移，农民对社会养老的需求会越来越大，政府的压力会越来越大；"依靠子女养老"已经不为人们所看重。

从不同的选择方式来看，选择"依靠子女"养老的农民呈现一个特征：年龄越大，其比重就越高，20—30 岁为 14.9%，60 岁以上为 32.6%。选择"依靠社会"的农民也有自己的特点：其人数呈现一个"√"形（见图 1），20—30 岁的年轻人比较多，其比重为 45.5%；然后下降到谷底，30—40 岁的为 28.7%；再逐步上升，60 岁以上的占比为 40.9%。选择"依靠自己"养老的农民也呈现一个特点：其人数呈"倒

---

[1]　老人或者老年人指 60 岁以上能够获得基础养老金的农民，下同。

U"形分布，20—30 岁的青年人选择依靠自己养老的比较多，占比
37.6%；30—40 岁的中年人最多，占比 41.7%；60 岁以上的老人相对较
少，仅为 20.6%。显然，劳动能力越强的人，更加倾向于选择"依靠自
己"养老；劳动能力越弱的人，则更希望依靠外部力量解决养老问题。
总体的趋势是："依靠子女"养老让位于依靠"自己养老"，"依靠自己"
养老让位于依靠"社会养老"。因此，当前实施"新农保"的试点工作正
当其时，因为农民对此的需要最大、期待最高。

表 2　　　　　　　不同年龄层农户对养老方式的认可情况统计　　　　（单位：%）

| 养老方式 | 依靠子女 | 依靠自己 | 依靠社会养老保险 | 其他 | 合计 |
|---|---|---|---|---|---|
| 20—30 岁 | 14.9 | 37.6 | 45.5 | 2.0 | 100.0 |
| 30—40 岁 | 23.6 | 41.7 | 28.7 | 6.0 | 100.0 |
| 40—50 岁 | 24.0 | 34.1 | 35.9 | 6.0 | 100.0 |
| 50—60 岁 | 28.7 | 28.2 | 36.0 | 7.1 | 100.0 |
| 60 岁以上 | 32.6 | 20.6 | 40.9 | 5.9 | 100.0 |
| 总体 | 26.5 | 31.1 | 36..3 | 6.1 | 100.0 |

注：未将 20 岁以下年龄组纳入统计。

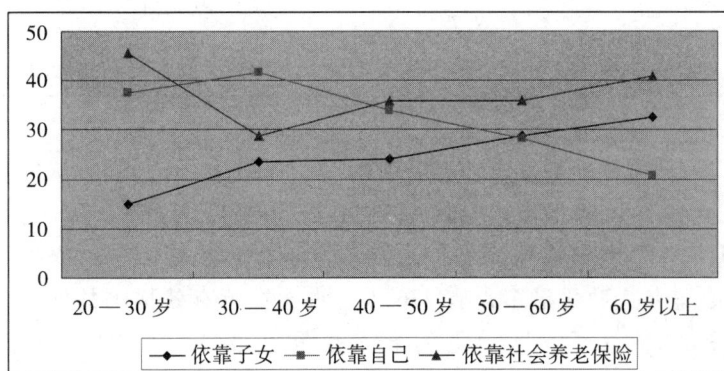

图 1　不同年龄段对养老方式的认可情况（单位：%）

3. 不同地区的农民养老选择差异大，西部农民更认可社会养老方式

从区域来看，自东向西，认为"依靠子女"是最好养老方式的农户

比重依次递减，分别为 38.5%、25.5% 和 14.5%。也就是说，有接近四成的东部农民认可"子女养老"方式，而这一比例在西部只有 15%，两者相差 24 个百分点。对"依靠社会"养老问题的认知，区域差异也非常突出，从东到西，农民对社会养老的认可程度逐级增加，分别为 27.7%、37.2% 和 44.1%，东西部相差 16 个百分点（见表 3）。"依靠自己"养老的农民也随着年龄而逐步增加，但增加的幅度没有"依靠社会"养老的大，表明农民更加趋向于"社会养老"和"自己养老"，两者之间农民又更趋向于"社会养老"（见图 2）。这可以从经济的角度进行解释：东部地区的农户家庭经济承受能力较强，养老问题相对简单，依靠子女的倾向更为明显，或者说子女赡养能力较强的地区，也愿意继承孝悌文化而赡养父母。而西部经济条件相对落后，养老对家庭经济压力大，农民也更寄希望于"社会养老"，更多的借助外部力量养老。

表3　　　　　　不同区域农民对养老方式的认可情况　　　　（单位:%）

| 养老方式 | 东部 | 中部 | 西部 |
|---|---|---|---|
| 依靠子女 | 38.5 | 25.5 | 14.5 |
| 依靠自己 | 26.1 | 32.2 | 35.2 |
| 依靠社会养老保险 | 27.7 | 37.2 | 44.1 |
| 其他 | 7.7 | 5.1 | 6.2 |
| 合计 | 100 | 100 | 100.0 |

**（二）政策实施前农民的养老选择**

1. 农民长期以"子女养老"和"自己养老"为主

"新农保"政策实施以前，在 705 户 60 岁以上老人中，依靠"自己养老"的老年人数量最多，有 276 人，占比接近有效样本的四成，达到 39.1%；"依靠子女"养老的老人数量也很多，有 269 人，占比为 38.2%。也就是说，目前有高达 77.3% 的老年人选择在家庭内部解决养老问题。相比之下，选择"社会养老"方式的老人数量极少，只有 80 人，仅为 11.3%（见表 4）。总体上看，在"新农保"政策实施以前，"子女养老"和"自己养老"是农村最为普遍的养老方式，"社会养老"方式比重很低。

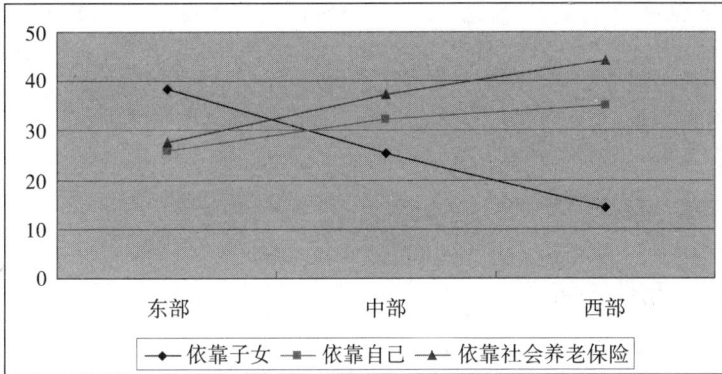

图 2　不同区域农户对养老方式的认可情况（单位：%）

表 4　　　　　　　　　60 岁以上老人主要养老方式统计

| 养老方式 | 样本户数 | 占有效样本的比重（%） |
|---|---|---|
| 依靠子女 | 269 | 38.2 |
| 依靠自己 | 276 | 39.1 |
| 依靠社会养老保险 | 80 | 11.3 |
| 其他 | 80 | 11.4 |
| 合计 | 705 | 100.0 |

2. 东部地区以"子女养老"为主，西部地区以"自己养老"居多

不同区域的农民养老方式的选择有一定的差异。自东向西，选择"依靠子女"养老的比重依次下降，分别为52.6%、36.8%和27.1%，东西部相差了近26个百分点；在"依靠自己"养老方面，自东向西，其比重则次第上升，分别为29.5%、35.3%和55.8%，东西差异也为26个百分点。值得注意的是，对于"依靠社会"养老，在中部地区以60岁以上的老人居多，占比为15.1%；其次是东部地区，占比为9.2%；西部比重最低，仅为6.1%（见表5）。总体来看，东部地区以"子女养老"为主，西部地区以"自己养老"居多，中部地区"社会养老"比重相对更高。农民对"子女养老"和"自己养老"的选择，主要受经济因素的影响，即经济条件较好的地区，更倾向选择"子女养老"，经济条件较差的地区，则只能通过自己解决养老问题。这也说明经济是文化的基础，虽然中

西部地区也遵循孝悌文化，但现实经济条件决定了赡养父母的困难性，因此文化需要经济来支撑。同样也说明，对于"新农保"政策，国家需要更多地支持中西部地区；在发挥孝悌文化传统的同时，鼓励东部地区老年人逐步过渡到社会养老方式上来。

表5　　　　　　不同区域 60 岁以上老人主要养老方式统计　　　　　（单位:%）

| 养老方式 | 东部 | 中部 | 西部 |
|---|---|---|---|
| 依靠子女 | 52.6 | 36.8 | 27.1 |
| 依靠自己 | 29.5 | 35.3 | 55.8 |
| 依靠社会养老保险 | 9.2 | 15.1 | 6.1 |
| 其他 | 8.7 | 12.8 | 11 |
| 合计 | 100.0 | 100.0 | 100.0 |

### （三）现有农村养老方式的问题与缺陷

1. 子女养老的作用不容忽视，但无法完全解决农民养老问题

对于"您认为依靠子女是否能够解决养老难问题"，在 1861 名受访者中，只有 13% 的受访者认为，"依靠子女"能够完全解决养老问题。换而言之，另有 87% 的农民认为"依靠子女"不能完全解决养老问题。当然依靠子女养老还有着不可替代的作用，66.8% 的受访者认为，依靠子女能够部分解决养老问题。（见图 3）总体而言，尽管传统的"子女养老"方式仍然受到农民的重视，但其解决农民养老问题的功能已经大大弱化，很多农民已经认识到依靠子女养老已很不现实，说明了中国的孝悌文化正在衰微；也说明了当前极需要替代"子女养老"的新养老方式发挥作用，否则农村老年人的养老将会成为一个严重的社会问题和伦理问题。

从年龄分组来看，对于子女"能够完全解决"养老的问题，认为"完全能"的人群中 20—30 年龄组的比重最低，只有 6.7%（表 6），比重最高的是 60 岁以上的老年人，达到了 17.7%。这也印证了前面的观点：越年轻越不倾向于"子女养老"，60 岁以上的老年人倾向于"子女养老"。因为 60 岁以上的老年农民面临着现实的、即期的养老问题，离开了子女无以为生。这从另一个侧面说明了当今农民养老问题比较突出。

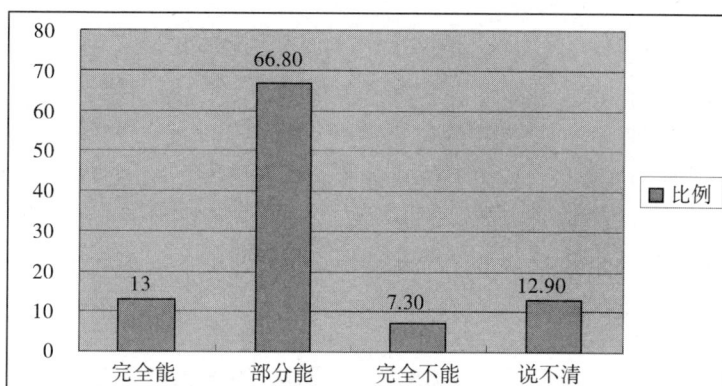

**图3　对子女养老方式能否解决养老问题的态度**（单位:%）

　　对于子女"完全不能解决"养老的问题，60岁以上群体选择最多，其比重为10.7%；比重最低的是40—50岁的中年人群，为4.4%；20—30岁农民的比重为9.0%。总体来看，60岁以上老年人对子女养老方式的态度呈现两极：既需要依靠子女养老，又不相信子女养老，表现为现实与理想的矛盾。

　　对于子女"能够部分解决"养老问题，选择此选项的受访者在各个年龄组都绝对最高，20—30岁、30—40岁、40—50岁、50—60岁以及60岁以上，其比重分别为67.4%、67.1%、70.1%、65.5%、64%。表明大部分农民对子女养老已经不抱太大的指望。不依靠子女养老后只有两条道路：一是依靠自己；二是依靠国家（指社会养老），调查数据也证实了我们的判断，依靠自己养老的人数在增加，期望社会养老的人数也在增加，而且后者增加得更快。

**表6**　　　　　　**不同年龄层农户对子女养老方式作用的态度**　　　（单位：%）

| 年龄层 | 完全能 | 部分能 | 完全不能 | 说不清 |
|---|---|---|---|---|
| 20—30岁 | 6.7 | 67.4 | 9.0 | 16.9 |
| 30—40岁 | 12.8 | 67.1 | 6.1 | 14 |
| 40—50岁 | 10.3 | 70.1 | 4.4 | 15.2 |
| 50—60岁 | 13.4 | 65.5 | 7.9 | 13.2 |
| 60岁以上 | 17.7 | 64.0 | 10.7 | 7.6 |

2. 农民认为：社会养老能在一定程度上替代子女养老

对于"社会养老保险能否替代子女养老方式"的问题，大部分受访者持有保留的肯定态度。在 1861 个有效样本中，认为"部分能"的受访者最多，占比 62.8%；认为"完全能"的数量最少，为 5.9%（见图 4）。这意味着，有接近七成的受访者认为社会养老能够在一定程度上代替子女养老。可见，社会养老方式正在逐步为农民所接受，日渐为农民所重视，也为农民所期待。

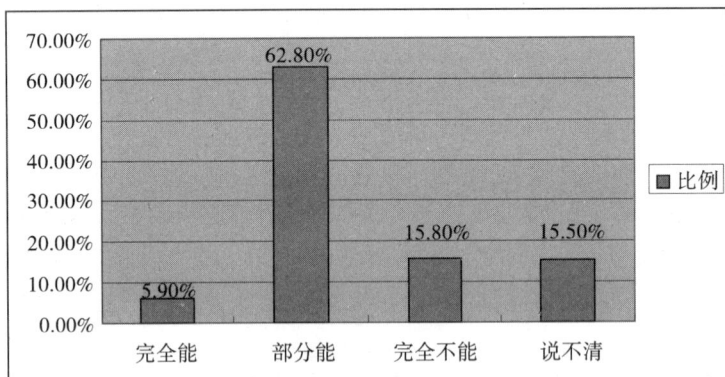

**图 4　社会养老保险能否替代子女养老的回答**

3. 农村养老难的问题突出，国家扶持不足是主要原因

目前农村养老难问题较为突出。对"您家里是否存在养老难问题"，80.9% 的受访者给出了肯定的答案；认为养老不难的仅为 19.1%（表 7）。这表明有超过八成的家庭存在养老问题，必须引起国家有关部门的高度重视。俗话说，"家家有本难念的经"，由于在家庭结构、经济承受能力等方面的差异，养老难问题的成因也不尽相同。

当问及"您认为您家养老主要存在什么困难"时，在 1953 份有效样本中，"家里太穷"、"医疗费用太高"、"儿女不在身边"的比重分别为 26.6%、25.0%、21%。从国家因素来看，认为由于"国家扶持不够"的农户数量最多，达到了 28.1%；选择"儿女不孝顺"、"老人丧葬费用太高"的农户比较少，占比分别为 2.4% 和 7.4%。

综合来看，当前农村养老难的问题主要受到三个方面因素：一是经济因素，包括"家里太穷"和"医疗费用高"都是由于经济承受能力不足所引起的；二是家庭因素，主要包括"儿女不在身边"和"儿女不孝顺"等因素；三是政策因素，即当前国家的政策扶持不到位引发的。总体上看，受访者对国家未能推出合理的养老扶持政策颇有诟病，这也表明了当前农民对国家介入农村养老政策的需求较强。子女不孝的比重较低，表明现在依靠子女养老的农户数量减少并非子女不孝，而是子女经济能力不强。这又引发了一个问题，为什么国家经济发展了，农民日子普遍好了，反而养老还成了问题呢？此问题值得有关学者和中央有关部门的重视。

表7　　　　　　　　　　　对农村养老难问题的成因情况统计

| 您家养老难的主要原因 | 样本户数（个） | 比重（%） |
| --- | --- | --- |
| 家里太穷 | 517 | 26.6 |
| 老年人医疗费用高 | 485 | 25.0 |
| 儿女不在身边 | 408 | 21.0 |
| 国家扶持不够 | 545 | 28.1 |
| 儿女不孝顺 | 47 | 2.4 |
| 老人丧葬费用太高 | 143 | 7.4 |

注：由于此题采取的是多选，因此样本户数综合超过了1942户，比例总和也超过100%。

4. 养老问题给农民家庭带来沉重负担，西部地区尤为突出

农村家庭养老难问题越来越突出，不少受访者认为，养老造成了家庭沉重的经济负担。在1808份有效样本中，表示养老负担"很重"的受访者占有效样本的11%；负担"较重"的为28.5%；负担"一般"的最多，高达39.6%；负担"较轻"或者"很轻"的受访者较少，分别为10.6%和6.3%（表8）。综合来看，认为家庭养老负担"较重"或者"很重"的农户比重接近四成，表明当前农村家庭养老确实存在巨大的压力，需要国家出台相应的扶持政策。而当前农民依靠传统方式养老的态度转变以及对社会养老方式认可程度的提高，都对国家介入养老提出了更多的要求，这也为"新农保"政策的实施奠定了坚实的社会基础。

表 8　　　　　　　农村养老的家庭负担情况统计　　　　　　（单位:%）

| 负担情况 | 东部 | 西部 | 中部 | 总体 |
|---|---|---|---|---|
| 很重 | 7.0 | 17.7 | 10.2 | 11.0 |
| 较重 | 30.4 | 25.1 | 29.1 | 28.5 |
| 一般 | 43.1 | 40.0 | 37.7 | 39.6 |
| 较轻 | 11.9 | 7.8 | 11.0 | 10.6 |
| 很轻 | 4.5 | 2.8 | 8.7 | 6.3 |
| 说不清 | 3.2 | 6.6 | 3.3 | 4.0 |
| 合计 | 100.0 | 100.0 | 100.0 | 100.0 |

　　　　注：由于此题采取的是多选，因此样本户数综合超过了 1942 户，比例总和也超过 100%。

　　从地域来看，东、中、西部地区的受访者都认为，养老负担"较重"和"一般"的比较多，其比重东部分别为 30.4% 和 43.1%；中部为29.1% 和 37.7%；西部为 25.1% 和 40%，合计分别为 73.5%、66.8% 和65.1%（见表 9），从东至西依次递减。

　　西部地区的受访者大多认为，家庭养老的负担较重。表示负担"很重"的农户自东向西依次递增，其比重比分别为 7.0%、10.2% 和17.7%，东西相差了 10 个百分点。表示负担"很轻"的农户，西部比重最低，仅为 2.8%，东部和中部均要高出不少，分别为 4.5% 和 8.7%。总体上看，西部地区由于经济条件落后，养老问题对家庭的经济压力相对更大，经济负担也更加沉重。

表 9　　　　　不同区域农村养老的家庭负担情况统计　　　　　（单位:%）

| 负担情况 | 东部 | 中部 | 西部 |
|---|---|---|---|
| 很重 | 7.0 | 10.2 | 17.7 |
| 较重 | 30.4 | 29.1 | 25.1 |
| 一般 | 43.1 | 37.7 | 40.0 |
| 较轻 | 11.9 | 11.0 | 7.8 |
| 很轻 | 4.5 | 8.7 | 2.8 |
| 说不清 | 3.1 | 3.3 | 6.6 |
| 合计 | 100.0 | 100.0 | 100.0 |

## 二　农民的知晓、反响与评价

### （一）农民对政策的知晓情况

1. 农民对政策的知晓度较高，中部地区尤为显著

农民对国家大政方针特别是关乎切身利益的涉农政策关注较多。在1942份有效问卷中，听说过"新农保"政策的受访者为93%；没有听说过的为7%（见表10）。可见，农民对"新农保"政策的知晓率很高。

表 10　　　　　　　　　农户对"新农保"政策的知晓情况

| 政策知晓情况 | 样本户数（个） | 占总样本比重（%） |
|---|---|---|
| 听说过政策 | 1807 | 93.0 |
| 没有听说过 | 135 | 7.0 |
| 合计 | 1942 | 100 |

从不同区域来看，中部地区的农民政策知晓率最高，其次是西部和东部地区。东、中、西部地区没有听说过"新农保"政策的比重分别为14.8%、2.1%和8.1%（见表11；图5）。显然，各个地区农民对"新农保"的知晓率都比较高，其中，中部地区最高，其次，是西部地区，东部地区最低。可见，中部地区的农民获取信息的渠道较广泛，也更加关注国家大政方针；西部地区的农民信息来源相对闭塞，较少关注国家大事；东部地区的农民相对富裕，对国家惠农政策敏感度不太强。

表 11　　　　东、中、西地区"新农保"政策知晓情况比较　　　（单位:%）

|  | 东部 | 中部 | 西部 | 总体 |
|---|---|---|---|---|
| 听说过 | 85.2 | 97.9 | 91.9 | 93.0 |
| 未听说 | 14.8 | 2.1 | 8.1 | 7.0 |
| 合计 | 100.0 | 100.0 | 100.0 | 100.0 |

2. 村干部是农民获知政策信息的主渠道

从获取政策信息的渠道来看，在"听说过政策"的1717份有效样本

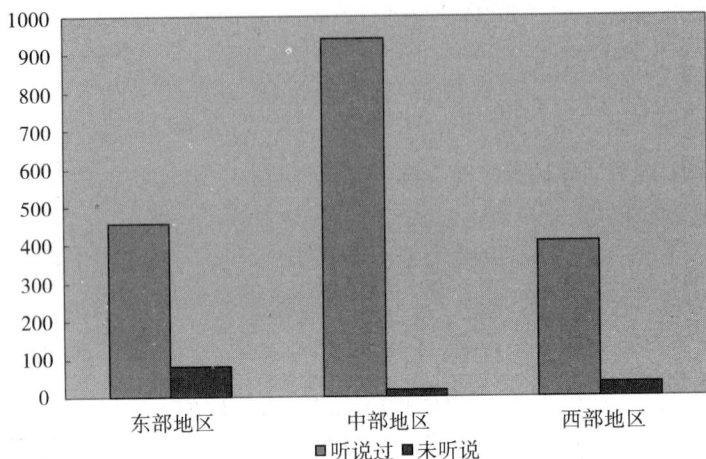

**图5　东、中、西地区新农保政策知晓情况**

中，通过村干部了解政策动态的农户最多，占有效样本的 50.7%；其次是电视媒体为 17.0%；再次是政府宣传为 16.4%；10.5% 从其他村民转述而知，3.8% 和 1.6% 的农民从广播节目和其他渠道知晓（见表12；图6）。也就是说，67.1% 的农户通过乡村两级基层组织获取"新农保"的政策信息。乡村干部在宣传"新农保"政策方面做了大量的工作，例如：发放传单、入户动员、举办养老金发放首发式等，这些都有力地促进了农民对政策信息的了解。综合前面的分析来看，村干部是农民获知政策信息

**表 12　　　　　　　　农户对"新农保"政策的知晓途径**

| 政策知晓情况 | 样本户数（个） | 占有效样本的比重（%） |
| --- | --- | --- |
| 村干部 | 870 | 50.7 |
| 电视 | 292 | 17.0 |
| 政府 | 281 | 16.4 |
| 其他村民 | 181 | 10.5 |
| 广播 | 66 | 3.8 |
| 其他 | 27 | 1.6 |
| 合计 | 1717 | 100 |

的主渠道，电视媒介的信息传递作用相对较小。可见，"新农保"与建材下乡、家电下乡、汽车下乡、农机下乡有所不同，后者不需要通过乡村两级组织宣传和落实，而"新农保"和"新农合"需要乡村组织配合支持和实施。因此，乡村组织的宣传作用非常有效，电视只是较为重要的宣传方式。

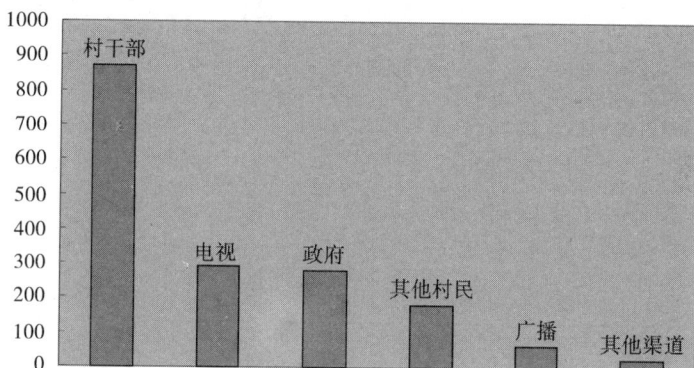

图6　农民获知新农保政策信息的途径（单位：个）

3. 农民工和受教育程度高的农民的政策知晓率低

不同职业的农民对政策的知晓率也有较大的差异。在外务工的农民对"新农保"政策的知晓率最低，为92.7%；务农的为94.6%；经商农户知晓率最高，为100%；从事其他非农职业的农户的知晓率为94.4%，与总体平均水平持平（见表13）。总体上看，在外务工的农民对"新农保"政策的知晓度不及在家务农及从事非农产业的户主，这与他们的年龄及

表13　　　　　从事不同职业的农户对"新农保"政策的知晓情况

| 从事职业 | 知晓户数 | 调查户数 | 政策知晓率（%） |
|---|---|---|---|
| 务工 | 354 | 382 | 92.7 |
| 务农 | 1165 | 1231 | 94.6 |
| 经商 | 73 | 73 | 100 |
| 其他 | 134 | 142 | 94.4 |
| 合计 | 1726 | 1828 | 94.4 |

注：其他职业主要指教师、乡村医生、司机、无业等。

"新农保"政策侧重本地宣传有很大关系，当然与"新农保"政策试点时间不长有关系。

农民受教育程度与政策知晓度并不存在正相关关系。相反，受教育程度在大学及以上的农民对"新农保"政策的知晓率反而最低。在 1808 份有效样本中，大学及以上文化程度的农民知晓率最低，为 79.1%，低于 94.8% 的总体平均水平；初中文化程度的农民知晓率最高，为 96.0%；具有小学、高中教育程度农民的知晓率分别为 93.9%、95.7%（见表 14）。大学以上学历的主要是在校学生，或者已毕业在外打工的农民，他们不想回农村，也不想享受"新农保"政策，知晓率不高在情理之中。这说明了教育程度与政策知晓率并没有严格的相关关系，政策关注度与农民对自身的预期相关。

表 14　　　不同教育程度的农户对"新农保"政策的知晓情况

| 文化程度 | 知晓户数 | 调查户数 | 政策知晓率（%） |
| --- | --- | --- | --- |
| 小学 | 551 | 587 | 93.9 |
| 初中 | 479 | 499 | 96.0 |
| 高中 | 650 | 679 | 95.7 |
| 大学及以上 | 34 | 43 | 79.1 |
| 合计 | 1714 | 1808 | 94.8 |

### （二）地方政府的宣传情况

1. 乡村干部为宣传主体，开会宣传、入户宣传是主要宣传方式

在 1792 份有效样本中，85.2% 的受访者反映，乡村干部向他们传达过"新农保"政策。只有 5.9% 的受访者反映乡村干部未向其传达过"新农保"政策（见图 7）。可见，对于"新农保"政策，各地基层政府进行了广泛的宣传，这也是农民对政策知晓程度高的重要原因。

2. 宣传力度较大，但方式较为传统和单一

在宣传方式上，各地基本上以开会宣传、入户宣传、发放传单等传统方式为主，其他宣传方式很少。在 1648 份有效样本中，通过开会宣传了解政策的农民最多，占有效样本的 39.6%；通过入户宣传了解的为 28.9%；通过发放传单了解的为 15.8%。相比而言，通过现场咨询、文化娱乐活动

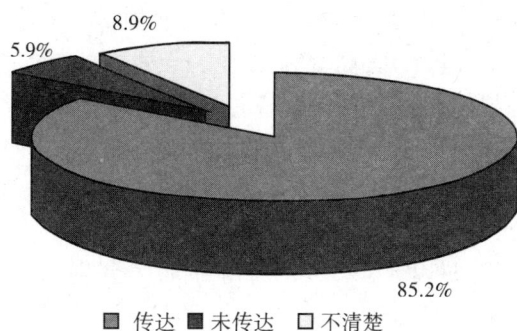

图 7　基层政府传达政策情况

了解政策的农民非常少，仅占到有效样本的 1.8% 和 0.1%（见表 15）。可见，各地对"新农保"政策宣传力度较大，但宣传方式较单一。

表 15　　　　　　　　　基层政府传达政策的途径

| 基层政府传达方式 | 样本户数（个） | 占有效样本的比重（%） |
|---|---|---|
| 开会宣传 | 652 | 39.6 |
| 入户宣传 | 476 | 28.9 |
| 发放传单 | 260 | 15.8 |
| 私下闲聊 | 116 | 7.0 |
| 现场咨询 | 29 | 1.8 |
| 文化娱乐活动 | 2 | 0.1 |
| 其他 | 113 | 6.9 |
| 合计 | 1648 | 100.0 |

### （三）农民对政策细节的熟悉程度

1. 仅有四成农民了解基本参保缴费程序，西部地区相对较好

许多农民反映，乡村干部进行"新农保"政策宣传多流于形式，对政策细则宣传不太到位。乡村干部在宣传"新农保"政策时粗枝大叶、不求甚解，导致农民对很多政策细节不太清楚。当问及"您是否知道'新农保'参保缴费的基本程序时"，在 1793 份有效调查样本中，只有

666 户表示"知道"，占比为 37.1%；表示"知道一部分"的为 626 户，占比为 34.9%；"完全不知道"的有 391 户，占有效样本的 21.8%。总体上来看，尽管有超过九成的农民听说过"新农保"政策，但其中只有四成了解参保缴费程序，这突出反映了宣传不够细致，不够具体。

从不同地区来看，东部地区表示"知道"、"知道一部分"、"完全不知道"的农户分别占东部有效样本的 32.5%、41.5%、21.3%。中部地区分别为 35.3%、34.0%、23.7%。西部地区分别为 46.7%、29.6%、17.8%（见表 16）。自东向西，"知道"和"部分知道"，"新农保"参保缴费程序的农户合计分别为 74%、69.3% 和 76.3%。总体来看，自东向西，"知道""新农保"参保缴费程序的农户比重呈逐级递增的趋势，"知道"和"部分知道"的农户则是西部地区最高、东部地区位居其次。可能的原因是，西部的政策宣传较好，或者农民的养老更为困难，对"新农保"政策的需求更为迫切、更加敏感。

表 16　　　　　不同地区农民对参保缴费基本程序知晓情况比较　　　（单位:%）

| | 东部 | 中部 | 西部 |
| --- | --- | --- | --- |
| 知道 | 32.5 | 35.3 | 46.7 |
| 知道一部分 | 41.5 | 34.0 | 29.6 |
| 不知道 | 21.3 | 23.7 | 17.8 |
| 说不清 | 4.7 | 7.0 | 5.9 |
| 总计 | 100 | 100 | 100.0 |

2. 只有不到五成的农民知道参保缴费档次

当问及"您是否知道参保缴费的档次"时，在 1794 份有效样本中，知道"新农保"参保缴费档次为 45.7%；"知道一部分"为 23.4%；"不知道"为 25.1%；另有 5.8% 的农户认为"说不清"。总体来看，受访农户对缴费档次的了解程度高于基本参保程序，但其比重仍然不足一半。

从不同地区来看，对参保缴费档次，东部地区表示"知道"、"知道一部分"、"不知道"和"说不清"的农户分别为 43.6%、24.6%、25.4%、6.4%；中部地区分别为 46.2%、22.9%、26.1%、4.8%；西部地区分别为 46.6%、23.4%、22.7%、7.3%（见表 17）。总体来看，自东向西，农户对缴费档次的知晓程度也呈依次递增的态趋势，但其差异并不明显，东西部之间仅相差三个百分点。

表17  不同地区农民对参保缴费档次知晓情况比较  （单位:%）

| | 东部 | 中部 | 西部 |
|---|---|---|---|
| 知道 | 43.6 | 46.2 | 46.6 |
| 知道一部分 | 24.6 | 22.9 | 23.4 |
| 不知道 | 25.4 | 26.1 | 22.7 |
| 说不清 | 6.4 | 4.8 | 7.3 |
| 总计 | 100.0 | 100.0 | 100.0 |

3. 超过八成农民知道基础养老金，中年人知晓率最低

在1528份有效问卷中，82.3%受访者表示"知道"每个月都会发基础养老金；17.7%的受访者表示"不知道"。可见，农民对基础养老金的知晓率相对较高。从区域对比看，东部地区基础养老金知晓率为80.3%，不知道的占19.7%；中部地区比重略高于东部，知晓率为85.5%，不知道的占14.5%；西部地区知晓率偏低，为78%（见表18）。由此可见，基础养老金知晓率最高为中部地区，区域间差异并不大。

表18  不同区域对基础养老金的知晓情况  （单位:%）

| 区域 | 东部 | 中部 | 西部 | 全国 |
|---|---|---|---|---|
| 知道 | 80.3 | 85.5 | 78 | 82.3 |
| 不知道 | 19.7 | 14.5 | 22 | 17.7 |

从1546份有效样本中可以看出，年龄与政策知晓度有一定的相关关系。20—30岁、30—40岁、40—50岁、50—60岁以及60岁以上的受访者表示"知道"基础养老金的农户占同年龄组农户的比重分别为85.5%、77.6%、81.3%、82.2%、86.6%（见表19）。总体上看，试点地区农民对基础养老金知晓程度都比较高，不同年龄组的农户对基础养老金的熟悉程度稍有差别，呈现为"中间低，两端高"的"U"字形，即年轻人和老年人知晓率高，中年人知晓率较低。总体来看，不同年龄层的农户对基础养老金的知晓程度都接近或者超过了八成。

| 表 19 | | 不同年龄段对基础养老金的知晓情况 | | | （单位：%） |
| --- | --- | --- | --- | --- | --- |
| 年龄 | 20—30 岁 | 30—40 岁 | 40—50 岁 | 50—60 岁 | 60 岁以上 |
| 知道 | 85.5 | 77.6 | 81.3 | 82.2 | 86.6 |
| 不知道 | 14.5 | 22.4 | 18.7 | 17.8 | 13.4 |

### （四）农民对"新农保"政策的评价

1. 超过九成农民高度评价"新农保"政策

农民普遍将"新农保"政策与粮食补贴、农合医疗和家电农机汽摩"三下乡"等政策视为国家惠农政策的一部分。在评价"新农保"政策时，农民从惠农的角度考虑其效果和作用。当问及"您认为'新农保'政策能否给农民带来实惠"时，选择"能"的农户最多，达到了 89%；选择"不能"的农户很少，为 1.7%；而选择"说不清"的只有 9.4%（见图 8）。由此可见，大部分农民认为能够从"新农保"政策中得到好处，所以对"新农保"政策的评价很高。

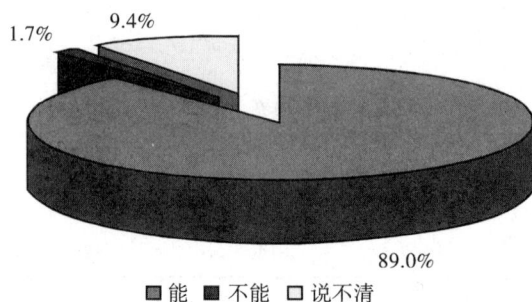

1.7%　9.4%　89.0%

■ 能　■ 不能　□ 说不清

图 8　农民对"新农保"政策的评价

从受教育水平来看，初中文化程度的农户对"新农保"政策的评价最高，为 89.9%；其次是小学文化和高中文化的农户，同为 88.3%；大学及以上文化程度的农户对政策的评价相对较低，为 87.5%（见表 20），这类受访者多为在校学生，排除在参保范围之外，享受不到"新农保"政策，因而对政策的认可度不高。总体来看，农民的教育水平对政策认可的影响不大。

表 20　　　　　　　　　**不同教育水平对"新农保"政策的评价**　　　　（单位:%）

|  | 小学 | 初中 | 高中 | 大学及以上 |
|---|---|---|---|---|
| 能 | 88.3 | 89.9 | 88.3 | 87.5 |
| 不能 | 1.4 | 2.1 | 1.8 | 0 |
| 说不清 | 10.3 | 8.0 | 9.9 | 12.5 |
| 总计 | 100 | 100 | 100 | 100 |

2. 西部地区农民对"新农保"评价最高，东部地区反响相对较小

对"新农保"政策持乐观态度和悲观态度的农户占本地区有效样本的比重，东部地区分别为 85.1% 和 4.4%；中部地区为 89.9% 和 0.9%；西部地区为 91.2% 和 0.5%（见表 21）。通过对东、中、西部地区的比较可知，西部地区最认可"新农保"政策，东部地区对政策反响相对较小。这与西部地区经济较不发达，农民养老比较困难有关。对东部地区来说，"新农保"政策是"锦上添花"，西部地区是"雪中送炭"，"新农保"在西部的边际效用要大于东部地区。

表 21　　　　　　**不同地区农民对"新农保"政策的评价**　　　　（单位:%）

|  | 东部 | 中部 | 西部 |
|---|---|---|---|
| 能 | 85.1 | 89.9 | 91.2 |
| 不能 | 4.4 | 0.9 | 0.5 |
| 说不清 | 10.5 | 9.2 | 8.3 |
| 总计 | 100.0 | 100 | 100.0 |

3. 不同经营方式和就业方式的农户对政策评价的差异不大

耕地禀赋和经营方式对农户的"新农保"政策的评价普遍比较高。承包地抛荒家庭对"新农保"政策的评价最高，认为"新农保"政策"能够"养老的农户达到 97.3%；其次是转租家庭为 94.9%；再次是自耕家庭为 90.1%；出租家庭最低仅为 86.1%（见表 22）。可见，无力、无暇耕种的农户对"新农保"政策的评价高，对"无地养老"的农户而言，"新农保"政策无疑是"雪中送炭"。

表 22 不同耕地禀赋农户对 "新农保" 政策的评价 （单位：%）

| | 自耕 | 出租 | 转租 | 抛荒 |
|---|---|---|---|---|
| 能 | 90.1 | 86.1 | 94.9 | 97.3 |
| 不能 | 1.3 | 2.0 | 0 | 2.7 |
| 说不清 | 8.6 | 11.9 | 5.1 | 0 |
| 总计 | 100.0 | 100.0 | 100.0 | 100.0 |

调查分析也显示，家庭是否有外出打工人员对政策的评价仅有微小的差异。非打工家庭认为，"新农保"政策能带来实惠的比重为90.2%，打工家庭为84.1%（见表23）。总体上来说，没有劳动力打工的家庭对政策的评价相对较高。因为没有劳动力打工家庭多是劳动力不足、家庭相对比较贫困的家庭，对国家政策的依赖性比较大、敏感性比较强。

表 23 打工与否对 "新农保" 政策的评价

| 评价 | 打工家庭（%） | 非打工家庭（%） |
|---|---|---|
| 能 | 84.1 | 90.2 |
| 不能 | 2.7 | 1.4 |
| 说不清 | 13.2 | 8.4 |
| 合计 | 100 | 100 |

4. 60 岁以上的老人对政策评价最高，30—40 岁农民对政策评价稍低

从1786份有效样本可以看出，年龄与政策评价具有一定的相关性。20—30 岁、30—40 岁、40—50 岁、50—60 岁和 60 岁以上的受访者对政策的认可率分别为 87.6%、85.7%、86.9%、90.6% 和 93.6%（见表24）。总体而言，试点地区农民对新农保政策都比较认可，不同年龄层的农户对政策的评价稍有不同，呈现 "√" 形。20—30 岁的年轻人也比较多，其比重为 87.6%；30—40 岁的比重为 85.7%，降到谷底；再逐步回升，40—50 岁的比重为 86.9%；随后一直上升，经过 50—60 岁的90.6%，最终到达 60 岁以上的 93.6%。造成这一现象的原因可能是老年人已经领取基础养老金，享受到政策的好处，而中年人对 "新农保" "捆绑政策" 不甚理解导致评价稍低。但总体看来，不同年龄层的农户对"新农保" 政策的好评度均超过八成。

表 24　　　　　不同年龄段对"新农保"政策的评价　　　（单位：%）

|  | 20—30 岁 | 30—40 岁 | 40—50 岁 | 50—60 岁 | 60 岁以上 |
|---|---|---|---|---|---|
| 能 | 87.6 | 85.7 | 86.9 | 90.6 | 93.6 |
| 不能 | 2.2 | 2.7 | 1.3 | 1.5 | 1.5 |
| 说不清 | 10.2 | 11.6 | 11.8 | 7.9 | 4.9 |
| 合计 | 100.0 | 100.0 | 100.0 | 100.0 | 100.0 |

## 三　农民参加新农保的基本情况

在调查的 1942 个农村家庭中，共有 6348 位农民的基本信息，其中符合参保条件的，即年满 16 周岁（不含在校学生、现役军人）、未参加城镇职工基本养老保险的农村居民，共计 5211 人[①]。其中，60 周岁以上的老年人口 978 人，16—59 周岁人口 4233 人。为了更加精准地反映农民对新型农村养老保险的参与情况，对部分问题的考察，我们以 16—59 周岁符合参保条件的农村人口为研究对象；部分问题则以 1942 名受访者家庭为研究对象。

### （一）农民参保的整体概况

1. 全国平均参保率不足六成，东、中、西部地区有较大差异

在有效样本中且具有有效信息的 3893 人中，[②] 16—59 周岁符合参保条件的农民且已经参保的有 2242 人，参保率为 57.59%（见表 25）。从地区来看，从东至西，农民的参保率逐步递增。东部地区最低，仅有 55.35%；中部地区参保率与全国平均水平基本持平，为 57.7%；西部地区最高，为 60.74%。原因在于地区之间经济发展水平和养老保险市场发育的差距：一方面，东部地

---

① 剔除的样本中：15 岁及以下的有 680 人，在校学生有 260 人，城市户口有 197 人。

② 在 1942 个家庭中 16—59 周岁的人口本来有 4233 人，但是因为调查时有人没有填写参保的信息，也有人信息填错，只有 3893 人具有完整的参保信息，因此以此数据为基础进行分析。另外，在本部分中，由于穿插使用农户家庭及农民个人两种研究单位，为便于区分，凡是以农户家庭为单位的样本，均称为农户有效样本，凡是以农民个人为单位的研究，称为具有个人信息的农民。

区的农民能够进入比较成熟的商业性养老保险市场，进行多元化的选择，而中西部地区的农民则没有这么多的机会；另一方面，中西部地区的经济条件较差，农民对"新农保"的需求较东部大，对社会养老的依赖性强。

表 25　　　　　　　　　　东中西部地区与全国参保率比较

|  | 东部 | 中部 | 西部 | 全国 |
|---|---|---|---|---|
| 已参加新农保 | 662 | 1105 | 475 | 2242 |
| 未参加新农保 | 534 | 810 | 307 | 1651 |
| 区域有效样本总数 | 1196 | 1915 | 782 | 3893 |
| 参保率（%） | 55.35 | 57.7 | 60.74 | 57.59 |

2. 农民自愿参保程度高，受家庭养老压力影响小

在 1288 份有效样本中，当问及"您是否是自愿参加'新农保'政策"时，给出肯定答案的受访者有 1243 人，占参保总人数的 96%；回答"非自愿参与"和"说不清楚"的总共 43 人，仅占 4%。可见"新农保"的自主参与率还是相当高，农民对这项惠农政策颇为认可。从表 27 来看，家庭中没有老人的自愿参保率为 96.3%，家庭中有老人的自愿参保率为 96.8%，两者差异极小。对农户自愿参保程度与家庭老人数量作卡方分析，结果表明两者没有显著性差异。可见，农民是否自愿参保，受家庭内部老人数量的影响很小。

表 26　　　　　　　农户参保自愿程度与家庭老人数量的对比

| 老人数量 | 自愿参与 | 非自愿参与 | 不清楚 | 有效样本数 | 自愿参与比重（%） | 非自愿参与比重（%） |
|---|---|---|---|---|---|---|
| 0 | 448 | 9 | 8 | 465 | 96.3 | 1.9 |
| 1 | 225 | 4 | 6 | 235 | 95.7 | 1.7 |
| 2 | 427 | 6 | 6 | 439 | 97.5 | 1.4 |
| 2 人以上 | 15 | 0 | 0 | 15 | 100 | 0.0 |
| 不清楚 | 124 | 2 | 2 | 128 | 96.9 | 1.6 |

注："老人"指年满 60 周岁的老年人。

**表 27　　　　　　　家庭有无老人对农户参保自愿程度的影响**

|  | 自愿参与 | 非自愿参与 | 不清楚 | 自愿参与比重（%） | 非自愿参与比重（%） |
|---|---|---|---|---|---|
| 家庭没有老人 | 448 | 9 | 8 | 96.3 | 1.9 |
| 家庭有老人 | 667 | 10 | 12 | 96.8 | 1.5 |

注："老人"指年满60周岁的老年人。

在已经参保的农户中，没有捆绑缴费亲属而自愿参保的比重为98%，有捆绑缴费亲属而自愿参保的比重为95.1%（见表28）。对农户自愿参与程度与受访者捆绑缴费亲属数量作卡方分析，卡方值的概率值为14.4%（见表29），表明捆绑缴费对农户是否自愿参保几乎没有影响，也就是说，即使不采用捆绑的硬性规定，九成以上的农户也会自愿参保。因此，捆绑缴费参保政策对农民参保行为的影响很小。这一政策的初衷在于促使更多农民参保，显然没有实现政策设计目标，但是对于比较贫困的家庭，捆绑参保则如同一道铁闸挡在政策之外。

**表 28　　　　　　　家庭有无老人对农户参保自愿程度的影响**

|  | 自愿参与 | 非自愿参与 | 说不清 | 有效样本数 | 自愿参与率（%） |
|---|---|---|---|---|---|
| 有捆绑缴费亲属 | 385 | 8 | 12 | 405 | 95.1 |
| 无捆绑缴费亲属 | 507 | 7 | 3 | 517 | 98.0 |

**表 29　　　　农户参与自愿程度与受访者捆绑缴费亲属数量的对比**

| 捆绑亲属数 | 自愿参与 | 非自愿参与 | 说不清 | 有效样本数 | 自愿参与率（%） |
|---|---|---|---|---|---|
| 0 | 507 | 7 | 3 | 517 | 98.0 |
| 1 | 90 | 5 | 8 | 103 | 87.4 |
| 2 | 168 | 1 | 2 | 171 | 98.2 |
| 3 | 44 | 1 | 1 | 46 | 95.7 |
| 4 | 48 | 0 | 1 | 49 | 98.0 |
| 5 | 8 | 0 | 0 | 8 | 100.0 |
| 6 | 19 | 1 | 0 | 20 | 95.0 |
| 6 人以上 | 8 | 0 | 0 | 8 | 100.0 |

3. 存在"强制参保，强制缴费"现象，但比重极低

强制参保。在 1185 份有效样本中，各地区的强制参保率均在 5% 以下，不同地区存在一些差异。强制参保率最高的是西部地区，为 4.4%；最低的是中部地区，为 1.4% （见表 30）。对不同地区和参保自愿或强制作卡方分析，卡方值的概率值为 3%，说明不同地区对参保的强制程度有较大的影响。主要原因在于东部地区经济相对比较发达，养老方式已多元化，地方政府没有必要采取强制方式提高参保率；西部地区经济相对较落后，养老方式选择比较少，地方政府较倾向于采取强制措施提高参保率。总体而言，强制参保率控制在 5% 以下，还是比较低的。

表 30                不同地区"新农保"强制参保对比表

| 不同区域 | 自愿参保人数 | 强制参保人数 | 有效样本总数 | 自愿参保比率（%） | 强制参保比率（%） |
|---|---|---|---|---|---|
| 东部 | 335 | 10 | 345 | 97.1 | 2.9 |
| 中部 | 581 | 8 | 589 | 98.6 | 1.4 |
| 西部 | 240 | 11 | 251 | 95.6 | 4.4 |

强制缴费。在 2227 人已参保的农民中，自愿缴费的有 2174 人，强制缴费的有 53 人，自愿缴费率达到了 97.6%。[①] 从不同地区来看（见表 31），东、中、西部地区的自愿缴费率分别为 97.26%、97.82% 和 97.65%，地区之间的差异很小。不过各个地区仍然存在着强制农民缴费的现象，应该引起有关部门的重视。"新农保"政策在试点地区快速推进、迅速覆盖的过程中，某些地方政府片面追求参保率和参保额，采用强制的办法迫使农民参保和缴费，可能导致小部分农民的不解和反感，因此各地政府不能因小失大。

表 31                不同区域"新农保"自愿缴费率对比表

| 不同区域 | 自愿缴费 | 强制缴费 | 有效样本数 | 自愿缴费率% |
|---|---|---|---|---|
| 东部 | 640 | 18 | 658 | 97.26 |
| 中部 | 1077 | 24 | 1101 | 97.82 |
| 西部 | 457 | 11 | 468 | 97.65 |

① 这里"农民个人的自愿缴费率"利用的是样本中的个人信息。

**（二）农民参保的实现程度**

**1. 九成以上的农民选择了分期缴费的方式**

在具有有效信息且已参保的 2199 人中，选择分期缴费的农民有 2004 人，占比为 91.13%；选择一次性缴清保费的农民有 195 人，占比 9.87%。这说明绝大多数农民更加喜欢以分期小额缴费的方式参保。农户选择分期缴费，既有地方政策硬性规定的因素，也有中国农民传统习惯的影响，更是家庭经济条件的约束：资金不足，只能够分期缴费。

**2. 大部分农民缴费档次都集中于 100—200 元**

从图 9 可以看出，参保农民的缴费金额比较集中：在具有有效信息且已参保的 2159 人中，1398 名农民选择了 100 元的缴费档次，占有效样本的 64.6%。选择 200 元和 300 元缴费档次的农民均为 222 人，占 10.3%。也就是说，六成四的农民选择 100 元缴费档次，八成五的农民选择 400 元以下的缴费档次，缴费档次越高，选择的农民越少。

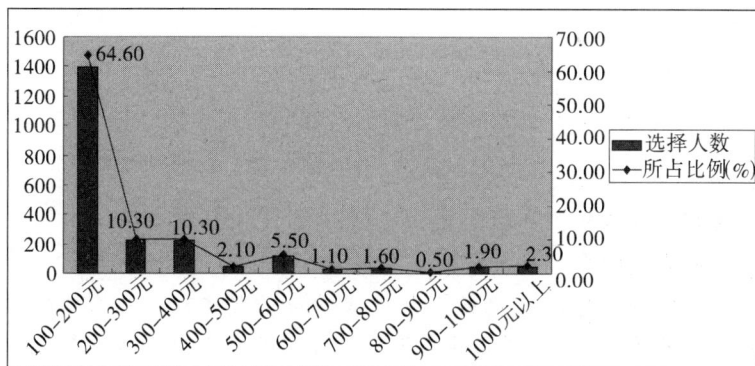

**图 9　选择分期缴费的农民对不同缴费档次的选择情况**

注：缴费档次 100—200 元指的是 100—199 元，不包括 200 元；200—300 元指的是 200—299 元，不包括 300 元，以此类推。

**3. 家庭收入决定农民缴费档次的选择**

农民对缴费档次的选择主要受制于收入水平。从受访农民来看或从农民的主观程度来看，表示经济收入决定其缴费档次的农民，其比重为

43%；其次是从众心理作用，25% 的农民因为"其他人都缴这么多"而从众选择；对政策的信任度也是影响农民缴费档次的主要因素，选择此项的比重为 17%（见图 10）。由此可见，家庭收入水平是影响农民选择缴费档次的最重要因素。农民的从众心理对选择缴费档次的影响也比较大。从政策实施来看，从众心理有双重作用：一方面，只要试点地区的"新农保"获得了民心，那么在强烈的"示范效应"下，新模式、新方法可以迅速推广；另一方面，相信熟人的从众心理有可能导致缴费档次长期处于低水平，使"新农保"政策的成效打折扣。

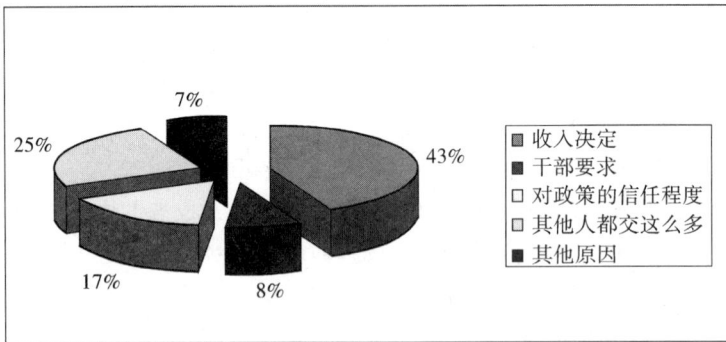

图 10　影响农民缴费档次选择的各种因素

### 4. 收入差距对缴费档次的选择影响较大

从客观层面分析，通过对农户家庭年收入和每年缴费档次作卡方分析，显示两者之间存在显著差异，说明家庭年收入对缴费档次的选择有较大的影响，即家庭年收入越高，农户越倾向于选择较高的缴费档次。以200 元以下档次为例，家庭年收入 1 万元以下的农户比重高达 69%，而家庭年收入 5 万—6 万元的家庭则只有 32.3%（见表 32）。由此可见，收入水平是影响农民选择缴费档次的主要因素，这也与对农民主观调查研究的结论一致。目前各地的政策是"鼓励多缴费，多缴多奖励"，这种激励政策并没能使得低收入家庭为寻求保障而多缴费，没有参保能力的农民，无论怎样激励，也不会参保，更不会提高缴费档次。因此，相关部门在制定鼓励农民参保的激励政策时，不能仅仅依赖经济手段，还应该考虑通过扶持帮助更多的低收入阶层。

表 32　　　　　不同家庭年收入与每年缴费金额的关系　　　　　（单位：%）

| 家庭年收入 | 200 元以下 | 200—400 元 | 400—600 元 | 600—800 元 | 800—1000 元 | 1000 元以上 | 合计 |
|---|---|---|---|---|---|---|---|
| 1 万以下 | 69.0 | 17.6 | 7.5 | 1.5 | 0.9 | 3.5 | 100.0 |
| 1 万—2 万元 | 67.1 | 19.5 | 11.0 | 0.7 | 0.3 | 1.4 | 100.0 |
| 2 万—3 万元 | 55.9 | 26.0 | 8.8 | 3.9 | 2.0 | 3.4 | 100.0 |
| 3 万—4 万元 | 50.8 | 25.8 | 9.1 | 5.3 | 6.8 | 2.2 | 100.0 |
| 4 万—5 万元 | 51.6 | 12.9 | 11.3 | 8.1 | 8.1 | 8.0 | 100.0 |
| 5 万—6 万元 | 32.3 | 25.8 | 12.9 | 16.1 | 9.7 | 3.2 | 100.0 |
| 6 万以上 | 39.0 | 24.4 | 7.3 | 9.8 | 14.6 | 4.9 | 100.0 |

5. 大部分农户用储蓄存款缴纳保费

在 1148 个有效样本中，82% 的参保农民用自己的储蓄存款缴纳保费，只有 10% 的农民由子女代缴，向亲朋好友借钱的仅占 3%，仅有 1 人向银行贷款缴费（见图 11）。可见，目前政策制定的缴费档次还在农民可承受范围之内，农民基本可以自有资金缴纳保费。在 1746 份有效样本中，户均年家庭总支出为 17630 元，五个缴费档次（100 元、200 元、300 元、400 元、500 元）占家庭总支出的比重分别为 0.6%、1.1%、1.7%、2.2% 和 2.8%（见表 33）。可见，对参保农户而言，参保缴费占家庭总支出的比重较低，但如果一个家庭符合参保条件的人比较多，压力就会成倍增加。

表 33　　　　农户不同缴费金额占户均家庭年总支出的比例

| | 100 元 | 200 元 | 300 元 | 400 元 | 500 元 |
|---|---|---|---|---|---|
| 缴费金额占家庭总支出的比例（%） | 0.6 | 1.1 | 1.7 | 2.2 | 2.8 |

在 638 份已参保且具有有效信息的受访农户中，50—60 岁、60—70 岁、70—80 岁、80 岁以上的老年人自我缴费的人数占同年龄组人数的比重依次为 81.8%、54.3%、36.2%、33%，子女缴费的比重分别 12%、31.5%、31.9% 和 17%。可见，随着年龄的增长，劳动能力的衰减，能够自己储蓄缴费的人数越来越少。与此同时，子女出钱的比重逐渐增加，

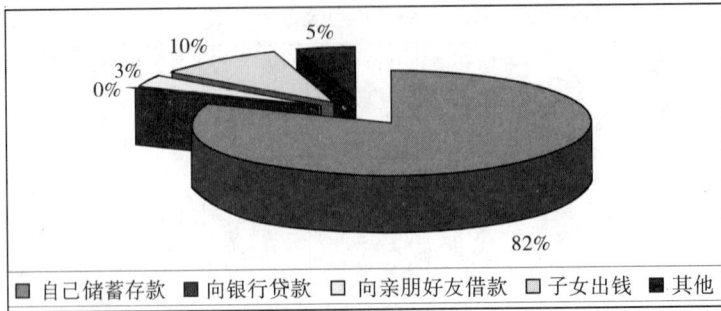

图 11　农户参保缴费主要资金的不同来源

但子女出钱的增幅赶不上老人自我缴费的降幅。总体来看，50 岁以上的老年人参保缴费主要是自我储蓄为主，子女帮助缴费的比重比较低，表明农村的孝悌传统开始衰弱。

表 34　　　　　　　　　50 岁以上农户缴费方式的选择

| | 自己储蓄存款 | 向银行贷款 | 向亲朋好友借款 | 子女出钱 | 其他 | 合计 |
|---|---|---|---|---|---|---|
| 50—60 岁 | 328 | 0 | 12 | 48 | 13 | 401 |
| 不同资金来源所占比重（%） | 81.8 | 0 | 3 | 12 | 3.2 | 100 |
| 60—70 岁 | 88 | 0 | 6 | 51 | 17 | 162 |
| 不同资金来源所占比重（%） | 54.3 | 0 | 3.7 | 31.5 | 10.5 | 100 |
| 70—80 岁 | 25 | 1 | 2 | 22 | 19 | 69 |
| 不同资金来源所占比重（%） | 36.2 | 1.4 | 2.9 | 31.9 | 27.6 | 100 |
| 80 岁以上 | 2 | 0 | 0 | 1 | 3 | 6 |
| 不同资金来源所占比重（%） | 33 | 0 | 0 | 17 | 50 | 100 |

**（三）农民参保的影响因素分析**

1. 农民年龄越大，参保率就越高

在具有有效信息的 3893 人中，参保率随着农民年龄增长而递增，不同年龄层次递增的幅度有一定差异。16—20 岁、20—30 岁、30—40 岁、40—50 岁、50—60 岁，其参保率分别为 24.14%、29.68%、54.86%、65.04%、76.04%（见图 12）。即年龄越大，参保率越高，两者的相关性达到 0.98。这可以从三个方面进行解释：一是生命预期差异，不同年龄段的农民对生命的预期不同，40 岁以下的农民对未来生命预期更加乐观，不愿意参保。二是养老的紧迫感不同，"新农保"政策只要求 15 年投保期，这给了年轻农民更加轻松、自由的时间选择，可以等段时间再参保。三是捆绑政策的带动不同，40—60 岁农民由于家有 60 岁以上老人参保，捆绑政策在一定程度上带动了其参保，而年轻人"被捆绑的"不太多。因此，有关部门要将下一阶段的动员参保的重点放在 40 岁以下的农民身上，设计出灵活的参保政策鼓励中青年农民参保。

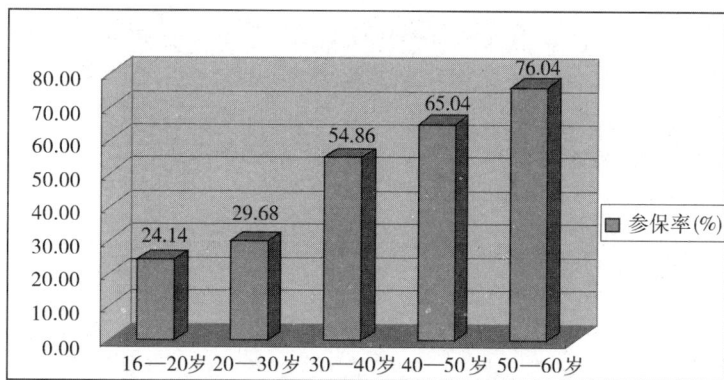

图 12　不同年龄层次农民的参保率分布

2. 农民受教育程度越高，参保率越低

在具有有效信息的 3866 人中，小学及小学以下受教育程度的农民参保率为 66.4%，初中受教育程度的为 56.1%，高中及其以上的仅为 48.50%，即受教育程度越高，农民的参保率反而越低，两者的相关系数为 -0.99。可见，当前参保对象的受教育水平以小学和初中为主，教育程度与参保率为负相关，且相关程度比较大。

3. 有打工经历的农民参保积极性更高，但男女性别有差异

在具有有效信息的 3161 人中，有外出务工经历农民的参保率为 66.3%（见表 35），而没有外出务工经历的农民参保率为 62.5%。通过对农民打工经历和参保率进行卡方检验得知，卡方概率值为 0.026，表明打

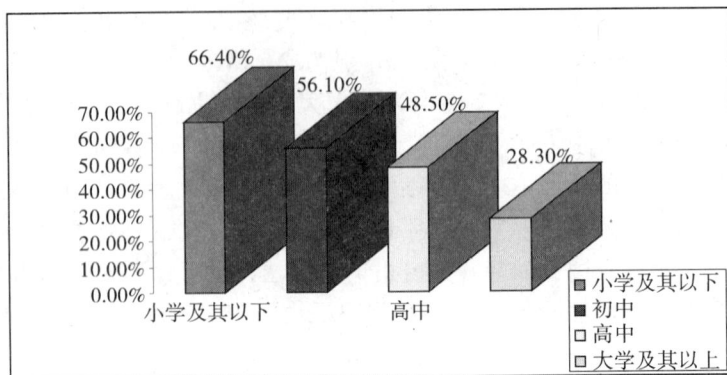

**图 13　不同受教育程度的农民的参保率**

工与否对参保率高低有显著影响。有打工经历的农民对新事物的理解和接受能力更强，因而对"新农保"政策的理解更深，接纳程度更高；另外有打工经历的农民，社会交往范围更大，面临的不可控风险多，对稳定、安全的养老保障的需求更强。

表 35　　　　　　　　　打工经历与农民参保情况的对比

| 是否有打工经历 | 已经参保 | 仍未参保 | 有效样本数 | 农民参保率（％） |
| --- | --- | --- | --- | --- |
| 是 | 1025 | 522 | 1547 | 66.3 |
| 否 | 1008 | 606 | 1614 | 62.5 |

　　从已参保农民的构成来看，有打工经历的男性占男性总人数的 61%，无打工经历的男性占男性总人数的 39%，前者比后者高出 22 个百分点；而有打工经历的女性占女性总人数的 38.8%，无打工经历的女性占女性总人数的 61.2%，前者比后者低了 22.4 个百分点（见表 36）。也就是说，已参保的男性大都有打工经历，而女性大都没有打工经历。

　　从参保率来看，是否有打工经历对男性的参保积极性影响大，对女性的参保积极性影响较小。有打工经历的男性参保率为 67.8%，而无打工经历的男性参保率为 56.5%，前者比后者高 11.3 个百分点；有打工经历的女性参保率为 64.2%，无打工经历的女性参保率为 67.5%（见表 37），两者差距不大。可以得出结论：有打工经历的男性参保积极性更高，无打工经历的女性参保积极性稍高。

从未参保农民的构成来看，男性是否有打工经历差异不大，女性大都没有打工经历。未参保农民中，有打工经历的男性占男性总人数的49.1%，无打工经历的男性占男性总人数的50.9%，两者仅相差1.8个百分点（见表36）；而有打工经历的女性占女性总人数的42.3%，无打工经历的女性占女性总人数的57.7%，前者比后者低了15.4个百分点。从这两组数据的对比，可以得出如下结论：未参保的农民，不管男性还是女性，无打工经历农民的比率高于有打工经历农民的比率。这说明了有打工经历的未参保农民，要么收入水平较高，"新农保"对其参保的吸引力不大，要么收入水平较低，投保能力较差。

表36　　　　　　　　　　性别、打工经历与农民参保情况对比

| 参保与否 | 性别 | | 有打工经历 | 无打工经历 | 合计 |
|---|---|---|---|---|---|
| 已参保 | 男 | 人数 | 648 | 414 | 1062 |
| | | 打工经历比率（%） | 61 | 39 | 100 |
| | | 性别比率（%） | 63.2 | 41.1 | 52.2 |
| | 女 | 人数 | 377 | 594 | 971 |
| | | 打工经历比率（%） | 38.8 | 61.2 | 100 |
| | | 性别比率（%） | 36.8 | 58.9 | 47.8 |
| | 合计 | 人数 | 1025 | 1008 | 2033 |
| | | 打工经历比率（%） | 50.4 | 49.6 | 100 |
| | | 性别比率（%） | 100 | 100 | 100 |
| 未参保 | 男 | 人数 | 308 | 319 | 627 |
| | | 打工经历比率（%） | 49.1 | 50.9 | 100 |
| | | 性别比率（%） | 59.5 | 52.7 | 55.8 |
| | 女 | 人数 | 210 | 286 | 496 |
| | | 打工经历比率（%） | 42.3 | 57.7 | 100 |
| | | 性别比率（%） | 40.5 | 47.3 | 44.2 |
| | 合计 | 人数 | 520 | 606 | 1126 |
| | | 打工经历比率（%） | 41.6 | 53.9 | 100 |
| | | 性别比率（%） | 100 | 100 | 100 |

注：有效个人样本3156个。

**表 37**　　　　　　　　　　**打工经历与农民参保情况的对比**

| | 男性参保人数 | 男性总人数 | 男性参保率（%） | 女性参保人数 | 女性总人数 | 女性参保率（%） |
|---|---|---|---|---|---|---|
| 有打工经历 | 648 | 956 | 67.8 | 377 | 587 | 64.2 |
| 无打工经历 | 414 | 733 | 56.5 | 594 | 880 | 67.5 |

注：有打工经历的男性参保率 = 有打工经历男性的参保人数/有打工经历的男性总数，即 648/（648 + 308）= 67.8%；有打工经历的女性参保率 = 有打工经历女性的参保人数/有打工经历的女性总数，即 377/（377 + 210）= 64.2%。

4. 子女数量与农民的参保有较强的正相关关系

从子女数量来看，家庭子女数量与参保率有一定的相关性。家庭子女数量为 1 个、2 个、3 个、4 个、5 个、6 个的农民参保率分别为 69.5%、77.9%、84.4%、87%、90% 和 100%（见表 38，图 14）。可见。家庭子女数量的增多，参保率逐渐增加。这说明三个问题：一是子女数量多，参保能力强。二是既使子女数量多，农民也不依靠子女养老，而是依靠社会养老。三是子女数量多，被捆绑参保的多，但参保率反而更高，说明了捆绑并没有影响农民的参保率。

从儿子数量来看，中国有"养儿防老"的传统，但从农民参保的情况来看，农民更不倾向于依靠儿子养老，而是倾向于社会养老。家庭子女数量为 1 个、2 个、3 个、4 个的农民参保率分别为 76.3%、80.6%、86.8% 和 0（见表 38；见图 14），如果抛开有 4 个儿子的 1 个家庭外，儿子数量增多，农民参保率逐步提高。这也说明了农民不再相信养儿防老，而是相信社会养老。

从打工子女数量来看，家庭打工子女数量为 1 个、2 个、3 个、4 个的农民参保率分别为 79%、82.3%、86.8% 和 78%（见表 38，图 14）。除了有 4 个子女打工的家庭外，打工子女数量增多，农民的参保也是逐步提高的。也就是说既使打工子女比较多，家庭收入相对较高，但是农民仍然寄希望社会养老，而不是子女养老。从打工儿子数量也会看到类似的趋势。在此，我们可以得出如下结论：大体而言，农民子女数量、儿子数量、打工子女数量、打工儿子数量越多，农民的参保率越高。

表38　　　　　　　　子女、儿子、打工子女、儿子数与参保率

| 农民子女数 | 1 | 2 | 3 | 4 | 5 | 6 |
|---|---|---|---|---|---|---|
| 参保人数 | 638 | 883 | 216 | 47 | 9 | 2 |
| 未参保人数 | 280 | 251 | 40 | 7 | 1 | 0 |
| 有效样本数 | 918 | 1034 | 256 | 54 | 10 | 2 |
| 农民参保率(%) | 69.5 | 77.9 | 84.4 | 87 | 90 | 100 |
| 农民打工子女数 | 1 | 2 | 3 | 4 | | |
| 参保人数 | 381 | 237 | 46 | 7 | | |
| 未参保人数 | 101 | 51 | 7 | 2 | | |
| 有效样本数 | 482 | 288 | 53 | 9 | | |
| 农民参保率(%) | 79 | 82.3 | 86.8 | 78 | | |
| 农民儿子数 | 1 | 2 | 3 | 4 | | |
| 参保人数 | 1168 | 311 | 26 | 0 | | |
| 未参保人数 | 363 | 75 | 4 | 1 | | |
| 有效样本数 | 1531 | 386 | 30 | 1 | | |
| 农民参保率(%) | 76.3 | 80.6 | 86.7 | 0 | | |
| 农民打工儿子数 | 1 | 2 | 3 | | | |
| 参保人数 | 436 | 103 | 7 | | | |
| 未参保人数 | 98 | 20 | 2 | | | |
| 有效样本数 | 534 | 123 | 9 | | | |
| 农民参保率(%) | 81.6 | 83.7 | 77.8 | | | |

5. 农民身体健康程度对参保行为有较大的影响

从具有有效信息的3885人来看，身体健康状况对农民的参保行为有一定影响。从图15可以看出，身体状况为优、良、中、差、很差的农民，其参保率分别为54.1%，61.2%、68.3%、69.9%和57.1%，身体健康程度与参保率有较大的相关性，即随着健康水平越来越差，参保率逐渐递增，符合博弈论中的"逆向选择"理论。对农民身体健康程度和参保率作卡方分析，其概率值为0，小于1%的显著性水平，表明健康程度对农

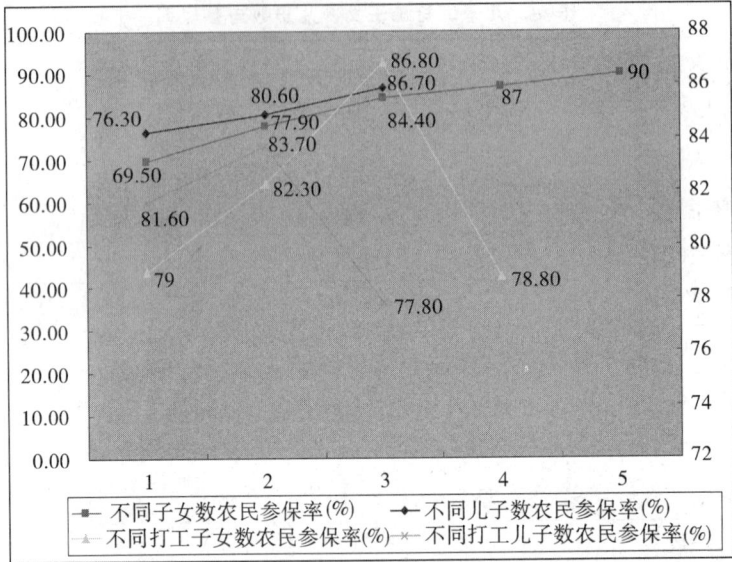

图 14　子女、儿子、打工子女、儿子数与参保率

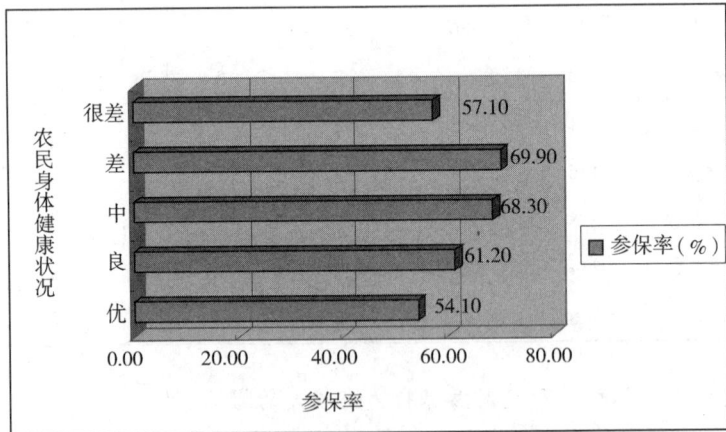

图 15　不同身体健康状况农民的参保率

民的参保率有显著性影响。

6. 职业对参保行为有较大的影响，务农农民最积极

在具有有效信息的 3854 人中，务农的农民参保率最高，达到 65%；

务工的农民参保率最低仅有 44.9%；从事商业、教育、医疗等其他职业的农民参保率在 52%—59% 之间，加权平均参保率约为 54.7%，仍未达到全国平均参保水平（见表 39）。这说明，不同职业的农民对"新农保"的接纳程度存在较大差别，从该项政策当前试点的实施效果来看，非务农的农民比务农的农民的参保率低将近 20 个百分点。出现这种现象的原因在于：一是新农保政策没有对非务农人员作出相应的规定。大部分地区的"新农保"政策在试点推广期间，还未对非务农的农民参与新农保政策做出相应规划和调整；二是务工人员的养老保险存在较多特殊性和复杂性。因为务工人员具有流动性强、范围广、时间长的特点，难以宣传和动员他们参与。三是务工人员的选择空间更大。务工人员可以参加务工地点的养老保险，也可以购买商业养老保险，"新农保"不是唯一的选择。

表 39                         不同职业的农民参保率对比表

| 职业 | 已参保人数 | 未参保人数 | 有效样本数 | 参保率（%） |
|---|---|---|---|---|
| 务工 | 538 | 661 | 1199 | 44.9 |
| 务农 | 1470 | 790 | 2260 | 65 |
| 经商 | 95 | 74 | 169 | 56.2 |
| 教师 | 12 | 11 | 23 | 52.2 |
| 医生 | 10 | 7 | 17 | 58.8 |
| 其他 | 99 | 87 | 186 | 53.2 |

在 4118 名具有有效信息的农民中，务工的占 32.1%，务农的占 57%，务农与务工之比为 1.78∶1。在 3854 个具有有效信息的农民中（见图 17 和图 18）：已参保的农民中务农的高达 67%，务工的仅有 24%，务农与务工之比为 2.79∶1；未参保农民中务农的有 48%，务工的达到 41%，务农与务工之比为 1.17∶1。这两个比值与平均水平相比较，出现了显著的差异；而从事其他职业的农民不论是否参保，比例变化很小。由此可以得出结论："新农保"政策已经把务工农民严重边缘化，或者说务工的农民参保的比重比较低。

7.“老有所养”和“为子女减负”是农民参保的重要动机

农民参加"新农保"的原因比较多，选择"养老有保障"的农民比

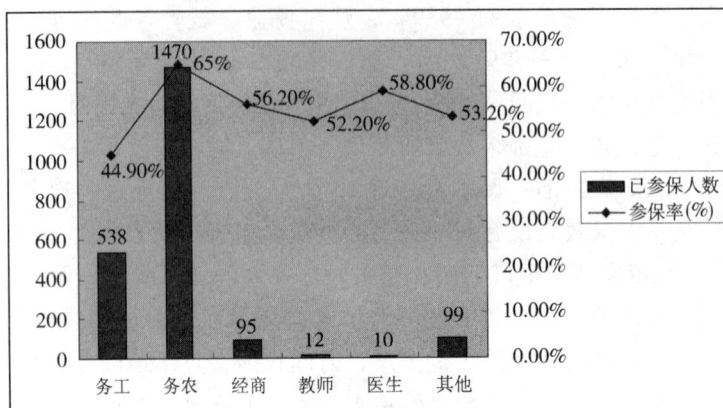

图 16　不同职业的农民的参保率

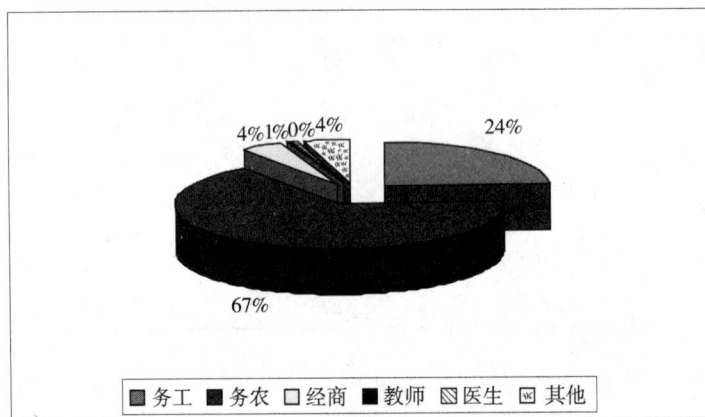

图 17　已参保农民的职业构成

重最高，占有效样本的 62.9%（见图 19），选择"减轻子女养老负担"为 63.4%，选择"缴得少，得的多"的为 33.4%①。总体来看，农民参加"新农保"的主要原因是"老有所养"和"为子女减负"。

---

① 农民参保原因是一项多项选择题，故各项比值相加大于 100%。

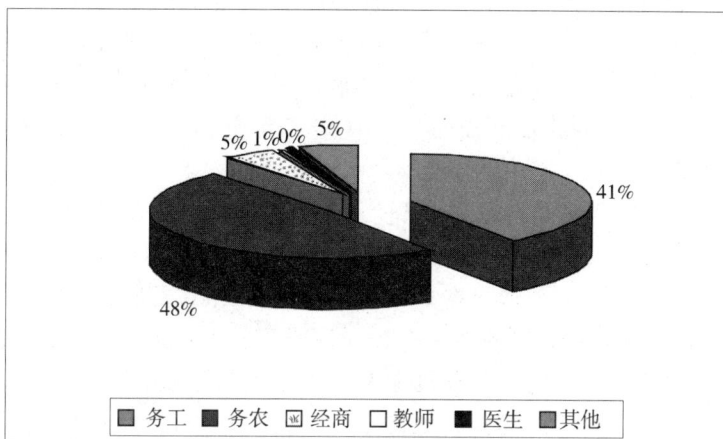

**图 18　未参保农民的职业构成**

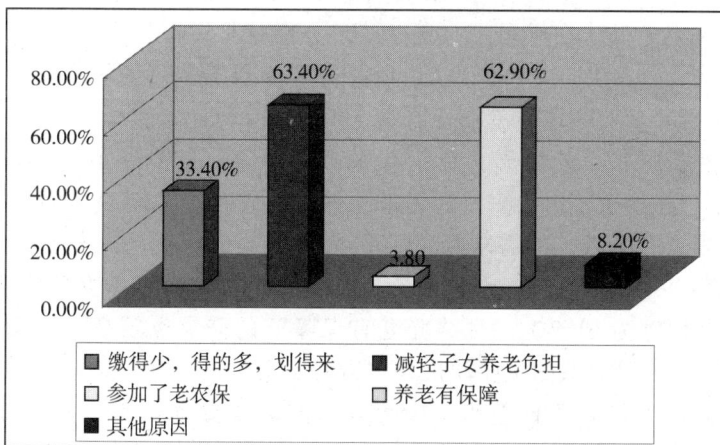

**图 19　农民参加新农保的原因统计图**[①]

8. 对已参保农户而言，家庭收入对农户参保的影响不大

从农民的选项来看，在五个选项中，按照人数加权，七个收入组

---

① 农户参加新农保的原因是多项选择题，故各个原因选择比例相加不等于100%。

都将"减轻子女负担"作为第一选择，其加权平均比重为 67.2%[①]；其次的选择为"养老有保障"，其加权平均比重为 51.6%；再次为"缴得少，得的多，划得来"，加权平均比重为 39.8%。与前面的结论一致，对已参保的农民而言，"减轻子女负担"与"养老有保障"为主要动机。

从不同的收入分组来看，"减轻子女负担"的分布呈"倒 U 字"形，在 2 万至 3 万收入组，农民参保希望减轻子女负担的动机最大。"老有所养"呈现一个"U 字"形，在 2 万—3 万元收入组在谷底，在谷底附近的还有 1 万—2 万元收入组的参保农民。说明了收入在 1 万—3 万元组的参保农民"减轻子女负担"的动机远大于"养老有所保障"。

对于"缴得少，得的多，划得来"的问题，农民并没有像预期中那样精打细算，家庭年收入在 1 万以下的农户仅有 25.7% 选择了该选项；家庭年收入在 6 万以上的农户有 28.6% 选择了该项；除了家庭年收入水平 3 万—4 万有 47.8% 的农户认为"新农保"划算，其他收入水平均只有 40% 左右觉得新农保实惠（见表 40）。也就是说，大部分的农民并不指望依靠"新农保"来"赚钱"，而是得到养老的生活基本保障，只有 3 万—4 万元中等收入的家庭参保有一定的投资动机。

贫困农户对"减轻子女负担"的期待最高，达到了 67.8%（见图 20），对"缴得少，得的多，划得来"的要求最低，仅有 34.5%；中等农户对"养老有保障"的需求最低，只有 37.9%，而对"减轻子女负担"寄予了厚望，选择比例高达 72.7%；富裕农户对"减轻子女负担"期望较高，其比重为 61.2%，对"养老有保障"的需求也较高，只有 50%。总体而言，农民参保的主要动机是"减轻子女负担"和"老有所养"，不同收入阶层参保有些许差别，中等收入家庭主要动机是"减轻子女负担"，其次为"缴得少，得的多"，表明中等收入家庭对参保有一定的投资动机。

---

① 由于各收入组人数存在较大差别，本处特做加权平均的处理。单项参保原因农户选择比例的计算方法为：∑ 单组收入水平选择人数 * 该收入水平下选择占比/所有收入水平选择单项参保原因的总人数。

**表 40　　　　　不同家庭年收入水平①下农民参保原因统计表（单位：人、%）**

| | | 1万元以下 | 1万—2万元 | 2万—3万元 | 3万—4万元 | 4万—5万元 | 5万—6万元 | 6万元以上 |
|---|---|---|---|---|---|---|---|---|
| 缴得少，得的多 | 选择人数 | 66 | 127 | 90 | 64 | 24 | 15 | 2 |
| | 选择占比 | 25.7 | 41.9 | 42 | 47.8 | 36.9 | 41.7 | 28.6 |
| 减轻子女负担 | 选择人数 | 176 | 203 | 172 | 81 | 40 | 22 | 4 |
| | 选择占比 | 68.8 | 67 | 80.4 | 60.4 | 61.5 | 61.1 | 57.1 |
| 参加了老农保 | 选择人数 | 23 | 23 | 8 | 5 | 2 | 0 | 0 |
| | 选择占比 | 9 | 7.6 | 3.7 | 3.7 | 3.1 | 0 | 0 |
| 养老有保障 | 选择人数 | 202 | 121 | 44 | 88 | 42 | 25 | 1 |
| | 选择占比 | 78.9 | 40 | 20.6 | 65.7 | 64.7 | 69.4 | 14.3 |
| 其他 | 选择人数 | 27 | 28 | 13 | 13 | 8 | 0 | 1 |
| | 选择占比 | 10.5 | 9.2 | 6.1 | 9.7 | 12.3 | 0 | 14.3 |

　　注：本表中不同收入水平下农民参保原因百分比的统计是以各个收入水平的有效参保人数为分母，以各个收入水平下农民选择的各参保原因的绝对数为分子。其中农户家庭年收入 1 万元以下 256 人，1 万—2 万元为 303 人，2 万—3 万元为 214 人，3 万—4 万元为 134 人，4 万—5 万元为 65 人，5 万—6 万元为 36 人，6 万元以上 7 人。特别说明，农户参加新农保的原因是多项选择，故同一收入水平下，所有原因选项比例相加不等于 100%。

　　9. 影响农民参保积极性的原因复杂，政策性因素影响最大

　　在 1760 份有效样本中，尚有 465 个家庭无人参保。不参保的原因较多，其中选择"担心政策不可靠"的农户比重最高，达到 45.6%；"不了解政策"的农户达到了 33.1%；表示"参保费用高"、"养老金太少"以及"自己还年轻，不需要参保"的农民，其比重分别为 20.4%、21.3% 和 24.5%（见图 21）。总体上来看，对影响农民参保的诸多因素中，政策因素影响最大，也最为农民担心，因此如何化解农民的顾虑和担心是下一步工作的重中之重。

--------

　　① 本次所调查农户家庭纯收入平均值为 27328 元（有效数据 1796 个，最大值和最小值已做删除处理），以此为标准，将家庭年收入在 2 万元以下界定为低收入贫困农户，2 万—4 万元界定为中等收入农户，4 万元以上界定为高收入富裕农户。

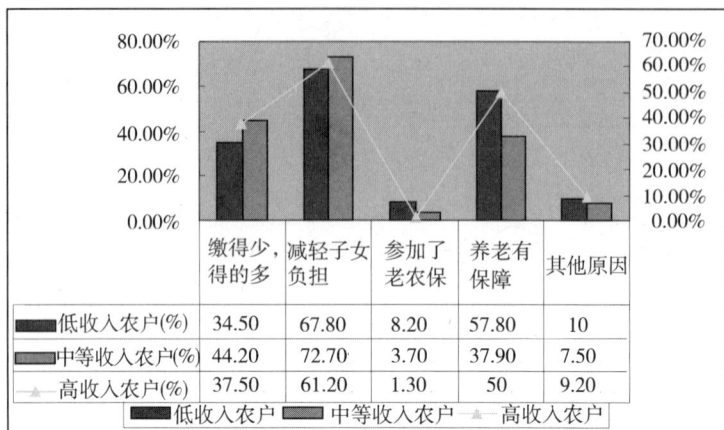

| | 缴得少、得的多 | 减轻子女负担 | 参加了老农保 | 养老有保障 | 其他原因 |
|---|---|---|---|---|---|
| 低收入农户(%) | 34.50 | 67.80 | 8.20 | 57.80 | 10 |
| 中等收入农户(%) | 44.20 | 72.70 | 3.70 | 37.90 | 7.50 |
| 高收入农户(%) | 37.50 | 61.20 | 1.30 | 50 | 9.20 |

低收入农户　　中等收入农户　　高收入农户

图 20　农民参加"新农保"的原因统计图

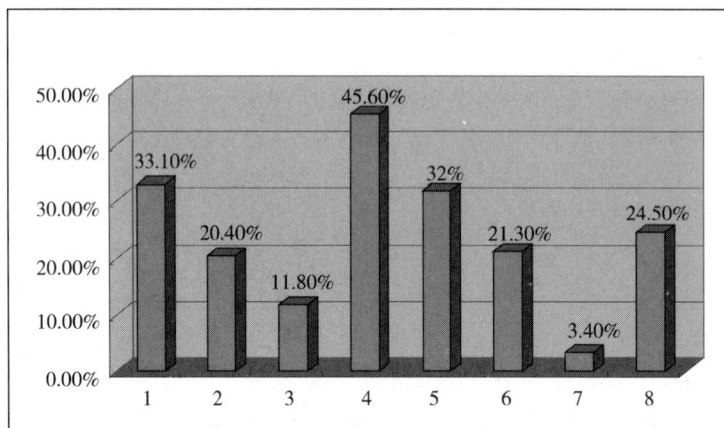

图 21　农民不参与"新农保"的原因统计图

注：1——不了解政策；2——参保费用太高；3——可以自己养老；4——担心政策不可靠；5——投保时间太长；6——养老金太少；7——儿女孝顺；8——自己还年轻，不需要参保；由于本题为多选题，因此各项原因的总和超过了100%。

## （四）农民参保的手续与服务

### 1. 农民反映参保手续较简单

在 1369 个受访农户中，表示"新农保"办理程序"非常简单"、"比较简单"农户的比重分别为17%和26%，合计为43%（见图22）。表示程序"非常复杂"和"比较复杂"农户的比重分别为3%和10%，两者合计为13%。总体而言，农民表示参保手续比较简单，需要农民亲力亲为的比较少。大部分地区农民的参保信息录入、身份证和户口本复印件、登记相片采集等工作都由村干部完成。在办理"新农保"的整个过程中，农户仅需与负责"新农保"事宜的村干部联系，不需往返跑路，也不需要找关系，在所有的惠农政策中，"新农保"是最简单、最省事的政策。

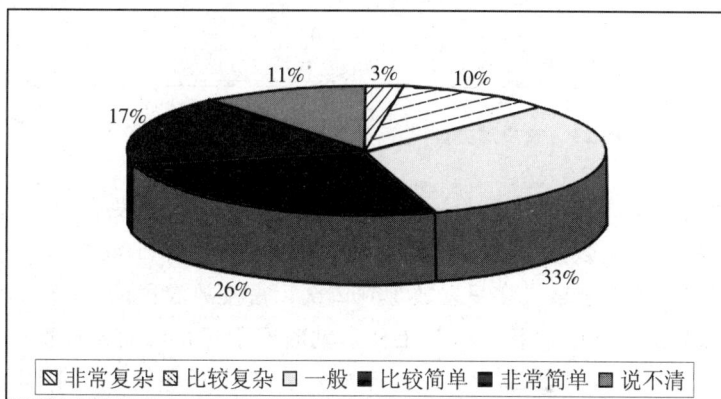

图22　农民对"新农保"办理手续复杂程度的反馈

**2. 农民对参保工作人员的服务评价较高**

在1217个受访农户中，在办理参保手续中认为工作人员态度"好"、"比较好"的比重分别为27%和34%，合计为61%；表示服务"差"和"较差"的比重分别为2%和5%（见图23）。也就是说，有超过六成的农民对农保工作人员的服务态度表示满意。说明了农民对参保工作人员的服务评价比较高。

## 四　基础养老金发放与消费

### （一）基础养老金的发放

**1. 基础养老金发放次数以1—2次居多**

有效调查样本共涉及6348人，其中60岁以上的老年人978人，有752人纳入基础养老金的发放对象，已经有719人发放基础养老金，占应

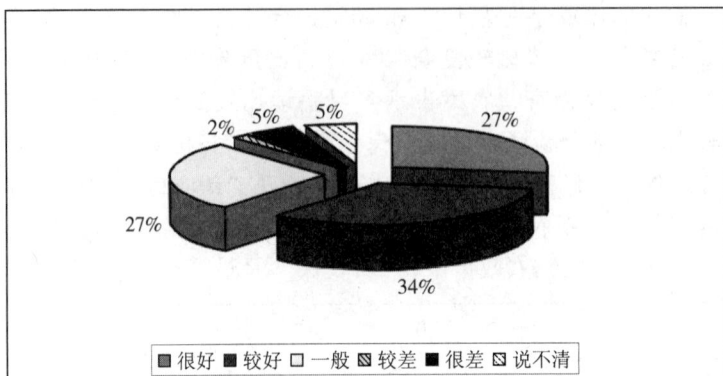

**图 23　农户对办理"新农保"时服务态度的评价**

发基础养老金的 95.6 %（地方政府统计口径）。其中，发放 1 次、2 次、3 次、4 次、5 次以上的分别为 73 %、12%、3 %、5 %、7%（见图24）。目前基础养老金大多只发放 1 到 2 次，占发放农民的 85%，其原因在于大部分试点县市"新农保"工作启动时间不长，因而发放次数不多；只有部分经济条件较好的县市其"新农保"工作开展较早，基础养老金发放次数稍稍多点。

另外，有一个问题要引起有关部门高度关注，60 岁的老人中还有 226人没有纳入基础养老金的发放范围，占 60 岁以上老年人总数的 23.1%，即还有二成三的老年人没有纳入基础养老金发放对象，可能与捆绑政策或者信息不完备、手续不全有关；加上已纳入养老范围但没发放的人数，约259 人，即还有 26.5% 的 60 岁的老人没有获得基础养老金。可见，基础养老金的实际发放率只有 73.5%，接近三成的老年人没有得到基础养老金。

2. 基础养老金基本实现按时发放，中部地区按时发放比重较高

在 1086 份有效样本中，认为基础养老金"按时"发放的占样本总体的 59%；"没有按时"发放的为 7%；"不知道"基础养老金是否按时发放的为 34%（见表 41），因为养老金大都打入老人的银行卡上，春节期间来不及查看。总体而言，基础养老金基本实现了按时发放，但仍有部分农户"没有按时"发放，因而需进一步完善基础养老金发放程序，保证按月按时发放养老金，并且要让老人知道养老金已经发放。

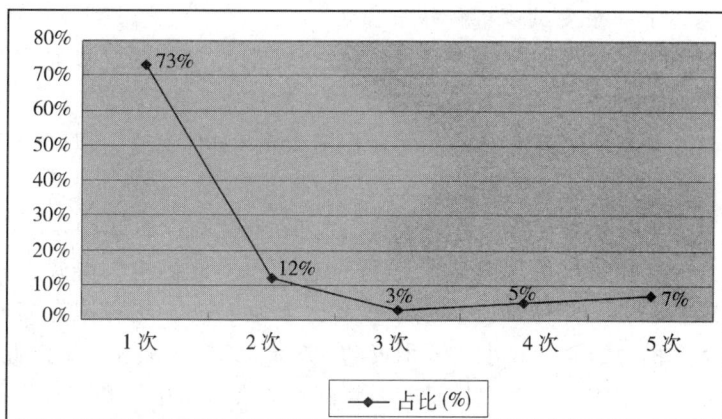

图 24　基础养老金的发放次数

表 41　　　　　　　　　基础养老金的发放情况

| 是否按时发放 | 按时 | 不按时 | 不知道 | 合计 |
|---|---|---|---|---|
| 样本数（个） | 641 | 76 | 369 | 1086 |
| 占比（%） | 59 | 7 | 34 | 100 |

　　从区域来看，东部地区有效样本数为 290 个，认为"按时"发放的农户比重最高，为 63.6%；中部地区为 58.4%；西部地区为 45.6%（见表 42）。可见，受访者对基础养老金的发放持肯定态度的人数，从东中西部逐步呈现递减的趋势。总体而言，东部地区的基础养老金发放更为规范，西部地区相对滞后，也许与西部地区交通、通信不太便利，以及农民居住比较分散有较大的关系。

表 42　　　　　不同地区基础养老金的发放情况　　　　　（单位:%）

| 是否按时发放 | 东部 | 中部 | 西部 |
|---|---|---|---|
| 按时 | 63.6 | 58.4 | 45.6 |
| 不按时 | 2.0 | 11.6 | 7.9 |
| 不知道 | 34.4 | 30.0 | 46.5 |
| 合计 | 100.0 | 100.0 | 100.0 |

### 3. 基础养老金发放以银行转账为主

在 1070 份有效样本问卷中，通过银行转账的方式发放基础养老金的占有效样本的 63%；采取现金发放方式的为 15%；另外，还有 22% 的不知道基础养老金采取何种方式发放（见图 25）。总体而言，以现金发放养老金的比重较高，这应该引起相关部门的高度重视。

从对试点县市农保部门的访谈看，在 63 个受调查的试点县市中有 39 个试点县市选择农村信用合作社作为养老金的发放机构，占调查样本的 62%；17 个试点县市选择邮政银行，其比重为 27%；选择国有商业银行或其他金融机构的比例较小，分别仅约 8% 和 3%（如表 43）。由此可见，各级农保部门主要利用在农村具有经营网点的农村信用社和邮政银行作为基础养老金的发放银行，其中农村信用社又占主导地位。这也从一个侧面说明，"金融下乡"任重道远，"金融不务农"问题应该引起有关部门的重视。

表 43　　　　　　　　　养老金发放机构的选择

| 养老金发放机构 | 农村信用合作社 | 国有商业银行 | 邮政银行 | 其他金融机构 | 合计 |
|---|---|---|---|---|---|
| 样本数（个） | 39 | 5 | 17 | 2 | 63 |
| 占比（%） | 62 | 8 | 27 | 3 | 100 |

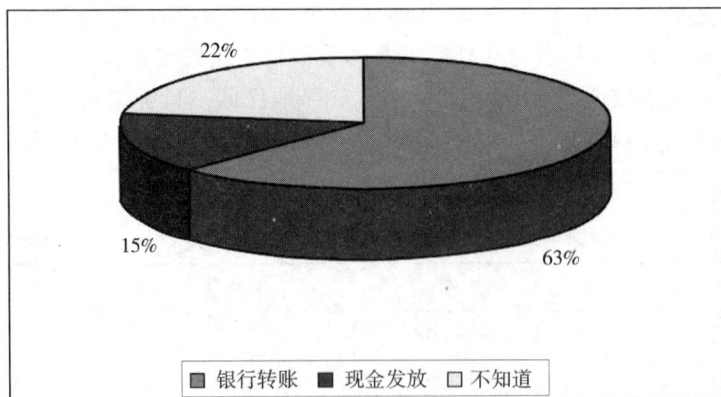

图 25　基础养老金的发放形式

### （二）基础养老金的使用

1. 农民较少使用基础养老金，东部地区使用比重最低

虽然基础养老金已经下发，但是大部分老人并没有使用基础养老金，更愿意选择将其存入银行。在 678 份有效样本中，只有 226 人使用过养老金，其比重为 37.2%。对基础养老金使用与不同地区作交叉分析显示（见表 44），东部地区农民使用养老金的比重最低，仅为 21.2；中部地区为 41.2%，而西部地区为 45.8%。可见，东西部在使用养老金的比重上存在显著差异，自东向西，养老金使用的农户比重逐渐增加，东西部相差了 20 个百分点（见表 44），卡方检验也证实了东中西部地区的农民在养老金的使用方面存在显著差异。主要原因是东部地区的农民的经济条件较好，对养老金的依赖性不高，使用率不高；而中西部地区由于经济条件较差，农民对货币的需求非常强烈，养老金的使用比重相对较高。

表 44　　　　　　　**不同地区人群对基础养老金的使用态度**　　　　　（单位:%）

|  | 东部 | 西部 | 中部 |
| --- | --- | --- | --- |
| 使用了养老金 | 21.2 | 45.8 | 41.2 |
| 未使用养老金 | 78.8 | 54.2 | 58.8 |
| 合计 | 100.0 | 100.0 | 100.0 |

2. 九成的基础养老金用于生活消费

在 220 份有效样本中，基础养老金花费在生活消费方面的比例最高，超过了九成，达到 90.2%；用于生产经营和人情往来的比重非常低，分别只有 3.6% 和 1.2%；用于其他方面支出的仅为 5%（见表 45）。由此可见，生活消费是基础养老金支出的最主要方面，用于生产经营和人情往来的比较少，而用于其他方面更少，主要表现为打牌休闲、给孙子零用钱、置办年货以及医药费。从基础养老金的使用途径可以反映出，农民的消费水平仍处于较低层次，主要是生存性的消费支出，而享受性的消费支出比较少。这也说明了国家发放的基础养老金用在刀刃上，基本都花费在生存养老方面。这与粮食补贴稍微不同。

表 45　　　　　　　　　　　　养老金的使用类型

| 养老金使用类型 | 生活消费 | 生产经营 | 人情往来 | 其他 | 合计 |
|---|---|---|---|---|---|
| 样本数（个） | 198 | 8 | 3 | 11 | 220 |
| 占比（%） | 90.2 | 3.6 | 1.2 | 5 | 100.0 |

3. 基础养老金很少全部花完，家庭经济条件决定使用额度

在领取了基础养老金的 472 份有效问卷中，"全部用完"基础养老金的农户占 37.7%；只"使用一部分"的仅为 8.7%；"一点都没花"为 53.6%（见图 26）。由此可见，大部分农户对基础养老金采取"存而不用"或只使用部分，全部用完的比重较低。农民较少使用养老金的主要原因有三个：其一，基础养老金额度较少，相比农民的生活、生产支出比重较低，农民并不急于取出使用；其二，采取零存整取的方式使用，目前基础养老金主要通过"一卡通"打到农民的存折上，农民要取出养老金需要到相应的金融机构，但农民前往金融机构取款不太方便，也不会每月都将养老金取出来使用，理性的农民会采取累计使用的方式。其三，大部分的农民并非到了"揭不开锅"的地步。

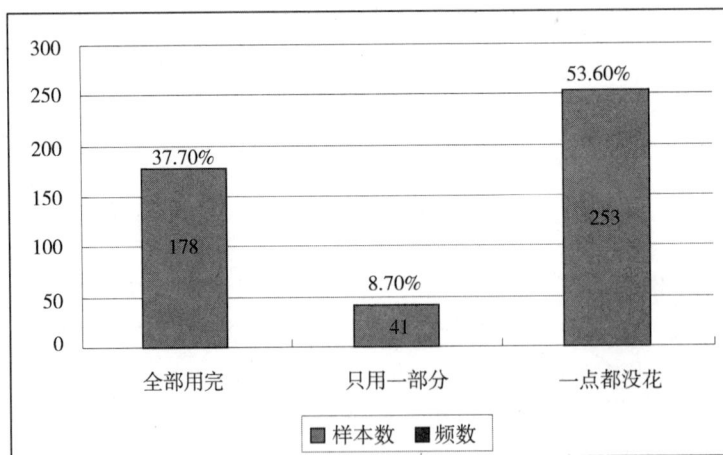

图 26　养老金的使用情况

从基础养老金消费与家庭年收入的交叉分析可以看出，随着家庭年收入的增长，基础养老金"全部用完"和"只用一部分"的比重逐步递减。

收入在 1 万元以下、1 万—2 万元、2 万—3 万元、3 万—4 万元、4 万—5 万元、5 万—6 万元和 6 万元以下的家庭,基础养老金"全部用完"的比重分别为 45.9%、21.6%、15.5%、8.8%、3.4%、1.4%和 3.4%,"只用一部分"也大致呈逐步递减趋势。由此可见,家庭经济条件越好的家庭,养老金的使用额度越小。卡方检验的结果也表明:家庭经济条件对基础养老金的使用存在显著影响(见表 46)。由此可见,家庭经济条件决定基础养老金的使用情况,家庭经济条件较差,对养老金的依赖性更强,使用额度越多;家庭经济条件越好,对养老金的依赖程度越低,使用额度就越少。显然,"新农保"政策对于前者是"雪中送炭",对于后者是"锦上添花"。

表 46　　　　　　　不同家庭年收入对养老金的使用情况　　　　　(单位:%)

| 家庭年收入 | 1 万元以下 | 1 万—2 万元 | 2 万—3 万元 | 3 万—4 万元 | 4 万—5 万元 | 5 万—6 万元 | 6 万元以上 | 合计 |
|---|---|---|---|---|---|---|---|---|
| 全部用完 | 45.9 | 21.6 | 15.5 | 8.8 | 3.4 | 1.4 | 3.4 | 100.0 |
| 只用一部分 | 53.3 | 23.3 | 13.4 | 6.7 | — | 3.3 | — | 100.0 |
| 一点都没花 | 24.1 | 19.5 | 25.4 | 13.6 | 5.5 | 4.7 | 7.2 | 100.0 |

### (三) 农民对基础养老金的评价

1. 农民反映基础养老金对改善生活的作用不大

从 1266 份有效样本来看,表示每月 55 元的基础养老金对改善生活作用"很大"的仅占 4%;认为作用"较大"为 10%;评价作用"一般"、"较小"、"很小"分别为 32%、29%、22%。还有 3%的农户选择"说不清"(如图 27)。可见,农民总体上认为 55 元的基础养老金对于生活的改善、对于养老的作用很有限。

2. 农民对基础养老金的评价与年龄成正比,60 岁以上的老人评价较高

对 1258 份有效样本作基础养老金评价与年龄的交叉分析显示(如表 47),总体来看,表示基础养老金作用"较大"的农民数量,随着年龄的增长而增多,20—30 岁、30—40 岁、40—50 岁、50—60 岁、60 岁以上的比重分别为 12.8%、7.2%、10.9%、10.5%和 22.1%;表示基础养老

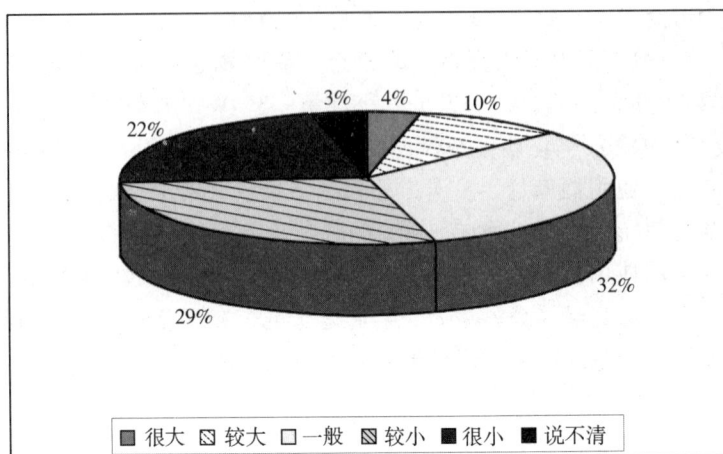

**图 27　对基础养老金的评价**

金作用"较小"的农民数量，随着年龄的增长而减少，20—30 岁、30—40 岁、40—50 岁、50—60 岁、60 岁以上的比重分别为 65.4%、59.8%、50.9%、52.7% 和 42.7%。可见，农民对基础养老金的评价与年龄成正比。

　　60 岁以上老人认为基础养老金作用"较大"的比重最高，达到了 22.1%，认为"作用较小"的比重最低，仅为 42.7%（表 47）。也就是说，相对来讲，60 岁以上老人比其他年龄段农民对"新农保"政策的评价更高。卡方检验的结果也表明，不同年龄的农民对基础养老金的评价存在显著性差异，即整体上表现为年龄越大对基础养老金的依赖程度相对更大，评价越高；年龄越小，评价越低。

表 47　　　　　　不同年龄层对基础养老金的作用评价　　　　　　（单位:%）

| 评价 | 20—30 岁 | 30—40 岁 | 40—50 岁 | 50—60 岁 | 60 岁以上 |
|------|---------|---------|---------|---------|----------|
| 较大 | 12.8 | 7.2 | 10.9 | 10.5 | 22.1 |
| 一般 | 18.2 | 29.1 | 34.0 | 32.4 | 33.1 |
| 较小 | 65.4 | 59.8 | 50.9 | 52.7 | 42.7 |
| 说不清 | 3.6 | 3.9 | 4.2 | 4.4 | 2.1 |
| 合计 | 100.0 | 100.0 | 100.0 | 100.0 | 100.0 |

3. 养老金额度较低，对解决养老问题作用有限

已领取养老金的 768 位老人，养老金每月平均为 89.2 元，高于国家补贴的 55 元的基础养老金。但不同区域有所差异，东部地区农民的养老金每月平均约为 121.7 元，远远高出全国平均水平。东部地区也不均衡，最低地区为每月 55 元，最高的地区每月达 920 元，波动幅度较大。西部地区农民养老金每月为 88.3 元，略低于全国养老金均值，中部地区农民养老金在 55—177 元之间波动。中部地区养老金每月平均仅为 67.8 元，远低于全国平均水平，最大值为 127 元，最小值为 30 元，小于 55 元的基础养老金，可以推断某些试点县市存在克扣中央补贴的基础养老金的问题。这种损害农民利益的行为应引起有关部门的关注。总体而言，基础养老金额度相对较低，从西向东呈现"√"形变化趋势（如图 28 所示）。

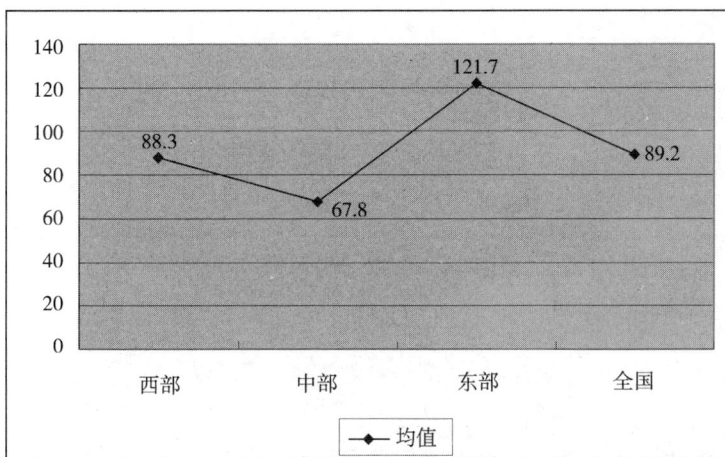

图 28　东中西部养老金金额比较（单位：元）

表 48　　　　　　　　　　　农户对养老金能否养老的态度

| 能否养老 | 能够养老 | 部分养老 | 不能够养老 | 合计 |
|---|---|---|---|---|
| 样本数（个） | 23 | 211 | 223 | 457 |
| 占比（%） | 5 | 46.2 | 48.8 | 100.0 |

从已经获得基础养老金的 457 份有效样本来看（如表 48），只有 5% 的农户表示目前所获得的养老金"能够养老"；46.2% 的农户认为目前的养老金只能"部分解决养老"问题；48.8% 的农户认为养老保险金"不能够解决养老"问题。也就是说，有接近五成的农民认为目前的养老金难以解决养老问题。

4. 储蓄养老的传统和惯性依然很大

每月 55 元的基础养老金并不能改变人们存钱养老的传统和习惯。在 1359 份有效样本中（如图 29），69% 的受访者表示依然会"存钱养老"；选择"稍微存一点钱"的为 21%；认为有了养老金后"不再存钱"养老的仅为 10%。由此可见，人们对存钱养老的想法并没有因为有了养老金而改变，依然选择存钱养老的比重高达 90%。显然，小额的养老金并不能解除农民的后顾之忧，也无法改变农民储蓄养老的习惯。如果养老金增多，农民的储蓄习惯是否会改变，值得进一步观察。

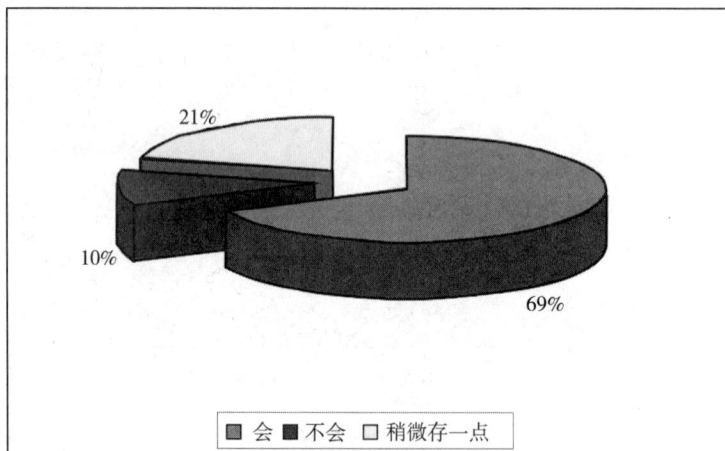

**图 29　人们对是否存钱养老的态度**

5. 农民总体倾向取消缴费上下限制，学历对上下限制设置的反响不同

对于缴费档次上限而言，持"无所谓"态度的占 50%；表示"不需要封顶"的占 34.3%；表示"需要封顶"的占 15.7%。对于缴费档次下限而言，持"无所谓"态度的占有效样本的 46.2%；认为"不需要设下限"的为 28.2%；认为"需要设下限"的为 25.6%（见表 49）。可见，无论是缴费上限还是下限，都有接近一半的农民认为无所谓，约有三分之

一的农民要求取消上下限制，给农民选择的自由。

**表 49　　　　　　　　人们对缴费档次上下限的态度**

| 对缴费档次上下限的态度 | | 需要 | 不需要 | 无所谓 | 合计 |
|---|---|---|---|---|---|
| 缴费档次上限 | 样本数（个） | 213 | 467 | 680 | 1360 |
| | 占比（%） | 15.7 | 34.3 | 50.0 | 100 |
| 缴费档次下限 | 样本数（个） | 348 | 384 | 628 | 1360 |
| | 占比（%） | 25.6 | 28.2 | 46.2 | 100 |

　　通过对缴费档次上下限态度与受教育程度的交叉分析显示（如表50所示），不同学历层对是否设缴费档次上下限的态度存在较大的差异。对于缴费上限而言，39.3%的高中及以上学历者认为"需要"设上限；认为"不需要"设上限的在小学、初中、高中三个学历层上差异不大；同时有35.7%的小学学历者对此持"无所谓"态度。

　　对于缴费档次下限而言，43.7%的高中及以上学历者认为"需要"设下限，39.4%的高中及以上学历者认为"不需要"设下限（见表50）。可见，高中及以上学历者对是否需要设缴费档次下限态度迥异。与此同时，仍有37.2%的小学学历者对是否设下限持"无所谓"态度。总体而言，高中及以上学历者对是否需要设缴费上下限上态度鲜明，普遍认为"需要"高于"不需要"；小学学历者主要持"无所谓"态度；初中学历者的态度介于两者之间。卡方检验结果也表明，学历与对缴费档次上下限的态度之间存在显著性差异，即学历越高，态度越鲜明，大体上认为设缴费档次上、下限较有必要。

**表 50　　　　　不同学历对缴费档次上、下限的态度　　　（单位:%）**

| 缴费档次上限 | 小学 | 初中 | 高中 | 大学以上 | 合计 |
|---|---|---|---|---|---|
| 需要 | 32.3 | 28.4 | 37.3 | 2 | 100 |
| 不需要 | 32.6 | 31.9 | 33.3 | 2.2 | 100 |
| 无所谓 | 35.7 | 29.3 | 33.6 | 1.4 | 100 |
| 缴费档次下限 | | | | | |
| 需要 | 26.0 | 30.3 | 39.9 | 3.8 | 100 |
| 不需要 | 30.7 | 29.9 | 37.5 | 1.9 | 100 |
| 无所谓 | 37.2 | 27.3 | 33.7 | 1.8 | 100 |

6. 农民仍期望与儿媳共同生活，选择单独生活的也较多

在 1394 份有效样本中，老人获得养老金后，选择"与儿媳一起过"的占有效样本的 43.4%；选择"单独生活"的占 39.8%；选择"住养老福利院"仅为 4.5%；还有 12.3% 的选择其他生活方式（见表 51）。由此可见，期望与儿媳一起生活的老人比重最高，这反映亲情观念依然根深蒂固，"老来靠子"的观念仍然很浓；单独生活的比重也较高，表现了一种更加独立的生活方式正逐渐形成，这只是无法与儿媳共同生活的一种理性或者无奈选择；而选择住养老福利院的比重较低，说明了农民很难接受社会性的养老服务，这也是各地农村福利院难以发展起来的重要原因。

表 51　　　　　　　　　　人们对养老生活方式的选择

| 养老生活方式 | 与儿媳一起过 | 单独生活 | 住养老福利院 | 其他 | 合计 |
|---|---|---|---|---|---|
| 样本数（个） | 605 | 555 | 63 | 171 | 1394 |
| 占比（%） | 43.4 | 39.8 | 4.5 | 12.3 | 100 |

对生活方式选择与年龄作交叉分析显示（如表 52），不同年龄段对生活方式的选择有影响。总体上看，"与儿媳一起过"、"单独生活"和"住养老福利院"的农民数量随着年龄的增长而增加。选择"与儿媳一起过"以 40—50 岁的人数最多，达到了 31.9%；选择"单独生活"以 60 岁以上的老人居多，为 33.6%；选择"住养老福利院"的主要集中在 50 岁以上的人群，其比重为 63.6%；而选择其他方式的较为分散，比重较高的在 40—50 岁之间，约占 33.3%。进一步的卡方检验结果也表明，不同年龄段对养老生活方式的选择有显著性差异，整体而言，随着年龄的增

表 52　　　　　不同年龄层对养老生活方式的选择　　　　　（单位:%）

| 养老生活方式的选择 | 20—30 | 30—40 | 40—50 | 50—60 | 60 岁以上 | 合计 |
|---|---|---|---|---|---|---|
| 与儿媳一起过 | 4.0 | 12.6 | 31.9 | 27.0 | 24.5 | 100 |
| 单独生活 | 5.1 | 14.7 | 25.2 | 21.4 | 33.6 | 100 |
| 住养老福利院 | 6.3 | 6.3 | 23.8 | 31.7 | 31.9 | 100 |
| 其他方式 | 3.6 | 19.6 | 33.3 | 29.2 | 14.3 | 100 |

长，人们对养老生活方式更为关注，养老方式的选择也较愿意与儿媳一起生活或单独生活。可见，传统的亲情观念依然根深蒂固，单独生活的方式正逐步形成。其实也印证了前面的观点，农民重亲情，可是现实条件并不允许，因而单独生活的老年人越来越多。

### （四） 县市财政补贴情况

1. 超过八成县市有"出入口"补贴，一成六的村庄有集体补助

在对 68 个试点县的调查显示，有 55 个县市对基础养老金进行了补贴，占样本总数的 80.8%（见表 53）；有 58 个县市对参保缴费给予了补贴，其比重为 85.2%，可见"补入口"的县市所占比重略高于"补出口"的比重。另外，有集体补贴的村庄数量较少，只有 11 个村庄，占调查村庄比重的 16.2%。县市补贴率比较高，与试点县市的选择要求有关系，因为试点县市的经济条件都比较好。村庄补贴比率比较低可能与村庄财力不足有很大的关系，这也说明中国村庄集体经济并不是特别发达，依靠集体经济补贴农民的养老或者增加农民的个人账户可能不太现实。

表 53　　　　　　　存在额外补贴的县、村统计表　　　　　（单位：个,%）

|  | 基础养老金补贴 | 参保缴费补贴 | 村集体补助 |
|---|---|---|---|
| 有效样本数 | 55 | 58 | 11 |
| 占比 | 80.8 | 85.2 | 16.2 |

注：有基础养老金补贴和参保缴费补贴的有效样本数是根据县级问卷统计而得，调查样本总数为 68 个。

2. 省市县财政补贴平均额差异不明显

对基础养老金补贴而言，20 个省财政平均补贴 24.6 元（见表 54）；市级平均补贴 22.5 元；县级平均补 21.8 元，省市县的平均额差异较小，总体呈现从省、市、县逐级递减趋势。从参保缴费补贴来看，省、市、县三级财政补贴平均额依次为 25.2 元、9.2 元、26.8 元，可见县级财政对参保缴费补贴平均额最高，省级略低，而市级最低。从两项补贴对比看，县级财政倾向于"补入口"；市级财政侧重于"补出口"；省级财政对"入口或出口"的补贴较为平衡。这也体现了省级财政实力比较雄厚，县级是主要的财源，市级财力相对较弱，对县级的带动作用较弱。

**表 54　　　　基础养老金及参保缴费补贴平均额　　　　（单位：元）**

| | 省级财政补贴 | 市级财政补贴 | 县级财政补贴 |
|---|---|---|---|
| 基础养老金补贴平均额 | 24.6 | 22.5 | 21.8 |
| 参保缴费补贴平均额 | 25.2 | 9.2 | 26.8 |

注：计算两项平均值时的有效样本数远远小于上表中的有效样本数，因此可能与实际存在一定误差。

3. 各级财政补贴到位率普遍较高

根据有效样本数据统计显示，各级财政补贴到位率普遍较高。中央、省、市、县各级分别为 85.7%、67.3%、43.8%、86.7%（见表 55），部分到位的依次为 7.2%、9.6%、8.3%、6.7%。财政补贴没有到位的省级所占相对比重较高，为 23.1%，其次是市财政为 16.7%；其中，在市财政中有 31.2% 的样本点没有配套补贴。总体而言，各级财政补贴到位率普遍较高，其中中央和县财政补贴到位率达到 90% 以上，省财政和市财政补贴到位率略低。我们也必须看到，随着"新农保"的逐步推广，各级政府是否有财力维持现有的补贴力度值得进一步观察，更值得学者进一步研究。

**表 55　　　　　　各级财政补贴是否到位情况　　　　（单位：%）**

| | 到位 | 部分到位 | 没有到位 | 没有配套 | 合计 | 有效样本数 |
|---|---|---|---|---|---|---|
| 中央财政补贴 | 85.7 | 7.2 | 7.1 | — | 100 | 56 |
| 省财政补贴 | 67.3 | 9.6 | 23.1 | — | 100 | 52 |
| 市财政补贴 | 43.8 | 8.3 | 16.7 | 31.2 | 100 | 48 |
| 县财政补贴 | 86.7 | 6.7 | 6.6 | — | 100 | 60 |

# 五　落实"新农保"政策的"五大问题"

"新农保"政策是一项重要的惠农、稳农、利农的政策，更是一项涉及方方面面的系统工程。正因为如此，在试点过程中，难免存在一些问题：包括政策实施的问题、工作机制的问题、制度安排的问题以及政策协调问题。此外，农民也有不少担心和顾虑。

### （一）政策实施：宣传与动员的问题

1. "新农保"政策宣传不够到位

宣传方式不太多。因为时间紧，要求高，各试点县市的宣传工作做得不够到位。一是宣传方式比较少。各地开展"新农保"工作多以开会、入户和发放传单等传统宣传方式为主，其他宣传方式很少。在1717份有效样本中，通过村干部了解政策动态的农户最多，占有效样本的50.7%；其次是电视媒体为17.0%。二是宣传方式比较简单。在1648份有效样本中，通过开会、入户宣传、发放传单了解政策的农户分别为39.6%、28.9%、15.8%。因为中央要求在春节前将基础养老金发到农民的手中，所以宣传工作就变成了落实工作，缺乏与农民之间的互动沟通，有些宣传方式带有潜在的强制性，引发了一些抵触情绪。三是宣传主体较单一，宣传工作主要依靠村干部，边宣传边落实，边办手续边缴费，而村干部又不太熟悉"新农保"的业务，无法对农民进行具体的解释和说明。

宣传内容不太细。"新农保"政策需求度高、受欢迎程度高，但政策宣传往往"强调导向，忽视细节；强调要求，忽视解释；强调宏观，忽视微观"，农民只能模糊地了解政策的枝节，大致知道参保可以领取养老金，但对于参保的基本程序、缴费的档次、领取的养老金额度等基本信息尤其是新旧农保的区别不太了解。当问及"您是否知道'新农保'参保缴费的基本程序"时，在1793份有效样本中，表示"知道"、"知道一部分"、"完全不知道"的农户，其比重分别为37.1%、34.9%、21.8%。显然，政策宣传不太细、不太彻底。这加深了农民的参保顾虑，如：想参保不知如何着手，想缴费又担心钱不安全，想询问又找不到地方，甚至对政策的误解，误认为捆绑政策是"用子女的钱养老人"。

宣传效果不太好。村干部对政策的理解直接影响农民的认知。统计分析显示，在68个村庄中，有31个村的干部对"新农保"政策"非常了解"，占调查村庄的45.6%。35个村的村干部表示"较为了解"，占比为51.5%；"不太了解的"只有2个村庄，为2.9%（见表56）。作为基层政策宣传的主体，对政策都不太熟悉或者较为了解，宣传效果肯定不会太好。尽管大多数农民都听说过"新农保"政策，也参加了"新农保"，但对政策细节却一知半解，不清楚"缴多少，60岁拿多少"。在465户没有参保的农户中，33.1%的农户表示因对"新农保"政策"不太了解"而没有参保。显然，对政策不了解、不熟悉是导致参保率不太高的重要原因之一。

表 56　　　　　　　村庄干部对新农保政策的了解情况

| 村干部 | 非常了解 | 较为了解 | 不太了解 | 合计 |
| --- | --- | --- | --- | --- |
| 村庄数（个） | 31 | 35 | 2 | 68 |
| 比重（%） | 45.6 | 51.5 | 2.9 | 100 |

2. "新农保"政策动员参与过于明显

动员参与"过快"。由于中央有关部门要求春节前基础养老金务必发到农民手中，因此各地在落实"新农保"政策时，大多采取"地毯式"的动员参与方式，以求短时间完成上级的任务，实现高参保率。由于前期准备不充分，对政策实施步骤缺乏整体部署，仅采用传统、单一的方式对农民进行宣传，采取半强制方式动员农民参保。这种过于追求速度、急于完成任务、不计成本的强制动员方式，既浪费了人力、财力，又降低了政策落实的成效，更增加了农民的反感。

动员参与"过急"。基层政府在动员农民参保的过程中，急于求成，宣传走形式。大部分地区宣传动员与参保缴费同时进行。村干部进村入户，发放宣传单、宣传手册，告知农民有"新农保"这个政策，同时动员他们参保缴费，当场收取证件、登记信息。大多数农民在不知道政策细则的情况下糊里糊涂地参保，糊里糊涂地缴费，也有部分农民因不理解政策而弃保、拒保。这种过于匆忙的动员参与方式，为"新农保"工作今后深入持续的开展留下了后遗症。

动员参与"过强"。"新农保"政策实施过程中，政府权力介入过多、过深，有些地方参保变成了强制动员、强迫参与。"新农保"作为一项惠农、利民工程，要让农民理解需要一段时间，农民需要学习、需要示范引导。有些地方政府为了追求高参保率、高速度，利用硬性措施促使农民参保。如：利用干部与农民的亲戚关系，要求干部说服亲戚参保；还有些地方政府将参保率作为考核乡镇工作的重要指标，给基层政府施压；有些乡镇将"新农保"工作与其他农村工作挂钩，不参保就不能享受其他惠农政策。这种带有连带责任的动员参与形式在农民看来就是强迫。农民责问"好东西为什么要强迫"。惠民工程有演变成"扰民工程"、"收费工程"

的可能，农民反感比较强烈。

### （二）工作机制：人、财、物的问题

#### 1. 人手不够，网络不全

由于"新农保"工作才开始启动，基础信息不全，核对、动员、办理参保手续的工作多、任务重，再加上业务不熟悉，"新农保"工作人手不足问题尤其突出。农保工作人员大部分从其他单位临时抽调，也有部分通过公开招聘上岗，乡镇经办人员多以兼职为主，管理和经办人员素质参差不齐，给"新农保"工作带来诸多不便。

#### 2. 财力不足，待遇不明

"新农保"是一项全新的工作，开展既需要工作经费，也需要人员经费，但这些都没有纳入财政预算，管理机构没有专门的工作经费。财力不足的直接影响是基层"新农保"工作人员待遇不明。"新农保"的很多工作需要乡镇政府和村级组织共同协调完成，而乡镇和村级协管员既无编制，也无经费保障，难以调动基层工作人员的积极性。

#### 3. 机构不周，设备不全

"新农保"工作从参保信息核对到资格认定，从办理缴费手续到领取养老金，环节多、要求严、程序杂，对于这样一个系统工程，现在管理部门却"缺机构、缺人员、缺设备、缺配套"。管理和业务人员几乎全部从各个部门抽调，可谓"名不正、言不顺"。与此配套的宣传机构、办公设备、金融服务机构也跟不上。特别是乡镇只有民政协管员一人，没有办公场所和网络管理的条件。由于办公设备配备不齐，不少地区的"新农保"参保信息统计、汇总、上报均通过手工完成，加大了工作量，增加了失误率。

### （三）制度安排：内容、程序与衔接问题

#### 1. 制度规范不够给操作带来的困惑

"新农保"指导意见中有些提法给基层工作带来了困难。一是表述比较模糊。指导意见规定，已年满60周岁、未享受城镇职工基本养老保险待遇的不用缴费，可以按月领取基础养老金，但符合参保条件的子女应当参保缴费。"应当"二字在基层工作者和农民中分别产生了不同的理解：有些地方政府将"应当"解读为"必须"；而部分农民将它理解为"理

应",言外之意就是老人的子女可以参保,也可以不参保。二是条款内在冲突和紧张。指导意见规定,年满 60 周岁的农民都能够享受国家的基础养老金,但政策又要求子女捆绑参保,子女不参保,老人无法获得基础养老金。在调查样本中,60 岁以上老人还有 269 人没有纳入基础养老金的发放范围,占 60 岁以上老年人总数的 25.9%,这类没有纳入范围的老人大多属于条款内冲突导致的。这种对政策的不同解读和内在紧张,为"新农保"政策的推广带来了一定的困扰。三是定性明确性不够。在调查中发现,对于"新农保"政策,地方政府和农民的理解有所不同,有些地方政府认为,社会养老保险既然是保险就需要都缴费,60 岁以上的农民也不例外;农民则认为"新农保"是国家给农民的福利,60 岁以上的老人无须缴费就可直接享受。"新农保"究竟是"福利",还是"保险",指导意见必须明确规定,否则不同解读会产生矛盾和问题。

2. 制度连带过强给农民带来的影响

捆绑政策产生了误解。"新农保"试点的指导意见原则要求,子女参保,父母才可获得基础养老金。在具体实施过程中,大部分县、市都要求全部子女缴费参保,否则家中的老人无法获得基础养老金。这个政策导致了农民对政策的误解,"子女自己出钱养老","你们是收我们钱养我家老人"。"一收一发"使农民觉得是自己出钱给了老人,不了解缴费是为自己缴费,为自己养老做好准备。

捆绑政策加重了负担。符合参保条件的子女参加"新农保",从长远来看是为自己着想、为未来准备。但从即期看,捆绑参保的确增加了家庭的缴费负担。现在年满 60 岁的老人一般都有多个子女,假定平均有 4 个子女,被捆绑的至少有 8 人,多则 12 人。假定按最低年缴费 100 元计算,就是 800—1200 元。对于经济条件比较好的家庭,钱并不算多;对于经济条件不太好的家庭,可能就是一个负担,特别是要持续缴费更加困难。另外,有农民反映,"五个手指头伸出来有长短,一刀切不好"。因为儿女之间有条件好的,也有条件差的,一视同仁的捆绑政策势必加大贫困家庭的经济负担。

捆绑政策诱发了问题。捆绑政策也诱发了一些家庭矛盾。只要有一个子女不参保,老人就无法享受基础养老金。我们在青海省某县调查时,村干部就反映了这样一个情况:"养老这一块,多子女家庭,各子女间相互推卸责任,各个子女经济条件有好有坏;有的顾家,有的不顾家;有的孝顺，有的不孝顺；再加上农村婆媳关系本来就很微妙，开展'新农保'还要带专人协调家庭矛盾"。整个政策执行下来不仅会造成部分农村家庭子女之间、子女与老人之间的冲突，影响家庭和谐，也会使基层工作更难开展。

3. 制度衔接不好给政策带来的影响

首先，农民普遍不知"新农保""新"在何处。早在 1986 年有些县市就开始"老农保"试点工作，1991 年局部推广。总体来说农民对"老农保"参与积极性不高，印象也不太好。虽然原则规定"个人缴费为主，集体补助为辅，国家给予政策扶持"，实际上集体没有补助能力，政府扶持又不到位，最后就剩下农民"自己缴费，自己养老"。"新农保""新"在政府要拿出真金白银补贴农民。但调查显示，很多农民不知"新农保""新"在何处。在 1024 份有效样本中，表示"不知道"新旧农保政策区别的占有效样本的 57.3%；表示"说不清"的占 25.3%。对政策的不了解直接影响农民参保的意愿和行为。而且还有不少农民认为，"保险是地方政府自己弄的一些事，政府没有钱向农民收"。

其次，新旧农保过渡重视力度不够。"新农保"试点指导意见明文规定，对已参加老农保、未满 60 周岁且没有领取养老金的参保人，应将老农保个人账户资金并入"新农保"个人账户，按"新农保"的缴费标准继续缴费，条件符合时享受相应待遇。但在具体的实施过程中，地方政府并没有将新旧农保之间的衔接作为一项重点工作抓，对新旧农保的转移和资格认定、手续办理、经费发放等工作都还没有展开，新旧农保的权利和义务也没有明确的规定，对接、过渡只有原则性的规定，没有具体的细则。

最后，先行政策不完善影响后续政策的推广。主要有三种影响：一是过去曾经试点老农保的县市，因为老农保"缴费起点高、缴费数量大、政府补贴少"，农民对此印象不太好，影响了新农保政策落实和推广。二是国家其他惠农政策，在少数地方因为制度配套、操作等方面的原因，给农民留下了不好的影响，从而影响了"新农保"的信誉。三是税费提留征收政策的后遗症，由于农民对 1995—2002 年税费提留记忆犹新，听说要缴参保费，就误认为地方政府和乡村向农民收费，从而影响了"新农保"政策的推广。

### （四） 政策协调：配合与倾斜问题

1. 部门之间的协调难度大

一是部门之间的协调。"新农保"工作是一项系统工程，涉及公安、民政、计生和金融机构等许多部门的责任与分工问题，容易出现相互推诿、逃避责任和"踢皮球"的情况，如：农保管理部门反映，"公安部门以农村人口资料是秘密，不给农保部门"。二是管理部门与政府之间的协调。"新农保"工作涉及多个部门、多级政府和组织，是政府的一项长期工作，需要政府组织、协调，但有些地方认为，"新农保"就是人保部门的事情，并不需要政府出面，从而使农保部门的工作难以展开、难以得到配套、难以得到必要的支持。三是乡村之间的协调。县乡、村三级"新农保"服务网络没有建立起来，村民的参保信息没有实现较高层次的统筹，导致多头参保，增加了地方财政的负担。四是地区之间的协调问题。主要是农民工养老保险的转移接续问题。农民工的养老保险的转移涉及输入地和输出地的经济利益和财政负担。试点县市普遍反映，农民工养老保险转移没有可操作的政策方案，异地转移还处在观望状态，养老保险还没有实现省际统筹，农民工参保的转移接续还不能完全实现。

2. 效率与公平兼顾难度大

"新农保"试点指导意见要求地方政府对参保人缴费给予补贴，对选择较高档次缴费的农民给予适当补贴。在实际操作中主要有三种模式，最大问题是效率和公平难以兼顾。模式一：缴费不补模式——难以调动积极性。一些经济条件不太好的试点县市，财政无力承担缴费补贴，不管农民缴费多少都没有相应的补贴。这种模式对鼓励农民选择高档缴费标准参保没有动力，难以调动农民的缴费积极性。模式二：固定补贴模式——难以体现效率。缴费有补贴，但补贴额度一样。不管选择哪个档次的缴费，个人账户都将获得同等的财政补贴。这种模式保证了公平，但对激励高收入农民选择较高缴费档次没有作用，即补贴无法体现效率。模式三：多缴多补模式——难以体现公平。缴费有补贴，多缴多补。这种模式对农民缴费实行分档补贴，选低档补贴少，选高档补贴多。这种模式能够激励农民选择高的缴费档次，但只能惠及小部分高收入群体，难以体现公平。显然，"新农保"政策在公平与效率的兼顾方面有待进一步完善。

### 3. 统一性与特殊性协调难度大

"新农保"政策如何兼顾政策的统一性与对特殊群体、特殊地区的照顾问题有待进一步研究和完善。一是城郊失地农民养老问题。城郊部分农民失去了土地,但没有权利享受城镇居民最低生活标准补助,更没有经济能力承担城镇职工社会养老保险,想参加负担较低的"新农保",却因户口限制而不能如愿。失地农民常调侃"我们是高不成低不就,两边都不是"。有部分农民强烈要求"非转农",要求将户口转回农村。二是弱势群体参保的照顾问题。虽然"新农保"试点指导意见要求各地对低保、"五保"、残废人等弱势群体参保给予照顾和支持,但由于各地对弱势群体的定义不同,加上财力有限,有相当大一部分弱势群体无力参保,也没有得到当地政府的照顾与倾斜。三是独生子女家庭的特殊照顾问题。不少家庭响应国家的独生子女的政策,只生育一个子女,对此类家庭有些地方如湖南、重庆等地有照顾,但很多地方并没有优惠政策。因此,"新农保"政策必须将为国家人口政策作出贡献的家庭、地区的照顾体现出来。

### (五) 农民的"三大担忧"

总体而言,农民对"新农保"政策持肯定和赞赏的态度,但是农民也有些顾虑和担心。

### 1. 担心政策的持续性问题

在1672份有效样本中,561位受访者认为政策的延续性是最担心的问题,占有效样本的33.6% (见表57)。在没有参保农户中,45.6%的农户因为担心政策不可靠而没有参保。有的农民提出疑问,"'新农保'政策会不会这两年有,过两年就取消了",还有的农民说"要是以后取消了这个政策,我们缴的养老金还能取回来吗"? 由于担心政策不可持续,不少农民对"新农保"政策持观望态度,即使参保也只选择最低的档次缴费。显然,农民最担心的就是政策是否有大变动,能否持续下去,是否可靠。因此对于"新农保"政策,国家不仅要在制度层面保证政策的持续性,还应通过多种方式和途径向农民宣传政策的可持续性,告诉农民"新农保"是国家信誉,有国家担保。

表 57　　　　　　　　农民对"新农保"政策的关心程度排序

| 政策关心情况 | 样本户数（个） | 占有效样本的比重（%） |
| --- | --- | --- |
| 政策能否延续 | 561 | 33.6 |
| 将来能不能领到钱 | 483 | 28.9 |
| 缴多少，得多少 | 345 | 20.6 |
| 什么时候可以领钱 | 135 | 8.1 |
| 手续复杂不复杂 | 104 | 6.2 |
| 其他 | 44 | 2.6 |
| 合计 | 1672 | 100 |

2. 担心缴费的连续性问题

农民对自己的挣钱能力和缴费能力充满不确定性。一是农民担心收入的不连续，农民普遍反映"今年有钱缴，谁知道明年又是什么收成"。二是农民担心自己身体状况不太好，生病无法挣钱。三是担心环境发生变化，特别是城郊的农民，担心既没有地种，做零工又没人雇，赚不着钱。四是担心随着年龄的增大，挣钱能力越来越差。由于农民对自己挣钱能力、缴费能力没有信心，对于"新农保"这种年年缴费、长期投资的政策，要么不敢参加，要么不敢选择较高的缴费档次。

3. 担心资金的安全性问题

在 1672 份有效样本中，有 483 受访者对"将来能不能领到钱"比较担心，占有效调查样本的 28.9%，对政策表示不信任而选择较低缴费档次的占到 17%（见表 57）。调查过程中我们普遍发现，农民担心资金的安全。有农民说，"钱交上去了，还能不能回到农民手里"、"钱还是存在银行放心些，交上去就看不到了"。有农民意味深长地说，"新农保是一本好经，就怕被和尚念歪了"。也有人担心，这些钱交上去以后会不会用来抵扣以前的税费提留的欠账。这些疑问和担心表明，农民对政府存在一定程度的不信任，同时也应看到农民的风险意识渐强。农民担心资金的安全性，也反映了地方政府对"新农保"政策的宣传不够细致、不够到位，没有能够充分掌握农民的心理动态并及时化解。由此看来，未雨绸缪，加大政策的监管力度，强化政策的执行力度，是将来国家实施新的惠农政策需要重点关注的问题。

　　此外，农民还对缴费—收益比率、什么时候能领钱以及手续问题比较担心。在1672份有效调查样本中，20.6%的农民关注"缴多少，得多少"，8.1%和6.2%的农民关注领钱时间和参保手续（见表57）。可见，农民最关注的问题是政策能否延续、资金是否安全的问题，另外农民也比较关心养老金收益比率、自己续费能力、缴费领款手续等问题。

## 六　完善"新农保"政策的"八条建议"

### （一）认识政策的艰巨性，做好全局性的安排

　　"新农保"政策不像家电下乡、建材下乡等惠农政策，后者属于阶段性，前者长期性的，不仅是一项惠农政策，更是一项长期性的制度。各级政府必须充分认识"新农保"政策的制度性质，全局性、整体性，持续性地推进和落实"新农保"政策。一是长期性。"新农保"政策是农村的社会保障制度，具有持续性和长期性，不能一蹴而就，也不能做"一锤子买卖"。各级政府在推进和落实"新农保"政策时务必从制度的角度出发，考虑其稳定性、持续性和长期性。二是广泛性。"新农保"政策涉及农村的各个阶层、各个方面，其范围之广、影响之大、时间之长，任何惠农政策都无出其右。三是系统性。"新农保"政策更是一项系统工程，不是哪个部门、哪家单位、哪级政府的事情，它是国家、政府的事情。"新农保"政策的落实不能仅仅依靠人保部门，必须将其变成政府的日常性工作。四是复杂性。"新农保"政策涉及的人多、部门多、层级多、政策内容多，因而沟通多、协调多、程序多、内容多、核算多，异常复杂、烦琐。

### （二）强化政策宣传，鼓励农民积极参保

1. 宣传方式力求贴近农民生活，做到精细化、生活化、乡土化

　　"新农保"政策的宣传要改变以往"重导向，不重细节；重程序，不重内容；重宏观，不重微观"的宣传策略，注重宣传政策细节、内容，将以往大而化之的宣传方式转向精细化、生活化、乡土化。在宣传方式上，应当继续加大电视、广播、报纸等主流媒体的宣传力度；借助网络、手机等现代化传播媒介加以宣传；应当结合农村乡土文化的特点，组织村干部开展"进村入户"的宣讲，通过在村庄散发传单、书写标语和悬挂横幅等形式直接激励农民参保；同时积极采用现场咨询、文娱戏曲宣传等

农民喜闻乐见的方式，发挥乡土社会重视熟人、信任熟人、模仿熟人的特点，通过"熟人示范"提高"新农保"的知晓度和参保率。

2. 宣传内容应有所侧重，注重政策的内容、程序、目标

农民对"新农保"政策存在认识不到位、认识误区等问题，严重影响了政策实施和推广。各级政府应针对农民误解、疑惑、担心的问题，进行重点宣传和解释。一是大力宣传参保资金的安全性，告诉农民参保资金的安全由国家担保，具有国家信誉，不存在风险，以此打消农民的参保顾虑和缴费顾虑。二是大力宣传政策的获利性，告诉农民现在参保是为未来养老，"多缴费、多得利、多受益"，通过宣传激励、优惠政策吸引农民积极参保、多缴参保费。三是大力解释捆绑政策的作用，告诉农民捆绑并非强制，捆绑参保既使老人能享受国家政策照顾，基本生活有保障，尽到为人子女的责任，也能使自己的老年生活有较好地保障。四是对于销户人口入保和多头参保的问题也应当成为政策宣传的重点，告诉农民，国家的政策是"低保障，广覆盖"，"尽保应保"，最后让所有的农民都"老有所养"，以解除农民心中的疑惑和不公平感。

### （三）加大财政补贴力度，优化补贴模式

1. 优化参保补贴模式，实现公平与效率的双赢

加大公共财政对新型农村养老保险制度建设的投入，建议采用"两头补"的形式，将农民负担降到最低。首先"补入口"。就是在农民参保缴费环节给予财政补助，地方财政可以按照"缴费有补贴，多缴多补，照顾特困群体"等原则进行。其次"补出口"。在"新农保"养老金待遇支付环节给予财政补助。中央财政主要负责"补出口"，即基础养老金部分，国家对中西部地区给予全额补助，对东部地区给予 50% 的补助。经济条件好的试点县可以考虑配套、增加出口环节的养老金，并可以考虑随着年龄增长，养老金逐渐增多，如每增加 5 岁，基础养老金提高 5%；增加 10 岁，基础养老金提高 10%，以此类推。同时，还可以考虑与其他养老保险挂钩，实施丧葬补助、重阳节补助、老年人整生日补助等。

2. 创新续保补贴模式，促进"新农保"可持续发展

改变"重扩保，轻续保"的趋势，对参保对象"既要引进门，更要留住人"，这已成为巩固和发展"新农保"的一项重要工作，关系到"新农保"制度推进的连续性，也与农民能否最终受益息息相关。"新农保"工作

周期长、环节多、任务重、牵涉广，行政推手不能只推一下就撒手，而应持续发力，善始善终。一方面要求政府长期重视"新农保"的推进工作，也要求农保经办人员必须树立"主人翁"意识，以饱满的工作热情和快捷的工作效率换取农民的信任，让农民既能自愿参保，又能自觉续保。另一方面，在制度设计上要有鼓励年年续保的相关措施，比如是否可以考虑以五年为一个时间节点，设置灵活的财政补贴系数。规定连续 5 年缴费，补贴系数上调若干个百分点；连续 10 年缴费，补贴系数再上调若干个百分点；满 15 年以后，继续缴保费的，可以再给予一定的优惠。依此类推，形成因人而异、因时而异、因地而宜的激励政策，实现"多缴能多保，早缴能多保，续保更能多保"的良好局面，从而夯实养老金制度的基础。

3. 强化弱势群体的补贴优惠，确保均等的基本养老权

基于"应保尽保"的原则，对于"五保户"、低保户、特困户、复退军人以及独生子女家庭，应专门制定补贴优惠政策（包括养老金补贴和缴费补贴）。让困难农户均等地享受国家养老政策的优惠；对于独生子女家庭给予缴费补贴，兑现政府的承诺，促进计划生育政策的落实；对弱势群体实施补贴优惠政策，特别是"五保户"的保费由地方财政支付，低保户、特困户、残废人家庭实施更加优惠的缴费补贴；对于失地农民，集体、地方政府、征地单位应采取"一揽子"的方式统筹解决。

4. 强化财政补贴的福利性质，赋予个人账户的投资功能

中央政府的养老金财政补贴必须明确是"老年人的最低生活保障"，具有普惠性质，具有福利性质，年满 60 周岁的老年人，无论参保与否，无论子女参保与否，都能够享受。在保障财政补贴的福利性质的同时，还要激活个人账户，使其具有投资功能和信用功能。一是个人账户与财政补贴挂钩，多缴保费多获得补贴。二是个人账户与信贷融资挂钩，可以考虑以个人账户资金和保险证质押贷款，吸引农民参保，同时保证参保资金用于农，防止农村资金非农化。三是个人账户与信用记录挂钩，可以利用农民的个人账户建立永久性的、全国性的个人信用记录，作为农民的信用历史档案。

**（四）完善制度设计，满足多样化的需求**

1. 扩大参保的范围，让更多乡村群体享受"新农保"政策

现行"新农保"政策的适用对象主要是具有农村户籍的居民，但由于历史原因，有很多林场、茶场、农场的"职工"以及不少被征地的失

地农民也长期生活在乡村地区，对于这样一些介乎于"城里人"和"乡里人"的边缘人群，国家的"新农保"政策并没有予以充分考虑。建议扩大参保范围，将更多的农民群体纳入政策的受益范围，让更多的乡村群体参加"新农保"，使其"老有所养"。

2. 丰富保险的种类，满足不同农户的需要

现代农民包括务农农民、农民工、兼业农民、经商农民和失地农民等，各类农民的经济条件不同，对社会养老保险的需求差异较大。"新农保"应针对农民养老的多样性需求，增加农村养老保险的种类，扩展农村养老保险的功能，提高农村养老保险的保障适用性，如可以考虑增设老年农民护理险，这样既扩大了农民的选择空间，又满足了不同农民的实际需求。

3. 增加"新农保"的缴费档次，满足不同层次的需要

不同收入水平的农民对养老保障需求不同，承受能力也不同，缴费档次应因地制宜，灵活多样，让农民有更多的选择空间，以充分调动农民的参保积极性。在国家基本的五个缴费档次的基础之上，适当增加更高额的缴费档次，满足高收入的农民的参保需求，同时保证国家规定的 100 元的起步档次，使收入低的农民能够老有所保，尤其是贫困农民，应采取有效方式降低或减免其养老保险金。这个可以借鉴美国的负所得税政策，财政按照家庭收入水平对参保予以补贴，低于一定水平的可完全由财政承担。

4. 强化"新农保"的区域特色，满足不同地区的需要

"新农保"制度的设计也应考虑地区差异、区别对待，合理制定适合东、中、西部地区的养老保险目标、缴费标准及补贴方式等，决不能"一刀切"。经济条件好的东部地区和中西部城郊地区，可以提高缴费档次，发挥地方政府和村级组织的财政补贴优势，减少中央政府财政补贴；经济条件一般的中部地区，可以采取如"多缴多补"等方式鼓励农民参保，确保地方财政配套及时到位；相对贫困的西部地区，中央财政应给予适当倾斜，以减轻地方政府的财政压力。

5. 明确"新农保"的定位，变捆绑缴费为激励参保

由于农民对捆绑政策不太了解，也不太理解，对政策产生了一些误解。因此，政府和部门要进一步做好解释和宣传工作，同时对捆绑政策进行一定的调整。一是要明确"新农保"政策的性质定位，基础养老金是国家给予老年人的福利，可以鼓励子女参保，但不应强制捆绑；二是如果要强调子女的养老责任，只要有子女参保即可，没有必要所有符合条件的

子女必须参保；三是对子女参保给予一定的激励政策，如可以宣传"参保就是敬老"、"缴费就是养老"，也可以评选"五好家庭"、敬老模范等方式，激励子女参保，提高参保率。

### （五）健全管理机制，提高经办能力

1. 建立专门的管理机构，完善县乡村服务网络

首先要建立专门的"新农保"管理机构。"新农保"相对于城保，程序更杂，难度更大，任务更重，必须有专门的机构负责。其次，落实机构人员编制。可以考虑按照人口规模确定农保部门的编制。再次，完善乡村管理网络。每个乡镇必须配备专门的"新农保"管理人员，村配备"新农保"协管员。最后，强化农保专业人员的培训。应对不同层次、不同岗位的农保专干、协管员进行业务培训，通过举办财务、业务培训班，学习业务，交流经验，提高农保专干和协管员的综合分析能力、组织协调能力和实际业务能力，真正做到有能力、懂业务、会管理，并通过定期考核、评比等方式，提高经办人员的责任意识、服务意识和业务水平。

2. 保障农保部门的经费，确保"新农保"工作持续推进

"新农保"是一项长期的工作，必须将"新农保"管理部门及其乡村服务网络的经费一并纳入同级财政预算，绝对不能挪用农民的保费，切忌以保费养机构、养人员。一是农保机构的费用纳入同级预算；二是乡镇农保管理员的经费也应纳入上级财政预算；三是村庄的农保协管员应有必要的经费保障。对于财力较差的地区，中央和省级财政要给予支持，通过转移支付搞好经费保障，确保"新农保"工作的持续稳步推进。

3. 健全信息化配套设施，构建各级网络服务平台

一是搭建市、镇、村三级信息网络平台，各县（市）区应引入农村养老保险信息管理系统和资格审批、资金发放管理系统；利用互联网技术对参保人员进行信息入库管理，逐步提高工作效率。二是搭建农保部门与代理银行的信息网络平台，实现农保中心和保费代理银行之间数据的双向传输和共同分享，使农村养老保险工作走向现代化、信息化和规范化。三是搭建相关职能部门的信息平台，各县市相关公安，财政，金融、民政，劳动和社会保障等部门更应通力合作，实现资源共享、信息通用，保证"新农保"政策的顺利实施。此外，各级"新农保"经办机构应配备必要的服务柜台、验钞、监控等硬件设施。

4. 完善"新农保"操作程序，促使惠农政策人性化

"新农保"政策不仅要靠政策推动，更要靠人性化的操作。一是因人制宜，简化程序。60 岁以上的老年人大多没有办理二代身份证，县市管理机构可以根据实际情况，简化程序，搞好信息核对审查工作。二是定点服务，方便群众。大多县市要求必须到镇上金融机构凭身份证或者指纹认证亲自领取养老金，但是偏远农村的老年人出行十分不便，成本也比较昂贵，管理部门可以采取定点定时发放的方式或者代领的方式解决老年人的实际困难。三是前移平台，服务农民。各地可以在设立基金专户的基础上，提供持卡缴费、代扣、领金的平台和窗口，从而实现农保中心和保费代理银行之间数据的双向传输和无缝对接。四是实事求是，排忧解难。农民平日体力活重，指纹被磨平或者比较模糊，指纹认证系统不适合农民，建议采用手纹认证系统或者其他的认证方式。

### （六）搞好衔接协调，实现保障政策的对接

1. 搞好"新农保"与旧农保的衔接

各地应尽快着手检查旧农保档案，核对旧农保的缴费卡、明细表及缴费手册，对投保人的投保数额、缴费时间、缴费人身份证逐一核对，做到"乡不漏村，村不漏户，户不漏人"，摸清旧农保投保缴费底数，迅速开展新旧农保的转接工作，按照"做加法"、"就高不就低"、"老人新办法"的原则，确保补贴及时到位，保证旧农保参保人的基本利益。

2. 实现养老保险的异地转移接续

目前省级统筹尚未实现，更谈不上全国统筹和跨省转移。统筹层次低使得流动人口有机会钻政策空子，既参加"新农保"，又在务工地参加城镇职工养老保险，同时享受两份或多份有国家补贴的社会养老保险。因此，必须尽快做好两项工作：一是尽快建立全国性的参保信息系统，实现参保信息的全国查询。二是尽快实现养老保险的异地转移接续工作，保证参保人的基本权益，特别农民工在打工地点的保险金，既要转移个人账户，也要将企业和当地政府补贴的部分转移，承认务工人员对打工地的贡献。

3. 逐步实现养老保障的城乡统筹

随着我国城镇化速度加快，农民纷纷进城务工经商、建房置屋，要尽快摸索建立城乡养老保险的转移接续工作，实现城乡社会养老统筹。一是制定农保与城保对接的规则、程序。二是制定失地农民农保与城保对接的

财政补贴制度，保证失地农民能够享受城保。三是完善城郊低收入家庭的农保与城保对接的照顾政策。

4. 做好"新农保"与其他保障制度的对接

农村养老保障制度是由新型农村养老保险、新型合作医疗、农村低保和社会福利、社会救济等制度组成的完整体系，各项制度功能各异，不可或缺，搞好各项工作的协调和衔接十分重要。因此，在推进落实新农保政策时，一定要立足当前，着眼长远，从实现城乡一体化的角度搞好协调，使新农保与其他社会保障制度"有接口，好核对，便配套，宜衔接，可转移"，首先，可以考虑农保资金与医疗保险、公积金（务工农民）打通使用、双向流通，使个人账户一体化；其次，可以考虑新农保与低保、五保政策打通，通过"新农保"来逐渐替代"低保"和"五保"政策，使保障政策一体化。

### （七）强化农保监管，保障参保资金的安全

1. 保证国家资金的安全

中央、省级政府每年都有大量的财政资金投入落实新农保政策，各级政府必须加大国家财政投入资金监管，确保能够落到农民的手中。为此相关部门必须从三个方面监管国家财政资金的安全，防止截、跑、冒、漏：一是防套。防止地方政府套取中央拨付的养老补贴金，特别要注意县乡村三级合谋、套取财政补贴，新农合就存在乡镇医院与农民、村庄合伙套取中央财政补贴的现象。二是防截。防止地方政府截留中央拨付的财政养老金，山西省有些试点县发给农民的基础养老金就只有30多元，不排除地方政府截留的可能性，还有各地以60岁以上的老年人手续不全而不将其纳入基础养老金发放范围，从而克扣中央财政的补贴。三是防冒。防止村庄或者乡镇以空户或者死人户籍继续冒领养老金。因此，强化新农保的监管，确保国家财政补贴资金的安全尤其重要。

2. 保证参保资金的安全

参保资金是农民的"活命钱"、"保命钱"，一定吸取城保资金被地方政府、管理部门贪污、挪用、乱用、乱发福利的教训，确保参保资金的安全：一是坚持"收发两条线"，不能"以收抵发"，也不能"以发定收"。参保资金必须进入专户、专户专管、专审专拨，收管分开、管营分开、收发分开。二是坚持"上下核对"，地方政府所收参保资金和支付的养老

金，必须如实呈报国家农保部门，上下核对，上下监管，确保资金的安全。三是强化监管力度，鉴于农保资金的重要性，要建立多渠道的监管机制，农保部门的业务监管、财政部门的拨付监管、银行的协同监管，以及新闻舆论的社会监管。四是加大惩处力度，对于贪污、挪用、乱用、乱发的行为，要依法从重处理形成威慑力，确保任何部门和个人不碰这根"高压线"。

3. 保证资金的保值和增值

在强化参保资金的监管同时，还要搞好资金的安全营运，防止资金贬值。鉴于通货膨胀问题，要保证资金的保值和增值，主要是"五个办法"。一是"避风险"。农保资金绝对不允许进行风险性投资，不能进入股市、房市。二是"稳经营"。农保资金可以交由专业的、可靠的、资信好的商业性基金公司，委托经营，但必须保证能够随时收回、随时变现，即确保其流动性。三是"优决策"。农保资金的营运必须集体决策，农保资金关系数亿农民的身家性命，必须进行集体决策，确保安全性。四是"严审计"。农保资金的使用运行必须经过独立的、超然的国际会计师、审计师事务所的审计，其审计报告每年呈报给上级农保部门和审计部门、监察部门。五是"全公开"。农保资金的决策和使用方式、途径、结余和收益透明化，特别是要向新闻媒体全程、全面开放，强化社会舆论的监督。

### （八）及时总结经验，有计划有步骤推向全国

"新农保"政策是一项长期的稳农制度，关系到农民的身家性命，关系到国家的稳定，也关系到党和国家信誉，对这样一项政策不能有半点含糊、不能出任何纰漏。因此，"新农保"政策必须以点到面，稳打稳扎，逐步推进，坚持"五字方针"。一是"稳"。各地要杜绝片面求速度、求参保率的做法，应遵循自愿原则，循序渐进的稳步推进。二是"改"。要及时发现问题，予以整改，从一开始就保证"新农保"政策落实的规范性，不留后遗症。三是"积"。总结典型，积累经验，各地在落实"新农保"政策时也有不少好点子、好方法，要对这些好点子、好方法及时总结，积累经验，完善方案。四是"推"。各级政府和农保部门要采取弹性修改、逐步完善的办法，"小步快跑、分步分类"地向全国推广落实新农保政策。五是"控"。"新农保"政策的落实和推广一定要在各级政府、农保部门的可控范围内，做到"能收能放、能快能慢、能控能管"。

# 新农保政策实施过程中县级主管部门
# 反映的问题和要求

## ——对全国 20 个省 68 个县级主管部门的
## 调查与研究

**主持人：** 徐　勇

**执笔人：** 邓大才　　江　丽　　万　磊　　徐立强
石娉、黄振华、王荣

# 内容摘要

2009 年 9 月中央决定在全国选择 10% 的县（市）开展新型农村养老保险（简称新农保）的试点工作。这是继税费改革、粮食直接补贴、新农合等政策之后中央推出的又一项重大利农、惠农、稳农的政策，必将对推动农村经济社会发展起到重要作用。本期《要报》在对全国 20 个省 68 个试点县（市）的"新农保"主管部门进行实地调查的基础上提出，各地基层主管部门对此项工作重视程度较高，支持力度较大，工作力度较强，基本取得了预期的实施效果。但是，基层部门在政策实施过程当中也面临着一些难题，这就要求各地在"新农保"的实施过程中善于总结经验，因地制宜，注重满足农民的实际需求，注重完善政策的相关内容，注重提高政策的实施效力，从而使"新农保"政策在基层得到贯彻落实。

华中师范大学中国农村问题研究中心"百村观察"项目组受全国社科规划办委托，依托"百村十年观察"平台，于 2010 年春节前后组织近百名师生，对全国 20 个省 68 个试点县（市）的"新农保"主管部门进行了"新农保"政策试点情况的问卷调查。通过调查，项目组得出以下基本结论：各级政府主管部门重视程度较高，支持力度较大，工作力度较强，基本取得了预期的实施效果。但在宣传、资金、人员、配套等方面尚存在一些问题，有待进一步的改进和完善。

## 一 "新农保"政策在基层实施的基本进展

1. 基层重视程度高且乡镇覆盖面广。"新农保"试点工作得到了基层各级政府及主管部门的高度重视。首先，上级政府积极支持。调查显示，认为上级政府给予了"非常大支持"和"较大支持"的受访干部分别占 51.5% 和 41.2%，比重超过九成。同时，主管部门积极参与。在 68 个县市中，有 57 个县市建立了专门的机构，比重达到 83.8%，约占八成四。

由于基层的高度重视，截至 2010 年 3 月，在试点地区的 1019 个乡镇中，已经有 962 个乡镇开展了"新农保"试点工作，达到 94.4%，覆盖率超过乡镇总数的九成。

2. 缴费制度有弹性且形式灵活多样。各试点县市参照国家标准，因地制宜地制定了契合本地实际的缴费制度。在调查的县市中，主要有三种缴费类型：第一，完全按照国家规定制定的 5 个档次设立缴费标准，主要集中在中西部地区，包括湖南、甘肃、广东、广西、河北、河南、江西等省的试点县市；第二，在国家规定的缴费标准的基础上进行一定的调整，主要是增设和提高缴费标准，主要包括四川、重庆、浙江、湖北、山东、江苏等省份；第三，没有参考国家的缴费标准，而是另行设立标准，主要在浙江、四川两省的试点县市。总体来看，不论是缴费档次还是额度，各地的制度设计均较为灵活多样。

3. 机构人员较精简且培训力度较大。在试点县市中，从事"新农保"工作的专职人员数平均为 12.47 人。配备工作人员 10 人以下的县市计有 59.09%，配备工作人员 30 人以下的县市仅为 4.55%。可以看出，各地新农保机构的人员组成较为精简。在对县级主管部门的调查中，当被问及"政府是否对开展新农保工作的干部进行了专门培训"时，在提供有效信息的 66 个县市中，共有 63 个县市给出了肯定的答案，其占比高达 95.5%；未安排工作人员培训的试点县市仅有 3 个，所占比重为 4.5%。几乎所有的县级部门都对农保工作人员进行了专门培训。

4. 财政补贴力度强且资金发放到位。调查显示，在"出口补贴"即对农民基础养老金的补贴方面，省级政府的补贴力度最大，平均每户补贴 24.59 元，县级政府的补贴范围最广，有 43.6% 的试点获得了县级政府的补贴。在"入口补贴"即对农民的参保费用支出进行的补贴方面，县级政府的补贴力度最大，平均每户补贴 46.43 元，省级政府的补贴范围最广，有 74.5% 的省级财政对个人缴费进行了补贴。在提供有效信息的 55 个试点县市中，60 岁以上人口共有 322.05 万人，已经领取了基础养老金的农业人口为 268.49 万，领取率高达 83.4%。

## 二　当前基层部门所面临的"四个难题"

1. 宣传工作还不到位，未能充分调动农民积极性。首先，宣传方式欠完善。在形式上主要以开会、入户和发放传单等传统宣传方式为主，宣传方式较为单一，缺乏多样性。其次，宣传组织不到位。少数地区存在只宣传不动员的现象。县级主管部门在宣传发动的过程中，宣传组织工作没有做具体，一方面表现为对村级干部的灌输式宣传，另一方面是对村级干部的任务式要求。在进行宣传过程中没有积极动员村级干部，也没有发动群众积极参与。最后，宣传重点有偏差。县级主管部门和村级干部只重视宣传宏观政策和强调"新农保"的普惠性，不注重细节问题的解答，使农民对参保的基本程序、缴费档次、领取养老金的额度等基础信息不太了解。这导致农民参保积极性不高。

2. 具体政策尚不完善，基层操作当中还存在困难。一是政策缺失。比如新旧农保的接轨问题，调查显示，仍有近三成的试点没有进行新旧农保合并，原因是这些县市没有出台相关政策。还有，对农民工参保问题，仍有七成多的县市仍然没有出台相关规定。二是政策不明，比如新农保转移接续的问题，虽然很多县市原则上允许异地接续，但由于缺乏具体的操作程序和细则，实际上有近一半转移受限制甚至不能转移。又如子女"应当"缴费的规定，管理部门理解为必须缴，农民觉得可缴可不缴；指导意见规定 60 岁以上农民可领取基础养老金，但又要求子女缴费才能领取。具体政策的不完善，使得"新农保"在基层的实施还存在一定的困难。

3. 资金与设施跟不上，影响农保工作进度与效率。从调查的结果看，在 68 个试点县市中，有 11 个试点县市的主管部门认为由于地方财政"财力不足"，导致新农保政策难以顺利实施。因为地方财力的局限，使得截至 2010 年 3 月 1 日，仍有略多于一成的试点县市没有发放第一笔养老金。同时，县级主管部门的硬件设备跟不上，软件系统不配套，网络技术人才无保证。从调查过程来看，很多试点县市由于参保农户数量较大，导致信息量巨大，而工作人员数量有限，缺乏必要硬件设备必然增加工作负担，效率相应减低。硬件设备跟不上导致参保农户的信息无法及时输入电脑集中管理，耽误了新农保的后续工作，不利于养老金的及时发放。

4. 部门协调配合困难，基层部门执行力有待提高。一是部门协调配合存在问题。"新农保"涉及公安、民政、计生和金融等机构，部门之间合作较难，如农保部门向公安索要人口、户籍数据，公安部门称其为机密而不予给予；部门与政府、部门与村庄的权责划分不清，工作配合难，农保部门难以指挥乡村干部；"新农保"统筹程度低，保费地区之间的转移接续难，如发达地区不仅不愿意将农民工的保费转移，更不愿意将企业、财政补贴的养老金转移。二是部门执行力亟须提高。"新农保"试点工作涉及面广，政策性、群众性强，需要各级主管部门积极探索，贯彻落实。调查结果显示，一些试点县市在政策执行上有缺失，有些地方仍然没有将基本养老金发放到位，不少地区并不允许销户人员重新登记并享受政策优惠，少数地区出现了60岁以上的老人也要缴费的情况。

## 三　破解基层部门难题的"六条建议"

1. 尽快完善实施制度，灵活满足各地的实际需求。一是合理调整缴费档次。各县级政府在落实《国务院关于开展新型农村社会养老保险试点的指导意见》的基础上，可以根据当地人均收入水平灵活设定养老金缴费档次，放宽高档次的缴费金额，实行"上不封顶"的措施。二是适当扩大参保的范围，凡是没参加城镇职工养老保险的人口，只要自愿参加"新农保"，能够按时缴纳保费，都应该将其纳入农保进行管理。年满60周岁的老人，尽管不需缴纳参保费用即可领取每月55元的基础养老金，但可以允许其自愿参加，通过缴费增加个人账户积累，获取更加充足的养老保障。

2. 搞好政策协调衔接，实现保障政策的良性整合。一是要做好新旧农保的衔接工作。已经实行了"旧农保"的地区，县级政府应该出台实施细则，尽快实现"新、旧农保"的顺利转移。在具体操作上，由政府核对参保人信息，相关银行负责办理，将旧农保账户内的本金和利息全部划归到新农保账户。原旧农保账户缴费完毕的，年满60周岁且已开始领取养老金的参保人，领取原个人账户养老金，但应该享受新农保基础养老金。二是要做好"新农保"的接续工作。针对目前存在大量农民工的现状，应该在参保人自愿的基础上，允许其自主在"农保"和"城保"之间选择参加的险种，并可以使养老资金在两种账户间转移、合并。"农保"向"城保"转移时需要补齐缴费差额和缴费年限。

3. 加大财政补贴力度，加大资金投入与设施建设。首先，要科学制定财政预案，确保资金到位。县级政府根据当地参保人数、补贴额度、国家和上级转移支付等因素科学评估新农保所需财政资金，细化专项财政预算安排，建立"新农保"财政投入的预算制度，确保资金及时、足额到位，不能留下基金缺口。同时，要根据地方财政实力，设定基础养老金。随着社会经济的发展，基础养老金应该进行动态调整，以抵消通货膨胀成本，保证养老金不贬值，使参保人员享受社会经济发展成果。另外，要创新养老金补贴方式，加强补贴力度。通过多种补贴方式鼓励农民参保积极性，使农民"缴得起"、"留得住"。

4. 建立部门协调机制，切实提高基层部门执行力。一是协调部门职能，加强部门间的合作。县级政府要担负起统筹协调的责任，明确各经办单位职责，各部门要沟通情况，统一认识，提高自身的执行力。二是加大培训力度，建设人才队伍。县级政府要对全部新农保工作人员进行系统培训，通过考核后才能上岗工作。通过培训考核提升工作能力，完善待遇稳定工作队伍，行政监督规范工作行为，努力使经办人员成为做好新农保工作的重要保证。三是合理解决村庄协管员的工资待遇问题。应该对他们做出适当激励，可以采用支付固定工资或者绩效工资的方式，例如村庄参保人数多，则相应奖励若干资金。

5. 强化农保监管制度，严格保障参保资金的安全。养老金是农民的"养命钱"，规模庞大的养老基金存放在账户里，面临着很大的风险，县级劳动和社会保障部门应该加强制度建设，设定工作规范，把农保经办机构建成责权明确的组织管理系统，使各项业务环节既相对独立，又相互制约。所有的现金往来，包括资金的收缴和待遇的支付都通过银行的金融服务来实现，社会保险经办机构只确认资格、办理登记和记录的手续，采用"不触币"的工作模式，而且让截留挪用农保基金的风险降为最低。要定期向社会公示基金使用管理情况，接受社会监督。个人缴费和待遇领取都可以通过适当的方式进行查询。年终，社保经办机构要编制年度新农保基金决算报表，接受审计部门的监督。避免出现私吞、挪用、截留参保资金和克扣、代领、冒领、骗取养老金等现象。

6. 加强政策宣传力度，充分调动农民参保积极性。一是加大村级层面的政策宣传力度，化解农民的顾虑与担心。可以发挥驻村干部和村协管员的宣传人、讲解人作用，采用印发宣传单、开会、集中咨询的方式深入宣传"新农保"政策，使农民从心底消除顾虑与担心，产生认同，从而自愿参加"新农保"。二是宣传内容应有所侧重，注重政策的内容、程序、目标。各级政府应针对农民误解、疑惑、担心的问题，进行重点宣传和解释。注重宣传政策细节、内容，将以往大而化之的宣传方式转向精细化、生活化、乡土化。使农民充分了解"新农保"政策的各项内容，从而激发其参保的积极性。

# 报告正文

新型农村社会养老保险（简称"新农保"）是加快建立覆盖城乡居民的社会保障体系的重要组成部分，是中央出台的又一项重大稳农、惠农、利农政策，必将对农村产生深远影响。

华中师范大学中国农村问题研究中心"百村观察"项目组受全国社科规划办委托，依托"百村十年观察"平台，于2010年春节前后组织近百名师生，对全国20个省68个试点县（市）的"新农保"主管部门进行了"新农保"政策试点情况的问卷调查和深度访谈。通过调查，项目组得出以下基本结论：各级政府主管部门重视程度较高，支持力度较大，工作力度较强，基本取得了预期的实施效果，但在宣传、资金、人员、配套等方面尚存在一些问题，有待进一步的改进和完善。

## 一 "新农保"政策实施的基本情况

### （一）"新农保"政策的制度安排

1. 农村信用合作社是"新农保"的主要金融平台

选择合适的金融机构，是保障"新农保"政策有序展开的基础。调查显示，在提供有效信息的65个县市当中，共有41个县市通过农村信用合作社来实施"新农保"政策，占比超过有效样本数的六成，达到63.1%；通过邮政银行来实施的县市数量也不少，共有17个，占比为有效样本总数的26.2%；通过国有商业银行来实施"新农保"的县市较少，仅有5个县市，占有效样本数的7.7%；还有3.1%的县市通过其他的金融机构来实施"新农保"（见表1）。虽然与国有商业银行等大型银行相比，农村信用合作社在资本规模、服务水平等方面还存在着一定的差距，但是在广大农村特别是许多欠发达地区，信用社往往是当地唯一的金融机构。遍布农村的经营网点使农村信用合作社成为当前农村金融的主要渠道，并在国家惠农政策的实施中起到了举足轻重的作用。

表1　　　　　　全国各县市实施"新农保"的金融机构

| 金融机构 | 农村信用合作社 | 邮政银行 | 国有商业银行 | 其他金融机构 |
|---|---|---|---|---|
| 县市数（个） | 41 | 17 | 5 | 2 |
| 所占比重（%） | 63.1 | 26.2 | 7.7 | 3.1 |

注：缺失值不纳入统计。

2. 因地制宜的缴费标准是"新农保"的制度基础

国家在"新农保"的缴费标准上进行了"弹性"设置：从100元到500元分五档，同时允许各地增设缴费标准，可以向上增设，也可以向下增设。此次我们对68个县市的缴费档次进行了调查，并进行了整理归纳。在调查的县市中主要有以下三种类型：第一，完全按照国家规定制定的5

表2　　　　　各县市"新农保"缴费档次与额度情况统计

| 档次 | 缴费额度 | 试点县市所在省份 |
|---|---|---|
| 5 | 100, 200, 300, 400, 500 | 湖南等15省 |
| 3 | 813, 1212, 1610 | 浙江 |
| 5 | 501, 1002, 1503, 2004, 2505 | 四川 |
| 5 | 100, 200, 400, 600, 900 | 重庆 |
| 5 | 100, 300, 500, 700, 900 | 浙江 |
| 6 | 100, 200, 300, 400, 500, 800 | 湖北 |
| 8 | 100, 200, 300, 400, 500, 600, 800, 1000 | 广西 |
| 8 | 300, 400, 500, 600, 700, 800, 900, 1000 | 山东 |
| 9 | 100, 200, 300, 400, 500, 600, 800, 1000, 1200 | 湖北 |
| 9 | 100, 200, 300, 400, 500, 600, 800, 1000, 1500 | 江苏 |
| 10 | 100, 200, 300, 400, 500, 600, 700, 800, 900, 1000 | 湖北 |
| 10 | 100, 200, 300, 400, 500, 700, 1000, 1500, 2000, 2500 | 山东 |

注：此表是根据问卷提供的68个县的数据整理所得，其中同一省份的不同试点县市的标准也有所不同。

个档次设立缴费标准，主要集中在中西部地区，包括湖南、甘肃、广东、广西、河北、河南、江西、内蒙古、山东、宁夏、山西、陕西、四川、湖北、辽宁等省的试点县市；第二，在国家规定的缴费标准的基础上进行一定的调整，主要是增设和提高缴费标准，主要包括四川、重庆、浙江、湖北、广西、山东、江苏等省份，其中山东、江苏等一些经济相对发达的试点县市的标准设置较高；第三，没有参考国家的缴费标准，而是另行设立标准，主要在浙江、四川两省的试点县市。总体来看，不论是缴费档次还是额度，各地的制度设计均较为灵活多样，这样可以更加切合当地的经济发展水平，也可以有效的调查农民的参保积极性，推动"新农保"政策的有效平稳运行。

　　3. 合理有序的实施程序是"新农保"的现实保障

　　根据对全国 68 个县级主管部门的问卷调查和访谈记录，各地总体上对开展"新农保"政策进行了积极的准备和筹划，其组织实施程序大体上可以划分为八个阶段：第一个阶段是组织建立阶段，县政府的主要工作是根据"新农保"政策成立专门的机构、安排工作人员；第二个阶段是政策宣传阶段，这个阶段主要是由县里召开启动大会，并通过多种方式在农村地区进行广泛的政策宣传；第三个阶段是人员培训阶段，县级政府主要对"新农保"工作人员进行专业知识和业务培训，以此确保工作的顺利进行；第四个阶段是参保数据采集阶段，这一阶段主要是各基层政府根据"新农保"政策的要求，采取符合条件的参保人员的基本信息；第五个阶段是参保缴费阶段，这一阶段主要由基层政府组织参保人进行信息的填写；第六个阶段是参保审核阶段，这一阶段主要是对提出申请的参保人进行信息的审核，以免出现不符合资格的参保人，扰乱正常的参保工作；第七个阶段是审核通过以后的参保人进行缴费，这是该阶段的主要工作；第八个阶段是上级政府根据参保人的参保情况，进行养老金的发放，参保人可从个人账户中自行领取（见表 3）。以上八个阶段的具体工作就是各试点省份的县市政府开展"新农保"的基本程序。从这些具体的工作中我们可以看出，上级政府对"新农保"工作相当重视，严格按照国家政策来开展工作。

　　"新农保"的办理程序很大程度上影响着它的实施效果，各级政府虽然进行了工作程序上的安排，但最重要的是严格按照相关程序执行，以保证整个程序运行当中的科学性与合理性，避免出现养老金的冒领、错领以及发放不到位等问题。

表3　　　　　　　调查的县市开展"新农保"政策的基本程序表

| 序号 | 基本程序 | 具体步骤 |
|---|---|---|
| 1 | 组织建立阶段 | 依据上级出台的政策成立县"新农保"机构，成立工作领导小组、安排工作人员 |
| 2 | 政策宣传阶段 | 组织开展实施启动大会、养老金首发仪式等会议，通过多种方式在农村地区组织广泛的政策宣传 |
| 3 | 人员培训阶段 | 各乡镇劳保所所长、村协管员参加政策、业务培训 |
| 4 | 调查研究阶段 | 采集村统计数据，核查符合参保条件的人数 |
| 5 | 参保申请阶段 | 参保人持户口簿和二代身份证原件及复印件到户口所在地村（居）委会或镇事务所提出申请，填写《参保登记表》 |
| 6 | 参保审核阶段 | 对提交申请的参保人进行资格审核，资料合格的呈报乡镇劳保所、县农保局，并且建立电子档案，办理个人账户 |
| 7 | 参保缴费阶段 | 合格的参保人凭《参保登记表》到信用社或其他金融机构缴纳保险费，由各金融机构代收存入养老保险基金专户 |
| 8 | 发放领取阶段 | 养老金发放到个人账户，农民自行领取养老金 |

### （二）"新农保"政策的实施进程

1. 超过八成县市设立"新农保"专门机构，西部地区尤为突出

建立"新农保"政策实施的专门机构，是"新农保"实施顺利开展的组织保障。调查显示，在 68 个县市中，有 57 个县市建立了专门的机构，其比重超过有效样本总数的八成，达到 83.8%；没有设立专门结构的地区共有 11 个，占比为 16.2%。（见表4）基于数据分析不难发现，各地对于新农保政策总体上非常重视"新农保"政策实施工作，但也有部分地区在组织建立方面存在不足。

表4　　　　　　　　各县成立专门工作机构情况统计

| 专门机构 | 成立 | 没成立 | 合计 |
|---|---|---|---|
| 县政府数（个） | 57 | 11 | 68 |
| 所占比重（%） | 83.8 | 16.2 | 100 |

　　从地域上来看，东、中、西部各县市政府为实施"新农保"而成立
的专门机构数量差异较大，西部地区百分之百设立了专门机构。调查显
示，东、中、西部成立专门机构实施"新农保"政策的规模呈现递增趋
势，其中，东部地区成立了专门机构的县市占本地区所有试点县市的比重
最低；中部地区成立专门机构的县市比重与全国平均水平相当，为
83.9%；西部地区设立专门机构的比重最高，高达 100%，与东部地区相
差将近三十个百分点（见表 5）。

**表 5　　　东、中、西部各县市政府是否成立专门工作机构情况**　　　（单位:%）

|  | 成立 | 没成立 | 合计 |
|---|---|---|---|
| 东部 | 73.9 | 26.1 | 100 |
| 中部 | 83.9 | 16.2 | 100 |
| 西部 | 100 | 0 | 100 |

　　根据实地调查，产生这一区域差异的原因很大程度上与各地是否开展
过"旧农保"有关，即是否设立了专门的工作机构与当地是否开展过
"旧农保"呈现出负相关的关系。调查显示，东部地区有 95.7% 的县市开
展过"旧农保"（见表 6），因此在开展农保工作上有一定的经验，办理
体系渐渐完善，工作人员也对工作程序越来越熟悉，因此实施"新农保"
政策时就不一定要组成专门的机构；相反，西部地区是全国开展"旧农
保"最少的地区，缺乏经验，对于实施"新农保"时就需要更多的人力
和物力，设立专门的工作机构有其必要性。

**表 6　　　东、中、西部地区开展旧农保的情况**　　　（单位:%）

| 开展旧农保 | 东部 | 中部 | 西部 |
|---|---|---|---|
| 是 | 95.7 | 77.4 | 64.3 |
| 否 | 4.3 | 19.4 | 28.6 |
| 不知道 | 0 | 3.2 | 7.1 |

　　2. 工作人员配备数量以 10 人以下为主，东部地区较为精简
　　"新农保"工作涉及面广，任务重，对工作人员的配备提出了要求。
根据调查显示，在试点县市中，配备从事"新农保"工作的专职人员数

平均为 12.47 人。从地区行政看，各地配备"新农保"人数存在较大的区域差异。数据显示，东部地区配备工作人员 10 人以下的县市共有 15个，占到该地区试点县市总数的 65.2%，配备工作人员在 10 人到 30 人之间的县市有 8 个，占比为 34.8%，没有一个东部县市配备的人员数在30 人以上；中部地区安排工作人员在 10 人以下的县市有 16 个，占有效样本数的 53.3%，安排工作人员介于 10 人到 30 人之间的县市有 12 个，比例达有效样本数的 40%，而工作人员在 30 人以上的县市数有 2 个，占有效样本数的 6.7%；西部地区工作人员在 10 人以下的县市有 8 个，占比为 61.5%，介于 10 人到 30 人的县市共有 4 个，占比为 30.8%，工作人员在 30 人以上的县市仅有 1 个，占有效样本数的 7.7%（见表7、图1）。总体来看，各地配备工作人员的数量主要集中在 10 人以下，介于 10人到 30 人的县市数量较少，其中尤以东部地区工作人员更为精简。实地调查中我们发现，东部地区九成以上的县市开展过"旧农保"（见表6），办理保险程序相对完善，因此在推动"新农保"的办理时，对人员配备的要求相对较低。比较而言，中部和西部地区在这些方面稍微欠缺一些，因此需要配备足够的人员才能开展工作。

**表7　　不同地区配备"新农保"工作人员的情况统计**　　（单位:%）

| 工作人员数 | 10 人以下 | 10—30 人 | 30 人以上 | 合计 |
|---|---|---|---|---|
| 东部 | 65.2 | 34.8 | 0 | 100.0 |
| 中部 | 53.3 | 40.0 | 6.7 | 100.0 |
| 西部 | 61.5 | 30.8 | 7.7 | 100.0 |

### 3. 将近四成地区从其他部门抽调人员组建工作班子

在有效样本数 57 个县市中，当被问及"为推动新农保政策，当地政府如何解决工作人员的问题"时，有 35.1% 的县市政府选择"从其他部门抽调人员组成临时性工作机构"；而 28.1% 的县市相关部门通过"增加编制，招考专人负责新农保工作"来解决工作人员的问题；还有选择"其他"的县市部门占 36.8%（见表8）。从数据中可以看出，全国各县市政府为了推动"新农保"的顺利实施，主要是通过抽调其他部门的人员和招考专人负责来解决"新农保"工作人员的问题。

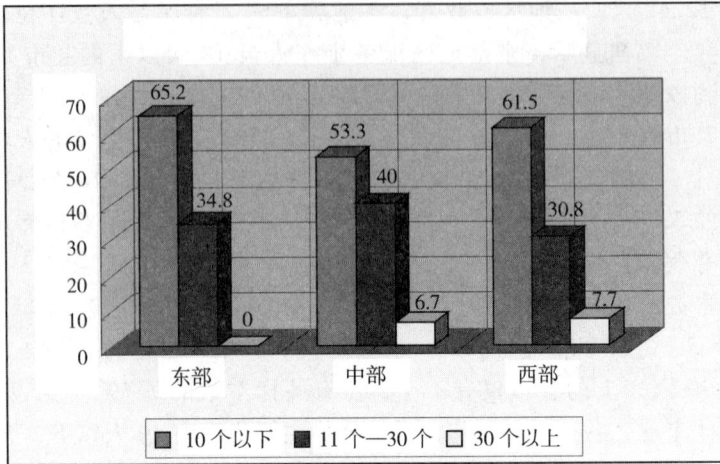

图 1 各县市配备办理新农保工作人员的情况 （单位：%）

表 8 县政府解决工作人员问题的统计

| | 从其他部门抽调人员组成临时性工作机构 | 增加编制，招考专人负责新农保工作 | 其他 |
|---|---|---|---|
| 样本数（个） | 20 | 16 | 21 |
| 所占比重（%） | 35.1 | 28.1 | 36.8 |

从区域差异来看，东部、中部、西部的各县市政府解决工作人员的方式有所不同。问卷调查显示，东部地区各县市部门的首要选择是通过"增加编制，招考专人负责'新农保'工作"，是其他地区中所占比例最高，达 41.2%；中部地区的方式有所不同，有 40.7% 的政府部门主要通过"从其他部门抽调人员组成临时性工作机构"的方法来解决工作人员的问题；而西部地区 46.2% 的政府部门倾向于选择"其他"方式来安排工作人员协助"新农保"工作的实施（见表 9、图 2）。各地区在选择方式上的差异与当地的经济水平和政策适应能力相关。东部地区的政策适应能力相对较好，加之东部经济发达，很多地区实行了"旧农保"，体系相对较完善，因此当"新农保"政策落实的时候，东部地区可通过招考这样一种成熟的方式来筛选符合要求的工作人员，而中部、西部地区则相对弱一些，因此选择的方式的侧重点也相应有所不同。

| 表9 | 不同地区解决工作人员问题的统计 | （单位：个、%） | |
|---|---|---|---|
| | 从其他部门抽调人员组成临时性工作机构 | 增加编制，招考专人负责新农保工作 | 其他 |
| 东部 | 23.5 | 41.2 | 35.3 |
| 中部 | 40.7 | 25.9 | 33.3 |
| 西部 | 38.5 | 15.4 | 46.2 |

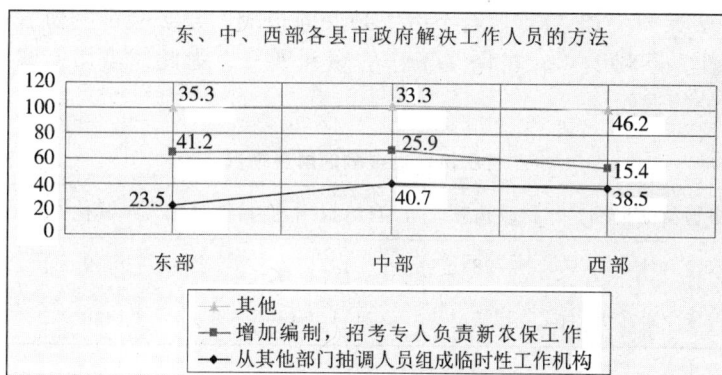

**图2　不同地区解决工作人员的方法**（单位:%）

4. 将近八成地区设立了村庄协管员，其待遇问题多半通过财政拨款解决

为了解决劳保部门在农村缺乏分支机构的问题，保障"新农保"政策的顺利实施，很多试点地区都在村一级设立了"新农保"协管员。调查显示，在提供了有效信息的67个试点县市中，有53个试点地区在村一级安排了"新农保"协管员，用以专门负责协助完成"新农保"的相关工作，其占比接近试点县市的八成，达到79.1%；有14个村庄未安排专门工作人员，所占比重为20.9%（见表10）。

| 表10 | 村庄协管人员的设立情况统计 | | |
|---|---|---|---|
| | 设立 | 没有设立 | 合计 |
| 村庄协管员的安排（个） | 53 | 14 | 67 |
| 所占比（%） | 79.1 | 20.9 | 100 |

注：缺失值不纳入统计。

　　在"新农保"政策实施过程中，村庄协管员起到了上传下达的作用，因此只有他们全力配合，才能把政策真正落实下去。对于村庄协管员的待遇问题，主要采取两种方式解决，一是上级财政拨款，二是村里给予补贴。调查显示，在受访的试点地区，通过"财政拨款"解决村庄协管员报酬的占试点县市总数的 45.9%；还有通过"村庄补贴"的占 8.2%；通过"其他"方式来解决村庄协管员报酬问题的比重为 14.8%；需要指出的是，在受访县市中，也有 31.1% 的地区没有给予村庄协管员必要的待遇（见表 11、图 3）。倘若不给予必要的报酬，势必会影响协管员的工作积极性，不利于"新农保"工作的顺利展开，为此应当切实解决村庄协管员的待遇问题。

表 11　　　　　　　　　　村庄协管员报酬的解决情况

| 村庄协管员的报酬 | 财政拨款 | 没有给报酬 | 村庄补贴 | 其他 | 合计 |
|---|---|---|---|---|---|
| 样本数（个） | 28 | 19 | 5 | 9 | 61 |
| 所占比（%） | 45.9 | 31.1 | 8.2 | 14.8 | 100 |

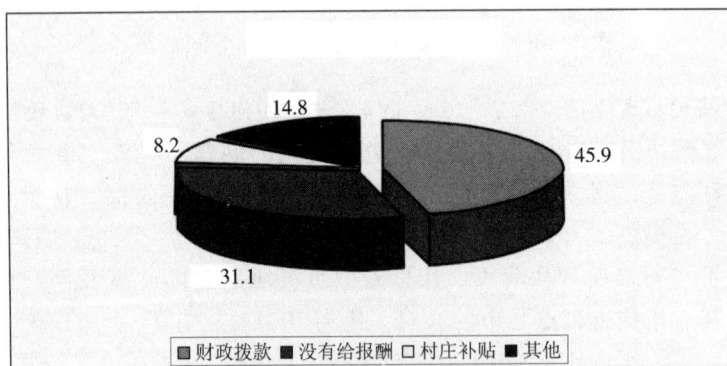

图 3　村庄协管员的报酬解决情况统计（单位:%）

　　5. 九成五的试点地区对工作人员进行了专门培训

　　在对县级主管部门的调查中，当被问及"政府是否对开展'新农保'工作的干部进行了专门培训"时，在提供有效信息的 66 个县市中，共有 63 个县市给出了肯定的答案，其占比高达 95.5%；未安排工作人员培训的试点县市仅有 3 个，所占比重为 4.5%（见表 12）。从数据中我们可以看出，为了"新农保"工作能够顺利开展，全国各县市政府对国家的政策都给予了高度的重视，几乎所有的县级部门都对农保工作人员进行了专门培训，这样的培训可以使工作人员加深对"新农保"政策的理解，从而在以后的工作中能够提高工作效率、加快工作进度。

表 12 各试点县市对"新农保"工作人员的培训情况

| 培训情况 | 培训 | 未培训 | 合计 |
|---|---|---|---|
| 样本数（个） | 63 | 3 | 66 |
| 所占比（%） | 95.5 | 4.5 | 100 |

6. 各地对"新农保"政策重视程度较高，支持力度较大。

"新农保"政策的实施，必须以各地的积极贯彻和各级政府的有力支持为基础。在针对试点地区村庄干部的调查当中，当问及"上级政府对开展新农保政策的支持力度大不大"时，受访干部总体上给予了积极肯定。其中，认为上级政府给予了"非常大"的支持的比重超过一半，达到51.5%；认为上级政府支持力度"较大"的也很多，占比超过四成，达到41.2%；而选择"不太大"和"说不清"的仅有5.9%和1.5%（见表13，图4）也就是说，有超过九成的地区认为各级政府给予积极的支持，这对于"新农保"政策的顺利实施无疑具有重要的推动意义。

表 13 上级政府对村里开展"新农保"的支持力度情况

| 上级政府的支持力度 | 非常大 | 较大 | 不太大 | 很小 | 说不清 | 合计 |
|---|---|---|---|---|---|---|
| 样本数（个） | 35 | 28 | 4 | 0 | 1 | 68.0 |
| 所占比（%） | 51.5 | 41.2 | 5.9 | 0 | 1.5 | 100.0 |

7. 各级政府对农民参保给予财政支持，县级政府补贴面最广

各级政府对"新农保"政策的支持是多方面的，其中财政支持尤为重要。目前，"新农保"基金由个人缴费、集体补助、政府补贴构成，在调查过程中我们了解到，各试点地区从省级政府到县级政府，均根据自身财力状况对农民参保给予了不同程度的财政支持。各级政府对农民参保的

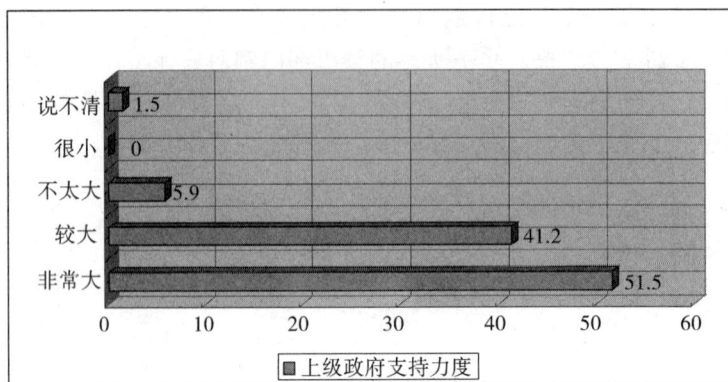

说不清 1.5
很小 0
不太大 5.9
较大 41.2
非常大 51.5

■上级政府支持力度

**图 4　上级政府对村里开展"新农保"的支持力度情况**（单位:%）

财政支持主要体现在两个方面:一是对农民的基础养老金进行补贴,即
"出口"补贴,二是对农民的参保费用支出进行补贴,即"入口"补贴。
调查显示,在"出口"补贴方面,25.9%的试点地区得到了省级政府的
财政补贴;获得市级政府补贴的比重稍低,为 19.2%;获得了县级政府
补贴的比重最高,接近有效样本的一半,达到 43.6%。在"出口"补贴
的金额方面,省级政府平均额外补贴每户 24.59 元;市级政府平均补贴基
础养老金每户 22.51 元;县级政府额外补贴每户 18.39 元(见表 14)。从
各级地方政府对基础养老金的补贴情况看,省级政府的补贴力度最大,县
级政府的补贴范围最广。各级地方政府的大力支持,势必会调动农民参保
的积极性,推动"新农保"政策的顺利进行。

表 14　　　　　**各级政府增加基础养老金补贴情况**　　　　（单位:%、个、元）

| 补贴基础养老金 | 补贴 | 未补贴 | 补贴额度样本数 | 最小值 | 最大值 | 均值 |
|---|---|---|---|---|---|---|
| 省级补贴 | 25.9 | 74.1 | 11 | 5 | 55 | 24.59 |
| 市级补贴 | 19.2 | 80.8 | 5 | 2 | 43.04 | 22.51 |
| 县级补贴 | 43.6 | 56.4 | 19 | 1 | 80 | 18.39 |

　　除了对基础养老金的"出口"补贴外,各级地方政府还对农民的个
人参保缴费进行"入口"补贴。数据显示,在接受调查的试点地区,
有 74.5%的省级财政对个人缴费进行了补贴;市级财政予以个人缴费

补贴的比重也不低，达到了45.1%；县级财政补贴最高，接近试点县市的九成，达到87.9%。在个人缴费补贴的额度方面，省级政府对参保人员的补贴为平均每户25.05元；市级政府则平均给予农民每户9.09元的补贴；相对来说，县级政府对参保农民的补贴力度是最大的，平均补贴每户46.43元（见表15）。总体上看，为调动农民的参保积极性，各级地方政府都在财政上给予了不同程度的支持，有效地推动了新农保政策的顺利实施。

表15　　　　各级政府对参保人缴费的补贴情况　　　（单位:%、个、元）

| 补贴参保人缴费 | 补贴 | 未补贴 | 补贴额度样本数 | 最小值 | 最大值 | 均值 |
|---|---|---|---|---|---|---|
| 省级补贴 | 74.5 | 25.5 | 38 | 4.5 | 200 | 25.05 |
| 市级补贴 | 45.1 | 54.9 | 20 | 2 | 12.75 | 9.09 |
| 县级补贴 | 87.9 | 12.1 | 42 | 2 | 850 | 46.43 |

### （三）"新农保"政策的实施效果

**1. "新农保"的实施范围覆盖九成五的乡镇，政策运行态势良好**

"新农保"政策实施以来，各试点县市积极响应，各项试点工作顺利开展。截至2010年3月，在试点地区的1019个乡镇中，已经有962个乡镇开展了"新农保"试点工作，覆盖率超过乡镇总数的九成，达到94.4%；尚未覆盖的乡镇有57个，占比仅为5.6%（见表16）。自从2009年9月国家出台"新农保"政策以来，能够在不足半年的时间里实现如此高的覆盖面，足见各级政府对于开展"新农保"政策的积极态度。

表16　　　　　　开展"新农保"的乡镇规模情况

| 开展新农保乡镇规模 | 乡镇数 | 开展新农保乡镇数 | 所占比重（%） |
|---|---|---|---|
| 样本数（个） | 1019 | 962 | 94.4 |

**2. 近八成的农民参保积极性较高**

在针对村干部的访谈中，当被问及"当地农民的参保积极性如何"

时，受访干部均给予了积极的评价。统计显示，认为农民参保"比较积极"的受访干部比重最高，接近有效样本的四成，达到 38.2%；认为农民参保"非常积极"的受访干部比重也很高，达到 36.8%，也就是说，有将近八成的受访干部认为农民的参保积极性较高；认为农民参保积极性"一般"的干部比重较低，不足有效样本的两成，为 17.6%；认为农民参保"不太积极"的受访干部比重极少，仅为 5.9%；另有 1.5% 的受访干部认为本村农民对参保持"观望态度"（见表 17）。调查显示，尚有一部分农民对"新农保"政策持"走着瞧"的态度。这主要有两方面的原因：一是农民对国家政策缺乏信任，理解程度不够；二是家庭经济条件的原因，限制了农民的参保。

表 17 　　　　　　　　　　农民参保的积极性情况统计

| 村民积极性 | 比较积极 | 非常积极 | 一般 | 不太积极 | 观望状态 | 合计 |
|---|---|---|---|---|---|---|
| 样本数（个） | 26 | 25 | 12 | 4 | 1 | 68 |
| 所占比（%） | 38.2 | 36.8 | 17.6 | 5.9 | 1.5 | 100 |

3. 超过八成的农民已领取基础养老金

本次调查显示，各试点地区基础养老金发放比较到位，八成农民已将基础养老金领到手中。相关文件规定：年满 60 周岁、未享受城镇职工基本养老保险待遇的农村有户籍的老年人，可以按月领取养老金。在提供有效信息的 55 个试点县市中，60 岁以上人口共有 322.05 万人，已经领取了基础养老金的农业人口为 268.49 万人，领取率高达 83.4%（见表 18）。从以上数据可以看出，农村基础养老金的领取率较高，这也说明各级政府将"新农保"政策落实得好，真正为农民的利益着想。但是，不能忽视近两成的农民还未领取基础养老金这一事实。相关部门应该继续把工作做好，严格按照开展"新农保"的程序执行。

表 18 　　　　　　　　　　基础养老金的领取情况统计

| 基础养老金的领取 | 60 岁以上人口 | 已领取基础养老金人口 | 所占比（%） |
|---|---|---|---|
| 样本数（万） | 322.05 | 268.49 | 83.4 |

## 二　基层部门面临的主要难题

### （一）制度设计有缺陷

1. 政策规定不到位

（1）新旧农保接轨有问题。调查显示，各地在新旧农保的接轨规定上有差异。在68份来自县级部门的有效调查样本中，实施过"旧农保"的县市有55个，占比超过有效样本的八成，达到80.9%；没有实施"旧农保"的试点地区有11个，占16.2%；而有2个县市选择"不知道"有"旧农保"，占2.9%（见表19）。由此可知，试点县市大多都实行过"旧农保"，这样可以较为充分地利用先前的经验，减少"新农保"政策实行的阻力。

表19　　　　　　　　试点县是否实行过"旧农保"统计

| 是否实行过旧农保 | 样本数 | 占有效样本的比重（%） |
| --- | --- | --- |
| 是 | 55 | 80.9 |
| 否 | 11 | 16.2 |
| 不知道 | 2 | 2.9 |
| 合计 | 68 | 100 |

新旧农保合并是新农保政策实施中的一个重要方面。调查显示，在已经实行过"旧农保"的55个有效调查试点县市中，已有39个试点地区进行了新旧农保的合并，占比超过有效样本的七成，达到70.9%；尚有16个试点县市没有进行合并，为29.1%（见表20），占比接近三成。也就是说，目前仍有近三成的试点县没有实行新旧农保合并，表明新旧农保的接轨问题尚未完全解决。

表20　　　　　　　　新旧农保是否已经合并统

| 新旧农保是否已经合并 | 样本数 | 占有效样本的比重（%） |
| --- | --- | --- |
| 是 | 39 | 70.9 |
| 否 | 16 | 29.1 |
| 合计 | 55 | 100.0 |

当问及各地主管部门"投保户对新旧农保合并是否有意见"时，在提供有效信息的 51 份有效样本中，有 34 个试点县市表示"没有"意见，占比为 66.7%；有 14 个县市表示"有些意见"，占比接近有效样本的三成，达到 27.5%；另有 3 个县市"有意见"，占比极少，仅为 5.8%（见表 21）。从中可以发现，有略多于三成的试点县市反映对新旧农保的合并有意见，只是意见程度有所差别。

表 21　　　　　　　　投保农户对新旧农保合并意见统计

| 对新旧农保合并的意见 | 样本数 | 占有效样本的比重（%） |
| --- | --- | --- |
| 有 | 3 | 5.8 |
| 没有 | 34 | 66.7 |
| 有些意见 | 14 | 27.5 |
| 合计 | 51 | 100 |

通过上述分析可以看到，当前各地的新旧农保接轨情况总体良好，但一些地区尚未实施对接，致使部分投保农户不满。未来各级政府应加强对新旧农保合并工作的力度，尽快实现有序高效合并，免除投保户的后顾之忧。

（2）"新农保"转移接续有缺陷。目前，由于不少农户外出务工，其参与"新农保"时存在缴费的转移接续问题。在提供有效信息的 65 个试点县市中，允许"新农保"向外转移的试点县市有 34 个，占比超过有效样本总数的一半，达到 52.3%；允许向本省试点县市转移的有 12 个，占比为 18.5%；不允许转移的县市有 10 个，占 15.4%；有 9 个县市表示不清楚是否可以转移，占比 13.8%（见图 5）。

总体来看，"新农保"试点县市原则上允许农民向外转移，但将近一半转移受限制甚至不能转移，这给农民的异地参保带来了不少问题。与参保转移一样，能否转移接续也是当前"新农保"政策实施过程中的一个难点。在提供有效信息的 64 个试点县市中，允许向本县转移接续的有 48 个，占比为 75%；不允许的有 3 个，占 4.7%；而 13 个县市表示不清楚是否可以转移，占 20.3%（见表 22）。有一多半以上的试点县允许在本县转移接续，但仍有 3 个县不允许转移，还有 13 个则表示不清楚是否可以转移。可见，当前农民的转移接续总体上是可行的，但也有部分地区政

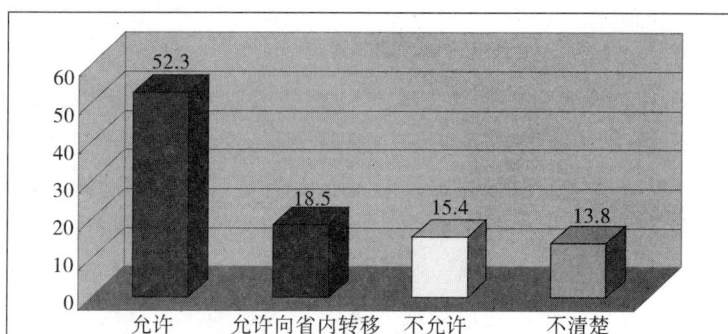

图 5　"新农保"是否允许向外转移（单位:%）

策尚不明确，未来各级地方政府应予以明确落实。

表 22　　　　　　　"新农保"是否允许向本县转移接续统计表

| 是否允许向本县转移接续 | 样本数 | 占有效样本的比重（%） |
|---|---|---|
| 允许 | 48 | 75 |
| 不允许 | 3 | 4.7 |
| 还不清楚 | 13 | 20.3 |
| 合计 | 64 | 100 |

（3）"五保"、"低保"等弱势群体难以参保。根据国家"应保尽保"的原则，低保户、五保户、残疾人、社会优抚等弱势群体理应纳入到"新农保"政策体系当中来。然而，目前国家对弱势群体的具体参保问题并没有给予明确的规定，只是部分试点县市自己出台了一些相关的优惠措施。调查显示，各试点地区对弱势群体参保的规定差异较大，经济条件好的地区与经济条件差的地区形成了较为明显的对比。从全国各地"新农保"试点县市来看，经济条件好的地区相对较好，不少地区都对低保户、五保户、残疾人参加"新农保"采取全额代缴、高额补贴基础养老金等方式，同时与低保、五保制度、残疾人保障制度并行。经济条件差的地区由于财力不足，对弱势群体的扶助明显较弱，只有少数地区实行半补半缴方式。由于国家尚未对弱势群体参保出台具体的保障性制度安排，很多地区特别是贫困地区的弱势群体参保难以得到保障，以致"应保未保"，难

以实现政策的预期。

2. 政策内容有漏洞

（1）县级主管部门工作人员相关规定存在缺失。对试点县市的调查显示，不少地区对相关工作人员从招聘到培训，再从培训到上岗任用，县级主管部门没有具体的政策规定。对工作人员如何选拔，选拔需要哪些条件，选拔出来的人员属于什么性质，工作人员有哪些义务和责任，参与培训后对"新农保"的执行情况，在"新农保"的开展过程中需要注意哪些问题，工作人员出现问题后如何处理，等等，都存在着规定缺失或不规范的现象，这不利于以后对工作人员的管理与约束，也势必影响整个"新农保"工作的进度。

（2）农民工等其他群体的参保缴费规定有遗漏。调查显示，在提供有效信息的 65 个试点县市中，对农民工养老保险有专门规定的县市很少，只有 16 个，占比仅为 24.6%；没有专门规定的有 49 个，占比为 75.4%（见表 23）。由此可见，只有不足三成的试点县市对农民工参保有专门规定，而七成多的县市仍然没有出台相关规定，这些县市的主管部门对农民工的参保问题没有形成足够的重视，相关规定有待完善。

表 23　　　　　　　贵县是否对农民工参保有专门的规定统计

| 是否有专门的规定 | 样本数 | 占有效样本的比重（%） |
| --- | --- | --- |
| 有 | 16 | 24.6 |
| 没有 | 49 | 75.4 |
| 合计 | 65 | 100 |

由于很多地区在农民工参保问题上没有出台专门规定，因此，各试点地区总体上倾向于让农民工本地参保。调查显示，在提供有效信息的 60 个试点县市中，鼓励农民工在本地入保的试点县市共有 26 个，占比为43.3%；尚未考虑这个问题的县市有 28 个，占比为 46.7%；鼓励在外地入保的试点县市有 6 个，占比刚好为有效样本的一成，为 10.0%（见表24）。总体来看，鼓励在本地入保的尽管占到四成，但还没有考虑这个问题的试点县却占到将近五成。随着农民工群体的不断壮大，他们的参保问题也会越来越突出，如果日后没有更为灵活的参保方式出台，这势将对整体参保率产生不利影响。

表 24　　　　　　鼓励农民工在本地还是在外地参保统计

| 鼓励在本地还是外地参保 | 样本数（个） | 占有效样本的比重（%） |
| --- | --- | --- |
| 本地 | 26 | 43.3 |
| 外地 | 6 | 10 |
| 还没考虑这个问题 | 28 | 46.7 |
| 合计 | 60 | 100 |

3. 政策延续不明确

（1）政策的有效实行年限不确定。县级主管部门作为中央的政策执行部门，政策变更过于频繁不利于"新农保"政策的稳定性。"旧农保"的探索开始于 1986 年，1991 年先在山东的五个县市进行了试点，1995 年至 1997 年在全国 2900 个县市中有 2123 个县开展此项工作，参保率为9.47%。那么现在实行的"新农保"，有些试点县市对新旧农保进行了合并，以前的"旧农保"是否就此作废是值得考虑的问题。"旧农保"的实行年限目前不明确，于是就出现了新旧农保政策接续上的不连贯，同时也没有对"新农保"政策有效实行年限进行硬性规定。现在是"新农保"政策的试点阶段，没有在全国范围内推广，因此从调查的结果来看，县级主管部门对新旧农保政策能否接续以及"新农保"政策今后能实行多久存在疑问，这也反映出"新农保"政策制度设计上的缺陷。

（2）政策难以保证持续性。对于农村社会养老保险，从新中国建立到现在，经历了不同时期的变更。1986 年中央在浙江一带实行试点，建立了养老基金；1991 年农村社会养老保险（现称"旧农保"）在山东五县试点，1995 年至 1997 年在全国 2123 个县引进推行；1998 年国家因整顿保险业而暂停农村社会养老保险；1999 年国务院提出农村商业养老保险，但收费较高；2002 年十六大提出在有条件地区实行农村养老保险政策；2009 年 9 月发布"新农保"试点指导意见，在全国 10% 的县市中进行试点。从农保政策的历程来看，县级主管部门经历了农村养老保险政策的重大变更。与实行年限一样，制度存在不稳定，不同时期有不同的规定。目前的"新农保"政策只是处于试点阶段，日后在全国推广时是否会有重大变动，是否对目前试点地区的新农保政策进行较大更改，这些都是县级主管部门必须面对的问题。如果进行变动或者更改，是否会对已经试点地区参保户造成影响，是否对县级主管部门的工作提出新的要求，这些都可能是政策不稳定所带来的问题。

### （二）政策宣传不充分

#### 1. 宣传方式欠完善

由于中央要求在春节前将基础养老金发到农民的手中，时间紧，任务重，各级地方主管部门缺乏足够的宣传时间。在形式上，主要以开会、入户和发放传单等传统宣传方式为主，宣传方式较为枯燥，单一，缺乏多样性。由于宣传工作与政策落实工作同时进行，村干部没有足够的精力放在政策宣传上，从而影响了政策宣传的效果。

#### 2. 宣传组织不到位

调查显示，基层宣传发动不充分、不深入，过程欠详细，少数地区存在只宣传不动员的消极宣传。县级主管部门在宣传发动的过程中，宣传组织工作没有做具体，一方面表现为对村级干部的灌输式宣传，另一方面是对村级干部的任务式要求，规定村级干部必须达到一定的参保率。在进行宣传过程中没有积极动员村级干部，也没有发动群众积极参与，很多县级主管部门的干部这样认为："参不参保是农民自己的事情，不能强迫他们参加，他们不参加我们也没有办法。"

#### 3. 宣传重点有偏差

县级主管部门不重视细节宣传，农民疑虑解答不到位。在调查过程中，由于县级主管部门和村级干部宣传不深入、不透彻，宣传方式流于形式，导致农民对"新农保"政策存有较多疑问。这主要是县级部门在宣传过程中，只重视宣传宏观政策和强调"新农保"的普惠性，不注重细节问题的解答，造成农民仍存疑虑。有些县级主管部门由于没有对农民的疑问进行集中式回答，也没有对"新农保"政策进行详细全面的解释，从而导致宣传重点有缺失，农民参保积极性不高。

### （三）运行保障有困难

#### 1. 上级财政资金到位情况不理想

上级政府财政资金的足额及时到位，是保障"新农保"政策顺利实施的基础。当被问及"省级财政是否到位"时，在提供了有效信息的 52 个试点县市中，有 35 个试点县市表示已经到位，占比为 67.3%；有 5 个试点县市部分到位，比重为 9.6%；另有 12 个试点县市尚没有到位，占比 23.1%（见表 26）。由此可见，有近三成试点县市的省级财政补贴没有完全到位，这无疑对县级主管部门落实"新农保"政策带来不利影响。

表 25　　　"新农保"试点县省级财政到位情况统计

| 省级财政是否到位 | 样本数（个） | 占有效样本的比重（%） |
| --- | --- | --- |
| 已经到位 | 35 | 67.3 |
| 部分到位 | 5 | 9.6 |
| 没有到位 | 12 | 23.1 |
| 合计 | 52 | 100 |

　　从市级政府的财政资金到位情况看，在提供有效信息的 48 个试点县市中，有 21 个试点县的财政资金已经到位，占比为 43.8%；4 个试点县的部分到位，占比 8.3%；8 个试点县的补贴没有到位，占 16.7%；15 个试点县没有配套的补贴，占 31.2%（见表 27）。总体来看，已经到位的市级财政资金不足一半，可见资金的到位率并不理想。

表 26　　　　　　市级财政补贴到位情况统计

| 是否补贴到位 | 到位 | 部分到位 | 没有到位 | 没有配套 | 总计 |
| --- | --- | --- | --- | --- | --- |
| 样本数（个） | 21 | 4 | 8 | 15 | 48 |
| 占有效样本的比重（%） | 43.8 | 8.3 | 16.7 | 31.2 | 100 |

　　2. 部分试点县市财力跟不上

　　调查显示，在总共 68 个试点县市中，有 11 个试点县市的主管部门认为由于地方财政"财力不足"，导致"新农保"政策难以顺利实施。进一步对试点县市的财政状况进行分析发现，在提供有效信息的 66 个试点县市中，财政状况很好的有 8 个，占比 12.1%；26 个试点县的财政状况较好，占比为 39.4%；23 个试点县的财政状况一般，占 34.8%；另有 5 个试点县的财政状况较差，占到 7.6%；有 4 个试点县选择很差，占比 6.1%（见图 6）。尽管大部分的试点县的财政状况较好，但是仍然有略多于一成的试点县财政存在困难，这在一定程度上将制约"新农保"政策的顺利开展。

　　进一步来分析全国各区域试点县财政状况与财政到位情况之间的关

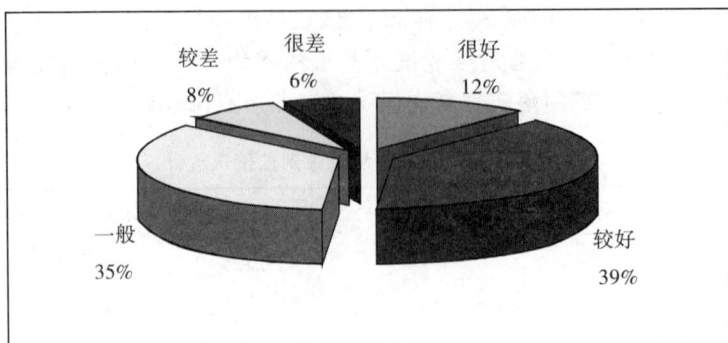

**图 6　试点县县级财政状况统计**

系。通过对 68 份有效样本进行交叉分析，得出两者之间的皮尔卡逊值为
0.551，远大于 0.05 的显著性水平，区域财政情况与财政到位情况相关性
较小。也就是说，以往普遍认为东部地区财政状况好，"新农保"配套资
金也就能到位，但实际情况是财政状况好的试点县财政配套资金并未完全
到位。东、中、西三部分中，中部地区试点县"新农保"财政配套资金
到位情况要好于东部地区，而东部地区则好于西部地区。从总体上看，大
部分试点县在财政上能够保证"新农保"的顺利开展，但仍有一小部分
试点县在财政上欠保证，影响"新农保"的资金保障和顺利进行。

　　3. 软硬件配套设施不到位

　　县级主管部门的硬件设备跟不上，软件系统不配套，网络技术人才无
保证。从调查过程来看，很多试点县市的负责人反映出的一个问题就是硬
件设备跟不上，主要是因为参保农户数量较大，信息量也就很大，而工作
人员数量有限，缺乏必要硬件设备必然增加工作负担，效率相应减低。硬
件设备跟不上导致参保农户的信息无法及时输入电脑集中管理，耽误了
"新农保"的后续工作，不利于养老金的及时发放。另外，软件系统不配
套也是增加县级主管部门管理难度的重要原因，大量的信息需要录入电
脑，如果没有系统性的软件就不能充分管理好参保户的信息，信息管理跟
不上就影响工作人员的工作效率。

**（四）政策执行有缺失**

1. 部分养老金尚未完全发放

　　按照国家要求，各地在 2009 年新年前将第一笔养老金发放到户。但

实际调查结果显示，仍然有少数试点地区的资金尚未完全发放。根据67份有效调查样本显示，60个试点县市已经将第一笔养老金发放到农民手中，占比为89.6%；7个试点县市还没有发放，占比10.4%（见表10）。可见，仍有略多于一成的试点县市没有发放第一笔养老金，这难免将对后续的参保工作带来一些负面的影响。

表27　　　　　　　　　　试点县第一笔养老金发放情况统计

| 养老金发放情况 | 样本数 | 占有效样本的比重（%） |
|---|---|---|
| 已经发放 | 60 | 89.6 |
| 没有发放 | 7 | 10.4 |
| 合计 | 67 | 100 |

2. 销户人员参保缴费成难题

按照国家的政策方针，符合参保条件的销户人员应当纳入到"新农保"政策体系当中来。但实际的情况是，不少地区并不允许销户人员重新登记并享受政策优惠。根据61份有效样本显示，共有30个试点县市允许以前销户的农业人口重新登记并享受政策优惠，占比为49.2%；不允许其重新登记并享受政策优惠的试点县有31个，占50.8%（见表28）。

表28　　　　　　试点县是否允许销户人员重新登记并销售政策统计

| 是否允许 | 样本数 | 占有效样本的比重（%） |
|---|---|---|
| 允许 | 30 | 49.2 |
| 不允许 | 31 | 50.8 |
| 合计 | 61 | 100 |

村干部对销户人员参保的态度与县级主管部门较为接近，在61份有效调查样本中，11个村庄允许之前已经销户的农民参保，占比18%；41个村庄不允许他们参保，占比为67.2%；9个村庄还不清楚是否允许他们参保，占14.8%（见表29）。可见，尽管政策上认可销户人员的参保资格，但在具体实施过程中仍然存在相当大的阻力。未来各级地方政府应加大工作力度，尽快赋予销户人员的参保资格。

表 29　　　　　　　　试点县中村庄对销户农民参保意见统计

| 是否允许 | 样本数 | 占有效样本的比重（%） |
|---|---|---|
| 允许 | 11 | 18 |
| 不允许 | 41 | 67.2 |
| 不清楚 | 9 | 14.8 |
| 合计 | 61 | 100 |

### 3. 部分老人需缴费参保

按照国家政策规定，60 岁以上无须参保即可享受国家的"新农保"政策。但在实地调查中我们发现，少数地区出现了老人也要缴费的情况。调查显示，在 68 份有效调查样本中，有 64 个试点县市遵照国家的政策精神，给予 60 岁老人免费参保的优待，占比为 94.1%；但也有 4 个试点县市要求 60 岁以上老人也要缴费，比重为 5.9%。（见表 30）。尽管老人缴费参保的试点县市仅有 4 个，比例很小，但仍然说明各级地方政府执行国家政策的不规范行为。

表 30　　　　　　　60 岁以上老人需要缴费与否统计

| 是否需要缴费 | 样本数 | 占有效样本的比重（%） |
|---|---|---|
| 是 | 64 | 94.1 |
| 否 | 4 | 5.9 |
| 合计 | 68 | 100 |

## 三　破解基层部门难题的政策建议

### （一）落实基本原则，提高工作认识

1. 落实"保基本、广覆盖、有弹性、可持续"的基本原则

地方政府首先要落实《国务院关于开展新型农村社会养老保险试点的指导意见》中"保基本、广覆盖、有弹性、可持续"的基本原则。"保

基本"就是考虑地方财政实力，根据当地人均收入水平，政府支出的基础养老金和个人缴费的标准，要能够保证农村居民在年满 60 周岁后，享有起码的生活保障。既保证地方财政足够支持新农保工作的开展，又不因养老费用的缴纳给家庭带来支出压力。"广覆盖"就是要将尽可能多的人群纳入到"新农保"政策中来。首先要保证试点地区年满 60 周岁的老年人能按时领到基础养老金；其次，除了符合条件的农村人口外，要考虑到广大农民工、失地农民，以及其他缺少社会养老保险人群的具体情况，使城乡居民共享均等化的公务服务，享有普惠性的养老保险。"有弹性"就是要考虑到各地经济、社会发展条件不同，考虑到不同农户的收入、财产情况有异，在中央统一的指导框架下因地制宜地出台地方政策。"可持续"就是要确保政策实行年限具有长久性，在实践中不断完善各项制度，政策的调整要顺利衔接，给参保群众吃"定心丸"，使农民能够享受到经济社会发展的成果。

2. 努力做到"应保尽保、愿者参保、重点必保"

地方政府要明确认识到"新农保"的普惠性，争取覆盖符合条件的全部农村人口。要按照政府主导和个人自愿的原则，深入农村宣传"新农保"的政策规定。县级政府和乡镇、村庄要做好人口信息统计工作，准确审核参保人员的信息，建立档案，进行公示，严格制定养老金的发放程序，对农村低保户、五保户和其他存在养老困难的群体增加补助力度。确保申报、审批、发放、监督各环节工作到位，努力做到"应保尽保、愿者参保、重点必保"。

3. 提高对"新农保"工作长期性、困难性、综合性的认识

"新农保"涉及几亿农民的利益，从试点开展，政策的逐步完善，到最终的普遍实施，是一个长期的过程。各地情况错综复杂，发达地区和落后地区的财政实力不同，富裕村庄和贫穷村庄的集体收入水平差距明显，农民的养老观念、个人收入、家庭情况各异，所以这一政策的实施在不同地区必然存在着各种困难。"新农保"政策涉及中央政府和地方政府的协调，不同政府部门工作的配合，国家、集体、个人的权利义务划分，"新旧农保"、"农保"和"城保"的转移接续等等问题，这些说明"新农保"工作是一个具有高度综合性的社会工程。各级地方政府要提高对新农保工作长期性、困难性、综合性的认识，制定政策要统筹规划、业务办理要综合协调、工作开展要稳妥推进，不能搞强迫命令，一蹴而就，片面

追求高参保率。

### （二）因地制宜，完善制度设计

1. 扩大农保覆盖面，完善管理制度

作为一项社会保障制度，一项普惠制的养老制度，"新农保"制度需要扩大覆盖人群，将更多的人纳入到国家的保障体系中。为此，县级政府在制定本地的"新农保"政策、开展相关工作时，一方面要鼓励符合条件的农业户籍人口参保，另一方面必须兼顾其他特殊群体，放宽参保资格，降低参保门槛。例如，有为数不少的人生活在农村或者城郊，户籍是非农业人口，由于各种原因缺少城镇职工养老保险。对于这部分人群，不能机械的以户籍性质作为参保资格，政府应该加强责任意识，保障他们的参保权利。通过劳动和社会保障部门审核其信息，凡是没参加城镇职工养老保险的人口，只要自愿参加"新农保"，能够按时缴纳保费，都应该将其纳入农保进行管理。使尽可能多的人口合法享受政策收益，使养老保障公平地惠及最大人群。

2. 合理调整养老金缴费档次，加强激励制度

一些地区经济比较发达，农民养老意识比较先进，部分家庭富裕的农民对高档次的养老金需求强烈。各县级政府在落实《国务院关于开展新型农村社会养老保险试点的指导意见》的基础上，可以根据当地人均收入水平灵活设定养老金缴费档次，放宽高档次的缴费金额，实行"上不封顶"的措施。

对缴费档次高的人群，可适度增加一些补贴，由县级财政和上级财政分担比例支出。通过逐档增加补贴的方式作为激励政策，并对周围人产生示范效应，鼓励不愿参保的农民参保，已参保的农民选择高档次缴费，从而增加参保人数和参保基金，满足不同收入农民的需要，使有能力选择高保障水平的农民享受到充足的养老金。

年满 60 周岁的老人，尽管不需缴纳参保费用即可领取每月 55 元的基础养老金，但可以允许其自愿参加，通过缴费增加个人账户积累，获取更加充足的养老保障。

3. 理顺"新、旧农保"，"农保"和"城保"的衔接制度

已经实行了"旧农保"的地区，县级政府应该出台实施细则，尽快实现"新、旧农保"的顺利转移。在具体操作上，由政府核对参保人信

息，相关银行负责办理，将"旧农保"账户内的本金和利息全部划归到"新农保"账户。原"旧农保"账户缴费完毕的，年满60周岁且已开始领取养老金的参保人，领取原个人账户养老金，但应该享受新农保基础养老金。由于过去没有政府补贴，"旧农保"账户缴费数额比较低，有能力的地方应该提高养老金发放标准，例如规定一个每人每年享受养老金的最低限额，按照原缴费标准达不到这一限额的部分，由政府补足。已参加"旧农保"、未满60周岁的参保人，应按"新农保"的缴费标准继续缴费，开始享受政府补贴。县级政府在妥善处理旧农保基金债权问题的基础上，可将"旧农保"基金全部归并到"新农保"基金管理，最终撤销旧农保基金财政专户，实现"旧农保"制度向"新农保"制度的顺利过渡。

针对目前存在大量农民工的现状，应该在参保人自愿的基础上，允许其自主在"农保"和"城保"之间选择参加的险种，并可以使养老资金在两种账户间转移、合并。例如返乡农民工，可将保险关系转入户籍地参加新农保，并将农民工养老保险个人账户资金转入新农保个人账户。"农保"和"城保"缴纳的保费不同，因此需要合理确定二者转移、合并的折算比率，"农保"向"城保"转移时需要补齐缴费差额和缴费年限。

4. 照顾农村弱势群体，出台扶持制度

农村中的低保户、五保户、孤寡老人、残疾人家庭等低收入群体，既面临短期的生活困难，又存在长期的养老问题。针对这部分人的收入低，缴费面临一定负担的情况，"新农保"政策应该和其他社会保障政策互相补充，累计叠加，而不能相互替代。在制定本地区"新农保"实施细则时，县级政府和乡镇政府应将财政补贴适度向弱势群体倾斜，对这部分人的缴费在原有基础上加大补贴力度，有能力的县级政府可全额负担他们的保费，使他们"缴得少，领得多"。同时发挥残联、民政部门和社会慈善团体的作用，扩大这部分人群的筹资渠道，增加对他们的扶持力度。

5. 针对销户人口、计生家庭完善配套制度

农村中存在着一些销户人员，他们的参保资格可能会受到缺少户口的限制。县级政府应该本着"应保尽保"、公共服务均等化的原则，首先让其按照相关规定补办户籍手续，之后允许他们参保。

对计划生育家庭参加"新农保"给予鼓励。独生子女或双女父母参加"新农保"，应安排专项财政支出，额外增加缴费的补助，这一部分补助不能与原有计划生育奖励制度抵消。计生部门和劳动保障部门实行信息

共享，加强监督，确保资格审核无误。

### （三）着力解决地方财政配套能力

1. 科学制定财政预案，确保资金到位

县级政府根据当地参保人数、补贴额度、国家和上级转移支付等因素科学评估"新农保"所需财政资金，细化专项财政预算安排，建立"新农保"财政投入的预算制度，确保资金及时、足额到位，不能留下基金缺口。为保障参保农民的合法权益，"新农保"工作经费由财政部门根据实际工作需要和有关经费支出标准合理制定，纳入财政预算，不能从新农保基金中提取。同时广开筹资渠道，鼓励慈善机构、社会团体、企业、个人向"新农保"账户捐款、注资，实现"新农保"资金来源的多元化，减轻财政压力，充实养老基金。

2. 根据地方财政实力，设定基础养老金

对于《国务院关于开展新型农村社会养老保险试点的指导意见》中规定年满 60 周岁的农村老人，每人每年享受 55 元基础养老金。财政收入比较充裕的地方，应在此基础上再相应提高，提高的部分可由省、市、县三级政府按比例分配。随着社会经济的发展，基础养老金应该进行动态调整，以抵消通货膨胀成本，保证养老金不贬值，使参保人员享受社会经济发展成果。

3. 创新养老金补贴方式，加强补贴力度

一方面，有能力的县级政府应该对参保人员实行"两头补"的办法，既对农民缴费进行补贴，在国务院规定的最低每人每年 30 元的基础上适当增加，又对养老金的发放进行补贴，减轻农民缴费负担，增加受益金额。另一方面，要采取措施鼓励农民连续缴费，如连续缴费五年以上，每多缴一年可享受一定额外补贴，或者对缴费超过一定年限的，地方政府可适当加发基础养老金。通过多种补贴方式鼓励农民参保积极性，使农民"缴得起"、"留得住"。

### （四）强化业务办理能力，提高执行水平

1. 合理设置工作岗位和办公经费

县级政府是办理"新农保"的基层单位，是直接面向参保人的服务窗口，承担着大量的基础性工作，困难多、任务重，提高县级政府的经办

能力对"新农保"的成功实施有重要意义。调研中发现县级政府普遍存在工作人手和工作经费不足的问题。为此，需要建立专门工作机构办理新农保业务，根据实际情况增设工作岗位和专职工作人员，依事定岗、依岗定人，采取增加编制、社会招聘等方式，充实县级"新农保"经办机构人员力量，乡镇应有专职人员负责"新农保"工作，保证人手充足。工作经费和相关人员的工资支出，都应该由财政部门统一拨付，不能由劳保部门自收自支，以免出现挤占、挪用"新农保"基金的危险。

2. 加强办公信息系统建设

针对办理"新农保"业务时采取手工方式容易造成疏漏、错误、工作量大的问题，应该加强信息系统建设，提高工作效率和工作准确性。一方面，制定县、乡、村各级办公硬件设施标准，统一配备电脑、打印机等办公设备。另一方面，加强软件建设，与上级"新农保"管理系统实现对接，纵向上与省、市全面贯通，横向上与银行实时联网，争取信息录入、查询、缴费、监测、管理等工作采用信息化方式完成。同时，劳动保障机构要与公安、民政、统计等部门的数据库实现信息共享，确保人口信息采集的准确性。例如由公安部门批量导入农业人口数据，由民政部门导入农村低保户、残疾人信息等。通过各部门信息系统的有机配合，提高"新农保"业务办理的及时性、简便性、准确性。

3. 加大培训力度，建设人才队伍

"新农保"工作涉及各种复杂的实际情况，要做好这项工作，建设人才队伍是关键。县级政府要对全部"新农保"工作人员进行系统培训，既要统一宣讲政策法规，又要针对各级经办人员的工作内容进行专题培训，通过考核后才能上岗工作。确保经办人员吃透政策法规、掌握工作技术、熟悉业务流程、具备服务意识。通过培训考核提升工作能力，完善待遇稳定工作队伍，行政监督规范工作行为，努力使经办人员成为做好"新农保"工作的重要保证。

4. 采取多种方式，方便农民办理业务

某些偏远农村缺少金融网点，交通不便，农民办理"新农保"业务费时费力。针对这种情况，应该采取多种方式，为农民办理业务提供方便。一是合理设置金融网点，利用农村信用社、邮政储蓄银行分布广，分支机构多的优势，加强与金融机构的合作。利用身份证识别系统和储蓄卡方式，简化办理手续。二是由"新农保"经办人员与银行人员定期到村、社区集中进行收费。三是由村庄协管员定期代为办理。

5. 严格管理去世人口的养老金发放和继承问题

为确保养老金基金不受损失，对于死亡人口应该及时核销。县级"新农保"经办机构应每年对已领取养老金的人员进行生存资格认证。对于去世人口的认定，可由村庄协管员上报，结合公安部门和殡仪馆的数据查对证明，防止出现冒领问题。参保人死亡，在缴费期间死亡的，其个人账户中个人缴费本息积累额，应由法定继承人或者指定受益人继承；在领取养老金期间死亡的，个人账户中个人缴费领取余额由其法定继承人或受益人继承，政府补贴余额因为属于公共财政支出，不能被继承，应用于继续支付其他参保人的养老金。

6. 采用市场化方式，委托商业保险公司办理新农保业务

保险企业作为对养老保险独具专长、拥有众多营销网点、管理系统成熟、经办经验丰富的专业机构，在参与"新农保"建设中具有独特优势。如果能够充分借助商业保险公司现有的服务网络、基础设施、管理团队和专业技术，可以大大降低行政成本，节省财政支出，提升工作效率和服务水平，并从制度上降低地方行政挪用、截留基金的风险。所以可由政府与商业保险公司签订协议，将"新农保"业务委托给保险企业办理，政府做好监管考核工作。

### （五）进一步提高乡镇和村庄的政策执行能力

1. 加大村庄层面的政策宣传力度，化解农民的顾虑与担心

"新农保"的顺利推行依靠农民对政策的充分了解，农民只有知晓相关政策和参保的好处，才能提高积极性自愿参加。乡镇政府和村庄协管员直接和广大农民距离最近，因此可以发挥驻村干部和村庄协管员的宣传人、讲解人作用，采用印发宣传单、开会、集中咨询的方式深入宣传"新农保"政策，宣传到户、宣传到人、讲清政策细节、告知政策收益，使农民从心底消除顾虑与担心，产生认同，从而自愿参加"新农保"。

2. 确保基础信息采集工作的准确性与全面性

村庄协管员应该根据户籍资料，认真核对参保人员信息，乡镇抽调专人负责参保人信息的审核、督导工作。对参保人员的信息进行一定时间的公示。建立乡、村两级服务队伍并负责设备、场地的标准化建设，确保"新农保"个人信息采集工作的准确性。

3. 合理解决村庄协管员的工资待遇问题。

调研结果显示，多数地方都将村支书、主任或者会计作为协管员，负责"新农保"在农村基层的工作。某些地区没有对他们的工作支付额外的工资，而这部分人对"新农保"的落实效果有重要作用。因此，为了鼓励村庄协管员积极开展工作，协助"新农保"工作的开展，应该对他们做出适当激励，可以采用支付固定工资或者绩效工资的方式，例如村庄参保人数多，则相应奖励若干资金。

### （六）参保资金的管理—运营—监督

1. 健全农保基金的账户管理，规范业务程序

按照国务院相关规定，试点阶段，"新农保"基金暂时实行县级管理，随着试点扩大和推开，逐步提高管理层次；有条件的地方也可直接实行省级管理。县级政府目前应按规定，建立健全"新农保"基金财务会计制度。建立"新农保"基金收入户、支出户和财政专户。参保人缴纳的养老保险费、集体补助进入县"新农保"基金收入户，县"新农保"经办机构和财政部门应分别在规定的时间内将"新农保"基金收入户中的资金和政府缴费补贴划转至县财政专户。各乡镇财经所对收费的保险费及时缴存专户，基础养老金与个人账户基金分账管理，基础养老金不能挤占个人账户基金，个人账户基金结余按国家有关规定实现保值增值。对符合条件领取养老金的人口，经相关各部门审核合格后，由代理银行实行社会化动态发放，形成"收钱的不管钱，管钱的不用钱，用钱的不见钱"的运行机制，对参保农民缴费、基础养老金结算领取审核实行分级管理、责任到人、惩处到人，确保基金安全。

2. 采取多元方式运营农保基金，实现保值增值

《国务院关于开展新型农村社会养老保险试点的指导意见》指出，"新农保"基金按有关规定实现保值增值。除了将基金存放和用于购买国债外，还应根据安全性、流动性和效益性相统一的原则，探索多元化的方式，充分利用市场和社会资源，多渠道地运用新农保基金。可以委托具有相应资质和实力的专业投资机构，或者聘请金融专业人才，参与运作"新农保"基金，提高基金运用收益。在这一过程中，政府要加强对基金运用的监督与管理，确保基金的安全。

3. 发挥审计部门、媒体和社会力量，加强对农保基金的监督。

养老金是农民的"养命钱"，规模庞大的养老基金存放在账户里，面临着很大的风险，县级劳动和社会保障部门应该加强制度建设，设定工作规范，把农保经办机构建成责权明确的组织管理系统，使各项业务环节既相对独立，又相互制约。所有的现金往来，包括资金的收缴和待遇的支付都通过银行的金融服务来实现，社会保险经办机构只确认资格、办理登记和记录的手续，采用"不触币"的工作模式，而且让截留挪用农保基金的风险降为最低。要定期向社会公示基金使用管理情况，接受社会监督。个人缴费和待遇领取都可以通过适当的方式进行查询。年终，社保经办机构要编制年度"新农保"基金决算报表，接受审计部门的监督。避免出现私吞、挪用、截留参保资金和克扣、代领、冒领、骗取养老金等现象。

# 新型农村社区建设：模式比较与选择

## ——对全国 20 个省 68 个村 1942 户的调查

**主持人：** 徐 勇

**执笔人：** 邓大才 慕良泽 任 路 夏 添
单 媛 赵莎莎 赵飘飘

# 内容摘要

　　新型农村社区建设是推进新农村建设的关键，是统筹城乡发展、建设和谐社会的重大举措，为了有效地推动新型农村社区建设，需要准确把握新型农村社区建设的现实状况，全面总结新型农村社区建设的不同模式，及时发现新型农村社区建设中存在的问题，系统提出针对性的意见与建议。为此，华中师范大学农村问题研究中心依托"百村观察"平台，组织师生对全国20个省68个村1942户进行了以"新型农村社区建设"为主题的问卷调查与访谈，了解广大农民对"新型农村社区建设"的认知与态度，并且结合新型农村社区建设不同模式的精细比较，以及新型农村社区建设实践中凸显的问题，提供了相关的意见和建议。

## 一　新型农村社区建设的现状：知晓率高，认同度高

　　调查显示：从农民对新型农村社区建设的知晓方面来说，83.4%的被访农民知道新型农村社区建设，77.1%的农民认为新型农村社区建设有必要、意义重大，53%的农民相信新型农村社区建设能够成功，46.6%的农民知道自己村新型农村社区建设的情况。由此可见，在新型农村社区建设实践不断向前推进的过程中，农民眼见其实、乐见其成。从农民对新型农村社区建设的认同方面来看，举一例而晓全貌，在新型农村社区建设涉及房屋搬迁的情况中，50.8%的农民以是自愿或者说服的方式实现的，6.4%的农民是以强制的方式搬迁的，农村大部分农民认同新型农村社区建设，希望改善生活环境，提升生活质量，喜见其行。

## 二　新型农村社区建设的模式：特色鲜明，优势各异

　　伴随着新型农村社区建设的认识深化，在希望的田野上涌现了众多新

型农村社区建设的典型模式：以"全面性"为特色的"整体搬迁"模式，搬迁农民的生活、生产、社会交往全面变化；以"节省"为核心理念的"旧村改造"模式，通过对原村庄的综合整治，达到"省钱、省时、省力"；以"整合"为要义的"规划导向"模式，强调"弱弱联合，抱团发展"；以"务实性"为内涵的"自然过渡"模式，突出"实际、实在、实用和实效"。

## 三 新型农村社区建设的问题：困难多样，基础薄弱

成功的经验值得借鉴，出现的问题需要注意。在新型农村社区建设中，缺乏长远、统一的规划与布局，势必造成资源的浪费；政策宣传不到位，农户疑惑重重；基层领导越位，农民缺位、挫伤农民建设新型农村社区的积极性；社区文化建设缺少氛围，影响社区认同感和归属感的培育；农村基础设施投入不足，新型农村社区建设根基不牢；社区土地的流转与使用不规范，导致土地流转不畅；农业产业化水平低，新型农村社区建设动力不强；基层组织建设薄弱，新型农村社区建设载体不牢固。

## 四 新型农村社区建设的建议：因地制宜，系统全面

为了更加积极有效地推进新型农村社区建设，针对新型农村社区建设中产生的问题，结合新型农村社区建设典型模式的比较与分析，建议做好以下三方面的工作。

（1）因地制宜，突出特色。全面评估本地诸因素，探索适合本地实际的社区建设模式。系统总结本地经验，不断深化农村社区建设。谨慎参考其他地区社区建设模式与经验。

（2）循序渐进，稳扎稳打。不可贪大求全，避免盲目冒进。政府适度引导，不搞政府强制。增收入、保权益、促就业相结合。

（3）系统推进，全面开花。系统推进新农村建设"生产发展、生活宽裕"和"管理民主"目标的实现；系统推进基础设施建设；系统推进城镇化、农业转型、产业升级。

# 报告正文

新型农村社区建设是构建社会主义和谐社会的重要措施，是推进社会主义新农村建设的有效途径，是完善村民自治、扩大基层民主的有效载体，是提高广大农民生活质量和文明程度的内在需求。借此，华中师范大学中国农村问题研究中心"百村观察"项目组，借助"百村观察"平台，于 2010 年春节前后，对全国 20 个省 68 个村 1942 户进行了"新型农村社区建设"问卷的调查与访谈。本报告以调查为依托，对全国农村社区建设情况进行摸底；对农民的政策知晓和认识情况、期盼与担忧进行分析；并参照农村社区模式进行比较，指出了目前农村社区建设或出现的问题，提出了相关意见和建议。

## 一 新型农村社区建设现状

为了有效地推进新型农村社区建设，需要对目前的建设情况有一个全面、清晰的认识。通过问卷调查与分析可知，就农民对新型农村社区建设知晓和认同情况而言，政策知晓率高，眼见其实，乐见其成，同时政策认同度高，喜见其行，虑其落实；从新型农村社区建设模式选择上来说，建房补贴得现钱，10 万元左右方为宜，以房换房办法好，面积相当最关键，乡土观念依旧强，集中住楼反应小；从农民维护土地权益的情形来看，农民更愿意接受"离土不离乡"的建设方案。

### （一）农民对新型农村社区建设的知晓和认同

1. 政策知晓率高：眼见其实，乐见其成

新型农村社区建设成功的关键之一是农民主体对新型农村社区建设的认同与支持，农民认同的第一个标志就是对于新型农村社区建设的知晓。

表 1　　　　　　　　　农民对新型农村社区建设的知晓情况

| 政策知晓率 | 样本数 | 有效百分比（%） | 累计百分比（%） |
|---|---|---|---|
| 知道 | 1410 | 83.4 | 83.4 |
| 不知道 | 280 | 16.6 | 100.0 |
| 合计 | 1690 | 100.0 | |

调查显示，农民对新型农村社区建设的知晓率高，有效问卷中有83.4%的农民知道新型农村社区建设，当问及新型农村社区建设是否有必要时，有77.1%的农民认为有必要，但是当回答新型农村社区建设能否成功时，有53%的农民相信能成功，42.6%的农民持观望态度，说不清新型农村社区建设能否成功。

表 2　　　　　　　　农民对新型农村社区建设的必要性认识情况

| 新型农村社区建设必要性 | 样本数 | 有效百分比（%） | 累计百分比（%） |
|---|---|---|---|
| 有必要 | 1235 | 77.1 | 77.1 |
| 没有必要 | 105 | 6.6 | 83.6 |
| 无所谓 | 262 | 16.4 | 100.0 |
| 合计 | 1602 | 100.0 | |

从以上各组数据中可以得到初步的结论，那就是农民对于新型农村社区建设知晓率高，这应该得益于政府的宣传与新型农村社区建设的实效给农民们带来的直接感受，同时农民也希望能够进行新型农村社区建设，因为这将给农民带来切身的利益，新型农村社区建设主要是为了改善农民的生存环境，满足农民日益丰富的生活需要，提升生活质量，以此来建构农民对于社区的归属感和认同感，由此形成新型社区，农民乐见其成。但是对于新型农村社区建设的未来这一问题，42.6%受访农民对于新型农村社区建设的前景持谨慎态度——"说不清，吃不准"。

调查显示，有效问卷中有46.6%的农民知道自己村在新型农村社区建设中做了一些事，农民关于新型农村社区建设的切身感受也比较强，这就部分解释了农民对于新型农村社区建设的政策知晓率高的原因，农民是最为实在的群体，不管政策讲得如何好，农民最为关注的是实在的好处，

| 表3 | 农民对新型农村社区建设期待的分布 | | |
|---|---|---|---|
| 新型农村社区建设的期待 | 样本数 | 有效百分比（%） | 累计百分比（%） |
| 成功 | 846 | 53.0 | 53.0 |
| 不成功 | 69 | 4.3 | 57.4 |
| 说不清 | 680 | 42.6 | 100.0 |
| 合计 | 1595 | 100.0 | |

农民通过发生在身边的变化，调整自己的看法，眼见为实。

| 表4 | 农民对于本村新型农村社区建设的知晓情况 | | |
|---|---|---|---|
| 新型农村社区建设的知晓 | 样本数 | 有效百分比（%） | 累计百分比（%） |
| 什么事也没做 | 284 | 18.9 | 18.9 |
| 做了一些事 | 700 | 46.6 | 65.5 |
| 不知道 | 519 | 34.5 | 100.0 |
| 合计 | 1503 | 100.0 | |

2. 政策认同度高：喜见其行，虑其落实

| 表5 | 农民对新型农村社区建设的认同程度 | | |
|---|---|---|---|
| 新型农村社区建设的认同程度 | 样本数 | 有效百分比（%） | 累计百分比（%） |
| 自愿 | 292 | 38.7 | 38.7 |
| 强制 | 48 | 6.4 | 45.0 |
| 说服 | 91 | 12.1 | 57.1 |
| 说不清 | 324 | 42.9 | 100.0 |
| 合计 | 755 | 100.0 | |

调查显示，在新型农村社区建设搬迁过程中，强制的情况较少，只占被访问农民总数的6.4%，大部分农民是在自愿和说服的情况下搬迁集中居住的。由此可见，政府在推动新型农村社区建设中通过说服协商的方式更加有利于工作的开展，也能够巩固新型农村社区建设的成果。

农民对于新型农村社区建设顾虑其落实，还可以从新型农村社区建设过程中不同的出资方案中找到原因，农民虽然认同新型农村社区建设，然而使他们犹疑不定的是怕"羊毛出自羊身上"。调查显示，在新型农村社区建设中农民出资的占 8.7%，村集体出资占 18.2%，政府出资占 41.2%，还有 31.9% 的农民对出资情况不清楚。

表6  新型农村社区建设出资情况

| 新型农村社区建设出资 | 样本数 | 有效百分比（%） | 累计百分比（%） |
| --- | --- | --- | --- |
| 农民 | 99 | 8.7 | 8.7 |
| 村里 | 208 | 18.2 | 26.9 |
| 政府 | 471 | 41.2 | 68.1 |
| 不知道 | 365 | 31.9 | 100.0 |
| 合计 | 1143 | 100.0 | — |

### （二）新型农村社区建设的方式选择

新型农村社区建设有不同的方式和选择，到底何种方式效果更佳，这不仅关系到农民的切身利益，也涉及政府政策的顺利推行，问题的答案在于政府的惠农政策是否能够赢得农民的口碑。调查设计了不同的新型农村社区建设方式，其中有建房补贴方式与以房换房的方式，有异地搬迁也有集中住楼的选择。

#### 1. 建房补贴得现钱，10 万元左右方为宜

建房补贴方式有不同的补贴额度，通过对农民的调查发现随着补贴标准的提高，农民对搬迁建房的意愿逐渐加强。当建房补贴在 8 万元以下时，半数农民对搬迁建新房持反对态度，当补贴达到 8 万元左右时，有 33.2% 的农民愿意搬迁集中建新房，同时仍然有 35.1% 的农民不愿意搬迁集中建新房，农民搬迁集中建房的意愿均衡点就在 8 万元左右，这时愿意的农民与不愿意的农民比例相近，到补贴达到 10 万元时，52% 的农民接受搬迁建新房的安排，半数农民选择 10 万元建房补贴的原因可能是基于在农村建房的成本核算约为 10 万元。在农民看来，至少得补贴 10 万元才能考虑搬迁集中建房。

| 表 7 | | 建房补贴与搬迁意愿的相关情况 | | | （单位:%） |
|---|---|---|---|---|---|
| 建房补贴与搬迁意愿 | 不补贴 | 补贴 2 万元 | 补贴 5 万元 | 补贴 8 万元 | 补贴 10 万元 |
| 愿意 | 14 | 12.5 | 19.5 | 33.2 | 52 |
| 到时再看 | 20.7 | 19.9 | 22.9 | 31.7 | 32 |
| 不愿意 | 65.3 | 67.6 | 57.6 | 35.1 | 16 |

2. 以房换房办法好，面积相当最关键

以房换房方式是一种政府建房与农民的房屋进行置换，推动新型农村社区建设的新方式。调查显示，农民对于以房换房的总体评价一般，41.7% 的农民愿意以房换房，19.1% 的农民不愿意以房换房，39.3% 的农民持观望态度。

| 表 8 | 农民对以房换房的总体评价 | | |
|---|---|---|---|
| 以房换房 | 样本数 | 有效百分比（%） | 累计百分比（%） |
| 愿意 | 434 | 41.7 | 41.7 |
| 不愿意 | 199 | 19.1 | 60.7 |
| 到时再说 | 409 | 39.3 | 100.0 |
| 合计 | 1042 | 100.0 | |

如果以房换房选择不同的面积，农民的态度如何？通过数据分析发现：当以房换房面积相等时，47.4% 的被访农民表示愿意，14.4% 的农民不愿意，38.1% 的农民选择观望等待；当以房换房的面积下降到一半时，77.6% 的农民不愿意以房换房，当以房换房的面积至 1/3 原有住房面积时，85.4% 的农民不愿意以房换房，只有 4.2% 的农民愿意以房换房。也就是说随着换房面积的减少，农民的意愿也是下降的，较为合理的换房方式是以同等面积互换。

| 表 9 | 以房换房的不同面积与搬迁意愿的相关情况 | | （单位:%） |
|---|---|---|---|
| 住房面积与搬迁意愿 | 面积相等 | 面积一半 | 面积 1/3 |
| 愿意 | 47.4 | 8.5 | 4.2 |
| 不愿意 | 14.4 | 77.6 | 85.4 |
| 到时再看 | 38.1 | 13.9 | 10.4 |

3. 异地聚居反对多，乡土观念依旧强

农民对于异地集中居住的态度是明显的，57%的受访农民不愿意搬迁至异地，这说明农民的乡土观念还是很强的，安土重迁。原因在于农业社会是熟人社会，农民习惯于彼此间因熟悉而相互交往，不同于城市人以交往来促成彼此间的熟识。

表 10 农民异地集中建房的意愿

| 异地集中建房 | 样本数 | 有效百分比（%） | 累计百分比（%） |
| --- | --- | --- | --- |
| 愿意 | 161 | 15.4 | 15.4 |
| 不愿意 | 596 | 57.0 | 72.4 |
| 到时再说 | 289 | 27.6 | 100.0 |
| 合计 | 1046 | 100.0 | |

4. 集中住楼反应小，疑虑重重难抉择

调查显示，大部分农民对于集中住楼房的态度并不明朗。33%的农民愿意集中住楼房，32%的农民不愿意集中住楼房，35%的农民到时再说，农民对于集中居住而且还是楼房心存疑虑，毕竟传统中国农民的居住是分散的，集中居住可能压缩原有的生活空间，农民觉得"不划算"。

表 11 农民集中住楼意愿

| 集中住楼 | 样本数 | 有效百分比（%） | 累计百分比（%） |
| --- | --- | --- | --- |
| 愿意 | 341 | 32.6 | 32.6 |
| 不愿意 | 335 | 32.0 | 64.6 |
| 到时再说 | 371 | 35.4 | 100.0 |
| 合计 | 1047 | 100.0 | |

（三）新型农村社区建设中农民的土地权益

农民的土地权益是新型农村社区建设中至关重要的问题，中国是一个农业大国，有着悠久的农业文明历史，土地问题一直是中国社会的基本问题，正如费孝通先生所言："传统中国是个乡土社会"，如今虽然现代文明正改变着中国社会，但是土地依然是农民安身立命之根本。成功解决新型农村社区建设中农民的土地权益问题显得尤为重要。

表 12 以土地换社保

| 以土地换社保 | 样本数 | 有效百分比（%） | 累计百分比（%） |
| --- | --- | --- | --- |
| 愿意 | 351 | 27.3 | 27.3 |
| 不愿意 | 478 | 37.2 | 64.6 |
| 到时再说 | 455 | 35.4 | 100.0 |
| 总计 | 1284 | 100.0 | |

理论界对于新型农村社区建设中农民土地问题的处理提供了三种选择，其一是以土地换城市的社会保障，将农民纳入城市保障体系之中；其二是实现农民的土地流转，自己外出就业，"离土又离乡"；其三是以土地换工作，本地就业安置，"离土不离乡"。

表 13 土地流转（离土又离乡）

| 土地流转意愿 | 样本数 | 有效百分比（%） | 累计百分比（%） |
| --- | --- | --- | --- |
| 愿意 | 411 | 31.7 | 31.7 |
| 不愿意 | 509 | 39.3 | 71.0 |
| 到时再说 | 375 | 29.0 | 100.0 |
| 总计 | 1295 | 100.0 | |

从数据分析可以发现，第一个方案中，受访的 1284 位农民中仅仅有 27.3% 的愿意以承包地来换城市社会保障；第二个方案中，受访的 1295 位农民中有 31.7% 的愿意将自己的土地租给其他人或公司，自己外出打工；第三个方案中，受访的 1276 位农民中有 43.2% 的愿意将承包地租给其他人或公司，前提条件是要在本地工厂中安排工作。

由此可见，农民较为愿意接受的方案是"离土不离乡"，以本地就业为佳，而对城市社会保障并不特别感兴趣。在数据中另一个趋势是大约有 1/3 的农民对于三种不同的方案选择"到时再说"，没有明确表态，可能农民存在一种待价而沽的心态，一种农民理性。

**表 14**           **以地换工作（离土不离乡）**

| 以地换工作意愿 | 样本数 | 有效百分比（%） | 累计百分比（%） |
|---|---|---|---|
| 愿意 | 551 | 43.2 | 43.2 |
| 不愿意 | 309 | 24.2 | 67.4 |
| 到时再说 | 416 | 32.6 | 100.0 |
| 总计 | 1276 | 100.0 | |

**表 15**    **新型农村社区建设中农民土地权益选择意愿**    （单位:%）

| 土地权益选择 | 以土地换社保 | 土地流转 | 以土地换工作 |
|---|---|---|---|
| 愿意 | 27.3 | 31.7 | 43.2 |
| 不愿意 | 37.2 | 39.3 | 24.2 |
| 到时再说 | 35.4 | 29 | 32.6 |

## 二　新型农村社区建设的模式分析

2006 年 10 月，中共十六届六中全会通过的《中共中央关于构建社会主义和谐社会若干重大问题的决定》提出"积极推进农村社区建设，健全新型社区管理和服务体制，把社区建设成为管理有序、服务完善、文明祥和的社会生活共同体"。近年来，部分地区以农村社区建设为基点和平台，大力推进新农村建设，在实践中取得了一些可供借鉴的经验，探索出了一些比较具有代表性的建设模式，可以概括为："整体搬迁"模式、"旧村改造"模式、"规划导向"模式和"自然过渡"模式。

### （一）模式概况

1. 河南卫辉市四和村："整体搬迁"模式

卫辉市唐庄镇四和新村是"整体搬迁"模式的典型，该村由政府统一规划，将原有的谷驼村、张庄村、靳湾村、虎掌沟村四个国家级扶贫开发村从资源严重匮乏、交通极度不便的山区里面搬迁出来，集中居住于镇政府出资建设的农村住宅社区中。这是扶贫开发与新农村建设双力并举的成功示范。一方面让四个分散的贫困村庄告别了山穷水恶的居住环境。村民只需支付 5 万元，加上政府每户补助的 2 万元，便可以住上 200 多平方米的整齐划一的双层楼房。另一方面，极大节约了土地。过去在山上户均宅基用地 397.8 平方米，但人均住房面积仅为 25 平方米；改造后平原区户均宅基用地只有 134 平方米、丘陵山区户均宅基用地 200 平方米，但人均住房面积增加到 50 平方米。总计节约土地 2000 多亩，着实解决了新农村住宅社区迁出地的土地空间不可转移与迁入地的土地数量稀缺的矛盾。在镇政府的统一规划下，将节约的土地资源进行合理的再分配，其中 1500 亩用于农田改造，500 多亩用于工厂用地、医疗中心、健身广场的修建。不仅保证了耕地的质量，还为生产的规模化经营奠定了基础，与此配套的灌溉、排水系统也得到了一并解决。此外，搬迁村民的就业难题也得到了解决，部分搬迁的农民选择就业于镇上的部分企业一定程度吸收了迁入的过剩劳动力；另一部分搬迁的农民则选择了发展运输业。

2. 安徽和县螺百社区："旧村改造"模式

沈巷镇螺百社区则是"旧村改造"模式的代表。该社区由原严石村委会、百旺村委会、呼郎村委会和螺百街道于 2006 年 4 月 28 日合并。它位于沈巷镇北部，合巢芜高速沈巷大转盘出入口处，距周边大中城市芜湖、马鞍山、南京、合肥约 1 小时左右的车程。螺百社区总面积约 12 平方公里，现有耕地面积 4260 亩，总人口 6580 人，其中居民 660 人。社区党总支下设三个支部，共有 151 名党员。社区居民委员会辖 16 个自然村，有 37 个村民组。

螺百社区的区位优势非常明显，紧邻长三角，临近沈巷工业园，基础设施条件较好，交通便捷，村庄内硬件设施完备，卫生室、学校、敬老院等一应俱全，大部分农民住房为两层楼房，基本符合新农村建设村容整洁的要求。沈巷镇针对螺百的这一情况，选择了"旧村改造"模式。一方面侧重于对村庄公共设施诸如供水、排污、绿化、沼气池、厕所的完善；另一方面，对少部分农民的危旧房、闲置房进行重新规划和改造。引导农民转变观念，鼓励农民建公寓式住宅，实现节约集约利用土地，降低了农民建房成本。新社区保留了原村庄的基本架构，并成立了社区服务中心，社区服务中心的职能定位是服务。

3. 山东莒南县三义社区："规划导向模式"

2006 年以来，山东省临沂市推行村庄合并的"大村庄制"，在对村庄规模、布局、设置、人口等进行重新整合的基础上，对村庄管理体制和运行模式进行了探索。其中以莒南县相沟乡三义社区最为典型。三义社区位于莒南县城西南 10 公里处，共有 2300 户，6060 口人，区域面积 10 平方公里。这个社区与其他地区最大的不同在于：一方面它将原来 6 个行政村的村委会组织撤销，按路框将原来的 6 个行政村改设为 9 个居民小区，在各合并村重新划分居民小区，把原来的村民变为现在的居民，并积极引导居民接受居民小区的统一管理，开展自我教育、自我管理活动。三义社区建立仅两年时间，制定了停止普通宅基地申请，集中建设社区居民的规划，实行社区居民逐步实现集中居住，目前已有 1800 户家庭集中在社区统一规划的居民点内，人均居住面积达 50 平方米。另一方面是打破传统的村民小组设置模式，成立行业合作组织。在社区内依法建立起计划生育、企业家、老年、妇女、交通物流等若干行业协会组织及种植、养殖等专业合作社组织，把农村各项工作纳入行业化管理、产业化管理、群体化管理，减少管理成本，提高管理效能。三义社区建起了 13 个专业协会，2 个专业合作社，90% 的农户都加入了各专业协会和合作社。

在当地政府的规划部署下，三义社区清理了违章建筑，旧房、危房近百间，抽通了两条总长 2500 米、宽 40 米的商贸文化中心大街，在街道主要地段辟建了一处面积超过 1 万平方米的社区综合服务区。服务区内有日用百货超市、农资超市、家电、摩托车销售点、餐饮服务中心、药房等。可以说，三义社区的建设从最初就具有明显的导向性，那就是要整合村庄资源，扩大村庄规模，把居民自治活动引入小区化管理，把原来的行政村村民自治改为"合推合选"、"共推共选"的社区居民自治。

4. 江西分宜县上村村落社区："自然过渡模式"

所谓自然过渡模式即以现自然村为社区单位，开展农村社区建设。其中以江西省的村落社区模式最为典型，这里选取上村村落予以说明，上村社区地处分宜县城西郊，是典型的城乡结合部，又是站前村委会的中心村，是人多地少和人口密集的村落。改革开放以来，村落农民以种商品蔬菜、小型运输业、工副业、经商等为主，生活水平位居全县上游。随着经济快速发展和收入大幅度递增，村落先后实施了"饮水工程"、"交通工程"、"绿化工程"等公益事业建设，硬化、亮化、优化了卫生、舒适的生产生活环境，村民素质逐渐提高，治安秩序持续稳定，为开展村落社区建设奠定了良好基础。辖区内有 102 户，326 人，其中劳动力人口近 200人，人均年收入 3900 元。由于上村村落有一定历史渊源，一些历史遗迹尚有保留，所以自开展村落社区建设以来，采取"中心 + 村落"的方式向周围扩散建设，在保留村庄原有历史风貌的基础上，完善社区的公共基础设施。在居民住房的规划上，基本延续了原有的住房分布格局。没有对村民的居住地点作较大变动，侧重于从道路、绿化、卫生等方面为村民提供便利。开展村落社区建设需要有一定的活动场所。上村社区的做法是充分利用农村的闲置房产，如宗族祠堂、闲置校舍、仓库、民居等，将其改造成为村落社区建设的活动中心，内设志愿者协会办公室、村民学校、图书阅览室、文体活动室等。活动中心有专人管理并坚持天天开放。这对丰富村民业余文化生活、密切村民间的关系、减少邻里纠纷、增强村落的凝聚力、向心力起到了很好的作用。

### （二）模式的基本特征和异同性比较

1. 基本特征

"整体搬迁"模式的突出特征在于它的"全面性"，搬迁农民从生活、生产、社会交往等方面都发生了巨大变化。首先，在生活上，搬迁农民原先恶劣的生活环境得以改善，在新型农村住宅社区内，村民们享受到了更加优美的环境，更加便捷的交通，更加舒心的服务和更高质量的生活；其次在生产上，山区农民原有的"靠山吃山"、"一户一耕"的生产方式得以改变，搬迁到平原地区后"科学种田"、"规模化耕种"的生产方式极大地提高了农民的作物产量；最后，在社会交往上，整体搬迁一方面保存了原有村庄的关系网络，另一方面，多渠道的就业方式也拓展了农民的交往半径，他们与市场与"他乡"的联系也更加紧密。

"旧村改造"的基本特征在于它的"节省"。首先，"省钱"，"旧村改造"不必"大兴土木"在其他地方"另起炉灶"，只需要对原村庄进行综合整治和规划，资金投入上很少；其次，"省时"，由于只是在原有基础上进行修补，周期较短，一般在年内即可完成改造计划；最后，"省力"一方面，由于极少涉及拆迁安置问题，和农民没有利益冲突，政府只需要对少数需要搬迁、改造的农户辅以政策优惠，节省了政府的精力。

"规划导向"的基本特征在于它的"联合性"，即"弱弱联合，抱团发展"。一是通过建设农村社区，使一个区域内的多个弱村联合，形成合力，解决弱村单打独斗难有作为的问题。让弱弱联合、集中资金、统一建设，改变其原有的弱势格局。二是扩大村级区域规模，通过合并村庄，使过去分散的资源整合到一起，扩大了村庄规模，增强了经济实力。这样，既有利于化解原行政村的债务等遗留问题，更有利于集中治理人居环境，节约农村建设用地。三是通过打破原建制村建制、传统村民小组设置、党组织设置等模式，通过建立社区服务中心和各类行业组织，整合人力资源，为社区的经济发展提供了人力资本。

"自然过渡"模式的基本特征在于它的"务实性"，其主要内涵就是将农村社区建设与村民自治相结合，切实将村民作为自治主体，自然村落是村民以血缘、地缘为纽带聚居的一个基本单元，居住在同一自然村的村民有共同的生活环境、生活习惯和利益需求，社区认同感、责任感较强，开展社区活动容易组织，容易达成共识和合力，也最容易见成效。村落社区本着"实际、实在、实用、实效"的原则，立足村情，突出重点，围绕村民的共同需求和愿望，着力解决群众迫切需要解决的问题，组织和依靠村民自己的力量，开展互助救济，扶贫济困，帮助农村弱势群体排忧解难。

2. 异同性比较

目前，我国的新型农村社区建设过程中，以上四种模式都是以政府主导为基本格局，以整合村庄资源（人力、物力、财力、土地）作为必要手段而进行的，这其中涉及各方面的利益关系，仅凭村干部和村民是难以胜任的，必须依靠政府的统一规划和分配协调。只是依据不同的村情，政府在对其进行的社区建设中采取的方式有所不同。具体说来，有以下三点：

第一，先天条件不同。整体搬迁和规划导向模式建设的村庄一般都属于自身基础条件较薄弱的村庄，主要借助政府的外力来推动，村民的生产、生活、社会交往会随之发生很大转变，一般建设周期比较长，建成后社区面貌看上去整齐划一，而旧村改造和自然过渡模式建设的村庄一般都是基础设施比较好的村庄，只要在原有基础上进行整合、规划和改造，一般建设周期较短，社区面貌整体上变化不大。

第二，社区建制不同。整体搬迁和旧村改造模式都是进行合村并组后重新成立以社区为一级自治组织，替代了之前行政村的职责和功能。规划导向模式由于是倡导"大村庄"制，社区中心以提供服务为主要职能，不参与村庄的管理，对村庄的管理主要由行政村村委负责。但是由于定位不准，同村民自治的结合程度不高，与城市社区居民的自治不衔接，重视了社区服务，忽略了社区建设其他方面的内容。自然过渡模式则是把社区的治理权下放给了各个自然村落，村民的认同感比较强，利于开展村民自治，但是由于增加了一级管理机构，也增加了相当一部分财政支出。

第三，政府支持和农民认可的程度不同。新农村住宅社区建设离不开政府的干预与支持，但是程度有所不同，整体搬迁模式因为工程量浩大，并且涉及搬迁，所以政府的财力投资是巨大的，受到农民的抵触也最大，对于安土重迁的农民来说，背井离乡是迫不得已才做的选择。规划导向模式因为只涉及部分农户的搬迁，所以政府干预力度、阻力方面程度略微偏低。旧村改造和自然过渡模式是政府支持干预力度、阻力最小的，仅投入部分改造资金或优惠政策，村民会在利益的诱导下自动改造、修建房屋。

通过以上分析，我们可以得出：农村社区建设，首先要充分调动和发挥广大农民的积极性、创造性尊重农民的主体性。鉴于此，应当加强对农民的教育培训；同时，依托非农产业，发展新型农业，把增加农民收入作为社区建设的内容之一。其次不能忽视政府的主导作用，作为领导者和组织者，政府能够建立专门的领导机构，选择试点进行典型示范，运用舆论工具和行政手段进行宣传发动，制定相关推进政策；作为参与者和引导者，政府可以运用手中掌握的大量资源，完善公共基础设施，扎实稳步推进农村社区建设。最后，农村社区建设要秉承"因地制宜、科学规划"的理念，切不可"一刀切"，要充分考虑不同地区的自然环境、经济发展水平、区位优势等因素，大胆创新，探索多元的建设模式，突出区域特色，有步骤、分阶段、有计划、有重点地推进农村社区建设。

## 三　新型农村社区建设中存在的问题

目前，从全国范围看，"农村社区建设"正处于初始阶段，经过这几年的不断探索取得了一定的成果，积累了一定的经验，但也存在一定的问题。我们必须正视这些问题并采取科学的方法解决，才能进一步把这项事业扎实稳妥推向前进。

### （一）缺乏长远、统一的规划与布局

由于各个地区经济发展水平的差异，新型农村社区建设的程度不一。在我们调查的 20 个省市中，新农村建设几乎没有明确的建设方案与科学的规划，是各自为政各搞一套。这种缺乏规划、设计的新型农村社区建设难以持久进行；在推进新农村建设的速度上，也存在着一定的问题，一些政府部门操之过急，试图毕其功于一役；还有一些干部只等中央下派任务，不主动出击，缺乏创新能力。这种无规划、缺乏长远性的建设，只会减慢建设速度，更甚是一种人力、财力、物力的浪费。

科学规划是建设的龙头和灵魂，规划的科学化水平决定着发展的水平、速度和质量。可以说规划的失误是最大的失误，规划的浪费是最大的浪费。在过去几年的新型农村社区建设中，由于缺乏长远规划、缺乏整体思路导致的失败，不仅造成了资源的较大浪费，而且挫伤了农民建设的积极性，延缓了新农村建设的速度。

### （二）政策宣传不到位

一方面，政策宣传方式单一。在调查中得知，问到农户是通过什么方式了解新农村建设这一事情时，有七成农户回答是通过电视了解到，而且是通过中央电视台新闻节目；其次是地方政府的宣传，还有一些通过亲戚、朋友以及横幅等方式得知。新闻媒体是宣传国家政策的一个窗口和"喉舌"，农民只能从中得知此事，但是农民对政策的进一步了解需要基层政府，尤其是村干部的宣传，他们是链接中央与农村的一个重要纽带，农民需要通过他们进一步详细了解国家的大政方针政策。在此次调研中发现，在这个关节点上很难看到基层政府的身影。

另一方面，农民只知其事，不知其"实"。通过对全国 20 个省 1942户的问卷调查中发现，有 1410 户知道新农村建设，占有效样本的 83%，这一数据只是说明农户知道这一事情，但不足以说明农户对新农村建设的认知程度，即农户是否了解新农村建设的具体规划、要求、做法等。在调查中我们问起农户是否知道新型农村社区建设的具体内容和要求时，绝大部分农户没有能够回答上来，大部分农民只是听说过，其中一些农户只知道新农村建设就是搬迁建房，但不知道其中的具体内容，也更不了解这一政策的具体情况和发展趋势。

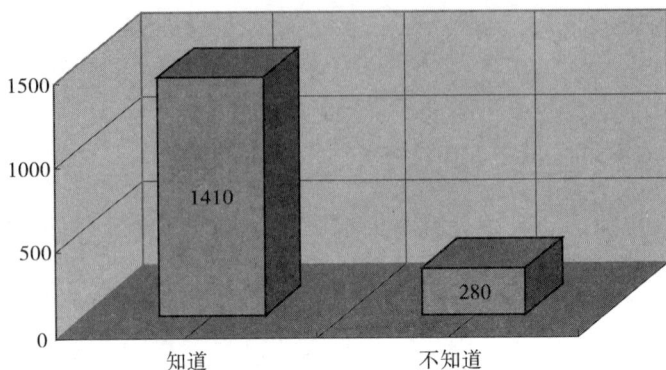

**图1　新农村建设知晓情况**（单位：户）

### （三）基层领导越位，农民缺位

新型农村社区建设是关乎新农村建设全局的大事，需要全社会的齐心协力和广泛参与，让社会资源充分涌流于农村，达到资源的优化配置，实现物尽其才，人尽其力，形成新型农村社区建设的合力。但是在目前的新农村建设中，仍然存在着基层领导越位，农民缺位的问题。

一方面基层政府在未取得农民同意的情况下，政府领导"一言堂"，搞包办代替，命令主义。在此次调查的 28 个省 1942 户，有效样本 735 个如图 2 所示，农户在回答新型农村社区建设搬迁居住，建设新房是自愿还是强制时，有 40% 的农户回答"自愿"，37% 的农户选择"做思想工作"，但是仍然有 22% 的农户认为是"强制"，尽管 22% 这个数字和40%、37% 相比有一定的差距，但是我们仍然不能忽视它的存在，这说明强制性搬迁仍然存在，一些政府搞行政主义、命令主义，将中央的建设政策作为一项任务来抓，"一刀切"，搞"样板"，而不考虑农民的实际情况和实际需要。在一些县级区域，乡镇干部对新型农村社区建设表现出了较高的热情和兴趣，同时为了迎合上级政府而大拆大建，导致在一些地方新型农村社区建设成了劳民伤财的"形象工程"，引起农民的反感。

另一方面，农民也缺乏主体意识。党的十七大报告中明确指出，"要培育有文化懂技术会经营的新型农民，发挥亿万农民建设社会主义新农村的主体作用"。农民是新农村建设最直接的受益者，是推动农村社会发展

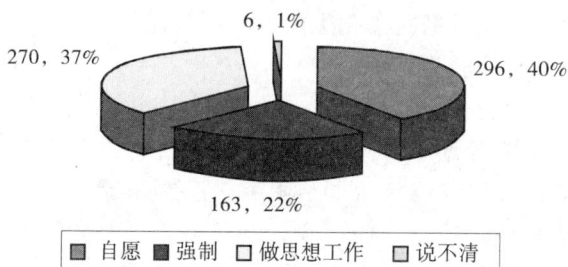

图2 新农村建设农户的自愿情况

主体力量。但是在此次调查中发现，大部分农户认为新农村建设与自己无关，这是政府和村里的事情。从图3中可以得知当问到新农村建设这个事情是由谁来出钱干的时候，有99户认为是农民自己，占有效样本的9%；回答是"村里"的有208户，占比为18%；认为是政府的有471户，占有效样本的41%，有32%（365户）的农民不知道。其中还有32%的农户不知道建设的主体是谁，缺乏主体意识，处于一种"被动"参与的状态，表现出一种冷漠的心态。农民的这一心态将直接关乎农村社区建设的前景和成效，关系到新农村建设是否能够顺利实现。

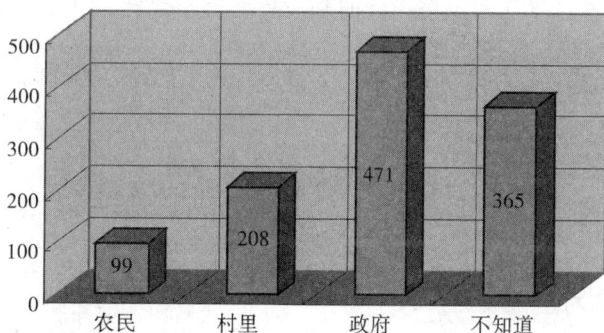

图3 农民对新农村建设主体的认知情况（单位：户）

## （四）社区文化建设缺乏氛围

自从各方关注三农问题以来，说得最多、做得最多的还是农民如何增收、如何富裕的问题，这些都是农民的物质文化需求，但是随着社会的逐步推进和发展，农民的精神文化生活也不可忽视，农民现在正由需求性消费向享受型消费逐渐转型。

从图 4 中可以得知，有 29% 的农民喜欢看电视，喜欢打牌、打麻将的占比为 18%，两者近乎占到一半，而听广播、读书看报、看戏、参加科技培训、文艺方面（剪纸绘画、唱歌、演奏乐器、杂技、龙舟、跳舞等）占比分别为 5%、7%、4%、3% 和 15%，其中名目繁多的文艺活动总体仅占到了 15%，同时还可以看到有 4% 的农户乐于上网，这也说明农民的生活也正在向享受型转变，但是这方面的设施（如电脑、宽带等设备）在农村较多地区还没有得到普及，中央的相关优惠政策还没有出台。农村这广袤的市场还没有得到挖掘，政府在这方面的投入很少，几乎为零。在这一数据中，喜欢看电视的达到 29%，占比最高，其次是打牌、打麻将，比例高达 18%，而农村文化这方面不足，很是欠缺，文化站文化馆设施陈旧，甚至有些地方都没有。农民很少看书、看戏、看电影，也没有这方面的资源可以利用，精神文化生活十分单调。农民在闲暇时间除了看电视，较多的就是喜好打牌、打麻将。在农村因赌博导致贫困、村庄不良风气、家庭矛盾纷争以及社会治安问题现象时有发生，这在一定程度上影响了社区文化建设，这同时也导致好多年轻人好吃懒做、不务正业，败坏乡村文明的习气和风俗。同时随着社会经济结构的不断变化，农民的思想也开始转变，呈现一种多元多变多样的特点，一些非社会主义主流思想、价值观念有所滋长，腐朽文化有所抬头，如宗教文化盛行、封建迷信活动等在农村中蔓延开来，社会生活和精神生活等方面出现了不少值得关注的问题，这些问题的出现，与我们将要建设的"生产发展、生活宽裕、乡风文明、村容整洁、管理民主"的新农村建设要求和目标相去甚远。

### （五）农村基础设施投入不足

近年来，中央惠农政策逐年增多，财政支农的力度也在不断加大，以农田水利建设、乡村道路建设、人畜饮水工程、乡村电网改造等为主的基础设施建设有了一定的改善。但是由于免征农业税之后，农村基层财政"缺口"加大，农业生产条件改善投入严重不足，硬化、绿化、美化、净化、亮化等硬件基础设施建设资金短缺。具体来讲，就是道路建设比较落后，农民的娱乐文化、饮水安全、农田水利、农村能源、电力通信、广播电视等基础设施缺乏，多数村庄新农村建设处于无序规划，无序管理的状

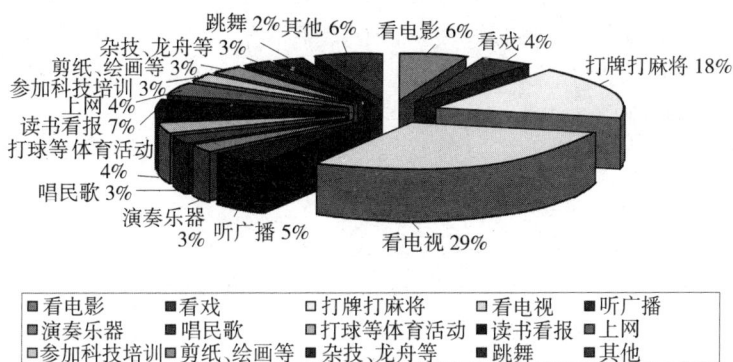

图4　农民闲暇时的生活选择

态，农民的生产生活脏、乱、差；农村社区青年劳力的外出务工，导致社区教育存在"空洞"，社区建设期望值下降；文化设施缺乏，农民生活单调，尤其是精神生活；基本的医疗条件设施不健全；村庄公共卫生环境等公共服务方面明显滞后；社会保障制度的不健全，尤其是中西部欠发达地区，存在着上学难、就业难、看病难、养老难等一系列问题。这些都是新农村建设中长期存在并较难解决的基本问题，严重制约新农村建设的速度

表16　　　　　　　　　　68个村庄的体育文化设施情况

| 设施 | 所占村数（个） | 所占比率（%） |
| --- | --- | --- |
| 文化活动室 | 14 | 21.54 |
| 电影放映点 | 6 | 9.4 |
| 体育设施 | 18 | 28.12 |
| 老年活动中心 | 20 | 31.25 |
| 文化大院 | 2 | 3.12 |
| 寺庙 | 23 | 35.94 |
| 阅报栏 | 14 | 21.87 |
| 戏台 | 12 | 18.75 |
| 祠堂 | 9 | 14.06 |

和成效。在此次调查中，农村基础文化设施不健全，调查的 65 个村庄中，寺庙的数量最多，占比为 35.94%；有老年活动中心达到 20 个；有体育设施的达到 18 个村庄，文化活动室和阅报栏各有 14 个。可以看出，在农村农民更多是倾向于宗教文化活动，相比之下，体育、文艺等设施较为缺乏，农民精神生活单一，更多地倾向于宗教活动的参与。

### （六）社区土地流转、使用不规范

土地长期以来是农民收入的主要来源，是农村最近的生产资料，也是农民的命根，更是农民生存和农村稳定的"最后一道防线"。在此次调查中发现，当问及农民是否愿意"以承包地换取城市社会保障时"，有 475 户农民"不愿意"，占有效样本的 37%；有 351 户农户选择"愿意"，占比为 27%，回答"到时看"的农户有 455 户，占比为 36%。从数据可知，多数农民不愿意放弃土地，以获得其社会保障。根据《物权法》的相关规定和二轮延包后的土地政策，土地承包权是农民的重要权益之一，因此，在土地的流转与使用上必须考虑农民的利益，尊重农民的意愿。目前，有的地方政府不尊重农民的意愿，强征农民土地，利用手中的权力以低价征购农民的土地，再以高价卖出，这不仅损害了农民的利益，也破坏了干群关系，为新农村建设设下了障碍；一些农民由于缺乏社会保障制度，将土地作为安身立命之本和外出就业的最后保障，宁肯种"粗放田"、"应付田"，甚至不惜暂时抛荒，也不愿意放弃土地承包权；产权不明，缺乏规范的机制，组织管理导致土地流转速度缓慢。然而上述这一问题对于新农村建设的逐步推进造成了一定的阻力。

### （七）基层组织建设薄弱

随着新农村建设的逐步开展与深入发展，农村基层组织的发展难以适应当前形势的需要。村集体经济实力薄弱，无法维持正常办公费用以及村干部待遇太低，干部工作的积极性不高，年轻人不愿意参与社区建设与管理，凝聚力、战斗力、号召力不足；村干部的工作不够扎实，服务不够热情；农民的法制观念和民主思想淡薄；基层干部年龄结构偏大、整体素质不高、科学文化知识匮乏，对当前新农村建设认识不足，缺乏新农村建设的创新能力；缺乏对基层干部的系统、统一的培训。

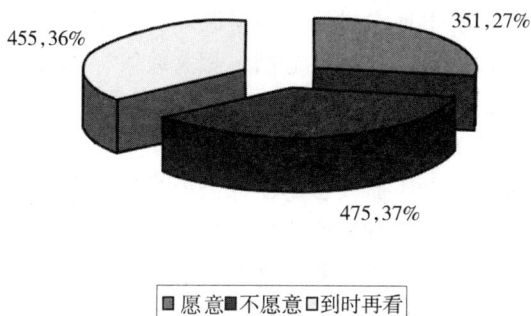

图6　农户对以承包地换取城市社会保障的态度

## 四　新型农村社区建设的对策和建议

### （一）因地制宜，突出特色

就本次调查的全国78个村庄来看，各地的农村社区建设情况千差万别。因此在进行农村社区建设的过程中，一定要坚持因地制宜，一切从实际出发。各地区都应该系统的评估本地影响农村社区建设的诸种因素，并在此基础上制订适合本地基本情况的农村社区建设实施方案，选择符合本地实际的社区建设模式，不断总结经验教训，开拓创新，促进本地区农村社区建设又好又快发展。

1. 系统评估本地诸因素，探索适合本地实际的社区建设模式

农村社区建设是一个不间断的持续过程，它必然与农村的地区政治、经济、文化以及自然条件息息相关。因此，在开展农村社区建设的过程中，必须首先进行深入而细致的调研，系统的评估本地政治、经济、文化以及自然条件等因素，在此基础上，制定适合本地实际情况的社区建设策略。从全国范围看，各地农村的情况千差万别，甚至同一个乡镇的农村情况也各不相同。各个村庄之间经济发展水平、居民收入状况、居民参与公共事务的意识和能力、文化传统与风俗习惯，人口分布与密集程度，村庄地形与自然资源状况等各个方面各不相同，这就决定了农村社区建设无论从规模大小还是社区建设的模式选择都不可能完全一致。必须在系统评估

村庄这些因素的基础上，确定社区建设的规模，选择社区建设的模式。相关决策者在制订农村社区建设的具体实施方案时，应该深入各个乡村，采取各种方式，深入了解本地农村的基本情况以及基本信息，系统评估影响农村社区建设的各种因素，综合考虑制定相关政策，积极探索适合本地农村社区建设的新模式和新方案。

2. 系统总结本地经验，不断深化农村社区建设

农村社区建设是一个不断完善不断成熟的过程，在开展农村社区建设的过程中，还应该系统总结各个阶段的经验与教训，为农村社区建设的继续深化创造条件。当前农村社区建设正处于由试点向全覆盖的过渡阶段，这段时期农村社区建设水平的高低直接影响到农村社区建设后续工作的开展，因此系统总结前期的经验与教训尤为必要。对于本地农村社区建设过程中建设水平和质量都很高的村庄，要进行系统的总结和提炼，找出取得成绩的原因，并加以宣传，有条件的地方还可以组织相关人员进行培训，将这些宝贵的经验加以发扬，促进农村社区建设又好又快的发展。比如在农村社区建设中，本地区产生的好的工作方法，好的建设模式都应该进行系统的总结，并在以后的建设中坚持和发扬。同时也要找出本地区农村社区建设的不足和缺陷，及时纠正，确保农村社区建设朝着正确的方向前进。

3. 谨慎参考其他地区社区建设模式与经验

农村社区建设是一个循序渐进的过程，国家先进行农村社区建设试点，然后逐渐铺开，最终实现所有村庄全覆盖。在前期的试点过程中，已经产生了一系列好的农村社区建设模式和方案，积累了比较丰富的经验。对于那些农村社区建设起步较晚的村庄来讲，在制订实施方案和选择社区建设模式时，不可避免会有一定程度上的路径依赖。对于其他地区农村社区建设的经验与模式，本地村庄应该结合本地区的实际情况，谨慎参考，切勿盲从，应该选择性的吸收那些符合本地实际情况的工作方法、工作思路以及农村社区建设的方案与模式，并创造性地加以利用，彰显其地方特色。

**（二）循序渐进，稳扎稳打**

1. 不可贪大求全，避免盲目冒进

农村社区建设是一项系统工程，涉及农村改造的方方面面，地方政府

是农村社区推进的主要力量。因此地方政府财政力量的雄厚与否成为新农村社区建设的关键因素。我国经济区域发展不平衡以及长期存在的城乡二元经济结构也决定了地方政府在推进农村社区建设过程中需要谨慎行事，做到量力而行。农村社区建设必须坚持与体现服务村民的宗旨，必须反对形式主义，坚决杜绝以开展农村社区建设为由，大搞"形象工程"、"政绩工程"的做法，让农民得到真正的实惠。农村社区建设要又好又快，首先是要好，达到好的目标，要分类推进。根据自身实际，有计划有目的推进，不可贪大求全、盲目冒进。

2. 政府适度引导，不搞政府强制

政府是新农村社区的引导者，但政府不能成为农村社区建设的当家人。农村社区建设应成为多方参与的"攻坚战"。农民是新农村建设的主要力量，应该建什么，不应该建什么，怎么建最好，农民具有最终的发言权。换句话说，新农村建设不是领导的"拍脑袋"工程，而是多方力量共同参与，共同贡献的系统性工程。

顺从民意。农民群众是农村社区建设的主体，他们是农村社区建设的直接受益者，也是推进农村社区建设的主体力量。农村社区建设是对农村面貌的全面改进，涉及农户自身各方面的利益，我们要充分顺从民意。农村社区建设能否取得成效，首先需要在决策上征得广大农民的授权，通过民意授权，政府与农民之间建立"契约"关系，约束政府按照既定的规则办事，这也是村民自治的题中之义，同时形成了农村社区不可忽视的主要力量。

资源整合。农村社区建设需要整合村落内外部资源，依靠各方面力量加以推动。一是要挖掘人力资源，激活农村内力。政府采取多种形式动员有志在农村和家乡建设的人们，通过不同的方式参与到农村社区建设中去，不断壮大农村社区志愿者队伍。要着力引导退休干部、党员、致富能手、外出务工人员、青年学生建设家乡。二是实现国家和省市支农项目及经费与村落建设的有效对接，不搞政府强制。尊重民意，发挥政府财力的作用，引导农村自愿投工投劳。三是利用社会资源，加大对社区建设的投资力度。力争取得社会各界对村落社区建设的支持，鼓励社会力量捐资兴办村落社区公益事业，促进村落社区的健康发展。

上下互动。规范政府管理行为，强化社区规划、建设能力，引导农民在社区建设中向合作方向发展。首先，需要从制度上进一步规范政府管理行为，将农民"满意不满意，高兴不高兴，认可不认可"作为社区建设中首要理念。其次，社区建设是政府与农民良性互动的结果，换言之，社区建设离不开农民的积极参与。需要形成政府与农民的共同参与，在共同协商的基础上加强与农民之间的沟通，形成政策执行与农民意见的良性沟通机制，将农村社区建设成为满意工程。最后，需要加强政府在社区建设中导向性作用，在政府与农民的互动机制下，形成农民参与能力和政府执行能力的双赢局面，将农村社区建设工程做成"非零和博弈"工程。

3. 增收入、保权益、促就业

从本次调查的情况来看，农民当前最关心的是收入、土地、就业三个核心问题。农村社区建设从根本上来讲，就是要将农户最关心、最直接的利益作为农村社区建设的重点，因此农村社区建设要做到"增、保、促"三结合。

增收入是目的。一是加快现代农业建设步伐和农村经济结构调整进程，拓宽农民增收渠道。充分发挥各地农业的比较优势，提高农业综合效益和竞争力；加大对初级农产品的加工转化，积极发展农产品的现代流通方式，增加农产品的附加值。搞好二、三产业，以发展农产品加工为重点，立足于创品牌、上档次、成规模、增效益，努力培植出一批龙头企业和拳头产品。二是培育农村新经济组织，处理好农民合作经济组织与政府的关系，创造有利于农民合作经济组织发展的政策和法律环境。解决农民"贷款难"的问题，适当降低农村金融市场的准入门槛，发育、培养民间金融机构，放宽对民间资金进入金融业的限制。三是积极发展现代农业、科技农业。大力推广农业先进实用技术，强化高新科技研究与应用，发挥科技对农业的支撑和引领作用。优化种植，扩大高产、优质、特色农产品的生产，从而提高单位面积的产出效益。四是加强农民培训。大力推动农村人才资源开发，全面提高农村劳动力素质，培养和造就一支有文化、会经营、善管理的农民队伍，是农民增收的基础保证。

保权益是保障。通过为土地流转立法，完善我国土地流转制度，切实保护农民的土地权益。我国农民对土地拥有稳定的土地使用权，但是却没有法律意义上的所有权。农户在土地承包、土地征用、土地流转中无法得到法律保护。从《物权法》来看，没有所有权的财产无法得到法律保护，而我国农村社会正处于社会转型期，基础设施建设快速发展期，通过完善土地流转制度和法律规定，保障农民的土地权益，成为新农村建设的题中之义。

促就业是根本。三农问题根本上是就业问题。农民就业得到解决，家庭支出就有着落，家庭保障就无后顾之忧。因此，从这个意义上看，就业问题是新农村建设的重要课题。促进农民就业就要做到：第一，加大对农民培训力度。国家财政、地方财政需要进一步加大对农民工培训力度，职业培训、上岗培训、维权培训等各方面工作应该齐头并进；第二，增加就业信息发布渠道，拓宽农民就业途径，优化劳动力资源配置；第三，加大返乡农民工创业支持。返乡农民工本地创业，成为实现劳动力本地就业，促进当地经济发展的重要举措，不仅在政策层面上予以倾斜，同时需要设立农民工创业基金或者采取优惠金融措施。

### （三）系统推进，全面开花

1. 在新农村建设中推进两个目标的实现

新农村建设是系统工程，它包含了农村社区建设的内容。作为新农村建设的重要载体，农村社区建设是新农村建设的组成部分和重要方面，农村社区是新农村建设的平台、途径、切入点和突破口。

促进新农村建设"生产发展、生活宽裕"目标的实现。当前农村社区建设的首要任务就是抓好农村社区的生产生活基础设施建设，为搞好农业生产、提高农民收入、改善农民生活环境打造坚实基础。要围绕保障农业的再生产活动和稳定增加农民收入这个中心，从农业支持与保护、农村税收、农业基础设施和技术推广、农民就业等方面入手，更重要的是，必须依靠农民群众的主体力量，最大限度地激发农民群众的内在活力。培养农民脱贫致富的本领，壮大农村的支柱产业，培育农村经济发展的内生力量。从而实现新农村建设"生产发展、生活宽裕"的目标。

促进新农村建设"管理民主"目标的实现。农村社区建设的目标之一是实现管理有序，管理有序对于基层来说，主要就是不断巩固和发展村民自治的成果。那么农村社区建设就成了发展村民自治的一个新载体，一个重要形式。要借助社区建设，实现民主选举制度、村民议会制度、村民代表会议制度、村民自治章程、村规民约、村民议事会、一事一议等一系列规章制度的具体化和明晰化，使每个村民的民主权利、具体利益都得到相应尊重和直接体现，从而在更宽范围、更深层次上实现自我管理、自我服务、自我教育和自我监督，最终促使新农村建设"管理民主"目标的实现。

### 2. 在基础设施建设中系统推进

农村社区建设的过程中，基础设施是重要环节。"基础不牢，地动山摇"。根据本次调查，全国农村大部分地区基础设施水平较低，有待进一步完善。一是加强道路、生活用水、农田灌溉、电、物资供应、生活垃圾和污水收集处理等基础设施建设。按照小城镇建设和文明生态村创建工程标准，做到村庄布局优化、道路硬化、村庄绿化、路灯亮化、卫生洁化，建设"水清、河畅、岸绿、路通、景美"的生态型农村社区。二是进一步完善农村养老、宜居等硬件设施建设。

### 3. 在城镇化、农业转型、产业升级中系统推进

农村城镇化的一大目标就是要通过统筹城乡，以工促农和以城带乡来实现传统农业向现代农业，传统村落向现代社区的逐步转型，从而缩小城乡差距。农村社区作为完成这一目标最重要的途径存在，在其发展中营造出能全面接受和承载这种转型的有效载体。

推进农村社区成为城镇化建设的动力。一是农村城镇化建设必须首先认清农村地区基础薄弱和发展相对滞后的现状。通过农村社区可以逐步改善目前落后的生产条件和居住环境，完善基础设施，提高农民素质和意识，从而改变生活方式。农村社区的一系列功能如果都能统一标准，将现代社区的农村管理科学化、规范化引进其中，必定能为农村城镇化提供更多可能和有效路径。二是现行政治体制的制约性使得农村社区的自主性在支部行政指导和农村自治愿望的夹缝中艰难行进，自治制度存在的空间十分有限，导致农村城镇化建设所需要的各种必备物质资源匮乏。政府应该加大对农村社区的关注和投入，通过对体制的不断完善，实现行政组织职能与自治功能的有效互补，为城镇化建设和农村发展提供必要的经济支持和政策扶持，自上而下推进农村社区城镇化。

推进农村社区成为农业转型、产业升级的保障。一是推进农村社区组织化程度，提升农业产业化。发展现代农业必须积极推进农业转型升级，转变农业增长方式，增强发展能力。农村社区应该积极发挥其功能，成为开展各项工作的平台，为推动农业转型和农业产业化升级提供必要保障。积极推进农村社区组织化建设，通过有效组织农民让其真正参与到村庄建设和发展的各项事务当中来。同时，以社区为基础，促进民间组织和各项经济合作组织的发展，引导农民自力更生和自我发展。二是推进农村社区

服务职能建设。现代农业的发展不能仅仅依赖于政府的投入，农村地区也应该不断完善公共服务体系来承载各项政策的投入和扶持。农村社区作为自我管理 、自我教育、自我服务的新型自治组织更应该建立多项便民网络来加强公共服务职能，从以管理为主发展为以服务为主，加大公共管理力度，社区多提供的服务要做到形式多样，内容丰富和方便快捷，以此弥补仅依赖政府投入所产生的供给不足的问题。三是推进农村社区的长效发展和制度化发展。农村社区的成长是一种社会变迁过程，其背后的立足点是效率机制和制度机制。农村社区建设应该遵循各地实际发展情况，实现政府政策意图与农民群众意愿需求，政府主导作用与农民群众主体地位之间的有机结合和良性互动，真正代表农民的利益，使农民获得实实在在的好处，社区存在的有效性是其长久发展的基础。同时，社区的发展成熟也需要借助行政力量来统筹各方资源和条件，以致获得社会的认可，通过制度化过程来赢得发展。

# 莫让农民"富了口袋，穷了脑袋"

## ——全国 20 个省 68 个村庄 1942 户农民文化体育调查分析

**主持人：** 徐　勇

**执笔人：** 邓大才　　慕良泽　　陈　明　　王　　媛
　　　　　 罗金莲　　张莉莉　　王　荣

# 内容摘要

摘要：改革开放以来，我国农村经济与社会得到了快速的发展，农民收入大幅度增加，物质生活实现了飞跃。然而，由于我国农村文化体育建设整体上相对滞后，农民精神生活相对贫乏，一定程度上出现了在"富了口袋"的同时，却"穷了脑袋"的现象。本期《要报》在对全国 1942 个农户进行实地调查的基础上提出，当前我国农村文化体育设施覆盖率与利用度较低，严重制约了农民文体生活的选择空间。农民对现代体育活动的价值评价较高，但参与热情不足，反应比较冷淡。这要求各级政府加大农村文体设施的建设力度，重视现代文体生活方式的宣传普及，促进农村文体消费市场的健康发展。

华中师范大学中国农村问题研究中心"百村观察"项目组，于 2010年 1 至 3 月，对全国 20 个省 68 个村的 1942 个农户进行了"文化体育"的问卷调查与深度访谈，了解到了农村文体建设情况和农户文体生活基本情况。

经过调查，项目组得出以下基本结论：我国农村文化体育设施覆盖率与利用度较低，严重制约了农民文体生活的选择空间。农民对现代体育活动的价值评价较高，但参与热情不足，反应比较冷淡。农民文体生活受现有家庭消费结构和农村人口流动的影响比较大，文体生活结构单一，层次和水平比较低。农民文化体育消费能力较强，但是消费热情和动力不足，农村文化体育市场发育有限。

## 一　当前农村文化体育生活的现状

1. 文体设施：覆盖面小，利用率低。第一，设施覆盖面小。文化体育设施中，覆盖最广的是有线电视，占 33.7%；其次是寺庙，占 31.8%；体育设施、文化活动室和老人活动室覆盖率较为接近，分别占比 22.5%、

22.3%和22.2%;阅报栏、有线广播分别占16.7%和15.3%。从设施的分布情况可以看出,现代休闲娱乐型设施分布最为广泛,其次是传统的文化设施,而知识型设施和体育设施相对比较少。第二,设施利用率低。调查显示,已有的文体设施的利用率较低。利用率最高的是有线电视,占比32.6%,利用率还不足一半;其次是寺庙、老人活动室、文化活动室、有限广播,占比在10%—20%之间;而体育场地、戏台、祠堂、电影放映点、阅报栏、图书馆、公共网吧的利用率不足10%。比较而言,休闲娱乐场所比较受欢迎。

2. 文体生活:结构单一,层次较低。首先,农民文体生活结构单一。通过调查,农民的日常文体生活方式主要集中在看电视和打牌上,其中81.56%的农户选择看电视,45.47%的农户选择打牌。而参加体育活动、文艺活动和读书看报的农户仅占6.95%、3.86%和16.22%。其次,农民文体生活层次较低。在调查中我们发现,农村文体生活的层次比较低。一是农民现代文体观念意识缺乏,仍然习惯于传统的休闲娱乐活动,现代的体育设施还没有为农民所接受,书刊报栏等需要一定知识水平的文化活动农民还难以消受。二是由于农村文体设施的缺陷和健康文体生活引导上的不足等原因,使得不良文体生活方式得以进入农村社会,如非法的宗教组织、赌博和低俗的音像制品,形成了对现代的健康文化体育生活的侵蚀和疏离,降低了农民文体生活的水平。

3. 文体态度:意愿不高,满意度低。首先,农民参加意愿不高。调查显示,有66.5%的农户认为参加体育锻炼是十分有必要的,大部分农民对参加体育锻炼持肯定态度。但是农民对于免费的体育交流及培训活动的态度总体分布较为分散,持积极态度的不足四成,持消极、中立态度的接近六成。对于体育比赛的参与意愿,近六成的农民持观望或消极态度,参与意愿不高。其次,农民文体生活满意度较低。调查显示,农户对村内体育设施表示非常满意和基本满意的分别占4.2%和12.1%;认为不满意和很不满意的农户分别占比28.7%和18.1%。仅有不足两成的农户对体育设施表示满意,近五成的农民对所在村体育设施持不满态度。村民对农村体育设施的态度反映了农村的体育文化设施建设客观上存在一定的问题,不能满足农民的需求。

4. 文体市场:消费不足,发育有限。第一,文体消费不足。调查中我们发现,农户文化消费的比率非常小,年均322.85元,只占全部消费总额的 2%。同时，农户近一年内的体育活动开支在 50 元以下的占 74.51%，200 元以上的只占 2.11%。农村文化体育消费空间很小，消费动力尚没有被激发出来。第二，文体市场发育有限。调查显示，农村文化体育市场主要受到现有家庭消费结构、人口流动和文体意识的影响，使得农村文化体育市场发育速度和能力受到限制，农村文化体育市场的成长还需要外部力量的介入。

## 二　农村文体建设存在的三个问题

1. 文体设施水平不高导致文体生活质量不高。就设施保有状态而言，调查显示，当前很多农村文体设施陈旧，年久失修，不能满足农民文体生活需要。如有些农村的篮球场地都是在没有硬化的空地上，篮球架就是一根直立的木头竖在地下，篮板老旧破裂。简陋、破败的设施，让农民想用又不敢用。就设施数量分布而言，由于资金人力的限制，各个村所拥有的文体活动设施有限，甚至很多村庄根本就没有公共文化体育设施。这压抑了农民的文体活动需求，降低了设施使用效率。就设施种类范围而言，体育设施种类稀少，文化信息更新慢，限制了农户的选择范围。这使得 81.56% 的农户选择看电视、打牌为主要休闲方式，降低了农民参与健康文体活动的热情。

2. 文体消费热情不足导致文体消费动力不足。调查显示，一方面，不断扩大的刚性日常支出挤占了农民文化体育生活消费空间。农户年均生活消费支出、家庭生产支出、医疗支出等基本支出占到家庭总支出的 98%，这使得农户不得不将绝大部分家庭收入投入到基本的生活消费中，而忽视了不构成外在经济压力的文化和体育生活消费。另一方面，农村人口流动使得农村文化体育生活的消费群体萎缩。农村外出流动人口往往长期在外，我们走访的很多村庄，除在春节和农忙时间以外，基本上是"空心村"，无法形成整体的消费市场，成年人和学生本身是文化体育消费的主力，但迫于生活和学习压力，这些文体消费主力军纷纷外流，使得农村文化体育生活的消费群体相对萎缩。

3. 政策落实力度不够导致文体建设进度滞缓。一方面，有政策无制度。对于伴随新农村建设提出来的文化体育建设，各级政府在引导落实政策的过程中只是停留在规范层面，而没有上升到制度层面，无法保证这项工作作为一项长期任务执行下去,经费、人员等均无保证。另一方面,有宣传无动员。一是在政府行政观念上,认为文化建设周期长,见效慢,对政绩贡献不大,地方政府兴趣不大。二是地方政府财力人手有限,难以落实各项措施,因而只是形式宣传,而不具体动员落实。三是农民呼声并不高,政府宣传遭遇尴尬,降低了政府动员农民参与文体活动的热情。

## 三　推动农村文体建设的四点建议

1. 探索新型文体下乡方式,构建农村文体建设体系。一是创新"文化下乡"方式,拓展"文化下乡"效果。必须根据当前农村的实际情况,一方面通过将"文化下乡"与农民工技能培训相结合,实现流动人口的文化能力提升;另一方面通过与"技术下乡"相结合,使得农户在学习技术的同时,提升自身的文化修养和文化素质。二是探索"健材下乡",促进农村体育生活的开展。"健材下乡"的对象应该包括两个对象,一个是村集体,另一个是农户。村集体的"健材下乡"模式应该属于基本公共服务的范畴,供给主体是政府,由国家、地方政府、基层政府共同协调。而针对农户个人的"健材下乡"模式属于消费领域,供给主体是市场,国家给予一定的补贴,由国家、市场和农户之间进行协调。三是积极构建农村文体建设体系,形成农村文体建设模式。必须根据当前农村实际情况,探索和积极构建农村文化体育的建设体系,形成我国农村文化建设的模式,以配合新农村建设和新社区建设对农户整体文化素质和生活方式的要求。

2. 优化农户家庭消费结构,培育农村文体消费市场。一是优化农户家庭消费结构,引导农民文化消费。一方面,最主要的是提高农民的收入,使之有余力进行文体生活消费。另一方面,通过舆论来引导社会,社会再引导农民,将文化体育消费的理念和作用渗透到农村社会和农民意识之中。二是开展经常性文化体育互动活动,提高农民的文体消费热情。县乡村应该积极组织经常性的文化体育活动下乡,形成制度性安排,与农户进行经常性的体育互动,消除农户对现代体育的偏见;同时通过这种外部力量组织的互动活动,可以很好的打破农户之间的疑虑,从而提高农村文体消费的热情和动力。三是多方支持与配合,培育农村文体消费市场。必须充分发挥社会舆论引导、政府政策推动、农民主动参与的多方支持与配合体系，在逐渐排除困难的基础上，探索农村文化体育消费市场的建设模式，培育农村文化体育消费市场。

3. 切实满足农民客观需求，搭建农村文体消费平台。一是文体活动要满足不同年龄的人的需求。老年人最关心健康，中年人最关心市场物价与种植技术，年轻人最关注务工参考信息，学生最关心学习资料。因此，要相应安排不同的文体活动内容。二是农村文体活动要特别照顾特殊人群。比如针对孤寡、留守老人，安排专门的活动场所。又比如针对农村残疾人以及身体抱恙的农民设置有专门的康复锻炼设备。还有针对农村的留守儿童，可以专门为这些孩子建设一个活动场所，让他们可以一起活动，尽量弥补家庭缺失的关爱。三是农村文体下乡要适时而定。农民生活存在季节上的差异，有农忙农闲之分。因此，政府在组织文体下乡活动时要尽量考虑到农村的特殊情况，以农民为中心考虑问题，尽量安排在农民农闲时期下乡。四是农村文体设施要顺农而建。相关活动点的选址要做好科学的规划，按人口密集程度配备文体设施，多点设置，使每个人尽可能方便享受利用文体设施开展活动的乐趣。与此同时，设施的种类也要适应不同年龄结构，适应农民特点，容易操作。

4. 积极创新宣传推广方式，培养农民文体参与意识。一是农村文体生活宣传方式要本土化、生活化、乡土化。要利用广播，电视，墙报，标语等多种主流媒体向农民传输文体活动的意义，形成一种发展文体活动的活跃气氛和本土氛围；要迎合农村乡土文化的特点，动员乡村干部开展"进村入户"的宣讲，发挥熟人传递信息的特点，通过熟人示范和熟人带动等方式直接刺激农户参加文体活动的意识。二是政府提高对文体活动的重视力度，持续支持文体事业发展。经济建设是根本，文化体育建设是保证。政府在日常工作的开展中，要适时根据实际需要，分配人力物力财力资源。抓经济不能放松，同时要根据时代的要求抓文化，不能迟缓。要把文化体育的工作作为一项长期政策，给予不断的支持。三是自己参加，自己受益，激发农民文体建设的主体意识。在开展宣传工作的过程中，要让农民了解新农村文化建设的意义，明白新农村文化建设是农民"自己的事"，是为自己谋福利，激发农民的主体意识。

# 报告正文

现代农村文化体育建设，是农村社区文化建设和社区生活共同体建设的重要内容，也是我国新农村建设的重要组成部分。随着我国农村经济社会的不断发展，新农村建设的不断推进，农民对农村文化体育生活的需求逐渐增强。为此，华中师范大学中国农村问题研究中心"百村观察"项目组，于 2010 年 1 至 3 月，对全国 20 个省 68 个村的 1942 个农户进行了"文化体育"的问卷调查与深度访谈。调查显示：农村文化体育设施覆盖率与利用度较低；农民对文体活动支出较少、积极性不高，一定程度上反映出农民精神生活的相对贫乏。这种现状应引起有关部门的高度关注与重视，莫让农民"富了口袋，穷了脑袋"。

## 一　当前农村文化体育建设的现状

### （一）农村文化体育设施的分布与利用

1. 农村现代休闲娱乐设施与传统设施并重，知识型设施与体育设施较少。据 1942 户调查样本显示（如表 1），农村文化体育设施种类较多，总体可分为四类：第一类，传统的文化设施，如寺庙、祠堂、戏台等，此类活动在过去传统社会是农村比较常见的活动；第二类，知识型的文化活动设施，如阅报栏、个人图书室及公共网吧，此类活动需要参与者具备一定的知识文化水平；第三类，体育设施，如篮球、排球等体育场地等，此类属于健身型活动；第四类，现代休闲娱乐型活动设施，如电影、电视、广播、文化活动室、老人活动室等，此类活动正逐步走进农村，并且占据农民休闲生活的大部分时间。从设施的分布情况可以看出：现代休闲娱乐型设施分布最为广泛；其次是传统的文化设施；而知识型设施和体育设施相对比较少。从另外一个角度看，室内文体活动设施分布要远远多于室外文体活动设施分布。

表 1    农村文化体育设施的分布

| 文化体育设施的分布 | 样本数 | 占比（%） | 文化体育设施的分布 | 样本数 | 占比（%） |
|---|---|---|---|---|---|
| 有线电视 | 654 | 33.7 | 有线广播 | 297 | 15.3 |
| 寺庙 | 618 | 31.8 | 戏台 | 271 | 13.9 |
| 体育场地及器材 | 436 | 22.5 | 祠堂 | 207 | 10.7 |
| 文化活动室 | 434 | 22.3 | 电影放映点 | 146 | 7.5 |
| 老人活动室 | 431 | 22.2 | 个体图书室 | 112 | 5.8 |
| 阅报栏 | 324 | 16.7 | 公共网吧 | 65 | 3.3 |

注：由于此题采取的是多选，因此样本户数综合超过了 1942 户，比例总和也超过 100%。

2. 农村文化体育设施利用率相对较低。调查显示（如表 2），农闲时农民常去的闲暇场所种类较多，但是利用率较低。利用率最高的是有限电视，占比 32.6%，利用率不足一半；其次是寺庙、老人活动室、文化活动室、有限广播，占比在 10%—20% 之间；而体育场地、戏台、祠堂、电影放映点、阅报栏、个体图书馆、公共网吧的利用率不足 10%。由此可见：总体上，文体设施的利用率较低，但是相对而言，休闲娱乐的场所比较受欢迎，比如电视、活动室、广播，而需要一定技术知识水平的设施利用较低，比如阅报栏、图书馆、网吧。究其原因可能有以下两点：一方面，农民的知识水平相对较低，网吧、图书馆等需要一定知识水平的设施农民还不能很好利用；另一方面，一般老年人的闲暇时间更多，并且农村很多老年人仍然沿袭传统，因此寺庙、老人活动室等场所利用率相对较高。

表 2    农村文化体育设施的利用情况

| 文化体育设施的利用 | 样本数 | 占比（%） | 文化体育设施的利用 | 样本数 | 占比（%） |
|---|---|---|---|---|---|
| 有线电视 | 633 | 32.6 | 戏台 | 117 | 6 |
| 寺庙 | 379 | 19.5 | 祠堂 | 106 | 5.5 |
| 老人活动室 | 297 | 15.3 | 电影放映点 | 90 | 4.6 |
| 文化活动室 | 268 | 13.8 | 阅报栏 | 78 | 4 |
| 有线广播 | 235 | 12.1 | 个体图书室 | 47 | 2.4 |
| 体育场地及器材 | 188 | 9.7 | 公共网吧 | 42 | 2.2 |

注：由于此题采取的是多选，因此样本户数综合超过了 1942 户，比例总和也超过 100%。

**（二）农民参加文体活动的意愿与评价**

1. 超过六成农民对参加体育锻炼持肯定态度。调查显示（如表3），在1771份有效样本中有1178位农民认为参加体育锻炼有必要，占调查样本总数的66.5%；认为没有必要的有314位，其比重为17.7%；还有279位对参加体育锻炼表示不关心，其占比为15.8%，由此可见，大部分农民对参加体育锻炼持肯定态度，农民意识到体育活动的重要性。但是，在调查访谈中我们也听到有农民多次说到"每天干农活就是锻炼身体呀"、"干农活就很累了，哪有时间另外去参加体育锻炼"。通过农民的话语可以看出，农民对体育锻炼的理解不同于"体育锻炼"的一般含义，他们不在乎是否参加一般意义的体育锻炼，只要能达到保持身体健康即可。

表3　　　　　　　　　　农民对参加体育锻炼的态度

| 体育锻炼是否有必要 | 没有必要 | 有必要 | 不关心 | 合计 |
|---|---|---|---|---|
| 样本数 | 314 | 1178 | 279 | 1771 |
| 占比（%） | 17.7 | 66.5 | 15.8 | 100 |

2. 农民对免费的体育交流及培训活动反应比较冷淡。据1635份有效样本数据显示（如图1），对于免费的体育交流及培训活动有641位农户选择愿意参加，占调查样本总数的39%；12%的农民不愿意参加；另有三成农民对此表示没兴趣；还有19%的农民对此表示观望后决定是否参加。调查显示：农民对于免费的体育交流及培训活动的态度总体分布较为分散，持积极态度的不足四成；持消极、中立态度的接近六成。可见，农民对免费的体育交流及培训活动反应比较冷淡。造成这种冷淡态度的原因，一方面可能因为农民对现代文体活动的认知不足，需求并不高；另一方面可能因为农民依然保有传统的休闲娱乐习惯，现代的文体活动并没有融入农村。

3. 农民对身边的体育比赛参与意愿不高。据1764份有效样本统计显示（如图2），有332位农民表示愿意参加身边的体育比赛，417位表示可能参加，其所占比重分别为19%和24%，两者构成43%的潜在参与群体；另有28%的农民选择观看比赛；还有接近三成的农民表示不参加体育比赛。由此可见，对于体育比赛的参与意愿，潜在参与群体达四成，近六

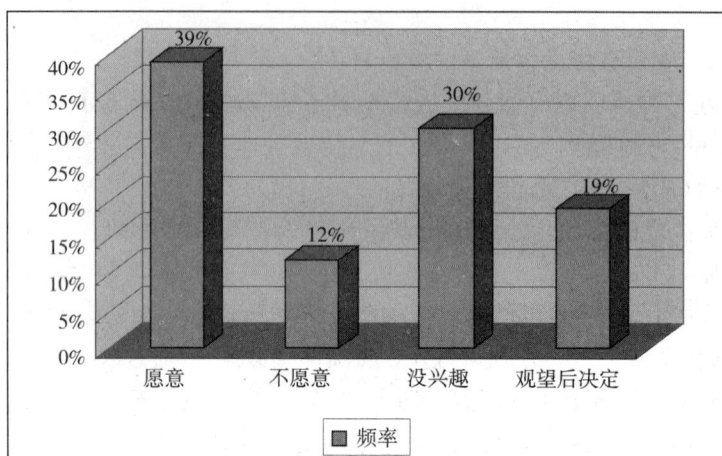

**图 1　农民对免费体育交流及培训活动的参与意愿**

成的农民持观看或消极态度，这与农民对免费体育交流及培训活动的参与意愿基本上是一致的。但是如果扩展"参与比赛"的外延，将观看比赛的人数也纳入参与人数，则可能会参与到体育比赛中的人数能达到七成。

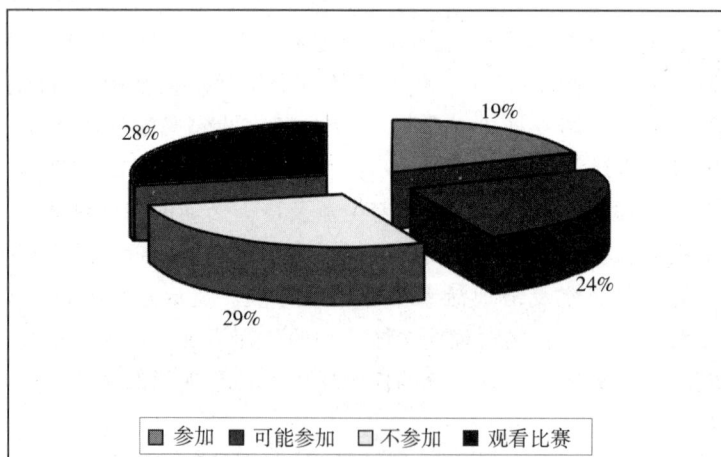

**图 2　农民对体育比赛的参与意愿**

　　4. 农民对村内体育设施的满意度较低。据 1748 个有效样本数据显示（如表 4），对村内体育设施表示非常满意和基本满意的分别占 4.2% 和

12.1%,构成肯定态度的比重为16.3%;645位农民对所在村的体育设施评价一般,占调查样本总数的36.9%;认为不满意和很不满意的分别占比28.7%和18.1%,构成否定态度的比重为46.8%。由此可见,仅有不足两成的农户对体育设施表示满意,近五成的农民对所在村体育设施持不满态度。村民对农村体育设施的态度也反映了农村的体育文化设施建设客观上存在一定的问题,不能达到农民的要求。

表4　　　　　　　　　　农民对所在村体育设施的满意度

| 满意度 | 非常满意 | 基本满意 | 一般 | 不满意 | 很不满意 | 合计 |
|---|---|---|---|---|---|---|
| 样本数 | 73 | 212 | 645 | 501 | 317 | 1748 |
| 占比(%) | 4.2 | 12.1 | 36.9 | 28.7 | 18.1 | 100 |

## 二　农村文化体育建设存在的问题

从我们调查的68个村1942户农户的文化体育生活现状来看,当前我国农村文化体育生活中存在的问题主要集中在以下三个方面:

### (一)　低文体设施水平下的低文体生活质量

文化体育的硬件设施是农村文体生活展开的基础。从整体上看,农村文化体育基础设施差、覆盖面小是造成当前我国农村文化体育生活问题的主要原因。

1. 文体设施陈旧,年久失修,存在安全隐患。在对全国68个村的调查中,我们发现很多农村的文化体育设施非常老旧、简陋。如有些农村的篮球场地都是在没有硬化的空地上,篮球架就是一根直立的木头竖在地下,篮板老旧破裂;一些地方的乒乓球台就是将水泥板用砖块筑起来;一些村庄的图书室已经无人看管,图书流失、到处乱堆;阅报栏长久失修,无人维护,锈迹斑斑等等。简陋、破败的设施,让农民想用又不敢用。

2. 文体设施数量贫乏,分布不合理,满足不了农民的需求。由于资金人力的限制,各个村所拥有的文体活动设施有限,甚至很多村庄根本就没有公共文化体育设施。一些村庄面积大,人口多,而文体设施数量太少,规划的体育设施场所不能照顾到绝大多数人的利益,许多农民因距离太远而放弃参与活动，抑制了农民的文体活动需求，降低了设施利用效率。

3. 体育设施种类稀少，文化信息更新慢，限制了农户的选择范围。这使得 81.56% 的农户选择以看电视、打牌为主要休闲方式；同时，使得不良文化与休闲方式得以进入农村社会，如非法的宗教组织、赌博和低俗的音像制品，形成了对现代的健康文化体育生活的侵蚀和疏离，降低了农民参与健康文体活动的热情，制约了现代文化体育生活的发展。

现代文化体育生活是适合新农村建设和社会发展要求的一种群众性休闲生活方式，它的发展必须以现代化、配套化和信息化的文化体育基础设施为基础。而我国农村现有的文体基础设施建设离这个要求还比较远，要走的路还很长。

### （二）低文化体育消费热情下的低消费动力

农户对文化体育的消费热情，主要是通过农户对农村体育运动的整体认识来衡量的。大部分农村群众对体育运动的热情不足（如表5），处于"较强"和"强烈"层次的只占 18.55%，其中"较强"的认识为 12.8%，"强烈"的认识占 5.75%；而"一般"以下（包括"一般"）的比率为 72.45%。这说明农村社会本身，在现有的条件下并不存在很强的文化体育生活需求，尤其是文化体育消费。农户对农村文化体育消费的热情是比较低的，农村没有可观的文化体育市场消费空间，消费动力不足。

表 5　　　　　　　　　农村群众对体育运动的热情程度

| 热情程度 | 调查户数 | 占总数的百分比（%） |
| --- | --- | --- |
| 强烈 | 111 | 5.75 |
| 较强 | 249 | 12.8 |
| 一般 | 910 | 46.85 |
| 较差 | 406 | 21 |
| 很差 | 90 | 4.6 |
| 缺失值 | 176 | 9 |

农村文化体育生活的低消费，甚至无消费，以及较低的消费动力，造成了农村文化体育生活消费空间的狭小。根据我们的调查，其原因主要包

括以下四个方面:

1. 不断扩大的非体育文化支出挤占了农民文化体育生活消费空间。从调查中我们得知(如表6),伴随家庭收入的增加出现了低消费甚至无消费的背离现象。主要是由于农户其他方面不断扩大的家庭消费支出挤占了农户的体育文化生活的消费空间。农户年均生活消费支出、家庭生产支出、人情支出、教育支出和医疗支出分别占到农户总支出的41%、12%、15%、20%和10%,此类家庭生活的基本支出占到家庭总支出的98%。这些日常支出构成了农户刚性支出,农户不得不将绝大部分家庭收入投入到基本的生活消费中,而忽视了不构成外在经济压力的文化和体育生活消费。

表6　　　　　　　　　　农户 2009 年家庭平均支出情况统计

| 项目 | 户平均支出金额(元) | 占总支出比率(%) |
|---|---|---|
| 生活消费支出 | 7651.65 | 41 |
| 文化消费支出 | 322.85 | 2 |
| 家庭生产支出 | 2262.93 | 12 |
| 人情支出 | 2776.65 | 15 |
| 教育支出 | 3715.73 | 20 |
| 医疗支出 | 1910.87 | 10 |
| 平均总支出 | 17632.89 | — |
| 平均总收入 | 28162.68 | — |

2. 农村人口流动使得农村文化体育生活的消费群体萎缩。从 1942 户农户家庭人口统计分析来看(如表7),农户家庭的平均人口为 4.02 人,这其中包括 1.23 个打工人数、0.88 个学生数。农村外出流动人口,往往长期在外,我们走访的很多村庄,除在春节和农忙时间以外,基本上是"空心村",无法形成整体的消费市场,也淡化了年轻人对农村文化体育消费市场的带动作用,同时,伴随着农村人口的频繁流动和家庭收入的提高,很多农户将自己的子女送入到县城的学校,或者送至流入地学校接受教育。这也就弱化了农村体育市场的消费潜力。成年人和学生本身是文化体育消费的主力,但迫于生活和学习压力,这些文体消费主力军却成为农村的非常住人口,使得农村文化体育生活的消费群体相对萎缩和农村体育设施利用率低。

表 7　　　　　　　　　2009 年 1942 户农户的家庭人口统计

| | 家庭人口数统计 | 打工人数统计 | 老人数统计 | 学生数统计 |
|---|---|---|---|---|
| 有效值（户） | 1914 | 1629 | 1654 | 1614 |
| 缺失值（户） | 28 | 313 | 288 | 328 |
| 户均值（人） | 4.02 | 1.23 | 1.00 | 0.88 |

3、家庭相对高消费能力下的低文化体育消费。调查中我们发现（如表 8），在 2009 年的平均家庭消费支出中，农户文化消费的比率非常小，年均 322.85 元，只占全部消费总额的 2%。同时，农户近一年内的体育活动开支在 50 元以下的占 74.51%，200 元以上的只占 2.11%。这种低消费的现象与农户年均 17632.89 元的消费支出和年均 28162.68 元的平均家

表 8　　　　　　　　1942 户农户近一年内体育运动的开销

| 调查项目 | 调查户数 | 所占比例（%） |
|---|---|---|
| 50 元以下 | 1447 | 74.51 |
| 50—100 元 | 159 | 8.19 |
| 100—200 元 | 53 | 2.73 |
| 200 元以上 | 41 | 2.11 |
| 缺失值 | 242 | 12.46 |

庭收入相比，形成极大的反差，形成了高家庭消费能力下的低文化体育消费现象，显然农民对文化体育消费的重视不够，其原因如前文所述，不断扩大的基本消费支出挤占了农民文化体育生活消费支出。

4. 农民低文化水平下的低层次文体活动。总体来说，农村村民的文化水平比较低，农民仍然习惯于传统的休闲娱乐活动，如打牌、去寺庙等，现代的体育设施还没有为农民所接受，书刊、报栏等需要一定知识水平的文化活动农民还难以消受。另一方面，如前文所述，比较有知识的现代农村青年或去城中打工或去上学，留守在农村的很多都是年迈老人，对于农村老人，现代的文体设施更是与他们的传统生活方式格格不入，因此，传统的文体消费群体与现代的文体设施的不相容很难拉动农村文化体育生活消费。

### (三) 政府的宣传普及与政策落实力度不够

农业生产的机械化将农民从传统繁重的土地耕作中解放出来,但是由于乡村发展的相对滞后,使得农民步入现代化生活的同时,还保留着传统的日常生活模式、习惯。而政府在宣传引导过程中力度不够,使得文化体育活动尚不能成为农民生活的一部分。

1. 政策有文件,无制度。伴随新农村建设提出来的农村文化体育建设活动,各级政府在引导落实政策的过程中只能根据各自的理解。因此,这一政策的落实只是停留在规范层面,而没有上升到制度层面,无法保证这项工作作为一项长期任务执行下去,发展农村体育活动的经费没有制度监督;从事推广农村文化体育活动的工作人员没有组织保证;活动开展的范围形式没有整体规划。农村文化体育活动的展开涉及改变观念、筹措经费、组织动员、设施维护等一系列问题,是一个系统工程,要通过形成制度来保证其稳定持续性,而不是完成一个阶段性的、临时性的任务。

2. 政府有宣传,无动员。伴随着新农村的开展,国家站在改善民生的立场上对农村文化体育活动的开展给予高度重视,但是地方政府在落实的过程中,遇到了诸多困难。一是政府行政观念上,以经济建设为中心,而长期忽视文化建设,文化建设周期长,见效慢,对政绩贡献不大,因而地方政府兴趣不大;二是地方政府财力,人手有限,难以落实各项措施,因而只能在形式上下工夫,打宣传旗号,而不具体动员落实;三是政府在费力组织开展文化体育活动中,农民呼声并不高,并且农民有选择在业余时间做什么的自由,政府宣传遭遇尴尬,这就降低了政府动员农民参与文体活动的热情。

3. 农民有意愿,无行动。调查中我们发现,农户的闲暇时间很充足,约六成农民一天平均闲暇时间在 3 个小时以上。据 1775 份有效样本数据显示(如图3),农民一天平均闲暇时间在 3 个小时以上的有 1049 个,占调查样本总数的 59%;2.5 小时的有 135 个,其比重为 8%;2 小时的为 317 个,其占比为 18%;1.5 小时的为 91 个,占 5%;1 小时的有 127 个,占 7%;30 分钟以上的有 56 个,仅占 3%。由此可知,近六成的农民闲暇时间在 3 小时以上,平均每天的闲暇时间少于 1 小时的农民不足半成,可见农民一天平均闲暇时间是比较多的。

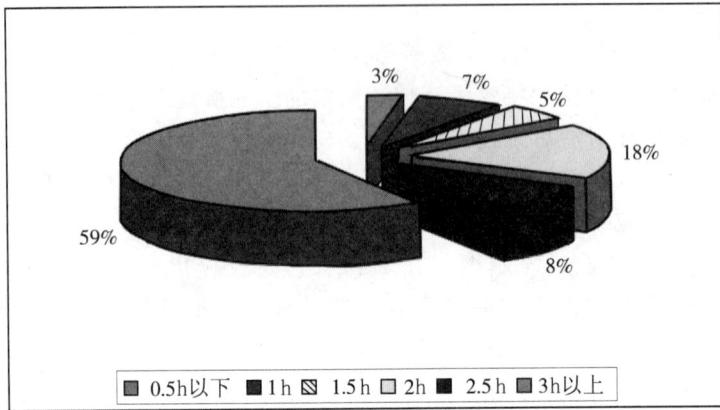

**图 3　农民一天平均闲暇时间比较**

　　虽然农户的闲暇时间很充足，但是文体活动的安排却不均衡（如表9）。看电视、牌类活动（包括打牌、打麻将，下棋等等）、读书看报等个体或小规模的居家活动是农民比较喜欢的休闲活动，两者基本上构成了农户闲暇生活的主要内容。而需要进行有组织的体育、文艺、跳舞等集体活动比较少。总体来看，农户的文化体育活动选择有一定的倾向性，他们更

表 9　　　　　　　　　　农户闲暇时生活选择（多项选择）

| 调查项目 | 调查农户 | 所占百分比（%） |
|---|---|---|
| 看电视 | 1584 | 81.56 |
| 牌类 | 883 | 45.47 |
| 读书看报 | 315 | 16.22 |
| 看电影 | 260 | 13.39 |
| 上网 | 165 | 8.50 |
| 看戏 | 164 | 8.44 |
| 体育活动 | 135 | 6.95 |
| 跳舞 | 114 | 5.87 |
| 民间工艺 | 85 | 4.38 |
| 文艺活动 | 75 | 3.86 |

倾向于居家的活动,而比较具有现代特色的集体性文体活动则不是农民的选择常项。

农户参加日常文化体育生活的行动不足说明了农户对文化体育生活的意义和价值并没有清楚的认识,一是,他们往往认为文体娱乐活动是城里人的事情,农民搞文体活动被认为是游手好闲,不务正业;二是,大多农民认为劳动就是锻炼身体,只要经常下地劳动,身体就会健康,根本不用再进行其他身体锻炼了;三是,即使赞同文体活动有益身心,也很少参加相关活动,对文体活动设施感到陌生。这些观念上的障碍,阻止了农民参加体育活动的实际行动。

## 三　促进农村文化体育建设的建议

### (一)推动"文化下乡"、"文体下乡",构建农村文体建设体系

1. 创新"文化下乡"方式,拓展"文化下乡"效果。当前农村社会虽然在物质生活上得到了巨大的改善,但仍旧处于一个高消费压力下的生活状态之中,大规模的人口流动也使得"文化下乡"的对象群体不再稳定,从而导致一些"文化下乡"成果的流失。所以,必须根据当前农村的实际情况,在巩固现有"文化下乡"成果的基础上,创新"文化下乡"方式,拓展"文化下乡"的效果。一方面通过将"文化下乡"与农民工技能培训相结合,实现流动人口的文化能力提升;另一方面,通过与"技术下乡"相结合,使得农户在学习技术的同时,提升自身的文化修养和文化素质。

2. 探索"健材下乡",促进农村体育生活的开展。在调查中发现,农村体育健身设施普遍供给不足,体育生活十分缺乏,有些农村连最基本的场地和器材都没有。一方面是因为农户意识不够,没有养成锻炼身体,参加体育活动的习惯;另一个重要的方面是因为村集体没有资金,无法修建基本的体育健身设施。可以参考现有的"家电下乡"和"建材下乡"的成功模式,探索"健材下乡"。不同的是,"健材下乡"的对象应该包括两个对象:一是村集体、二是农户。村集体的"健材下乡"模式应该属于基本公共服务的范畴,供给主体是政府,由国家、地方政府、基层政府共同协调。而针对农户个人的"健材下乡"模式属于消费领域,供给主体是市场,国家给予一定的补贴,由国家、市场和农户之间进行协调。通

过探索"健材下乡"丰富农民日常生活安排，促进农村体育生活的开展。

3. 积极构建农村文体建设体系，形成农村文体建设模式。虽然现有农村文化体育生活受到扩大化的非文化体育支出的排挤和农村人口流动的限制，但随着农村经济社会的发展和物质文化水平的提高，农村的文化体育消费和生活的需求将会逐渐呈现上升趋势，必须根据当前农村实际情况，探索和积极构建农村文化体育的建设体系，形成我国农村文化建设的模式，以配合新农村建设和新社区建设对农户整体文化素质和生活方式的要求，否则低素质和单一的生活方式将会阻碍新农村和新社区的后续建设工作，形成新"农村"、旧"农民"的非正常状态。

### （二）优化农户家庭消费结构，培育农村文体消费市场

1. 优化农户家庭消费结构，引导农民文化消费。农村文化体育生活的一个重要问题就是扩大化的压力型消费，挤占了农村文化体育市场的空间，使得农村文体市场无法成长起来。因此，必须优化农户家庭消费结构，改变原有的家庭消费模式。观念是很难改变的，这将是一个长期的过程。一方面，最主要的是提高农民的收入，现在农民生活虽然比过去有了很大的改善，但是生活的压力依然很大，农民还没有足够的收入满足生活消费之外的文体生活消费；另一方面，通过舆论来引导社会，社会再引导农民，将文化体育消费的理念和作用渗透到农村社会和农民意识之中。

2. 开展经常性文化体育互动活动，提高农民的文体消费热情。现代化的文化体育运动在进入农村社会时必然会遭遇农民保守的生活习惯与思维模式的抵制。在农村，认为"文体活动只适合城里人，下地劳动就是锻炼"这种心态严重限制了农村文体消费的热情。消除农户疑虑和陌生心态的最好方式，就是实现文化体育活动与农户之间的互动。县、乡、村应该积极组织经常性的文化体育活动下乡，形成制度性安排，与农户进行经常性的体育互动，消除农户对现代体育的偏见；同时通过这种外部力量组织的互动活动，可以很好的打破农户之间的疑虑，很好的利用农民"爱撮合"的心态。从而，提高农村文体消费的热情和动力。

3. 多方支持与配合，培育农村文体消费市场。从调查中的分析来看，农村文体市场并不具有很好的发育空间，但是并不表示农村文体市场不具有培育的可行性。现代农村文化体育生活的形成，必须以一个完善规范的农村文化体育消费市场为依托，新农村建设和农村经济社会发展从根本上

都要求现代文化体育生活方式和生活观念的形成。为此,必须充分发挥社会舆论引导、政府政策推动、农民主动参与的多方支持与配合体系,在逐渐排除困难的基础上,探索农村文化体育消费市场的建设模式,培育农村文化体育消费市场。

**(三) 因需利导,文体内容与设施要满足农民所需,让农民得实惠**

1. 文体活动要满足不同年龄的人的需求。老年人最关心健康、中年人最关心市场物价与种植技术、年轻人最关注务工参考信息、学生最关心学习资料。在相应的文体活动内容上,首先针对老人,通过文化活动,传播农村常见的老年病的防范与缓解措施,将老年人组织起来,进行休闲类的体育活动;针对中年人,他们是农村务农的主体,也是最不关心文体活动的人群,可以对他们提供最新的市场和物价信息,不间断地请相关农技人员对其进行技术培训;农村年轻人是新生代务工农民的主体,但往往由于社会关系,交往范围有限,使自身无用武之地,这就要求文化活动的内容上要加入务工信息的宣传,不断推动他们提高自身的劳动技能和水平;儿童是祖国的未来,要加大对他们的培养投资,使他们享受到与城市儿童均等的教育资源,在村文化室要有儿童的专门书籍,活动场所要有儿童专门的活动设施。

2. 农村文体活动要特别照顾特殊人群。针对大规模农村外出流动人口,农村文化体育活动必须照顾留守农村的特殊群体。一是针对孤寡、留守老人,安排专门的活动场所,使这些需要倾诉对象,需要与人交流的老人们能够在一起说说话,同时与农村学校结对子,常来看望老人,同老人一起活动娱乐,让老人安详度过晚年;二是针对农村残疾人以及身体抱恙的农民有专门的康复锻炼设备。农村里面,风湿病、颈椎病,骨质增生是常见的疾病,要使这些人能在专门的指导下通过有效地锻炼,减轻病痛;三是针对农村的留守儿童。随着市场化的渗透以及城镇化发展速度加快,农民务工群体越来越大,留下孩子要么跟爷爷奶奶,要么跟着一个家长,缺少足够的关爱。可以专门为这些孩子建设一个活动场所,让他们放学了可以一起做作业,一起看书、做游戏,尽量弥补家庭缺失的关爱,愉快地度过童年。

3. 农村文体下乡要适时而定。虽然农村居民生活不如城市居民那样每天遵循特定规律,而是相对比较随意,但是农民生活存在季节上的差异，有农忙农闲之分。因此，政府在组织文体下乡活动时要尽量考虑到农村的特殊情况，以农民为中心考虑问题，尽量安排在农民农闲时期下乡，而不是随政府而定，这样才能使大部分农民享受到文体下乡活动。农民休闲生活与城市居民相比比较单调，并不是农民不喜欢享受休闲生活，而是缺乏参与现代文体活动的相应引导和组织。农民具有"爱凑热闹"的特点，只要政府选对下乡时间、选对下乡内容、跟上农民的节拍、适合农民的口味，农民是会积极参与到现代文体活动当中的。

4. 农村文体设施要顺农而建。在调查中发现，农民对文体活动兴趣的高低，同样受到空间距离远近的干扰。农民有空闲的时候，文体活动设施相应紧缺；有活动需求的人，住房附近又没有可供活动的设施和环境，这就要求我们在完善文体活动的硬件设施时，要考虑到的不仅仅是设施本身的质量，还要综合考虑设施分布与农村居民的空间距离。选择村庄的最优位置，使绝大多数人在空闲的时候都可以享受到文体设施的好处。相关活动点的选址要做好科学的规划，按人口密集程度配备文体设施，多点设置，使每个人尽可能方便享受利用文体设施开展活动的乐趣。与此同时，设施的种类也要适应不同年龄结构、适应农民特点、容易操作。

**（四）创新宣传方式，加大宣传力度，培养农民参加文体活动意识**

1. 农村文体生活宣传方式要本土化、生活化、乡土化。针对农民对文体活动重视不够以及农民扭曲的文体活动观念的现实，要加大宣传力度。一是利用广播、电视、墙报、标语等多种主流媒体向农民传输文体活动的意义，形成一种发展文体活动的活跃气氛和本土氛围；二是紧密结合农村实际，开设各种科学娱乐、健身的讲座，以及明确文化、体育在小康社会中的地位和国家对农村及农民体育的政策支持，法规的制定等，尤其要重视对农村中老年人和文化程度较低者的宣传与教育，使广大农民逐步树立起"生活奔小康，身体要健康"、"既要富口袋，又要富脑袋"的新型文体理念；三是迎合农村乡土文化的特点，动员乡村干部开展"进村入户"的宣讲，发挥熟人传递信息的特点，通过熟人示范和熟人带动等方式直接刺激农户参加文体活动的意识。

2. 政府提高对文体活动的重视力度，持续支持文体事业发展。经济建设是根本，文化体育建设是保证。政府在日常工作的开展中，要适时根据实际需要，分配人力、物力、财力、资源。抓经济，不能放松，同时要根据时代的要求抓文化,不能迟缓。在好的政策背景、技术支持下,农民的口袋富起来了,但是农民的脑袋却依旧"贫困",政府要为"致富"农民的脑袋提供资源,提高农民的文化素质,让农民不仅生活富裕,而且头脑充实。把文化体育的工作作为一项长期政策,给予不断的支持。

3. 自己参加,自己受益,激发农民文体建设的主体意识。从调研情况来看,政府宣传力度不够、农民的文化水平普遍偏低、其所处的环境比较闭塞和落后、农民并未真正得到文体设施建设的实惠等,导致农民参加活动的主体意识淡薄。在开展宣传工作的过程中,要让农民了解新农村文化建设的意义,明白新农村文化建设是农民"自己的事",是为自己谋福利,激发农民的主体意识。农民在文化体育建设的过程中,不仅要以利益的直接享受者,更要以主人翁的角色监督政府各项建设工作是否到位,及时提出自己的要求,使相关资金都能用到点子上,节约建设成本,提高建设效益。

# 危房改造将成为民生政策的新亮点

## ——对全国 23 个省 97 个村 2175 个农户的调查与研究

主持人：徐　勇

执笔人：邓大才　　曾　晨　　张莉莉　　王　媛
　　　　赵飘飘　　石　娉　　王　荣

# 内容摘要

提要：农村危房改造工程是党中央、国务院制定的一项重要惠农政策，是得民心、顺民意的民生工程。认真实施好这一工程，对于促进社会和谐、推动社会主义新农村建设、提高农民生活水平、拉动农村内需具有十分重大和深远的意义。本期《要报》在对全国 23 个省 97 个村 2175 个农户进行实地调查的基础上提出，农村危房改造工程在全国试点推行以来，总体效果良好，受到广大农民欢迎。但是，在政策实施过程中也面临着一些困难，这就要求各地在推进农村危房改造工程的过程中加强领导，找准方法，注重满足农民的现实需求，注重完善政策的配套机制，从而使农村危房改造工程收到实效，成为真正的民心工程。

华中师范大学中国农村问题研究中心"百村观察"项目组依托"百村十年观察"平台，于 2010 年春节前后组织近百名师生，对全国 23 个省 97 个村 2175 个农户进行了农村房屋改造（包括农村危房改造）情况的问卷调查和深度访谈。

通过调查，项目组得出以下基本结论：当前我国农村房屋居住条件正不断得到改善，但是东、中、西部地区差异显著，西部相对落后。新旧世纪之交的新一轮建房潮过后，目前农民修建新房和改造旧房的意愿不大。"农村危房改造工程"整体效果良好，但在政策实施过程当中，还存在着宣传不到位、补贴程序繁琐、财政压力大等一系列问题，使得农民的政策知晓率低、补贴申请率低、补贴获得率低，相关工作有待进一步的改进和完善。

## 一　当前农村房屋居住条件的基本现状

1. 农村住房现代化程度高，房屋结构进一步优化。第一，房屋的现代化程度高。调查显示，目前农村居民房屋结构中最多的五种依次是砖混结构、钢筋混凝土结构、砖木石木土木结构、砖石简易砌体结构、土坯夯土房，其比重分别为 46.3%、25.4%、16.1%、5.2%、4.6%，其中砖混结构、钢筋混凝土结构的现代房屋占了 71.7% 的比重，而茅草房、泥草房、土窑、竹木结构这些传统房屋总共仅占 1.9%。也就是说，当前我国农村地区绝大部分农户已经住上了现代房屋，农民的生活条件得到了相当程度的改善；第二，房屋的结构进一步优化。调查显示，进入 21 世纪以来，农村砖混结构的房屋呈下降趋势，钢筋混凝土结构的房屋不断增多，门窗由木质向铝合金、塑钢发展，地面由土、砖铺地向水泥和瓷砖发展。而且在农村，钢筋混凝土结构的房屋一般都是楼房，这说明农村房屋居住水平正在提高、宜居程度正在增加、城乡居住条件差距正在逐步缩小。

2. 居住条件地区差异较大，东、中、西部差异较明显。从房屋类型来看，西部地区现代房屋所占比重要明显低于东、中部地区。东部地区与中部农村地区在现代房屋结构上产生了内部差异，即中部地区砖混结构的房屋所占比例更高，东部地区钢筋混凝土结构的房屋所占比例更高。虽然从全国整体范围来看，现代房屋在农村地区已经普及，但是区域间的差异仍然存在，西部地区较明显地落后于东、中部地区。从人均宅基地面积来看，调查显示：在 1681 个有效样本中，东部地区人均宅基地面积 0.14亩；中部地区和西部地区的人均宅基地面积均为 0.1 亩。东、中、西部进行比较，东部地区的人均宅基地面积要高于中、西部地区。

## 二　实施农村危房改造政策面临的问题

1. 农户进行房屋改造的意愿不强、频率不高、动力不足。首先，农户进行房屋改造的意愿不强，仅有两成农户进行过房屋改造。在调查的 1810 个有效样本中，有 393 户农户"改造过房屋"，占有效样本的21.7%；有 1417 户农户"没改造过房屋"，占有效样本的 78.3%，改造房屋的农户仅占两成。可见，大部分农户进行房屋改造的意愿不强；其次，农户进行房屋改造的频率不高，改造过房屋的农户大部分仅进行过 1次改造。在改造过房屋的 398 户农户中，仅改造过 1 次的有 348 户，占总数的 87.9%，也就是说近九成农户仅改造过一次房屋，由此可以得出结论，农村居民改造房屋的频率并不高。意愿不强、频率不高的根本原因是农户进行房屋改造的动力不足。在受调查的农户当中，认为改造旧房的经济负担"比较重"的占比45.6%，"非常重"的占比15.3%，六成农户认为改造房屋负担过重。可见，由于改造房屋的经济负担较重，多数农户没有进行房屋改造的动力。

2. 农村危房改造政策的知晓率低、申请率低、获补率低。第一，政策知晓率低。在1661个有效样本中，听说过"农村危房改造工程"的农户数为810户，占调查样本的比重为48.8%，没有听说过的农户数为851户，占调查样本的比重为51.2%。仅有不到五成的农民知道该项政策，政策的知晓程度偏低；第二，补贴申请率低。调查显示：改造过房屋的农户仅有近一成申请过危房改造补贴。在1644个有效样本中，申请过改造补贴的农户有150户，占有效样本的9.1%；没有申请过改造补贴的农户有1494户，占有效样本的90.9%，可见，农民申请改造房屋补贴的比率很低；第三，补贴的获得率低。调查显示，仅有三成申请过改造补贴的农户获得过改造补贴。申请过补贴的农户有150户，其中2户数据缺失，在剩余的148户农户中，有47户农户获得过改造补贴，占有效样本的31.8%；有101户农户没有获得过改造补贴，占有效样本的68.2%。农村危房改造政策的"三低"现象，意味着该项政策的执行力度还有待加强。

3. 农村危房改造政策的宣传不够、手续烦琐、财力不足。一是宣传不到位。调查数据显示：66.3%的农户反映各级干部并没有宣传此项政策。知晓政策的农户主要是通过电视、报刊或听亲友介绍等方式了解到政策内容的。在访谈中，一些农户反映，村干部政策宣传积极性不高，主要是通过集中开会的方式向农户传达这一政策，主动入户宣传的较少；二是手续烦琐。据调查显示：只有约一成的农户愿意申请农村危房改造补贴，原因是申请手续复杂。农户从最开始的房屋资格确认到最终竣工验收，领到5000元的补贴额，中间经历了层层关卡，可谓费尽周折。在访谈中，许多农户反映，补贴程序过于繁琐，耗时太长，怕麻烦而不愿意去申请危房改造的补贴；三是财力不足。目前危房改造的试行办法对资金做出的规定是以农户自筹为主、政府整合相关项目资金补助为辅、社会捐助相结合等办法共同解决。社会捐助的筹资形式较少，除农户自筹外，中央政府每户5000元的财政补贴是主要的补贴方式，这对中央财政造成了相当的压力。

## 三　落实农村危房改造政策的四条建议

1. 加强政策宣传，提高政策的知晓度。首先，要明确各宣传主体的职责。中央进行宏观政策指导，基层政府重在落实。对于危房改造这一惠农政策，地方政府要承担起积极宣传的职责，加强与农民的联系，乡镇干部和村干部要主动地进村入户，针对农民文化程度不高、理解能力不强的特点，对政策进行详细解读，使农民能够更准确地把握中央的惠农政策、了解中央的惠农方针。同时，宣传方式要多元化、多样化。调查显示，目前对危房改造政策的宣传，主要还停留在村干部的口头宣传，宣传形式单一，效果不理想。各级干部在传统开会宣传的基础上，要能主动地走进农民家中，多为农民讲解政策，使宣传更加乡土化、直白化。在宣传方式上，要跳出传统宣传的瓶颈，采用多元化的宣传方式，如借助广播、电视、网络等新型传播形式，提高政策的知晓程度。

2. 加大补贴力度，缓解农民经济压力。首先，加大中央财政支持力度。危房改造工程重在政府扶持，在保障原有资金投入水平的同时，中央要继续加大财政投入，唯有这样才能为该项政策的落实提供充足的财力保障。要加大对西部、中部地区的资金倾斜力度，加快贫困落后地区的危房改造进程；其次，加强地方财力补贴。目前危房补贴资金都是中央财政给付，中央财政压力甚大，为了进一步推进该政策的受惠面，地方政府也要积极地因地制宜，在中央补贴的基础上，动用地方补贴。地方政府可根据实地情况，对新建、翻新、加固、修葺等不同形式的改造制定不同的补贴标准；最后，提供建房金融支持。政府不仅要直接给农民现金补贴，更应号召农村信用社等机构为农户建房提供专项贷款。一方面要加大贷款额度，在一般农村小额贷款的基础上，加大农民能够贷款的数额；另一方面要降低贷款利息，农村金融机构要为农民提供低息或者无息贷款，从而缓解农民经济压力。

3. 简化办理程序，提高农民的积极性。首先，要简化办事手续。从农村危房改造工程的试行办法看，申请补助的程序需经过个人申请、集体评议、入户审核、审批和公示、竣工验收五大步骤。在具体每个步骤中还有许多细节需要操作，补贴程序较为繁琐。要简化办事程序，对农民的申报与审批实行"一站式"办公，提高办事效率和服务质量，为加速农村危房改造创造条件；其次，要简化申请材料。对省级危房鉴定书、申请书、房屋总平面图、建筑设计方案、地下管线综合图、基础图材料，各有关部门要加快办理和审批速度，同时简化土地审批、规划建设许可手续等等；再次，要简化信用贷款手续。有些地方政府采取农信社贷款等形式筹集地方补助资金，或者有些农户采取信贷形式筹集个人资金，要改变以往贷款程序复杂，手续烦琐，导致贷款到户速度慢的情况，提高农民进行危房改造的积极性。

4. 完善监督机制，增加农民的信赖度。第一，要加强对危房改造工作的领导。各有关部门必须高度重视，把危房改造工作纳入重要议事日程，认真履行职责，提高政策执行力。各部门要杜绝工作人员滥用职权、优厚亲友的现象发生，不得擅自更改农村危房改造的对象类别和等级。第二，要做好对象确定、资金使用的监管工作。按照"公开、透明"的原则，落实建房对象和资金补助公示制度。要做好建房对象资料的造册登记工作，严格管理补助资金，对发现挤占、截留、挪用农村危房改造补助资金的，要按规定依法查处。第三，要加强工程质量的监督工作。要严格审查建筑承包公司的资质，严把质量关，要实行不定期抽查制度，发现问题，及时整改，严防出现"豆腐渣"工程。通过一系列监督机制的完善，增加农民对危房改造工作的信赖度，确保"民心工程"得民心、顺民意。

# 报告正文

华中师范大学中国农村问题研究中心"百村观察"项目组，依托"百村十年观察"平台，在 2010 年 1 至 3 月间，对全国 23 个省 97 个村庄的 2175 个农户进行了农村房屋改造（包括农村危房改造）情况的问卷调查和深度访谈，掌握了当前农村房屋改造（包括农村危房改造）的基本情况。

经过调查，项目组得出以下基本结论：我国农户的房屋条件于改革开放后整体得到较大改善，但是地区差异仍然存在；农户改造房屋的频率不算太高，而且贫、富农户改造方式选择不同；农户改造房屋的意愿不算高，而且出现基础性改造需求和享受性改造需求的分化；对于"农村危房改造工程"，存在着政策知晓率低、补贴申请率低、补贴获取率低的"三低"现象。相关工作有待进一步的改进和完善。

## 一 农村居住条件的基本现状

### （一）农村现代房屋普及率较高，住房结构逐步优化

农村居民的房屋在不同时期有不同的特点，按不同的建筑原料和结构特点可以划分为传统房屋与现代房屋两种类型。其中，以泥、土、木、石为原料的属于传统房屋；以砖混、钢筋水泥为原料的属于现代房屋。调查显示（如图 1），目前农村居民房屋结构中最多的五种依次是砖混结构、钢筋混凝土结构、砖木石木土木结构、砖石简易砌体结构、土坯夯土房，其比重分别为 46.3%、25.4%、16.1%、5.2%、4.6%，其中砖混结构、钢筋混凝土结构的现代房屋占了 71.7% 的比重，而茅草房、泥草房、土窑、竹木结构这些传统房屋总共仅占 1.9%。也就是说，当前我国农村地区绝大部分农户已经住上了现代房屋，农民的生活条件得到了相当程度的改善。

表 1　　　　　　　　　　　　　农村居民房屋结构

| 房屋结构 | 户数（个） | 百分比（%） |
|---|---|---|
| 其他结构 | 7 | 0.4 |
| 茅草房 | 2 | 0.1 |
| 泥草房 | 6 | 0.3 |
| 土窑 | 16 | 0.8 |
| 竹木结构 | 14 | 0.7 |
| 土坯、夯土房 | 87 | 4.6 |
| 砖、石简易砌体 | 99 | 5.2 |
| 砖木、石木、土木 | 304 | 16.1 |
| 砖混结构 | 876 | 46.3 |
| 钢筋混凝土 | 480 | 25.4 |
| 总计 | 1891 | 100 |

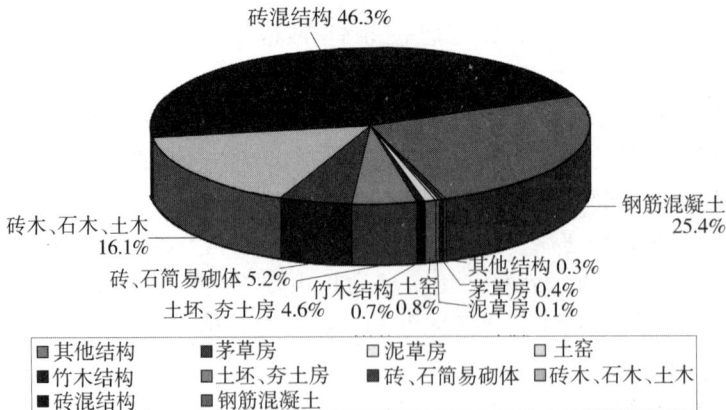

图 1　农村居民房屋结构情况

## （二）农村房屋条件区域差异大，西部地区相对落后

分区比较东、中、西部农村地区住房条件（如图2）：从传统农村房屋所占比例来看，东部与中部地区基本与全国平均水平持平，西部地区农村传统房屋的占比高于东部与中部地区；从现代农村房屋所占比例来看，西部地区低于东中部地区，同样也低于全国平均水平；东部地区与中部农村地区在现代房屋结构上产生了内部差异，即中部地区砖混结构的房屋所占比例更高，东部地区钢筋混凝土结构的房屋所占比例更高。由此，项目组得出以下结论：西部地区的农村居民住房条件落后于东、中部地区，并且低于全国平均水平，而东部地区的农村居民住房条件略好于中部地区。衣、食、住、行是满足生存的基本条件，房屋是衡量居民生活水平的重要指标之一，虽然从全国整体范围来看，现代房屋在农村地区已经普及，但是区域间的差异仍然存在，西部地区较明显地落后于东、中部地区。这可能一方面是受到经济条件的约束，另一方面是由于自然环境的制约。

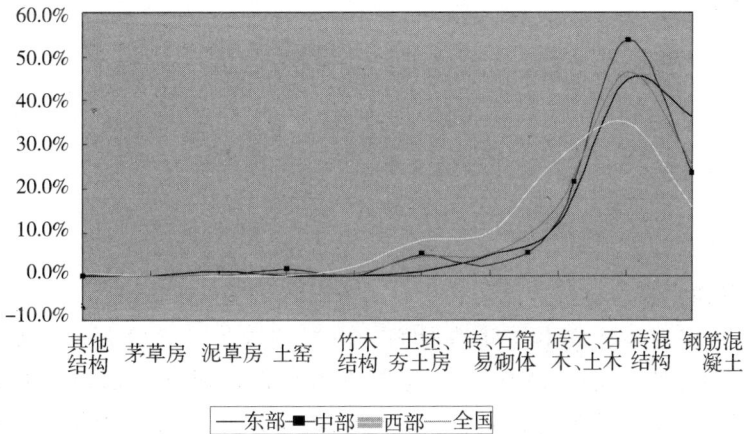

图2　东、中、西部农村居民住房状况比较

## （三）人均宅基地面积地区差异大，东部人均面积最大

调查显示（如表2），在1681个有效样本中，东部地区有517户，人

均宅基地面积 0.14 亩；中部地区有 723 户，人均宅基地面积 0.1 亩；西部地区有 441 户，人均宅基地面积 0.1 亩。东、中、西进行比较，东部地区的人均宅基地面积高于中、西部地区，中、西部地区面积大体相当，经过卡方检验值检验，东、中、西部地区的人均宅基地面积存在着一定的差异，但是差异不大。虽然总体上东部地区人口密度要大于中、西部地区，但是并不能据此推算东部农村地区的人均宅基地面积小于中、西部地区，分析其原因可能有二：一方面，东部地区人口密度大主要针对城市居民，并不是农村居民，表 2 显示，东部地区的农村户均人口数少于中、西部地区，房屋的人口容量则少于中、西部地区；另一方面，东部农村居民经济较中、西部地区发达，从其家庭年收入可以看出，东部地区家庭年收入 3.15 万元，而中、西部地区的家庭年收入分别为 2.73 万元、2.25 万元，从经济的角度看东部农民更可能建大面积房屋。

**表 2**                 **东、中、西分区比较家庭情况**

| 地区划分 | 户数 | 家庭人口数（人） | 人均宅基地面积（亩） | 家庭年收入（万元） |
|---|---|---|---|---|
| 东部 | 517 | 3.58 | 0.14 | 3.15 |
| 中部 | 723 | 4.17 | 0.1 | 2.73 |
| 西部 | 441 | 4.1 | 0.1 | 2.25 |
| 全国 | 1681 | 3.97 | 0.11 | 2.74 |

### （四）房屋建造成本与现代化程度随时间推移逐年增加

将房屋建造成本与建造时间、房屋结构、家庭收入、宅基地面积进行相关性分析（如表 3）：建造成本与建造时间、房屋结构成显著性相关，说明建造时间不同、房屋结构不同建造成本则不同，三者有密切关系；随着时间的推移，建造成本逐渐增加；随着房屋结构的现代化，建造成本增加；建造成本与宅基地面积、家庭年收入则不存在相关性。此外，从表中可以看出房屋宅基地面积的多少与家庭年收入存在一定的相关性，而房屋结构除了与建造成本有关外，还与建造时间、家庭年收入有关。

表3　　　　　　　　　　　变量间的相关性情况

| | | 建造成本 | 建造时间 | 房屋结构 | 宅基地面积 | 家庭年收入 |
|---|---|---|---|---|---|---|
| 建造成本 | PEARSON 相关性 显著性 | 1 — | 0.416** 0.000 | 0.289** 0.000 | -0.006 0.882 | 0.03 0.217 |
| 建造时间 | PEARSON 相关性 显著性 | 0.416** 0.000 | 1 — | 0.435** 0.000 | 0.026 0.287 | 0.143** 0.000 |
| 房屋结构 | PEARSON 相关性 显著性 | 0.289** 0.000 | 0.435** 0.000 | 1 — | 0.01 0.686 | 0.087** 0.000 |
| 宅基地面积 | PEARSON 相关性 显著性 | -0.006 0.882 | 0.026 0.287 | 0.01 0.686 | 1 — | 0.056* 0.023 |
| 家庭年收入 | PEARSON 相关性 显著性 | 0.03 0.217 | 0.143** 0.000 | 0.087** 0.000 | 0.056* 0.023 | 1 — |

注：**在0.01水平（双侧）上显著相关；

*在0.05水平（双侧）上显著相关。

## 二　农村房屋改造的总体情况

### （一）农户改造房屋的比例不高，仅有两成改造过房屋

在调查的1810个有效样本中（如图3），有393户农户"改造过房屋"，占有效样本的21.7%；有1417户农户"没改造过房屋"，占有效样本的78.3%，可见，大部分农户没有改造过房屋，只有二成农户改造过房屋。而将"是否改造过房屋"与房屋结构、建造时间、家庭年收入进行相关性分析可以看出（如表4），是否改造过房屋与房屋建造时间、家庭年收入密切相关，与房屋结构关系不大。

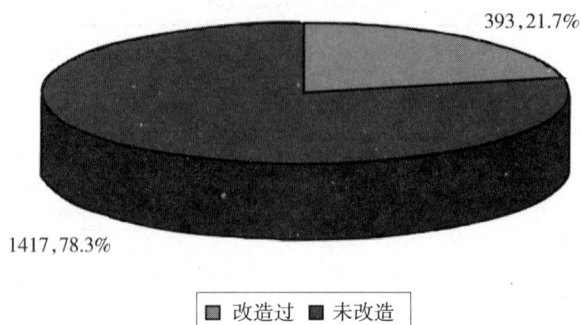

393,21.7%

1417,78.3%

■ 改造过　■ 未改造

**图 3　房屋改造过与否情况**

表 4　　　　　　　　　　**房屋改造影响因素的相关分析**

|  |  | 是否改造过 | 建造时间 | 家庭年收入 | 房屋结构 |
|---|---|---|---|---|---|
| 是否改造过 | PEARSON 相关性 显著性 | 1 — | 0.189** 0.000 | -0.87** 0.000 | -0.17 0.471 |
| 建造时间 | PEARSON 相关性 显著性 | 0.189** 0.000 | 1 — | 0.032 0.175 | 0.435** 0.000 |
| 家庭年收入 | PEARSON 相关性 显著性 | -0.87** 0.000 | 0.032 0.175 | 1 — | 0.149** 0.000 |
| 房屋结构 | PEARSON 相关性 显著性 | -0.17 0.471 | 0.149** 0.000 | 1 — | 0.435** 0.000 |

注释：**在 0.01 水平（双侧）上显著相关。

### （二）农户改造房屋的频率不高，大部分仅改造过一次

在改造过房屋的 398 户农户中（如表 5），改造过 1 次的有 348 户，占总数的 87.9%，也就是说近九成农户仅改造过一次房屋，由此可以得出结论：农村居民改造房屋的频率并不高，其原因可能是当前农村居民的房屋结构大部分是砖混、钢筋混凝土结构，这类结构的房屋老化速度慢，因此不需要经常改造。

表5　　　　　　　　　　　房屋改造频率情况表

| 改造次数 | 户数 | 百分比（%） |
|---|---|---|
| 改造 1 次 | 348 | 87.4 |
| 改造 2 次 | 39 | 9.8 |
| 改造 3 次 | 7 | 1.8 |
| 改造 4 次 | 3 | 0.8 |
| 改造 5 次 | 1 | 0.3 |
| 合计 | 398 | 100 |

### （三）农户房屋改造的周期较长，第一次周期约为十四年

农户房屋改造过一次的有效样本数为 380 个，改造过两次的有效样本数为 37 个（如表6），通过计算其两次改造的均值可以得出：农民对房屋第一次改造的周期的均值为 14.09 年，第二次改造的周期的均值为 7.54 年。通过对两次改造集中年份进行分析（如图4），2009 年前后为两次改造的高峰期，分析其原因：一方面可能因为农民收入的增加也为对房屋进行翻新改造加大筹码；另一方面，中国第三次生育高峰期出生的婴儿现在达到婚龄，也可能导致农户翻新旧房。

表6　　　　　　　　　　改造周期与改造农户频数情况

| 改造周期（年） | 第一次户数 | 第二次户数 | 改造周期（年） | 第一次户数 | 第二次户数 | 改造周期（年） | 第一次户数 | 第二次户数 |
|---|---|---|---|---|---|---|---|---|
| 0 | 15 | 3 | 15 | 16 | 0 | 28 | 2 | 0 |
| 1 | 2 | 2 | 15.8 | 1 | 0 | 30 | 6 | 0 |
| 2 | 7 | 4 | 16 | 13 | 1 | 32 | 1 | 1 |
| 3 | 10 | 3 | 17 | 17 | 0 | 35 | 2 | 0 |
| 4 | 12 | 1 | 18 | 13 | 1 | 36 | 1 | 0 |
| 5 | 16 | 3 | 19 | 15 | 1 | 37 | 1 | 0 |
| 6 | 9 | 3 | 19.12 | 1 | 0 | 39 | 1 | 0 |
| 7 | 17 | 4 | 20 | 17 | 0 | 45 | 2 | 0 |

续表

| 改造周期（年） | 第一次户数 | 第二次户数 | 改造周期（年） | 第一次户数 | 第二次户数 | 改造周期（年） | 第一次户数 | 第二次户数 |
|---|---|---|---|---|---|---|---|---|
| 8 | 14 | 2 | 21 | 10 | 0 | 50 | 1 | 0 |
| 9 | 25 | 3 | 22 | 8 | 0 | 52 | 1 | 0 |
| 10 | 23 | 2 | 23 | 7 | 1 | 63 | 1 | 0 |
| 11 | 17 | 0 | 24 | 9 | 0 | 65 | 1 | 0 |
| 12 | 21 | 2 | 25 | 4 | 0 | 72 | 1 | 0 |
| 13 | 20 | 0 | 26 | 2 | 0 | 77 | 1 | 0 |
| 14 | 14 | 0 | 27 | 3 | 0 | 合计 | 380 | 37 |

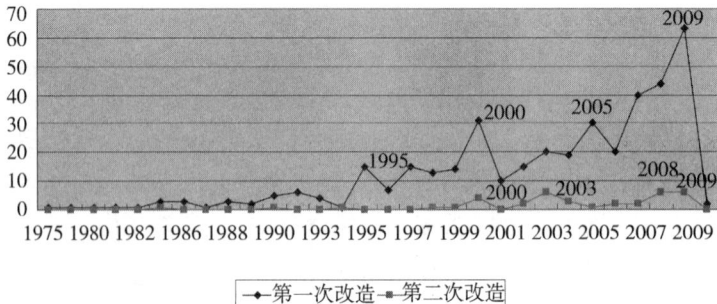

图 4　两次改造时间分布图

### （四）房屋改造方式均基本相同，一般以扩建和翻新为主

农民改造房屋的方式一般有修缮加固、装修翻新和扩建（如图 5），在 387 个有效样本中，属于修缮加固的占有效样本的 23%，装修翻新和扩建总共占有效样本的 77%。将改造方式与家庭富裕程度分组进行交叉分析可以看出（如图 6），不同的家庭经济状况对房屋的改造方式有显著影响。从改造方式角度分析，大部分家庭的房屋改造方式是扩建和装修翻新，而修缮加固的家庭相对较少。从家庭富裕程度角度分析，富裕家庭以房屋扩建、装修翻新为主，在三种改造方式中分别占到了 46.3%、43.3%，修缮加固仅占到 10.4%；中等收入家庭以装修翻新为主，占到

三种方式中的53.6%，扩建所占比重略高于修缮加固；贫困家庭同样以装修翻新为主，比重为42.2%，而扩建与修缮加固的比重大体相当。由此可以得出结论：我国农村居民对于房屋改造集中于扩建和装修翻新，修缮加固的比较少。这与我国农村房屋以钢筋混凝土结构和砖混结构为主有一定关联，这类现代化房屋的耐用性更强，需要修缮加固的比较少；同时，农民的生活水平日益提高，对住房的要求也在提高，扩建以增加居住面积，装修翻新以改善居住环境，成为更多农民的选择。

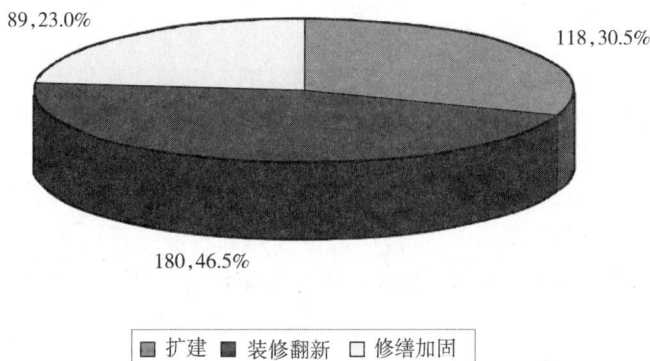

图 5　改造房屋方式

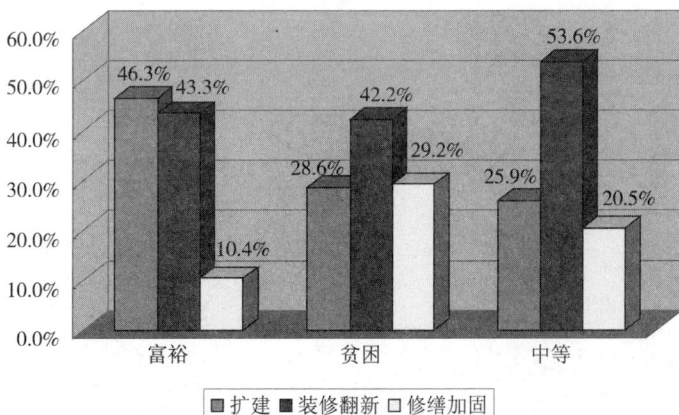

图 6　改造方式与农户家庭情况的交叉分析

**（五）房屋改造原因呈多样趋势，以满足自住性需求为主**

农民改造房屋的原因多种多样（如表7），在 372 个有效样本中，因为房屋老化不得已改造房屋和为了提高居住质量而改造房屋的农户数量大致相同，各占三成。前者改造房屋只是为了保证居住的安全性，是属于基础性需求；而后者改造房屋则是为了保证居住的舒适性，是属于享受性需求。这说明，当前农村内部可能由于经济能力的差异，农户改造房屋的驱动因素也出现较大差异化。因为人口增加和孩子结婚而改造房屋的农户各占一成五，这个比例并不高。一方面，可能是受到计划生育政策的影响，农村人口增长放缓，也可能是农村房屋容纳人口弹性比较大，由于人口增长导致农户改造房屋所占比例并不大；另一方面，在农村如果孩子结婚，农户一般会选择建新房①，而不是改造房屋，除非是家庭条件比较困难的农户，才会不得已选择改造旧房。另外，由于家有余钱才改造房屋的农户占 5.1%，结合前面的论述，我们可以推测：目前大部分农户改造房屋是以自住性需求为导向的，家庭收入是必要的物质性基础，但绝不是主要的驱动力。同时，因为"别人修了，自己也修"而改造房屋的农户就更少了，仅占 2.2%，虽然房屋是农村"面子"文化很重要的一部分，但是农民受从众心理的影响而改造房屋的非常少。

表7　　　　　　　　　　　　改造原因情况

| 改造原因 | 户数 | 百分比（%） |
| --- | --- | --- |
| 人口增加 | 55 | 14.8 |
| 房屋老化 | 109 | 29.3 |
| 提高居住质量 | 108 | 29.0 |
| 孩子结婚 | 54 | 14.5 |
| 家有余钱 | 19 | 5.1 |
| 别人修了，自己也修 | 8 | 2.2 |
| 其他原因 | 19 | 5.1 |
| 合计 | 372 | 100 |

① 此观点参考《"建材下乡"：反映、期望、问题与对策——对 21 省 93 个村 3147 农户的调查与研究》，华中师范大学中国农村问题研究中心"百村观察"项目组，第 19 页。

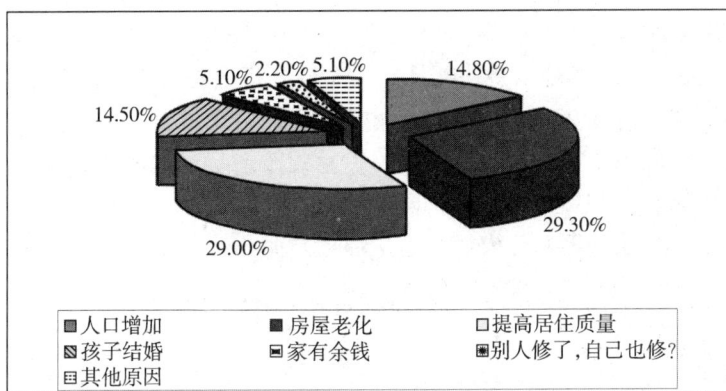

**图7　改造原因情况**

### （六）改造成本取决于改造方式，扩建方式的成本为最高

将改造方式与改造成本进行方差分析可以得出结论：改造方式对改造成本有显著影响。房屋扩建的改造成本最高，平均为 3.9 万元；房屋装修翻新的改造成本其次，平均为 2.7 万元；房屋修缮加固的改造成本最低，平均为 1.7 万元（见表 8）。此结论与上文的数据分析是一致的，即富裕户多数选择扩建房屋，而贫困户修缮加固房屋的比较多，可见，农户选择房屋改造的方式与改造的成本是密切相关的。

**表8　　　　　　　　　改造方式与改造成本的方差分析**

| 改造方式 | 户数 | 改造成本均值（万元） |
| --- | --- | --- |
| 扩建 | 113 | 3.9 |
| 装修翻新 | 167 | 2.7 |
| 修缮加固 | 84 | 1.7 |
| 合计 | 364 | 2.9 |

### （七）房屋改造资金来源较单一，八成农户使用自有资金

在 359 个有效样本中（如表 9），有 295 户农户改造房屋使用自有资

金，占各种资金来源的 82.2%；有 40 户农户向亲戚借钱，占比重的
11.1%；而靠政府补贴的有 12 户，占比重的 3.3%；向银行或私人贷款
的比重共占 2%，其他来源占 1.4%。综合分析数据，自有资金和向亲戚
借钱的比重共占到 93.3%，贷款仅占到 2%，由此可以总结几点结论：第
一，大部分农民单靠自身的收入就可以承担改造房屋的费用；第二，农民
倾向于依靠亲情和熟人关系解决资金问题，而尽量不会选择支付利息的贷
款；第三，政府补贴对于农民改造房屋的贡献很小。

表 9　　　　　　　　　　　改造房屋的资金来源情况

| 资金来源 | 户数 | 百分比（%） |
|---|---|---|
| 自有资金 | 295 | 82.2 |
| 政府补贴 | 12 | 3.3 |
| 向亲戚借钱 | 40 | 11.1 |
| 向银行贷款 | 2 | 0.6 |
| 向私人贷款 | 5 | 1.4 |
| 其他 | 5 | 1.4 |
| 合计 | 359 | 100 |

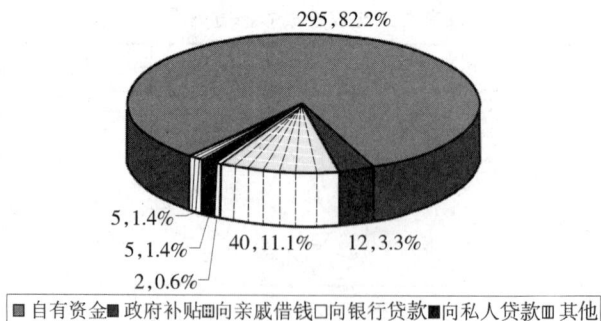

图 8　改造房屋资金来源

## 三　"农村危房改造工程"的实施情况

### （一）农民对政策的知晓度偏低：仅有近五成农民听说

在 1661 个有效样本中（如表 10），听说过"农村危房改造工程"的农户数为 810 户，占调查样本的比重为 48.8%；没有听说过的农户数为 851 户，占调查样本的比重为 51.2%。仅有五成的农民知道该项政策，政策的知晓程度偏低。出现这种情况的原因可能在于"农村危房改造工程"仅在全国部分地区试点，而我们调研的部分未试点村庄农户对该政策往往不太清楚。

表 10　　　　　　　　　　农民对政策的知晓情况

| | 户数 | 百分比（%） | 累积百分比（%） |
|---|---|---|---|
| 听说过 | 810 | 48.8 | 48.8 |
| 没有听说过 | 851 | 51.2 | 100 |
| 合计 | 1661 | 100 | — |

### （二）政策知晓度存在地区差异：西部要远高于东、中部

对不同区域的政策知晓情况进行比较（如图 9），从各个区域看，东部地区和中部地区不知道该项政策的比重高于知道的比重，高出的百分点分别为 7.2 和 25；西部地区知道该项政策的比重高于不知道的比重，高出的百分点为 35.2。由此可知，西部地区对"农村危房改造工程"的知晓率最高，因为目前农村危房改造试点大多分布在经济条件落后、农村房屋破败的西部村庄。

### （三）政策的宣传力度尚显不够：仅三成干部做过宣传

调查"农村危房改造工程"的宣传情况，在 1634 个有效样本中（如表 11），有 550 户农户回答各级干部宣传过该政策，占有效样本的 33.7%；有 1084 户农户回答没有宣传过该项政策，占有效样本的 66.3%，近七成农民说各级干部没有宣传过此项政策，而村干部往往是国家政策下达基层的主要渠道之一，这说明各级干部在"农村危房改造工程"政策的宣传中没有发挥应有的上传下达的作用，一些符合国家财政

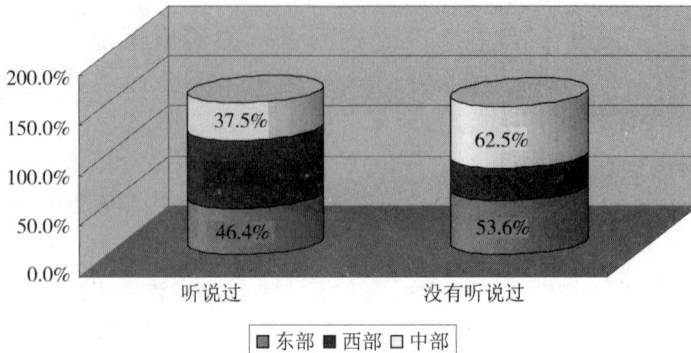

图 9　区域间政策知晓情况比较

补贴条件的农户对政策信息知晓不足，就很难获得政策的扶持。

表 11　　　　　　　　　　　干部宣传政策情况

| | 户数 | 百分比（％） | 累积百分比（％） |
|---|---|---|---|
| 宣传过 | 550 | 33.7 | 33.7 |
| 没有宣传过 | 1084 | 66.3 | 100 |
| 合计 | 1634 | 100 | — |

　　从各个区域来看（见图 10），东部地区和中部地区没有宣传过的比重高于宣传过的比重，分别高出 36.2 和 60 个百分点；西部地区宣传过的比重高于没宣传过的比重，高出 9.4 个百分点。可见，西部地区比东中部地区宣传工作做得好。

### （四）农户补贴申请率明显不足：仅一成农户做过申请

　　在 1644 个有效样本中（如图 11），申请过改造补贴的农户有 150 户，占有效样本的 9.1％；没有申请过改造补贴的有 1494 户，占有效样本的 90.9％，可见，农民改造房屋申请改造补贴的比率很低，这可能与农民对政策的知晓率低有密切关系；同时可能部分农户的房屋并不在符合政策补贴标准的危房范围之内；也可能是申请补贴程序的复杂性和不规范性，打击了农户申请补贴的积极性。与农民申请补贴仅三成的成功率结合来看，当前仅有 0.03％ 的农户获得了危房改造补贴，政策惠及面并不广。

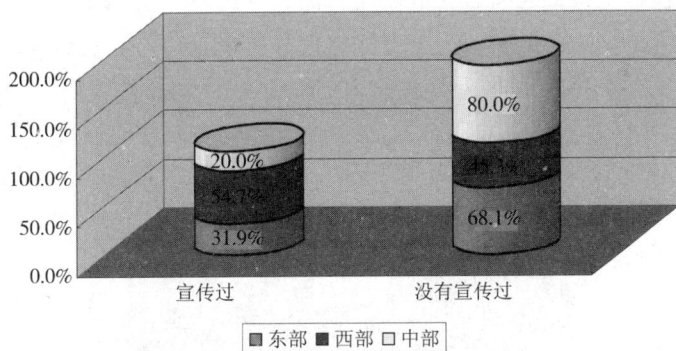

图 10 干部宣传政策情况

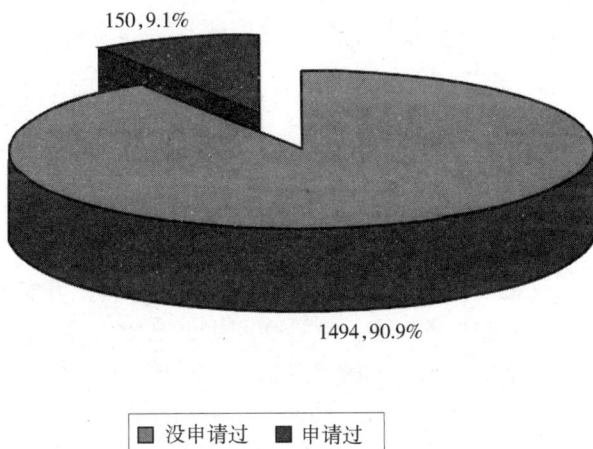

图 11 农民申请改造补贴情况

**（五）农户补贴获得率明显偏低：仅三成申请者获补贴**

将申请过危房改造补贴的农户数据进一步分析（如图 12），申请过补贴的农户有 150 户，除了 2 户数据缺失，在 148 户中，有 47 户获得过改造补贴，占有效样本的 31.8%；有 101 户没有获得过改造补贴，占有效样本的 68.2%，由此可知，农户申请危房改造补贴并不意味着能得到补贴金额，仅有三成农户真正获得了补贴。一方面可能是由于部分农户对政策知晓比较模糊，没有通过国家补助对象审核，申请补贴的成功率不高，因此更加详细具体的政策宣传必须进一步落实；另一方面，各地补贴政策不一、标准不一、程序不一，涉及的部门较多，部分补贴难以落实到农民手中。国家在农村房屋改造方面投入的资金数目是非常大的，2009 年中央安排了 40 亿元资金扩大农村危房改造试点，中央补助标准为每户平均5000 元，庞大的扶贫资金是否得到有效的监管和落实值得我们注意。

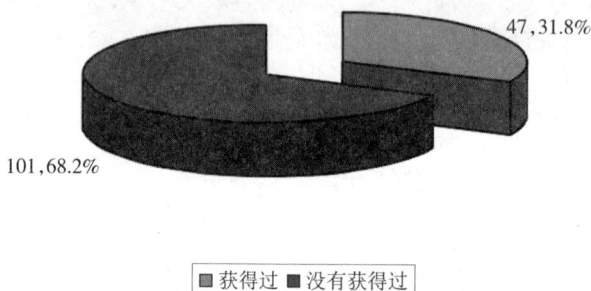

图 12　农民获得改造补贴情况

## 四　"农村危房改造工程"面临的问题

农村危房改造是国家为解决农村困难群众基本住房安全而实施的支农、惠农项目。因农村危房多、改造面积大，且财力较弱，危房改造工程仍处于试点实施阶段，未在全国普遍推行。目前主要在国家级贫困县试行农村危房改造工程。调查显示，试行过程中仍存在一些问题尚待解决。

### （一）政策宣传不到位

"农村危房改造工程"自推行以来，在政策宣传上仍存在政策知晓度较低、宣传力度较弱、基层政府缺位等问题。

一是政策知晓度较低。据我们调查统计显示，接近五成的农户听说过"农村危房改造工程"，在这五成农户中只有 10% 的农户申请了危房补贴。从中可以发现真正需要危房补助的特殊群体对政策的知晓度是相当低的，这类特殊群体如分散供养的五保户、低保户及其他农村贫困户等受其自身文化水平及理解能力的制约，主动获取政策信息的能力较弱，在外部宣传力度较弱的情况下，他们对惠农政策的知晓显然是相当有限的。

二是基层干部宣传力度较弱。从调查数据显示：66.3%的农户反映各级干部并没有宣传此项政策。知晓政策的农户主要是通过电视、报刊或听亲友介绍等方式了解到政策内容的。各级基层干部并没有充分发挥政策宣传的主导作用。在访谈中，一些农户反映，村干部政策宣传积极性不高，主要是通过集中开会的方式向农户传达这一政策，主动入户宣传的较少。事实上，对于真正急需危房改造的特殊群体而言，这部分人文化水平较低，理解能力相对较弱，集中开会传达的方式作用可能并不显著，村干部应主动入户对他们进行政策的详细讲解，引导其开展危房改造，让这部分政策重点补贴对象真正享受到支农政策带来的实惠。

### （二）补贴比例较单一

目前处于试行阶段的"农村危房改造工程"把危房界定为依据《农村危险房屋鉴定技术导则（试行）》鉴定属于整栋危房（D级）或局部危险（C级）的房屋，补助对象重点是居住在危房中的分散供养五保户、低保户和其他农村贫困农户，中央补助标准为每户平均5000元。

事实上，对于不同级别的危房，改造成本是不同的，给农户带来的经济压力显然也是存在差异的。而中央采取这种"一刀切"的补助标准可能会造成潜在的不公平。特别是对房屋等级为D级的危房，必须得进行整体重建，那么5000元的补助资金对于一栋房屋的建筑成本实在是"杯水车薪"，反而会让农户因改造危房而背上新的经济负担。相比较而言，对房屋等级为C级的危房，只需要局部整修，那么5000元带来的经济效应会明显提高。另一方面，对于不同经济类型的农户，5000元的补助资金给他们带来的实际感受也是存在明显差异的。因此，中央在设置补贴标准时是否应结合不同危房等级以及不同的农户经济类型来确定有弹性的、梯层补贴比例，以照顾到各个特殊群体，使政策更加公平公正的推行下去。

### （三）建房经济负担重

建房对于普通的农户而言是一笔不小的开支，房屋改造的花费给大部分的家庭带来了一定的经济负担。调查数据统计显示，农民因缺钱建不起新房的占35%，可见目前的经济条件仍无法满足农民的建房需求。同时在调查中我们也发现，富裕家庭一般以扩建为主；中等、贫困家庭以装修翻新为主。家庭经济水平的差异带来了房屋改造上的显著差别。

另一方面，农户资金渠道较单一也是导致建房经济负担重的主要原因。调查显示，以自有资金和向亲戚借钱的农户数共占到 93.3%，依靠贷款的仅占到 2%。可见农户获取建房资金的渠道以自有资金为主，较为单一，缺乏灵活性，对信贷等金融筹资形式积极性不高。由此来看，为缓解农民建房的经济压力，在完善"造血"功能的同时完善"输血"机制也是十分有必要的，如给农户提供专项的优惠信贷以及即将推行的"建材下乡"政策等，力求在一定程度上缓解农民建房的经济压力，保证基本的住房条件。

### （四）补贴程序较繁琐

从农村危房改造工程的试行办法看，申请补助的程序需经过个人申请、集体评议、入户审核、审批和公示、竣工验收五大步骤。在具体每个步骤中还有许多细节需要操作，可见补贴程序较为繁琐。农户从最开始的房屋资格确认到最终竣工验收，领到 5000 元的补贴额，中间经历了层层关卡，可谓费尽周折。据调查显示，只有约一成的农户申请农村危房改造补贴，68.2% 没有获得过农村危房改造补贴额。在访谈中，许多农户反映，补贴程序过于繁琐，耗时太长，怕麻烦而不愿意去申请危房改造的资格。特别是对重点补助对象如农村分散供养五保户、低保户及其他贫困农户而言，本身经济能力较弱，受教育水平也相对较低，繁琐的条文规定给他们带来了理解上和操作上的困难，他们必须在村干部的指导下才能完成危房改造的资格申请，这也间接增加了村干部的工作负担。基于此，危房改造的补贴程序应尽量简化，方便操作与运行。

### （五）财政补贴压力大

按照目前危房改造的试行办法对资金做出的规定是以农户自筹为主、政府整合相关项目资金补助为辅、社会捐助相结合等办法共同解决。社会捐助的筹资形式较少，除农户自筹外，中央政府每户 5000 元的财政补贴是主要补贴方式。虽然对于修建一栋房屋的总成本而言，5000 元微不足道，但对于全国所有危房的整体而言，财政补贴是存在一定压力的。据湖北省的调查数据显示，2009 年湖北省有 46 万户农村危房需要改造，其中 25 个国贫县有 21.8 万户农村危房需要改造。按照中央安排，2009 年完成 25 个国贫县共 2.36 万户（D 级）农村危房改造试点任务，中央按户均

5000 元给予补助，补助资金总量为 1.18 亿元。同时，目前正在试行的危房改造工程也仅针对国贫县的 D 级房屋结构，然后才会推及 C 级房屋结构，最后普及全国。在逐步推进的过程中，中央财政资金的压力也会越来越大，仅仅依靠中央财政这个唯一的补贴主体，农村危房改造工程的持续推进必然会受到阻力。为缓解中央财政补贴的压力，有必要采取一些刺激措施，如鼓励有条件的地方政府增加补贴，吸收社会力量的融资以及给农户提供建房优惠贷款等，来保证危房改造工程在资金支持上的有序运行。

## 五 落实"农村危房改造工程"的建议

农村危房改造是党和国家又一项重要惠农工程。一些农村地区居住条件差，给村民的正常生活造成了很大的影响。国家深恤民情，每年在农村危房改造上都投入了大量的人、财、物力，2009 年国家投资 40 亿元用于农村危房改造，平均每户获得了 5000 元的财政支持，四川、贵州、甘肃等西部地区还每户另加 2000 元特殊补贴。总体而且，农村危房改造政策效果显著。但是，在政策的具体实施过程中还存在着一些不足。对此，我们认为可以从以下四个方面加以改善。

### （一）加大宣传力度，提高政策的知晓度

调查发现，农民对于政府的危房改造工程知之甚少，绝大多数的人都没有听说过，即使是听说过的人，对于危房补贴的细节也是不甚了解。因此，要加大宣传力度，提高危房改造工程在农民心中的知晓度，使其真正成为一件民心工程。

首先，明确各宣传主体职责。农村危房未经改造，主要原因是农户经济压力大，没有钱修新房也没有钱改造旧房，这部分农户多是农村中分散供养的五保户和低保户，属于农村社会中的底层分子。政府区别于市场的公共性职责就包括改造这部分人的房屋，尽可能缩小贫富差距，增进整个社会的福利。政府在其中应起着主导性作用。中央政府在政策制定和落实中要发挥宏观调控的作用，把危房改造工程放到一个战略高度来抓，这样政府牵头、农民落实的运作模式才能实施开来。相比中央政府积极地宏观调控，地方政府也要积极发挥自己的主动性和创造性，在中央政策宏观指导下，积极地同地方特色、地方实情结合起来，只有层层重视、级级支

持，政府的牵头作用才能体现。基层政府要重在落实，对于上级政府的指导意见要认真的予以贯彻，基层是和农民接触最为密切的一级，也是最了解农民疾苦的一级，因此要密切加强和农民间的联系，特别是村一级，村干部要主动地进村入户，对农民进行政策的宣传，不能停留在简单的文件宣读上，要针对农民文化程度不高、理解能力不强的特点，对政策进行解读，使农民能够更准确地把握中央的惠农政策、了解中央的惠农方针。

其次，实现宣传方式多元化。调查显示：危房改造在宣传方式上还主要是村干部的口头宣传，未能跳出传统宣传方式的局限、未能充分利用现代科技的优势。这是此项政策实施以来一直未能引起广大农民强烈反响的主要原因之一。加大宣传力度是重点，但是有一个适合农村特色的宣传方式是关系宣传效果优良的关键。因此，在宣传方式上要跳出传统宣传的瓶颈，采用多元化的宣传方式，要农民广播里听得到、电视里看得到、村子里说得到，全方位地向农民介绍该项政策，也使得更多的农户从中受益，提高居住条件。对于村干部，在传统开会宣传的基础上，要能主动地走进农民家中，打破农民心中对官老爷的禁忌，多以聊天的方式更加乡土化、直白化的宣传。继承农村宣传的传统，利用在墙体、公报栏写标语等农民熟悉的方式宣传，使得农民抬头、低头在村子里随处可见。在继承传统的同时也要利用现代科技，随着农村电视、广播的普及，除了中央电视的播报外，地方政府可以与有地方特色的广播、电台进行合作，在农民喜闻乐见的节目中插播广告宣传，增加农民了解的几率，同时也增加政策在农民心中的权威性和可靠性。对于近年来农户中电话、电脑的使用率增加，新型的宣传方式也随之而生，电话通报、网上宣传也逐渐成为农村中可行的，甚至是流行的宣传方式。

### （二）增加金融支持，缓解农民经济压力

危房改造的经济压力较大，即使政府进行了 5000 元的补贴，但和日益上涨的建材价格相比，5000 元的危房补贴常常会显得微不足道。农民为了改造房屋，常常耗尽毕生不多的血汗钱，因建屋致贫、返贫的大有人在，因此国家对于改善农村居住条件的举措，不仅要给予现金补贴，更重要的是提供金融信贷。不仅要给农民输血，更重要的是刺激农村金融信贷的发展，激发农村内部造血功能。

首先，加大中央财政补贴力度。2009 年中央安排 40 亿元资金开展扩

大农村危房改建试点，中央补贴标准为户均5000元，2010年国务院住房和城乡建设部将同发展改革委员会和财政部密切合作，共同推进农村危房改造工程。可见危房改造工程重在政府支持，政府要继续加大财政投入，唯有这样才能为该项政策的落实提供充足的财力保障。

其次，保障地方财政补贴资金。目前危房补贴资金都是中央财政给付，中央财政压力巨大，为了进一步扩大该政策的受惠面，地方政府也要积极地因地制宜，在中央补贴的基础上，动用地方补贴，地方政府可根据实地情况，对新建、翻新、加固、修葺等不同形式的改造制定不同的补贴标准。地方政府要在中央政策指导下，紧跟中央步伐，加大地方财政支持。对于不予以支持反倒克扣中央给农户补贴的地方要严格追究其责任。

最后，为危房改造提供金融支持。政府不仅要直接给农民现金补贴，更应号召农村信用社等机构为农户建房提供专项贷款。一要加大贷款额度，在一般农村小额贷款的基础上，加大农民能够贷款的数额，为农户建新房、改旧房提供资金的便利，不至于无处筹钱而导致计划落空，使农民能够真正享受到金融帮扶。二要降低贷款利息，农村金融业不发达，多是农民乡土观念重，遇事多和亲戚朋友借钱，和银行借款的少之又少，这也和银行利息高有关，危房改造要能够使农村金融机构为农民提供低息甚至是无息的贷款。

### （三）简化办理程序，提高农民的积极性

首先，要简化审批手续。从农村危房改造工程的试行办法看，申请补助的程序需经过个人申请、集体评议、入户审核、审批和公示、竣工验收五大步骤。在具体每个步骤中还有许多细节需要操作，补贴程序较为繁琐。要简化办事程序，对农民的申报与审批实行"一站式"办公，提高办事效率和服务质量，为加速农村危房改造创造条件。

其次，要简化申请材料。对省级危房鉴定书、申请书、房屋总平面图、建筑设计方案、地下管线综合图、基础图材料，各有关部门要加快办理和审批速度，同时简化土地审批、规划建设许可手续等等。

再次，要简化信贷手续。有些地方政府采取农信社贷款等形式筹集地方补助资金，或者有些农户采取信贷形式筹集个人资金，要改变以往贷款程序复杂，手续烦琐，导致贷款到户速度慢的情况，提高农民进行危房改造的积极性。

### （四）规范补贴流程，增加农民的信赖度

对于农村危房改建的补贴办理，部分农民反映流程繁琐，甚至要靠拉关系、走后门才能拿到。农民爱简厌繁，对贷款手续的复杂深有体会。要规范补贴流程，简化审批程序，增加农民对危房改造政策的信赖度。

一是在个人申请中，作为危房改造补贴的受益群体，文化水平普遍不高，规范填写各种材料对于他们而言，具有一定的难度。调查显示，一些农民就是因为不会申请补助导致"花落别家"。因此，要对农民个人申请这个流程进行规范指导。村干部等相对文化素质高的人，还可以主动帮助农民填写申请材料。

二是在集体评议中，村中干部领导班子作为集体评议的主体，应秉承公正、公平的理念，秉公办事，不能掺杂个人感情。首先，提高村集体干部的素质是基础，加强对其党风廉政教育，使其能够秉公办事，不把个人恩怨参与其中；其次，要加强监督，在村党委进行集体评议中要能听到不同的声音，防止一把手的专断独裁，造成一言堂。

三是在入户审核中，政策还应具体再细化，对于危房的"界定标准如何"，"界限在哪里"都是要认真思考的问题，如果每次都请专家评定，会增加相应的成本，要制定出一套简单、量化的标准，防止弄虚作假。在以照相评定为基本依据的同时，采用抽查形式进行现场勘察，从而降低弄虚作假的几率。

四是在审批和公示中，要全面考虑申请对象的实际情况，在公示期间，要允许持反对意见的农民提出异议，要走群众路线，积极的听取其他农户的反馈意见，要加强监督和核实，如在公示期间，发现存在弄虚作假、谎报虚报的情况，要取消其资格并追究相应责任。

五是在竣工验收中，要严格监督其工程进度，在危房改造完毕之后进行验收，防止其领取补贴后，未将补贴用于房屋改造、提高居住条件，而是弄虚作假将其用于其他地方，在此过程中也要严格执行，防止上下沆瀣一气，共同侵吞国家财政补助。唯有全面规范补贴流程，才能高效、全能地将政策落实，才能博得农民的信赖，维护国家权威，增加政策的可持续性。

# 农户搬迁集中居住建设区:意愿、问题和对策

## ——对全国 21 个省 68 个村 2147 个农户的调查与研究

**主持人:** 徐 勇

**执笔人:** 邓大才 王 荣 江 丽 赵飘飘 王 媛

# 内容摘要

　　新型农村社区建设（有些地方叫新民居建设，下同）是改善农村生活环境，提高农民生活质量的一项重要新农村建设工程，对于统筹城乡协调发展，全面推进社会主义新农村建设具有重要意义。当前各地都在积极探索新型农村社区建设，积累了一定经验，也出现了一些问题。对此，华中师范大学中国农村问题研究中心依托"百村十年观察"平台，于2010年3月组织百余名师生对全国21省68村2147家农户就"搬迁房屋集中居住建设区"问题进行了问卷调查与访谈。

　　通过调查，项目组得出以下基本结论：对于新型农村社区建设，农民总体上表示支持。但是，搬迁房屋集中居住建设区影响到了农民的一些现实利益，侵害了农民的部分权益，使得相当一部分农民持否定和观望态度（简单地说，支持目标，不太赞同过程）。在新型农村社区建设过程中，一些地方还存在着政府强制搬迁，侵犯农民利益的现象。我们认为，新型农村社区建设应当充分尊重农民意愿、保障农民的合法权益，循序渐进、依法实施，不能强制、不能利诱、不能威吓，更不能将城市的拆迁方式简单粗暴的运用到农村。

## 一　搬迁集中居住建设区：农民的意愿、要求与期盼

### （一）非城郊地区

　　1. 不到四成农民自愿搬迁集中居住。调查显示：在非城郊地区，已经搬迁集中居住的农户中，表示"自愿"搬迁的农户占比为39.7%；搬迁是否为强制表示"说不清"的农户占比为42.2%；12.1%的农户表示是"通过村干部做思想工作说服"的，思想工作中包括一些"狠话"，如断水、断电、断路等，或者一些"利诱"；6%的农户表示属于"强制性"搬迁。改革开放第1个10年（1978—1988）期间建房的农民搬迁意愿最

强，44%的农民表示愿意搬迁。

2. 逾七成农民不反感集中住楼房。调查显示，有70.4%的非城郊地区农民对集中住楼房没有表示反感，其中34.1%的农户明确表示赞同；有36.3%的农民选择中立。年收入在1万—2万的低收入家庭的集中住楼房意愿最强（收入指毛收入，下同），占38.7%；年收入在4万以上的高收入家庭次之，占30.1%；年收入在2万—4万的中等收入家庭意愿偏弱，不到三成。

3. 五成四农民不愿意异地居住。54.9%的非城郊地区农民明确表示不愿意搬迁到其他村庄集中居住，仅有16.5%的农户表示愿意。相对于青少年，青壮年和老年人更不愿意异地居住。56.5%的青壮年、54.5%的老年人表示不愿意搬迁到其他村庄居住，青年人的这一比例仅为13.7%。显然青年人是集中建设社区的主力军和支持者。

4. 补贴8万元是农民愿意搬迁的心理临界点。对于搬迁集中修建新房，在政府不补贴时，绝大多数非城郊地区农民表示不愿意搬迁集中建房；政府补贴2万、5万时，愿意搬迁的农户比例分别为12.8%、17.8%；当政府补贴达到8万时，愿意搬迁的农户比例急剧上升，达到30.7%；而当政府补贴达到10万时，愿意搬迁的农户比例达到了49.3%。

5. 农民表示：面积合适、补贴合理、居住环境好可考虑搬迁。对于搬迁条件问题，近五成的农民认为只要面积和现房一样大、政府有所补贴，可以考虑搬迁；将近三成的农民认为新建住房质量也是他们考虑的因素之一，并且要求居住环境比现在好；还有一成多农民要等儿女成家时才会考虑搬迁；另有一部分农民认为在农村生活自由，并不愿意搬迁。

### (二) 城郊地区

1. 近四成农民愿意以房换房。对于宅基地及房屋的处理，调查显示：有39.2%的城郊地区农民明确表示，愿意以房换房；有38.1%的农户持中立态度，表示到时候再看；还有22.7%的农民表示"不愿意"以房换房。对于不愿意以房换房的农民，他们表示更愿意以宅基地的面积而不是老房子的面积来置换新房的面积，即"换"的是宅基地的面积，不是老房子的建筑面积。

2. 与原房屋面积相等是农民愿意换房的心理临界点。当新房面积仅有原房三分之一的时候，只有 5.5% 的农民表示"愿意"换房；当新房面积达到原房面积的一半时，"愿意"换房的农民仍然只有 8.8%；但当新房面积与原房面积等同时，表示"愿意"换房的农民急剧上升，达到 45.5%，接近五成。即使如此，仍然有近六成五的农民不愿意以房换房。

3. 逾四成农民倾向用土地换工作。对于耕地的处理，调查显示：40.9% 的城郊地区农民表示愿意用土地换工作；29.7% 的农民表示愿意进行土地流转；只有 27.7% 的农民愿意用土地换社保。并且，低学历和高学历的农民更青睐用土地换社保。由此可见，很多城郊农民愿意城镇化，成为城镇居民。但是相对于依赖城市社会保障，他们更愿意获得一份稳定的城市工作。

4. 低收入农民更愿意用土地换社保。家庭收入在 1 万元以下的低收入农户中，有 35.8% 的城郊地区农民愿意用土地换社保；家庭收入在 1 万—2 万、2 万—3 万、3 万—4 万、4 万以上的农户，愿意用土地换社保的比例分别为：27.2%、22.7%、25.1%、22.5%。可见，低收入家庭更向往有保障的生活。

5. 农民表示：租金合理、基本生活有保障就可以流转土地。调查显示：农民比较看重土地租金。近五成农民认为只要租金合适，土地就可以流转；两成农民表示，只要有固定的收入就可以考虑将地租出去；还有一成多农民表示，只有在自己无法耕种的时候，才会考虑把地流转出去。

## 二　当前在"搬迁集中居住建设区"中存在的问题

### （一）非城郊地区

1. 搬迁集中居住，不便生产生活。农民反映，搬迁集中居住会给他们的生产生活带来以下三个问题：一是老房子大、新房子小，活动范围减小，农民生活不便。集中住楼房以后，农民居住面积相对变小。并且，农具、家禽、家畜如何安置是一个大问题；二是老房子近、新房子远，耕地距离变远，农民生产不便。搬迁集中住楼以后，新房离自己的耕地远了，每天上田耕作，要走好长一段时间；三是老房子舒服，新房子独立，邻里走动变少，农民交往不便。集中居住套房后，农民的生活空间变小了，邻里之间的串门与走动也少了，农民难以适应。

2. 基层政府越位，存在强制搬迁。一方面，一些基层政府在未取得农民同意的情况下，搞命令主义，强制搬迁。在已搬迁的农民当中，6%的农民明确表示受到了强制，还有12%的农户表示是在做思想工作以后才同意搬迁的，另有42.2%的农民表示不便明确表态；另一方面，强制搬迁导致农民产生抵触情绪，不利于地方稳定。一些地方政府存在强制搬迁行为，这导致相当大一部分农户甚至包括一些村干部，对新型农村社区建设持有抵触情绪和怀疑态度，他们表示：很难接受这种由基层政府推动的强制命令式的搬迁。农民的这一心态值得注意，它直接关系到农村社会的稳定和和谐社会的建设。

3. 土地流转不规范，埋下纠纷隐患。一方面，一些地方政府搞强制流转、低补高卖，与农民争利。调查显示，有的基层政府不尊重农民的意愿，假借新型农村社区建设的名义，以低价征购农民的土地，再以高价卖出，还有的地方随意收回、调整农户承包地。这不仅损害了农民的利益，也破坏了干群关系；另一方面，许多农民之间的土地流转为口头流转、缺乏合法手续。调查显示：很多农民在搬迁以后，将原有土地流转给其他农民耕种，自己外出或者在本地打工。接手耕地的农民，多半为自己的亲朋好友。因此，彼此之间多为口头协议，没有签订正式的流转合同。一旦发生纠纷，无法由法律途径解决，发生冲突在所难免。

4. 土地使用缺监督，侵害农民权益。调查显示，当前各地对于节余土地，特别是宅基地的处置，由于缺乏有效的监督，还存在着以下两种问题：一是擅自改变土地的农业用途。一些地方的农民反映，当地政府用节余的宅基地大搞商业开发，甚至占用耕地兴建商品房。这种借建设新型农村社区的名义变相搞商品房开发的问题，引起了当地群众的不满；二是政府土地收益不公开，使用不透明。一些农民反映，对于节余宅基地的出让收益，他们一无所知，这部分收益最后究竟有多少用在了农民身上，他们也"两眼抹黑"。土地收益使用的不公开、不透明，导致农民对新型农村社区建设抱有疑惑，也容易滋生腐败。

5. 政策落实不到位，存在补贴缺口。一方面，地方政府存在较大的财政压力。政府只有在住房补贴和基础建设方面有较多地投入时，才能满足农户整体搬迁的要求。在调查过程中，很多地方政府的主管部门表示，仅以当地的财力而论，尚不足以支持开展大规模的新型农村社区建设，地方财政压力难以化解。另一方面，搬迁政策难以落实。在财力有限的现实情况下，地方政府提出的搬迁优惠政策很难落实。对于搬迁补偿，只能实行"一刀切"式的固定补贴额，河南有些地方只补贴 8000 元，有的地方却补贴 2 万元，但是由于农户原有住宅建房成本有高有低、建房时间有先有后、宅基地面积有大有小，固定补贴额度势必造成利益分配不均、农民利益受损、参与意愿无法提高。

6. 法律红线难以逾越，社区建设难以为继。一方面是土地法律障碍。由于新型农村社区建设企图通过农民集中居住、节余土地进行非农开发，获取资金建设新社区，但是由于相当大一部分农民不愿意搬迁，村庄土地整理难以实施，节余土地的开发难以进行，以节余土地换取非农建设指标的目的也因为法律障碍难以实现；另一方面是金融法律方面的障碍。根据"百村十年观察'建材下乡'"课题组的调查，农民建新房至少需要 12 万元，而当地政府的补贴一般是 5000 元至 2 万元，还有相当大的缺口，而新型社区的住房没有房产证和土地证，无法按揭贷款，大部分农民筹措不到建房资金。

### （二）城郊地区

1. 以房换房：权益保障存有疑虑。对于以房换房，很多农民还持观望态度，担心换房过程中权益受损。调查结果显示：22.7% 的农户明确表示不愿意以宅换房；38.1% 的农户表示到时候再看。农民对以房换房仍举棋不定，对这项政策的顾虑较多，担心既有利益受到侵害。他们对换房以后的一系列问题提出了自己的担心，比如，新房面积是否会缩水、新房质量是否有问题、居住环境是否有保障，等等。

2. 用土地换社保：放弃土地存在风险。调查显示，农民认为放弃土地存在风险，不愿意用土地换社保。37.2% 的农民明确表示不愿意；35.1% 的农民表示到时候再看；只有 27.8% 的农民表示愿意。许多农户表示，以土地换城市社会保障会让他们觉得有风险、不踏实，"不如那实实在在的几亩土地让人放心"。在新社区建设过程中，如果强制推行用土地换社保，可能会引起干群关系紧张，不利于农村社会的和谐稳定。

3. 用土地换工作：稳定就业面临压力。调查数据显示，愿意用土地换工作的农民当中，40% 以上为小学或初中学历。当前各地在用土地换工作的实践当中，存在以下两个问题：一个问题是当地吸纳劳动力的能力有限，无法提供足够的岗位满足失地农民就业；另一个问题是较低学历层的农民无法适应岗位的需要。因此，在土地换工作过程中，如何为农民提供相对稳定的就业，就成为地方政府需长远考虑的问题。

## 三　对"搬迁集中居住建设区"的几条对策建议

### （一）四大原则

1. 自愿原则。政府要遵循农民意愿，坚决不搞地方强制。新型农村社区建设能否取得成效，关键是决策上能否征得广大农民的同意，获得农民的授权，并以此来约束基层政府按照既定的规则办事，防止独断专横，应倾听农民的心声、遵循农民的意愿。应发挥民主的力量，让广大农民成为参与新型社区的决策者和监督者。

2. 权益保障原则。政府应秉承为民谋利的原则，不搞违规开发，不掠夺农民财富，在耕地和宅基地面前要严防死守，保护农民的权益不能受到任何侵害。不能假借新型社区建设之名，行掠夺农民土地之实。应杜绝与民争利的行为，一旦发现要严格追查、严肃处理、绝不姑息。

3. 循序渐进原则。应将新型农村社区建设作为一项长期的惠民工程来抓，不能贪快求进、贪多求大。集中搬迁建社区，一要循序渐进，鼓励一部分农户搬迁，再通过政策优惠和舆论引导其他农户搬迁；二要因地制宜，应根据当地实际情况，根据农民需求而定，条件不成熟的地区不搞强制推进；三是典型引路，对于条件已经成熟的地区，可以点带面、典型引路、逐渐推进，引导、吸引农民自觉参与、入住新区。

4. 合理引导原则。对于新型农村社区建设，应有具体的分工：基层政府引导、村庄主导、农民主体。"村庄主导"主要体现组织、实施、保障、建设等方面。"主体"主要表现为农民在建设中要"有声音、有地位、有权利、有尊严"。"引导"主要防止政府越位、农民缺位现象。政府通过适度、合理、合法的引导，使新型农村社区建设真正成为一项"民心工程"、"惠农工程"。

### （二）六项对策

1. 契合当地实际，建设量力而行。对于搬迁集中居住建设区，各地一定要量力而行，不可超出本地的实际。首先，必须在系统评估村庄各种实际因素的基础上，确定新社区建设的规模、选择社区建设的模式；其次，要根据搬迁村庄的实际，做好科学规划，合理制定预算，坚持规划先行、布局合理，不要制定过于超前的建设方案；同时，要适度借鉴其他地方社区建设的成功模式与经验，在本地社区建设过程中，也要随时找出自身的不足和缺陷，及时纠正。各地方在搬迁集中居住建设区时，务必从自身实际出发，做到科学规划、量力而行。

2. 尊重农民意愿，规范政府行为。新型农村社区建设是一项惠农工程、民心工程，其最终目的是施惠于民。首先，必须尊重农民意愿，保障农民权益，充分调动广大农民的积极性。农户应能够依照自愿原则选择房屋户型、补偿类型，要满足各种不同的农户群体对房屋户型的需求；农户应能根据自己的实际条件选择货币补偿、实物补偿或者差价补偿等方式。同时，政府要规范自己的行为，不能搞强迫命令、不能搞强制搬迁。对于应该建什么、不应该建什么、怎么建最好，农民应拥有最终的发言权。政府要合理引导农民自觉自愿建设、改善居住条件、改善农村环境。

3. 科学制定标准，合理进行补贴。补贴标准直接关系到农民搬迁集中居住建设区的意愿。一是补贴标准要科学。要尊重农户的实际情况，综合评估农户的家庭人口、经济收入、房屋价值等因素，合理制定弹性补贴标准，特别要考虑到经济困难户和刚修建过房屋的农户的实际需求；二是中央补贴要及时。补贴专款要及时地发放到农民手中，增加农民建房的热情和信心；三是地方补贴要足额。地方政府要根据自己的财政实力给农民一定的补贴，不得截留或克扣上级补贴拨款；四是村集体补贴要尽力。有集体经济的村庄，应拿出一部分专项资金帮助农民修建新房。没有集体经济的村庄，可以考虑提供劳力补贴或金融支持。

4. 完善监督机制，依法利用土地。完善的监督机制，是保障搬迁农民合法权益、顺利推进新型农村社区建设的基础。一是要完善相关法律制度。要加紧出台专门法律，对搬迁集中居住建设区后节余的宅基地的流转、使用进行详细规定，严禁地方政府进行各种违规开发；二是要建立土地流转、使用公示制度。对于搬迁集中居住建设区后节余的土地，其流转、使用的过程及结果要进行公示，接受相关部门和人民群众的监督；三是节余土地的处理，要保证农民的知情权、参与权、决策权、监督权，以民主的方式决定节余土地的使用，而不能由政府和领导单独拍板；四是要认真贯彻"十分珍惜、合理利用土地和切实保护耕地"的基本国策，执行最严格的耕地保护制度和节约用地制度,坚持"占一补一"的原则不支援。

5. 提高工作水平,保障政策落实。新型农村社区建设,关键在于各项政策的贯彻落实。一是要落实补助政策。要把新型农村社区建设资金纳入财政预算安排,对新建房屋的农户予以补助或贴息扶持;二是要落实用地政策。要根据"保护、利用、改造、发展"的原则,合理利用现有土地资源,实现农地规模经营;三是要落实信贷政策。要鼓励和引导各金融机构参与新型农村社区建设,积极探索农户住宅权抵押、集体土地承包经营权抵押等多种贷款方式;四是要落实产权政策。对于搬迁以后集中修建的新房,相关部门要根据土地性质,依法核发土地使用证和房产证,进行产权确认,保障农民的合法权益。

6. 坚持统筹协调,做到多方联动。搬迁集中居住建设区是新农村建设的基础性工程,要做到统筹协调、多方联动,以形成整体合力,发挥最大效益。一是要与农村基础设施相结合。要统筹安排村庄道路、供水排污、沼气供热、垃圾处理等公共服务设施,按照生产、生活、教育等功能区域合理分配设施;二是要与产业发展相结合。搬迁集中居住建设区所节余出来的土地,要大力发展高效生态农业,要统筹安排非农产业用地,保障农民持续增收;三是要与乡风文明建设相结合。要搞好村容、村貌整治,改善农民生活质量,要引导农民改变陈旧落后的习俗,树立健康文明的新风尚;四是要建设生态、低碳社区,各地要利用新型农村社区建设的契机,鼓励、奖励开发商、农户使用生态的、绿色的、低碳建材、电器设施;五是新型农村建设可以与"建材下乡"政策结合起来,发挥政策合力,最大化的建设新农村、新社区,提高农民的生产、生活质量。

# 报告正文

　　新型农村社区建设是改善农村生活环境，提高农民生活质量的一项重要的惠民工程，对于统筹城乡协调发展，全面推进社会主义新农村建设具有重要意义。当前，各地都在积极探索新型农村社区建设，积累了一定经验，也出现了一些问题。对此，华中师范大学中国农村问题研究中心依托"百村观察"平台，于2010年3月组织百余名师生对全国21省68村2147家农户就"搬迁房屋集中居住建设区"问题进行了问卷调查与访谈。

　　通过调查，项目组得出以下基本结论：对于新型农村社区建设，农民总体上表示支持。但是，搬迁房屋集中居住建设区影响到了农民的一些现实利益，侵害了农民的部分权益，使得相当一部分农民持否定和观望态度。在新型农村社区建设过程中，一些地方还存在着政府强制搬迁，侵犯农民利益的现象。我们认为，新型农村社区建设应当充分尊重农民意愿、保障农民的合法权益、循序渐进、依法实施，不能强制、不能利诱、不能威吓，更不能将城市的拆迁方式简单、粗暴的运用到农村。

## 一　农民对搬迁集中居住建设区的总体意愿

### （一）非城郊地区农民对"搬迁集中居住"方式的意愿

#### 1. 四成农民自愿搬迁集中建新房

　　据已经集中搬迁居住的农民反映，其搬迁多属自愿行为。在有效样本数797户中，当被问及"搬迁集中居住，建新房，您是自愿还是强制"这个问题时，表示"自愿"的农户有316户，占比为39.7%；觉得"说不清"，持模棱两可态度的农户有336户，占有效样本数的42.2%；12.1%的农户表示是"通过村干部做思想工作说服"的，思想工作包括

一些"狠话"或者一些"利诱"；6%的农户则表示属于"强制性"搬迁
（见表1）。

表1　　　　　　　　　农民对搬迁集中居住的意愿情况

| 农民的态度 | 说不清 | 自愿 | 做思想工作说服的 | 强制 | 合计 |
|---|---|---|---|---|---|
| 样本数（个） | 336 | 316 | 96 | 48 | 797 |
| 所占比（%） | 42.2 | 39.7 | 12.1 | 6.0 | 100 |

　　西部农民集中搬迁的自愿程度最高，东部次之，中部最低。不同地区
的农民对搬迁集中居住的态度呈现出较大差异。如表2所示，西部地区农
民搬迁集中居住的意愿最强，表示"自愿搬迁"的多达六成，占有效样
本数的62%；东部地区次之，约为四成，占有效样本数的40.4%；中部
地区最低，仅占三成，占有效样本数的32.7%。同时，东、中、西部地
区均有四成左右的农民，对搬迁集中居住持犹豫不定的态度，他们表示
"说不清"。此外，中部地区通过"做思想工作说服的"农民比其他地区
稍多，占有效样本数的16.8%（见表2、图1）。

　　东、中、西部地区呈现这样的差异，我们认为这与各地区的经济差
异、农民的居住习惯、对土地的依赖程度及近期建设计划相关：西部地区
农民的生活水平较低，政府统一修建质量较高的住房，能够改善农民的居
住条件，减少生产、生活成本，因此有六成多的西部农民愿意搬迁集中居
住。东部地区农民的人均占地面积较小，对土地依赖性相对较弱，加上东
部地区农民相对较为富裕，搬迁建房的压力较小，因此也有四成农民表示
愿意搬迁集中居住。中部地区以农业为主，宅基地与耕地相距不太远，耕
作方便，而且中部地区农民宅基地面积比较大，一旦搬迁集中居住，不仅
宅基地面积要减少，耕作距离将更远，加上中部地区农民的收入水平并不
高，重新建房将是一笔不小的开支，所以搬迁集中居住对于中部地区的农
民来说，不利于耕作，宅基地面积要减少，而且还要花费一大笔钱重新建
房，因此只有三成的农民表示自愿搬迁。这三成，根据我们对"建材下
乡"的调查，主要是近几年打算建房的农户，如儿女要结婚、房屋整修
等建房的农户。

　　针对各地区的现实差异，政府应进行多方面的宣传，在建房的时候尽

可能考虑到农民现实生产活动的需求，考虑农民的承受能力。只有这样，才能让更多的农民支持新型农村社区建设。

表 2　　　　　　东中西部地区农民对搬迁集中居住的意愿情况　　　　（单位:%）

| 不同地区 | 自愿 | 说不清 | 强制 | 做思想工作说服的 | 合计 |
|---|---|---|---|---|---|
| 西部 | 62 | 33.3 | 2.8 | 1.9 | 100 |
| 东部 | 40.4 | 43 | 6.8 | 9.8 | 100 |
| 中部 | 32.7 | 44.2 | 6.3 | 16.8 | 100 |

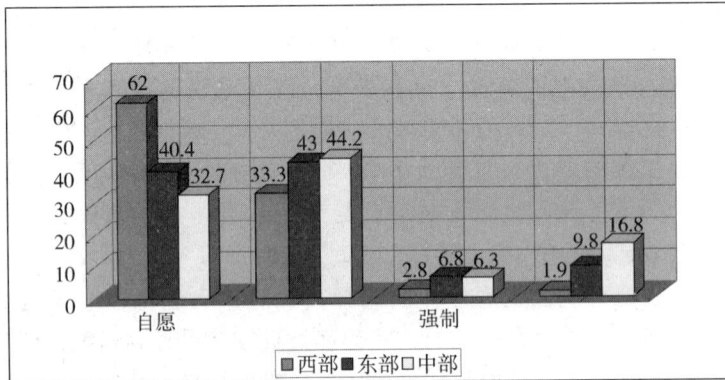

图 1　东中西部农民对"搬迁集中居住"的意愿

　　改革开放后第 1 个 10 年内建房的农户搬迁意愿最强。调查结果显示：农民的房屋大多是在改革开放以后建起来的，改革开放后第二个 10 年是建房高峰期，达到历史之最。我们把改革开放前、改革开放以后 10 年作为一个间隔期，将数据分为四个时间段进行分析。如表 3 所示：改革开放前，39 户农民中有 17 户是自愿搬迁的，所占比重为 43.6%；改革开放后第一个 10 年内建房的农民有 166 户，其中 73 户表示搬迁属自愿行为，占有效样本数的 44%，是所有农民中意愿程度最高的一部分；改革开放后第二个 10 年内建房的农户数量达到了最高，为 553 户，但愿意搬迁的只有 110 户，占样本数的比重为 37.7%；改革开放第三个 10 年中建房的农民有 261 户，其中自愿搬迁的农户有 102 户，所占比重为 39.1%（见表

3、图2)。

从数据中我们可以看出，改革开放第一个10年内建房的农户对于搬迁的意愿最高，其次是改革开放以前建房的农民，近10多年来建房的农户意愿稍弱，意愿最弱的是改革开放后第二个10年内建房的农户。我们认为：农民的意愿程度与房屋的建造时间长短、家庭经济情况有关。改革开放前建的房子已经老化，这部分农民迟迟没有重新建房是因为家庭的经济情况受到限制，而集中搬迁政府会给予补贴，资金上的支持对这部分农民来说是一个不小的动力，因此他们的意愿较强。

改革开放以后，农民的生活发生了巨大的变化，农民开始纷纷建房。但从改革开放至今，已有30多年的光景，在改革开放初建造的房屋正面临翻修或重建期，这部分农民有建房规划，因此他们对搬迁的意愿是最强的。改革开放后第二个10年内建造房屋的农户是辛苦积累了一段时间才建房的，应该说家庭条件并不是特别宽裕，房屋暂时也不需要整修，因此搬迁重新建房对于他们来说是一个不小的负担，即使有补贴，其他的投入也是他们不能承受的，所以他们的意愿是最弱的。而近10年来建房的农民思想觉悟相对较高，对政府的政策比较支持，但对刚建的房屋也有不舍，因此他们搬迁的意愿处于中间水平。

总之，家庭条件差和有建房规划的农民对搬迁的意愿是最强的，他们可以依靠政府来满足自己的居住要求。

表3　　　　房子建造时间长短对农民是否自愿搬迁的影响统计

| 农民的意愿 | 自愿 | 强制 | 做思想工作说服的 | 说不清 | 合计 |
|---|---|---|---|---|---|
| 改革开放以前 | 17 | 0 | 0 | 22 | 39 |
| 所占比（%） | 43.6 | 0 | 0 | 56.4 | 100 |
| 1979—1988 年 | 73 | 10 | 13 | 70 | 166 |
| 所占比（%） | 44.0 | 6.0 | 7.8 | 42.2 | 100 |
| 1989—1998 年 | 110 | 20 | 25 | 137 | 553 |
| 所占比（%） | 37.7 | 6.8 | 8.6 | 46.9 | 100 |
| 1999—2009 年 | 102 | 18 | 43 | 98 | 261 |
| 所占比（%） | 39.1 | 6.9 | 16.5 | 37.5 | 100 |

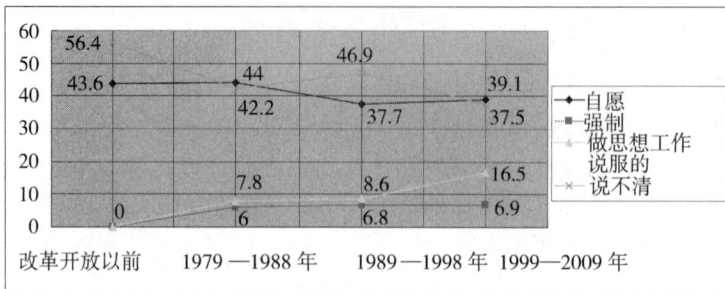

图 2　房屋建造时间长短对农民搬迁集中居住的影响

### 2. 近六成农民不愿意异地居住

对于异地集中居住，多数农民持反对意见。调查结果显示：对于"如果集中居住，您愿意搬迁到其他村庄吗"这个问题，在 1134 个有效样本中，有 622 户农民表示"不愿意"，所占比重高达 54.9%；同时，有 28.6% 的农户持观望态度，表示"到时再看"；另有 187 户同意异地居住，仅占有效样本数的 16.5%（见表 4）。

对于异地居住这个问题，农民表现出了根深蒂固的乡土观念：农业社会是熟人社会，农民习惯于彼此间的熟识，不同于城市居民之间的人情交往，对土生土长的家乡感情甚深。因此，大部分农民是极力反对异地聚居的。

表 4　　　　　　　　　　　农民对异地聚居的态度

| 农民的意愿 | 愿意 | 不愿意 | 到时再看 | 合计 |
|---|---|---|---|---|
| 样本数（%） | 187 | 622 | 325 | 1134 |
| 所占比（%） | 16.5 | 54.9 | 28.6 | 100 |

近六成壮年人、老年人① "不愿意异地居住"，青少年则持相反态度。以年龄作为依据，把受访农户分为青少年、壮年和老年三大类。调查结果显示：对于异地聚居问题，不同年龄段人的态度呈现出较大差异。将近六成的壮年人和老年人"不愿意异地聚居"，而青少年的情况则相反。在有效数据中，"最不愿意异地居住"的依次为壮年人、老年人、青少年，分

---

①　我们把 1—18 岁划分为青少年人口，19—55 岁为壮年人口，55 岁以上为老年人口。

别占各自年龄段总人口的 56.5% 、54.5% 、22.9% ；"最愿意异地居住"
的依次为青少年、老年人、壮年人，分别占各自年龄段总人口的 54.3% 、
18.7% 、13.7% （见表5、图3）。

青少年和壮老年人的看法不同，我们认为与接受新事物的能力和生活
时间的长短有关。青少年接受新事物的能力比壮年人、老年人要强，他们
在陌生的环境也可以很快适应，但是壮年、老年人对新环境的适应能力稍
差些，此外对熟悉的人和事的依赖性也让他们不愿意改变现状，因此壮年
人和老年人的想法更接近，对家乡的依恋更深一些。

表5　　　　　　　　　不同年龄农民对异地聚居的意愿统计

| 各年龄段农民的想法 | 愿意 | 不愿意 | 到时再看 | 合计 |
|---|---|---|---|---|
| 青少年 | 54.3 | 22.9 | 22.8 | 100 |
| 老年 | 18.7 | 54.5 | 26.8 | 100 |
| 壮年 | 13.7 | 56.5 | 29.8 | 100 |

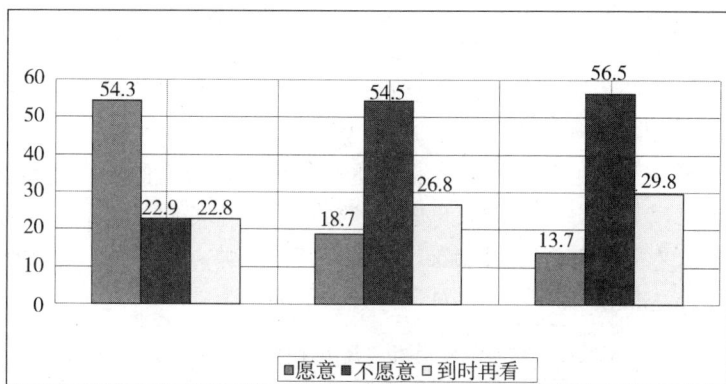

图3　不同年龄农民对异地居住的态度统计

3. 多数农民对集中住楼房不反感，但有近四成农民持观望态度

非城郊地区农民的搬迁集中居住有两种基本形式：一种是在迁入地自
建新房，各家各户比较独立；一种是在迁入地建楼房集中居住，各家各户
比较集中。调查结果显示：大部分农民对集中住楼房并不反感，在1135
个有效样本中，有 34.1% 的农户表示"赞同"集中住楼房；有 36.3% 的

农民选择"中立";另有 29.6％的农民"不愿意住楼房"(见表 6)。

　　数据显示,对于集中住楼,农民虽不反感,但普遍持有一种观望态度。集中住楼能够提高农民的房屋居住质量,改善农村社区的公共设施水平,但是也会给农民的生产生活带来影响,对这一利弊的权衡,导致了很多农民对搬迁以后是否集中住楼的态度仍然犹豫不定。

表 6　　　　　　　　　　农民对"集中住楼房"的态度

| 农民的态度 | 到时再看 | 愿意 | 不愿意 | 合计 |
|---|---|---|---|---|
| 样本数（个） | 412 | 387 | 336 | 1135 |
| 所占比（％） | 36.3 | 34.1 | 29.6 | 100 |

　　低收入者集中住楼房的意愿较强,高收入者次之,中等收入者意愿偏弱。根据本次调查的数据显示:低收入者对集中住楼房的意愿最强,中等收入者意愿偏弱。家庭年收入在 1 万—2 万之间的农户,有居住意愿的接近四成;年收入在 2 万—4 万的中等收入家庭则不到三成;而收入较高,也就是 4 万以上的农户表示"愿意"的占比超过三成(见表 7、图 4)。

　　根据数据进行分析,我们认为:低收入者由于原居住条件差,且不具备重建房屋的经济实力,所以愿意通过政府集中住楼房的机会,改善生活环境,因此意愿比其他收入水平的农户都高;高收入水平农户的意愿就比低收入者稍弱些,但是高收入者更看重居住环境,楼房的配套环境相对比较优越,所以有三分之一的农户愿意住楼房;而中等收入者的原居住环境相对比低收入者优越些,很多农户甚至近年才翻修,面积大、居住舒适度较高,因此,住楼房的吸引力对这部分人群并不大。

表 7　　　　　不同收入水平的农民对"集中住楼房"的态度　　　　（单位:％）

| 收入水平 | 愿意 | 不愿意 | 到时再说 | 合计 |
|---|---|---|---|---|
| 1 万以下 | 38.5 | 31.9 | 29.6 | 100 |
| 1 万—2 万 | 38.7 | 26.0 | 35.3 | 100 |
| 2 万—3 万 | 29.5 | 30.0 | 40.5 | 100 |
| 3 万—4 万 | 29.4 | 23.8 | 46.8 | 100 |
| 4 万以上 | 30.1 | 34.3 | 35.6 | 100 |

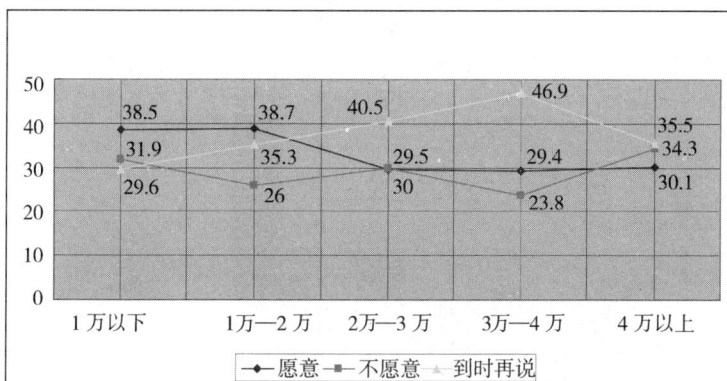

图4　不同收入水平的农民对集中住楼房的态度统计

## （二）城郊地区农民对搬迁集中居住建设区的意愿情况

### 1. 近四成农民"以宅换房"愿望强

以宅换房方式是一种政府建房与农民的房屋进行面积置换，从而推动新型农村社区建设的新方式。此次调查中，当被问及"你愿意以房换房吗"这个问题时，相当一部分农民表示了肯定态度。在758个有效样本中，回答"愿意"的农民有297个，占有效样本数39.2%，比重最高；其次是"到时再看"，这部分农户占比38.1%，和表示"愿意"的农户相差不多；还有22.7%的农民表示"不愿意"以房换房（见表8、图5）。

表8　　　　　　　　　　农民对"以宅换房"的态度统计

| 农民的态度 | 愿意 | 到时再看 | 不愿意 | 合计 |
|---|---|---|---|---|
| 样本数（个） | 297 | 289 | 172 | 758 |
| 所占比（%） | 39.2 | 38.1 | 22.7 | 100 |

### 2. 逾四成农民倾向于"用土地换工作"

新型农村社区建设当中，农民对土地的处理一般有三种方式，其一是以土地换城市的社会保障，将农民纳入城市保障体系之中；其二是实现农民的土地流转，自己外出就业，"离土又离乡"；其三是以土地换工作，本地就业安置，"离土不离乡"。

调查结果显示，农民更倾向于"用土地换工作"。对于以土地换社保，

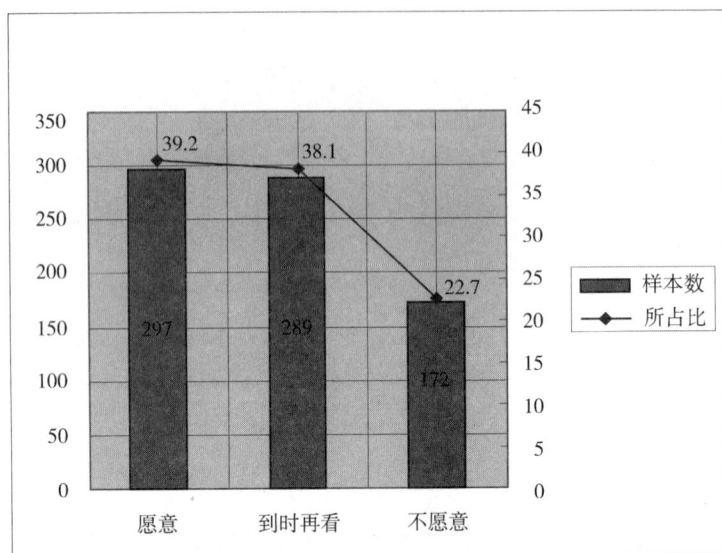

**图 5　农民对"以宅换房"的意愿统计**

有意向的农民占有效样本数的 27.8% ；不同意的农民有 37.2% 。对于土地流转，有意向的农民达 29.7% ，比第一种选择稍多一些。对于以土地换工作，有 40.9% 的农民表示接受，在这三种选择中比重最高（见表 9、图 6）。

通过数据分析，我们得出：农民比较愿意接受的方案是"用土地换工作"，优先考虑本地就业，而对"用土地换社保"这种方式并不特别感兴趣。由此可见，很多城郊农民愿意城镇化，成为城镇居民。但是相对于依赖城市社会保障，他们更愿意获得一份稳定的城市工作。

另外，约有三成上下的农民对于三种不同的方案均选择"到时再说"，没有明确表明自己的立场，这也可以看出农民存有一种待价而沽的心态，农民是理性的。

表 9　　　　　　　　　三种不同方式农民的选择情况　　　　　　（单位：%）

| 农民的态度 | 愿意 | 不愿意 | 到时再说 | 合计 |
|---|---|---|---|---|
| 用土地换工作 | 40.9 | 27.2 | 31.9 | 100 |
| 土地流转 | 29.7 | 41.6 | 28.7 | 100 |
| 用土地换社保 | 27.8 | 37.2 | 35 | 100 |

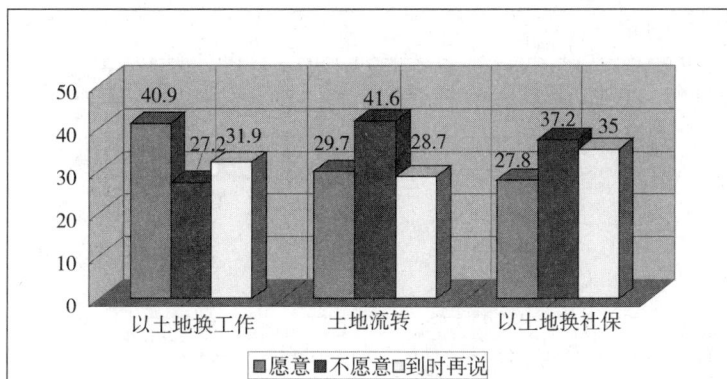

**图 6　农民对三种不同方式的选择情况**

低学历和高学历农民更青睐"用土地换工作"。调查结果显示:不同学历水平农民对"用土地换工作"的意愿呈现大"V"字形,即:在小学、初中低学历水平的农民中,均有四成以上的农民有用土地换工作的意愿;大学及以上学历的农民有34.6%的农户也倾向于这种选择;而高中学历的农民偏好性不强,仅占有效样本数的25%（见表10、图7）。

对于这样的现象,我们认为:现在农业收入远远不能满足家庭的需求,因此更多的农民愿意"用土地换工作"。小学、初中学历的农民由于缺少知识和能力,因此他们对工作的欲望最强,如果没有土地,他们最大的愿望就是有一份稳定的工作;大学及以上学历的农民由于面对当今严峻的就业形势,很可能工作还没着落或是工作不合人意,土地收入又不能满足生活需求,因此在这样的情况下,高学历的农民也愿意"用土地换工作"。

表10　　　不同学历①农民对"用土地换工作"的意愿情况　　　（单位:%）

| 受教育水平 | 愿意 | 不愿意 | 到时再说 | 合计 |
|---|---|---|---|---|
| 小学 | 41.2 | 27.8 | 31.0 | 100 |
| 初中 | 42.9 | 19.4 | 37.7 | 100 |
| 高中 | 25.0 | 28.6 | 46.4 | 100 |
| 大学及以上 | 34.6 | 42.3 | 23.1 | 100 |

① 在这里把学历分为4个档次,分别是:小学、初中、高中、大学及以上。

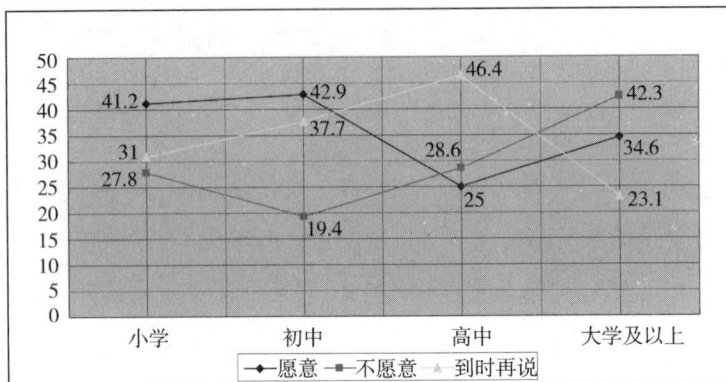

图 7　不同学历农民对"用土地换工作"的意愿情况

3. 低收入的农民更愿意"用土地换社保"

以上分析说明，通常而言，农民更青睐于"用土地换工作"。然而，哪类农民愿意"用土地换社保"？调查结果显示：低收入的农民更愿意"用土地换社保"。家庭收入在 1 万元以下的低收入农户中，有 35.8% 的农民愿意用土地换社保；而家庭收入在 4 万元以上的高收入农户中，只有 22.5% 的农民愿意换社保（见表 11、图 8）。由此可见：农民对"用土地换社保"的意愿与家庭收入水平呈反向关系。低收入家庭更向往有保障的生活，城市社会保障比土地有限的收入更加有吸引力。

表 11　　　收入水平①不同，农民对"用土地换社保"的意愿情况　　（单位:%）

| 收入水平 | 愿意 | 不愿意 | 到时再说 | 合计 |
|---|---|---|---|---|
| 1 万以下 | 35.8 | 32.8 | 31.4 | 100 |
| 1 万—2 万 | 27.2 | 37.6 | 35.2 | 100 |
| 2 万—3 万 | 22.7 | 36.1 | 41.2 | 100 |
| 3 万—4 万 | 25.1 | 39.3 | 35.6 | 100 |
| 4 万以上 | 22.5 | 44.5 | 33.0 | 100 |

①　我们把收入水平分为 5 个档次，分别是：1 万以下、1 万—2 万、2 万—3 万、3 万—4 万、4 万以上。

此外,各收入水平的家庭当中,始终有三成左右的农民采取的是"到时候再看"的态度。这再次证明:农民是理性人,对自身的利益考虑得很清楚。政府应该意识到这一点,因势利导,切不可随意损害农民的利益。

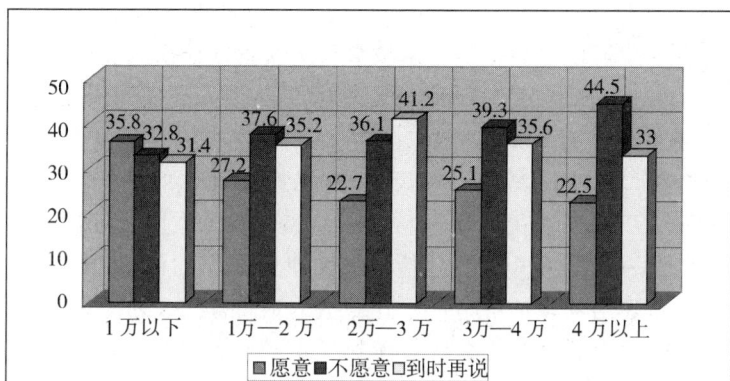

图 8   不同收入水平下农民对"土地换社保"的意愿情况

## 二   农民对搬迁集中居住建设区的补贴要求

### (一) 农民对政府的补贴要求

1. 政府不补贴,近七成农民不愿意集中建房居住

此次调查中,当农民被问及"不补贴,你愿意搬迁到集中地建新房吗"这个问题时,在 1142 份有效问卷中,有 746 户农民表示"不愿意",占总比重的 65.3%;持保留意见的农民有 230 户,占有效样本数的 20.1%;只有一成五的农民表示,在政府不补贴的情况下,愿意自建新房集中居住(见表 12)。

表 12            政府不补贴住房,农民的态度统计

| 农民的态度 | 不愿意 | 到时再看 | 愿意 | 合计 |
| --- | --- | --- | --- | --- |
| 样本数 (个) | 746 | 230 | 166 | 1142 |
| 所占比 (%) | 65.3 | 20.1 | 14.6 | 100 |

## 2. 政府补贴 8 万元，三分之一的农民愿意集中建房居住

政府不补贴，农民不愿意重新集中建房，那么政府补贴多少农民才愿意呢？针对这个问题，调查组从以下四个补贴水平对农民的搬迁意愿进行考察：即在政府分别补贴 2 万、5 万、8 万、10 万的情况下，农民有什么样的选择。从表 13 我们可以看出，随着政府补贴的增多，农民"愿意"建房的比重呈现递增趋势，即补贴越多，愿意重新建房的农民越多；同时"不愿意"建新房的农民呈递减趋势；此外，持观望态度农民的比重一直保持在三成左右的水平（见表 13、图 9）。

通过分析，调查组发现：8 万元为农民搬迁意愿的一个"拐点"。补贴在 8 万元以下时，农民的搬迁意愿不高，当补贴在 8 万元以上的时候，农民建房的意愿急剧上升。在对各地农民建房成本的调查中我们发现，8 万元是农民对建房的预估价格，只有补贴达到 8 万元，才能说服农民集中居住建新房。只有这个时候，政府和农民才处于利益均衡状态。当然，我们也不能忽略一直有将近三成的农民对国家政策持观望态度，这部分农民一是对政策的不信任、二是对补贴的方式仍然存在疑虑、三是为了不想表露自己的意愿，因此政府应严格落实好政策，增加农民的信任度，切实为农民的利益着想。

表 13　　　政府补贴 2 万、5 万、8 万、10 万，农民的态度统计　　　（单位：%）

| 农民的态度 | 愿意 | 不愿意 | 到时再看 | 合计 |
| --- | --- | --- | --- | --- |
| 补贴 2 万 | 12.8 | 66.2 | 21.0 | 100 |
| 补贴 5 万 | 17.9 | 59.1 | 23.0 | 100 |
| 补贴 8 万 | 30.7 | 37.9 | 31.4 | 100 |
| 补贴 10 万 | 49.3 | 17.9 | 32.8 | 100 |

农民普遍反映：面积等同、有补贴、居住环境好就考虑搬迁。

在调查中，当问到"在什么情况下您愿意搬迁到集中地建新房"时，农民的回答不外乎有以下几个方面：四成多的农民认为只要面积和现房一样大、政府有所补贴，就可以考虑搬迁；有将近三成的农民认为新建住房质量也是他们考虑的因素之一，并且居住环境要比现在好；还有一成多农民要等儿女成家才会考虑搬迁；另有一部分农民认为在农村生活自由，并不愿意搬迁。

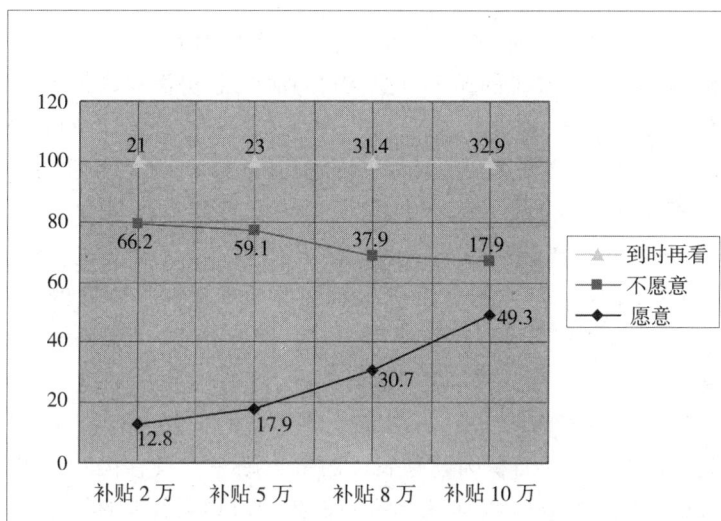

**图9 政府补贴，农民的态度统计图**

总体而言，农民对新型农村社区建设还是非常支持的。广大农民反映："只要政策好，政府能够保证我们的基本利益，还是愿意服从政府安排的。"

3. 自己不掏钱，四成多的农民支持"以房换房"

在有效样本数1130份中，自己不掏钱，"愿意"以房换房的农民达41％，占四成多；其次是持保留意见的农民，占有效样本数的38.6％，与有意愿换房的农民数相当；还有20.4％的农户"不愿意"以房换房（见表14）。由此可见，换房所需要的经济投入是农民考虑的因素之一，这个因素没有考虑好，"以房换房"的建设方式恐怕难以落实。因此，政府想要确保政策顺利实施，必须考虑到农民的自身权益，保证其不受侵害。

表14　　　　　　　　不掏钱，农民对以房换房的态度统计

| 农民的态度 | 愿意 | 到时再看 | 不愿意 | 合计 |
|---|---|---|---|---|
| 样本数（个） | 463 | 436 | 231 | 1130 |
| 所占比（％） | 41 | 38.6 | 20.4 | 100 |

4. 新房面积与原房面积相同，近半农民同意"以房换房"

调查结果显示：农民的换房意愿与可置换的新房面积成正比。当新房面积只有原房三分之一的时候，只有 5.5% 的农民"愿意"换房，82.3% 的农民"不愿意"换房，还有 12.2% 的农民选择"到时再看"；当新房面积达到原房面积的一半时，"愿意"的农民比重有所增加，但增幅不大，为 8.8%，"不愿意"的农民比重有所减少，同时减幅也不大，占有效样本数的 76.2%；但当新房面积与原房保持一致时，农民的选择就发生了显著的变化，表示"愿意"换房的农民接近五成，"不愿意"换房的农民减到了一成五（见表 15、图 10）。

在换房面积不同的情况下，农民做出这样的选择，可以说明一个问题："以房换房"中，面积问题是农民的最大顾虑，只有在面积相当的情况下，农民才愿意换房。根据以上的分析我们可以得出：在"以房换房"的方式下，农民不花钱且住房面积与原面积相当的前提下，农民才体现出较强的换房意愿。否则，农民不愿意以房换房。

表 15　　　　　　　新房面积不同，农民的态度情况统计

| 农民的态度 | 愿意 | 不愿意 | 到时再看 | 合计 |
|---|---|---|---|---|
| 原房三分之一 | 5.5 | 82.3 | 12.2 | 100 |
| 原房一半 | 8.8 | 76.2 | 15.0 | 100 |
| 原房一样大 | 45.5 | 16.3 | 38.2 | 100 |

### （二）农民希望：租金合理、基本生活有保障就可以流转土地

调查中，当被问及"什么情况下你愿意把承包地转租给他人或公司"时，农民一致反映：只要租金合理，收入能够满足生活的基本需求就可以转租。从农民的回答中，我们知道：农民比较看重土地租金，将近五成的农民认为"只要租金合适"，土地就可以流转；有两成左右的农民表示"只要有固定的收入"就可以考虑把地租出去；还有一成多农民表示"只有在自己无法耕种的时候"才会考虑把地租给他人或公司。

在 777 个有效样本中，承包地租金的平均价格是 415.53 元/亩，最低的是 10 元/亩，最高的是 3500 元/亩，两者相差 3490 元/亩（见表 16）。分析

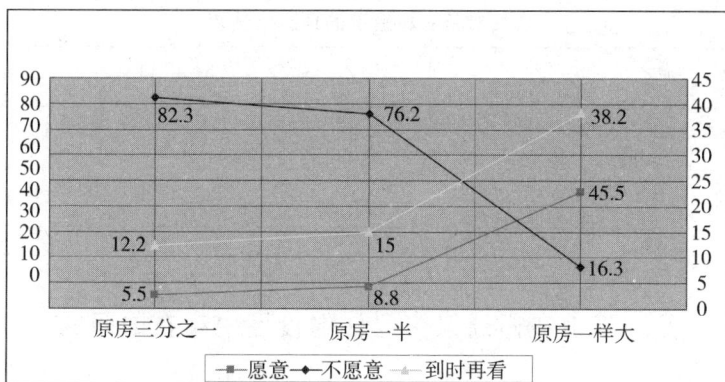

图 10　新房面积不同，农民的态度统计

结果显示，虽然承包地租金相差较大，但是其峰度系数为 0.175，比正态分布曲线更平缓，因此，其租金符合各地差异情况。对于政府来说，这一点很具有参考价值，只要承包地租金合适，政府和农民就能各取所需。

表 16　　　　　　　　　承包地租金统计描述表　　　　　　（单位：元）

| 样本数 | 最小值 | 最大值 | 极差 | 平均值 | 峰度系数 |
|---|---|---|---|---|---|
| 777 | 10 | 3500 | 3490 | 415.53 | 0.175 |

### （三）农民表示：对新农村建设充满信心

对于政府来说，一项政策能否顺利实施，农民的支持是关键。经过调查，有过半的农民对新农村建设给予了极大的信心，认为"当前政府推动的新农村建设会成功"。在有效样本数 1741 个农户中，有954 户认为"会成功"，占样本总数的 54.8%；"持保留意见"的农民有 703 户，所占比重为 40.4%；仅 4.8% 的农户对新农村建设"没有信心"（见表 17）。

从数据中我们可以看出，农民所给予的高度评价，既是对政府已有工作的一种肯定，也显示了本身对国家政策的支持程度。当然我们也不能忽略那四成多持保留意见的农民，这很可能是政府工作上还存在一定的缺失导致的，不得不引起相关部门的重视。

表 17 农民对新农村建设的预测描述表

| 农民的想法 | 会成功 | 不会成功 | 说不清 | 合计 |
|---|---|---|---|---|
| 样本数（个） | 954 | 84 | 703 | 1741 |
| 所占比（%） | 54.8 | 4.8 | 40.4 | 100 |

## 三　当前在搬迁集中居住建设区中存在的问题

目前，从全国范围看，各地的"新型农村社区建设"正处于初始阶段。经过几年的探索，取得了一定的成果，积累了一定的经验，但也存在一定的问题。本次调查显示，对于集中搬迁建社区，一些地方农民不支持、有疑虑、欠主动，这需要科学规划、合理引导，才能进一步把这项事业扎实稳妥的向前推进。

### （一）非城郊地区存在的问题

1. 搬迁集中居住，不便生产、生活

调查结果显示：搬迁集中居住给农民的生产、生活带来一定程度的不便，很多农民对此抱有顾虑。在问到"您是否愿意搬迁集中住楼房"这个问题时，有 29.6% 的农民表示"不愿意"，有 36.3% 的农民表示"到时候再看"，持观望态度，有 34.1% 的农民表示"同意"。持有不愿意或犹豫不定态度的农民占到了样本总数的六成五，达到 65.9%（见表6）。

在调查中，农民普遍反映，搬迁集中居住，会给他们的生产、生活带来以下三个问题：一是老房子大、新房子小，活动范围减小，农民生活不便。通常来说，以往农民在独门独户居住时，地基面积很大，农民的活动范围不仅仅包括自家的房屋，而且包括自家的院落。搬迁以前，农民的房屋较宽敞，集中住楼房以后，新房面积就相对变小了。并且，失去院落以后，农民感觉活动空间大大减少了，心理存在落差。很多农民反映：要是住进楼房了，锄、犁、耙、耧、铲等农具放在哪里？鸡、鸭、鹅、猪、牛等家禽家畜养在哪里？二是老房子近、新房子远，耕地距离变远，农民生产不便。以往农民分散居住，多是依照就近原则，将房屋建得离耕地越近越好，这样方便每天耕作。但是，搬迁集中住楼以后，新房离自己的耕地远了，每天上田耕作，要走好长一段时间，而且耕作回来，两脚是泥，都不敢进楼房。三是老房子舒服，新房子独立，邻里走动变少，农民交往不便。以往农民普遍的生活方式是单家独院，与土地相伴。农忙时耕作方便，农闲时串门聊天，乡土气息十分深厚。集中居住套房后，农民的生活空间变小了，邻里之间的串门少了，人情味变淡了。在调查访谈中，许多老人表示不愿意搬到集中居住区，认为"还是老房子好，破点、旧点，但舒服！"

2. 基层政府越位，存在强制搬迁

新型农村社区建设关乎新农村建设全局，需要政府发挥主导作用、农民发挥主体作用，齐心协力，才能把新型农村社区建设搞好。要切实保障农民的合法权益，使农民得到真正的实惠。但是，调查显示，在目前的新型农村社区建设中，在一些地方存在着基层领导越位的问题，侵害了农民的利益。

一些基层政府在未取得农民同意的情况下，搞包办代替、命令主义。调查数据显示（见表1）：农户在回答"新型农村社区建设搬迁居住、建设新房是自愿还是强制"时，仅约四成的农户回答"自愿"；12%的农户选择"做思想工作"；42.2%的农户态度模糊，认为"说不清"；还有6%的农户认为是"强制"的。调查数据反映近六成的农户认为新型农村社区建设并非出自农民意愿，含强制命令之意。12%的农户反映"做思想工作"主要体现在三个方面，一是讲道理劝说；二是以利益相诱；三是行政威胁，比如在规定时间内不搬迁的就停水断电等等。可见做思想工作是带有行政命令式的，基层政府并没有站在农民的角度想农民之所想，农民的真正权益受到损害。逾四成的农户态度模糊不清反映出一部分农民随大流的心态，大家搬自己也搬，自主意识不强，无所谓是否自愿；另一部分农民存在谨慎小心的心理，对于"强制"或"做思想工作"这类比较敏感激进的词语选择回避，避免引起不必要的麻烦。在调查访谈中，许多农户面对这一问题会选择一笑了之或者说"这个不太好说"。6%的农户认为是"强制"，尽管6%这一绝对数值并不大，但是我们仍然不能忽视它的存在，这说明强制性搬迁仍然存在。在一些地方，乡镇干部对新型农村社区建设表现出了较高的热情和兴趣，同时为了迎合上级政府而大拆大建，导致在一些地方新型农村社区建设成了劳民伤财的"形象工程"，引起农民的反感。

强制搬迁导致农民产生抵触情绪，不利于地方稳定。在调查过程中我们了解到，由于受调查的一些地方政府存在强制搬迁行为，这导致当地相当一部分农户甚至包括一些村干部，对新型农村社区建设持有一种抵触情绪，他们表示，他们很难接受这种由基层政府推动的强制命令式的搬迁。对新型农村社区建设的前景，他们均表示了不同程度的担忧。农民的这一心态值得注意，它直接关系到新农村社区建设的前景和成效，关系到当地农村社会的稳定。

3. 农民主体缺位，多数被动参与

大多数农民只知其事、不晓其实，政策知晓度低。在调查中，当问起"您是否知道新型农村社区建设的具体内容和要求"时，有 92.3% 的农户没有能够回答上来，占比超过九成。大部分农户表示只是听说过，其中一些农户只知道新农村建设就是搬迁建房，但不知道其中的具体内容，也更不了解这一政策的具体情况和发展趋势。虽然此前有 1504 户表示听说过新农村建设，占有效样本的 81.6%，但是，对于新农村建设的具体规划、要求、做法等，大多数农户仍然不知情。

农民在不了解政策的情况下，主动性、积极性不高。此次调查发现，大部分农户认为"新农村建设与自己无关，是政府和村里的事情"。当问到"新型农村社区建设这个事情是由谁来出钱干"的时候，回答是"村里"的有 241 户，占有效样本的 18.4%，占比接近两成；回答是"政府"的有 483 户，占有效样本的 36.8%，占比超过五成五。仅有 126 户认为是"农民自己"，占有效样本的 9.6%，占比不到一成。值得注意的是，有 32.4%（425 户）的农民的回答是"不知道"，这部分群体不知道新型农村社区建设的主体是谁，缺乏主体意识，处于一种被动参与的状态，表现出一种冷漠的心态。

4. 土地流转不规范，埋下纠纷隐患

调查结果显示：相对于"用土地换社保"，完全放弃土地，农民更倾向于将土地流转，自己外出打工或者在本地就业。根据本次调查的数据，对于以土地换社保，有意向的农民占有效样本数的 27.8%；不同意的农民有 37.2%。对于土地流转，有意向的农民达 29.7%，比第一种选择稍多一些。对于以土地换工作，有 40.9% 的农民表示接受，在三种选择中比重最高。后两者都涉及了土地权益的流转，根据《物权法》的相关规定和二轮延包后的土地政策，土地承包权是农民的重要权益之一，因此，在土地的流转与使用上必须考虑农民的利益，尊重农民的意愿。但是，调查中我们发现，一些地方在建设新型农村社区的过程中，存在土地流转不规范的现象，这为将来的矛盾和纠纷埋下了隐患。

一些地方政府搞强制流转、低补高卖，与农民争利。调查显示，有些基层政府不尊重农民的意愿，强征农民土地，利用手中的权力以低价征购农民的土地，再以高价卖出，还有的地方随意收回、调整农户承包地。这不仅损害了农民的利益，也破坏了干群关系，为新农村社区建设设下了障碍。

许多农民之间的土地流转为口头流转、缺乏合法手续。调查显示，很多农民在搬迁以后，将原有土地流转给其他农民耕种，自己外出或者在本地打工。这些接手耕地的农民，多半为自己的亲朋好友，因此，彼此之间多为口头协议，没有签订正式的流转合同。一旦发生纠纷，无法由法律途径解决，各种冲突在所难免。

5. 土地使用缺监督，侵害农民权益

实施新社区建设后，对于节余出的宅基地，政府该如何有效利用，由于缺乏有效的监督，这在目前的实施过程中仍存在漏洞。一些地方的做法是改为公共用地，建设公共基础设施，完善社区生活环境。更多的是进行土地开发，发展高效农业或工业。但是，在具体的实施过程中，难免有一些基层政府以新社区建设为旗号，用节余土地置换不当利益，这种做法严重侵害了农民的合法权益。

调查显示，当前各地对于节余土地的处置，还存在以下两种问题：一种是擅自改变土地的农业用途。在调查过程中，一些地方的农民反映，当地政府用节余的土地大搞商业开发，甚至占用耕地兴建商品房。当地村民要求乡政府出示用地手续，并且提高搬迁补偿标准，乡政府也一直未予答复。这种借建设新型农村社区的名义，变相搞商品房开发的问题，引起了当地群众的不满。一种是政府土地收益不公开、使用不透明。在调查过程中，农民反映，对于节余宅基地的出让收益，他们一无所知，这部分收益最后究竟有多少用在了农民身上，他们也一无所知。很多农民表示出这样的观点："卖地的钱都被他们（当地政府）拿走了，有多少用在我们村了，谁知道。"

6. 政策落实不到位，存在补贴缺口

在调查过程中，大部分农户反映：只有在有足够的补贴且居住条件比现在好时，才愿意搬到集中居住地建房。也就是说，政府需要在住房补贴和基础建设这两方面投入相当的财力，才能满足农户整体搬迁的要求。调查结果显示，由于地方财力有限，存在补贴缺口，使得搬迁政策无法顺利落实到位。

一方面，地方财政压力凸显。本次调查的数据显示（见表 13），对于搬迁集中居住，8 万元为意愿的平均临界点。当补贴额低于 8 万元时，不愿意搬迁集中居住的比率居高不下；当补贴额等于 8 万元时，愿意与不愿意所占比重较为接近；当补贴额高于 8 万元时，愿意搬迁集中居住的比重开始逐渐高于不愿意参与的比重。在保证农户愿意搬迁集中居住的前提下，每户 8 万乃至更高的补贴额，将会给国家财政特别是地方政府带来巨大的压力。在保证足额补贴以外，政府还需要投资完善现有基础设施条件，这对地方财政来说，也是极大的考验。

另一方面，搬迁政策难以落实。在调查过程中，很多地方政府的主管部门表示，仅以当地的财政情况而言，尚不足以支持在本地开展大规模的新型农村社区建设，地方财政压力难以化解。因此，在搬迁之前许诺给农民的很多优惠政策无法得到落实，新型农村社区建设进展缓慢。在财力有限的现实情况下，很多地方对集中搬迁实行固定补贴额，而农户原有住宅建房成本有高有低、建房时间有先有后，固定补贴额度必然会造成利益分配不均，部分农户的个人利益受损，参与意愿无法提高。补贴方式应如何更加灵活、科学的制定值得有关部门高度重视。

### （二）城郊地区存在的问题

#### 1. 以宅换房：权益保障存有疑虑

观望态度代表了农民当前的心态。调查结果显示（见表 8），22.7%的农户不愿意"以宅换房"，近四成的农户持观望、犹豫态度。整体而言，农民的换房积极性并不高。观望态度居多主要体现在农户对"以宅换房"仍持一种犹豫不决的心理，无法完全权衡两者的利弊关系，对这项政策的顾虑较多，担心既有利益受到侵害。因而，如何有效地增强农民"以宅换房"的信心，打消政策疑虑是这项政策顺利推行的前提保证。

乡土观念制约了农民的参与意愿。从地理区域分层看，"以宅换房"意愿最强的农户集中在西部地区，所占相对比重高达 44.8%；中、东部地区农户主要持消极或观望态度。可见，地理区位较为优越的中、东部地区,人们安土重迁的观念更加强烈,对"离土又离乡"的居住方式无法完全适应,因而对这项政策的排斥心理相对较强。因此,从区域对比来看,如何激发中、东部地区人们的参与热情,保证集中居住后的利益不低于原来住房状况,需要我们进一步调查与研究。

经济条件限制了农民的参与能力。随着家庭经济水平的提高,"以宅换房"的意愿随之降低。通过对家庭年收入与参与意愿进行交叉分析发现,随着家庭年收入的增加,人们不愿意"以宅换房"的所占相对比率呈小幅上升趋势(见图11)。在调查访谈中,我们也了解到,经济条件较好的家庭大部分已建起了两到三层的楼房,生活环境十分安逸,对"以宅换房"政策的兴趣并不强烈。对于这部分家庭经济条件较好的农户而言,固定的或较低的财政补贴额所发挥的效应是微乎其微的。针对如何有效调动这部分农户换房热情这一问题,在单纯的财政补贴之外,需要制定其他优惠政策配套实施。

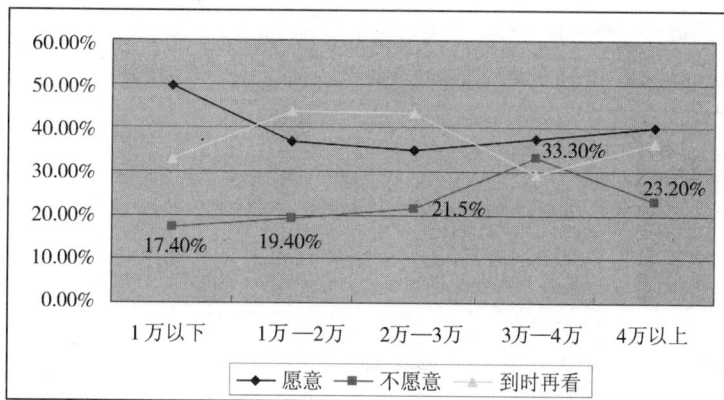

**图 11   不同收入层对"以宅换房"的意愿对比情况**

2. 用土地换社保:放弃土地存在风险

土地长期以来是农民收入的主要来源,是农村最重要的生产资料,也是农民的"命根子",更是农民生存和农村稳定的"最后一道防线"。在此次调查中发现,当问及农民是否愿意"以承包地换取城市社会保障时",有 532 户农民表示"不愿意",占有效样本的37.2%;有 397 户农户选择"愿意",占比为 27.7%,回答"到时候看"的农户有 502 户，占比为 35.1%（见表 9）。从这个数据中我们可以发现，多数农民不愿意放弃土地，以获得其社会保障。通过交叉分析（见表 18）也发现从西至东，随家庭收入水平的提高，受教育水平的降低，农民不愿意放弃土地的意愿逐渐增强。尤其是在中、东部地区，经济水平较好的家庭以及受教育水平相对较低的农户中，固守土地的观念更强，城市社会保障吸引力较弱。从调查访谈中，许多农户也表达了这样的观点，只有自己无劳动能力或者租金高于耕种收入时才愿意出租土地。农民视土地如命根子，以土地换城市社会保障会让他们觉得有风险、不踏实，不如那实实在在的几亩土地让人放心。因此在新社区建设过程中，让农民完全出让土地所有权以换取城市社会保障的方法，在推行过程中难免会受到农民的排斥，若强制推行亦会引起干群关系紧张，不利于新社区的和谐稳定。

表 18　　　不愿意"以土地换城保"的区域、学历、家庭收入对比表

| 区域对比 | 东部 | 中部 | 西部 | — | |
|---|---|---|---|---|---|
| 相对比重（%） | 41 | 39 | 26.1 | — | |
| 学历对比 | 小学 | 初中 | 高中 | 大学及以上 | — |
| 相对比重（%） | 38.5 | 36.5 | 35.7 | 11.5 | — |
| 家庭收入对比 | 1 万以下 | 1 万—2 万 | 2 万—3 万 | 3 万—4 万 | 4 万以上 |
| 相对比重（%） | 32.8 | 37.6 | 36.1 | 39.3 | 44.5 |

3. 用土地换工作：稳定就业面临压力

调查数据显示，选择"用土地换工作"方式的农户中，逾四成的是小学及初中学历，这也带来了一个无法回避的现实问题：以土地换工作，本地吸纳劳动力的能力如何？对于较低学历层的农民而言，能否顺利就业、稳定就业就成为亟须解决的问题。如果一个地区劳动力吸纳能力已经饱和，而又没有引进更多的厂商进入，那么这部分群体的意愿要求就无法实现，土地流转也会遇到一定阻力，同时，对受教育水平较低的农户而言，他们只能适应较为简单的工作，为了适应竞争日益激烈的就业形势，保护失地农民的基本生存权益，相关的劳动社会保障部门还需要加强技能培训与就业指导，这项工作能否真正的落到实处，还需要有相应配套措施予以保证。

## 四　推进搬迁集中居住建设区的对策和建议

目前，全国各地都在进行新型农村社区建设的探索。政府通过建立社区集中居住，降低了管理成本，节省了公共服务投资，避免了基础设施的重复建设，提高了农民的生活质量。但与此同时，政策措施落实不到位、农民合法权益得不到保障的事件也时有发生。为了避免上述情况，我们认为搬迁集中建设区过程中要遵循四大原则、落实五项对策。

### （一）四大原则

#### 1. 农民自愿的原则

遵循农民的意愿，坚决不搞地方强制。农民是新型社区建设的主要力量，应该建什么、不应该建什么、怎么建最好，农民最有发言权。基层政府是新农村社区的引导者与推动者，不能代替村民成为新型农村社区建设的拍板人。换句话说，新型农村社区建设不是基层政府领导的"拍脑袋"工程，而是一切从农民需求出发，依靠农民、为了农民、以农民的意愿为准。现在一些地方出现的强制搬迁的硬性做法，要慎重对待，为了不影响后续工程的建设，通过断水、断电、不通路的方式强制农民搬迁，不仅给农民生活造成不便，也挫伤了农民搬迁的积极性和主动性。新社区建设集中居住本是一件惠农的好事，但如果农民没有得到实惠，甚至是损害了农民利益，农民便不会搬迁。社会化小农最大的特点就是讲究效用最大化，如果仅是个别农户不愿搬迁，地方政府可以说服教育，如果是大批农民都表示不愿意搬迁，那就是搬迁制度出了问题，基层政府就应及时反思，看农民到底在什么条件下才会搬迁。例如，数据分析显示：农民在集中搬迁过程中，更愿意以房换房，满足农民以房换房的要求，不仅能赢得民心，也能加快新型农村社区建设的进程。农村社区建设能否取得成效，首先需要在决策上征得广大农民的授权，并以此约束政府按照既定的规则办事，防止其独断专横，发挥民主的力量，让广大农民参与到这场讨论中。总之，要倾听农民的心声，遵循农民的意愿，保障农民的利益。

#### 2. 保障权益的原则

政府应秉承为民谋利的原则，不搞违规开发、不掠夺农民财富，在耕地和宅基地面前要严防死守，保护农民的权益不能受到任何侵害。土地是农民的"命根子",也是国家的命脉。新社区建设集中搬迁,将原来分散的农民集中居住,必然会节约下大量土地,但如果基层政府将节省的土地没有用之于民,而是进行了其他非农开发,假借新社区建设之名,行掠夺农民土地之实,将节约的土地转卖与房产商,政府或是村集体与投资商一起发新社区建设的财,那就违背了中央惠农扶农的初衷,对待这种行为要予以严厉杜绝,一旦发现必将追究其责任。

3. 循序渐进的原则

新社区建设是在新农村建设的背景下进行的,要作为一项长期的惠民工程来抓,不是一朝一夕能完成的。一些地方领导为了做形象工程,采取了轰轰烈烈革命式的暴风骤雨方式,企图通过一蹴而就达到指标、完成任务,这是不科学的,也是不合理的。集中搬迁的过程中,一要循序渐进,就是先鼓励一部分农户搬迁入住,通过政策优惠和舆论引导,使得所有的农户都住进新居;二要因地制宜,集中居住不是所有的地区都适合,对于以非农生产为主的地区很容易做到,但是对于另外一些实在不能或是不应该集中的地区要允许其因地制宜、另谋出路。

4. 合理引导的原则

对于新社区建设就是政府引导、村为主导、户为主体,只有真正的满足了农民的需要,适应了农村的环境和发展,才能建设成功。政府要在尊重农民意愿的基础上,积极引导、重点保障农民权益、加强农民主体地位。农民群众是农村新型社区建设的主体,是农村社区建设的直接受益者,也是推进新型农村社区建设的主体力量;基层政府是新型农村社区建设的引导者和推动者,是推进新型农村社区建设的重要力量。因此,要发挥政府的引导作用,调动农民的主体地位和积极性,防止政府越位、农民缺位现象的出现,杜绝主体力量和帮扶力量本末倒置。政府要适度引导农户搬迁、引导农户选择合适的房屋户型、引导农民朝着新社区建设大步迈进。

### (二) 五项对策

1. 尊重农民意愿,保障农民权益,加强农民主体地位

尊重农民意愿,将农民加入到与政府协商谈判的行列中,真正的赋予农民话语权,在此之上要加入纠正机制和申诉机制,以应对违背农民意愿、侵害农民权益的事件出现。

一是农户可自愿选择是否搬迁。集中搬迁建设区,让所有的农民都能

享受到社区服务的实惠，是新社区建设的出发点，但是在享受便利的同时，集中居住也会给生产和生活带来很多不便，特别是农村中的老年人，大都不愿意搬进楼房，农民是否愿意搬迁应该是一种自由选择，而非强制行为。严厉杜绝政府恐吓、威逼利诱农民搬迁、断水停电、无法享受其他惠农政策挂钩、甚至请黑社会帮忙解决的恶劣行径。

二是农户可自愿选择房屋户型。新型农村社区建设要响应新农村建设的号召，朝着"生产发展、生活宽裕、乡风文明、村容整洁、管理民主"的目标奋进。农村村容整洁，就要改变原来脏、乱、差的格局，统一建设新区住宅。现阶段房屋户型主要是集中在独栋小别墅、两三层的小楼房。这种方式大多为农民接受，既住上了楼房，又对生活方式影响不大；还有一些地方选择的是城市单元楼，高达六七层，这就完全改变了农民的生活习惯，但很受青年人的喜欢。新社区建设要满足各种农户群体的需求，要多开发几种户型供农户选择，可以建设加车库的，可以开发下层门市上层入住的小独栋，扩展农民的选择空间。

三是农户可自愿选择补偿类型。现阶段农民的住房补贴可分为以下几类：一是直接给农民现金补贴。只要是在新区建房就会直接给农户几万元补贴，农民怎么使用政府不加干涉。二是对新社区建设中的房屋让利或是按成本价出售给农民，农民在购房时就直接获利。三是给农民实物补贴，只要建房就对建材给予优惠政策的补贴，如补偿农户水泥等。四是对于城郊地区的一些农民，给予的是以地换房、以地换保、以地换工作的待遇。具体采用何种补贴方式，既要考虑地方政府财政预算，也要赋予农民自由选择的权利，让农民能根据自己的实际情况确定补偿类型，这可能会给基层政府增加工作量，但是更切合农民的实际，更能达到帮农扶农的目的。

2. 政府要为民谋利，不搞违规开发，不掠夺农民财富

自古以来，农民就把土地视为自己的"命根子"，新社区建设集中搬迁，不能打农民土地的主意。

一是不打农民宅基地的主意。集中搬迁后，一个很现实的问题是宅基地面积减小，这对于很多农民是无法接受的。大多数农民特别是年轻人喜欢住新房、住楼房。但也有农民习惯了他们宽敞的住宅，特别是老年人，安土重迁，不喜欢集中居住，不喜欢繁华拥挤，在旧房子中住了几十年，已经很有感情，无论如何不愿搬迁。在问及农户何时愿意集中居住时，其中最显著的一个就是原来的房屋面积不变，农民在宽敞的环境中住习惯

了，无法忍受单元楼的拥挤。所以新社区建设要想节约土地，重心不应放在宅基地上，农户的宅基地面积尽量不要减小，以免影响农民积极性。新社区建设应重点考虑的是搬迁后的道路以及村庄与村庄之间的荒地，要做到不打农民宅基地的主意。

二是不打农民耕地的主意。"民无粮不安，国无粮不昌"。粮食的重要性在现代社会是不言而喻的，一些专家口中的"中国正面临粮食危机"的言论，也让我们意识到了粮食安全岌岌可危。人口的不断增加、耕地面积的不断减少，我们的吃饭问题如何更好地解决？为了全面避免中国粮食危机时代，我国提出了："十八亿亩农地的红线。"新社区建设，不管是基层政府还是开发商对于农地要持坚定态度，农地头上一把刀，坚决不能动农民的耕地，不能拿农民的农地从事非农生产，特别是一些城郊地区。基层政府要谨防房地产开发商的糖衣炮弹，要时时刻刻为农民着想，对于农地不是要卖出去，而是将开发商引进来。

三是节余土地再分配。对于集中搬迁后的节余土地，要尽可能规避土地出售，通过开发商的手，将农民的土地成功变成非农土地，从事商业运作。面对节余土地，要秉承一切为了农村发展，一切为了农民利益的宗旨，将其分成几块处理，要综合考虑到环境治理、经济发展、生态安全等多方面的因素。首先是复耕。节余的土地一部分要保持农业生产的功能不变，增加农地面积，提高农业收入。其次是将节余的部分土地用于新社区的基础设施建设上，有条件的地区可建设图书馆、老年人活动中心、幼儿园、医院等可提高公共服务质量的基础设施，增加农民搬迁的热情和满意度；再次将节余的土地种植花草树木，满足生态建设的需求，美化环境，提高居民的居住幸福指数；最后是将节余的土地用于招商引资，用于工业园区的建设，通过优惠政策来吸引开发商和投资商，在附近投资建厂，满足农村经济发展的需要，也给社区的居民带来了就业的新渠道。

3. 科学开展工作、调整补贴标准、保障政策落实到位

（1）城郊地区：整合各方面资源，促进当地经济发展

农民搬进新社区后，住房集中了，但是土地还是分散的，居住方便了，但是下地困难了。这也导致农民特别是年轻农民不愿意种田，很多选择以土地换工作和以土地换城市社保。但是调查发现，农民对这些举措并不是十分满意。城市社保吸引力弱，"土地换社保"存在风险；以土地换工作，"离土不离乡"面临压力。在新社区建设过程中，通过土地流转，

并不能真正地让农民吃上定心丸，这就要求我们在加强土地流转的过程中，加大资源整合力度，增加就业保障。

因此，我们在工作中要充分发挥其优势、规避其劣势，通过城郊地区的资源整合发掘新的办法。新型农村社区建设主打的不仅是使农户搬迁集中居住，更重要的是借机发展农村经济，使农民更好、更方便的享受像市民一样的社区公共服务。一是要社区内部的就业岗位优先提供给农民，二是要鼓励农民在新社区内部从事非农生产，三是加大再就业的培训力度，提高农民文化素质，四是政府要为那些孤寡老弱无法从事生产劳动者购买养老保障。同时要注重资源整合。不仅要挖掘人力资源，激活农村内力，还要挖掘财力资源，更要利用社会资源，加大对社区建设的投资力度。

（2）非城郊地区：落实各项政策，保障农民民生

首先，要加大建房补贴。新社区建设政府牵头、农民主打，但是很多农民因为经济的原因无法修建新房，农村中存在着大量的五保户和低保户，对于这些人群基本的生活尚成问题，更无从谈起建房了。政府补贴的力度不够，也成为很多农民不愿意搬迁的原因。农民即使得到了补贴，依然会因为资金不够而修建不起新房，搬不进新居。因此，加大政府的补贴力度，是有效执行此项政策的前提保障。一是中央补贴要及时。中央要将新社区建设的专款及时发放到农民手中，增加农民建房的热情和信心。二是地方补贴要足额。地方政府要根据自己的财政实力给农民一定的补贴，对于那些自己不但不拿财政帮农民建房甚至克扣中央给农民的建房补贴的地方政府要给予严厉的警告。三是村集体补贴要尽心。对于集体经济运转良好的村庄，村集体应该拿出一部分专项资金帮助农民修建新房，对于那些没有集体经济，相对比较落后的村庄，应在农民需要人力帮助或是金融借贷的时候给予优惠和照顾。

其次，要加强新社区基础设施建设。"基础不牢，地动山摇"，在新型农村社区建设的过程中，基础设施是重要环节。根据本次调查，全国农村大部分地区基础设施水平较低，有待进一步完善。一是加强道路、生活用水、农田灌溉、电力、物资供应、生活垃圾和污水收集处理等基础设施建设。按照小城镇建设和文明生态村创建工程的标准，做到村庄布局优化、道路硬化、村庄绿化、路灯亮化、卫生洁化，建设"水清、河畅、岸绿、路通、景美"的生态型农村社区。二是进一步完善农村养老、宜居等硬件设施建设。随着新农保的试行和逐渐推广，农村养老已经成为了

新社区建设的一个重头戏，让农民"住有所居，老有所养，病有所医，少有所教"，这也应该成为新型农村社区建设的一个基础设施建设的目标和宗旨。农村养老院、医院门诊、幼儿园、小学等都是要重点考虑的问题，唯有这样，才能真正使新社区建设成为又一项帮农扶农的惠农工程。

最后要加强社区管理队伍建设。新型农村社区建设要想顺利运转，社区管理者的作用不可小觑，管理者的素质直接关系到社区运作的成败。因此，加强社区管理者的教育和培训工作是一项迫切的任务。一是"走出去学"，让这些管理者外出考察、跟班学习，让他们脑子里形成一个专业的和系统的关于社区管理的框架。二是"请进来教"，让外面的学者或是对社区工作有一定经验的人定时到社区进行讲课，组织这些社区管理者定期学习，如何做好社区管理工作，如何协调社区各方利益，如何营造良好社区文化氛围，唯有培养一批专业的、能干事的、有技术的、公道正派的社区管理者和服务者，新社区建设才能更好地向前推进。

（3）完善补贴发放标准，使补贴制度更具弹性

标准统一。现阶段不同村庄补贴是不一样的，有些农民拿到了两万元的补贴，而有些农民只拿到了五千元的补贴，有些农民拿到了政府补给的水泥，而有些农民拿到政府补给的砖瓦。且不论是不同的省市，同一个乡镇的不同村庄可能得到的补贴数量仍不一样。这在很大程度上引起了农民的反感。因此，要做到补贴有序，标准统一。对于以宅换房要有严格的兑换比例和兑换标准，明确换房补贴数额，科学定制，统一规划。

分类补偿。在统一标准的前提下，补贴也要分门别类、区别对待。特别是以宅换房，考虑的不仅是旧宅的成本，更要考虑新房的造价。按照房屋的修建年限和好坏程度，通过科学的专业评估给予合理的补贴。如果统一标准，新房和旧房待遇相同，那新房所有者是不会搬迁的。对于那些即使是补贴也修建不起新房的贫困户而言，政策在补偿上就要有所倾斜，给予他们更多的补贴和优惠，如对他们推出低息或无息建房专用贷款，降低其贷款成本，或是鼓励他们用承包地进行贷款抵押，让他们住有所居，居有所乐的同时，也使其不至于影响整体搬迁集中居住的大进程。

执行有力。国家在新型农村社区建设中，投入了巨额资金用于农民房屋建造补贴，近年来国家对于三农的关注程度是前所未有的，惠农政策接连不断地出台，不断地给农民补贴，不断地给农民送钱，农民提到党中央都在拍手叫好。但是惠农政策要想真正的落到实处，就要有一个有力的执

行力度作为保障，说到办到，这样才能增加政府在农民心中的威信。因此，加大基层政府的执行力度，加强村集体落实的力度，加强先受惠农民的宣传影响力度，特别是将惠农补贴的资金缺口填平，资金上予以保障，唯有这样多方努力才能让新社区建设农民建房补贴真正的硬起来。

4. 加强以工促农，提供就业保障，推动农村长远发展

（1）促进农民就业，非农转化是出路

农民就业得到解决，家庭支出就有着落，家庭保障就无后顾之忧。因此，从这个意义上看，就业问题是新社区建设的重要课题。促进农民就业就要做到："走出去，引进来。"以前都是农民外出务工创造社会财富，但是他们的生存环境和工作待遇还不尽完善，很多是地方农民工和城市人"同工不同酬"。现在新社区建设，就是要吸取以前的经验和教训，加强农民就业保障，加快农转非的进程，让农民也能享受到越来越健全的工作待遇，生活越来越有保障，从而不断提高农民的购买能力。

（2）加强就业保障，去掉农民后顾之忧

首先，基层政府要做到：第一，牵头引线，加大优惠力度，对外来企业来本地办工厂要大力支持，利用本地优势和特产，让外来经济在本地生根发芽；第二，加大返乡农民工创业支持。返乡农民工本地创业，成为实现劳动力本地就业，促进当地经济发展的重要举措，不仅在政策层面上予以倾斜，同时需要设立农民工创业基金或者优惠金融措施。第三，主动及时的向农民发送就业信息，增加就业信息发布渠道，拓宽农民就业途径，优化劳动力资源配置。

其次，村庄要做到：第一，村集体加大对农民培训力度。在国家财政、地方财政进一步加大对农民工培训力度的同时，村庄也要发挥自己的作用，将农民组织起来，集体参加职业培训、上岗培训、维权培训等；第二，对于各方面提供的农民就业信息，村庄有责任和义务为农民分辨真伪，维护农民的合法权益。

同时，农民要做到：第一，拓宽就业思路，不能总停留在土地上，农民要想富，就必须把心思放在非农上，利用政府和村庄提供的工作机会，半工半农。这样才能增收，生活才能富裕。第二，服从安排听指挥，对于不合理的侵权行为要大胆揭发，学会运用法律武器维护自己的合法权益。

5. 推动土地流转，完善土地制度，法制建设是根本

通过法制建设不断完善土地流转制度，不断完善农村宅基地制度，让

农民权益真正的得以保障。农村现在施行的小产权房，还处于未完善阶段，集中建设区，如处理不好这一块，只会让本来就很是糟糕的农地市场变得更加雪上加霜。我国农民对土地拥有稳定的土地使用权，但是却没有法律意义上的所有权。农户在土地承包、土地征用、土地流转中无法得到法律保护。从《物权法》来看，没有所有权的财产无法得到法律保护，而我国农村社会正处于社会转型期、基础设施建设快速发展期，通过完善土地流转制度和法律规定，保障农民的土地权益，成为新农村建设的题中之义。

第一是耕地集中，规模经营。农民集中搬迁入住新社区，方便了生活，却困扰了生产，搬迁后的农民离自己的土地更远了，农忙时节将给农民生产带来很大的不便。一是造地，"住新房拆旧房、接新地丢老地"，通过对土地进行集中规划，使得农民能够种上新地。具体采用何种办法恢复农地，要根据地方实际，是填沟造田还是开山造田，都要根据"保护、利用、改造、发展"的原则，合理利用现有资源，实现农地的规模化经营，满足农民现代生活的需要。二是土地流转，要想土地规模经营，就要实行农地流转，通过农地流转，将土地集中耕作，解决了非农产户打工一族的后顾之忧，也使得种地农户的发展空间变大。改变现阶段农村土地流转的口头化和不正规化、规范土地流转的程序和方法，使得土地流转合同化、规范化，即可保障双方利益，又可减少农地纠纷，这也将成为解决农村人地矛盾和农村剩余劳动力的有力举措。

第二是加强相关法律制度建设。宅基地的使用权是 70 年不变，使用者有权依法对集体所有的土地享有使用权和占有权，有权在这块土地上建造房屋和住宅及其他附属设施。农民只要在 70 年的时限内，可以任意在这块土地上大拆大建。新型农村社区建设好后，农民可以搬进新居，却失去了宅基地使用权，特别是一些地方修建的单元楼，农民只是享有了其中的一层，如果以后因农民人口增多等原因需要房屋扩建的时候，这将成为一个无法跳跃的瓶颈。农民有了新房，却失去了旧房和宅基地，这也是很多农民不愿意的事情，所以，进一步规范农民的集体土地所有权和宅基地使用权，是新型农村社区建设的应有之义。

# 其他问题研究

家电下乡：海尔如何抢占农村市场

# 家电下乡：海尔如何抢占农村市场

## ——对全国 30 个省 205 个村 2953 个农户的调查

**主持人：** 徐 勇

**执笔人：** 邓大才 吴春宝 王 媛 杨乐乐
赵飘飘（曾晨参与了报告的修改）

# 内容摘要

　　海尔在"家电下乡"、"以旧换新"政策中的地位如何，成效怎样，以及如何进一步抢占商机扩大农村市场份额？对诸如此类的问题，华中师范大学农村问题研究中心课题组，依托"百村观察"平台，在对全国2953个农户问卷数据研究的基础上，对海尔在"家电下乡"和"以旧换新"政策中的地位和作用作如下判断：市场占有优势明显，潜在客户有待发掘；生活型家电独占鳌头，享受型家电有待重视；产品质量值得信赖，定价策略有待调整；销售服务一般满意，销售网点有待加强。

　　"家电下乡"政策实施以来，海尔成功占领了三成家电下乡市场，在同类家电企业中排名第一。海尔下乡产品整体消费势头强劲，但购买率从沿海到内陆递减；海尔产品种类较多，冰箱、冰柜和洗衣机成为热购产品，电视机和空调相对受冷；海尔产品质量可靠，九成消费者给予肯定评价；海尔产品价格低于下乡家电均价，仅二成消费者感觉价格偏高；海尔产品购买主体是中低收入农民，青年农民购买积极性有限；海尔销售服务满意度高，销售网点分布不均匀。

　　海尔如何随着"家电下乡"政策的调整、深入，在稳定当前农村市场份额的情况下，持续增加在农村市场上的竞争力？一是战略上"两个继续"，海尔应继续发扬品牌、质量和价格的三重优势，在确保低端家电市场优势的基础上，开始转向高端家电市场，提升产品档次，进一步发掘潜在消费点；继续以冰箱、洗衣机等传统优势产品为主打，重新定位相对劣势产品，对信息型产品采取无差异营销策略。二是战术上"三个加强"，加强产品宣传，采取多元化、乡土化产品宣传方式；加强产品设计，突出产品特色，完善产品性能，生产和推广更适合农村需求的产品；加强农村市场"三网"建设，实现"营销网销售到村、物流网送货上门、服务网服务到家"，健全售后服务体系。

# 报告正文

"家电下乡"海尔先行。海尔作为第一批纳入到"家电下乡"政策内的家电品牌之一，在执行国家政策、满足农民家电需求方面发挥了重要作用。如何认识海尔家电在农村市场上的地位和作用，以及如何进一步推动海尔抢占农村市场占有率是海尔需要面临的重大课题。

对此，华中师范大学中国农村问题研究中心"百村观察"项目组，依托"百村观察"平台，于2009年暑假和2010年寒假，对全国30个省（市、自治区），205个村2953户进行了"家电下乡"问卷的调查与访谈。本报告以此次调查为基础，围绕海尔家电下乡过程中的产品销售情况，以及农民对海尔家电的评价进行收集和整理，并在此基础上指出问题，提出改进的建议。

## 一 海尔家电产品的农村市场分析

### （一）海尔家电产品类别分析（PRODUCT）

1. 海尔在"家电下乡"产品品牌中所占比重达到近三成

在对2953户农户的调查问卷中，具备有效信息的问卷数为2353个，其中购买了"家电下乡"产品的农户数为288个，占有效样本总数的12.2%；没有购买的样本数为2069，其比重约为87.8%。对"家电下乡"产品进行品牌统计显示（如图1），在284份有效购买次数中，海尔家电产品有80个，占调查样本总数的28%；美的、美菱、长虹、海信、TCL等品牌的产品数分别为28、19、17、15、12、10；其所占比重依次为10%、7%、6%、5%、4%；还有40%的家电产品为其他品牌（如新飞、康佳、荣声等），品牌种类较多，所占比例相对较小。总体而言，海尔产品在"家电下乡"产品中所占比重相对较高，达到近三成的农村市场占有率。

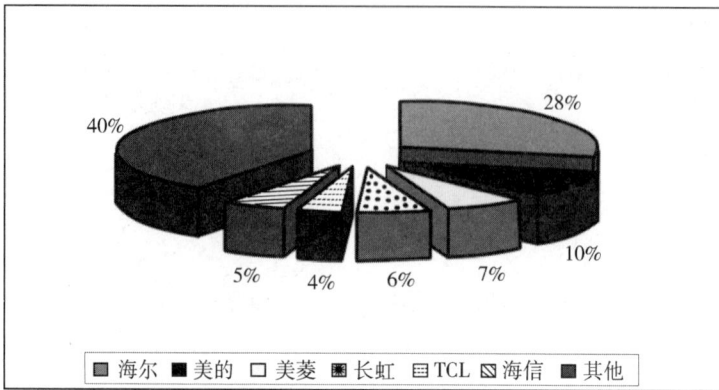

**图1　"家电下乡"产品品牌对比**

**2. 中老年人是购买主体，产品对年轻人吸引力较小**

对购买海尔产品并提供个人信息的 63 户农户进行年龄分组，20 岁以下的购买者仅 1 人；20 至 40 岁的中青年购买者共 21 人；处于 40 岁至 60 岁年龄段的购买者人数最多，共 35 人；60 岁以上的购买人数为 6 人。这四个年龄阶层的购买者占总购买量的比重依次为 1.6%、33.3%、55.6%、9.5%（如图2），可以看出 40 岁至 60 岁的购买农户是海尔家电的主要消费群体，一方面是由于这个年龄阶段的农户资金积累多、消费实力强；另一方面也看出海尔家电产品受到中老年人的青睐，对年轻购买者缺乏吸引力。中青年消费群体对于产品有着外观时尚、功能多样的要求，因此海尔家电应按照满足这一消费群体的需求，对下乡产品做出改进。

**3. 购买农户的受教育水平偏低，产品操作知识应更加简洁易懂**

农村中的教育普及水平较低，农民自身的文化知识匮乏也影响到对家电产品的购买和使用。在购买海尔产品并提供学历信息的 61 个有效样本中，仅具有小学学历的农民共 17 人；达到初中文化水平的购买者有 33 人；拥有高中学历的购买者为 9 人；仅有 2 个购买者的学历达到大学及以上水平。从学历由低至高的顺序来看（如表1），购买海尔家电的农户比重依次为 27.9%、54.1%、14.8%、3.3%，有一半的购买农户受过初中水平的教育、仅上过小学的农户占到了三成、受过高中及以上教育的农户所占比重不足两成，由此可知，购买农户在自身的文化知识方面有欠缺，

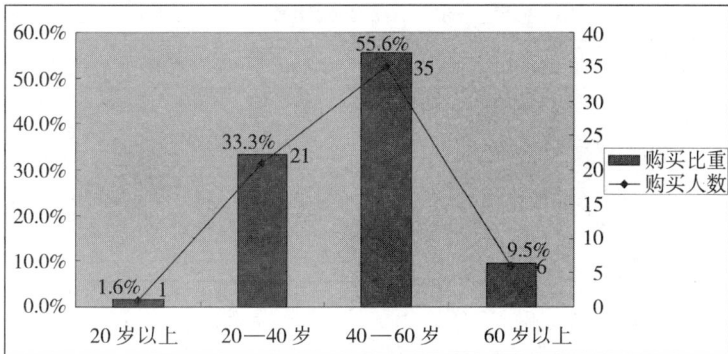

图2 海尔产品购买农户的年龄分组

企业在推出下乡产品时应注意家电的操作设计、讲解说明，如何更简洁易懂，保证让广大农户能够更快上手使用、更加充分利用购买的商品。

表1 不同学历层购买海尔产品的情况

| 学历水平 | 购买人数 | 购买比重（%） |
|---|---|---|
| 小学 | 17 | 27.9 |
| 初中 | 33 | 54.1 |
| 高中 | 9 | 14.8 |
| 大学及以上 | 2 | 3.3 |
| 合计 | 61 | 100 |

4. 海尔下乡产品品种众多，冰箱和洗衣机成为主导产品

具体对80个海尔家电产品进行分类比较显示（如表2），农户购买海尔品牌的产品中，冰箱数为52个，占样本总数的65%，远高出五成比例；其次为洗衣机，所占比重约为15%；冰柜和电视机所占比重相对较低，分别为8.8%和3.8%；其中空调、热水器、手机、电脑产品购买量较低，所占比重依次为2.5%、2.5%、1.2%、1.2%。由此可见，海尔在家电下乡中的产品类别呈现多样化，其中冰箱和洗衣机所占比重达到八成，成为其主导产品。

表 2　　　　　　　　　　　　海尔产品各类别比较

| 产品类别 | 样本数 | 占比（%） | 产品类别 | 样本数 | 占比（%） |
|---|---|---|---|---|---|
| 电视机 | 3 | 3.8 | 空调 | 2 | 2.5 |
| 冰箱 | 52 | 65 | 电脑 | 1 | 1.2 |
| 冰柜 | 7 | 8.8 | 热水器 | 2 | 2.5 |
| 洗衣机 | 12 | 15 | 手机 | 1 | 1.2 |

5. 海尔家电产品质量认可度较高，评价较为中肯

在调查中我们发现，农民购买带有国家补贴的家电下乡产品，虽然嘴上叫好，可心里仍犯嘀咕，对政府、企业存在着戒备心理，农户最担心购买到有质量问题的家电产品，害怕商家将农村市场当作"次品处理站"。家电产品对许多农村家庭而言仍是一笔不小的开支，因此他们十分注重产品的质量好坏、耐用程度，有农民反映"产品质量不好，再便宜我们也不买"。企业在开发农村市场的同时一定要将产品质量视作根本，因为在农村这样一个"熟人社会"中，农民购买家电的从众效应和示范效应非常明显，只要有一户购买了高质量的产品，往往能够通过口口相传的方式形成一种示范效应，从而带动周围农户购买更多的产品；但是若有农户购买到质量不过关的产品，就有可能影响周围农户甚至整个村庄农户购买的积极性。企业要想利用好这样一种"口头广告链"，就要严把质量关，并积极开发满足农村地区需求的家电产品，以赢得良好的口碑。

当前，海尔家电的质量得到了多数购买农户的较高认可。在我们调查的购买农户中（如图 3 所示），认为海尔家电质量好的农民共 15 人，占 78 份有效样本的 19.2%；认为所购买的海尔产品质量较好的农户有 46 人，其比重为 60.0%；感觉产品质量一般的农户共 14 人，占样本数的 17.4%；仅有三人选择了产品质量较差，其比重为 3.8%；没有农户反映产品质量很差。从图中可以看出，海尔产品的质量赢得了多数消费者的好评，要进一步开拓占领农村市场应继续抓住"质量"这张王牌，将农户对产品"较好"和"一般"的评价向"好"的方向引导转换。

虽然购买农户对海尔产品的质量评价较高，但当农户比较海尔产品与其他同类产品的质量时，我们发现海尔产品的质量优势并没有显现出来。有 17 人认为海尔家电的质量高于其他家电产品，占 77 份有效样本的

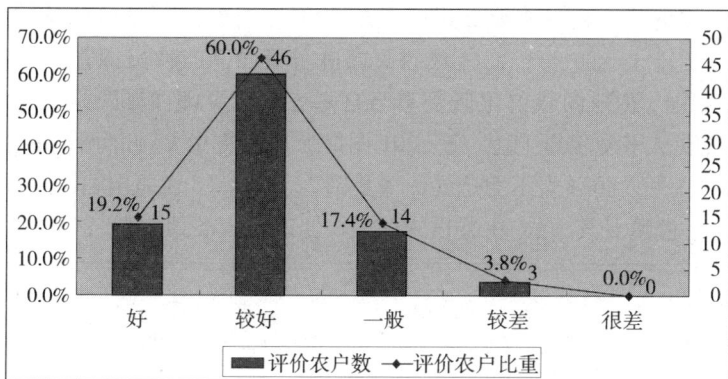

图3 农户对海尔产品质量的评价

22.1%，同样有17人认为海尔产品质量低于其他产品，而其余43位农民觉得海尔产品与其他产品质量相同，没有多大差异，这部分农户所占比重为55.8%。也就是说，虽然海尔产品质量较好，但与其他产品没有拉开距离，没有让质量过硬成为海尔品牌区别于其他品牌的最大特点。

### （二）海尔家电产品价格分析（PRICE）

"家电下乡"政策针对的是广大农村市场，虽然当前农民的收入水平、购买能力较之以往有了很大提高，但是与城市的消费水平相比还有一定差距。企业在确定下乡产品时应尽量考虑农村的现实情况，推出性价比较高的产品，而不应盲目推新，外观时尚前卫、功能多样复杂、价格昂贵的家电在农村中并不受到追捧，当然这也并不是简单地将农村当作"淘汰家电"的市场。调查中我们发现，中高档次、性价比高的家电更受农户的青睐。

1. 海尔大部分家电产品的均价较低于总体平均水平

根据调查数据推算（如表3），对于冰箱而言，样本总体均价为2001.5元，海尔牌冰柜的均价略高出总体平均值，约为2034.2元；冰柜的总体均价为1519.3元，海尔牌冰柜的均价较低于总体均值，约为1085.7元；洗衣机、电视机、空调的总体均价依次约为1093.1元、1495.8元、2559.2元，海尔牌产品对应的均值均低于总体平均水平，分别约为957.2元、1212.3元、2000元。由此可见，除冰箱的均价略高出总体样本均值外，海尔主要家电产品的均价均低于样本总体的平均水平。这从一定程度上反映出：海尔在借助"家电下乡"深入农村市场的过程中采取"低价位"策略，比较契合农民的消费能力与需求，再辅助以优良的产品质量和品牌影响力，因而在农村家电市场中赢得了不错的市场份额。

**表 3 　　　　　　　海尔主要家电产品均价比较　　　　　（单位：元）**

| 产品类别 | 冰箱 | 冰柜 | 洗衣机 | 电视机 | 空调 |
|---|---|---|---|---|---|
| 总体均价 | 2001.5 | 1519.3 | 1093.1 | 1495.8 | 2559.2 |
| 海尔均价 | 2034.2 | 1085.7 | 957.2 | 1212.3 | 2000 |

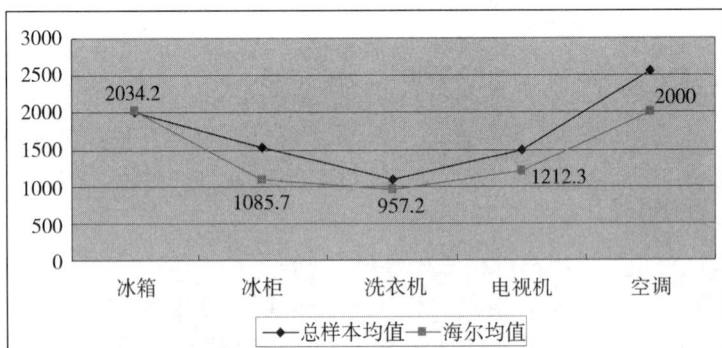

**图 4　海尔主要家电产品均价比较**

**2. 接近五成的农户对海尔产品定价表示接受**

在 79 个有效样本中，认为海尔产品很贵的农民有 7 人，其比重为 8.9%；认为价格较贵的共有 13 人，占有效样本的 16.4%；感觉购买的海尔产品价格一般的农民共 39 人，其比例为 49.4%；选择"较便宜"的农民有 18 人，占有效样本的 22.8%；仅有 2 人认为所购买的海尔家电很便宜，其比例为 2.5%。可以看出（如图 5）：近半成农户认为海尔家电的价格适中，有二成五的农户觉得海尔产品价格便宜。

**3. 农户对海尔家电与其他品牌产品的价格评价差异不明显**

与其他的家电下乡产品相比，农户认为海尔产品的价格是高还是低呢？在购买其他家电并做出评价的 206 个农户中（如表 4），认为产品价

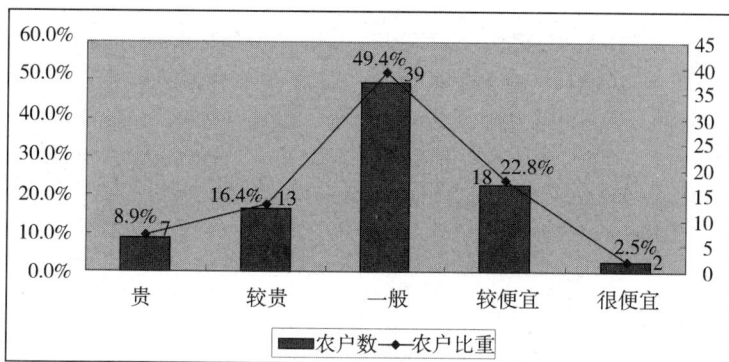

**图5 农户对海尔产品价格的评价**

格贵、较贵、一般、较便宜和很便宜的农户比重分别为 13.6% 、12.1% 、
48.5% 、24.3% 、1.5% 。可以看出，农户对海尔家电的价格与其他产品
价格的评价差异不大，海尔"贵"的产品和"较贵"产品分布更为合理，
"贵"的产品比"较贵"产品的评价率低，在"较贵"、"一般"和"较
便宜"阶段上的农户评价人数最多，也就是说，海尔产品的价格保持了
"两头小、中间大"的稳定格局，符合当前农村消费者的价格承受力。农
户可以花费和其他家电产品同等的价位，享受大品牌家电的产品和服务，
这是海尔产品在农村市场中受到好评的重要原因之一。

**表4　　　　　　　　　农户对产品价格的评价对比**

| 评价 | 购买海尔产品的农户比重（%） | 购买其他产品的农户比重（%） |
|---|---|---|
| 贵 | 8.9 | 13.6 |
| 较贵 | 16.4 | 12.1 |
| 一般 | 49.4 | 48.5 |
| 较便宜 | 22.8 | 24.3 |
| 很便宜 | 2.5 | 1.5 |
| 合计 | 100 | 100 |

4. 务农者较非农职业者对价格的承受力较弱

在务农的购买者中，认为海尔家电很贵和较贵的农户所占比重分别是

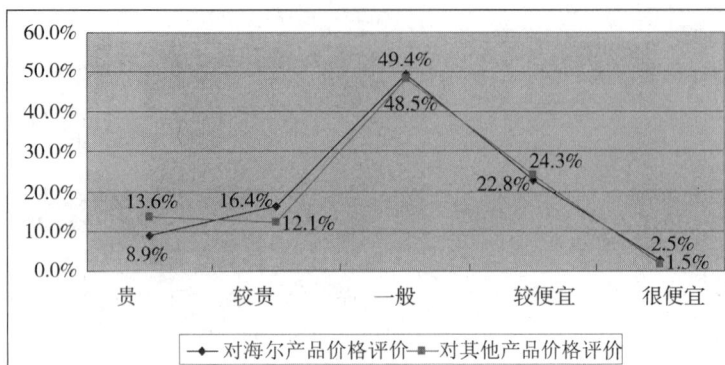

**图 6　农户对产品价格的评价对比图**

11.1% 和 27.8%；有 38.9% 的务农购买者感觉海尔家电价格水平一般；认为较便宜的农户所占比重为 22.2%；而没有一个务农购买者认为海尔家电很便宜。从事非农产业的购买者中，认为海尔家电价格贵和较贵的农户比重均为 8%；感觉价格一般的农户比重多达 52%；而认为海尔产品较便宜和很便宜的农户比重分别为 28%、4%。由此可知，从事其他职业的购买农户对于海尔产品价格的承受力较强，感觉产品便宜的农户达到三成，感觉价格适中的农户更是多达五成。将从事农业和非农业的购买者对产品评价作下对比：我们不难发现务农农户对海尔家电的价格承受力较弱，务农购买者的压力大于非农职业购买者。企业可以考虑对务农者给以更多优惠，以增加该群体的购买热情，减小其购买的心理压力。

表 5　　　　　　　　　不同职业农户对产品价格的评价对比

| 评价 | 务农购买者 | 务农购买者比重（%） | 非农产业购买者 | 非农产业购买者比重（%） |
|---|---|---|---|---|
| 贵 | 4 | 11.1 | 2 | 8 |
| 较贵 | 10 | 27.8 | 2 | 8 |
| 一般 | 14 | 38.9 | 13 | 52 |
| 较便宜 | 8 | 22.2 | 7 | 28 |
| 很便宜 | 0 | 0 | 1 | 4 |
| 合计 | 36 | 100 | 25 | 100 |

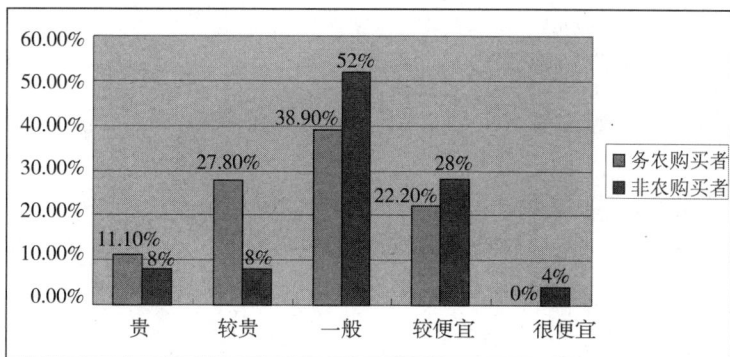

**图7　不同职业农户对产品价格的评价对比**

### （三）海尔家电产品销售点分析（PLACE）

企业的销售服务可以从多个方面进行考察，其中销售产品的网点分布状况也是评价的标准之一。产品销售是否深入基层关系到农户购买产品是否方便以及能否享受到快捷便利的售后服务，进而影响到广大农民消费群体对产品品牌和企业形象的评价。

调查显示（见表6），在购买海尔产品并填写购买地点的80份有效样本中，到市里购买的农户有11户，所占比重约为13.7%；购买地点在本县的农户有25户，占有效样本的31.3%；在所属乡镇购买海尔产品的农户多达44户，所占比重约为55.0%；过半成的购买农户仅需在本乡镇的销售网点即可购置到所需的海尔家电。

**表6　　　　　　　　农户购买海尔产品的地点情况统计表**

| 购买地点 | 样本户数 | 占总样本比重（%） |
| --- | --- | --- |
| 市里 | 11 | 13.7 |
| 县里 | 25 | 31.3 |
| 乡镇 | 44 | 55.0 |
| 合计 | 80 | 100 |

那么，农户购买海尔产品的地点与其他家电下乡产品购买的地点分布相比，其销售是否更深入农村地区呢？在购买了其他家电下乡产品并填写购买地点的190个样本中，到市里、县里和乡镇购买的农户数依次为10

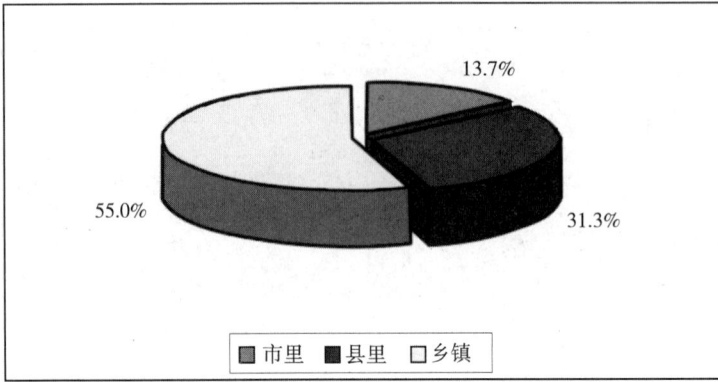

**图 8　农户购买海尔产品的地点情况比重图**

户、77 户、103 户，所占比重分别为 5.3%、40.5%、54.2%（见表 7）。将海尔产品购买点与其他家电下乡产品购买点的构成比做卡方分析，得出卡方值的概率为 0.00，小于 0.05 的显著性水平，因此海尔产品购买地与其他品牌产品购买地的构成存在着显著差异，从购买点在乡镇的分布来看，海尔家电的乡镇销售网点分布高于其他产品分布水平约 6 个百分点，可见海尔家电的配售网点已经深入农村基层地区，与其他产品相比更便于农民的购买行为。从县里销售点分布来看，海尔家电销售分布比重略低于其他产品的比重，因此海尔企业应注意加强在县级网点的产品供应和县级网点建设。

**表 7　　　　　　　农户购买海尔产品的地点情况统计表**

| 购买地点 | 海尔产品购买者比重（%） | 其他产品购买者比重（%） |
| --- | --- | --- |
| 市里 | 13.7 | 5.3 |
| 县里 | 31.3 | 40.5 |
| 乡镇 | 55.0 | 54.2 |
| 合计 | 100 | 100 |

对不同区域消费农户的购买地点做交叉分析，可以得出如下数据分布（如表 8），依次按照乡镇、县里、市里的网点顺序来看，沿海地区海尔家电消费者到这三级网点购买的人数依次为 13 人、7 人、2 人，其比重分别

为 59.1%、31.8%、9.1%；中部地区的购买人数依次是 22 人、7 人、1 人，各购买点的消费比重为 73.3%、23.3%、3.4%；西北地区的消费者中没有人在乡镇网点购买产品，到县、市购买人数分别为 5 人和 1 人，占该地区总购买人数的 83.3% 和 16.7%；西南地区的购买农户按照网点排列依次是 8 人、3 人、4 人，所占比重为 53.3%、20%、26.7%；华北地区在乡镇和县里分别有 1 人购买了海尔产品；东北地区在这三级网点的购买人数依次为 1 人、1 人、3 人，其比重分别是 20%、20%、60%。

表 8　　　　不同区域消费农户与其购买地点的交叉分析表　　（单位:%）

| | 乡镇购买者比重 | 县里购买者比重 | 市里购买者比重 | 合计 |
|---|---|---|---|---|
| 沿海 | 59.1 | 31.8 | 9.1 | 100 |
| 中部 | 73.3 | 23.3 | 3.4 | 100 |
| 西北 | 0 | 83.3 | 16.7 | 100 |
| 西南 | 53.3 | 20 | 26.7 | 100 |
| 华北 | 50 | 50 | 0 | 100 |
| 东北 | 20 | 20 | 60 | 100 |

由表 8 可知，沿海地区、中部地区、西南地区和华北地区的购买者，过半数在乡镇购买到了所需的海尔家电产品，这些区域的销售网点分布深入了乡镇地区，且乡镇网点建设较好，可满足一半及以上的农户对海尔家电的品种需求，而西北和东北地区的消费者到乡镇购买的人数较少，这两个区域的基层销售网点建设较之其他区域还有不足，所以农户到县里或市里选购产品的人数较多。

### （四）海尔家电产品促销服务分析（PROMOTION）

在"家电下乡"产品中，海尔品牌占据了一定的市场优势，其家电产品受到广大农户的极大认可。究其原因：海尔可靠的产品质量和显著的品牌影响力作为潜在的动力，在产品促销中发挥着不可或缺的作用。调查发现，农户对海尔产品促销过程中的便捷程度和服务态度评价较为中肯，认可度较高。

1. 农户普遍认为购买海尔产品较方便，与其他品牌相比仍需改进

在 79 位购买海尔产品并给予评价的农户中，认为购买产品很方便的

农民高达 64 人，也就是说 81.0% 的购买农户给予了肯定回答，认为方便
程度一般的农民有 5 人，所占比重为 6.3%，选择购买产品不方便的农民
共 10 人，占有效样本的 12.7%。可见农户对购买海尔家电便捷与否的好
评率较高。

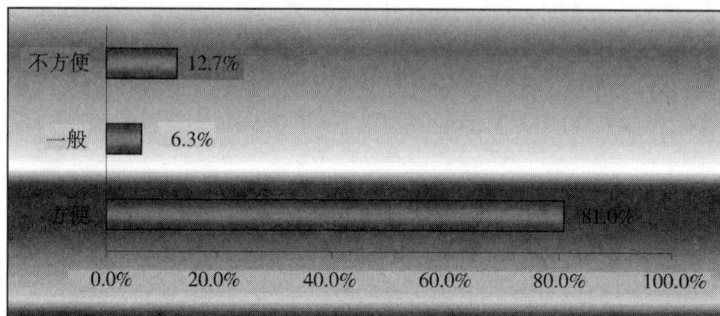

**图 9　农户对购买海尔家电方便与否的评价状况**

从农户对其他品牌家电的评价状况来看（如表 9），认为购买方便、
一般、不方便的农户数分别为 158 个、22 个、10 个，所占比重依次为
83.1%、11.6%、5.3%。也就是说，与其他家电下乡产品购买便捷与否
的评价状况相比，海尔家电的认可率低了 2.1 个百分点，而认为购买海尔
产品不方便的农户比重高于其他产品约 7.4 个百分点。横向比较的结果显
示，虽然有八成农户认为购买海尔产品很方便，但与家电下乡的其他品牌
产品相比仍有不足。

**表 9　　　　　　　农户对购买方便与否的评价状况**

| 评价 | 海尔产品购买者比重（%） | 其他产品购买者比重（%） |
| --- | --- | --- |
| 方便 | 81.0 | 83.1 |
| 一般 | 6.3 | 11.6 |
| 不方便 | 12.7 | 5.3 |
| 合计 | 100 | 100 |

2. 对服务员态度的评价

销售网点的服务员是农户获取产品信息的重要渠道，也是用户对产
品、品牌评价时的首选感性依据。购买家电下乡产品的农民作为市场中的

平等交易主体，理应享受到公平的服务待遇，销售人员的服务意识、服务水平都影响着农民对产品的评价和购买行为。

大多数被调查的购买农户表示自己享受到了较好的服务。在购买海尔家电并给出评价的 79 位农民中（如图 10），认为购买点服务人员态度好的共 66 人，所占比重为 83.5%；选择服务人员态度不太好的农民有 3 人，其比重为 3.8%；感觉服务人员态度一般的农户共 10 人，其比例为 12.7%。

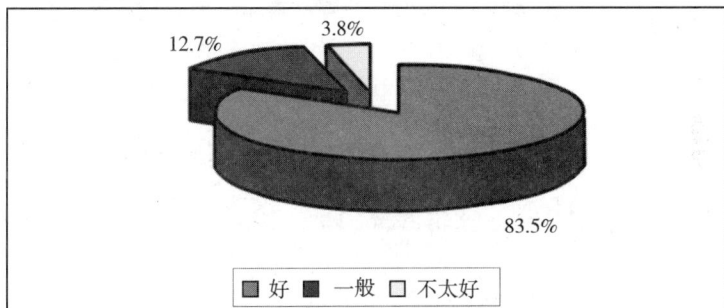

**图 10 农户对海尔产品销售人员服务的评价**

在购买其他家电下乡产品并给出评价的 187 位农民中（如图 11），认为服务员态度好、不太好和一般的农户分别为 141 人、6 人、40 人，所占比重依次为 75.4%、3.2%、21.4%。由此可以看出，农户对海尔家电销售人员的服务好评率高于其他产品的服务好评率，这应当是海尔产品的销售优势之一，较高的服务好评率也会为企业、品牌的形象加分增色。但是认为海尔产品销售人员态度不太好的农户和其他产品相比，略高 0.6 个百分点，这一比重应当引起注意，海尔作为知名大品牌，农民对其期望高，评价标准也相应提升，企业应当把追求更优质更完善的服务作为销售行为的准则，将其贯彻至每个销售网点和销售人员，不断提高服务水平、提升品牌好评率。

## 二 海尔家电在农村市场中的地位分析

**（一）海尔产品市场占有呈现层次化，冰箱、冰柜、洗衣机依然占据较高的市场份额**

对"家电下乡"产品进行品种分类显示（如图 12），冰箱购买频数

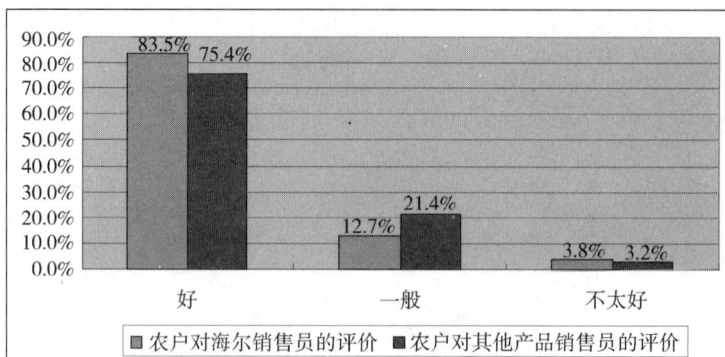

图 11　农户对海尔产品与其他产品销售人员服务的评价

最多，达 144 台，其中海尔冰箱占 36.2%；其次是电视机，为 52 台；其中海尔牌电视机仅占 5.8%；再次是空调、洗衣机和冰柜，其样本数分别为 32、28 和 15，海尔牌产品所占比重依次为 6.3%、42.8%、46.7%；最后依次为热水器、手机和电脑，其购买量较小，但海尔牌产品所占比例相对较高，分别为 33.2%、25% 和 33.3%．显然可见，海尔家电在下乡产品中呈现三个层次：第一层，冰箱、冰柜、洗衣机所占比重约为四成左右，在农村市场占有稳定的市场份额，作为主导产品，就尽力稳定原有市场；第二层，热水器、手机、电脑虽然总体购买量较低，但海尔品牌的占有率相对较高，作为潜力产品，可以重点挖掘农村市场；第三层，电视机和空调，海尔牌产品所占比例分别仅在一成以内，市场份额较低，作为劣势产品，需要转变产品策略或寻求新的市场。

### （二）海尔产品购买率呈现从内陆到沿海递增的趋势

从区域看，我们对区域与购买海尔品牌产品进行交叉分析可以发现（如图 13），中部地区购买海尔家电数量最多，达 30 件，占购买总体的 37.5%；沿海地区购买量为 22 件，其比重为 27.3%；西南地区购买 15 件，占比 18.8%；西北、东北、华北三个地区购买海尔产品较少，其比重依次为 7.6%、6.3% 和 2.5%。可见，沿海和中部地区的海尔产品购买较旺，市场较活跃；相比较而言，西北、华北及东北地区的购买则显得比较平淡。进一步的卡方检验也表明，不同地理区域与购买海尔产品之间有显著性差异，购买率大致呈现从内陆到沿

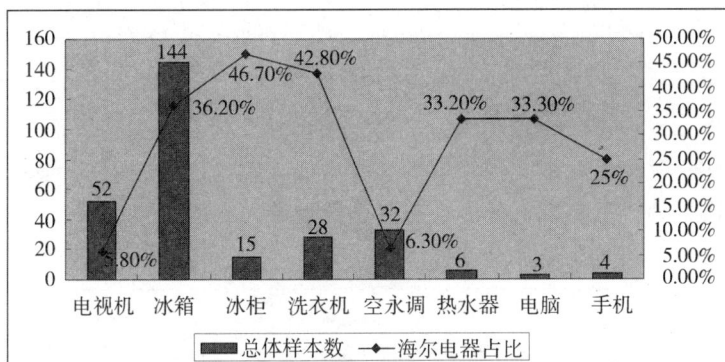

图 12　海尔产品各类别购买率情况

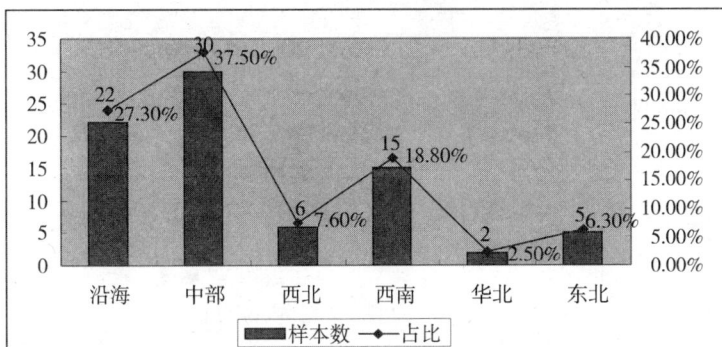

图 13　不同区域的海尔产品购买情况

注：按照抽样调查原则，将调查地区进行如下分类：沿海地区指广东、福建、浙江、江苏、山东、海南等省；中部地区指湖南、湖北、安徽、江西、河南等省；西北地区指陕西、甘肃、宁夏、青海、新疆等省区；西南地区指云南、重庆、贵州、四川、广西等省区市；华北地区指河北、内蒙古、山西等省区；东北指辽宁、吉林、黑龙江等省。

海逐步提高的趋势。

### （三）中低等收入水平的农户成为海尔下乡家电的主要群体

从购买海尔家电的农户收入水平看（如图 14），家庭收入在 2 万元以下的购买农户共 24 户，占 74 份有效样本的 32.4%；家庭收入水平处于

2 万—4 万元之间的购买农户有 25 户，其比重为 33.8%；有 15 户家庭收入为 4 万—6 万元间的农户购买了海尔家电，其比重达 20.3%；收入水平达到 6 万—8 万元、8 万—10 万元以及 10 万元以上的购买农户仅有为 2 户、4 户、4 户，其比重依次是 2.7%、5.4%、5.4%。由此可见，借助此次补贴政策购买海尔下乡家电的多为中低等收入水平的农户，较高收入的农户购买热情不高，这一方面与其已经拥有完备的家电有关，另一方面也与其收入高、不在乎补贴有关。

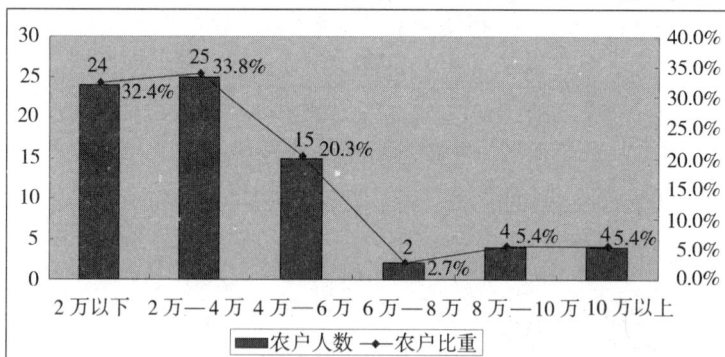

图 14　海尔家电农村消费者的收入水平分布

## 三　海尔家电下乡的问题

### （一）海尔产品：下乡产品层次少

从对农村的实际调研情况看，海尔家电在产品类别及质量上仍存在一些不足，主要表现在两个方面：一是产品类别生活化、享受型产品占有率较低、下乡产品层次少；二是产品质量评价较为保守，质量优势未凸显。

1. 产品类别生活化，享受型产品占有率较低，下乡产品层次少。从调查统计数据的反馈信息中我们可以发现，在家电下乡产品中海尔主要集中在冰箱、冰柜和洗衣机三类上，其在海尔下乡产品中所占比重依次为：65%、8.8%、15%；在"家电下乡"产品中的市场占有率依次为：36.2%、46.7%、42.8%；可见，这三类产品作为海尔的成熟产品在农村市场赢得了较好的市场占有率。相比较而言，享受型产品的市场占有率相对较低，一类产品如空调，在"家电下乡"产品中的市场占有率仅为6.3%；另一类产品如电脑、手机、热水器等信息类产品，在海尔下乡产品中所占比重较低，依次为1.2%、1.2%、2.5%，但在"家电下乡"产品中的市场占有率却相对较高，分别达到三成左右，可见，这类产品仍有进一步可挖掘的市场空间。总体上，生活型家电如冰箱、冰柜、洗衣机以过硬的产品质量和品牌竞争力在农村市场中占有稳定的份额，享受型家电的市场占有率相对较低，电脑、手机等部分高端产品仍有可挖掘的市场潜力。但是目前情况看，海尔只是注重了对于生活型家电的推广，对于享受型和信息型的家电重视度不高，在农民收入快速增长、信息化程度不断加深的今天，不紧跟时代的潮流和形势，是很难实现销售新增长的。

2. 产品质量评价较为保守，质量优势未凸显。质量是产品的灵魂，是一个企业维系发展的要害。优良的产品质量能够形成品牌影响力，培养固定消费群，通过口口相传扩展更大的消费群。因而顾客群体对产品质量的评价是企业考察其产品市场前景的一个重要参考指标。对海尔产品的质量而言，评价较好的达六成；认为很好、一般或较差的所占比重较低，可见农户对海尔产品质量较为认可，评价相对保守，还有进一步提升的空间。与其他品牌相比较而言，55.8%的农户认为海尔与其他品牌在产品质量上差异不大，这反映出海尔没有充分发挥出其产品质量优势，使质量成为其区别其他品牌的一张"王牌"，从而凸显出其品牌竞争力。

### （二）海尔价格：低端路线单级化

1. 低端路线忽视了较高收入层的消费需求。在调查中我们发现，中高档次、性价比高的家电产品受到农户的格外青睐。海尔在借助"家电下乡"深入农村市场的过程中采取的是"低端产品低价"策略，其产品均价除冰箱略高出总体均价外，其他家电产品均价均普遍低于总体平均水平。这种低价策略的优势在于，比较契合农户的实际消费需求与能力，保证购买率的实现。但我们也不可忽视其潜在的劣势，即忽略了部分较高收入层的消费需求。从调查统计数据显示：中低等收入水平的农户成为海尔家电下乡的主要消费群体，其中家庭年收入在4万元以下的达86.5%；4万—6万元的占比20.3%；6万元以上的仅占13.5%。可见对于较高收入层而言，海尔下乡家电已无法满足这部分群体的需求，从而达到刺激消费的作用。从中折射出海尔在制定价格策略时似乎低估了当前农民的消费能力，走进了低价策略的误区，使得部分农户需求无法得以实现，造成了产品市场占有率在农户群体中的隐性漏洞。同时，调查结果也暗示，随着经济的发展，农民生活水平和质量都有了新的提高，产品多元化带来的定价层次化在今天的农村市场中应引起海尔的高度关注。

2. 务农者购买压力大。从调查中我们发现，务农者较之于非农职业者，对产品的承受能力更弱。农户对海尔产品定价的评价中，认为价格较贵的比重中务农者比非农职业者高出 20 个百分点，认为价格较便宜的比例中非农职业者比务农者低出 10 个百分点，可见务农者的价格承受能力相对薄弱，这与务农者的收入水平是息息相关的，较低的务农收入使得农户在选择产品时会格外谨慎，更倾向于低价位产品。那么，作为海尔而言，如何满足务农群体的消费需求呢？低价策略可以发挥一定的作用，但与此同时，能否在农村市场增加一些质优低价的家电产品以满足特殊群体的需求。

### （三）海尔网点：网点分布不均

1. 市县乡三级网点分布不均。从对销售点的调查来看，海尔仍存在网点建设不完善的问题。调查数据显示，海尔销售网点的分布中市级所占比重为 13.7%；县级占比 31.3%；乡镇所占比重达 55.5%。可见海尔销售网点主要集中在乡镇一级，市县两级的网点分布较少。这从一方面反映出海尔家电的配售网点已经深入农村基层地区，方便广大农户的购买，但另一方面也透露出销售点分布的不均匀，网点建设仍有待进一步完善。

2. 不同地区的网点分布不均。沿海，中部，西南及华北地区的销售网点更加向乡镇一级深入，而西北和东北地区的乡镇网点较之前者略显不足，市县两级的网点更为稠密。这反映出海尔在全国不同地区的销售网点分布不均匀，特别是对下乡家电产品而言，乡镇网点的建设尤为重要，可以使产品销售更加深入农村，真正做到把产品送到农民家门口，同时也可以提供更为便捷地售后服务。但在海尔的网点分布中，还存在部分地区乡镇网点分布较少的问题，有待进一步加强和完善。

### （四）海尔市场：消费需求不足

海尔在"家电下乡"产品品牌中所占比重达到近三成，市场占有率远高于其他品牌产品。但在调查中我们发现，海尔在扩展农村市场时仍然存在三个方面的市场空缺：一是内陆消费需求不足；二是青年人消费需求不足；三是学历较高层消费需求不足。

1. 内陆消费需求不足。调查显示，海尔产品的市场占有率呈现从内陆向沿海递增的趋势，中部及沿海购买较活跃，海尔产品占有率平均在三成左右；而内陆地区的产品比重约在一成以内，消费需求明显不足。从内陆到沿海，信息流通越来越迅捷，经济水平也越来越高，海尔产品也逐渐集中于中部及沿海地区，导致在内陆市场上，海尔产品存在一定的市场空白和市场份额的缺失，因而促进内陆市场的开发，采取有力措施激发内陆农户对海尔产品消费的兴趣应引起海尔的高度关注和重视。

2. 青年人消费需求不足。从调查中我们发现，购买海尔产品的消费群中，中老年人达到六成五，占据消费的主导地位。青年人群体所占比重不到四成，可见，青年人对海尔产品的关注度不高，消费需求欲望不足。其原因可能在于，一方面青年人存在追求新鲜时尚产品的观念，另一方面海尔主导的家电产品如冰箱冰柜洗衣机等对于青年人的适用性较小，特别是对一些未婚青年而言，家电产品的吸引力更小。这部分群体的消费需求可能会更热衷于电脑、手机等信息类产品，因此海尔在扩大农村青年人的消费需求时，是否可以更加丰富产品类别，加大信息类等高端产品在农村市场的推广普及呢？

3. 学历较高层消费需求不足。对购买者的学历进行统计显示，八成购买者为初中及以下学历；高中及以上学历层所占比重不足两成。可见，较高学历层对海尔产品的购买欲望不高，直接原因可能是这部分群体基本家电产品已经必备了，没有额外更新换代的消费需求。那么，海尔应如何挖掘较高学历层的潜在消费需求呢？或许可以尝试加强产品功能多元化，开发新产品以及促进电脑、手机等信息类产品在学历较高层中的推广。

## 四　关于海尔如何进一步抢占农村市场的建议

经过第一、二部分的数据分析，可以看出海尔在第一轮的家电下乡中能够抢占先机、赢取利益，其制胜的法宝就在于产品质量好、服务高、扎根稳、品牌影响大。海尔作为国内家电市场上的龙头老大，在国际市场上也是饮誉欧美、声震东亚。能在短短的十六年中成长壮大，海尔靠得不仅是企业文化的传承，也是顺应需求的结果。20 世纪 80 年代，是品质作为企业主题的时期，海尔成功的抓住了质量，通过高品质的保障赢得了发展。90 年代以企业再造为宗旨，海尔力瞻前沿，不仅做出了企业的整个规模和机构，还实现了业务流程的再造。2000 年企业想壮大，比的就是速度，海尔又进一步将目标锁定于国际化。伴随着海尔一步步自我超越的实现，海尔品牌的影响力和号召力也得到了进一步的加强。2010 年海尔要想在激烈的市场竞争中再一次击败对手，坐稳家电市场的第一把交椅，在保持其原先优势的基础上，更应将战略定位于创新。创新的具体表现形式即"扩展海外视野，深入国内市场，创造农村需求，顺应政策要求"，即战略决策上将其第三只眼睛盯紧了市场和国家政策，继续顺应家电下乡的大潮，进一步深入把握农村社会的特点、剖析农村市场现状，根据农民需求提出企业发展战略，为进一步抢占农村家电市场占有率做出充足的准备。

### （一）以科技创新为利器

创新是海尔的灵魂、也是使之立于不败之地的法宝。面对新的形势和新的市场，海尔更应将创新精神发挥得淋漓尽致。海尔要想在家电下乡中取得成功，绝不是简单地将城市销售商品卖到农村去，而是要真正的倾听农民的需要，将安全、可靠、实用的产品送到农民手中。

在产品研发上，首先要吸纳意见反馈，根据农村需求潜力，找出下一阶段主打产品和重点包装产品。通过对农户三个层次的电器需求的归纳和总结可得：海尔在基础型家电上做足工夫，如冰箱、冰柜、洗衣机等，市场销量比同期其他品牌要高很多，但是对于农村消费量迅速增长的享受型和信息型产品重视程度不足，导致空调、热水器、手机、电脑等产品需求不足。因此，在保持基础型产品销量的同时，战略上要注重对享受型和信息型家电的包装和推广。对于海尔畅销产品，应保持原发优势，产品研发重在产品的改进和升级。对于热水器、手机、电脑等在农村中普及率很低，但潜力商机巨大的产品，海尔在研发中要注重降低其成本，使之能在农村内部尽快推广开来。对于电视、空调等农村需求潜力巨大，但在与其他品牌竞争中处于失利地位的产品而言，海尔公司应当引起足够的重视，特别是在研发中，要能设计出真正满足农户需求的产品。对于前一类产品海尔可将其作为主打产品，而对于后两类产品，海尔战略上应将其放于重点包装和推广的行列。其次要顺应农民需求，将绿色、环保、节能、抗辐射、大容量等作为首选目标。农村市场和城市相比，有其自身的特点。在农村地区使用更方便更符合农民生活需求的家电通常都具有大容量、耗能少、高品质、耐磨损耐挤压等特点。要满足用户需要，在外观设计上，农民不需要多新潮多时尚，更多追求的是结实耐用。目前节能、环保、绿色是现代社会品质生活的基本要求，越来越多的人将安全健康放在首位，农民也不例外。对于此等在市场上占有率不高，农民需求潜力巨大的绿色、环保、节能的家电应予以重点开发和扶持，运用其独有的前瞻力和敏锐的市场洞察力，加强研发队伍的建设，其中不仅要有主攻电器内部设计的行家，也要有外观设计的能人，做到人无我有、人有我优，以科技创新占领农村市场，抓住机遇，化创新为商业竞争中的利器。

　　在内部管理上，也要体现创新的精神。鼓励员工深入基层，真正的了解农村生活、了解农民需要，设计出符合农民心意的产品。产品的创新首先在观念的创新，从一开始就要认清农村社会的特色、认清农民的真实需求，将创新和市场结合起来，在市场的指引下不断创新。农村社会的乡土性、半封闭型、居住分散性以及很多不亲自到农村考察就难以发觉的特性，都影响着家电的需求和品牌的选择。海尔唯有在人才管理上不拘一格，大胆启用了解农村市场和农村社会的人员参与到战略制定和选择中，才能真正地走进农村，走进农民。

### （二）　以需求导向为标准

　　首先，针对中低层收入农民的需求开发质高价廉的新系列产品。农民需求是厂商生产的风向标，对于乡镇三、四级市场，要迎合农民需求，顺应农村消费观念，积极降低产品成本价格，攻克技术难关，开发出新的适应农民需求的系列产品。据数据显示，中低等收入的农户是此次家电下乡产品的购买主力军，农民的收入制约和影响着产品的实际购买力。尽管海尔品牌在农村知名度相对较高，但是海尔一直以来的高端路线也使得很多农民对其望尘莫及。如能充分运用其品牌优势，开发出新的符合农民生活的产品，除了体现大容量、强动力、超节能、坚固不易损坏、抗挤压等特质，更重要的是要能将产品价格降下来，使潜在的购买主力都能对其质量心动、价格行动，否则产品再合心意，价钱不合适，只有购买欲望没有购买能力，那也很难实现购买率的上涨。另外研究发现，在职业分析中，务农人员的购机经济压力普遍高于务工人员，企业可以考虑在政府13%的补贴之外，针对务农农户进行再次补贴或是增加优惠政策，减小其压力，增加其动力；其次，适应高收入农户需求，加大高端产品在农村的推广力度。海尔前期的成功源于其创制的中低端路线，但不考虑现期农村实际情况，原先的优势也会成为后期的劣势。通过前面的数据分析，可以看到海尔在农村市场上推出的产品存在价格差异不大、层次集中单一的问题，如不纠正这一观点，后期的竞争海尔恐落后于人。故应根据不同收入的农户家庭推出不同档次的产品，在满足中低层收入农户需求的同时，也要引入高端产品，改变家电下乡产品对富裕农户缺乏吸引力的现状，刺激其神经，增加其对高端产品的需求和购买。农村家庭孩子结婚是家电销售的切入口，但数据分析表明，下乡家电对中青年吸引力较小，随着现代农村青年外出打工的出现，农民收入不断增加，视野不断开阔，农村人特别是年轻人对于家电产品也是越来越追求品质化和高端化，农户总是在资金预算允许的情况下，购买到最新的、功能最全的产品。越来越多的农户将其目光锁定于中高端产品，因此，海尔在保持价格优势的同时，也要注重对高端产品的引入，以此来满足不同层次、不同年龄段农户的不同要求。唯有这样，海尔在新一轮的家电大战中才能保持优势，实现新的增长；最后，针对农村经销商需求打出价格战。在经销商选定厂家时，适时的降低产品价格，给予经销商以更大的利润空间，更容易吸引经销商的眼球。就目前形势而言，海尔虽是行业老大哥，但与其他各大家电品牌价格相比也不分伯仲，与其他品牌家电质量相比也都相差无几，品牌优势不够明显。所以要想成为新一轮家电下乡大战中的赢家，就要做到同价产品中质最优、功能最全，而在相同款式和功能的商品中做到价最廉。经销商作为厂家和农民两者间的唯一桥梁，桥墩是否足够结实、桥面是否足够平稳宽阔，将直接影响到厂家走进农民、向农民推销自己产品的成功与否。而且从经济学角度看，家电的需求和价格是反比关系，价格越高，需求越少，需求曲线呈现负的斜率，且需求的价格弹性大于一，属于富有弹性商品，当享受政府补贴价格下降 13% 时，需求量的增幅将大于 13%，所以降低价格是提高销售量的可行之举。所以在保证自身盈利的同时，维持价格的最低化，打品质战的同时也要做好打价格战的准备，只有给经销商让利、给农户最大的实惠，满足经销商的利益需求，让经销商为品牌做宣传，经销商在实现自己利益的同时也是在帮助海尔集团实现市场占有率。

### （三）以品牌战略为主打

提升品牌在农村的知晓度和农民的信任感，是海尔在家电市场上有进一步收获的必经之路。

首先，广告宣传要做足、做到位。家电市场是一个垄断竞争市场，其间既有垄断亦有竞争，主要特征就是产品存在差异。要想在垄断竞争市场上取得优势，就必须注意两点：创新和广告。超额利润的存在是厂商创新的内在动力，唯有通过生产出与众不同的产品，激发企业内在活力，才能在激烈竞争中站稳脚。垄断竞争市场下销售成本会增加，主要是用于必不可少的广告宣传费用。因此，唯有加强创新和广告宣传，才能在垄断竞争市场上立于不败之地。针对农村形势，广告也应该更乡土化、生活化，可以在农民喜爱的央视节目中插播广告，也可以和当地媒体合作，在地方电视广播中宣传海尔。同时根据数据调查显示，就全国范围而言，沿海经济发达地区广告宣传相对较多，中西部地区受宣传的限制使得内陆需求不足，刺激中、西部农民的需求是下一步海尔乘胜追击的战略要求，将战场逐渐由沿海向中、西部地区转移，更加重视中、西部地区市场，特别要针对中、西部农民的实际需求推出适销对路的产品，如在西北市场上，电器中加入加湿设备，必会在干燥的气候中得到大卖。在一些电器中加入干燥除湿的设施，也会在南方梅雨季节得到人们的青睐。在重视的基础上对不同地区设计出不同的产品、推出不同的营销战略，才能实现全国范围内海尔产品的需求增长。

其次，价格优势要保持，质量优势要拉升。调查结果显示，除冰箱外的其他海尔产品售价均低于市场产品平均价，一半以上的人认可海尔的定价水平，因此海尔要进一步关注市场价格走向，走"国际品牌、大众价格"路线。质量过硬一直是海尔引以为傲的上方宝剑，据最新调查显示，近八层的农户对海尔质量给予好评，但是仍有两成人员认为质量不可靠，这一数据和其他家电产品的质量反馈相比，不存在明显的质量优势，因此，海尔产品的质量和品质有待进一步提高，产品要更符合农民生活习惯，能集防潮、防腐、防鼠、省电、节能的功能于一身。农民对于质量的重视高于一切，只有在质量保证的前提下，才会考虑价格的因素，在政府补贴的大环境下，凸显产品质量优势才是制胜的关键。

最后，服务更周全更用心。农村社会的生活规范不是法治而是人情，针对农村这种乡土特色，我们提出的口号就是"有情服务赢得无情竞争"。对于销售人员的服务态度，农民大都给予了好评，较其他品牌而言有一定优势，要将这种优势作为海尔的一大特色予以发扬光大，特别是售后服务，要增加用户的满意度，如果一旦出现故障，对 24 小时内派维修员进村入户修理的承诺就要兑现。同时也可以举办一些家电讲座，传授农民一些购机常识，对于基本的故障排查也要耐心细致的教给农民，使得农民不会因为私自错误的拆装增加维修困难。调查显示，农民的受教育程度和城市相比普遍偏低，为方便农民记忆，可以用一些小窍门、小口诀的方式宣传灌输，培养农民省电、节能的生活习惯，建设能源节约型社会。更优质的服务不仅靠销售人员的热情，还体现在销售安装人员的服务态度上，他们的服务态度就是老百姓心中品牌最直观的形象，培训销售安装人员，提高其服务品质和敬业态度，将热情的服务和关爱的精神送到千家万户，也是海尔应该进一步加强的地方。对于实现这一目标的三网建设也是必不可少的，要实现"营销网销售到村、物流网送货上门、服务网服务到家"，农村居民的分散性就对三网建设提出挑战，故相对城市而言，农村社会三网的建设应该占到更重要的位置，特别是要能保障每一个用户的使用方便，即使是偏远山区，也要能够保证 24 小时内免费的送货上门、免费安装。目前而言，海尔在深入农村、扎根农村上做得比其他企业要好，但是在一头扎进农村市场的同时也要注重抓好县、市市场，增加县、市中销售网点的建设，使市郊和县镇农民在家电下乡中能够享有一样的便利。

### （四）以家电下乡为契机

随着农民对政策了解的较深，家电下乡的后劲仍未发挥出来，海尔应把农村市场作为一个战略高地进行攻占，抓住家电下乡的机遇，做足宣传和创新的文章，充分利用农村社会的特点，制定有效宣传策略。

一是抓住人心"口口相传"

口碑宣传在农村社会中占有重要地位，谁能率先赢得购买使用农户的好评和信任，那么很快这个消息会在农村内部传开，当有其他农户有购买意愿的时候，知情村民就会主动出来推介和做宣传，当地人宣传是农村宣传的主要方式，一个有威望有地位的当地人的一句话，对农民的影响胜过任何形式的广告。因此，海尔可以将目标地区重点锁定于农村中一两名有威望有地位的人，可以让其免费试用产品，动用熟人、亲戚关系实现销售的大幅度增长。

二是宣传形式更加乡土化

受农民受教育程度所限，农村宣传一定要简单明了，可以结合农村喜闻乐见的形式。如以赞助的形式在乡村集体活动中获得发言权，具体的形式可以是通过捐助农村中贫困学生，帮助其完成学业，提升品牌的社会责任感，让农民感受到海尔的关爱。建立农民的详细家庭档案，充分发挥"以情动人"的特点，在农民生日或者特殊纪念日子里，赠送小礼物，增加农民的信任感，同时方便对客户进行随访，一旦用户使用出现问题，要能在第一时间内赶到。

三是将商业宣传手段融入其中

在重大集体活动或者农民聚集场所进行宣传，如农民的婚丧嫁娶中打出横幅，在帮助农民活跃气氛制造欢乐的同时也宣传企业和产品；在农村房屋墙体上粉刷广告用语；也可以推出一个展销车，让其在农村内部巡回展览宣传，为农民讲解宣传；还可以以有奖征集的方式将农民的最新需求收集到手中。在产品出现重大问题、造成重大事故时，要能担负一定责任，对产品进行回收，对农民进行赔偿，这种看似损失的情况实则是企业树立形象的时刻。企业调动商家、农民等多方宣传，在降低宣传成本的同时也提升了宣传效果。

四是建立良好的政企、企团关系

企业要想成功盈利，和政府搞好关系是必不可少的一环。要熟悉政府的政策，顺应政府的要求，实现多方共赢的局面。良好的政企、企团关系是企业的生命线。紧跟政府动向，在政府中率先建立品牌的知名度，如初期可在政府活动中提供商业资助或是通过让利以较低的价格在政府或者企业招标的时候竞标成功，在实现销售增长的同时也赢得政府和企团的好感和信任，在此基础上加强说客对政府的影响力，如能动用政府的关系为自己宣传定会达到事半功倍的效果。

# 后　　记

　　《中国农村咨政报告》2010年卷的系列报告主要来源于2009年暑假和2010年寒假的专项调查。《中国农村咨政报告》是徐勇教授主持的"百村十年观察"项目的成果之一。"百村十年观察"及政策咨询报告都是在徐勇教授组织、领导、指导、参与下完成。"百村十年观察"和政策咨询报告凝聚了徐勇教授的汗水和智慧。当然，这些调查研究能够完成并出版，还有很多领导、老师和朋友付出了心血，在此要感谢为"百村十年观察"和政策咨询报告提供帮助和支持的领导、老师和朋友。

　　首先，感谢全国哲学社会科学规划办公室及佘志远主任。全国哲学社会科学规划办公室设立的第一批政府咨询项目仅有两项，其中一项就批给了中国农村研究院和"百村十年观察"平台，社科规划办的项目和经费如雪中送炭，不仅给"百村十年观察"的调查研究提供了经费，还指出了调查研究的方向。

　　其次，感谢华中师范大学社科处及石挺处长给予"百村十年观察"最大的支持。"百村十年观察"平台能够建成并不断发展，离不开社科处及石挺处长的大力支持和鼎力帮助。"百村十年观察"的大部分经费都来源于社科处和石处长的支持，可以说，"没有社科处的支持，就没有百村十年观察；没有石挺处长的鼓励，就没有咨政报告"；社科处的李华中副处长和张扬、刘中兴同志也给予了很大的帮助，在此一并表示衷心的感谢。

　　再次，感谢政治学研究院及肖有英书记、唐鸣副院长、程又中副院长，他们不仅为"百村十年观察"及咨政报告写作提供经费支持，还提供了便利的工作环境和研究条件。院办、中心办黄辉祥主任更是亲力亲为，支持百村观察和研究咨询工作。中心资料室的王静老师也给百村观察和研究不少支持。还要感谢组织各省调查的贺东航老师、鲁子问老师、徐增阳老师、刘金海老师、刘义强老师、吴理财老师、王敬尧老师、袁方成老师、李海金老师、陈荣卓老师。

第四，感谢中心各个调研基地的大力支持，特别要感谢山西大学的董江爱老师、西华师大的吴晓燕老师、华南师大的刘直鹏老师、汕头大学的李平、侯保疆老师、西北师大的王勇老师、贵州民院的王国勇老师、海南大学的李德芳、沈德理老师以及所有参与"百村十年观察"的调研基地的老师和学生。

最后，感谢所有参与调研的博士生、硕士生，感谢参与"百村十年观察"管理工作的慕良泽、黄振华、朱敏杰、夏添、甘亚泉、苗青、曾晨、杨乐乐、万磊、米中威、吴春宝等同学；感谢所有参与写作的华中师范大学政治学研究院政府经济学、政治学理论专业的博士生、硕士生；感谢编辑本书的陈梦菊同学，没有你们的辛勤付出就没有"百村十年观察"，也就不会有本书的出版。

由于本书的系列研究报告是"百村十年观察"平台咨政服务的第一批报告，很多方面可能研究得不太好，分析得不够深刻。敬请各位专家、学者批评指正。对于这些不足，我们将在以后出版的《中国农村咨政报告》中改进。

邓大才

2010 年 11 月 20 日 23 时于华师桂子山